作者自

U0034788

一場如夢境的旅程

總有很多理由,讓人喜歡上意大利!

走進羅馬,就像走進一座永恆之城,令人停留在古羅馬時代的歷史情懷。驚艷的佛羅倫斯,閃著耀眼光芒,滲透出文藝復興時期綻放出來的藝術氣息。遊走米蘭,在時尚尖端之城,沉醉於意大利人的設計美學。然後跟威尼斯來一場華麗邂逅,在蜿蜒曲折的水巷中,教人有種置身水彩畫中的美麗錯覺。

這裡擁有上天賦予的自然美景、城市人所夢寐以求的慢活模式和讓人心醉的佳餚美酒,感到生存就是一種享受!

作者簡介
屠慧珊 Scarlett To
unbelsorrisodallitalia@gmail.com
專頁:www.facebook.com/
unbelsorrisodallitalia
YouTube:Scarlett To 歐洲旅遊頻道
IG:scarlett_to

喜歡旅行、喜歡攝影、喜歡美食!有幸踏上「旅行叢書作者」的這一條路,全因一次悠長的意大利旅居生活。期間走遍了全國大城小鎮,並於各大社交平台和媒體,分享旅行照片、小眾遊記、地道體驗和旅遊資訊,經常幻想「旅行」可以變成一份工作。

從中學時期,買下了人生第一本《意大利》旅遊書開始,就像跟這個國家結下了不解之緣。多年前,終於第一次隻身走到意大利,那次猶如著了魔一樣,回港不久,立然決定再訪意大利,並展開一場歷時五年的旅居生活。從一切如夢境般的旅行體驗,抽身出來走到現實世界,是更深刻透徹的雙重體會!

如果你跟意大利一見鍾情,不要懷疑,緣份這回事,總是沒完沒了的!

意大利 [contents]

10大主題特集

羅馬

佛羅倫斯

*現時港元兌換歐元匯率約為8.8。即HK$8.8＝€1；或HK$100＝€11.36，台幣兌換歐元匯率約為35。即NT$35＝€1；或NT$100＝€2.85。僅供參考。

*本書所列之價格，除特別標明，均為歐元（€ / Euro）。

*因大部分意大利餐廳，經常根據當造食材而按季節或按月更換菜單，書內所介紹的菜式，有機會因季節性而不會全年供應。

*於精選酒店住宿特集中，所列出的房價僅供參考，因大部分酒店價格非常浮動，於旺季和淡季入住可相差一倍。

「地圖碼」使用方法：
每個景點後面附有地圖碼，前半部分是該景點所在地圖的頁數；後半部分則是其位置的座標。

MAP: P.181 B2

地圖頁數　　　　　地圖座標

提提你

詳細介紹見
P.073 - 075

羅馬
圓形競技場

被認為是「中古世界七大奇蹟」之一，擁有超過2千年歷史，是羅馬最重要的地標。於這座雄偉浩大的競技場上，在古羅馬時期舉行過無數次「角鬥士」競賽，地下層更設有繩索滑輪式升降機，把猛獸運上地面作賽！更有證據顯示，古人曾於地底把水引入，注滿整個競技場來進行海戰！設計如此精密，是古羅馬建築的最佳範本。

TOP 10！
不容錯過的建築和博物館

羅馬
萬神殿

一座巧奪天工的古羅馬神殿，正如米高安哲羅所形容，猶如一座「天使之作」！神殿內的天窗更是矚目，就像「圓頂之眼」，連接著天上與人間。而整個圓頂結構，並沒有用任何柱幹支撐，正是這座古羅馬建築的奇妙之處。圓頂經過精確的力學計算，就算經歷了2千年時光洗禮，依然鞏固如昔。

詳細介紹見
P.104 - 105

M·AGRIPPA·L·F·COS·TERTIVM·FECIT

詳細介紹見
P.132 - 133

梵蒂岡
聖彼得大教堂

是全世界最大的教堂，每天吸引了大約2萬名遊客前來參觀。教堂內由貝尼尼設計的聖體傘，和米高安哲羅所創作的雕塑品《聖殤像》，都是永恆的藝術瑰寶，登上教堂頂部，更可近距離欣賞米高安哲羅所設計的圓頂，飽覽雄偉的聖彼得廣場全景。

梵蒂岡
梵蒂岡博物館

詳細介紹見
P.134 - 138

全世界最大的博物館之一，歷代教宗的藝術珍品都陳列在此，數之不盡。要細看的話，一整天都沒有辦法逛完。其中最令人震撼的，有「拉斐爾房間」和「西斯汀禮拜堂」中兩件米高安哲羅所繪畫的大型壁畫《創世紀》和《最後的審判》，是絕不容錯過的文藝復興偉大傑作！

米高安哲羅的小檔案
全名Michelangelo Buonarroti，出生於1475年，是著名雕刻家、建築師和畫家。與達文西和拉斐爾一起被稱為「文藝復興藝術三傑」。無論在雕塑或畫作中，都強調肌肉健美的線條，和完美的身型體格。驚世傑作除了《創世紀》和《最後的審判》，還有舉世聞名的《大衛像》，表達了對人體的高度讚美。

提提你

詳細介紹見
P.189 - 191

佛羅倫斯
聖母百花大教堂

外牆以白色、綠色和粉紅色大理石建成的大教堂，是佛羅倫斯最著名的地標，也是世上第4大教堂，那宏偉壯觀的巨型圓頂，更是精髓所在！遊人都不惜花一點氣力，徒步登上圓頂和鐘樓頂部，欣賞那絕美的佛羅倫斯全景。

佛羅倫斯
烏菲茲美術館

詳細介紹見
P.202 - 203

是全球最重要的美術館之一，展廳多達101個，館藏眾多且價值連城，絕對是藝術愛好者的天堂！收藏以文藝復興時期的傑作最為豐富，包括波提切利的經典名作《春天》和《維納斯誕生》，還有達文西、拉斐爾、米高安哲羅等大師的作品。

佛羅倫斯
學院美術館

詳細介紹見
P.222 -223

　　館內最矚目的收藏品，必然是米高安哲羅的驚世傑作《大衛像》！每年有過百萬名遊客，慕名前來一睹這座被譽為「擁有最完美銅體」雕像的真貌！自然光線從天窗照射下來，雕像的肌肉線條和輪廓光影，顯露無遺，令人嘆為觀止。

詳細介紹見
P.338 - 340

米蘭
米蘭大教堂

　　珍珠白色的米蘭大教堂，總面積約有1.2萬平方米，是全城最重要的地標，也是世上第2大教堂！始建於1386年，工程歷時超過4百年才基本完工！教堂擁有讓人震撼的外觀，充滿奢華極致的巴洛克風格，內外雕像總計多達3400個。頂部設有135個大理石尖塔，更是哥德式的建築典範！

比薩
比薩斜塔

詳細介紹見
P.413 - 415

　　聞名於世的比薩斜塔，始建於1173年，興建期間發現地基不穩，一直無法建成一座直立式塔樓，塔身向東南方傾斜。歷年來，一眾專家不斷把它修正，讓它幾個世紀過後仍然屹立不倒，成為建築界的一大「奇蹟」！愛冒險的人，更不要錯過登上斜塔，會有種很特別的旋轉感。

威尼斯

聖馬可大教堂

讓人印象深刻的金色大教堂！整座內部，包括牆壁、天花和圓頂，覆蓋了超過8千平方米的金色馬賽克鑲嵌壁畫，極為華麗震撼！教堂頂部建有5座拜占庭式的大圓頂，並以哥德式尖塔和雕像作裝飾，完美融合了東、西方的建築風格，是威尼斯的建築瑰寶！

I Can Tips

參觀備忘

博物館或景點

- 如於旺季到訪一些熱門景點，有機會需要排隊幾小時，建議先預訂門票。
- 如購買學生票，須出示有效學生證和身份證明。由2019年開始，8 - 25歲以下的青年（有些只限歐盟人士），很多國立博物館的門票大幅下降到€2。
- 進入著名景點和大型博物館，都需要經過保安檢查，建議只攜帶輕便隨身物品。
- 無論大型背包、小型背包和行李，都要存放在儲物櫃內。

大型博物館一般設有儲物櫃，這一款只需投入1歐硬幣即可上鎖，用後可取回硬幣。

有些博物館禁止攜帶長雨傘、液體，或禁止使用腳架、閃光燈、自拍棒等等，建議進入前先留意一下場外告示。

- 大部分景點都設有最後售票或進入時間，而且會在關門前15 - 30分鐘，開始安排參觀者離開並局部關閉。建議不要太遲抵達，要預留適當時間參觀。
- 有些博物館如於某期間加設了短期展覽，門票有機會比起正常日子稍為漲價，開放時間也有機會更改。
- 於公眾假期有機會休息或更改開放時間，建議到訪前先在官網查閱。
- 絕對不可觸摸任何展品！如造成任何損壞，有機會要付上天價償金。有些主要展品設有紅外線感應器，如有人太靠近，會發出強響。
- 為了保護文物及名畫，有些景點是禁止拍攝（No Foto），遊人要自律。有些會場安排了便衣職員在場把守，如有發現會命令拍攝者立即把影像刪除，也有些透過閉路電視作監察，然後用揚聲器向拍攝者發出警示。
- 如租用語音導賞機，大部分要留下護照或國際駕照，於歸還導賞機的時候退回證件。
- 除了在館內附屬的咖啡廳或餐廳之內，所有展館都不可飲食。
- 參觀過後，別忘了去逛逛博物館商店，可能會有意外收穫。

博物館附設的商店，有機會找到一些高質量設計商品，大多數以館內名畫或當地特色為題材。

教堂

- 不可穿背心、露肩、短褲、短裙和過於暴露的衣著。於夏天到訪，建議可隨身攜帶一件薄外套或大披肩，於進入時披上。有部分教堂有披肩可免費提供或租用。
- 需保持安靜，不可使用手提電話。
- 有部分教堂在進行彌撒或宗教儀式時，不可進入參觀。
- 大部分教堂內設「Offerta」奉獻箱，可自由捐款。如燃點祈福用的蠟燭，一般都設有指定的奉獻金額，大約€0.5 - 1。

14天精選建議路線！

以下的建議路線，屬較基本路線，適合初次到訪意大利和時間有限的遊客。於14天內（不計來回航程）遊覽4大城市和5大熱門二線市或小鎮，其實也挺走馬看花。如果想遊覽得比較細緻和輕鬆，可考慮只到訪4大城市或增加天數。

米蘭 Milano
維羅納 Verona
威尼斯 Venezia
五漁村 Cinque Terre
拉斯佩齊亞 La Spezia
佛羅倫斯 Firenze
比薩 Pisa
奧爾維耶托 Orvieto
白露里治奧 Civita di Bagnoregio
羅馬 Roma

Day 1

香港 / 台北 → 羅馬

到訪城市：羅馬（Roma）
住宿：羅馬

- - - - - - - - - - - - - ★

剛到達羅馬，可先在古城中心遊覽，許願池、萬神殿、那佛納廣場、西班牙階梯和人民廣場，都是不容錯過的景點。

永恆之城 - 羅馬 Roma

Day 2

羅馬

到訪城市：羅馬（Roma）
住宿：羅馬

- - - - - - - - - - - - - ★

這天可以在古羅馬區參觀，包括圓形競技場、古羅馬廣場和帕拉提諾山丘，然後到維托里亞諾和卡比托利歐廣場，再前往真理之口。晚上可以選一間傳統餐廳品嚐當地料理。

Day 3

羅馬、梵蒂岡

到訪城市：
梵蒂岡（Città del Vaticano）、羅馬（Roma）
住宿：羅馬

- - - - - - - - - - - - - ★

這天重點參觀梵蒂岡城，早上先去聖彼得廣場和大教堂，然後到梵蒂岡博物館參觀。傍晚可以登上賈尼科洛山觀景台看風景，晚上在越台伯河區用餐。

Day 4

羅馬 → 奧爾維耶托

到訪城市：
奧爾維耶托（Orvieto）
住宿：奧爾維耶托

- - - - - - - - - - - - - ★

早上從羅馬乘坐地區火車到奧爾維耶托，參觀這座凝灰岩平頂崖上的山城，亮點包括讓人驚艷的金色大教堂、藏在地底的洞穴城和設計獨特的聖帕特里奇奧古井。

Day 5

奧爾維耶托 → 白露里治奧 → 奧爾維耶托 → 佛羅倫斯

到訪城市：
白露里治奧（Civita di Bagnoregio）
住宿：佛羅倫斯

- - - - - - - - - - - - - ★

早上乘坐巴士往「天空之城」白露里治奧，遊覽過後於下午乘坐巴士回到奧爾維耶托，取回行李後再乘坐火車到佛羅倫斯，晚上可以品嚐佛羅倫斯大牛扒。

山上的洞穴城 - 奧爾維耶托 Orvieto

Day 6

佛羅倫斯

到訪城市：佛羅倫斯（Firenze）
住宿：佛羅倫斯

─────────────── ★

早上到聖母百花大教堂參觀，中午到中央市場品嚐牛肚包，然後到到學院美術館欣賞大衛像，傍晚之前登上米高安哲羅廣場看醉人風景和日落。

Day 7

佛羅倫斯

到訪城市：佛羅倫斯（Firenze）
住宿：佛羅倫斯

─────────────── ★

早上到烏菲茲美術館欣賞藝術名作，然後中午乘專車到 The Mall Outlet 購物。

文藝復興之城-
佛羅倫斯 Firenze

Day 8

佛羅倫斯 → 比薩 → 五漁村

到訪城市：
佛羅倫斯（Firenze）、比薩（Pisa）
住宿：
五漁村其中一條漁村或拉斯佩齊亞（La Spezia）

─────────────── ★

早上乘火車出發到比薩，行李可存放在比薩中央火車站，參觀完畢後，傍晚取回行李再坐火車到當晚留宿的拉斯佩齊亞或五漁村。

Day 9

五漁村

到訪城市：
五漁村（Cinque Terre）
住宿：
五漁村其中一條漁村或拉斯佩齊亞（La Spezia）

─────────────── ★

乘坐五漁村列車遊覽五漁村，於夏天可以改坐觀光渡船。愛健行的遊客，可以選一段行山路線走走，欣賞漂亮的利古里亞海岸線。

懸崖上的村莊-
五漁村 Cinque Terre

Day 10

五漁村 → 米蘭

到訪城市：米蘭（Milano）
住宿：米蘭

─────────────── ★

早上從五漁村乘坐火車到米蘭，中午到達後可參觀米蘭大教堂和埃馬努埃萊二世長廊，再有時間可到斯福爾扎城堡或布雷拉美術館參觀。晚上品嚐米蘭特色料理或到運河區走走。

時尚之都-米蘭 Milano

Day 11

米蘭 → 維羅納

到訪城市：維羅納（Verona）
住宿：維羅納

─────────────── ★

早上乘火車到「茱麗葉故鄉」維羅納，遊覽百草廣場、維羅納圓形競技場和茱麗葉之家，傍晚登上聖彼得城堡觀景地欣賞漂亮的全景。

浪漫之城-維羅納 Verona

Day 12

維羅納 → 威尼斯

到訪城市：威尼斯（Venezia）
住宿：威尼斯

─────────────── ★

早上乘坐火車到威尼斯，步行到聖保羅區，於小酒館品嚐風味Cichetti。然後越過里阿爾托橋，到聖馬可廣場和大教堂遊覽，再參觀總督府和嘆息橋。傍晚乘坐貢多拉遊水都。

Day 13

威尼斯

到訪城市：
威尼斯（Venezia）、穆拉諾島（Murano）、布拉諾島（Burano）
住宿：威尼斯

─────────────── ★

早上乘坐水上巴士到「玻璃島」穆拉諾島和「彩色島」布拉諾島，傍晚返回主島，可品嚐威尼斯傳統料理。晚上可乘坐水上巴士1號路線，欣賞大運河的璀璨夜色。

Day 14

威尼斯 → 香港 / 台北

到訪城市：威尼斯

─────────────── ★

早上前往機場，準備回程。如果是晚上起飛，早上可到Noventa Di Piave Designer Outlet 購物，或到多爾索杜羅區走走，參觀學院美術館或雷佐尼可宮。

水都風情-
威尼斯 Venezia

*備註：從香港出發，只有羅馬和米蘭有直飛航班，往返其他城市均需轉機。

出發前準備：
城際交通篇！

為前往意大利旅行作好好準備！

出發前除了要訂好機票、酒店和一些人氣景點門票之外，城際交通也應盡早訂票。有些火車票，如果即日到場才購買，有機會比起預售價格高出一倍、兩倍或更多。預早訂票也有機會遇到非常便宜的「早鳥優惠票」。

鐵路

對於意大利城鎮之間的往來，最方便快捷的交通工具是四通八達的火車！全國主要鐵路公司有2間，包括意大利國家鐵路公司（國鐵）「Trenitalia」和由NTV公司營運的私鐵「Italo」。

Tips

意大利有些大城市設有多個火車站，例如於米蘭有「Milano Centrale」、「Milano Porta Garibaldi」、「Milano Porta Genova」等等，下車前和訂票時要留神，核對清楚整個車站名字。

Trenitalia 國鐵

列車路線貫通全國大城小鎮和鄉郊，並有高速車、快車和慢車之分。

火車種類

高速列車 Le Frecce（AV）
一共有3種不同的高速列車，包括有紅箭車（Frecciarossa）、銀箭車（Frecciargento）和白箭車（Frecciabianca），連接全國多個大小城市。

城際列車 Intercity（IC）
連接境內主要城市的快車。

地區火車 Regionale（R）
連接城市之間與郊區小鎮的地區慢車。

地區快車 Regionale Veloce（RV）
連接城市之間和郊區小鎮，相比普通的地區火車，站數較少而車程較短。

列車種類	速度	價格	需要訂票？	需要打票？
高速列車 Le Frecce	最快	較貴	・建議預早訂票 ・越早購票越便宜 ・屬劃位車票 ・會因滿座而售罄	・車票只適用於所選擇的班次 ・不需放入打票機打票 ・於查票時需要出示列車票或電子票上的QR Code
城際列車 Intercity	中等	中等	・同上欄「高速列車」的條款一樣	・同上欄「高速列車」的條款一樣
地區火車 Regionale	最慢	便宜	・不需要預先訂票 ・價格固定 ・不設劃位 ・正常情況下不會售罄 ・上車後自選座位且先到先得 ・繁忙時間有機會只得企位	・實體車票需要放入打票機打票 ・車票於打票後的有效時間內適用，一般為4小時，或更少（視乎地區及車程） ・如在網上或APP購票，於查票時需要出示列印車票或電子票上的QR Code ・電子票的有效期，則在購票時所選的乘搭日期和時間開始計起4小時，或更少（視乎地區及車程）
地區快車 Regionale Veloce	慢	便宜	・同上欄「地區火車」的條款一樣	・同上欄「地區火車」的條款一樣

「Frecciarossa」是國鐵3種高速列車之中最快捷的，最高時速可達300公里。

於大型火車站一般都設有票務中心，可購買車票和作票務查詢。

有些地區火車的路線，依然使用沒有空調的舊式火車。

010

如何訂票

可直接於Trenitalia官網或手機APP查閱班次和訂票，車票一般在6個月前開放預訂。如果預早訂票，有機會可購買到超級經濟票「Supereconomy」，但要注意，這種最便宜的早鳥票是不可更改及退款。

─Info─
官網：www.trenitalia.com
手機APP：Trenitalia（手機要設定在意大利境內，才可下載）

Tips

如何知道Trenitalia優惠車票的消息？
1. 於網上申請成為「La Carta Freccia」國鐵會員，可享有更多優惠車票方案。
2. 可留意官網上「Le Nostre Offerte」一欄，每個季度和地區都有不同的優惠聯票和促銷活動。

於自動售票機之購票流程

1 於火車站內，一般都設有這種印上Trenitalia國鐵標誌的自動售票機。

2 要留意於機頂近右上角，有否這2個圓形圖像，因為這種售票機才可用現金購票！最左邊的圖像表示「接受信用卡」付款，旁邊的表示「接受現金」付款。

3 只有「信用卡」圖像的售票機，並不接受以現金付款！記緊不要排錯隊。

Tips

關於信用卡付款
於售票機使用信用卡付款，需要輸入個人專屬密碼，而由亞洲所發出的信用卡，一般都沒有預先設定，所以大多不能成功付款。如果想以信用卡付款，建議到票務中心櫃台購票。

4 在畫面下方有「中文」語言選擇。

5 選擇目的地：如畫面沒有打算前往的目的地，可按「其他車站」，然後以字母鍵盤輸入車站名字。

6 選擇乘搭日期和時間。

7 畫面出現不同列車種類、班次和價格以供選擇。可按該班次最左邊的「i」（Info）來顯示詳細資訊。如只打算乘搭「地區火車/快車」，可在左下方按「Regional」。

8 選好班次後，再選擇車票種類，於左邊選擇車廂等級，例如頭等車廂、二等車廂。於右邊選擇車票數量，然後按「前進」。

9 畫面列出了所選的班次資訊以作確認，如果是高速列車或城際列車，需根據指示選擇座位。

10 最後可選擇付款方式，付款後取回找續及列印好車票。完成！

Tips

· 地區火車/快車的實體車票，記緊打票！
· 如果忘了打票，於查票時被發現的話，有機會被當作逃票而付上昂貴罰款。

於售票大堂或部分月台上設有打票機，只要把車票貼近左邊放進去，聽到聲響後，即可取回車票。

打了票後，車票上會印上了一行黑色字體，列出了打票日期、時間和地點。

地區火車的車票上，列明了該車票的有效時限，「Vale 4H da Convalida」意指為「打票後的4小時內有效」。不同地區和路線會因應車程而調整有效時限。使用過了有效時限的車票，都當作逃票。

Italo私鐵

有「法拉利火車」之稱，車廂內使用真皮座椅充滿奢華感！車費卻沒有因此而定價高昂，跟國鐵高速列車的價格相差無幾，而Italo經常推出「早鳥票優惠」，如果預早留意，分分鐘可以超便宜價格，體驗快速又舒適的Italo火車旅程！

Italo火車最高時速可達250公里，擁有深紅色流線型車身，因而被稱為「法拉利火車」。

火車種類

只提供高速火車服務

選乘Italo須知

1. 現於全國20多個大城鎮設有列車服務，雖然沒有Trenitalia那般四通八達，但於主要城市都有路線營運。另於一些小城，有提供「Italobus」巴士服務，來連接Italo火車班次。
2. 跟國鐵Trenitalia共用火車站和月台，但於車站內各自有所屬的票務中心和自動售票機。

使用車站內的售票機來即場購票的人不太多，因為Italo車票一般是越早訂購越便宜，而且可通過手機APP就能輕鬆訂票。

於大型火車站內設有Italo票務中心，提供路線查詢、購買車票、更改班次等等的服務。

如何訂票

可於官網或手機APP，查詢班次及購買車票，選好班次、車票種類和座位，再輸入個人資料、確認並付款，最後會收到附有QR Code電子車票的Email，如果不方便打印出來，於查票時也可出示手機上電子票的QR Code。車票大約於5-6個月前開售。

─Info─
官網：www.italotreno.it/en
手機 APP：Italo Treno

車票種類

1. 車廂等級：

以舒適度及寬敞度分為4個等級，分別為：Smart（普通車廂）、Comfort（舒適車廂）、Prima（頭等車廂）和Club Executive（行政車廂）。

2. 車票彈性度：

每一種車廂等級，都可以彈性度選擇車票種類：

Flex：價格較高；可免費轉名及更改班次、或以全額的80%退票

Economy：價格中等；可免費轉名、付手續費更改班次，或以全額的60%退票

Low Cost：價格最低；不能更改及退票

於第3卡和第7卡車廂，設有自動販賣機，供應小食、飲品和咖啡。

Tips

如何知道.Italo優惠車票的消息？

1. **「Subscribe」**：只要於官網以Email登記訂閱其最新資訊，即可定期Email收到早鳥票優惠碼（Codice Promo），可於指定時間訂票時使用，享有部分車票半價至打折的優惠。
2. **入會「Italo Più」**：於官網可免費登記入會，其後購買車票可累積分數，達到某分數或購買次數，即可有車票回贈。
3. **官網資訊**：可留意官網上「Offers」一欄，會定期發佈最新優惠方案。網頁：www.italotreno.it/en/train-offers

如何看懂火車站內的電子告示牌

到達火車站並準備好火車票後，在上車之前，需要留意發放列車資訊的電子告示牌，一般會設在火車站售票大堂和當眼位置。

從這個「出發列車資訊」（Partenze）告示牌，可根據列車班次編號，查閱開出時間、有否延遲、月台號碼、途經車站及其抵達時間。

電子告示牌分為兩個部分，一邊顯示「出發列車的資訊」（Partenze），另一邊顯示「到達列車的資訊」（Arrivi）。

如果不是去火車站接朋友，這個「到達列車資訊」（Arrivi）告示牌，可以忽略。

Treno：火車種類和班次編號
Destinazione：該路線的終點站
Orario：開出時間
Binario（BIN）：月台號碼
Ritardo（RIT）：延遲；如有延遲，會寫上大約延遲多少分鐘（例如：5'、20'），如果班次取消了，會寫上CAN（=Cancel）
Informazioni：列車會途經的車站及其抵達時間

乘搭火車之番外篇！

火車還未到站，都有機會更改月台號碼！

於月台上等候火車，要隨時留意公共廣播，因為只要火車未抵達，都有機會更改月台號碼！有時候系統只以意大利文作廣播，建議可留意一起等候的當地人，如果突然一窩蜂的離開月台，就要即時詢問查看，是否更換了月台。

於火車上，行李要時刻好好看管

火車上的大型行李存放處，一般都設在車門附近。另外，有部分車廂的中央位置設有小型行李架。如果乘客沒有好好看管，行李是有機會被偷走。建議於訂票時，選擇接近行李存放處的座位，方便看管。

設於車門附近的行李存放處，較難看管，行李有被偷走的風險。

安全起見，可使用單車鎖或長鎖鏈，把行李扣在鐵架上，或把兩個大型行李扣在一起。

於車廂座位之上，一般也設有小型行李存放架。

遇上罷工怎辦好？

罷工（Sciopero）消息之公佈

大約於罷工前一星期或幾天內，會向各大媒體宣佈。而於罷工前2天，一般可在Trenitalia國鐵或Italo私鐵的官網，得到詳細及準確的消息。

如何得到罷工的官方資訊

1.Trenitalia國鐵

於Trenitalia官網的意大利文版面，在「Info e assistenza」一欄中，選擇「In Caso di Sciopero」，可得到最新罷工資訊。罷工期間增設熱線電話，一般可於罷工前1天開始致電查詢。

「保證不被影響」的班次名單
Trenitalia國鐵官網會有列出一個「保證不被罷工影響」的班次名單「Treni nazionali garantiti in caso di sciopero」，如果是次行程不能有任何變動，可在訂票前細閱。名單大約每半年更新一次。
Trenitalia國鐵罷工資訊及「保證班次」名單
www.trenitalia.com/it/informazioni/treni_garantiti_incasodisciopero.html

2.Italo私鐵

於大約罷工前2天，在官網頭版會有「Strike Notification」罷工資訊，按進網頁可查閱是次罷工「保證不被影響」的班次名單。另設有熱線電話可作查詢。

已購買該班車票，卻遇上罷工，怎辦好？

基本上2間鐵路公司都可替受影響乘客更改班次。除了通過熱線電話，也可於車站內的票務中心進行更改。

火車門的秘密

有些舊火車門不是自動的，到站時，乘客要自行按下按鈕來開門。（綠色按鈕：開門；紅色按鈕：關門）

這種舊式火車門，需要拿著紅色把手向上拉，然後微微用力向旁邊拉開車門。

經典意國美食

Saltimbocca alla Romana
羅馬式奶油肉排

小牛排上放上了鼠尾草和風乾火腿，用牛油煎香，再淋上白酒，肉質嫩滑又充滿酒香。

詳細介紹見P.122 - 123

羅馬地道料理

其他羅馬經典料理：
Spaghetti all' Amatriciana（阿瑪翠斯意粉）、Spaghetti alla Carbonara（卡邦尼意粉）等等。

Cacio e Pepe
黑胡椒芝士意大利麵

源自羅馬的著名意大利麵，擁有芝士的香濃和碎胡椒的辛辣香氣。

詳細介紹見P.168

經典意國美食＋街頭小吃！

Spaghetti allo Scaglio
海鮮意大利麵

充滿地中海香氣的海鮮意大利麵，是到訪沿海城市必嚐的美食！用料一般有新鮮的海產貝類，例如蝦、青口、蜆肉、魷魚等等，鮮味十足！

詳細介紹見P.311

威尼斯地道料理

其他威尼斯經典料理：
Fegato alla veneziana（威尼斯炒牛肝）、玉米粥（Polenta）等等。

Spaghetti al Nero
墨魚意大利麵

黑漆漆的墨魚意大利麵，是威尼斯最經典的菜式之一。以鮮墨汁伴意粉，非常原汁原味，另外，還有墨魚燉飯和墨魚玉米粥。

詳細介紹見P.299

Cichetti
威尼斯式下酒菜

威尼斯非常盛行的地道小吃或下酒菜，一般把餡料放在小多士或玉米糕上，最經典有Bacalà鱈魚蓉小多士，其他常見餡料包括意式火腿、芝士、海鮮等等。

詳細介紹見P.283、296、299

Sarde in Saor
醋漬沙丁魚

威尼斯著名前菜冷盤，以白葡萄酒醋、糖、松子和提子乾烹製洋蔥，拌以沙丁魚，酸甜開胃。

詳細介紹見P.311

佛羅倫斯地道料理

Bistecca alla Fiorentina
佛羅倫斯大牛排

由傳統木炭烤烤架烤出來的佛羅倫斯T骨大牛排，肉質十分嫩滑！牛排來自托斯卡尼的著名米種Chianina（契安尼娜牛），一般厚度為5-6厘米，每份平均有1至1.5公斤，最適合2人點選一份。如果1人品嚐，而食量又不太大，也可點選Chianina其他部位的牛排，肉質口感也非常出色！

詳細介紹見P.210 - 211、217

米蘭地道料理

Cotoletta alla Milanese
米蘭肉排

沾了麵包屑的小牛肉排，炸至金黃，外脆內軟，是米蘭的經典名菜。

詳細介紹見P.388

Ossobuco di Vitello
燴燉小牛膝

加入了高湯、洋蔥、葡萄白酒等等來慢燴的小牛膝，肉質軟嫩，色香味全，是米蘭美食的象徵。配以香濃的米蘭燉飯，更是完美！

詳細介紹見P.402

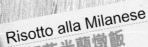

Risotto alla Milanese
番紅花米蘭燉飯

以濃郁芝士、高湯、白酒、牛油等等慢煮出來，再加入香料Zafferano（番紅花），令整個燉飯變成鮮黃色，香氣濃郁。

詳細介紹見P.355

其他經典菜式

意大利的美食多到數之不盡！作為前菜或下酒菜的芝士火腿拼盤（Tagliere misto di prosciutto e formaggi）、夏天限定的冷盤風乾火腿佐蜜瓜（Prosciutto crudo e melone）、蜆肉意大利麵（Spaghetti alle vongole）、意式小餃子（Tortellini）、各式松露料理（Tartufo）、甜點提拉米蘇（Tiramisù）和意式奶凍（Panna Cotta）等等，都是值得一試再試的經典意國美食！

Tiramisù 提拉米蘇

Panna Cotta 意式奶凍

Prosciutto Crudo e Melone 風乾火腿佐蜜瓜

Tagliatelle al tartufo nero 黑松露意大利麵

Tagliere misto di prosciutto e formaggi 芝士火腿拼盤

一般用餐須知

1. 用餐時間：

意大利人用餐時間一般很定時，大概如下：早餐（Colazione）0700 - 1000；午餐（Pranzo）1230 - 1430；餐前酒時段（Aperitivo）1800 - 2000；晚餐（Cena）1930 - 2230

2. 午後休息：

大部分餐廳於午餐過後、晚餐之前的時段會關門休息，遊人前去用餐之前要注意營業時間。於熱門旅遊區或旅遊旺季，有部分餐廳則不設午休。

3. 關於訂位：

特別於假日及晚餐時段到熱門餐廳用餐，真的最好預先訂位。如果怕語言不通，可以拜托酒店職員幫忙。有些餐廳於官網設有網上訂位服務。

4. 進去之前：

大部分餐廳門外都設有餐牌，可於進去之前，先看一下菜式合不合心意，價格和餐枱費會否合理。

5. 關於餐枱費：

意大利的餐廳一般都會徵收以人頭計算的「餐枱費」（Coperto），每位大約 €1.5 至 €3 不等。如果餐廳在 Coperto 之外，還有

列明需收取其他「服務費」（Servizio），那麼，消費者則要自行考慮了。

6. 安排入座：

就算餐廳有很多座位，甚至空無一人，都需要在門外等待服務生安排用餐位置。

7. 關於餐牌

大部分餐牌（Menù）有以下的分項：
前菜 / 開胃菜（Antipasto）：例如各式冷盤、薄片肉片、火腿芝士拼盤等等。
第一道菜（Primo）：一般是意大利麵、意大利飯、餃子之類的麵食。
第二道菜（Secondo）：大約等於主菜的意思，是各式肉類、扒類、海鮮料理。
配菜（Contorni）：例如烤蔬菜、沙律菜等等。
甜點（Dolci）

8. 關於礦泉水：

剛剛坐下，在點餐之前，一般服務生都會詢問客人想要「有氣的水」（Acqua Gassata/Acqua Frizzante）、還是「無氣的水」（Acqua Naturale），而這瓶水，大部分餐廳都屬收費項目。

9. 關於結賬：

打算結賬時，可跟服務生說「Il conto, per favore！」，而有些較平民化的餐廳，有機會是直接往收銀機前結賬。意大利人一向沒有付小費的習慣，當然如果你滿意餐廳的服務，可跟隨心意付上小費。

意大利文的「Trattoria」意指餐館，主要提供當地傳統菜餚，也有是家庭式經營，一般用餐氣氛較輕鬆熱鬧。

而「Ristorante」意指餐廳，層面較廣，不一定提供當地傳統菜，有些供應精緻和創新料理，有一些則供應異國料理。

一杯咖啡配一件牛角包或甜飽點，是意大利人的經典早餐。

在意大利人的餐桌文化中，除了拼盤類的前菜或配菜之外，當地人是絕少跟同行親友一起「分享」同一碟菜式的，一般都是各自享用自己點選的菜式。

Pizza

在意大利，專門吃薄餅的餐館叫做「Pizzeria」，傳統上只主力供應Pizza、少量前菜和飲品，因為意大利人吃Pizza的時候，是不會同時點選其他主菜或麵食。去吃Pizza那一餐就只吃Pizza，一般都是一人點選一個（起碼），然後一人吃一整個。

近年也出現了一些供應主食料理的餐廳，同時也供應Pizza，讓客人有多些選擇。除了上餐館品嚐Pizza，一些小食店、糕餅店也會以「件裝」（Pizza al taglio/Pizza al trancio）出售Pizza，價格會以件數或以重量作計算，作為一種街頭小吃。

不同版本的Pizza

Calzone

像一個半圓大餃子，是一個摺疊了的Pizza，把餡料都包裹在裡面。

Pizza Fritta

源自拿波里的油炸Pizza，香脆內軟，是一種來自南部特色的街頭小吃。

詳細介紹見P.340

Pinsa

羅馬獨有的「Pinsa」，據稱源自古羅馬時代，相比起Pizza口感較輕，外在鬆脆，內在柔軟。

詳細介紹見P.162

新派Pizza

在忠於傳統的意大利，新派創意Pizza比較不常見，但是也有的！在維羅納的「Saporè Downtown」就可以品嚐到很棒又與眾不同的新式Pizza。

常見餡料	
意大利文	中文意思
Pomodoro	番茄
Mozzarella	水牛芝士
Ricotta	里考塔（乳清製品之一）
Gorgonzola	古岡左拉芝士（藍芝士的一種）
Salame piccante	辣肉腸
Prosciutto cotto	熟火腿
Prosciutto crudo	風乾生火腿
Speck	煙燻火腿
Acciughe	小鯷魚
Funghi	蘑菇
Salsiccia	意式香腸
Tonno	吞拿魚
Carciofi	雅枝竹
Cipolla	洋蔥
Olive nere	黑橄欖
Basilico	羅勒葉
Melanzane	茄子

經典口味

Quattro Stagioni

名字解作「四季」，一個Pizza分為4個部分，放上4種不同的餡料配搭，就像一個Pizza有4種口味。

Quattro Formaggi

用上了4種芝士作餡料的Pizza，非常適合一眾「芝士控」。

Margherita

源自拿波里的傳統Pizza，以羅勒葉、番茄醬和水牛芝士作餡料，是意大利國旗上那3種顏色！

Marinara

另一種拿波里傳統Pizza，以番茄醬、橄欖油、蒜片、奧勒岡（Origano）所製作。

人氣冰淇淋店

Giolitti

在羅馬市中心的老字號，擁有超過一百年歷史。

詳細介紹見：P107

Venchi Cioccolato é Gelato

主打朱古力口味，除了冰淇淋，還有出售各種朱古力禮盒。

詳細介紹見：P195

常見口味（水果）

意大利文	中文意思
Amarena	車厘子
Ananas	菠蘿
Arancia	橙
Anguria	西瓜
Fragola	士多啤梨
Frutti di bosco	雜莓
Mirtilli	藍莓
Mela	蘋果
Lampone	覆盆子
Limone	檸檬
Melone	蜜瓜
Pesca	桃子

常見口味

意大利文	中文意思
Caramello	焦糖
Cioccolato bianco	白朱古力
Cioccolato fondente	特濃朱古力
Stracciatella	碎朱古力
Gianduia	Gianduia 榛子朱古力
Bacio	Bacio 榛子朱古力
Torrone	鳥結糖
Menta	薄荷
Nocciola	榛子
Noce	合桃
Mandorla	杏仁
Pistacchio	開心果
Fiordilatte	牛奶
Malaga	Rum酒＋葡萄乾
Liquirizia	甘草
Zabaione	沙巴翁

記著有關單詞，買Gelato無難度！

意大利文	中文意思
La gelateria	意式冰淇淋店
Cono	甜筒
Coppetta	杯裝
Piccolo	小號
Medio	中號
Grande	大號
1 gusto	一種口味
2 gusti	兩種口味
3 gusti	三種口味
Panna mondata	Whipped Cream 奶油
BIO	有機食材

難以抗拒的誘惑
Gelato意式冰淇淋

口感綿密細滑的意式冰淇淋（Gelato），絕對是人間美食！冰淇淋店遍佈全國大街小巷，要選擇質量較好的，可以找一些列明了「Gelato Artigianale」（手工冰淇淋）或「100% Naturale」（全天然成份）。無添加的冰淇淋全採用新鮮食材或水果來製作，讓人吃得更加健康。冰淇淋在口中慢慢溶化，那天然香氣與幼滑質感，實在讓人難以抗拒，這就是Gelato讓人愛上的原因了！

Amorino

以愛神「邱比特」作招牌，把冰淇淋弄成玫瑰花的模樣。

詳細介紹見：P344

體驗傳統意式咖啡文化！
Caffè 咖啡

一杯濃烈的Espresso，是意大利人每天生活的精神泉源！咖啡每天一杯、兩杯、三杯甚至四杯，早上喝一杯提神、餐後喝一杯幫助消化、下班後喝一杯放放鬆、與朋友喝一杯然後閒話家常，喝咖啡已是一件習以為常的事情。而意大利人對於咖啡的執著，久而久之，也演變成為一種獨特的意式咖啡文化。

在意大利喝咖啡的地方，一般都叫做「Bar」，大部分會同時供應酒精類飲品

Espresso
意式特濃咖啡是以小杯盛載，份量少得一口就可喝光！但是咖啡香氣卻十分強烈濃郁。

Caffè con Panna
Caffè con Panna是在特濃咖啡上擠上鮮奶油，令咖啡更柔滑香甜。

Latte macchiato
「拿鐵咖啡」不是叫「Latte」，而是做「Latte macchiato」，而「Latte」在意大利文中意思是「牛奶」。

Marocchino
由都靈經典咖啡Bicerin演變出來的Marocchino，充滿朱古力的香氣。

意式咖啡文化，大概是怎樣的？

這裡的咖啡館大概有2類，「Bar」是意大利人日常喝咖啡的地方。另外，也有一些由歷史流傳下來，充滿華麗氣派的咖啡廳。意式Espresso特點是非常濃縮，讓人可以在10秒內把它喝光！所以，衍生了「站立在Bar枱前」以光速喝咖啡的模式。而部分咖啡館也設定了「站著喝」比較便宜和「坐下來喝」比較昂貴的收費。如果是精打細算的遊客，想坐下來嘆咖啡之前，最好先了解一下差價。

Crema al caffè
夏季限定的Crema al caffè，幼滑得像「正在溶化的冰淇淋」透心涼又充滿濃郁咖啡香。

Cappuccino
意大利人把Cappuccino當作早餐飲品，只會在中午前喝。

常見咖啡

意大利文	中文意思
Espresso / Caffè	意式特濃咖啡
Caffè macchiato	瑪琪雅朵咖啡
Latte macchiato	拿鐵瑪琪雅朵咖啡/牛奶咖啡
Cappuccino	意式泡沫咖啡/卡布奇諾
Caffè con Panna	奶油濃縮咖啡
Marocchino	帶有朱古力味的特濃咖啡
Caffè decaffeinato	不含咖啡因的咖啡
Caffè corretto	加入了烈酒Sambuco或Grappa的特濃咖啡
Caffè ristretto / Caffè corto	短萃取濃縮咖啡
Caffè lungo	淡式特濃咖啡
Caffè Americano	美式咖啡
Affogato al caffè	特濃咖啡加了意式冰淇淋
Shakerato	手搖冰咖啡
Crema al caffè	冰咖啡奶油（一般是夏季限定）

著名傳統咖啡廳

金杯咖啡館
羅馬著名的平民咖啡館，裝潢懷舊，最能體現地道咖啡文化。
詳細介紹見：P106

鹿角咖啡館
羅馬經典馳名的咖啡館，咖啡選擇多樣化，擄獲不少咖啡愛好者。
詳細介紹見：P110

弗洛里安咖啡館
意大利最古老優雅的咖啡廳，讓人迷醉在威尼斯華麗非凡的氣派之中。
詳細介紹見：P268

特色街頭小吃巡禮

Arancina
炸飯球

源自西西里島的著名美食「Arancina」（炸飯球），又名為「Arancino」或「Arancinu」，把番茄肉醬、芝士或各式餡料，包裹在飯糰中間，再沾上麵包屑然後油炸！外在香酥微脆，內在有濃郁芝士香，趁熱享用更一流！

詳細介紹P.361

Cannolo
奶油甜餡煎餅卷

來自西西里島的傳統糕點，是意大利最受歡迎的甜點之一。香脆的煎餅捲成圓筒，中間以里考塔（Ricotta）乳清奶油作餡料。現代版本的Cannolo，擁有不同的口味，包括開心果、朱古力、咖啡等等。

售賣點：一些傳統糕點店，包括威尼斯的Majer（詳細介紹P.290），或專售西西里島小食的店鋪。

Macedonia
水果沙律

以新鮮水果切件組合而成的水果沙律，製法十分簡單，但是非常好吃！用的水果都是最當造的，甜美多汁。特別在夏天，這種透心涼的街頭小吃非常受歡迎！

售賣點：Verona 的百草廣場、餐廳、冰淇淋店、小食店

炸芝士飯球
Suppli

跟源自西西里島的炸飯球很類似，不過，Suppli是「羅馬」的版本。炸至金黃色的飯團，內在有番茄肉醬和半溶芝士，熱騰騰充滿芝士濃香，邊吃邊拉絲，叫人怎能抗拒！

詳細介紹P.168

Panino
意式三文治

被譯作「帕尼尼」或是「帕尼諾」，是意大利式的三文治。麵包夾著各種當地食材，例如風乾火腿、熟火腿、辣肉腸、芝士、鮮番茄、沙律菜、番茄乾等等。當地人有時候會把一份Panino作一個輕便的午餐。

詳細介紹P.194

Panzerotti
炸麵包

來自南部Puglia大區的傳統小吃「Panzerotti」（炸麵包），經典口味以番茄和水牛芝士作餡料，炸至金黃，一口咬下，中間的半溶芝士拉出絲來！米蘭有一間著名小食店，專售這種美味的街頭小吃！

詳細介紹P.350

Fritto misto di pesce
炸海鮮

炸至金黃的魷魚、炸蝦、小鳳尾魚等等，香氣樸鼻！於沿海的大城小鎮，一般都可找到專賣「炸海鮮」的小食店。或在一些海鮮餐廳，會把它當作開胃前菜或第二道菜供應。

詳細介紹P.298

Panino con Lampredotto
牛肚包

佛羅倫斯的經典傳統食品，來自昔日的工人階級，現為著名的街頭小吃！慢煮牛肚口感軟嫩，入口即化，肉汁濃郁，夾在麵包之中，淋上少許香草醬汁或辣汁作調味，是香噴噴的平民美食！

詳細介紹P.224、P.243

羅馬 《米芝蓮》一星✦

Il Convivio Troiani

由三兄弟Massimo、Angelo和Giuseppe Troiani一起創立，以羅馬傳統料理作藍本，加入新元素，創造出美味出眾的菜餚。用餐佈局也經過精心設計，讓客人享受美食的時光。
詳細介紹見P.100

羅馬 《米芝蓮》一星✦

Glass Hostaria

來自南部的行政總廚Cristina Bowerman，曾留學美國，且經常周遊列國，透過到訪不同的國家，取得烹飪靈感，配以豐富的想像力創造出讓人驚喜的菜式。
詳細介紹見P.170 - 171

米芝蓮星級餐廳推介！

羅馬 《米芝蓮》一星✦

Marco Martini Chet

來自當地的年輕總廚Marco Martini，憑著對烹飪的熱情和創意，以最當造食材，用現代方式把傳統羅馬料理重新詮釋，菜式賣相非常別緻，像一場美食的盛宴。
詳細介紹見P.090

佛羅倫斯 《米芝蓮》一星✦

Winter Garden by Caino

擁有24年廚藝經驗的行政總廚Gentian Shehi，把靈感融合於傳統料理之中，菜式賣相充滿意境，像蘊藏著故事。餐廳於五星級酒店內，擁有猶如皇家宴會中的華麗氣派。
詳細介紹見P.226

佛羅倫斯 《米芝蓮》一星

La Leggenda dei Frati

秘藏在貴族別墅花園之中,由總廚Filippo Saporito和他的妻子 Ombretta Giovannini攜手創造的料理天地。餐廳供應高水準料 理,在賣相、味道和創意度之中,有一個完美的平衡。

詳細介紹見P.234 - 235

威尼斯 《米芝蓮》一星

Il Ridotto

屬水都之中的星級秘店,供應新派威尼斯風味料理。從誘人的菜 餚中,表現了精湛的廚藝和無限創意,讓食客不期然的被美食感 動。

詳細介紹見P.320

Tips

於意大利米芝蓮餐廳用餐須知
· 需訂位,熱門餐廳更需提前一個月訂座,大部分餐廳於其網頁設有訂位服務。
· 如行程有變,確定不能前往,記緊取消。有部分餐廳於訂位時,需付上按金或
信用咭資訊,以防客人「No Show」。
· 需留意有否設定Dress Code,安全起見,建議穿著得比較端莊得體。
· 意大利的米芝蓮星級餐廳名單,於每年11月更新,詳細餐廳介紹及資訊,可查
閱官網:www.viamichelin.com

MICHELIN

米蘭 《米芝蓮》一星

Contraste

這裡的菜單不會預先公開,讓客人帶來無限驚喜,第一道前菜會 放在一個小盒子內,當客人把盒子打開,就像開展一場奇幻又驚 喜的美食旅程。

詳細介紹見P.405

米蘭 《米芝蓮》一星

IYO

意藉年輕總廚Michele Biassoni把傳統日本料理與本地優質食材 融合,讓日本傳統之風味,與意國料理的精髓緊緊融和,創作出 獨一無二的意日「Fusion」料理。

詳細介紹見P.410 - 411

Bialetti Moka咖啡壺

如果想在家煮意式特濃咖啡，一個質量好的Moka咖啡壺是必備的！Bialetti是這種意式咖啡壺的始祖，每個季度都會推出新款式，不定期更會推出限量版本。

詳細介紹見P.356

Marvis牙膏

被稱為牙膏界的「愛馬仕」，其包裝設計也一絲不苟！口味有特強薄荷、亮白薄荷、肉桂薄荷、茉莉薄荷、生薑薄荷等等。紫色包裝的茉莉薄荷，散發陣陣淡雅花香，非常清新。

銷售點：COIN百貨公司、各大藥房、藥妝店、大型超市

人氣手信推介！

佛羅倫斯的皮具品

佛羅倫斯皮具的質量聞名於世，皮具店更遍佈全城。想選購真正Made in Florence的皮具，可以到「Scuola del Cuoio」去搜羅一下！這裡是一所皮具專業學校附設的商店，到訪者還可觀摩皮具製作過程。

詳細介紹見P.242

佛羅倫斯：
La Vie del Tè花草茶

於1961年啟業的花草茶店，自家調製了多達250種混合茶和花草茶，茶的香氣別具風味，馥郁誘人！

詳細介紹見P.206

羅馬：金杯咖啡粉

擁有幾十年歷史的金杯咖啡館，其自家推出的Moka咖啡壺專用的咖啡粉，多年來口碑都很好，是咖啡愛好者的手信之選。

詳細介紹見P.106

萊莉歐 L'Erbolario
天然護膚品

　　100% Made in Italy的天然美容品牌，當中的透明質酸系列，不少人用過都讚好。而在歐洲的定價，相比在亞洲區便宜得多，成為了愛美女生來意大利必買的護膚品牌。

詳細介紹見P.156

佛羅倫斯：
新聖母教堂香料藥房的玫瑰水

　　於16世紀為米第奇家族女兒調配了皇室古法香水而聞名！除了香水系列，藥房獨家調製的多種天然保養品，口碑都極好，當中的「玫瑰水」香氣宜人，保濕度高，成為店中長年熱賣商品之一。

詳細介紹見P.218

威尼斯：面具

　　高雅貴氣的狂歡節面具，讓人著迷！如果想購買一些高質素的面具作收藏，可到城中著名的面具專門店「Ca' Macana」選購，這裡的面具均由專業製作師人手繪製，質感有別於普通紀念品店。

詳細介紹見P.280

Pastiglie Leone
糖果小盒

　　擁有160年歷史的糖果製造商Pastiglie Leone，經常推出精緻糖果小鐵盒，是收藏人士的至愛，當中更有不少充滿復古風情。

銷售點：Eataly超市、糖果店、大型煙草店
詳細介紹見P.383

手工雲石紙製品

　　以人手染製的傳統紙，擁有猶如雲石的花紋圖案，非常獨一無二！以「雲石紙」製造的手藝品，包括筆記本、相簿、相架等等，都是人氣特色手信。

詳細介紹見P.193、322

人氣手信推介＋超市掃貨篇

Duplo
原粒榛子朱古力

　　跟金莎朱古力同廠的Duplo，於一條小小的朱古力棒內，藏了3大顆原粒榛子，吃過後非常有愉悅感！另外，還有黑朱古力口味。大約€2.5 - 3 / 7條裝

牛肝菌乾
Funghi Porcini

　　曬乾後的牛肝菌，充滿濃郁菇菌香，最適合用來烹調高湯、意粉或意大利飯。想買方便經濟裝，可在大型超市入貨。如果想購買較厚身大片的，可到高級食材店或佛羅倫斯中央市場選購。超市經濟版€2.5 / 20g

超市好物推介！

口袋咖啡
Pocket Coffee

　　在香滑的朱古力內，藏了以100%Arabica咖啡豆製成的特濃咖啡溶液，吃一顆猶如喝了一杯香醇甜美的朱古力咖啡！大約€2 / 5粒裝

開心果醬 Pesto di pistacchio / Crema di pistacchio

　　充滿開心果香的香草醬「Pesto di pistacchio」，味道獨一無二，可搭配肉類或魚類，也可用來烹調意大利麵或直接塗在多士上作為開胃菜或小吃。大約€6 - 8 / 瓶

　　還有另一種微甜的開心果奶油醬「Crema di pistacchio」，可直接用來塗多士，是美味的早餐甜點。大約€5 - 8 / 瓶

Melinda
白朱古力蘋果乾

　　源自意大利北部Trentino - Alto Adige大區的Melinda蘋果，是全國最知名的蘋果品牌，近年推出了多款蘋果小吃，清新甜美又天然健康。這種帶有香蕉味的白朱古力蘋果乾，是大人和小孩的共同至愛！€1 / 包

Illy咖啡粉

意國著名咖啡品牌Illy所推出的Moka咖啡壺專用咖啡粉，100%採用Arabica咖啡豆，香濃醇厚，歷年來受到許多咖啡愛好者的愛戴！

大約€5 - 7 / 250g

辣椒油漬鳳尾魚
Filetti di Alici al Peperoncino

來自南部的特產，充滿咸辣魚香，是相當不錯的下酒菜！也可用來烹調意大利麵。另外也有不加辣椒的版本。大約€5 - 8 / 每瓶

黑松露醬 Salsa del Tartufo Nero / 松露製品

各式松露製品價格有高有低，很視乎質量與松露的成份濃度，於超市一般都有較經濟的黑松露醬。如果想選購高濃度和其他特色松露製品，可到松露專門店或高級食材店選購。

大約€5 / 瓶起

Mulino Bianco Cuor di Mela 蘋果軟餅

以蘋果果醬混和了在軟餅乾之內，清甜可口，細味之下，還有少許肉桂味！100%採用意大利蘋果，沒有添加人工色素和防腐劑，美味又健康！大約€1.5 - 2 / 300g

杏仁脆餅
Cantucci / Cantuccini

來自托斯卡尼的經典杏仁脆餅Cantuccini，香脆可口，當地人一般會沾上Vin Santo甜酒一起享用。€2 - 2.5 / 盒

人氣手信推介+超市掃貨篇

超市之日常小攻略！

買意式火腿

1. 大部分超市都有「專售意式醃肉火腿」的櫃台，並設有「即買即切」服務。
2. 一般以100克為基礎，可選100克（un etto）、200克（due etti）、300克（tre etti）或更多。 如果用來自製三文治，100克的火腿大約足夠1-2人享用。
3. 提醒大家：就算經過醃製的生肉類，一般都不可攜帶入境。有些地區，甚至所有肉類製品都禁止入境。除了有機會沒收之外，也可能會被罰款，請留意各地海關條例。

於火腿櫃台所列出的價格，一般是每100克（all'etto）的價格。

於大多數超市的火腿或熟食櫃台購買東西，需要拿取「號碼紙」，然後等候。

常見意式火腿種類		
意大利文	中文意思	著名產地
Prosciutto Crudo	風乾生火腿	Parma、San Daniele
Prosciutto Cotto	熟火腿	
Mortadella	意式大肉腸	Bologna
Salame	莎樂美腸	
Speck	煙燻火腿	Alto Adige
Coppa	風乾豬頸肉	Piacenza、Parma
Bresaola	風乾牛肉	Valtellina
Culatello	風乾火腿（豬後腿近臀部）	Zibello

除了以鹽和胡椒來醃製煙燻火腿Speck，還加入了月桂葉、迷迭香等等的天然香草。

如果不想用麵包來夾火腿，可以改用長餅乾條Grissini，把火腿捲起來一起吃，也很不錯！

充滿獨特香氣的巴馬火腿（Prosciutto Crudo di Parma），是全世界最著名的生火腿之一。

除了超市，也可前往「la Salumeria」（專售意式醃肉的店鋪），選購各種火腿。

買礦泉水

1. 基本上分為以下幾種：「Frizzante」（有氣）、「Naturale」（天然無氣；嚴格來說是含有少量感覺不到的天然氣泡）和「Leggermente Frizzante」（含有少量感覺到的氣泡，如寫上了「Oligominerale」，是低礦物質的意思。
2. 以六枝為一包裝的大瓶裝水（1.5公升或2公升），除非有特別列明「不可拆開」，於大部分超市，都可自行拆掉透明包裝作散買。
3. 於超市內購買礦泉水是超級便宜！在咖啡店、自動售賣機和其他商店，一般售價為 €1/小瓶，而超市售價約為 €0.2 - 0.4 / 小瓶和 €0.2 - 0.8 / 大瓶。

San Pellegrino是意大利著名氣泡水品牌，於各大超市有售。

如果不喜歡喝氣泡水，就要認著「Naturale」（天然礦泉水）這個字眼，於瓶身上會有列明。

買生果

大概是這樣運作的：

1. 在蔬果部會有即棄手套供應，需要戴上手套才可觸摸蔬果。
2. 在放置手套的附近，拿一個蔬果用的膠袋。
3. 把選好的蔬果放入膠袋中，記著價錢牌上那蔬果所屬的「磅重輸入號碼」（Tasto Bilancia）。
4. 然後去磅重，並輸入號碼，機器會印出列上了價錢的barcode貼紙，把它自行貼在膠袋上，最後去收銀處付錢。

看懂價錢牌	
意大利文	中文意思
Al kg	每公斤
Al pz	每件
Al cf	每袋 / 每包裝

在蔬果部有提供即棄手套和保鮮膠袋，用作選購生果之用。膠袋會徵收少量費用。

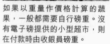

如果以重量作價格計算的蔬果，一般都需要自行磅重。沒有電子磅提供的小型超市，則在付款時由收銀員磅重。

磅的操作十分簡單，有些先要選擇水果類（La frutta）或是蔬菜類（La verdura），然後再輸入「磅重號碼」。

Tips

價錢牌中的小秘密

大多數的超市價錢牌，除了列出商品價格，也會在角落位置，列出以容量或重量計算的平均價格。（例如：圖中商品每件售€1.35，而每1公斤的價格「EUR/kg」為€8.93），方便消費者格價。

一般超市掃貨須知!

1. 營業時間:
有些超市是有午休時間（大約: 1300 - 1500 / 1530）或於星期日休息，公眾假期有機會關門或更改營業時間。

2. 小型便利超市:
於大城市的市中心，有些超市在名字後面加上了「City」、「Express」等等的字眼，其實是規模較小但位置便利的超市，營業時間較長，而商品價格比起大型超市一般較高。

3. 環保購物袋:
如果大量入貨，又忘記攜帶購物袋，每間超市於收銀處附近，都有環保袋出售，價格每個大約€1 - 2不等。

各大城市比較大型又好逛的超市

城市	超級市場	地址	特點
羅馬 Roma	Sapori & Dintorni CONAD	STAZIONE TERMINI SNC, Piazza dei Cinquecento, 00185 Roma	·特米尼火車站內 ·非常方便 （詳細介紹見P.157）
羅馬 Roma	Lidl	Via della Lega Lombarda, 32, 00162 Roma	·平價超市 （詳細介紹見P.177）
羅馬 Roma	Eataly Roma	Piazzale 12 Ottobre 1492, 00154 Roma	·高級食材超市 （詳細介紹見P.91）
羅馬 Roma	Panorama Supermarket	Via Tiburtina, 757, 00159 Roma	·規模大型 ·離市中心15分鐘車程 （詳細介紹見P.179）
佛羅倫斯 Firenze	Sapori&Dintorni CONAD	Via de' Bardi, 47R, 50125 Firenze FI	·市中心 ·非常方便
佛羅倫斯 Firenze	Coop	Viuzzo delle Case Nuove, 11, 50143 Firenze	·規模大型 ·離市中心15分鐘車程 （詳細介紹見P.247）
威尼斯 梅斯特雷 Venezia Mestre	Interspar	Via Torino, 2, 30172 Mestre	·規模大型 ·樓高2層 （詳細介紹見P.330）
威尼斯主島 Venezia	Despar-Teatro Italia	Campiello de l'Anconeta 1915, 30121 Venezia	·市中心 ·由舊劇院改建 （詳細介紹見P.310）
維羅納 Verona	Eurospar	Via Daniele Manin, 7, 37122 Verona	·市中心 ·非常方便
米蘭 Milano	Eataly Milano Smeraldo	Piazza Venticinque Aprile, 10, 20121 Milano	·高級食材超市 （詳細介紹見P.383）
米蘭 Milano	Esselunga	Viale Luigi Sturzo, 13, 20154 Milano	·規模大型 （詳細介紹見P.382）

如果想選購意大利本土高級食材，可到著名連鎖超市Eataly。

於羅馬市郊的大型超市Panorama，就在地鐵站出口旁邊，交通方便。

源於德國的廉價超市Lidl，是想節省旅費的遊客最好的入貨點。

由威尼斯舊劇院改建成的超市，建築外觀與內在，都充滿古典美感。

位於佛羅倫斯市郊的大型超市Coop，適合大規模掃貨!

Outlet特集+退稅攻略!

備受亞洲人歡迎的The Mall Luxury Outlets,幾乎每位愛購物的遊客,都會把它列入行程之中。

從佛羅倫斯出發
The Mall Luxury Outlets

位於佛羅倫斯近郊30公里外,匯聚了多達40個一線品牌的The Mall購物村,是「名牌控」必去朝聖的地方!全屬國際時尚頂尖品牌,包括有Gucci、Bottega Veneta、Balenciaga、Givenchy、Valentino、Chloé、Alexander McQueen、Saint Laurent等等。旁邊更設有不屬於The Mall購物村的Prada Outlet,是絕對不能遺漏!逛累了,更可到村內的Gucci Caffè用餐,稍作休息,然後再慢慢掃貨!

MAP: P.

在Gucci Outlet旁邊也有一整幢的Moncler Outlet,而後方也有不屬於The Mall的一些零散品牌Outlet。逛完The Mall之後,還有時間的話,可以再過對面去掃貨。

於The Mall的平面地圖,不會找到Prada Outlet,因為它不屬於The Mall旗下。位置就在下車處面向Gucci Outlet,向左步行1分鐘,整幢Prada Outlet就在左手邊。

樓高2層的Prada Outlet,店內也有Miu Miu的商品。地下層主售手袋、皮包和鞋子,1樓主售各種衣飾。一進門店員會向客人派上號碼紙,購物時向店員出示號碼紙,最後直接到收銀處憑號碼付款和取貨。

Gucci Outlet跟Prada Outlet都是坐落於獨立的建築面內,規模很大,非常好逛,位置就在下車車站的對面,如果旺季前來,有機會須排隊進入。

Gucci Outlet內商品齊全,除了手袋之外,銀包和圍巾都是非常熱賣商品。銀包大約€220起、圍巾€150起(未退稅)。

Tips

如果Gucci Outlet前門有人龍，不打算進去購物的遊客，可在建築物後方停車場前另一個入口，乘升降機直上2樓的Gucci Caffè。

營業時間：0900 - 1900

Info

地址：Via Europa, 8, 50066 Leccio, FI Firenze
營業時間：1000 - 1900；6 - 8月1000 - 2000；24 / 12、31 / 12 1000 - 1700
休息日：1 / 1、復活節、25 / 12、26 / 12（節日前後營業時間有機會更改，請於官網查閱）
網址：firenze.themall.it

Gucci Caffè位於Gucci Outlet的1樓，以精品快餐形式，提供美食。入門後左邊，是午餐主菜和麵包。右邊是輕食、咖啡、三文治、前方是吧枱和甜點。

以「Luxury Wallet」換取的Prosecco氣泡酒，加配一件甜點蛋糕，為購物之旅充充電！蛋糕€6

漢堡包份量非常大，包較乾身，但餡料充足。美食質量雖然沒有太大驚喜，但環境高雅舒適，價格又不太貴！漢堡包€8

退稅中心

設有即場現金退稅

退稅中心「Tax Free Lounge」位於The Mall後方建築物的2樓，讓客人可即時以現金退稅，減卻了於機場排隊的時間。

即場取得退稅款項後，離境時也需要在機場海關部門檢查商品和蓋章，然後須於指定時限內把蓋了章的退稅表寄回。否則，所退了的稅款有機會於信用咭戶口全數扣回。職員稱，如果於購物後7天內離開歐洲境內，才建議即場退稅。

（詳情介見見P.033）

於村內Burberry店舖旁邊有一條橋，過橋後可抵達另一座建築物，Alexander McQueen、Versace和退稅中心「Tax Free Lounge」都設在此，位置較為隱蔽。

於退稅中心內設有提款機和儲物櫃，方便客人盡情購物。

提提你

交通安排：

1.官方營運的The Mall專巴
於佛羅倫斯 S.M.N. 火車站旁邊的「Autostazione Busitalia」長途巴士總站乘搭。去程由頭班車0850開始，每天17班，平均每半小時至1小時一班，可在The Mall官網查閱時刻表和訂票，另外也可在站內售票處購買。

車站地址：Via Santa Caterina da Siena 17, Firenze
車程：大約50分鐘
票價：單程€7；來回€13
The Mall官網：firenze.themall.it/en/outlet-italy/plan-your-visit

官方營運的The Mall專巴，黑色車身非常易認。

2.「Firenzi Servizi」購物村巴士
由Firenzi Servizi公司營運的購物村巴士，由Fermata Autobus Piazzale Montelungo（大巴停靠站）開出，每天11班車，平均1小時一班。車票較便宜，還附送礦泉水。上車位置較難找，在Firenzi Servizi官網有詳細地圖、位置解說和時刻表。

車站地址：在 S.M.N火車站附近的Viale Filippo Strozzi馬路上
車程：大約50分鐘
票價：單程€5；來回€10（可上車購買）
Firenzi Servizi官網：www.firenziservizi.com/linea-bus

於「Firenzi Servizi」購物村巴士的上車處，列出了時刻表，在場有職員站崗，可即時購票。

「Firenzi Servizi」購物村巴士，於白色車身上以中、英文列出了來往「The Luxury Outlet Mall」的字眼。

3.官方營運的The Mall商務型小巴
想要舒適方便，可預訂小巴接送服務，直接往返佛羅倫斯市中心和各大酒店。一日3班，來回價格：每人€35，詳情和預訂服務可於The Mall官網查閱。

從威尼斯出發

Noventa Di Piave Designer Outlet

位於威尼斯主島40公里外，Outlet設計成一個「小威尼斯」的模樣。這裡有一共超過150間品牌店，商品種類也相當齊全，當中有不少一線品牌，包括有Prada、Gucci、Fendi、Burberry、Bottega Veneta、Armani、Salvatore Ferragamo、Valentino等等。喜歡購物的遊客，可在遊覽威尼斯的行程中，預留半天或一天去淘貨。

屬威尼托大區（Veneto）內最大型的購物村，一線和二線品牌眾多，Outlet內也設有多間餐廳。

一線品牌主要圍繞在這個圓形噴泉廣場上，其中有Prada、Armani、Gucci、Fendi、Valentino等等。

購物村裝潢滿有水都風情，於廣場中心放置了一艘貢多拉作裝飾。

「Privilege Card」需於指定店舖購物，才有額外九折，店舖名單也會跟優惠咭一起奉上。

可預先在官網免費登記成為「Privilege Club」會員，於到訪當天到客戶服務部領取優惠咭時，在指定商店可享有額外九折，優惠咭只限當天有效。

Prada是亞洲遊客最熱愛的品牌之一。

客戶服務部就在下車位置旁邊，記緊一到埗即去領取「Privilege Club」九折優惠咭！

來往威尼斯和Mestre的專車，黑色車身上面印上了Outlet的名字，非常易認。

Info

地址： Via Marco Polo, 1, 30020 Noventa di Piave, VE Venezia

營業時間： 1000 - 2000（公眾假期及前後，有機會休息或更改營業時間，可於官網查閱最新資訊）

網址： www.mcarthurglen.com/en/outlets/it/designer-outlet-noventa-di-piave

前往方法： 可從威尼斯主島或梅斯特雷（Mestre），乘坐由Brusutti巴士公司營運的專車抵達購物村，車程大約55分鐘。

去程時間：
從威尼斯（Tronchetto大巴停靠站）開出 1000、1400
從梅斯特雷（ATVO Autostazione 旅遊巴士總站）開出 1010、1410

回程時間：
從購物村開出 1500、1900

票價： 單程€8、來回€15
（可網上或車上購票）

Brusutti巴士公司官網： www.brusutti.com

從米蘭出發

部分品牌：TWINSET、Alessi、The North Face、Fratelli Rossetti、Superga、Timerland、Tommy Hilfiger、Karl Lagerfeld、Converse等等。

Scalo Milano購物村

如果只得半天時間，而且購物預算不太多的話，可以考慮逛逛這個購物村。這兒結集了超過130間店舖，當中除了有「Outlet特賣店」，亦有部分是「正價專門店」。品牌大多是中價位的本地或國際品牌，特賣店內貨品大約有3至7折的優惠。購物村內還設有一個家居設計專區，結集了一共22間時尚居家品牌，例如有Alessi、Kartell等等。

村內設有14間餐廳，可讓購物更盡情。

免費接駁巴士的上車站，位於米蘭中央火車站正門外廣場 Piazza Duca d'Aosta 的觀光巴士停靠站（大蘋果雕塑前方。

1. 逢星期四至日，每天有兩班免費接駁巴士，來往米蘭中央火車站、米蘭城堡附近Cairoli和Scalo Milano購物村，車程大約小1小時，需在官網預約，或於火車站內的Milan Visitor Center預約。（發車時間可在官網查閱）
2. 抵達後於「Info Point」顧客服務中心填寫資料，可獲得一張優惠咭。當天在指定商店購買正價商品，可享有九折優惠。
3. 要知道村內商店是「Outlet特賣店」還是「正價專門店」，於每間店舖門外都有貼上貼紙提示（Prezzo Outlet＝Outlet特賣店；Prezzo di Listino＝正價店）。

Info

地址： Via Milano 5，20085 Locate Triulzi, Milano

營業時間： 星期一至三 1000 - 2000、星期四至日 1000 - 2100、24 / 12及31 / 12 1000 - 1800

休息日： 1 / 1、復活節星期日、15 / 8、25 - 26 / 12

網址： www.scalomilano.it

前往方法：
1. 免費接駁巴士來往米蘭市中心（逢星期四至日；可在官網預約）
2. 亦可從米蘭中央火車站乘坐火車到Locate Triulzi，車程大約半小時，下火車後步行大約5分鐘。單程€2.5

退稅流程

必須持有有效「非歐盟成員國」護照，在可提供「Tax Free」的商店內，於同一天購物超過€154.95，就可申請退稅。如持有歐盟長期居留證，和16歲以下人士，均不可退稅。購物付款後，出示護照並向店員索取退稅單。退稅單會輸入名字、出生日期和護照號碼等等的資料。

意大利的商品銷售稅（VAT）為22%，於列出的商品價格已包含稅價。退稅金額大約為價格的11-13%，再減去手續費（食品和書籍不設退稅）。商品必須在歐盟外使用才能退稅，並需在購買後3個月內離開歐盟地區。

以免不能成功退稅，退稅單上的個人資料、商品及金額，須即場檢查是否正確無誤。

機場退稅

在歐盟區行程的最後一站，須到機場內的「Dogana/Customs」海關部門，出示護照、購物單據、退稅表、登機證和未經使用的退稅商品，蓋上海關印章後，再到機場內的退稅公司櫃台辦理退稅，可即場領取現金或以信用卡方式退回。

· 機場的海關部門和退稅公司櫃台經常出現長龍。如需退稅，建議預早到達機場。
· 如退稅品放在寄倉行李內，要把放了退稅品的行李帶到海關部檢查好，才可寄倉。

於機場的出境大堂會有明確方向指示。

退稅公司有「Global Blue」、「Tax Refund」和「Premier Tax Free」，設有不同櫃台。為免排錯隊，請留意退稅單是從那一間公司發出。

市內退稅

也可到市中心退稅公司櫃台，即場辦理退稅。填上信用卡資料後，可現場拿到退稅現金。然後，出境時於機場的海關退稅專櫃，出示護照、退稅商品、單據和登機證，海關檢查後在退稅單蓋上印章後，再把退稅單寄回退稅公司。

如最後忘記去蓋上海關印章或寄回退稅單，或沒有於購物後21個工作天之內寄達（如使用銀聯則為15天內），退稅款項會在信用卡上扣回。

Tips

1. 於退稅單的封套上，列出了所有市中心退稅公司櫃台地址及資料。
2. 以防寄失，建議於蓋上印章之後，郵寄之前，拍照留作紀錄。
3. 相比機場現金退稅，較為方便，但需考慮有時間上和寄失等等的風險。

「Global Blue」郵寄退稅

也可填寫好退稅申請表（寫上Email地址作聯繫）並蓋上海關蓋章後，和單據一起寄至「環球藍聯退稅處理中心」（信封上不用地址；不用郵票），去申請信用卡退稅。在寄件之前，建議拍照留作紀錄，並記下表格上的號碼，日後可在官網追蹤進度。退稅金額大約在3星期內於信用卡戶口退還給客戶。

其他熱門大型購物村

Tips

如果沒有時間去Outlet慢慢掃貨，也可以捉緊於市中心購物的血拼時機！

1. **一年一度的全國大減價**：於每年1月和7月初開始，每次為期大約1至2個月，基本上除了國際奢侈品牌沒有參與減價之外（除了Outlet部分商品會折上折），其餘所有名牌型的商品都會減價促銷，上季貨品更會低至五至七折。接近減價季度的尾聲，更有機會低至三折。

2. **Black Friday 週末**：很多店舖都會有大減價，全店或部分商品大約減至七折至七五折，一般由Black Friday開始（11月的第4個星期五），為期大約3天。

3. **聖誕前夕期間**：雖然一般沒有大減價，但各大品牌於佳節期間推出的「禮品套裝」，也值得留意。

Outlet 購物村	地區	主要品牌	網頁
Fidenza Village	可從米蘭或Parma前往	品牌包括Jimmy Choo、Prada、Red Valentino、Vivienne Westwood、Sergio Rossi 等等	www.fidenzavillage.com
Barberini Designer Outlet	可從佛羅倫斯前往	商店大約有120間，包括Furla、Karl Lagerfeld、Polo Ralph Lauren、Superdry、Bialetti 等等	www.mcarthurglen.com/en/outlets/it/designer-outlet-barberino
Serravalle Designer Outlet	可從米蘭前往	商店大約有240間，包括Gucci、Prada、Bulgari、Fendi、Burberry、Saint Laurent 等等	www.mcarthurglen.com/en/outlets/it/designer-outlet-serravalle
Foxtown Factory Outlet	可從米蘭前往（於瑞士境內；請攜帶護照，過境時有機會需要出示）	品牌包括Armani、Burberry、Gucci、Prada、Salvatore Ferragamo、Le Creuset 等等	www.foxtown.com
Castel Romano Designer Outlet	可從羅馬前往	商店大約有150間，包括Furla、Burberry、Michael Kors、Camper、Jimmy Choo、Karl Lagerfeld、Le Creuset 等等	www.mcarthurglen.com/en/outlets/it/designer-outlet-castel-romano

足球狂熱：球迷朝聖篇！

親臨現場觀賞一場足球比賽，為喜歡的球員歡呼喝采，感受場內緊張興奮的氣氛，是不少球迷到訪意大利「必做」的事情。

意大利國家足球隊

綽號為「藍衣軍團」（Azzurri）的意大利國家足球隊（Nazionale di calcio dell'Italia），以藍衫、白褲配藍襪為傳統球衣。球隊至今獲得了4次世界盃冠軍、1次奧運足球賽冠軍，和1次歐洲國家盃冠軍。歷年來戰績輝煌，於全世界擁有不少忠實追隨者。

熱門意甲球會

祖雲達斯足球會
Juventus

於1897年成立，是北部都靈（Torino）的1個足球會。於1908年成立，主場與另一球會「AC米主場位於都靈市的安聯大球場（Allianz Stadium），又稱祖雲達斯大球場，是全意大利第1座由球會私人擁有的足球場。

國際米蘭足球會
Inter

一間位於米蘭市的足球會，從未降至次級聯賽。於1908年成立，主場與另一球會「AC米蘭」共用聖西路球場。球會的最大班主，現為中國「蘇寧控股集團」。

米蘭足球會
A.C. Milan

綽號「紅黑軍團」，成立於1899年，是米蘭市一個足球俱樂部，與「國際米蘭」共享主場聖西路球場。最受矚目的對賽「米蘭打吡」，是「國際米蘭」和「A.C. Milan」之間的比賽。

羅馬體育會
A.S. Roma

於1927年成立，是一間位於羅馬的足球會，主場與另一球會拉素體育會（S.S. Lazio）共享奧林匹克運動場。

拉素體育會
S.S. Lazio

於1900年成立，是羅馬的一間足球會，最受矚目的對賽「羅馬打吡」，是兩隊以奧林匹克運動場為主場的「A.S. Roma」和「S.S. Lazio」之間的比賽。

費倫天拿足球會
ACF Fiorentina

綽號「紫百合」，成立於1926年，是佛羅倫斯一間足球會，主場位於市內的弗朗基球場（Stadio Artemio Franchi）。

拿坡里足球會
Napoli

於1926年成立，是南部拿坡里（Napoli）的職業足球會。主場位於市中心9公里外的聖保羅球場（Stadio San Paolo）。

阿特蘭大足球會
Atalanta

是一間位於倫巴第大區貝加莫（Bergamo）的足球會，主場位於市內的藍色競技運動場（Stadio Atleti Azzurri d'Italia）。

如何訂票
網上購票

聖西路球場是代表米蘭足球的最重要地標。（詳細介紹見P.408）

預訂球賽門票，可於各大球會的官方網站，或一些綜合訂票網站購票。選好場次和座位後，需輸入正確的個人資料及護照號碼，門票需以「記名」方式購買。球賽當天須帶備護照，於入場時向職員展示及核對名字。

奧林匹克運動場是羅馬最重要的體育館，亦是意甲球會A.S. Roma（羅馬）和S.S. Lazio（拉素）的主場球場。（詳細介紹見P.152）

入場須知

1. 必須攜帶護照，入場時作核對之用。
2. 入場需要接受安全檢查，不可攜帶長雨傘、玻璃杯、任何瓶子和罐裝飲料、旗幟、噴霧、自拍棒、航拍機等等和任何危險品。攜帶大型單反相機，有機會不能進入。在場沒有儲物櫃，建議隨身物品盡量輕便。

Tips

一些球隊推出了「國際球迷卡」，入會後球迷日後可優先購買球賽門票，並在該球隊專門店購物時可獲優惠。每張「球迷卡」細節條款不一，可於各大球會官網查詢。

Info

各大球會的官方訂票網站

國際米蘭
www.inter.it/it/biglietteria

AC米蘭
tickets.acmilan.com

羅馬體育會
www.asroma.com/en/tickets/buy-tickets

拉素體育會
www.sslazio.it/en/tickets-and-stadium/prices-and-matches

其他綜合訂票網站訂票
www.sport.ticketone.it
www.vivaticket.it

足球狂熱：球迷朝聖篇

除了入場欣賞球賽，各大城市，特別是著名球會所屬的城市，都設有紀念品商店，甚至球會博物館，而有些大型球場會於沒有賽事的日子，開放給公眾參觀，絕對是球迷朝聖之地！

參觀球場
聖西路球場 / 基奧斯比·梅亞沙球場

是「國際米蘭」和「AC米蘭」球隊的主場館，位於米蘭市中心6公里外，屬世界知名的足球場，歷年來舉辦過很多國際級重要賽事。球場於沒有賽事的日子，開放給公眾參觀，到訪者更可觀摩兩間球會的更衣室，和進入球場的觀眾席，去感受米蘭的足球傳奇。（詳細介紹見P.408）

球會博物館
AC米蘭博物館

AC米蘭總部「Casa Milan」，集合了博物館、餐廳、球賽售票處和紀念品店，猶如走進AC米蘭球隊的世界！在博物館內展示歷年獲得的獎杯，還可親身目睹昔日由利維拉、古烈治和韋亞等等球星所奪得的金球獎！（詳細介紹見P.409）

紀念品商店

Inter Store

國際米蘭球隊於米蘭大教堂附近，開設了紀念品專賣店，出售多款經典球衣和各式各樣的紀念商品，地庫設有童裝部和球賽售票窗口。
（詳細介紹見P.354）

Juventus Store

來自都靈的祖雲達斯球隊，也在人流旺盛的米蘭市開設了官方專賣店。店內出售各種球衣和紀念商品，更不定期推出限量版球衣。
（詳細介紹見P.354）

Milan Store

規模挺大的AC米蘭球隊專賣店，開設在米蘭大教堂附近，樓高2層，商品種類繁多，是AC米蘭球迷的必去之地。
（詳細介紹見P.354）

Football Team

位於米蘭大教堂的後方，出售意大利國家隊、其他歐洲勁旅和超過14隊意大利甲組足球隊的官方球衣和紀念品，球迷們不容錯過。
（詳細介紹見P.347）

Fiorentina Store

來自佛羅倫斯的足球隊費倫天拿（ACF Fiorentina），於當地市中心開設了官方專賣店，主售各款球衣和紀念品。
（詳細介紹見P.197）

A.S. Roma Store

於羅馬市中心，設有羅馬體育俱樂部（A.S. Roma）的專賣店。除了出售各款成人和童裝球衣，還有玩具、家居精品、文具等等。
（詳細介紹見P.126）

① 威尼斯 平台上的運河美景

始建於中世紀的德國商館，近年被改建為DFS百貨公司，於頂層的觀景平台，免費開放給公眾前去欣賞風景！從這裡可居高臨下欣賞水都風光，還可看到大運河的「S」形彎道，以及不遠處的聖馬可大教堂和鐘樓。在天氣晴朗時，隨手就可拍到漂亮的風景照。（詳情介紹見P.272）

尋找美景
10大人氣拍照熱點！

想在旅程中拍一些照片留作紀念，只要時機對、天氣好、風景美，基本上不用什麼技巧，也能拍出讓人滿意的照片。以下嚴選了一些人氣拍照熱點，是去意大利旅行不可錯失的經典美景，背景美得幾乎零技巧，就可以拍出美照！

② 維羅納 浪漫美景

維羅納擁有醉人的浪漫氣息，就連莎士比亞都選了這個小城，作為經典名著《羅密歐與茱麗葉》的故事背景。城中有一個小山丘，是著名的觀景地，一片片紅磚屋頂，盡在眼前！於日出或日落時份，美景更醉人夢幻！（詳情介紹見P.426）

③ 威尼斯 貢多拉停靠站

在威尼斯聖馬可廣場旁邊的海濱長廊，經常有一整排貢多拉傳統船在停泊著，以聖喬治馬焦雷島作背景，構成了一個很有代表性的景觀，這裡也是遊客熱門的拍照位置！（詳情介紹見P.262）

④ 羅馬 圓形競技場

擁有2000多年歷史的羅馬圓形競技場，是意大利最重要的古蹟之一，見證了古羅馬人的輝煌時光！到訪羅馬，跟競技場合照是「到此一遊」的最好紀念！於對面的地鐵站上蓋，是其中一個最佳拍攝全景的位置！（詳情介紹見P.073 - 075）

⑤ 梵蒂岡 聖彼得大教堂

位於梵蒂岡的聖彼得大教堂，是全球最大的天主教堂。登上圓頂後，可擁有聖彼得廣場的最佳景觀！從高處看，宏偉壯大的廣場就像一個鎖匙孔，喻意用來開啟天國之門。眼前的畫面，是最能代表梵蒂岡的取景構圖！（詳情介紹見P.132 - 133）

⑥ 佛羅倫斯 米高安哲羅廣場的美景

位於阿諾河南岸山丘上的米高安哲羅廣場，是俯瞰佛羅倫斯美景的最人氣地點。舊橋與阿諾河兩岸宜人的景色，構成浪漫迷人的畫面。這裡更是全城最美的日落觀景地，也是拍攝婚紗照的熱門地點！（詳情介紹見P.236）

⑦ 佛羅倫斯 紫藤花的季節

每年由4月底至5月初，是紫藤花盛開的季節！於佛羅倫斯有一條著名的紫藤花隧道，從串串花兒之中，可窺看古城的醉人全景！如果適逢在花期時段到訪佛羅倫斯，別錯過在一片紫色花影中留影！

（詳情介紹見P.232）

⑧ 羅馬 許願池

舉世知名的許願池，無論日與夜，都散發著懾人的魅力！來這裡擲幣許願和拍照的遊客，多不勝數，要找到一個有利位置好好拍照，絕不容易！要避開人群，可嘗試在許願池的側面作背景，或在清晨到達。（詳情介紹見P.096 - 097）

⑨ 比薩 斜塔

於比薩奇蹟廣場上的斜塔，真的是一項「奇蹟」！當年因地基不穩而造成塔樓傾斜，卻意外地成為世上最著名的建築之一。來這裡的遊客們，都瘋狂的做出各種姿勢，務求能拍出最有娛樂性的照片！

（詳情介紹見P.415）

⑩ 威尼斯 彩色島

威尼斯布拉諾島，經常被選為「世上必去的夢幻小島」之一，以像彩虹一樣鮮艷奪目的漁民房子而舉世聞名，每個角落都是很美的背景構圖。愛拍照的遊客，在這裡不消一會，就可拍出一大堆美照！

（詳情介紹見P.328 - 329）

精選酒店住宿特集！

First Suite面積有50-66平方米，以藍色天鵝絨和淺色木質家具作配搭，主臥室內配有特大號床，舒適的休息區配有梳化和扶手椅，空間感十足。

享受城中的低調奢華
The First Roma Arte

　　坐落在羅馬市中心一座19世紀貴族宮殿之內，經過悉心改造和粉飾，成為一幢結集了時尚、奢華與藝術的五星級精品酒店。整幢酒店以典雅精緻的佈置為主，營造出溫馨舒適的氛圍。如果在酒店內慢慢細逛，會以為正身處於一所藝術博物館！在房間、大堂和走廊，共展示了超過150件來自意大利當代藝術家的原創傑作，讓住客可沉浸在優雅的品味之中。酒店提供各類型房間，包括帶有私人按摩浴缸的套房，是城中浪漫奢華之選。

MAP: P.094 C1

Jacuzzi Suite View Terrace豪華套房擁有羅馬漂亮的景觀，更於露台設有按摩浴缸，入住時酒店還會奉上香檳和鮮果籃，可在星空下和美景當前，享受浪漫的羅馬假期！

Prestige Room面積大約有18-20平方米，裝潢自然簡約，牆壁上掛上了現代意大利藝術家的畫作。

在大堂、公共區域和房間內，都以大量當代藝術品作裝飾，好像置身於私人畫廊之中。

獲得米芝蓮一星評級的Acquolina餐廳，位於酒店地下層，供應精緻地中海海鮮料理，每道菜式都以最新鮮的食材烹製。

洗浴用品採用了意大利著名百年香水Acqua Di Parma的產品，是LVMH旗下的品牌之一。

位於酒店頂層的餐廳Acqua Roof Terrazza，主要供應意大利海鮮美食，包括午餐、晚餐、輕食和各式雞尾酒。

於天台餐廳Acqua Roof Terrazza用餐，可享受令人嘆為觀止的城市景觀。

─ Info ─

地址：Via del Vantaggio, 14, 00186 Roma
電話：+39 06 45617070
房價：Prestige Double Room淡季大約€330 / 晚起；Jacuzzi Suite大約€900 - 1000 / 晚起（＋City Tax每人€7 / 晚）
網址：www.thefirsthotel.com/arte
前往方法：乘坐地鐵橙色A線到「Flaminio」站，再步行6分鐘。

房間裝潢屬經典歐式雅級風格，舒適之餘，也豪華亮麗。

五星級的富麗堂皇

Hotel Splendide Royal Roma

　　非常瑰麗的五星級酒店，坐落於一幢19世紀建築之內。擁有69間客房和套房，房間種類眾多，切合不同客人的需要。裝潢設計以歐陸古典華麗為主，讓住客可細味高品位的歐式傳統美學。位於酒店7樓頂層的景觀餐廳Mirabelle（詳細介紹見P.125），室內設計盡顯奢華精緻，擁有非常典雅的露台，羅馬迷人風景一覽無遺。酒店位於市中心寧靜的一角，遠離遊客區的過份塵囂。

`MAP: P.095 E2`

酒店的室內設計結集了貴族風格與藝術氣息，非常獨特。

房間裝潢充滿歐陸古典風情，並擁有開揚景觀。

Mirabelle餐廳內設豪華酒窖，收藏來自世界各地超過750款葡萄酒。酒窖擁有獨立VIP房間，可供客人預訂作私人聚會。

黑白色的大理石浴室，十分寬敞，充滿氣派。

---Info---

地址：Via di Porta Pinciana, 14, 00187, Roma
電話：+39 06 421689
房價：Double Room大約€280／晚起（＋City Tax每人€7／晚）
網址：www.splendideroyal.com
前往方法：從人民廣場附近的「P.le Flaminio」站乘坐巴士61或160號，在「Veneto/Sardegna」站下車，再步行5分鐘。乘坐地鐵橙色A線到「Spagna」站，再步行10分鐘。

酒店有多種房間種類以供選擇，其中部分小型套房和套房更附帶露台，空間感十足。

大堂十分華麗亮眼，以淡雅色系為主，流露出高端貴氣。

於頂層的Mirabelle餐廳，瑰麗雅緻。用餐區面朝羅馬市中心的全景，醉人日落一覽無遺。

酒店位於一座19世紀的建築內，裝潢非常富麗堂皇。距離羅馬特米里火車站大約10分鐘車程。

Crystal Lounge餐廳設有戶外露天雅座，可在漂亮的夕陽美景下享受美酒。

住客可在擁有美景的Crystal Lounge餐廳，享用豐盛的早餐。

Crystal Lounge擁有浪漫氛圍，是一個舉行盛大宴會的理想場地。

酒店位於西班牙階梯的後方小山丘之上，旁邊是漂亮的波爾各賽公園，屬寧靜宜人的區域。

酒店設有優雅的餐廳，於晚市供應當地料理，擁有聖彼得大教堂圓頂絕美景色。

坐擁梵蒂岡醉人美景
Atlante Star Hotel

　　如果打算避開梵蒂岡群情洶湧的遊客潮，住在梵蒂岡附近區域，就最好不過了。距離梵蒂岡城僅有5-10分鐘的步程，方便住客於一清早遊客還未湧入的時候，就可輕鬆抵達梵蒂岡各個景點。酒店擁有70間客房，以古典歐洲風格作裝飾，部分房間於近年重新裝修，充滿舒適時代感。位於頂層的觀景餐廳「Roof Garden-Les Etoiles」（詳細介紹P.139），可全方位飽覽梵蒂岡醉人美景，聖彼得大教堂壯觀的圓頂，就近在咫尺！

`MAP: P.129 B2`

房間寬敞典雅，部分房間享有聖彼得大教堂的圓頂景觀。

早餐以自助形式，選擇豐富。

部分房間近年經過重新裝修，融和了古典與現代的風格。

屬同一集團經營的「Atlante Garden Hotel」酒店，相隔只有一條街，地理位置同樣方便。地址：Via Crescenzio，78,00193 Rome

「Atlante Garden Hotel」歷史悠久，很有傳統歐式酒店風情。部分房間近年經過大型翻新，充滿簡約現代感。

同樣位於梵蒂岡城的周邊，步行至聖彼得大教堂只需8分鐘。

高級房間設有按摩浴缸，可以好好放鬆身心。

位於天台的酒吧餐廳「Roof Garden-Les Etoiles」，是觀賞梵蒂岡黃昏景色的最佳地點。

Info

地址：Via Giovanni Vitelleschi, 34, 00193 Roma
電話：＋39 06 686386
房價：Double Room約€140/晚起；Superior Room約€180／晚起（＋City Tax每人€6／晚）
網址：www.atlantehotels.com/it/star-hotel/hotel.html
前往方法：從Piazza San Pietro（聖彼得廣場）或Castel di' Sant' Angelo（聖天使堡）步行前往，大約8-10分鐘。或乘坐地鐵橙色A線到「Ottaviano」站，再步行10分鐘。

大廳充滿時尚氣派，以溫暖高雅的色調，營造瑰麗感。

古典別墅酒店　MAP: P.147 B2

Hotel Lord Byron

　　位於羅馬市中心波爾各賽花園的後方，屬於一個寧靜優雅的住宅區。酒店坐落在一幢建於1939年的古典貴族別墅，於1970年改建成酒店。酒店一共有28間房間，擁有私人住宅風格，於不同的角落注入藝術氣息，盡顯氣派。大堂以懷舊紅木家具和大理石牆身作裝飾，以營造30年代的古典迷人氛圍。位於市中心的北部，鄰近國立現代藝術美術館，附近有公共交通路線前往各大景點。

酒店內的「Sapori del Lord Byron」餐廳，提供當地特色菜餚以及產自意大利各區的葡萄酒。

雙人房面積約為25平方米，配有一張大號床或兩張單人床。部分客房設有小型露台，可俯瞰鄰近的花園景緻。

套房面積約42平方米，以20世紀初的懷舊古典風格為主調，配有舒適大號床和休息間。

餐廳於星期一至六晚市營業，主要供應當地各式料理和手工製作的意大利麵。

自助早餐選擇豐盛，用餐環境優雅舒適，著重藝術風格。

酒店位於市中心的邊緣位置，非常安靜舒適，可以遠離遊客區的喧囂。

—— Info ——

地址： Via Giuseppe De Notaris, 5,00197 Roma
電話： +39 06 3220404
房價： Classic Double Room大約€170 / 晚起；Deluxe Double Room €200 / 晚起；（＋City Tax每人€7 / 晚）
網址： www.lordbyronhotel.com
前往方法： 從人民廣場附近的「Flaminio」站乘坐電車2號到「Aldrovandi」站，再步行5分鐘。或從許願池附近的「S.Claudio」站乘坐52號巴士到「Don Minzoni」站，再步行3分鐘。

酒店地理位置非常方便，距離人民廣場只有300米，前往西班牙廣場只需5分鐘步程。

迷人的精品酒店
MAP: P.095 D1

Margutta 19 Luxury Hotel

　　位於羅馬高尚藝術區Via Margutta，是一幢非常迷人的精品酒店，風格低調奢華。房間屬溫文爾雅的設計，沒有過份炫麗，但重於細節和品質，展現現代家居的純淨感，部分套房更配有露台和舒適的休息區。頂層設有天台酒吧，提供歐陸式自助早餐和餐前雞尾酒，環境十分寧靜優雅。酒店另設有裝潢時尚的餐廳「Assaggia」（詳細介紹見P.122 - 123），供應傳統地道料理。

餐廳「Assaggia」用餐環境有情調又靜謐，是細意品嚐羅馬傳統料理的好地方。

酒店於每一個角落都用心修飾，到處置滿藝術品，盡顯精緻典雅。

豪華客房結合了舒適和現代風格，房間設有平面電視和咖啡機，床單和羽絨被選用高級床上用品品牌Frette的出品。

豪華套房採用了低調的溫暖色系，並設有舒適的休息區、辦公桌和Apple TV的平板娛樂系統。

Garden Suite除了有一個寬敞舒適的客廳，還設有私人庭院露台，享有花園景緻。

寬敞的大理石浴室配有獨立式浴缸和淋浴間，提供高級品牌Frette的浴袍和毛巾。

---Info---

地址：Via Margutta, 19, 00187 Roma
電話：＋39 0697797979
房價：Deluxe Double Room大約€390 / 晚起
　　　（＋City Tax每人€7 / 晚）
網址：www.romeluxurysuites.com/margutta-19
前往方法：乘坐地鐵橙色A線到「Spagna」站，步行5分鐘。或從Piazza del Popolo（人民廣場）步行前往，大約6 - 8分鐘。

酒店位於較寧靜區段，乘坐巴士往特米尼火車站、西班牙廣場或許願池等著名景點，車程大約15分鐘。

豪華客房以木質家具顯格調，在古典和現代風格之中，取了一個完美的平衡。

城中少有的大型渡假酒店 MAP: P.147 C2

Parco dei Principi Grand Hotel & Spa

　　位於羅馬園林區一間五星級城市渡假式酒店，絕對是羅馬市中心少見！鄰近波爾各賽美術館，屬於較為寧靜優雅的地段。客房一共有179間，擁有多種類型，切合不同住客的需要。大部分客房享有波爾各賽別墅的園林景致，更可遠眺聖彼得大教堂。另一焦點是，酒店設有佔地2千平方米的大型水療中心Prince Spa，內有室內和室外游泳池與健身房，遊客大可盡情享受一趟放鬆的羅馬假期。

Prince Spa水療中心分為3層，內設桑拿浴室、多感官淋浴、瑞典浴、冰瀑布和土耳其浴室，設施相當完善。

整間酒店像羅馬市中心的一片綠洲，露天餐室充滿休閒氣息。

部分套房近年經過翻新重修，充滿現代舒適感。

酒店大堂放滿經典豪華家具，打造出獨特的優雅氛圍。

室外游泳池和池畔酒吧於夏季開放，給住客盡情享用。

於露天雅座享用早餐，可遠眺梵蒂岡聖彼得大教堂，城市景色一覽無遺。

Info

地址：Via G. Frescobaldi, 5, 00198 Roma
電話：＋39 06 854421
房價：Superior Double Room大約€230 / 晚起（＋City Tax每人€7 / 晚）
網址：www.parcodeiprincipi.com/en/5-star-luxury-hotel-rome.html
前往方法：從特米尼火車站外的「Termini」站乘坐910號巴士到「Paisiello/Monteverdi」站，再步行5分鐘。或從梵蒂岡區的「Risorgimento-San Pietro」站乘坐19號電車到「Bioparco」站，再步行4分鐘。

住客以年輕背包客為主，旅館內的公用空間每個晚上都非常熱鬧。

「好動派」青年旅館 MAP: P.154 B3

The Yellow

　　非常熱鬧的青年旅館，主要提供廉價宿位給年輕人，住客年齡限定為18-45歲。旅館房間分佈在同一條大街，不同的建築物之內，很有家的感覺。旅館以「熱鬧」為亮點，主力舉辦很多活動，營造年青人聚會的氣氛。日間特色活動例如有烹飪班、免費步行導覽團、踏單車遊羅馬、瑜伽班等等。而於晚間，住客可在旅館對面的附屬酒吧，在DJ打碟下享受音樂，跟來自各地的年輕旅客輕鬆暢飲。

宿舍床位以4-6人為一房間，有男女混合、全女或全男選擇，另有少量獨立雙人間。

旅館距離地鐵站和特米尼火車站大約10分鐘步程，除了有附屬酒吧，也設有餐廳和單車租借服務。

住客如果於旅館附屬的酒吧，點選酒精飲品，可獲八折優惠。酒吧經常舉辦音樂會、Live Band或有DJ打碟一整晚，聚集一眾年輕人。

於房間內，除了床下設有儲物櫃，也有保險箱可給每位住客使用。

旅館房間非常多，幾乎遍佈整條街的住宅大樓。公共休息間相對不太多，經常擠滿人，大可結識來自世界各地的朋友。

旅館也有提供廚房給客人使用，可作簡單下廚或休息。

═══ Info ═══

地址： Yellow Square, Via Palestro 51, 00185 Roma

電話： +39 06 446 3554

房價： Bed in 6-Bed Dormitory Room淡季大約€13／晚起；Double Room淡季大約€50／晚起（＋City Tax每人€3.5／晚）；旺季大約雙倍價格；私人房間則無年齡限定

網址： www.the-yellow.com

前往方法： 從Stazione di Roma Termini（特米尼火車站）步行前往，大約8分鐘。或乘坐地鐵藍色B線到「Castel Pretorio」站，再步行3分鐘。

酒店地理位置非常好，無論前往火車站或古城中心，都只需10分鐘步程。

豪華客房配以雅緻唯美的古典家具，佈置精美細膩。

百年經典的優雅
The Westin Excelsior

位於阿諾河畔，坐擁優美的堤岸景致。酒店所在的建築物，可追溯至7個世紀之前，非常歷史悠久。一共擁有171間客房和套房，其中一些設有私人觀景露台。大多數房間以古典優雅的家具作裝飾，傳承了百年經典酒店的韻味。位於頂層的餐廳「SE‧STO on Arno」，裝潢精緻現代化，提供地中海風味料理，大型落地玻璃窗更是亮點所在，360度的城市景觀可一覽無遺。

MAP：P.216 A3

於頂層的高級豪華套房，設有戶外露台，景色相當一流。

設有華麗的宴會廳，是城中著名婚宴和慶典的舉行場地。

小型套房設有寬敞的休息區、臥室和大露台，可俯瞰阿諾河的漂亮景色。

「Belvedere Suite」豪華套房位於頂樓，設有一個45平方米的觀景露台。

酒店歷史很悠久，裝潢屬傳統與現代的融合，大堂休息區散發懷舊優雅的氣息。

「SE‧STO on Arno」餐廳非常別緻，透過落地玻璃窗，可欣賞佛羅倫斯壯麗全景。

┌Info┐

地址：Piazza Ognissanti 3, 50123 Firenze
電話：＋39 055 27151
房價：Deluxe Double Room大約€315／晚起
　　　（＋City Tax每人€5/晚）
網址：www.marriott.com/hotels/travel/flrwi-
　　　the-westin-excelsior-florence
前往方法：從Firenze Santa Maria Novella
　　　（佛羅倫斯 SMN 火車站）步行前
　　　往，大約10分鐘。或從火車站外的
　　　「Stazione Scalette」站乘坐巴士
　　　C4 路線到「Ponte Vespucci」站
　　　即達。

部分觀景房間設有陽台，擁有極美的阿諾河岸風景。

大堂休息區精緻華麗，著重優雅氣質，且十分寬敞明亮。

淺色調的裝潢精緻舒適，均採用純棉床單，提高舒適度。

「Deluxe Room」以15世紀文藝復興時期為裝飾主題，壁畫與古典大鏡，讓房間充滿獨特格調。

設有Clarins水療美容中心，可讓住客預約按摩或身體護理，享受放鬆的假期。

房間以引人入勝的壁畫作點綴，充滿古典藝術氣息。

典雅華麗之演繹
The St Regis Florence

　　坐落於阿諾河畔一個優雅地段，擁有佛羅倫斯迷人的河岸景致。房間裝潢以文藝復興時期的風格為主，盡見優雅奢華。其中的「Bottega Veneta Suite」套房，更是城中唯一！由享譽國際的高端品牌Bottega Veneta之創意總監Tomas Maier親自設計，盡顯極上品味。酒店著重細節，更為每位入住「套房」的住客，提供一流管家服務，按住客所需，貼心地準備旅程中的細節，例如提供整理行李或熨衣服等等的服務。

MAP: P.216 A3

Info

地址： Piazza Ognissanti 1, Firenze, 50123 Italy
電話： ＋39 055 27161
房價： Deluxe Room淡季大約€460 / 晚起；Junior Suite大約€900 / 晚起；Bottega Veneta Suite大約€4000 / 晚起；（＋City Tax每人€5 / 晚）
網址： www.marriott.com/hotels/travel/flrxr-the-st-regis-florence
前往方法： 從 Firenze Santa Maria Novella（新聖母瑪利亞火車站）步行前往，大約10分鐘。或於火車站外的「Stazione Scalette 站」乘坐巴士C4路線到「Ponte Vespucci 站」即達。

金碧輝煌的宴會大廳Salone delle Feste，是婚禮和宴會的舉辦場地，氣派非凡。

酒店內的米芝蓮星級餐廳Winter Garden by Caino，充滿華麗氣派，情調非常浪漫高雅。（詳細介紹見 P.226）

Bottega Veneta Suite利用柔和的中性色系，帶出平靜感，盡顯簡約時尚，套房住客更可享用管家服務。

以豐富色彩配合古色古香的家具作裝飾的酒店大堂，非常瑰麗典雅。

高級套房Bottega Veneta Suite，在沉穩安靜中暗藏奢華，面積很大，充滿空間感。

Winter Garden by Caino餐廳每天供應下午茶套餐，有多種法國百年茶Dammann Frères Tea以供選擇。（於1530 - 1700供應；每位€22）

早餐的用餐區位於餐廳的上層，環境十分富麗堂皇。

酒店位於阿諾河畔，擁有優美迷人的景致。

Panoramic Suite屬酒店內頂級的全景套房，擁有聖母百花大教堂的景色。

充滿歷史韻味的古典酒店

Helvetia & Bristol Firenze - Starhotels Collezione

位於佛羅倫斯古城中心，鄰近Via Tornabuoni名店區段，地理位置非常優越。酒店歷史悠久，充滿懷舊典雅的韻味，房間佈置以經典歐式風格為主，以珍貴古董家具、大理石浴室和寬大舒適的床，營造出溫馨精緻的入住環境。部分房間和公共區域於2019年4月經過重新設計及重修，配以意大利工匠手工製作的布料，保留了古典優雅的風格，營造舒適感。 **MAP: P.188 A2**

房間內採用了傳統布藝，增添歷史悠久的優雅氛圍。

屬於精緻豪華風格的客房，配以華麗的古董家具，展現復古質感。

坐落在一幢19世紀下半葉的建築物內，充滿懷舊韻味。

小型套房擁有私人住宅的氛圍，最適合鍾情古典藝術美的遊客。

Info

地址：Via dei Pescioni, 2, 50123 Firenze
電話：＋39 055 26651
房價：Classic Double Room大約€340 / 晚起；Deluxe Double Room大約€460 / 晚起（＋City Tax每人€5 / 晚）
網址：www.starhotelscollezione.com/en/our-hotels/helvetia-and-bristol-florence
前往方法：從Firenze Santa Maria Novella（佛羅倫斯SMN火車站）步行前往，大約10分鐘。

大堂散發著古色古香的魅力，牆上掛上了不少畫作，增添藝術氣息。

酒店設有精緻迷人的酒吧，可舒適又溫馨地享用各式雞尾酒。

全景套房面積有56平方米，擁有寬敞的客廳和休息區。

滿有氣派的酒店大堂，提供了一個古典華麗的休息空間。

酒店附設餐廳，供應傳統特色菜餚，於2019年進行大規模翻新。

擁有獨特風格的小型套房，置放了富麗堂皇的古董家具，展現精緻的奢華。

門外設有優美的露天雅座，在古城建築圍繞下，用餐氣氛更寫意。

地理位置非常好，位於市中心地段，前往各個景點或逛街購物，都很方便。

每個房間都有獨特的色彩搭配，和富有時尚品味的設計與裝飾風格。

藝術精品酒店
Milu Hotel

　　結集藝術、時尚和設計的4星級Milu Hotel，在樸舊典雅的佛羅倫斯古城之中，實在讓人耳目一新。位於「Via de' Tornabuoni」名店區地段，坐落於一幢14世紀建築內，擁有22間各具特色的空調客房，設計盡顯低調的現代感。客房內的家具都經過精心挑選和配搭，選用意大利最佳設計品牌，來塑造不同的風格。從走廊、樓梯到房間，以眾多當代藝術收藏品作裝飾，流露優雅非凡的質感。

MAP: P.188 A3

酒店特別選用本土知名品牌，向享譽全球的意大利家具設計致敬。

藝術收藏品除了作點綴之外，也作出售用途。客人如想把酒店內的某件繪畫或雕塑帶回家，可以向酒店查詢價格。

浴室以黑色大理石和紅色玻璃作主調，用色配搭大膽，成為設計中的經典。

每一角落都充滿不浮誇的時尚感，低調簡約中見奢華。

┌ Info ┐

地址： Via de' Tornabuoni 8, 50123 Firenze
電話： ＋39 055 217103
房價： Superior Double Room大約€110 / 晚起；Deluxe Double Room大約€160 / 晚起（＋City Tax 每人€5/晚）
網址： www.hotelmilu.com
前往方法： 從Firenze Santa Maria Novella（佛羅倫斯S.M.N.火車站）步行前往，大約10分鐘。

豪華房面積為20平方米，寬敞舒適，並設有一張沙發床。房間重視設計理念之外，也重視舒適度。

寬敞的客房設有智能電視。冰箱內的迷你吧、飲品及小食更免費給客人享用。

公共空間非常明亮，且設計時尚，讓人十分驚喜。

酒店內選用意大利本土製造的家具和燈具，包括Moroso、Rimadesio、Minotti、Magis、Bonaldo等頂級知名設計品牌。

舒適的空間和充滿人性化的設計，感覺像一個現代型的「家居」。

酒店一共有5層，自助早餐用餐區位於頂樓，更設有可俯瞰城市景色的露台。

於5樓頂層設有一個屋頂露台，可欣賞風景和稍作休憩，住客可免費享用咖啡。

酒店位於市中心名店區，如前往火車站大約步行10分鐘，距離聖母百花大教堂也只有450米，無論購物或遊覽都非常方便。

火車站前的古典大酒店
Grand Hotel Baglioni

於1903年開業，位於佛羅倫斯新聖母瑪利亞火車站（Firenze S.M.N.）前方，位置十分便利，屬於四星級酒店，坐落在一幢宏偉的19世紀建築物之中，充滿古典高雅氣派。擁有192間客房，把現代格調融入古色古香之中，流露歐式優雅感。於頂樓設有「B-Roof」全景餐廳，可欣賞到整個城市的醉人景色。

MAP: P.216 B3

Junior Suite有一個別緻舒適的小廳，遊覽一整天後可以放鬆身心。

客房擁有寧靜溫馨的氛圍，配有優雅的家具，有種獨特的舒適感。

由工匠精心製作的木製家具和格子天花板，讓房間更添古色古香的韻味。

大部分房間以經典佛羅倫斯風格為主調，每間房間設計都不一樣。

Info
地址：Piazza dell'Unità Italiana, 6, 50123 Firenze
電話：+39 055 23580
房價：Double Smart Room 大約€135/晚起（＋City Tax每人€5/晚）
網址：www.hotelbaglioni.it
前往方法：從新聖母瑪利亞火車站（Firenze S.M.N.）步行前往，大約5分鐘。

擁有風景優美的天台游泳池
Grand Hotel Minerva

鄰近火車站的四星級酒店，擁有97間溫馨舒適的精品客房，每一間都有不同設計風格。酒店的特色之處，是設有一個天台游泳池，坐擁佛羅倫斯絕美景致！游泳池和天台酒吧於每年5月至9月開放，可供住客在美景當前享受日光浴和游泳作樂，彷彿遠離古城鬧市中的喧囂。

MAP: P.216 B3

房間裝潢高雅瑰麗，充滿古典氣息。其中壁畫套房的天花板，以19世紀壁畫作裝飾，奢華中見氣派。

餐廳的露天雅座，面朝向新聖母瑪利亞大教堂，景觀一流。

游泳池設於酒店的頂層，擁有聖母百花大教堂的迷人景色，於夏季期間開放。而觀景露台則全年開放。

Info
地址：Piazza Santa Maria Novella 16, 50123 Firenze
電話：+39 055 27230
房價：Premium Double Room 大約€260/晚起（＋City Tax 每人€5/晚）
網址：www.grandhotelminerva.com
前往方法：從Firenze Santa Maria Novella（佛羅倫斯S.M.N.火車站）步行前往，大約5分鐘。

背包客之選
Hostel Archi Rossi

屬經濟和方便之選，距離新聖母瑪利亞火車站（Firenze S.M.N.）僅5分鐘步程！旅館很有藝術氛圍，牆上畫滿一些名畫的複本，非常獨特。旅館主要提供廉價住宿，除了有4至6人的宿位房間，也有提供少量私人單人房、雙人房和三人間。焦點是豐富的自助早餐，有多種冷、熱食選擇。

MAP: P.216 B2

餐廳寬敞舒適，且環境十分衛生。

結束一天的遊覽之後，住客可以在庭園裡休息放鬆。

早餐屬自助形式，選擇很多，除了有麵包、多士，也有供應熱食、甜品、水果和冷熱飲品。

地理位置十分好，靠近火車站和中央市場，步行至聖母百花大教堂亦只需10分鐘。

Info
地址：Via Faenza 94r, Firenze
電話：+39 055 29 08 04
房價：Twin Room 大約€50/晚起；Single Bed in 6-Bed Dormitory Room 每人大約€20/晚起（＋City Tax每人€2/晚）
網址：www.hostelarchirossi.com
前往方法：從新聖母瑪利亞火車站（Firenze S.M.N.）步行前往，大約5分鐘。

公用大廳以柔和浪漫色系作主調，流露優雅瑰麗之感。

迷人的優雅風情
Splendid Venice - Starhotels Collezione

　　位於聖馬可廣場和里亞爾托橋之間，擁有極優越的地理位置。步行至聖馬可區的主要景點，只需要5至10分鐘的路程。酒店坐落在一幢歷史悠久的建築物內，擁有一共165間客房和套房，裝潢屬溫馨浪漫風格，滲透出古典水都風情，部分房間更可俯瞰運河水巷。於天台頂層，設有寫意的酒吧區，住客可一邊品嚐經典的雞尾酒，一邊慢享潟湖的水巷美景。

MAP: P.261 C1

優雅的酒吧設有俯瞰運河的窗戶，可以一邊享用雞尾酒，一邊欣賞壯麗的運河景色。

環繞酒店周圍是寧靜的街道和小運河，門前擁有私人碼頭，可乘坐水上的士直接前往。

於酒店內的Le Maschere餐廳，主要供應海鮮特色菜，用餐區享有迷人的水巷景觀。

房間以迷人的銀色、淡紫色和棕色色調為主調，精緻而且情調浪漫。

房間擁有典型的威尼斯風格，所用的布藝是傳統的紡織面料，別具水都風情。

頂層天台設有另一間酒吧Altana，擁有漂亮景致，入夜後燃起燭光，更迷人浪漫。

┌Info┐

地址：S.Marco Mercerie,760, 30124 Venezia
電話：＋39 041 5200755
房價：Superior Double Room大約€220 / 晚起（＋City Tax每人€4.5 /晚）
網址：www.starhotelscollezione.com/en/our-hotels/splendid-venice-venice
前往方法：從Venezia Santa Lucia火車站（威尼斯聖露西亞火車站）外的「Ferrovia」碼頭乘坐1號或2號水上巴士號到「Rialto」碼頭，再步行3分鐘。或從Piazza San Marco（聖馬可廣場）步行前往，大約5分鐘。

豪華房間空間寬敞，以木質
家具營造舒適雅緻。

坐擁優美的潟湖景色
Hilton Molino Stucky Venice

　　坐落於朱代卡運河沿岸一座非常矚目的建築物，遠離對岸的旅
遊區，是水都之中難得一見的寧謐國度。屬新哥德式風格的大樓，
是19世紀麵粉磨坊的所在地，工廠於1955年停止運作，後來希爾
頓連鎖酒店把它改建為充滿歷史感的大酒店，於2007年開業，擁有
379間客房和套房，設有7間不同種類的酒吧和餐廳，亦設有全威尼
斯最大的會議中心和第二大的水療中心。於每年5月中至9月開放的

設有浴缸的大理石浴室，色調淡雅，讓住客
可浸浴放鬆身心。

Rooftop游泳池，更享
有迷人景觀，住客可在
池畔美景之前，享受雞
尾酒。

MAP: P.288 A2

酒店位於朱代卡島上，比
較自成一角，不少房間擁
有開揚景觀，讓住客可好
好放鬆休息。

酒店為住客提供豪華舒適的免費專船，來
往聖馬可廣場，碼頭就在酒店正門外，十
分方便。

客房裝潢設計精緻瑰麗，部分房間擁有漂亮
的運河景觀。

房間種類選擇多，雙人房也可選擇雙床房，
另有家庭房和各式行政套房。

┌─ **Info** ─┐

地址：Giudecca 810, 30133, Venezia
電話：+39 041 2723 311
房價：King Guest Room大約€260／晚起
　　　　（＋City Tax每人€5／晚）
網址：www.molinostuckyhilton.it/Hilton/Venezia
前往方法：酒店提供免費水上渡船服務給
　　　　住客，來往聖馬可廣場「Hilton
　　　　Shuttle Boat-ST Marco Stop」碼
　　　　頭。從Aeroporto di Marco Polo
　　　　（威尼斯馬可波羅機場），可乘坐
　　　　由Alilaguna營運的機場渡船B線，
　　　　到「Giudecca Hilton」站即達。

前身為一座宏偉的麵粉工廠，經悉心改建後，現為朱代卡島上的大型豪華酒店，也是該島上最標誌性的建築物之一。

露天雅座擁有一望無際的運河景觀，讓住客可享受一片悠閒時光。

大堂裝潢高雅舒適，寬敞又有空間感。

歐陸式早餐屬自助形式，選擇相當豐富。

總統套房裝潢華麗極致，氣派非凡！透過圓拱玻璃，潟湖醉人風光一覽無遺。

大堂酒吧寬闊舒適，客人可在此小酌一杯聊聊天。

Aromi餐廳環境優雅，提供正宗的威尼斯風味料理。

位於頂層天台的Skyline Bar Rooftop（詳細介紹見P.289），更是城中觀賞日落的浪漫之地。

每間房間都以不同的色系作主調，散發截然不同的典雅韻味。

盡顯威尼斯式的優雅
Residenza Veneziana

B&B位於威尼斯市中心區，距離聖馬可大教堂只有450米。房間裝潢屬經典威尼斯風格，滲出典雅的氣派。Murano玻璃吊燈、別具特色的窗簾和掛毯、公主式的古典家具，讓人恍如置身一座昔日的貴族宮殿。部分房間可俯瞰漂亮的運河景致，從大窗戶更可欣賞在水巷上的貢多拉船，十分悠閒寫意。B&B地理位置也很好，距離聖馬可廣場只有5分鐘的步程。

MAP: P.318 B2

部分房間擁有運河景觀，住客還可面對著水都景致，享用優雅的早餐。

以藍色和金色圖案，來營造經典的威尼斯式古典氣派。

高級三人間有寬敞的空間，房間裝飾有如貴族宮殿的氣派。

B&B的玄關以白色、金色為主，展現了一貫的華麗風格。

每間房間都裝有來自Murano的玻璃吊燈，增添貴氣。

客房富有經典威尼斯風格，配以古典家具、掛毯和窗簾作裝飾。

Info

地址： Castello 4967, 30122, Venezia
電話： +39 041 0986075
房價： Superior Double Room大約€210 /
晚起（＋City Tax每人€4 / 晚）
網址： www.residenzaveneziana.com
前往方法： 從Venezia Santa Lucia火車站
（威尼斯聖露西亞火車站）
外的「Ferrovia」碼頭，乘坐
1號或2號水上巴士號到「S.
Zaccaria（Danieli）」碼頭，再
步行5分鐘。

大廳以玻璃吊燈、絲絨梳化椅、木質地板和優雅古典的石壁爐作裝飾，設有酒吧供應各式飲料。

安靜悠閒的時尚旅館
Generator Venice

　　十分受歡迎的旅館，坐落於朱代卡島的東岸，面對著一望無際的運河景致。旅館由一幢舊倉庫改建而成，擁有獨一無二的室內設計，保留了建築物原本哥德式和文藝復興的元素，結合了酷炫的現代風格，成為一幢充滿格調又設備齊全的旅館。主要提供「多人一房」的宿位，以較便宜的價格，讓單身旅客和背包客有理想的住宿選擇。除了大型共享房間，旅館也有少量私人房間，有部分雙人間更設有天窗，盡顯浪漫極致。

MAP：P.288 C2

早餐需另外付費，以自助式供應多士、水果、小點等等。

帶有古典和隨意感的木質家具，讓人印象深刻。地下層設有公共空間，讓住客可在輕音樂下聚集、聊天和結識新朋友。

旅館位於朱代卡島上，住客需以水路形式往返，建議配合ACTV的水路交通票。旅館前方就是水上巴士站，坐船到聖馬可廣場只需2個站。

大堂富有設計感，帶點復古風，融合了古典優雅和新穎的現代感。

─ Info ─

地址：Fondamenta Zitelle 86, 30133 Venezia
電話：＋39 (0) 418778288
房價：Bed in 16 - Bed Dormitory Room每人大約€28／晚起；Double Room大約€130／晚起（＋City Tax 每人€2／晚）
網址：www.generatorhostels.com/destinations/venice
前往方法：從Venezia Santa Lucia火車站（威尼斯聖露西亞火車站）外的「Ferrovia」碼頭，乘坐4.1號水上巴士，或從聖馬可廣場的「S. Marco (Giardinetti)」碼頭，乘坐2號水上巴士到「Zitelle」，再步行1分鐘。

旅館也有少量雙人房和四人房，部分房間設有天窗，木製天花充滿舊房子的韻味。

每個宿位都設有床頭燈和充電位置，也有私人儲物空間，設備齊全。

公共休息空間充滿時尚設計感，亦設有小型儲物櫃，讓住客可存放貴重物品

工業風型格旅館
Anda Venice Hostel

　　威尼斯住宿價位高企，特別是在旅遊旺季，有不少「小資背包客」會選擇到 Mestre 找較便宜的住宿。於2018年新裝後開業的 Anda Venice Hostel，樓高8層的大型經濟旅館，提供一共769個宿位，大部分屬「共享房間」。裝潢時尚有設計感，走型格工業風，吸引不少年青背包客。旅館鄰近火車站，往威尼斯主島只需15分鐘，非常方便。公用設施配套也很齊全，包括廚房、洗衣機、酒吧和工作間。

MAP: P.325 B4

旅館主要提供6至9人共享房間的宿位，另有少量獨立雙人間。

前台設有大型行李儲物櫃，讓當天Check-Out的住客，可以暫時寄存行李。

自助早餐需額外收費，可於入住當天或享用早餐前報名及付款，很有彈性。

旅館規模十分大，旺季時份入住率相當高，非常熱鬧，是認識來自世界各地朋友的好地方。

於每天中午12時後開放的廚房，設備齊全，讓住客可輕鬆下廚。

旅館內設有自助洗衣機和乾衣機，非常適合正在長途旅行的遊客。

每個床位下都有專屬的大型儲物空間，但需自備鎖頭。

Info

地址： Via Ortigara, 10, 30171 Mestre, Venezia
電話： ＋39 041 8622291
房價： Budget Double Room大約€140 / 晚起；Bed in 9 - Bed Dormitory Room每人大約€20 / 晚起（＋City Tax每人€1.5 / 晚）
網址： www.andavenice.com/hostel/
前往方法： 從威尼斯主島的「Venezia Santa Lucia」火車站，可乘坐火車「Venezia-Mestre」，再步行3分鐘。或在威尼斯主島位於Piazzale Roma的巴士總站，乘坐巴士2號到「Stazione MESTRE FS C4 站」，再步行3分鐘。

阿瑪尼的奢華時尚

Armani Hotel Milano

由時尚品牌Armani創立的五星級酒店，位於米蘭時尚名店區「Quadrilatero della Moda」之中。優雅現代化的裝潢，充滿時尚氣派。客房用料不凡，配有Armani Casa的家具，流露高格調貴氣。酒店內的型格酒吧Armani Bamboo Bar，更是城中名人的聚腳地。

`MAP: P.364 B2`

共有95間豪華客房，設計跟Armani品牌一樣，走在時尚的前端，高貴優雅。

每天完成日間行程後，還可到營業至零晨的Armani Bamboo Bar暢飲幾杯。

Spa中心提供各項面部美容或身體護理，內設一個擁有城市景觀的室內游泳池。

於酒店7樓的Armani Ristorante餐廳，裝潢屬現代風格，用餐區可享有城市美景，更可遠眺米蘭大教堂。

坐落在名店區的中心位置，一出酒店就可以盡情購物，而步行前往米蘭大教堂亦不用10分鐘。

Info

地址：Via Alessandro Manzoni, 31, 20121 Milano
電話：+39 02 8883 8888
房價：Deluxe Double Room大約€490 / 晚起（City Tax 每人€5 / 晚）
網址：www.armanihotelmilano.com
前往方法：乘坐地鐵 M 3 黃色線 到「Montenapoleone」站，再步行1分鐘。

古典浪漫的童話風

Château Monfort

於一座20世紀初的優雅大宅之內，是一間別緻的五星級精品酒店。酒店擁有童話般的夢幻氛圍，客房一共有77間，均以不同的童話故事為主題。裝潢屬新浪漫風格，以現代的室內設計，加入了古典優雅的細節，吸引不少情侶住客來享受浪漫。酒店距離米蘭名店街 Via Montenapoleone（蒙特拿破崙大街）只需8分鐘的步程，方便前往購物。

`MAP: P.364 D3`

以暗藍和淺金作主色調的房間，感覺高貴，床頭板和天花設有花形圖案的LED燈效，營造浪漫迷人的氛圍。

以「胡桃夾子」作主題的房間充滿童真，光線從天窗照射下來，房間更寬敞明亮。

酒店內設餐廳，供應經典意大利美食。另有優雅古典的酒吧，營業至深夜。

房間裝飾時尚優雅，注重細節，設計別具格調。

以火之鳥為主題的套房Uccello di Fuoco，以淡紫色配象牙色色調，令房間更獨特迷人。

Info

地址：Corso Concordia 1, 20129 Milano
電話：+39 02 776761
房價：Superior Double Room大約€200 / 晚起；Executive Double Room大約€280 / 晚起；＋City Tax每人€5 / 晚
網址：www.hotelchateaumonfort.com/en
前往方法：乘坐地鐵M1紅色線到「Palestro」站，再步行10分鐘。或從米蘭大教堂附近的「Duomo」站乘坐電車19號，或米蘭中央火車站外的「Stazione Centrale m2 M3」站乘坐電車9號，到「P.za Tricolore」站即達。

酒店內放置了不少具設計感的家品，富有時尚氣息。

是全米蘭唯一一間可以俯瞰運河的酒店，部分房間面向運河，份外有渡假的感覺。

俯瞰米蘭運河景致
MAP: P.398 B2

Maison Borella

位於米蘭運河區中的四星級酒店，主打休閒風格。裝潢明亮典雅，又帶有「家」的溫馨感，讓客人可以在舒適寫意的氛圍下，享受假期。酒店擁有優雅柔美的裝飾，部分房間設有木頭製的橫樑天花，充滿歐式鄉村風格，為客人打造舒適無比的入住體驗。位於運河區Porta Ticinese地區，只需10分鐘的步程，就可到達地鐵站，交通便利。如果想在城市中尋找靜謐的空間，這兒是不二之選。

室外庭院設有露天空間，在此用餐並小憩一番，讓人放鬆。

坐落於Naviglio Grande大運河岸邊，遠離城市的繁華熱鬧，帶點寧靜安逸美。

Maison Privée 在主樓的另一端，從獨立的門戶進入，營造私隱空間。優雅的家具和木製天花，充滿溫馨感。

環境十分舒適愜意，讓人有點「家」的感覺。

Maison Privée 內的豪華浴室，裝潢典雅華美。

帶點民族風的佈置，增添了渡假風情，好像忘了身處在米蘭大都市。

---Info---

地址：Alzaia Naviglio Grande, 8, 20144 Milano
電話：+39 02 58109114
房價：Double Room大約€175／晚起；Maison Privée大約€210／晚起（＋City Tax每人€5／晚）
網址：www.hotelmaisonborella.com
前往方法：從米蘭中央火車站外的「Stazione Centrale m2 M3」站乘坐電車9號到「Via Vigevano V.le Gorizia」站，再步行2分鐘。亦可乘坐火車往「Milano Porta Genova」或地鐵M2綠色線到「P.TA Genova FS」，再步行10分鐘。

客房配有古典迷人的18世紀家具，以舒適優雅為主。

150年歷史的大酒店
Grand Hotel et de Milan

　　於1863年啟業，是米蘭最具歷史意義的五星級豪華大酒店，位於城中高貴優雅的名店區「Montenapoleone」。酒店擁有超過150年歷史，歷年來招待過不少名人貴賓。享負盛名的作曲家朱塞佩・威爾弟（Giuseppe Verdi），更曾是酒店的長期住客，在此租住了足足27年。全幢酒店一共有72間客房和23間套房，提供不同類型的房間選擇，裝潢富有華麗古典美感。從昔日至今，酒店依然是眾多尊貴名人入住之選。

MAP: P.364 B2

營業到深夜的酒吧「Gerrys' bar」，擁有寧靜舒適的氛圍，非常適合享用開胃酒或雞尾酒，放鬆一下。

餐廳Ristorante e bar Caruso，供應新派傳統米蘭料理，內部十分高尚精緻，營造30年代的典雅氛圍。

位於米蘭時尚名店區，鄰近斯卡拉歌劇院，與米蘭大教堂僅幾步之遙，地理位置優越。

餐廳Ristorante Don Carlos氣氛浪漫，主要供應地中海風味料理。

客房完美地展示了華麗古典美，每個角落都搭配得細緻入微。

每個房間都設有空調、暖氣、迷你酒吧、平板電視、保險箱和大理石浴室，並提供24小時客房服務。

▬Info▬

地址： Via Alessandro Manzoni, 29，20121 Milano
電話： ＋39 02723141
房價： Double Room大約€360 / 晚起 ；Deluxe Double Room大約€450 / 晚起；（＋City Tax每人€5 / 晚）
網址： www.grandhoteletdemilan.it
前往方法： 乘坐地鐵 M 3 黃色線到「Montenapoleone」站，再步行1分鐘。

房間選用灰褐色和原木色的中性色調，從精品家具的設計與線條，帶出精緻的現代感。

天台游泳池享360度城市美景 MAP: P.381 A2
Hotel VIU Milan

坐落於米蘭時尚新區Corso Como附近，鄰近加里波第火車站。酒店走時尚休閒路線，設有一個無敵美景的游泳池，亦是全米蘭市唯一一間擁有天台游泳池的五星級酒店。裝潢融入現代設計美學，簡約優雅之餘，又在細節裡暗顯貴氣。酒店一共有124間客房和套房，亦設有一個Spa中心、桑拿浴室和健身中心，營造出一個城市休閒綠洲，讓住客可以在緊密的旅程之中，放鬆身心。

設於8樓頂層的早餐用餐區，透過落地玻璃可以360度俯瞰漂亮的城市美景。

由名廚Giancarlo Morelli開設的餐廳Ristorante Morelli，供應高級意國創意料理。

Superior Double Room大約有26平方米，以簡約風格增添舒適度。

全城就只得這間五星級酒店擁有室外Roof Top游泳池，是城中難得的休閒。

客房著重細節，設計精緻簡約，又注重功能和實用性。

酒店大堂設有寬敞舒適的休息區，低調華麗，別具風格。

Bulk Mixology Food Bar供應Cocktail、葡萄酒和各種佐酒小吃，讓住客可在酒吧小酌一杯。

Info

地址：Via Aristotile Fioravanti 6,20154 Milano
電話：＋39 02 800 10 910
房價：Superior Double Room淡季大約€220／
晚起（＋City Tax每人€5／晚）
網址：www.hotelviumilan.com
前往方法：乘坐地鐵 M5 紫色線到
「Monumentale」站，再步行
6分鐘。或從米蘭中央火車站
乘坐電車10號到「P.le Cim.
monumentale Via Bramante」
站，再步行3分鐘。

由一座19世紀的建築改建而成，昔日是一所天主教學校，外觀古典優雅。

雙人房舒適度很高，而共享房間內的每個宿位，床邊都設有USB插座、床燈和儲物櫃，設備齊全。

背包客星級之選
Babila Hostel & Bistrot

位於米蘭市中心的青年旅舍，富有時尚現代的風格，吸引不少年輕旅客。旅館主要提供4人、6人或8人共享房間的宿位，亦有女士專用的客房。房間走雅緻舒適路線，務求讓單身旅客或經濟背包客，能在米蘭市中心地段，以一個較便宜的價格，享受優質的住宿環境。另外，亦有提供少量雅緻的雙人間和家庭房間，擁有私人空間，也可享受旅舍的熱鬧氛圍，亦是經濟省錢之選。

MAP: P.337 D2

早餐以自助形式，選擇豐富，多士、果汁、火腿、水果等等，應有盡有。

附設的小酒吧供應輕食和Cocktail，可在輕鬆愉快的氣氛下，暢喝聊天。

設在頂層的公共廚房，整齊潔淨，附設簡單用具，讓住客隨時下廚。

距離米蘭大教堂只需10分鐘步程，位置非常便利。

Info

地址：Via Conservatorio 2a, 20122 Milano
電話：+39 02 3658 8490
房價：Double Room大約€120 / 晚起；Bed in 6 - Bed Dormitory Room每人大約€35 / 晚起；+City Tax每人€2 / 晚
網址：www.babilahostel.it
前往方法：乘坐地鐵M1紅色線到「San Babila」站，再步行10分鐘。或從米蘭大教堂附近的「Duomo」站乘坐電車12或19號到「C.so P.ta Vittoria (Camera Del Lavoro)」站，再步行5分鐘。

為了讓住客有不一樣的旅行體驗，旅舍經常舉辦各種特色活動，例如Live Band音樂會、卡拉OK、主題派對等等。

頂層設有全景露台和燒烤區，夏天時份旅舍還會不定期舉行BBQ活動，讓住客一起參加。

永恆不朽之城

羅馬 Roma （意）
Rome （英）

　　去羅馬旅行，就好像走進了時光隧道，到了另外一個時空國度。從建城開始，至今已有2700多年，是古羅馬文明的起源地。整個古城區保存了無數的歷史遺跡，在1980年被列了世界文化遺產。於文藝復興和巴洛克時期，米高安哲羅、拉菲爾和貝尼尼等等藝術大師，在羅馬城留下不少舉世矚目的驚世傑作。羅馬亦是意大利的首都和政治中心，當中的城邦國梵蒂岡，更是天主教教廷的所在。「羅馬不是一天建成的」，在同一個空間，記載了不同的時代，值得慢慢去細味。

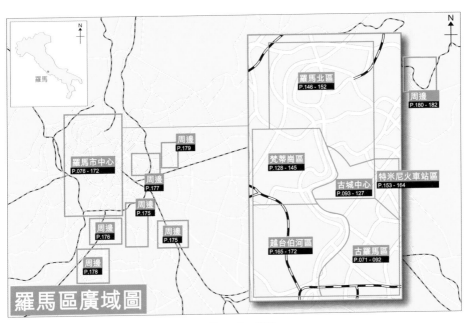

羅馬區廣域圖

地圖標示：
- 羅馬北區 P.146 - 152
- 周邊 P.180 - 182
- 羅馬市中心 P.076 - 172
- 周邊 P.179
- 梵蒂崗區 P.128 - 145
- 特米尼火車站區 P.153 - 164
- 周邊 P.177
- 古城中心 P.093 - 127
- 周邊 P.175
- 周邊 P.176
- 周邊 P.175
- 越台伯河區 P.165 - 172
- 古羅馬區 P.071 - 092
- 周邊 P.178
- 羅馬

羅馬實用資訊＋市內交通

羅馬機場交通

　　羅馬有2個客運機場。最主要的機場是 Aeroporto di Roma - Fiumicino，又名Aeroporto Leonardo Da Vinci（達文西機場），位於市中心西面 30公里外的沿海小城Fiumicino，國際航班都在這兒升降。另一個規模較小的機場Aeroporto di Roma-Ciampino（錢皮諾機場），位於市中心西南方 15公里外，主要升降內陸或歐洲短程航班。

┏━Info━┓
達文西機場 (FCO) 官方網站：
www.adr.it/fiumicino
錢皮諾機場 (CIA) 官方網站：
www.adr.it/ciampino

乘坐 Leonardo Express 機場快線，非常方便快捷。相對機場巴士，票價較高，但是不用擔心繁忙時間路面塞車的問題。

交通方法：

1. Leonardo Express 機場快線（往來：達文西機場）

　　提供不停站列車往返達文西機場和 Stazione di Roma Termini（特米尼火車站），每15 - 30分鐘一班，車程32分鐘，非常方便。到達火車站後，可再轉乘地鐵A、B線或巴士，到達羅馬任何一個地點。

Leonardo Express 機場快線，設在特米尼火車站的23 / 24號月台。

┏━Info━┓
月台：特米尼火車站23 / 24號月台
運行時間：由火車站開出0535 - 2235，
　　　　　　由機場開出0623 - 2323
車票：成人€14；未足 12 歲的孩童免費；
　　　　可在車站的自動售票機購買。
官方網站：www.trenitalia.com/tcom-en/
　　　　　　Services/Fiumicino-Airport
班次查閱：www.trenitalia.com

2. 機場巴士（往來：達文西機場 或 錢皮諾機場）

　　有多間公司提供廉價機場巴士服務，往來特米尼火車站和達文西機場（車程：大約55分鐘）或錢皮諾機場（車程：大約40分鐘）。單程票價大約€5 - 7。當中亦有提供24小時服務的T.A.M.巴士公司，往來達文西機場。

┏━Info━┓
機場巴士站位置：Via Giovanni Giolitti 38, Roma（特米尼火車站外Coin百貨旁邊）

Terravision巴士公司
（往來達文西機場 或 錢皮諾機場）
網頁：www.terravision.eu

Rome Airport Bus
（往來達文西機場或錢皮諾機場）
網頁：www.romeairportbus.com

T.A.M. 巴士公司
（24小時：往來達文西機場）
網頁：www.tambus.it
運營時間：1830 - 0730 每小時1班；
　　　　　　0730 - 1830每半小時1班

3. 的士（往來：達文西機場 或 錢皮諾機場）

　　的士往來機場和羅馬市中心，都設定了固定價格。每輛的士最多可乘載4名乘客，價格已包括了每位乘客1件大型行李。

┏━Info━┓
達文西機場 往來 羅馬市中心（單程）€48；
車程大約50 - 60分鐘。
錢皮諾機場 往來 羅馬市中心（單程）€30；
車程大約40 - 50分鐘。

4. 區域火車（往來：達文西機場）

亦有區域火車（Regionale）往來達文西機場和羅馬其他火車站。單程€8

羅馬城際交通

羅馬最主要的火車站是Stazione di Roma Termini（特米尼火車站；詳細介紹見P.155），由Trenitalia國鐵或 Italo 私鐵所行駛的高速火車，一般都會在此停靠。而羅馬第二繁忙的火車站，是在東面的Stazione di Tiburtina（提布提納火車站；詳細介紹見P.177），而Autostazione Tibus（羅馬長途巴士站）就在此站的旁邊。而兩個火車站都有地鐵連接，前往羅馬各區。

Tips I Can

如需再轉乘地鐵，要注意：某些地鐵站是沒有升降機，需拿行李上落樓梯。若果有大量行李，建議先查一下或轉乘地面交通工具。

從其他城市抵達羅馬的長途巴士，包括Flixbus長途巴士，一般都會在提布提納火車站旁邊的Autostazione Tibus（羅馬長途巴士站）停靠。

羅馬市內交通

1. 地鐵、巴士、區內火車和電車

羅馬的公共市內交通，包括了地鐵（Metropolitana / Metro）、巴士（Autobus）、區內火車（Treno Urbano）和電車（Tram），都可統一使用由ATAC公共交通公司推出的車票。車票可在煙草店、ATAC售票櫃位、地鐵站內的自動售票機和一些大型報攤購買。每張車票於首次使用時，必須放入打票機打票作啟動，方為有效。如果遇上查票時，就算持有車票但未打票，都列為「逃票」，會被罰款€100 - 500（罰款如在5天內繳付則€50）。

2. 的士

的士站設於主要景點，包括火車站、西班牙廣場、人民廣場、威尼斯廣場。基本起錶為€3（平日0600 - 2200）、€4.5（假日0600 - 2200）和€6.5（晚間2200 - 0600），然後以每公里€1.1 - 1.6 跳錶。 等候時間價格為€27 / 小時。

羅馬市中心範圍挺大，只靠走路去遊覽，會很累的。乘坐地鐵或巴士，非常方便省時。推薦24小時或48小時交通票，或包含了交通和景點門票的Roma Pass，亦是不錯的選擇。

以「小時」作計算的交通票，像這種24小時交通票，如果在今天14:00啟動了，可以使用到明午的13:59。所以，翌日在限期前還可以好好使用的。

Tips I Can

對於遊客，乘坐地鐵去遊覽羅馬是最方便的，在下一頁（P.070）會有詳細介紹。

巴士站牌都清楚列明了站名、路線會途經的車站和運行時間。

實用旅行資訊

1. Roma Pass 觀光咭

優惠包括：

· 首個（48小時票）或首2 個（72小時票）博物館／景點免費參觀，其餘的可提供門票折扣，亦有一些購物、觀光巴士和當地旅行團的優惠。（要注意：梵蒂岡博物館、聖彼得大教堂登頂並不包括在內；可選擇的博物館／景點／優惠名單，可在官網查閱。）

· 圓形競技場、聖天使堡和卡比托利歐博物館，憑「Roma Pass」有特快通道，可優先入場。

· 分48小時（票價€28）和72小時（票價€38.5）兩種，在期限之內，亦可無限次免費乘搭市內公共交通工具。相比之下72小時票比較值得買。

· 購買地點：旅客服務中心、Trenitalia各大火車站售票中心或在官網購買（到旅客服務中心領取）。

--- **Info** ---
Roma Pass 官方網址： www.romapass.it

2. 減省預算方法：

免費參觀時段

如果旅行預算不多，遊客可以利用博物館的免費參觀時段，從中節省一些旅費。

· 每月最後一個星期日免費參觀：梵蒂岡博物館

· 以下景點每年有20天可免費入場：圓形競技場、古羅馬廣場和帕拉提諾山丘、波爾各賽美術館、羅馬國立博物館（馬西莫宮）、羅馬國立博物館（戴克里兒浴場）、威尼斯宮、聖天使堡等等。確實日期每個景點都有不同，可於其官網或訂票網站查閱。

免費參觀的景點

羅馬市內有很多值得參觀又不需門票的景點和教堂，包括有萬神殿、梵蒂岡的聖彼得大教堂、許願池、真理之口、拉特朗聖若望大殿、聖彼得鎖鏈堂中米高安哲羅的「摩西像」等等。

Free Walking Tour

市內亦有不少團體舉辦免費 Walking Tour，遊客可以自行在集合時間到達指定地點，在當地人帶領之下遊覽市中心，並提供景點解說。一般遊客都會在 Walking Tour 完結之後，給予導遊小費，大約每人€5 - 10（或更多，以遊客自己的意願來決定），以作答謝。

--- **Info** ---
Free Walking Tour 網站：
www.romefreewalkingtour.com

3. 旅客中心（Tourist InfoPoint）：

在官方旅客中心除了可以索取免費的市內地圖，還可購買 Roma Pass 觀光咭、查詢各項景點路線，還可以取得市內最新活動資訊。

--- **Info** ---
羅馬官方旅遊資訊： www.turismoroma.it
地址：
PIT Termini, Stazione Termini, Via Giovanni Giolitti 34
開放時間：0800 - 1845

Via Marco Minghetti, Angolo Via del Corso
開放時間：0930 - 1900

Piazza delle Cinque Lune, Piazza Navona
開放時間：0930 - 1900

PIT Sonnino, Piazza Sidney Sonnino
開放時間：1030 - 2000

Aeroporto Ciampino
開放時間：0830 - 1800

Aeroporto Leonardo Da Vinci
開放時間：0800 - 2045

坐地鐵輕鬆遊羅馬

Metropolitana di Roma

— A 線
— B 線
— C 線
— 未開通路線

Tips

地鐵站標誌：
看到紅底白字的大「M」標誌，就是地鐵站口了。

羅馬地鐵路線圖

羅馬地鐵（地鐵：Metropolitana；簡稱：Metro）一共有3條路線。地鐵C線的擴展工程，因為不停在地底發現古羅馬遺跡，工程一直維持了很多年。不過，一般遊客只需乘坐現有的「橙色 A 線」和「藍色 B 線」，已經可以到達很多熱門景點。

行駛時間

A線	0530 - 2330	星期五、六 0530 - 0130
B線	0533 - 2330	星期五、六 0530 - 0127
B1線	0533 - 2324	星期五、六 0530 - 0130

自動售票機買票流程

ATAC 公交車票除了在煙草店購買，還可在地鐵站內的自動售票機自行購買，操作亦很簡易。

1. 售票機設定了「最多可找續的金額」，使用前請準備足夠硬幣。售票機並不是輕觸式螢幕，銀色的選擇按鈕設於螢幕左右兩旁。

2. 第1個畫面，是各種車票類型選擇，在最左下方是語言選擇，當中有英語。左方由上至下分別是：24小時票、48小時票、72小時票；右方由上至下分別是：普通車票（打票後100分鐘內有效）和 7天票（有效期至打票後第 7 天的零時之前）。

3. 選好票會出現第2個畫面，最上方「Resto Massimo in Monete€6」，意思是「最多可找續的金額」為€6。左方有當時可接受的紙幣和硬幣的面額。即是：售票機不接受用1 張€10紙幣 去買1張 價值€1.5的車票，輔幣最好準備好。

右方顯示了所選了的車票類型 、數量「Quantità」、所需金額「Imposto da Pagare」、已投金額「Imposto Introdotto」。如需購買多張，按右下方的「+Biglietto」，按1下加1張，按2下加2張。如畫面所顯示的資料都正確，就可直接入錢。

4. 在這兒放入硬幣，然後逐個逐個向上推入售票機。

5. 最後，「Biglietto」車票和「Resto」找續，都是從售票機最下方的這個透明箱內領取。

乘搭備忘

要注意 B / B1線：從「Bologna」站開始會有2個方向，分別是以「Rebibbia」（B線）和 以「Jonio」（B1線）為終站。有些月台寫上了往「Rebibbia/Jonio」方向，意指在同一個月台會有前往 2 個終站方向的列車行駛。上車前需留意月台上電子版的顯示，下一班列車是往那兒。

月台上亦有電子告示版，顯示下一班車的總站方向。綠色字眼「Treno per……」表示「這班車是往……為總站」。

月台旁邊都設有大型路線圖。上車前最好望一下，確定路線方向正確。

藍色B線的地鐵站，周圍都是以藍色作主調。

任何車票在首次使用時需打票。在巴士和電車有打票機（在羅馬一般是黃色），放入後打了票，車票才正式啟動。如果首次用於乘坐地鐵，那麼，只要入閘時把車票通過入閘機，就等於打了票啟動了。

打了票的車票，背後會印上有效時間，在這個時間之內可以憑票無限次轉乘市中心內的公共交通，不過，這種100分鐘普通票只限乘地鐵或市區火車1次。

見證永續恒久
古羅馬區

走進古羅馬區，就像走進了一座龐大的露天博物館，處處都是宏偉的廢墟。漫步在擁有2000多年歷史的古蹟遺址，就如時空交錯，讓人一下子誤以為回到繁華的古羅馬時代。在浩大的圓形競技場，感受到古羅馬人為了殘酷的角鬥而歡呼。在圖拉真凱旋柱下，幻想著古羅馬人正為皇帝打勝仗而喝采。在卡拉卡拉浴場，體會到古羅馬人那骨子裡的享樂主義。親訪遺蹟，猶如親歷其境，見證古羅馬的輝煌歲月。

交通 乘坐地鐵橙色A線可抵達「圓形競技場」和「古羅馬廣場」（在「Colosseo」下車）或「馬克西姆斯競技場」（在「Circo Massimo」下車）。而前往「威尼斯廣場」，則可乘坐巴士40、63、70、81、87或628號。乘坐電車3號可從「圓形競技場」經「馬克西姆斯競技場」、「Piramide」，往越台伯河區方向。

古羅馬區

古城中心

梵蒂岡

北區

特米尼火車站周邊

越台伯河區

畢馬圍邊

古羅馬區

古城中心

梵蒂岡

北區

特米尼火車站周邊

羅馬周邊

越台伯河區

N

圖拉真凱旋柱
Colonna Traiana

Termini Ⓜ

Roma Termini

威尼斯廣場
Piazza Venezia

圖拉真市場
Mercanti di Traiano

多利亞‧潘菲利美術館
Galleria Doria Pamphilj

P.za Venezia巴士站

羅馬帝國廣場
Fori Imperiali

入口

維托里亞諾
Vittoriano（Monumento a
Vittorio Emanuele II）

威尼斯宮
Palazzo Venezia

天壇聖母教堂
Basilica di Santa Maria
in Ara Coeli

聖彼得鎖鏈堂
Basilica di San Pietro in Vincoli

Cavour

Vittorio Emanuele Ⓜ

烏龜噴泉
La fontana delle Tartarughe

Venezia電車站

卡比托利歐廣場
Piazza Campidoglio

Fori Imperiali巴士站

黃金宮
Domus Aurea

Antico Forno
Roscioli

電車8號線
往台泊河區

Colosseo巴士站

Bici & Baci

奧塔維亞門廊
Portico di Ottavia

古羅馬廣場
Foro Romano

圖形競技場
Colosseo

Parco del Colle Oppio

台泊河

猶太博物館
Museo Ebraico

卡比托利博物館
Musei Capitolini

Cavour Ⓜ

馬切羅劇場
Teatro di Marcello

帕拉提諾山丘
Colle Palatino

Colosseo

角士士學校
Ludus Magnus

聖階
Scala Santa

勝利者海克力斯神廟
Tempio di Ercole
Vincitore

Piazza Del Colosseo 電車站

San
Giovanni

Tempio di Ercole Vincitore巴士站

真理之口
La Bocca della Verità

Colosseo salven 電車站

君士坦丁凱旋門
Arco di Constantino

拉特朗聖若望大殿
Basilica di San
Giovanni in Laterano

馬克西姆斯競技場
Circo Massimo

橙園
Giardino degli Aranci

神聖路 Via Sacra

Buco della Serratura di Roma

Circo Massimo

入口

Emporio電車站

Romeo Chef & Baker

Marco Martini Chef
Baccelli巴士站

Terme Caracalla/Valle Camene巴士站

Terme Caracalla巴士站

電車3號線

泰斯塔西姆市場
Mercato Testaccio

Ⓜ Piramide

塞斯提伍斯金字塔
Piramide Cestia

卡拉卡拉浴場
Terme di Caracalla

Roma Porta San Paolo

Roma Ostiense

Eataly Roma

Garbatella Ⓜ

古羅馬區地圖

當年在競技場外的廣場，豎立了一座高31米的尼祿大帝銅像，名為「Il Colosso di Nerone」（拉丁文中的Colosso，意指「龐大」），人民亦因此稱這競技場為Colosseo。

世界七大奇蹟
圓形競技場（Colosseo）

　　羅馬最重要的地標，被認為是中古世界七大奇蹟之一，列入了世界文化遺產名錄中。拉丁文原名為「Amphitheatrum Flavium」，建於弗拉維王朝（La Dinastia Flavia）。公元72年，羅馬帝國皇帝維斯帕先（Vespasiano）為了贏取民心，決定把前皇帝尼祿強佔土地而打造的奢華宮殿「黃金宮」還給人民，把當中一個人工湖湖水抽走，建立一座史無前例的大型露天競技場，場上舉行「角鬥士」競賽，免費提供娛樂給民眾。

`MAP: P.072 B1`

競技場曾受多次地震破壞，在中世紀，用來穩固建築的金屬亦被拆卸下來，用於其他建設之上。為了鞏固其結構，在19世紀，新建了一部分外牆（照片中的左邊部分），營造了半新半舊的外觀。

▶Info◀

地址：Piazza del Colosseo, 1, 00184 Roma
開放時間：2 / 1 - 15 / 2 0830 - 1630，16 / 2 - 15 / 3 0830 - 1700，16 / 3 - 3月最後一個星期六 0830 - 1730，3月最後一個星期日至 31 / 8 0830 - 1915，9 月份 0830 - 1900，1 / 10 至 10月最後一個星期六 0830 - 1830，10月最後一個星期日至 31 / 12 0830 - 1630
最後售票及入場：閉館前1小時
休息日：1 / 1、25 / 12
門票：一般門票€12，一般門票及地下室或頂層觀景台€14
其他費用：語音導覽（有中文）+€5、視頻導覽 +€5.5、訂票手續費 +€2、45分鐘英語導賞團連門票€19、3小時英語導賞團連門票€29、頂層觀景台及地下室英語導賞團連門票€29（導賞團須預約）
訂票網址：www.coopculture.it/en/colosseo-e-shop.cfm
前往方法：乘坐地鐵藍色B線到「Colosseo」，圓形競技場就在出口的對面馬路。
從越台伯河區，可到「Trastevere / Min. P.Istruzione站」乘坐電車3號到「Piazza del Colosseo站」。
從那佛納廣場，可在「Rinascimento站」乘坐87號巴士到「Colosseo站」。

不忘晚間去看一下亮了燈的 Colosseo，有不一樣的美。在 5月至10月，競技場亦會安排晚間閉門後的導覽團，相比起人來人往的日間時段，更覺獨特。詳情請查閱官網。

羅馬

古羅馬區

古城中心

梵蒂岡

北區

特米尼火車站周邊

越台伯河區

羅馬周邊

羅馬
古羅馬區
古城中心
梵蒂岡
北區
特米尼火車站周邊
羅馬周邊
越台伯周邊

圓形競技場

當年只用了8年時間建造，開幕時舉行了100天大型慶典，期間上演的角鬥士競技，一共有多達5000隻猛獸和3000多名角鬥士，因此變成了亡魂。每一場表演，台上都會鋪上一層沙，用來吸血之用。

上演殘酷血腥的生死鬥，以博取民眾的歡呼
「角鬥士」競賽是什麼？

就是在競技場上戰士間的生死戰鬥。觀看激烈的「角鬥賽」是古羅馬人一項重點娛樂。競賽有「角鬥士」之間的個人或集體決鬥，想勝出就要施展渾身解數，把對手擊敗甚至殺死。另外亦有「角鬥士」與野獸的激戰，所以競技場又稱為「鬥獸場」。這種殘忍的競賽娛樂，最終在公元6世紀被全面禁止。

最佳拍攝全景位置：
1. 「Colosseo」地鐵站上蓋：在地鐵站口的大馬路Piazza del Colosseo，往左走50米，有樓梯通往上方的空地。或從地鐵站內的升降機，直上平台。MAP：P.074 A
2. 競技場和君士坦丁凱旋門之間，「Meta Sudans」遺址空地。MAP：P.074 B
3. 憑門票進入「古羅馬廣場」後，在「Tempio di Venere e Roma」後方的空地。MAP：P.074 C

紀緊遵守：
1. 不要為了證明「到此一遊」，而在古蹟上刻上或寫上名字。整個古蹟範圍受高度保護，違例者罰款非常高昂，有機會高達€20000。
2. 進場前需要經過保安檢查，不能攜帶大型行李或背包、玻璃瓶、酒精類飲品和任何危險物品。

提提你

Ⓐ Ⓑ Ⓒ 「圓形競技場」最佳拍攝全景位置
Ⓓ Ⓔ Ⓕ 「古羅馬廣場」最佳拍攝全景位置
Ⓖ 君士坦丁凱旋門 Arco di Constantino
Ⓗ 神聖路 Via Sacra

「古羅馬廣場」地標景點：
Ⓘ 提圖斯凱旋門 Arco di Tito
Ⓙ 元老宮 Curia
Ⓚ 塞維魯凱旋門 Arco di Settimio Severo
Ⓛ 安東尼諾・福斯蒂納神殿 Tempio di Antonino e Faustino
Ⓜ 茱莉亞大殿（法院）Basilica Giulia

「帕拉提諾山丘」地標景點：
Ⓓ 法爾內塞花園 Orti Farnesiani
Ⓝ 帕拉提諾競技場 Stadio Palatino
Ⓞ 奧古斯都宮 Domus Augustana
Ⓟ 塞維魯浴場 Terme di Settimio Severo

誰會成為「角鬥士」?

　　一般是奴隸、罪犯、戰俘,會被逼成為「角鬥士」。在參與競賽之前,會接受專業培訓,包括各種戰術的運用,然後才可上場,以殘酷血腥的格鬥來娛樂大眾。亦有民眾希望贏取獎金或脫離奴隸身份,自願參與「死亡之戰」。

二千年前的建築,是現代體育館的藍本

　　古羅馬人善於建築,這個圓形競技場就是其一例證。從競技場頂部,可伸展出大型蓬布,當陽光太猛和下雨時,可以遮蓋整個場館。地下室有更衣室和儲物室,還設有繩索滑輪式升降機,把重型猛獸運上地面。環繞著競技場,有76個編了號碼的拱門入口(另外有4個沒號碼的入口是皇室專用),觀眾依照門票上的編號而入場。這種對號入座的模式,可以在短時間內有秩序地進場及離開。自古羅馬時代開始,很多表演場館和運動場,都一直沿用這個設計概念。

I Can Tips

買票須知:
1. 門票是以聯票形式,同一門票可參觀圓形競技場Colosseo、古羅馬廣場Foro Romano 和帕拉提諾山丘Colle Palatino。可在3個景點中的任何1個售票處購買或網上預訂。
2. 門票啟用後2天之內有效,期間可進入1次「圓形競技場」和1次「古羅馬廣場和帕拉提諾山丘」。「古羅馬廣場」和「帕拉提諾山丘」進入後是互通的,而「圓形競技場」則有另外一個獨立的入口。
3. 入口有「已訂票、已持票」及「持Roma Pass」的優先通道。
4. 圓形競技場、古羅馬廣場和帕拉提諾山丘,每年有大約20天可免費入場,確實日期可在訂票網站查閱。當天門票不能預訂,只能預早去排隊。
5. 在旺季時到訪,強烈建議先去訂票。如果沒有訂票,可以試在「古羅馬廣場」或「帕拉提諾山丘」的售票處買票,那兒排隊買票的人,會較「圓形競技場」為少。

當年看台約有50行,由低至高分為四組,觀眾的席位按尊卑地位而區分。

最低層的最佳住置,是預留給皇室和元老院議員。中間看台是給貴族、騎士,而上層是給平民,而最頂層是企位,是給窮人、奴隸和婦女的。

競技場有4層:上面3層有80個由石柱分隔的拱門構成,3層石柱風格各不同,分別是「陶立克柱型」、「愛奧尼亞式柱型」和「科林斯式柱型」。在古羅馬時期,在第2層和第3層的每一個連拱上,都有大理石雕像作裝飾。

競技場其實呈橢圓,直徑約有188米和156米,高57米,可容納5萬名觀眾,是全世界最大的圓形競技場。除了角鬥之外,也曾經進行過海戰、體育比賽、馬術等表演,亦曾是處決死囚之地。

在古羅馬時期,有不少基督徒被迫成為「角鬥士」。後期,教廷為了悼念被犧牲的基督徒,在競技場上設了十字架。

牆身的千瘡百孔,是昔日附有金屬支撐結構的釘孔。在中世紀,這些金屬都被拆下來回收再用,去建造大型建築,包括了威尼斯宮和聖彼得大教堂。

在某幾個拱門上,以羅馬數字刻上的入口編號,至今依然清晰可見。

在「Colosseo」地鐵站外的報攤,有出售遊客紀念幣的小機器,當中有圓形競技場的模樣。€2

在競技場對面的地鐵站口外,設有飲用水亭,遊客可以自備水瓶免費盛水。水有普通天然水和氣泡水可供選擇。

由18世紀開始,在耶穌受難日當天,在競技場會舉行一個名為「苦路 Via Crucis」的大型宗教儀式,來緬懷曾在競技場內被殘害的教徒,教宗也會親自出席。

古羅馬區

古城中心

梵蒂岡

北區

特米尼火車站周邊

越台伯河區

羅馬周邊

馬

古羅馬區

古城中心

梵蒂岡

北區

特米尼火車站周邊

羅馬周邊

越台伯河區

羅馬周邊

政治中心和議事場所
古羅馬廣場（Foro Romano）

在永恆之城的宏偉廢墟中漫步，感受古羅馬時代的繁華興盛。拉丁文中的「Foro」，意指「廣場」，是一個集合了宗教、政治、貿易中心和議事場所。「古羅馬廣場」從公元前7世紀開始發展，地標點包括了古羅馬的最高政治機關「Curia 元老宮」、建於203年以紀念戰勝帕提亞人的「Arco di Settimio Severo 塞維魯凱旋門」，還有「Arco di Tito 提圖斯凱旋門」和「Via Sacra 神聖路」等等。

MAP：P.072 B1

看來較完整的神殿「Tempio di Antonino e Faustina」（安東尼諾・福斯蒂納神殿），建於141年。於8世紀改建為教堂「San Lorenzo in Miranda al Foro Romano」，因此得以完整保存。

在中世紀時期，很多古蹟建築上的大理石和雕塑都被搬走，用於新的建設上。那些比較保存完好的建築，都是因為被改建為教堂，而避過搶掠。

從遺址的面積和建築物的功能性來說，不難想像在古羅馬時代，這兒是最重要的中心地段。

進入了古羅馬廣場，然後向東走，在神殿「Tempio di Venere e Roma」後方的空地，是拍「圓形競技場」全景的好地方。

最佳拍攝全景位置：
1. 進入「古羅馬廣場」後，在遺址中央位置的「Orti Farnesiani 法爾內塞花園」的別墅陽台。MAP：P.074 D
2. 在「Piazza Campidoglio卡比托利歐廣場」的右方或左後方，都可飽覽整個「古羅馬廣場」。MAP：P.074 E
3. 在「Via dei Fori Imperiali 帝國廣場大道」旁邊，接近「威尼斯廣場」。MAP：P.074 F

提提你

於16世紀，Farnese 家族在帕拉蒂尼山上（遺址的中央位置）打造了一座避暑山莊，和歐洲第一個植物園Orti Farnesiani（法爾內塞花園）。從別墅的花園陽台，可欣賞大半個古羅馬廣場的景色。

保存完好的 Arco di Tito（提圖斯凱旋門）建於公元81年，以慶祝提圖斯在70年戰勝了耶路撒冷。門上刻有很特別的情景，軍隊正從耶路撒冷運送戰利品回來羅馬，當中包括了猶太人的光明節燭臺。

羅馬起源地
帕拉提諾山丘（Colle Palatino）

位於古羅馬廣場南面的帕拉提諾山丘，是羅馬七座山丘的其中之一。相傳在公元前753年，羅慕路斯在此建立了羅馬城。其後的古羅馬時期，皇室貴族紛紛在此建立富麗堂皇的宮殿，意大利文中的宮殿「Palazzo」和英語中的「Palace」，就是由這個山丘的名字「Palatino」演變出來。重點遊覽的遺跡有：「Domus Augustana」（奧古斯都宮）庭院上的方形噴泉、「Stadio Palatino」（帕拉提諾競技場）、「Terme di Settimo Severo」（塞維魯浴場）等等。

MAP：P.072 B1-B2

不可不知的羅馬傳說
一對被遺棄的雙胞胎嬰兒羅慕路斯（Romolo）和雷穆斯（Remo），在帕拉提諾山被一隻母狼發現，母狼用乳汁餵養了他們，後來給一個牧羊人發現並帶回家撫養成人。兩兄弟長大後，決定在這山丘建立一座城，期間兄弟倆有爭執，羅慕路斯殺死了雷穆斯，最後，用了自己的名字，創建了羅馬城（Roma）。

提提你

當年皇室貴族都選擇在帕拉提諾山丘上建立宮殿，因為小山丘上的氣候比較清爽涼快。從外圍欣賞由層層大堆所建的奧古斯都宮（Domus Augustana），建於1世紀末，宮殿有兩層高，面積非常龐大。

Tips

1. 每月第一個星期日免費參觀。
2. 古蹟範圍頗大，路徑微斜，建議穿著舒適的鞋子。
3. 如想參觀「奧古斯都之家Casa di Augusto」內部及他妻子「莉維雅之家Casa di Livia」的壁畫和「文物博物館MuseoPalatino」等7個特別古蹟，需在網上預訂特別聯票「BIGLIETTO S.U.P.E.R.」。

Info

地址
古羅馬廣場入口Largo della Salara Vecchia 5／6、帕拉提諾山丘入口Via di San Gregorio（互通的，可選其中1個入口，聯票只能進入「古羅馬廣場和帕拉提諾山丘」1次）
開放時間：2／1 - 15／2 0830 - 1630、16／2 - 15／3 0830 - 1700、16／3 - 3月最後一個星期六 0830 - 1730、3月最後一個星期日至31／8 0830 - 1915、9月份 0830 - 1900、1／10至10月最後一個星期六 0830 - 1830、10月最後一個星期日至31／12 0830 - 1630（最後售票及入場：關門前1小時）
休息日：1／1、25／12
門票：聯票（圓形競技場＋古羅馬廣場＋帕拉提諾山丘）€12,另有各種特別門票及競技場導覽（詳情介紹見P.073）
訂票網址：www.coopculture.it／heritage.cfm?id=4
前往方法：乘坐地鐵藍色B線到「Colosseo」，然後步行5 - 10分鐘。

紀念勝戰
君士坦丁凱旋門 (Arco di Constantino)

位於圓形競技場和帕拉提諾山丘之間，高21米，由3個拱門組成，是古羅馬時期最大型的凱旋門。建於315年，為了紀念君士坦丁大帝，在312年於台伯河上米爾維安大橋一役中，擊敗了對手馬克森提烏斯。當年「羅馬帝國」是處於「四帝共治」的時期（馬克森提烏斯和君士坦丁就是其中的兩位君主），戰勝後的君士坦丁，一步一步廢除了四帝共治的制度，成為「羅馬帝國」唯一的治國君主。

MAP: P.072 B1

君士坦丁凱旋門就在圓形競技場的旁邊，兩者都是羅馬古城的重要地標。

凱旋門上的浮雕，有些是從過去一些有紀念性的建築物上拆下來的，有來自圖拉真、哈德良皇帝等等的時代。

最上層的銘文，寫上了：「參議院和羅馬人民獻上了這座拱門，來紀念皇帝君士坦丁的勝利。」 銘文上的字母，原本是青銅鑲嵌，後來逐一被拆除，現在只留下了字母的凹槽和釘孔。

兩個立面上的8個圓形浮雕，是來自哈德良皇帝時代，描繪了狩獵的情景。

Info

地址：Via di San Gregorio, 00186 Roma
開放時間：全年
門票：免費參觀
前往方法：乘坐地鐵藍色B線在「Colosseo」下車，再步行 2分鐘。就在圓形競技場的西南方向。

古老大街
神聖路 (Via Sacra)

古羅馬最主要的街道，貫穿羅馬競技場和卡比托利歐山丘。在古羅馬時代，許多宗教活動和重要慶典都是在這條道路上舉行，街道亦因此命名為「神聖路」。古羅馬皇帝的凱旋遊行，這條路亦是路線的一部分。

MAP: P.072 B1

充滿歷史韻味的古羅馬神聖路，從「羅馬競技場」的這一邊作開端，經過前方的提圖斯凱旋門「Arco di Tito」，一直通往卡比利歐的山丘下。

古羅馬人善於建設道路，最上層以巨形平坦的石塊鋪成，而下層則利用利用碎石和砂礫，方便排走雨水。

Info

地址：Via Sacra, 00186 Roma
前往方法：乘坐地鐵藍色B線在「Colosseo」下車，再步行5分鐘。「神聖路」的開端，在圓形競技場和君士坦丁凱旋門的中間，而另一盡頭在古羅馬廣場遺址裡面。

戰士培訓
角斗士學校 (Ludus Magnus)

建於公元1世紀，由古羅馬皇帝圖密善下令建造，為來自各地的角斗士提供訓練，準備日後在競技場中作賽。地下室建有一條特別通道，連接旁邊的競技場，以便隨時上場格鬥。殘酷的角斗遊戲，在公元5至6世紀被全面禁止，角鬥士學校和圓形競技場一起，從此停止使用。

MAP: P.072 B1

這個角鬥士學校遺跡，跟圓形競技場只是一條馬路之隔。

遺址於1937年被發現，前後用了大約 20 年時間來進行挖掘。

Info

地址：Via di S. Giovanni in Laterano, 00184 Roma
開放時間：全年（外圍）、只限團體預約參觀（內部）
前往方法：乘坐地鐵藍色B線到「Colosseo」，再步行5分鐘。

在圖拉真廣場上聳立的圖拉真柱，屹立至今依然壯觀，成為了遊人的焦點所在。

在古羅馬時期，從圖拉真廣場穿過一座門廊，即可抵達後方的圖拉真市場。

公共廣場群
羅馬帝國廣場（Fori Imperiali）

在「古羅馬廣場」的對面，有幾個平排並列的公共廣場遺址，由歷代古羅馬皇帝在不同年代下令建造，被合稱為「羅馬帝國廣場」。在古羅馬時代，皇帝都喜歡在市中心修建宏偉的廣場，並以自己的名字命名，來彰顯自身的勢力和形象。這幾個廣場遺址包括有「Foro di Traiano」（圖拉真廣場）、「Foro di Augusto」（奧古斯都廣場）和「Foro di Nerva」（內爾瓦廣場）。

MAP: P.072 B1

在旁邊的「Via dei Fori Imperiali」（帝國廣場大道）上，設有多個歷代古羅馬皇帝的青銅雕像。

公元前2年落成的奧古斯都廣場，現只剩下了一些碎石柱。

多個廣場現今已成廢墟，當日結構難以辨別，在場有介紹牌提供解說，讓遊客可以聯想一下廣場的原貌。

Info
地址：Via dei Fori Imperiali, 00184 Roma
開放時間：全年（只限在外圍參觀）
前往方法：乘坐地鐵藍色B線到「Colosseo」，然後步行6-10分鐘。從特米尼火車站外的「Termini 站」乘坐巴士85號，或從卡拉卡拉浴場的「Terme Caracalla/Valle Camene 站」乘坐巴士118號，在「Fori Imperiali 站」下車。

驚世浮雕
圖拉真凱旋柱（Colonna Traiana）

豎立在圖拉真廣場之中，於公元113年建成，是用來紀念羅馬帝國皇帝圖拉真成功征服了「達西亞」（現為羅馬尼亞、保加利亞、匈牙利和俄領土的一部分）。柱高30米，由18個巨型大理石塊組合成，每個直徑有3.83米。環繞柱身的精美浮雕，總長度有200米，絕對是亮點所在。浮雕刻劃了超過100個情景，把整個戰役的事發經過，以順序方式，由下至上，用圖案展現出來，就像一齣前浮雕製作的紀錄片。

MAP: P.072 B1

抬頭一看，柱頂有一個拿著「天國之鑰」的聖彼得像。原本豎立在柱頂的是圖拉真雕像，不過，在中世紀遺失了。在1587年，教宗決定以聖彼得像來替代。

柱身內藏185級螺旋樓梯，直通柱頂。據說，勝利者可以走上柱頂發表演說，並接受民眾的歡呼。

圖拉真在浮雕中一共出現了59次。除了從衣飾、輪廓來分辨誰是圖拉真，亦可憑浮雕上人物的目光焦點和故事情節來推斷。

Info
地址：Via dei Fori Imperiali Capitoline
開放時間：全年（只可外觀；並不開放進入）
前往方法：乘坐地鐵藍色B線到「Colosseo」，再步行10分鐘。或從特米尼火車站外的「Termini 站」乘坐巴士85 號，在「Fori Imperiali 站」下車。

尼祿皇帝的奢華揮霍
黃金宮（Domus Aurea）

公元64年的一場大火，摧毀了足足大半個羅馬城。當時在位的尼祿皇帝，擅自採用大火過後變為平地的空間，來打造他規模巨大的黃金宮殿。奢華的主大樓，房間和走廊都以金色作裝飾。在15世紀之前，黃金宮一直埋藏在地底，被發現後，經過長期修復，現以導覽團方式給公眾參觀，配合3D虛擬科技，就像重返古羅馬，讓人置身在宮殿之中。

MAP: P.072 B1

尼祿去世後，後來上任的皇帝逐步把黃金宮摧毀及改建，把土地還給人民，圓形競技場就是其中一個「歸還民眾」的項目。公元104至109年，圖拉真皇帝更在宮殿的上方，建造了一個巨型的公共浴場。

「Domus」（譯音：多姆斯）在拉丁語的意思是「家宅」，亦指古羅馬時期富有人家的住宅。

提提你

Info
地址：Viale della Domus Aurea 1, Roma
開放時間：星期六、日 0915-1615
門票：導覽團 €14 + 預約費 €2（必需預約）
電話訂票：+39 06 39967700（星期一至五 0900-1300、1400-1700，星期六 0900-1400）
訂票網址：www.coopculture.it/en/heritage.cfm?id=51

前往方法：
乘坐地鐵藍色B線到「Colosseo」或從那佛納廣場的「Rinascimento站」乘坐87號巴士到「Colosseo站」，再步行5分鐘到Parco del Colle Oppio公園內的入口。

維馬

古羅馬區

古城中心

梵蒂岡

越台伯河區

特米尼火車站周邊

北區

羅馬周邊

1900年前的購物中心

MAP: P.072 B1

圖拉真市場 (Mercanti di Traiano)

　　建於圖拉真皇帝在位期間，大約公元2世紀，是古羅馬時代最大型的綜合市場之一，被稱為世界上第1個購物中心。它曾擁有超過150間商店，分佈在5個樓層。自2007年起，這座購物中心被改建為「Museo dei Fori Imperiali」(羅馬帝國廣場博物館)，展出在廣場中發現的雕像和裝飾碎片。在館內頂層設有戶外觀景台，可以近距離俯瞰整個圖拉真廣場。

博物館把在羅馬帝國廣場中雕像碎片重組，讓遊客可以幻想當年的真貌。

喜歡拍照的，可以在「維托里亞諾」的平台，拍到整座磚紅色的「圖拉真市場」建築，在日落時份更美。詳情介紹見 P.081

在館內的戶外觀景台，除了可近距離觀賞整個圖拉真廣場，亦可遠眺維托里亞諾。

近2千年歷史的購物中心，據說古時每間商店只會出售單一種類的貨物。

圖拉真市場在中世紀曾經被貴族家庭佔據，並加建了一座高塔「Torre delle Milizie」，作軍事防禦用途。

提提你

博物館入口在整座建築的背面，大街「Via Quattro Novermbre」，可在圖拉真柱後方，經「Via Magnanapoli」直上。

在博物館商店出售的杯碟套裝，杯子是以鏡面設計，放在印有羅馬古蹟的小碟上，古蹟會反射在杯面上，充滿設計感。€27一隻套裝、€50兩隻套裝。

Info

地址：Via IV Novembre, 94, Roma
開放時間：0930 - 1930 ；24／12、31／12 0930 - 1400 (最後入館：閉館前1小時)
休息日：1／5、25／12
門票：€11.5 (門票及專題展覽)
網址：www.mercatiditraiano.it
前往方法：從Piazza Venezia (威尼斯廣場) 步行前往，大約5分鐘。從Colosseo (圓形競技場) 步行前往，大約12分鐘。或從特米尼火車站外的「Termini 站」乘坐巴士40、64、70或170號，到「Nazionale/ Quirinale 站」，再步行3分鐘。

前墨索里尼的總部

Tips

每月第一個星期日免費入場。

威尼斯宮 (Palazzo Venezia)

　　位於威尼斯廣場上，由來自威尼斯的紅衣主教Pietro Barbo，在他還未當選為教宗的時候命人建造，於1455年落成。自1564年起，宮殿成為了「威尼斯共和國大使館」，亦因此名為「威尼斯宮」。於1929年，獨裁者墨索里尼選擇了這兒，作為法西斯政府總部。現時改建為Museo Nazionale del Palazzo di Venezia (威尼斯宮國立博物館)。

博物館建築充滿文藝復興風格，當中亦展出了中世紀時期皇室貴族的服飾。

MAP: P.072 A1

展品大部分來自中世紀和文藝復興時期，種類繁多，包括繪畫、木製雕塑、陶瓷、青銅器、銀器、掛毯和武器等等。分佈在28間大大小小的展廳內。

曾經是法西斯時期獨裁者墨索里尼的總部，這個陽台就是他向公眾發表演說的地方。

Info

地址：Piazza Venezia, 3, 00186 Roma (博物館的入口在建築物的一樓)
開放時間：0830-1930 (最後入館 1830)
休息日：逢星期一、1／1、1／5、25／12
門票：€10
網址：museopalazzovenezia.beniculturali.it
前往方法：可從特米尼火車站外「Termini 站」乘坐巴士85、H 或170號，或從圓形競技場的「Colosseo 站」乘坐巴士51 號，到「P.za Venezia」，即達。或從越台伯河區的「Belli站」乘坐8號電車到「Venezia」，再步行3分鐘。

羅馬

古羅馬區

古城中心

梵蒂岡

北區

特米尼火車站周邊

越台伯河區

羅馬周邊

重點交滙

威尼斯廣場（Piazza Venezia）

羅馬市中心最具代表性的廣場之一，亦是5條主要街道的交滙點。正面向著宏偉浩大的「維托里亞諾」，站在廣場迴旋處中央的通道，是最佳的拍攝點。廣場的右邊的有一座磚紅色建築，名為「威尼斯宮」，是獨裁者墨索里尼當年的法西斯總部（詳細介紹見 P.079），廣場亦因此而命名作「威尼斯廣場」。 `MAP: P.072 A1`

在廣場的左前方，有一條寬闊大道「Via dei Fori Imperiali」（帝國廣場大道），從「維托里亞諾」的左邊，直通「圓形競技場」。藏在大道下有很多古羅馬遺跡，在修建道路的期間，造成了不能估計的損害。這條大道於1924年由墨索里尼下令建造，象徵他的權力跟古羅馬皇帝連成一線。

提提你

日落時份，亮白的「維托里亞諾」變成微粉色調，超夢幻！在夏季，在廣場上迴旋處的草地上，會以綠、白、紅色的花朵作裝飾，這 3 種顏色，是代表意大利國旗。

---Info---
地址：Piazza Venezia , 00186 Roma
開放時間：全年
前往方法：乘坐巴士81、85、87、186、571、810或 850，在「P.za Venezia 站」下車。或乘坐地鐵藍色B線到「Colosseo」，經 Via dei Fori Imperiali，步行10分鐘。

紀念統一的耀眼建築　　維托里亞諾

維托里亞諾（Vittoriano）

又稱為「埃馬努埃萊二世紀念堂 Monumento a Vittorio Emanuele II」，聳立在威尼斯廣場的正方。意大利統一後的第一位國王Vittorio Emanuele II（埃馬努埃萊二世），於1877年去世後，皇室決定建造這座雄偉亮白的建築，來紀念他的輝煌事蹟。工程由1885年開始，直至1935 年才正式完成，前後足足有50年。不過，在1911年建築物已經開幕並啟用，來慶祝意大利統一的50週年紀念。 `MAP: P.072 A1`

紀念堂正中間，有一座埃馬努埃萊二世的巨型騎馬銅像，高12米。當年，在雕像製作完成後，有大約20個建築工人，曾走進青銅馬的肚子裡，一起吃喝，體驗了一場前所未有「在雕像肚子中」的特色食宴。

提提你

因為建築物的外型和色澤獨特，當地人替它起了「花名」，稱它為「結婚蛋糕」或「巨型打字機」。

在紀念堂的正面中央，設了「Altare della Patria」（祖國的祭壇），是一個無名英雄之墓，以紀念戰爭之中為國犧牲的英雄，並由兩名衛兵守護著，旁邊燃點著永恆不滅的火。

建築正面那長達72米的柱廊，由16根15米高的石柱組成，是代表當時意大利的16個大區。

日光下的「維托里亞諾」雪白亮麗，像一座大理石山，聳立在威尼斯廣場之上。

在羅馬，首次採用了來自北部Brescia 獨有的白色大理石，亮白耀眼，跟市內土黃色的古羅馬遺跡，形成很大的對比。

---Info---
地址：Piazza Venezia , 00186 Roma（正門入口）；Via di San Pietro in Carcere（右邊入口，可經Complesso del Vittoriano展覽空間內的樓梯進出）
開放時間：0930 - 1900（正門會在夏季1730、冬季1630關門）
門票：紀念堂免費進入
前往方法：乘坐巴士81、85、87、186、571、810或850，在「Piazza Venezia 站」下車。或乘坐地鐵藍色B線到「Colosseo」，經 Via dei Fori Imperiali，步行10分鐘。

意大利統一博物館

Museo Centrale del Risorgimento

經大樓右邊的樓梯，可通往「維托里亞諾」的內部。在1樓設有一個小型博物館，展出了文件、軍服、照片、雕像、畫作等等，描繪了從18世紀末到第一次世界大戰期間，意大利統一的歷史過程。

---Info---
開放時間：0930-1830（最後入館1745）
門票：€5

博物館內容比較資料性，較適合對歷史有濃厚興趣的人。

維馬

古羅馬區

古城中心

梵蒂岡

北區

特米尼火車站周邊

越台伯河區

羅馬周邊

這兒是城市的最高點，可以飽覽整個羅馬的景色，是拍照的好地方。

在觀景台擁有最好的視野和景色。不過，有部分當地人不太喜歡這座紀念堂，因為它曾經代表了法西斯主義。

玻璃觀光電梯
Ascensori Panoramici

擁有360度的羅馬全景，超療癒！在「維托里亞諾」的2樓平台，有一座觀光電梯「Roma dal Cielo」，可以讓乘客登上最頂層的天台「Terrazza delle Quadrighe」。在此，無敵城市美景盡收眼底。建議在接近日落時份到訪，微橙色系的天空配合壯麗景色，讓那天的黃昏過得不一樣。

MAP: P.072 A1

在秋冬季節，這一帶的樹木是季候鳥棲息之地。一到傍晚，在這兒有機會看到百鳥回巢的壯觀熱鬧畫面。要注意，最好不要在牠們休息的樹下經過，因為雀屎有機會從天而降。

提提你

乘坐觀光電梯，不用多久就能到達頂層天台，去看最美的風景。

觀景台上設有圖片說明，讓遊客能大致了解眼前的景物。

橙色系的紅霞，映照在附近的建築物。紀念堂的兩邊屋頂上，有最具標誌性的雙輪戰車維多利亞女神雕像。

Tips I Can

在紀念堂的東翼，設有一個展覽空間「Complesso del Vittoriano」，定期舉辦各式各樣的藝術展覽，過往曾舉行過藝術大師 Andy Warhol、Monet、Botero 等等的展覽。

從玻璃觀光電梯下來後，在紀念堂的2樓露天平台，夏天會設有戶外咖啡館，另外，在此亦可飽覽「圖拉真市場」的美景。

羅馬競技場就在不遠處，從這個高角度看，競技場依然雄偉獨特。

Info

玻璃觀光電梯 Ascensori Panoramici
開放時間：0930 - 1930（最後售票 1845）
門票：€10
休息日：25 / 12、1 / 1
展覽空間 Complesso del Vittoriano
開放時間：星期一至四 0930 - 1930，星期
五、六 0930 - 2200，星期日
0930 - 2030（最後入館：閉館前
1小時；僅在展覽期間開放）
門票：價格視乎展覽而定
網址：www.ilvittoriano.com/index.html

羅馬

古羅馬區

古城中心

梵蒂岡

北區

特米尼火車站周邊

越台伯河區

羅馬周邊

木製聖嬰

天壇聖母教堂
(Basilica di Santa Maria in Ara Coeli)

教堂內的一座木製聖嬰雕像，吸引了不少母親和孩童，前來參拜。原身雕像是15世紀的手製品，由一塊來自耶路撒冷的橄欖木頭雕刻而成。相傳雕像有應驗能力，專門聆聽母親和小孩的禱告，對於患病不適的，更有治療的神力。原身雕像鑲有寶石，在1994年被盜去，至今還未尋回。現在設在聖堂內的木嬰像，是一個複製品，卻依然吸引不少母親帶同孩童，前來朝聖。

MAP: P.072 A1

進入教堂後的第一個小禮堂La Cappella Bufalin，牆上的壁畫美輪美奐，是15世紀的作品，描述了來自Siena的聖人San Bernardino（聖貝納迪諾），他的生平事蹟。

在木聖嬰的兩旁，保存了很多小信徒寫給小聖嬰的信件。

主聖壇左後方的一個小禮拜堂（Cappella del S. Bambino），是木聖嬰被收藏的地方。

教堂位於卡比托利歐山丘上，要登上124級大理石樓梯才能進入。

教堂建於13世紀，內在裝飾美輪美奐，是當地人舉行婚禮的熱門之地。

── Info ──
地址： Scala dell'Arce Capitolina, 12, 00186 Roma
開放時間： 0900 - 1230、1500 - 1830
門票： 免費進入
前往方法： 從Piazza Venezia（威尼斯廣場）右方，爬上通往教堂的Scalinata dell'Ara Coeli 樓梯，即達。步程大約2分鐘。

典雅氣質

卡比托利歐廣場
(Piazza Campidoglio)

穿過參議院宮的左右兩旁，可到達開放式的觀景露台，欣賞古羅馬廣場的全景。

從寬闊淺淺的台階（Cordonata Capitolina）一直往上走，一個優雅的廣場呈現眼前。這個位於卡比托利歐山山頂的廣場，於1538年由大師米高安哲羅設計，地面鋪砌了幾何圖形，讓人印象深刻。中央是Marcus Aurelius（馬科．奧里利大帝）的青銅騎馬像。騎馬像後方的建築物「Palazzo Senatorio」（參議院宮），是羅馬市政廳的所在地。左右兩旁的建築物，是世界上其中一間最古老的公共博物館「卡比托利歐博物館」。

在台階的頂端兩旁，有2個大型雕像，是希臘和羅馬神話中的雙生兒卡斯托耳和波魯克斯。

在馬科，奧里利大帝騎馬像的後方，那淡黃色的建築，是參議院宮。

MAP: P.072 A1

卡比托利歐山是羅馬七座山丘之中，擁有最高的政治意義，亦是古羅馬政府和市政廳的所在地。

台階設計寬闊又淺淺，昔日人們除了可以走路上去，亦可以騎馬登上廣場。

照片來源：Adobe Stock

── Info ──
地址： Piazza del Campidoglio, 00186, Roma
開放時間： 全年
前往方法： 從馬克西姆斯競技場的「Aventino / Circo Massimo 站」乘坐51號巴士到「Ara Coeli / P.za Venezia 站」，或在特米尼火車站外的「Termini 站」乘坐巴士85號到「Teatro Marcello / Ara Coeli 站」，再經樓梯 Cordonata Capitolina 登上廣場。

代表羅馬起源的青銅像《母狼》，是館內最標誌性的收藏。母狼下正在吸奶的雙胞胎羅慕勒斯和雷姆斯，相傳他們就是羅馬的創城者。這尊青銅母狼像已有大約2500年歷史。而母狼下的雙胞胎，是文藝復興時期後加上去的。

教宗Urbano VIII的的宏偉大理石雕像，亦是出於貝尼尼大師的作品。

歷史悠久的國家博物館

卡比托利歐博物館（Musei Capitolini）

位於卡比托利歐廣場上的「保守宮」（Palazzo dei Conservatori）和「新宮」（Palazzo Nuovo）之內。於1471年開幕，是世上最古老的國家博物館之一。館內的重點收藏包括有代表羅馬起源的《母狼》的青銅像、公元前1世紀的青銅雕像《Spinario》（拔刺的男孩兒）、Caravaggio（卡拉瓦喬）的2幅藝術傑作：《算命》（Buna Ventura）和《施洗者約翰》（San Giovanni Battista）等等。

MAP: P.072 A1

雕塑大師 Gian Lorenzo Bernini（貝尼尼）所雕刻的《Medusa》（美杜莎），是一位希臘神話中的女妖，她的每一根頭髮都是毒蛇。

館內收藏了大量古典雕塑，喜歡欣賞古代藝術品的人，不容錯過。

公元前1世紀製造的維納斯女神雕像，亦是館內的亮點之一。

Info

地址： Piazza del Campidoglio 1, 00186 Roma
開放時間： 0930 - 1930；24／12、31／12 0930 - 1400（最後售票：閉館前1小時）
休息日： 1／5、25／12
門票： €11.5 （ 如館內正舉行專題展覽，價格會上漲大約€2 - 5）
網址： www.museicapitolini.org
前往方法：
從馬克西姆斯競技場的「Aventino／Circo Massimo 站」乘坐51號巴士到「Ara Coeli／P.za Venezia 站」，或在特米尼火車站外的「Termini 站」乘坐巴士85 號到「Teatro Marcello／Ara Coeli 站」，再經樓梯Cordonata Capitolina 登上廣場。入口在右邊的「保守宮Palazzo dei Conservatori」。

博物館設在卡比托利歐廣場左右兩座建築物內，參觀過右邊的「保守宮」後，可經館內地下底層的隧道，通往設於左邊建築物「新宮」的另外一些展廳。

原本放置在卡比托利歐廣場上的古羅馬皇帝Marcus Aurelius（馬科・奧里利）騎馬雕像的真跡，於公元161年製作，現存放在博物館內。

古羅馬區
古城中心
梵蒂岡
北區
特米尼火車站周邊
越台伯河區
羅馬周邊

維馬

古羅馬區

古城中心

梵蒂岡

北區

特米尼火車站周邊

越台伯河區

羅馬周邊

人氣烘焙工坊
Antico Forno Roscioli

一間家庭式經營的烘焙店，很受當地人歡迎。一到繁忙時間，經常大排長龍。店內供應各種烘焙食品，包括每天新鮮製造的麵包、甜點、地道蛋糕和不同口味的切件Pizza，在中午時段，還供應簡單輕食和烘焙意粉。想特色一些，可以試試傳統糕點，例如Zeppone 炸泡芙、Torta di Mele 蘋果蛋糕等。

家庭式經營的烘焙工坊，現在已經是第四代傳人。這間烘焙店，在當地人心目中有一定的地位。

MAP: P.072 A1

Pizza 和一些糕點，是以重量來計算價格。價錢牌上的「all'uno」，是指「每個」的價格。而「al kg」，是「每公斤」的價格。

提提你

── Info ──
地址：Via dei Chiavari, 34, 00186 Roma
電話：+39 06 686 4045
營業時間：星期一至六 0700 - 1930、星期日 0800 - 1800
消費：大約€5 - 10 / 位
網址：www.anticofornoroscioli.it
前往方法：從Pantheon（萬神殿）步行前往，大約10分鐘。

米高安哲羅的摩西像
聖彼得鎖鏈堂
(Basilica di San Pietro in Vincoli)

始建於432-440年，為了安放聖彼得在耶路撒冷監禁時被戴上的「神奇鎖鏈」。傳說當年鎖鏈剛從耶路撒冷運送回來，教宗把它和聖彼得在羅馬被囚禁時戴上的另一條鎖鏈放在一起時，這兩條鎖鏈竟然奇跡地吸黏在一起。現時這對鎖鏈保存在主祭壇下方的聖髑盒內。另外，教堂還收藏了米高安哲羅大師製作的「摩西雕像」，是文藝復興時期的絕世佳作之一，並免費開放給公眾參觀。

MAP: P.072 B1

聖彼得（又名：西門彼得 / 聖伯多祿）是耶穌12名門徒之一。在耶穌被捕之後，他曾經三次否認是耶穌門徒。後來，他見證了耶穌復活，堅定了信心，並到處傳教。古羅馬國王尼祿在任期間，基督教被迫害，聖彼得在公元67年殉道，並按照他本人的要求，被倒釘在十字架上。

提提你

教堂外觀不是太特別，卻因為收藏著米高安哲羅的摩西雕像，吸引了眾多遊客前來參觀。

摩西的右臂下，緊夾著「十誡」，信徒不明白誡條，依然崇拜偶像，摩西流露出失望和生氣的表情。再仔細觀看，摩西手上脈絡的清晰，肌肉線條的完美，從中可見米高安哲羅大師的精湛技詣。

摩西雕像就在主祭壇的右邊，原本是為教宗Julius II所設計的陵墓。在摩西雕像上方，橫躺著的是教宗Julius II的雕像，而最上方是聖母瑪利亞和耶穌。

Tips

在「摩西雕像」前方有按鈕，只要投入硬幣作自由奉獻，雕像就會亮起燈來，可以更清楚欣賞米高安哲羅的傑作。

── Info ──
地址：Piazza di San Pietro in Vincoli, 4/a, 00184 Roma
電話：+39 06 9784 4952
開放時間：0800 - 1220、1500 - 1750
門票：免費進入
前往方法：乘坐地鐵藍色B線到「Cavour」，下車後經長樓梯Scalinata dei Borgia 步行5分鐘。

教堂天花上的大型壁畫，是18世紀Giovanni Battista Parodi的作品，描述聖彼得「神奇鎖鏈」的故事。

貴族珍藏　**MAP: P.072 A1**
多利亞潘菲利美術館 (Galleria Doria Pamphilj)

是羅馬最大的私人藝術畫廊。Doria Pamphili 貴族擁有豐富的藝術珍藏，從16世紀一直累積下來，包括繪畫、雕塑和家具。當中不乏藝術大師級的作品，例如：Caravaggio（卡拉瓦喬）、Raphael（拉斐爾）、Tiziano（提香）、Bernini（貝尼尼）的傑作。

1644年，Pamphili 家族成員Giovanni Battista Pamphili 當選為教宗（Pope Innocent X），其後一直支持藝術文化，亦把不少珍藏贈送給姪子Camillo，家族的藝術資產一直在累積。

Tips

美術館定期會在裝潢華麗的宮殿中，舉辦音樂演奏會聆導覽。
詳情：www.romaoperaomnia.com/events/sounds-and-visions-of-caravaggio-1

── Info ──
地址：Via del Corso, 305, 00186 Roma
開放時間：0900 - 1900、24 / 12 0900 - 1700（最後入館：閉館前1小時）
休息日：1/1、復活節、25 / 12
門票：€12、6 - 26歲€8
網址：www.doriapamphilj.it/roma/en/
前往方法：從Piazza Venezia（威尼斯廣場）步行前往，大約2分鐘。從Pantheon（萬神殿）步行前往，大約6分鐘。

古羅馬露天劇場
馬切羅劇場（Teatro di Marcello）

　　驟眼一看，這座古羅馬建築跟圓形競技場非常相似，其實這是一座半圓形露天劇院，由羅馬共和國Gaius Julius Caesar（凱薩大帝）下令建造。後來在公元前 11 年，奧古斯都（第一任羅馬帝國皇帝）的在任期間完成工程，並以他的姪子Marcello為命名。當年，劇院直徑有130米，看台分了3層，可以容納大約15,000名觀眾。

於16世紀，在劇院的原有結構之上和周邊，被加建了「文藝復興風格」的宮殿建築。現在這些「宮殿住宅」是世界級豪宅之一。

在馬切羅劇場旁邊，是阿波羅神廟（Tempio di Apollo Medius Sosianus）的遺址，現只剩下3根圓柱。

早在圓形競技場落成之前的85年，馬切羅劇場已經建造好了，相比之下這座劇院歷史更悠久。

Info
地址：Via del Teatro di Mercato, 00186 Roma
開放時間：夏季0900-1900、冬季0900-1800
門票：免費（內部不開放參觀）
前往方法：從 Vittoriano（維托里亞諾）步行前往，大約5分鐘。或是特米尼火車站外的「Termini站」乘坐巴士H或170號到「Teatro Marcello /Ara Coeli」，再步行 3 分鐘。

處處是古蹟
奧塔維亞門廊（Portico di Ottavia）

附近可以找到不少猶太餐廳，著名當地菜式「炸雅枝竹Carciofi alla giudia」，就是來自羅馬猶太人的料理。

提提你

　　公元27年，首任羅馬帝國皇帝奧古斯都，把附近地方重建，加設了這條門廊步道，連接兩座神廟，並以他妹妹名字為命名。門廊在古羅馬時期曾經遇上兩次大火，及後重修。中世紀時期，這兒變成了當地人的魚市場。後來，在16世紀，教宗下令要把猶太人隔離，這一帶就是當年隔離區（Ghetto）的一部分。

門廊只剩下了這個中心部分，昔日伸延至兩座神廟的步道已經不再有了。

大約在8世紀，在門廊的後方，加建了一座小教堂Chiesa di Sant'Angelo in Pescheria，綠色的小門就是教堂入口，可免費進入。

面向門廊的右手邊，設有小路，通往附近的馬切羅廣場。

門廊已經有差不多2000歷史，相比起其他古羅馬古蹟，尚算保留完整。

Info
地址：Via del Portico d'Ottavia, 29, 00186 Roma
開放時間：全年
門票：免費
前往方法：從Isola Tiberina（台伯島）或Teatro Marcello（馬切羅廣場）步行前往。大約3分鐘。

羅馬市內的猶太人印記

猶太博物館（Museo Ebraico）

由16世紀開始，自從教宗保羅四世上任後，住在羅馬的猶太人被關到隔離區，並築起城牆把把區域圍封，限制進出，亦限制自由就業，目的是要與基督徒分隔，直至1870年。

提提你

　　位於昔日猶太人的隔離區（Ghetto）內，是羅馬唯一的猶太博物館。記錄了猶太人歷史和文化，並介紹了各種猶太人節日、安息日、禮拜儀式，如割禮、婚禮，亦展示了有關的文物。同址是羅馬大猶太會堂（Tempio Maggiore di Roma），是全歐洲第二大的猶太會堂。

Info
地址：Via Catalana，00186 Roma
開放時間：冬季 星期日至四 0930－1630、星期五 0900－1400；夏季 星期日至四 1,000－1800、星期五 1000－1600（最後入場：閉館前45分鐘）
休息日：逢星期六、猶太人假期（詳情參看官網）
門票：成人 €11、學生 €5（包含博物館及猶太會堂參觀導覽）
網址：www.museoebraico.roma.it
前往方法：從特米尼火車站外的「Termini站」乘坐巴士40 或 64 號，在「Argentina 站」下車，再步行6分鐘。從Isola Tiberina（台伯島）步行前往，大約 5 分鐘。

會堂外牆上，有「七燭台」的圖案，是猶太教的象徵。

會堂於1904年落成，宏偉的建築充滿折衷主義風格。教宗若望保祿二世和本篤十六世，先後在 1986年和2010年到訪此處。

維馬

古羅馬區

古城中心

梵蒂岡

北區

特米尼火車站周邊

越台伯河區

羅馬周邊

進入教堂需通過保安檢查，
不可攜帶任何危險品。

大教堂內，是多名已故教宗的安息之地。在祭壇前面的樓梯下方，是教宗馬丁五世的墓棺。

羅馬四大教堂之一
拉特朗聖若望大殿
(Basilica di San Giovanni in Laterano)

教堂有1700年歷史，始建於4世紀，由第一個信奉基督教的古羅馬皇帝「君士坦丁大帝」委託修建。期間經歷了無數次大規模的擴建和改造，在17世紀，由著名建築師Francesco Borromini（弗朗西斯科．博羅米尼）重新修飾後，教堂呈現令人驚嘆的空間感。在寬闊的中殿兩旁，豎立了宏偉的12門徒雕像，莊嚴又具氣派。

MAP: P.072 C2

後殿上閃閃發光的鍍金馬賽克天花，令人印象深刻。

在教廷遷移到梵蒂岡之前，這座大教堂，一直是基督教的總部所在地。

在中央主聖壇的旁邊，有手持著「天國之鑰」的聖彼得大理石雕像。

---Info---
地址：Piazza San Giovanni in Laterano, 4, 00184 Roma
開放時間：教堂 0700 - 1830，庭園 0900 - 1800
門票：免費進入
網址：www.vatican.va/various/basiliche/san_giovanni/index_it.htm
前往方法：乘坐地鐵橙色A線到「San Giovanni」，再步行5分鐘。

神聖的參拜
聖階 (Scala Santa)

Tips
對於宗教的尊重，請遊客不要對「正在進行宗教參拜」的教徒進行拍攝。

很莊嚴的朝聖地。信徒們不是用腳走上樓梯，而是「膝跪而上」，一邊禱告，一邊用膝頭一級一級的爬上去，去感受苦難中的痛。公元33年，耶穌就是沿著這段階梯，前往接受本丟．彼拉多的審判。梯階一共有28級，在公元326年，由君士坦丁大帝的母親，把它從耶路撒冷運到羅馬。

MAP: P.072 C2

「聖階」原本設在舊宮皇宮殿的入口。直到1308年，舊宮殿被大火燒毀。1589年，「聖階」被移到現址，入口就在拉特朗聖若望大殿的斜對面。

在電影《絕美之城》中臨近結尾的一幕，一位聖徒正跪著爬上這一段神聖的階梯。

提提你

在「聖階」的左右兩側，設有另外4條樓梯，給其他到訪者正常上落，天花兩旁都畫滿了色彩光亮的壁畫。

---Info---
地址：Piazza San Giovanni in Laterano, 14, 00184 Roma
開放時間：聖階 平日 0600 - 1400，假日 0700 - 1400 及 10月到3月1500 -1830，4月到9月1500 - 1900；至聖小堂 平日 0930 - 1240，1500 - 1710
門票：聖階 免費進入；至聖小堂 €3.5
網址：www.scala-santa.com/en
前往方法：乘坐地鐵橙色 A線到「San Giovanni」，再步行5分鐘。

「至聖小堂」(Sancta Sanctorum) 是教宗舊日的私人小堂，設於「聖階」的盡頭。在小堂內保存了一些珍貴聖物，包括「非人手所繪」的聖像「Achiropita」，相傳是天使所繪的作品。

羅馬

古羅馬區

古城中心

梵蒂岡

北區

越台伯河區

特米尼火車站周邊

羅馬周邊

想跟試試這個古代測謊器，或跟它拍拍照，是不需要買門票。不過，旁邊設有捐獻箱，到訪者可以自由奉獻。

在電影《羅馬假期》中經典一幕，男主角伸手進去「真理之口」，然後假裝手被咬掉，飾演公主的柯德莉‧夏萍被嚇到花容失色。從此，來自世界各地的遊客，都要來試一試這個傳說中的「測謊機」。

提提你

「真理之口」雖在教堂外的門廊，但設在閘口之內，並有護衛在旁看管。如果想和「它」合照，記緊預留時間排隊，因為一到關門時間，所有還在排隊的到訪者，都要統統離開。

「真理之口」的所在地，有一個漂亮精緻的鐘樓，建於12世紀，高34.2米，是全羅馬最高的中世紀鐘樓。

一個中世紀的傳說，吸引了世界各地的遊客慕名而來，「排大隊」幾乎是必須的。

古代測謊器
真理之口 (La Bocca della Verità)

　　一個公元2年的「地下水道蓋子」，就像有魔法一樣，吸引來自世界各地的遊客，務必要前來看一眼。這塊巨型的大理石，直徑有1.8米，重達1千3百公斤，刻上了一個長鬍子的男性面孔。埋藏在這個古羅馬的蓋子背後，有一個源自中世紀的傳說。只要把手放入他的口中，如果是說謊者，整隻手會被大口咬掉。這個古代「測謊器」，被稱為「真理之口」，自1632年起，一直放置在「Santa Maria in Cosmedin」（希臘聖母堂）的門廊牆壁上。

MAP: P.072 A2

這副長滿鬍鬚、張開大嘴的面孔，相傳是一位「河神」。

如果你的手沒有給「真理之口」咬掉，那就順道參觀一下教堂內部吧。教堂始建於公元6世紀，內部裝潢帶點羅曼式的建築風格。

「真理之口」就在教堂正門前的門廊左邊的牆上。

── Info ──
地址： Piazza della Bocca della Verità, 18, 00186 Roma
開放時間： 夏季 0930 - 1750，冬季 0920 - 1650
門票： 免費，自由奉獻
前往方法： 從特米尼火車站外的「Termini站」乘坐巴士170號，在「Bocca della Verità」下車。或乘坐地鐵藍色B線到「Circo Massimo」，再步行10分鐘。亦可從 Foro Romano（古羅馬廣場）後方的出口離開，步行10分鐘。

2100多年歷史
勝利者海克力斯神廟 (Tempio di Ercole Vincitore)

　　建於公元前120年，又稱為「Tempio Rotondo」（圓形神廟），環繞著有20根纖細的圓柱，有2100多年歷史，至今依然保存得很完整，是羅馬現存最古老的大理石建築。旁邊不遠處，還有另一座保存完好的「Tempio di Portuno」（波圖努斯神廟）。

MAP: P.072 A1

神廟就在「真理之口」的對面馬路，很值得順道來一看其外觀。如果想入內參觀，每月只有2個早上開放，且必須參加只限義大利文的導覽團。

神廟坐落在古羅馬時期的Forum Boarium（屠牛廣場）中。於12世紀，神廟曾被改建為一所教堂，亦因此能得以良好保存。

── Info ──
地址： Piazza della Bocca della Verità, 16, 00186 Roma
開放時間： 每月第1個和第3個星期日 1030 - 1130
門票： €5.5（1小時意大利文導覽團，需預約）
休息： 8月份
預約網址： www.coopculture.it/heritage.cfm?id=86#
前往方法： 乘坐巴士 44、83、170 或 781，在「Bocca della Verità 站」下車。

羅馬

古羅馬區

古城中心

梵蒂岡

北區

特米尼火車站周邊

越台伯河區

羅馬周邊

Vespa迷必到
Bici & Baci

MAP: P.072 B1

想跟電影《羅馬假日》中的男女主角一樣，騎著意國經典摩托車「Vespa」，來一場浪漫的旅程？這兒絕對是不二之選。Bici & Baci 開業20年，提供租借Vespa、單車或綿羊仔Scooter的服務，亦有定期舉辦「Vespa Tour」，帶領一眾愛好者，騎著入型入格的Vespa，遊走羅馬。專門店除了有租借服務、行程報名及查詢，還有出售林林總總的紀念品，底層亦設有小型「Vespa博物館」，並供遊客免費參觀。

底層博物館展出了多架古董Vespa，來自50年代到90年代，車迷絕對值得一遊。

Vespa「偉士牌」在1946年誕生於意大利，是復古摩托車迷和收藏家的最愛。在《羅馬假期》中，風度翩翩的記者跟飾演公主的柯德莉‧夏萍，在羅馬結緣，並騎著Vespa展開一場浪漫旅程。自此Vespa 成為了羅馬的城市象徵之一。

提提你

Vespa 精美磁貼，造型可愛。€6.5

店內亦有出售大量紀念品、T-shirt、鎖匙扣、精品、紀念杯、模型，是車迷尋寶之地。

可供租借的Vespa，有很多款式選擇。騎著復古風情的摩托車遊覽羅馬，絕對是難忘的體驗。

租借Vespa，可以在網上申請，亦可親臨店舖查詢。價錢由每天€65或每小時€15起跳。記緊帶備有效護照及國際車牌。

Info
地址：Via Cavour, 304, 00184 Roma
營業時間：0800 - 1900
網址：店舖 www.bicibaci.com/en/vespa
博物館 www.spaziomuseovespa.com
前往方法：乘坐地鐵藍色B線到「Colosseo」，再步行5分鐘。

貴族愛情故事
烏龜噴泉
(La Fontana delle Tartarughe)

MAP: P.072 A1

Info
地址：Piazza Mattei , 00186 Roma
開放時間：全年
前往方法：從Pantheon（萬神殿）步行前往，大約10分鐘。從Campo de' Fiori（花之廣場）步行前往，大約6分鐘。

於16世紀，由Giacomo della Porta 設計的青銅噴泉，原本坐落在另外一個廣場，後來「一夜間」遷移到公爵Muzio Mattei的住所前方。公爵好賭成性，有一次幾乎輸光了財產，富有的未來岳父因此不願意把女兒嫁給他。公爵為了彰顯權力，命人一夜間把噴泉遷移到他家門外的小廣場。從此，富豪對他改觀，最後，公爵亦成功跟她的女兒結婚。

4位年輕人，腳踏在4隻海豚的頭上，舉手輕托著的是最上層的烏龜。最初的設計，最上層的也是海豚，不過噴泉水壓太低，不足以從海豚的口中出水，後來移除了海豚，換上了4隻烏龜作裝飾。

噴泉中的其中一隻烏龜，在1979年被盜走，一直至今還沒尋獲，後來以複製品作填補。

古代賽馬場
馬克西姆斯競技場
(Circo Massimo)

MAP: P.072 A2-B2

建於公元前600 - 549年，持續使用了近1,200年，是古羅馬時代第一個競技場，亦是規模最大的。橢圓形的露天競技場，長600米、闊200米，可以容納15 - 25萬名觀眾。除了各項田徑和鬥獸活動，最主要舉行的是「四馬雙輪戰車」競賽。相傳勝出的「馬車駕駛員」會有大量獎金，在場觀眾亦可進行投注。

競技場的後方，就是帕拉提諾山丘，亦是古羅馬時代的皇室官邸。競技場中亦設有皇家看台。

如今這兒是市民的休閒之地，在夏季時份，亦會不定期舉行各種活動和音樂會。

Info
地址：Via del Circo Massimo，00186 Roma
開放時間：無休
門票：免費進入
前往方法：乘坐地鐵藍色B線到「Circo Massimo」，步行5分鐘。或從 La Bocca della Verità（真理之口）步行前往，大約5-10分鐘。

羅馬

古羅馬區

古城中心

梵蒂岡

北區

特米尼火車站周邊

越台伯河區

羅馬周邊

俯瞰美景
橙園 (Giardino degli Aranci)

在羅馬7小山丘之一的「Colle Aventino」(阿文提諾山),有一個幽靜別緻的公園「Parco Savello」。當中有一個挺有名氣的「橙園」,內有一個觀景台,可以在一大排橙樹的前方,俯瞰羅馬城和台伯河的漂亮景致。特別在日落黃昏的時段,更覺迷人。

MAP: P.072 A2

從這個城牆閘口進入,就是「橙園」了。

遇上了秋季的收成期,園內樹上掛滿了很多大橙。

羅馬的城市美景,盡在眼前。特別在接近日落的時份,風景更美。

在「橙園」附近,有一個玫瑰園 Roseto di Roma Capitale (地址: Via di Valle Murcia 6)。每年大約5月至7月,是玫瑰盛開的季節,可以考慮順道前往。

提提你

觀景台視野很寬闊,還可遠眺Vittoriano (維托里亞諾)。

Info
地址: Piazza S. Pietro D'Illiria, 00153 Roma
開放時間: 10月至2月 0700 - 1800、3月至9月 0700 - 2000、4月至8月 0700 - 2100
門票: 免費進入
前往方法: 從Bocca della Verità (真理之口),可經小斜路Clivo dei Publicii,步行大約10分鐘。

匙孔中的三國
Buco della Serratura di Roma

全羅馬最著名的「鎖匙孔」,就在馬爾他騎士團大使館的門上。從細小的匙孔看進去,可以「一眼窺看三個國家」。近處的林蔭樹籬,是馬耳他騎士團的別墅花園。遠處的圓頂,是梵蒂岡聖彼得大教堂。而樹木和教堂之間,就是羅馬城的範圍。透過這神奇的匙孔,同時看到「馬爾他騎士團」、「意大利」和「梵蒂岡」三個「國家」。

MAP: P.072 A2

實在太多遊人前來窺探,門上鎖匙孔旁邊的油漆,都脫色了。

在旺季的時候,想俯身看一下這個鎖匙孔,分分鐘需要大排長龍的!

花園的林蔭樹籬,為聖彼得圓頂構成了獨特的畫框。這個獨一無二的視覺效果,引人入勝。

「馬爾他騎士團」是世界上最小的國家,以推動人道救援為主。「騎士團」沒有實質的領土,只擁有2座建築。1798年以前,擁有馬爾他的統治權,後來拿破崙入侵,領土喪失了。1834年,羅馬教廷給予「騎士團」1座在市中心的建築物,作為永久根據地。鎖匙孔的所在地,是外交部及領事館,亦就是「馬爾他騎士團」擁有的另外1座建築。

提提你

建築物並不對外開放,唯獨大門上鎖匙孔,可允許遊人有秩序地輪流窺看一下。

Info
地址: Piazza dei Cavalieri di Malta, 3, 00153 Roma
前往方法: 從「橙園」步行1分鐘。

埃及式陵墓 **MAP: P.072 A3**
塞斯提伍斯金字塔 (Piramide Cestia)

金字塔建於公元前12年,是古羅馬執政官Caio Cestio的陵墓。當時古羅馬帝國征服了埃及,金字塔建築在羅馬成為了時尚的象徵。塔高大約37米,底部面積約30平方米,由混凝土製成,外牆利用了白色卡拉拉 (Carrara) 大理石覆蓋。建築工程持續了330天,在修建時入口已被圍封。

現存的埃及式金字塔建築,在羅馬城就只剩下這一座,亦是保存得最好的古羅馬遺跡之一。

金字塔的前立面上,刻上了 Caio Cestio 的名字和「執政官」等等的各種銜頭。

Info
地址: Via Raffaele Persichetti, 00153 Roma
開放時間:
每月第2、第3、第4個週末1100 - 1200 (只限意大利文導賞團,人數上限20人,必須預約)。
休息: 8月份
門票: 導賞團€5.5
訂票網址: www.coopculture.it/heritage. cfm?id=59#
前往方法:
乘坐地鐵藍色B線到「Piramide」,金字塔就在迴旋處路邊。

讓人驚喜的「Welcome Antipasto」，把羅馬名菜Carbonara 弄成美味的泡沫，放在雞蛋裡面，配上蕃茄小甜筒和微辣的羊奶芝士，創意十足！

以青口和蟶子煮成的海鮮濃湯，是鮮甜的滋味！Zuppa Cozze e Cannollicchi €15（平日午市之優惠）

Tips

超抵食的米芝蓮！（只限星期一至五午市）
優惠價格：一道菜€15、兩道菜€25、三道菜€32（酒水不包括在內），另外甜點每客€6。每季最新菜單和價格，都有在官網列出。

花園中的星級佳餚

Marco Martini Chef

在叢林翠綠間的驚喜盛宴！餐廳自2017年起，獲得米芝蓮的一星評級，擁有花園般清雅脫俗的用餐環境，散發著優雅的田園氣息。來自羅馬當地的主廚Marco Martini，很年輕有為。憑著對烹飪的熱情，再加上豐富的創意和想像力，以最時令當造的食材，把傳統羅馬料理，用摩登現代的方式重新詮釋，菜式賣相別緻得恍如藝術珍品。平日午市提供優惠菜單，非常值得一試。

MAP: P.072 B2

優雅秀氣的庭園餐廳，是在喧鬧的羅馬城中，少有的靜謐角落。

餐後的小驚喜，服務生奉上了精緻可愛的小點，脆皮朱古力內藏軟滑的冰淇淋，一口甜美！

在2013年，當時只有24歲的主廚Marco Martini，獲得了「意大利新進廚師」的稱號，亦曾在沙特阿拉伯擔任「世界意大利美食大使」。

餐廳內用了很多綠葉作裝飾，充滿田園氣息。餐廳外亦有露天雅座，主要供應餐前酒，給客人一個秘密花園，把酒談天。

甜點的賣相漂亮極致，以柑橘做的奶油，清香軟滑，跟朱古力和咖啡餅的配搭，實在完美。

一客意想不到的配搭，以紅洋蔥、菇菌和傳統意式香腸所製作的長通粉，帶點東洋風味。Rigatone Funghi Salsiccia e Cipolla Rossa€15（平日午市之優惠）

以墨魚做成的麵條非常爽滑，淋上了清湯，提升鮮味，讓人回味無窮。Tagliatelle di Seppia alla Puttanesca €15（平日午市之優惠）

Info

地址：Viale Aventino, 121, 00153 Roma
電話：+39 06 4559 7350（建議訂位）
營業時間：1200 - 1430、1900 - 2200
休息日：逢星期日
消費：大約€40 - 150 / 位
網址：marcomartinichef.com
前往方法：從圓形競技場的「Colosseo / Salvi N.站」乘坐8號電車，或在特米尼火車站外的「Termini 站」乘坐巴士75號，在「Aventino/Albania 站」下車即達。

羅馬

古羅馬區　古城中心　梵蒂岡　北園　特米尼火車站周邊　羅馬周邊　臺伯河區

090

羅馬

古羅馬區

古城中心

梵蒂岡

北區

特米尼火車站周邊

越台伯河區

羅馬周邊

每年夏季（6－8月），卡拉卡拉浴場會成為音樂會和歌劇的舉辦場地。如果想在這古羅馬遺跡欣賞表演，訂票及詳情可查看售票網頁：www.ticketone.it 或 www.romeopera-tickets.com/home/en

參觀古羅馬遺跡需要配合一點想像力，亦可考慮租借「3D虛擬眼鏡」，把昔日浴場的完整建築外觀，透過眼鏡呈現眼前。

古羅馬人在浸過熱水浴和桑拿之後，亦會塗上香薰精油作按摩。除了來享受之外，公共浴場亦是重要的社交場所，跟朋友聊天聯繫，或進行工作會議。

浴場只用了5年時間建造，一共沿用了多達9000名工人。開幕後，成為羅馬第二繁忙的公共浴池。

古代大型水療中心

卡拉卡拉浴場 (Terme di Caracalla)

是保留得最完整的古羅馬公共浴場遺跡。建於公元212至217年，由皇帝卡拉卡拉下令興建，規模龐大，同時可容納1,500多人。場內一共有64個蓄水池，當中包括一座露天大浴池、冷水浴池（Frigidarium）、溫水浴池（Tepidarium）和熱水浴池（Calidarium）。在地下室，每天有專人燃燒木頭，牆壁和地板間設有特別管道傳送熱氣，把空氣和水加熱。除了浴池，還有花園、桑拿浴室、豪華更衣室、健身房、圖書館等等休閒設施，是一所古代大型的水療中心。

MAP: P.072 B2

浴場的供水系統是依靠古羅馬輸水道，把山上的泉水運過來。公元537年，在哥德戰爭時期，東哥德國王Vitigis入侵羅馬，把輸水道切斷，浴場從此停止使用。

利用馬賽克的圖案拼畫，來粉飾地板和牆壁，是古羅馬時期建築設計中很常見的。

憑這些馬賽克拼花地磚圖案，可以聯想到昔日卡拉卡拉浴場的華麗氣派。

Info

地址： Viale delle Terme di Caracalla 52, 00153 Roma
開放時間：
10月最後一個星期日至15／2 0900－1630，16／2－15／3 0900－1700，16／3－3月最後一個星期日 0900－1730，3月最後一個星期日至8月底 0900－1915，9月 0900－1500，10月 0900－1830，逢星期一 0900－1400（最後入場：閉館前1小時）
休息： 1/1、1/5、25/12
門票： €8（可加€6 租用3D虛擬導覽眼鏡）
網址： www.coopculture.it/en
前往方法： 乘坐地鐵藍色B線到「Circo Massimo」，再步行8分鐘。或從特米尼火車站外的「Termini 站」乘坐巴士 714 號，在「Terme Caracalla 站」下車。或從威尼斯廣場的「P.za Venezia 站」乘坐巴士 160 號到「Baccelli站」，再步行至 Largo Cavalieri di Colombo 的入口。

高品質超市 **MAP: P.072 B3**

Eataly Roma

無論遊客或當地人，都很喜歡慢逛這間高品質超市。由第一間設在都靈的Eataly，經過10多年的用心經營，分店擴展到各大城市，現在一共有十多家，目前更向世界各地擴展。在羅馬的這一間，佔地有1萬 6千呎，共有3層，專售來自不同區域「Made in Italy」的優質食材，定期亦有舉辦美食活動、烹飪示範等等。

特長的營業時間，可以完成日程行程，再慢慢逛選擇心水手信。不過，要注意回程地鐵或火車的尾班時間。

在 Roma Ostiense火車站地底的15號月台附近，有一條地下通道，可以直出到達Eataly。通道附近有大型廣告版及指示。

貨品都分門別類，包括有意大利麵食、各種醬料、橄欖油、葡萄酒、芝士、意式醃肉等等，幾乎全部都是意大利製造。

店內有超過10家餐廳，分佈在每一層樓不同的角落。逛累了可以選其中一家，即場品嚐意大利料理。

Info

地址： Piazzale XII Ottobre 1492, 00154 Roma
電話： +39 06 90279201
營業時間： 0900－0000
休息日： 公眾假期營業時間，特別是聖誕新年，請查閱官網。
網址： www.eataly.net/it_it/negozi/roma
前往方法： 從「Roma Termini」（特米尼火車站）乘坐火車到「Roma Ostiense」，車程10分鐘，出口在15號月台附近。或乘坐地鐵藍色B線到「Piramide」，出閘後經左邊的地底通道往「Roma Ostiense」火車站方向，步程約8-10分鐘。

街市尋美食
泰斯塔西奧市場
（Mercato Testaccio）

Tips

市場入口設在 Via Beniamino Franklin、Via Alessandro Volta 、Via Aldo Manuzio 和Via Lorenzo Ghiberti。

一個非常整潔有序的「地道菜市場」，坐落在一幢新穎的建築，由多個立方體組合而成，十分時尚。由2012年7月開始營運，面積有5000平方米，場內一共有超過100間店家，尤其以新鮮蔬果、日常用品、肉類海產為主，亦有手作小店、二手衣物店。場內亦隱藏了不少地道食店和廉價熟食，極具特色，是尋找美食的好地方。

場內也有不少特色生活小店，前來購物的，大部分是當地人。感覺沒有太觀光化，充滿生活感。

市場內亦有不少店家，出售自家製作的手工製品，充滿本土色彩。

有不少人專程前來午膳，尋找優質廉價的美食，和各種地道特色小吃。

這個有蓋的大型菜市場，通道寬敞明亮，非常整潔，逛得舒適。

MAP：P.072 A2

是購買地道食材的好地方，各種芝士、意式火腿、時令蔬果應有盡有，而且大多是平民價位。

Info

地址：Via Beniamino Franklin, 00118 Roma
營業時間：0700 - 1530
休息：星期日
網址：www.mercatoditestaccio.it
前往方法：乘坐地鐵藍色B線到「Piramide」，再步行12分鐘，或從「Cave Ardeatine / Piramide站」轉乘巴士718或 719 號到「Galvani / Zabaglia」。從圓形競技場的「Colosseo/ Salvi N. 站」乘坐 3 號電車到「Marmorata /Galvani 站」，再步行8分鐘。

新派意菜 **MAP：P.072 A2**
Romeo Chef & Baker

由米芝蓮一星餐廳 Glass Hostaria 的名廚 Cristina Bowerman，所開設的另一家餐廳。餐廳名為「Romeo」(羅蜜歐)，主打新派創意料理。在意大利菜式中，融合嶄新元素，務求為食客帶來新驚喜，而價格亦頗為親民。跟「Romeo」餐廳連為一體的，還有另一間主打Pizza的「Giulietta」(茱麗葉)，最大特色是設有兩個不同的火爐，分別供應脆薄的羅馬式Pizza和柔韌的那不勒斯式。

為了帶給食客新鮮感，菜式會經常更換。

餐廳走休閒高格調路線，裝潢以黑白為主，簡約中又帶時代感。

鮮味的蕃茄乾海膽扁意大利麵，灑上了咖啡粉作調味，創意十足。€17

帶有杏仁香的脆餅，配上了甜美的杏桃和誘人的朱古力，賣相精緻。甜點一客價位大約€6 - 8。

Info

地址：Piazza dell'Emporio, 28, 00153 Roma
電話：+39 06 32110120
營業時間：1730 - 0200（晚餐由 1930開始），星期日1200 - 0200
休息日：逢星期一
消費：大約 €30 -40/ 位
網址：https://romeo.roma.it
前往方法：從圓形競技場的「Colosseo / Salvi N. 站」乘坐電車 3 號，或從特米尼火車站外的「Termini 」站乘坐巴士 75 號，在「Emporio站」下車，再步行2分鐘。

不朽的浪漫

古城中心

如果想享受一個真正的「羅馬假期」，請放慢腳步吧！在古城的鵝卵石街道漫步遊晃，在迷人的那佛納廣場欣賞街頭音樂，在宏偉的萬神殿細味古羅馬的輝煌，然後選一家傳統咖啡廳，品嚐一下細膩濃烈的意式咖啡，再到浪漫動人的西班牙階梯，幻想自己成為了Audrey Hepburn。最後，別忘了到許願池，投一個、兩個或三個錢幣，祈求重遊羅馬、戀愛……然後……

交通 乘坐地鐵橙色A線可抵達「人民廣場」（在「Flaminio」下車）、「西班牙廣場」（在「Spagna」下車）和「許願池」（在「Barberini」下車再步行）。而前往接近台伯河邊的「萬神殿」和「那佛納廣場」，則要乘坐巴士30、40、46、62、64、492號或電車8號，或步行前往。每個景點的前往方法，可參閱內文的Info Box。

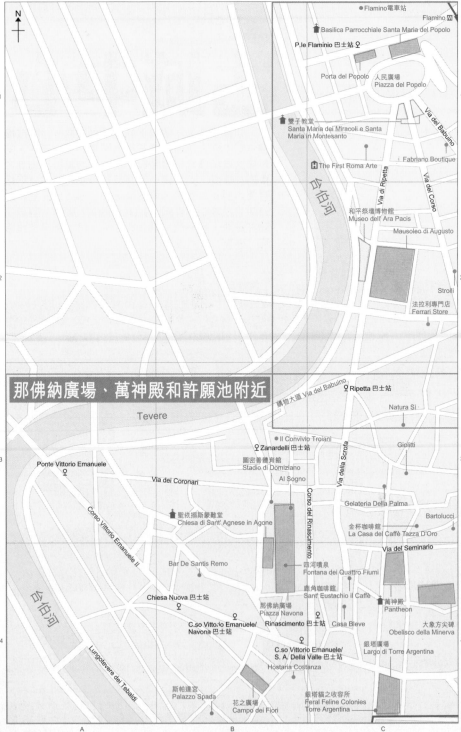

古城中心

古羅馬區
梵蒂岡
北區
特米尼火車站南邊
越台伯河區
羅馬周邊

那佛納廣場、萬神殿和許願池附近

● Flamino電車站
Flamino Ⓜ
Basilica Parrocchiale Santa Maria del Popolo
P.le Flaminio 巴士站 ♀
Porta del Popolo 人民廣場
Piazza del Popolo
Via del Babuino
雙子教堂
Santa Maria dei Miracoli e Santa
Maria in Montesanto
Ⓗ The First Roma Arte
Fabriano Boutique
Via di Ripetta
Via del Corso
和平祭壇博物館
Museo dell' Ara Pacis
Mausoleo di Augusto
Strolli
法拉利專門店
Ferrari Store

Tevere
購物大道 Via del Babuino
♀ Ripetta 巴士站
Natura Sì
● Il Convivio Troiani
♀ Zanardelli 巴士站
Giolitti
Ponte Vittorio Emanuele ♀
圖密善體育館
Stadio di Domiziano
Via della Scrofa
Via dei Coronari
Al Sogno
Gelateria Della Palma
Corso Vittorio Emanuele II
聖依搦斯蒙難堂
Chiesa di Sant' Agnese in Agone
Corso del Rinascimento
Bartolucci
金杯咖啡館
La Casa del Caffè Tazza D'Oro
Via del Seminario
Bar De Santis Remo
四河噴泉
Fontana dei Quattro Fiumi
萬神殿
Pantheon
鹿角咖啡館
Sant' Eustachio il Caffè
Chiesa Nuova 巴士站
♀
那佛納廣場
Piazza Navona
Rinascimento 巴士站 ♀ Casa Bleve
大象方尖碑
Obelisco della Minerva
C.so Vittorio Emanuele/
Navona 巴士站 ♀
銀塔廣場
Largo di Torre Argentina
C.so Vittorio Emanuele/
S. A. Della Valle 巴士站 ♀
Hostaria Costanza
斯帕達宮
Palazzo Spada
銀塔貓之收容所
Feral Feline Colonies
Torre Argentina
花之廣場
Campo dei Fiori

台伯河
Lungotevere dei Tebaldi

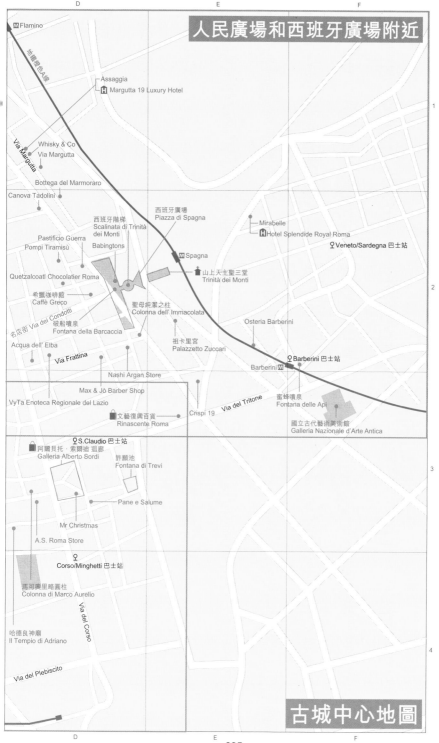

人民廣場和西班牙廣場附近

M Flamino
地鐵橘色A線
Via Margutta

Assaggia
Margutta 19 Luxury Hotel

Whisky & Co
Via Margutta

Bottega del Marmoraro

Canova Tadolini

西班牙階梯
Scalinata di Trinità
dei Monti

Pastificio Guerra
Pompi Tiramisù
Babingtons

Quetzalcoatl Chocolatier Roma

希臘咖啡館
Caffè Greco

名店街 Via dei Condotti
破船噴泉
Fontana della Barcaccia

Acqua dell' Elba

Via Frattina

Nashi Argan Store

Max & Jò Barber Shop
VyTa Enoteca Regionale del Lazio

文藝復興百貨
Rinascente Roma

阿爾貝托·索爾迪 迴廊
Galleria Alberto Sordi

S.Claudio 巴士站

許願池
Fontana di Trevi

Pane e Salume

Mr Christmas

A.S. Roma Store

Corso/Minghetti 巴士站

馬可奧里略圓柱
Colonna di Marco Aurelio

Via del Corso

哈德良神廟
Il Tempio di Adriano

Via del Plebiscito

西班牙廣場
Piazza di Spagna

Mirabelle
Hotel Splendide Royal Roma

Veneto/Sardegna 巴士站

M Spagna

山上天主聖三堂
Trinità dei Monti

聖母純潔之柱
Colonna dell' Immacolata

Osteria Barberini

祖卡里宮
Palazzetto Zuccari

Barberini 巴士站
Barberini M

Via del Tritone

蜜蜂噴泉
Fontana delle Api

Crispi 19

國立古代藝術美術館
Galleria Nazionale d'Arte Antica

古城中心地圖

古羅馬區
古城中心
梵蒂岡
北區
特米尼火車站周邊
越台伯河區
羅馬周邊

古羅馬區　古城中心　梵蒂岡　北區　特米尼火車站周邊　越台伯河區　羅馬周邊

整座噴泉以「海洋」為主題。晚間亮起了燈光的許願池，有著不一樣的魅力。

舉世知名的噴泉

許願池 (Fontana di Trevi)

「扔一個錢幣入池，將會重返羅馬」，一個經典傳說讓這個噴泉無時無刻都擠滿遊客。原名叫「Fontana di Trevi」（特萊維噴泉），寬度約有20米，高約26米，是羅馬最大型的噴泉。建於18世紀，當年的教宗決定在古羅馬水道Acqua Vergine的終點，設一座雄偉的噴泉，以歌頌「水」。這座巴洛克的傑作，前後由Nicola Salvi（尼古拉、薩爾維）和Giuseppe Pannini（朱塞佩、潘尼尼）設計，於1762年建成。

MAP：P.095 D3

噴泉設計靈感來自凱旋門式的建築，連同後方的宮殿「Palazzo Poli」，猶如一所宏偉的劇院。豎立在最中間的「海神」雕像，非常有氣勢。

伴隨「海神」的左右兩旁，有2位女神雕像，分別象徵「豐盛」和「健康」。

「健康」女神　　「豐盛」女神

噴泉名字中的「Trevi」=「Tre Vie」，意指「三條街」。因為噴泉的所在位置，是三條街的交匯點。

許願池的幸福傳說
源自1954年的電影《羅馬之戀Three Coins in the Fountain》。只要背著許願泉，右手拿著錢幣，然後從左肩往後扔進許願池中，就可願望成真。投1個硬幣，會「重返羅馬」。投2個的話，會「找到愛」。投3個的話，就會「結婚」。許願池每天有多達€3,800的收入，會用作慈善用途。

是「處女之泉」的終點
傳說一位古羅馬將軍，出征回到市郊時，全軍疲渴交加，後來經一位少女指引，找到泉水。在公元前19年，建成了一條新水道，把這個泉源引到羅馬，命名為「Acqua Vergine」（處女之泉）。這條水道在15世紀重建修復，並重新供水，至今依然完好運作。在右邊健康女神之上，有一幅「少女指示水源」的浮雕，就是描述少女引領將軍找到泉水的情景。

提提你

Tips

想避開人群好好拍照，盡量在清晨時到達。

── Info ──

地址： Piazza di Trevi, 00187, Roma
開放時間： 全年
前往方法：
乘坐地鐵橙色A線到「Barberini」，再步行8分鐘。從特米尼火車站外的「Termini站」乘坐巴士 85 號，或在圓形競技場的「Colosseo站」乘坐巴士 51 號，到「S. Claudio 站」，再步行 4 分鐘。

羅馬

古羅馬區

古城中心

梵蒂岡

北區

特米尼火車站周邊

越台伯河區

羅馬周邊

海神下方有2個水神。左邊的正駕馭著高高躍起的馬匹，右邊的正牽引著馴服淡定的馬匹，象徵水的萬變，時而波濤洶湧，時而風平浪靜。

最上層有 4 位女神雕像，分別代表了「春」、「夏」、「秋」、「冬」四個季節。而頂部的中央位置，刻上了昔日「教皇國」（現在的梵蒂岡城）的雙鎖匙徽號。

著名市集 `MAP: P.094 B4`
花之廣場 (Campo dei Fiori)

　　大約有數十個攤檔，售賣鮮花、蔬果、特色食材、香料、衣物、遊客紀念品等等，近年廣場變得較為觀光化，這兒的攤檔都像專為做遊客生意而開設。當中有很多食材都以「手信」或「紀念品」形式作精美包裝，出售對象以遊客為主。市集附近有很多咖啡館、餐廳和露天酒吧，尤其在晚間特別熱鬧。

1600年，哲學家布魯諾曾在此被公開處決，現在在廣場中央豎立了紀念銅像。

> 圍繞廣場一帶，在中世紀是非常暢旺的商業區。不同行業分門別類地設在多條商店街，例如「Via dei Baullari」是保險箱工匠的專屬街道，而「Via dei Cappellari」是製帽師的專屬街道。現今這些街道仍保留了少量傳統手藝店舖。
> 提提你

廣場上有很多攤檔售賣各種麵食、醬料和色彩繽紛的香料。

Info
地址： Piazza Campo de' Fiori, 00186 Roma
營業時間： 0700 - 1400
休息日： 逢星期日
前往方法： 從Pantheon（萬神殿）步行前往，大約10分鐘。或從威尼斯廣場的「P.za Venezia 站」乘坐巴士46號到「C.so Vittorio Emanuele / Navona站，再步行5分鐘。

凱旋紀念柱
馬可奧里略圓柱
(Colonna di Marco Aurelio)

整條柱近30公尺高，柱身有像隙縫的小窗，可透入光線作內部照明之用。

　　公元2世紀 ，為慶祝皇帝Marcus Aurelius 戰勝而建的凱旋柱。大理石柱身擁有螺旋狀的浮雕，刻畫了戰爭的情景，內有旋轉階梯可登上柱頂。1588年，教宗命人以門徒聖保羅銅像，替代原本的古羅馬皇帝像，聳立在柱頂之上。

`MAP: P.095 D3`

中世紀時，人們可以付費登上柱頂。現在為了保護古蹟，已沒有向公眾開放。

Info
地址： Piazza Colonna, 00186 Roma
開放時間： 全年（只限在外圍參觀）
門票： 免費
前往方法： 從Pantheon（萬神廟）或Fontana di Trevi（許願池）步行前往，大約 5 分鐘。

維馬

古羅馬區

古城中心

梵蒂岡

北區

特米尼火車站周邊

越台伯河區

羅馬周邊

鬧市中的廢墟
銀塔廣場 (Largo di Torre Argentina)

羅馬首屈一指的阿根廷劇院Teatro Argentina就在附近，內裏裝潢華麗，是各種戲劇、音樂會的表演場地。
訂票網站：www.teatrodiroma.net

提提你

在繁忙的交通樞紐中的銀塔廣場，是羅馬城中歷史最悠久的的古羅馬遺址。廣場中有4座共和國時代的寺廟遺跡，建於公元前2 - 4世紀之間。這個廣場被認為是凱撒大帝 (Gaius Julius Caesar) 在公元前44年，被人刺殺的地方。

MAP: P.094 C4

廣場遺址沒有開放給公眾進入，四周圍起了欄杆，遊人可以在欄外窺探這個鬧市中的古羅馬廢墟。

遺址內建築上的壁畫，依然清晰可見。

——Info——
地址： Largo di Torre Argentina, 00186 Roma
開放時間： 全年（只限在外圍參觀）
門票： 免費
前往方法： 從Pantheon（萬神廟）步行前往，大約6分鐘。可在特米尼火車站外的「Termini」站乘坐巴士40或64號到「Argentina」站，下車後，廣場就在對面馬路上。

遺跡上的流浪貓之家
MAP: P.094 C4
銀塔貓之收容所
(Feral Feline Colonies Torre Argentina)

這種以「在羅馬的貓」為題的購物袋，是愛貓之人首選，又有紀念價值。€12（作捐贈用途）

有很多當地人和遊客，一經過銀塔廣場，都會駐足圍觀，看古蹟之餘同時亦看貓。貓咪經常在此地遊蕩徘徊，因為在這個古羅馬遺跡旁邊，設有一間「銀塔貓之收容所」。這間流浪貓之家由志願者經營，成立至今已有10多年，每次可收留150 - 180隻貓。貓舍自家設計了以「貓和羅馬」為題的紀念品，包括 T-shirt、月曆、毛巾、購物袋等等，收入全部用作照顧流浪貓之用，是愛貓人士愛心之選。

在這貓舍附近的古蹟範圍，特別多貓咪前來休憩和聚集，亦吸引了愛貓之人特意來看看「古蹟與貓」。

貓舍自家設計的紀念T-shirt，上面印有古蹟上聚集的一群貓咪。€15（作捐贈用途）

在銀塔廣場西南方，跟著指示走落樓梯，就是這間地下「貓舍」的入口。

——Info——
地址： Largo di Torre Argentina, Via Arenula corner (Archaeological area), 00186 Roma
電話： +39 06 6880 5611
開放時間： 平日 1100 - 1800；週末 1100 - 1900
網址： www.gattidiroma.net
前往方法： 從聖天使堡旁邊的「Borgo Sant' angelo 站」乘坐巴士40到「Via Torre Argentina站」即達。或從Pantheon（萬神廟）步行前往，大約7分鐘。

優雅購物中心

MAP: P.095 D3

阿爾貝托·索爾迪 迴廊
(Galleria Alberto Sordi)

建於1914年，原名為「圓柱迴廊」，是一個優雅的室內購物商場。迴廊呈V字，以精緻的柱廊和彩色玻璃作裝飾。1973年，羅馬著名演員 Alberto Sordi 的經典作品《Polvere di Stelle》曾在此取景，自他在1973年去世後，這個購物廣場從此以他的名字為命名。

商場內有一個舒適的咖啡廳，適合來喝杯咖啡，作一個小休。

商場裝潢優雅，內有多間知名品牌，如：Massimo Dutti、Bershka、Furla、Boggi和書店La Feltrinelli等等。

Info

地址：Piazza Colonna, 00187 Roma
開放時間：1000 - 2000
網址：www.galleriaalbertosordi.it
前往方法：從Pantheon（萬神廟）或Fontana di Trevi（許願池）步行前往，大約5分鐘。可從圓形競技場的「Colosseo站」乘坐巴士51或53號到「S. Claudio站」，再步行1分鐘。

獨一無二的聖誕吊飾
Mr Christmas

全年365天，都可以感受聖誕的歡樂氣氛。選購聖誕裝飾，並不一定只在節日前夕。這間2016年開幕的聖誕節日飾品店，天天營業，搜羅了歐美各地的特色聖誕精品。其中最有紀念性的，就是一系列自家設計的聖誕吊飾，當中最特色的，是以「羅馬」為題，把「圓形競技場」作吊飾的背景。全部吊飾都可以即場免費加上愛人、朋友或家人的名字，成為最獨一無二又窩心的聖誕禮物。

MAP: P.095 D3

圖案以雪人、聖誕樹、聖誕老人為主，全部都是Mr Christmas的獨家精心設計，充滿歡樂氣氛。

以圓形競技場為背景的這一款，是最受遊客歡迎的。其他關於「羅馬」的吊飾，還有以聖彼得大教堂和Vespa做背景，很有紀念性。€13.9

吊飾上的圖畫都是以人手繪製，即場亦可在人物的聖誕帽上加上名字，及在空白位置加上特別的話語。

吊飾上的人物，由1人到7人都有，即是最多可以加上7個人的名字。最新系列還有貓貓、狗狗和新生Baby。每款€13.9

人物造型都很可愛，加上了心愛的家人的名字之後，再掛在家中的聖誕樹上，很溫馨又窩心。

Info

地址：Galleria Alberto Sordi, Piazza Colonna, Roma
電話：+39 06 8379 9075
營業時間：1000 - 2000，星期六 1000 - 2030
網址：www.galleriaalbertosordi.it
前往方法：從 Fontana di Trevi（許願池）步行前往，大約5分鐘。在 Galleria Alberto Sordi（阿爾貝托·索爾迪迴廊）內，東面出口旁邊。

羅馬

古羅馬區
古城中心
梵蒂岡
北區
特米尼火車站周邊
越台伯河區
羅馬周邊

除了創新菜式,餐廳亦有經典菜式以供選擇。香脆蕃茄豬頰肉意大利麵,充滿咸香的豬頰肉,拌以特濃蕃茄醬,美味無窮。Amatriciana €28

讓人驚喜不已的一客甜點 Sotto bosco(在樹林裡),以一片木頭作器皿,營造了一個在森林的景象!上面的甜點配搭豐富,有朱古力脆脆、杏仁慕絲、野莓雪葩等等,口感多層次。€17

隱世星級料理

MAP: P.094 B3

Il Convivio Troiani

坐落在台伯河岸附近,隱藏在一條小巷之中,門口不太起眼,客人都是靠口碑而來的。由三兄弟Massimo、Angelo和Giuseppe Troiani聯手創立,於1988年從東部Marche大區搬到來羅馬,供應創意傳統料理。被譽為當地頂級餐廳之一,從1993年起,更累年獲得米芝蓮一星的評級。除了菜色佳餚美味出眾,服務亦讓人稱心滿意,而用餐佈局經過精心設計,讓客人享受整個品嚐美食的時光。

油炸過的的朝鮮薊,輕脆可口,香而不膩。Topinambur(Come un Carciofo)€28

主廚在客人面前親自為菜式淋上調味,和作最後的修飾。

行政總廚Angelo Troiani和主廚Daniele Lippi,花了許多心思在菜式和餐廳的佈局上,務求讓客人有一個難忘的用餐體驗。

一客燒鰻魚,以全新的形態展現,令人耳目一新,配上了以香醋製成的醬汁和芝士玉米粥,魚香四溢。Anguilla €28

Info

地址:Vicolo dei Soldati, 31, 00186, Roma
電話:+39 06 686 9432(需訂位)
營業時間:1930 - 2300
休息日:逢星期日
消費:大約€100 - 150 / 位;Tasting Menu（不含酒水）€110（四道菜）、€125（六道菜）
網址:www.ilconviviotroiani.it
前往方法:從Piazza Navona（那佛納廣場）步行前往,大約5分鐘。從圓形競技場的「Colosseo站」乘坐巴士87號,或特米尼火車站外的「Termini 站」乘坐巴士70號,到「Zanardelli站」,再步行2分鐘。

餐桌上每位客人都有一枝畫筆,調色盤上放上了「顏料」。原來「顏料」是各種用來沾餅乾的醬料,讓客人可以用畫筆為餅乾塗上「美味」的色彩,然後享用。

餐廳佈置很雅緻,牆上掛滿畫作,猶如在高雅的美術館內用餐一樣。

以前一到夏天，這兒 3 個噴泉的去水口會被堵塞，讓廣場變成了一個大型人工湖泊，供市民玩水和划船。由1865年開始，因衛生問題而禁止了。

最優雅的聚集地

MAP: P.094 B3 - B4

那佛納廣場（Piazza Navona）

1 Can Tips

在古羅馬時期，廣場整個範圍是一個大型體育場（Stadio di Domiziano）。藏在廣場下的體育館遺跡，可購票進內參觀。詳細介紹見P. 102

自17世紀重新粉飾後，這個充滿巴洛克風格的廣場，成為了全市最主要和最熱鬧的廣場之一，現在是很多街頭藝人和畫家聚集之地。廣場呈長方形，設有3座噴泉，當中有 2 座是巴洛克大師貝尼尼的作品，而立在廣場正中央的Fontana dei Quattro Fiumi（四河噴泉），建於1651年，是巴洛克噴泉之中最華麗優雅的典範。

「方尖碑」小知識

是一種古埃及紀念碑，方形碑身刻有象形文字，頂呈金字塔狀。意大利現存11座古埃及方尖碑，是全球最多。全因古羅馬時期，埃及被羅馬帝國征服，很多方尖碑被運到羅馬作戰利品。在萬神殿前、人民廣場、四河噴泉和梵蒂岡聖彼得廣場等地，都有方尖碑豎立著。

在廣場正中央的四河噴泉，是巴洛克大師貝尼尼的驚世傑作。噴泉的中央基座上，豎立了來自古埃及的方尖碑。

四河噴泉以世上四條主要河流為題。圍繞噴泉的四個雕像，各自象徵當時已知四大洲中的河流，包括了非洲的尼羅河、亞洲的恆河、歐洲的多瑙河和美洲的拉普拉塔河。

提提你

建於16世紀的Fontana del Moro（摩爾人噴泉），在廣場的南端，中央的摩爾人和海豚雕像，是貝尼尼在17世紀中期添加的。

四河噴泉其中象徵「尼羅河」的雕像，被遮蓋了眼睛，寓意當時尼羅河的來源，依然是一個「未知」。

設於廣場北面的Fontana del Nettuno（海神噴泉），噴泉的基座於16世紀，而上面的雕像裝飾，是在19世紀時後期添加，描繪了海王星與海怪的戰鬥。

廣場上經常有街頭藝術家、音樂家、畫家和肖像畫家聚集，讓優雅的廣場充滿了藝術氣息。

Info

地址：Piazza Navona, 00186 Roma
開放時間：全年
前往方法：從特米尼火車站外的「Termini 站」乘坐巴士64號，或在威尼斯廣場的「P.za Venezia 站」乘坐巴士916號，在「Corso Vittorio Emanuele / Navona 站」下車後步行3分鐘。或從Pantheon（萬神殿）步行，大約5分鐘。

古羅馬區
古城中心
梵蒂岡
北區
特米尼火車站周邊
越台伯河區
羅馬周邊

巴洛克式教堂
聖依搦斯蒙難堂
(Chiesa di Sant' Agnese in Agone)

一名只得12歲的基督徒女孩Agnese，在3世紀時受迫害而殉難。這座教堂的所在地，就是當日殉難之地，教堂以她的名字命名，以作紀念。

在那佛納廣場內的這間教堂，是典型的巴洛克建築風格。教堂建於17世紀，由教宗Innocenzo X 下令修建，用作家族日後的安息之地。教堂的立面是著名建築大師Francesco Borromini（博羅米尼）的偉大傑作。

MAP：P.094 B4

Info
地址：Piazza Navona, Via di Santa Maria dell' Anima, 30 / A, 00186 Roma
開放時間：0900 - 1300、1500 - 1900；
　　　　　週末 0900 - 1300、1500 - 2000
門票：免費進入
網址：www.santagneseinagone.org
前往方法：在Piazza Navona（那佛納廣場）內，Fontana dei Fiumi（四河噴泉）的後方。

夢中的玩具店
Al Sogno

不可思議的玩具店，正如店的名字一樣「Al Sogno」，像「在夢中」。一走進店，感覺跟普通的玩具店分別不大。不過，只要繼續往店內走，走到盡處，有一條登上1樓的金屬樓梯。上層猶如一個博物館，在一排排玻璃櫃裏，展示了不同年代的洋娃娃，有些更是罕有的珍藏版本，亦有形形色色的古董玩具。店內除了出售這些具收藏價值的貴族珍品，亦有較廉價的平民玩具。慢慢細逛，分分鐘尋到好物。

MAP：P.094 B3

店內的洋娃娃種類非常多，價位由 €10 - 1500，亦有不少是全手工製。橡膠嬰兒娃娃亦很多，幾乎什麼樣貌、膚色都有。

太精彩的櫥窗佈置，不但吸引小朋友，大人亦駐足觀賞。

深入店內，會發現一個兩層高的櫥窗展示區，像一所玩具博物館。

穿黑色薄紗晚裝、畫了Smoky Eyes的洋娃娃，型格貴氣，是收藏家的至愛。€1250

店內也有出售仿古武器和服飾，還有以古羅馬為主題的玩意小物。

Info
地址：Piazza Navona 53, 00186 Roma
營業時間：1000 - 2000
網址：www.alsogno.com
前往方法：就在那佛納廣場內，海神噴泉的前方。

隱藏在廣場下的遺跡
圖密善體育館 (Stadio di Domiziano)

在熱鬧繁華的Piazza Navona（那佛納廣場）之下，隱藏了一個古羅馬遺跡。在公元1世紀，那佛納廣場整個長形範圍，是一個擁有3萬個座位的競技場，由熱愛運動的古羅馬皇帝圖密善命人建造。用來舉辦各項運動會。

MAP：P.094 B3

Info
地址：Via di Tor Sanguigna, 3, 00186, Roma
開放時間：1000 - 1900、星期六 1000 - 2000
　　　　　（最後售票：閉館前半小時）
門票：€8（包含 英語語音導覽）
網址：www.stadiodomiziano.com/en/
前往方法：入口在那佛納廣場的北面，步行約1分鐘。在廣場上海神噴泉後方的「Via Agonale」直出大街，然後轉左。

在15世紀，在運動場遺跡上建了Piazza Navona（那佛納廣場）。而現在遺跡的一部分，開放給公眾參觀。

希臘語中的「Navona」，意為「公共遊戲」。當年以「Navona」作為那佛納廣場的名字，是用來紀念以往這兒曾經是一個巨大的公共運動場。

地中海風味料理
Crispi 19

　　一家溫馨又浪漫的餐廳，主要供應地中海海鮮料理。餐廳著重食材的新鮮度，亦悉心研究出創新又精緻的料理，當中招牌菜有Linguine in Salsa d' Astice（龍蝦汁意大利麵），以龍蝦汁熬出濃郁鮮味的醬汁拌以扁麵，啖啖香口。餐廳雖以海鮮為主，亦有肉類料理作選擇。用餐區分開在3個優雅的小廳，每一間都各具特色，晚間燃起點點燭光，更添點點浪漫情懷。

MAP: P.095 E3

龍蝦汁意大利麵是店中的招牌菜，配以龍蝦熬製的醬汁，鮮味滿溢。
Linguine in Salsa d' Astice €26

餐廳亦有供應4 道菜或7 道菜 的Tasting Menu，價格分別為€56和€72 (不含酒水)。

吞拿魚他他配上了新鮮的沙律菜，賣相精緻。€16

用餐小廳內畫滿了精緻的壁畫，充滿優雅藝術感，溫馨柔美。

餐廳位於西班牙階梯和許願池之間，位置非常便利。

Info

地址： Via Francesco Crispi, 19, 00187 Roma
電話： +39 06 678 5904
營業時間： 1900 - 2300
休息日： 逢星期二
消費： 大約 €40 - 60 / 位（除了餐枱費€1.5 / 位，另收10 %服務費）
網址： www.ristorantecrispi19.it
前往方法： 乘坐地鐵橙色A線到「Barberini」，再步行5分鐘。或從 Fontana di Trevi (許願池) 步行前往，大約 6 分鐘。

人氣意式輕食　MAP: P.095 D3
Pane e Salume

　　經常大排長龍的人氣店！看到店的名字就知道店的賣點了。「Pane」意指麵包，「Salume」意指醃肉。客人都是為了「Panini」（意式三文治）或是「Tagliere Misto」（醃肉芝士拼盤）而來的！超級推薦很有地道風味的「Tagliere Misto」，當中有來自意大利各地的醃肉火腿、芝士、蔬菜和小多士 Bruschetta，非常豐富。意想不到是，價位十分親民呢！

葡萄酒選擇豐富，每杯價位由€3起。

隨「Tagliere Misto」附上的蘋果醬，香甜可口，用來沾芝士一起吃，令芝士的香氣更獨特豐富。

點一客「Tagliere Misto」，還附上了香脆的麵包，讓客人可以配以火腿一起吃。

店內經常擠滿人的，建議可以在非用餐時間前來，避開人潮。店員都很親切有禮，服務良好。

一人份量的「Tagliere Misto」，份量蠻多。當中的配搭天天不同，一人份只售€5。

Info

地址： Via Santa Maria in Via 19, 00187,Roma
電話： +39 06 679 1352
營業時間： 1200 - 2200
休息日： 逢星期二
消費： 大約€10 / 位
前往方法： 從Fontana di Trevi (許願池) 步行前往，大約2分鐘。或在特米尼火車站外的「Termini 站」乘坐巴士85 號到「Corso / Minghetti 站」，再步行2分鐘。

哈德良皇帝重用了舊有神殿的材料，把原有的16根古埃及花崗岩柱，排成兩排，為門廊作支撐。這些「科林斯柱」，高11.8米，很具氣勢。

見證古羅馬的永恆
萬神殿（Pantheon）

★ I Can Tips
從圓頂散落的玫瑰花雨
在每年五旬節（15/5）的彌撒後，大約早上10:30，成千上萬的玫瑰花瓣會從44米高的圓頂內，散落到教堂內，飄降下來的花瓣，像一場夢幻的花雨，象徵著聖靈從天降臨。這個傳統由609年開始一直至今。

　　神殿內一個直徑有8.7米的天窗，就像「圓頂之眼」，連接著天上與人間。擁有2千年歷史的古老神殿，見證了古羅馬時代的輝煌建築成就。它是全城最具標誌性，亦是保存得最完好的古代建築。在118 - 128年期間，哈德良皇帝把一座舊有的神殿重新建造，取名為「Pantheon」，來獻給萬神。名字來自古希臘文，意思是「眾神的神殿」。神殿在608年被改為基督教教堂，現在名字為「Santa Maria ad Martyres」（聖母與諸殉道者教堂）。

MAP: P.094 C4

　　整個圓頂的直徑是 43.4米，剛剛等於萬神殿內部的高度。這個「高度等於直徑」的黃金比例，讓建築奇才米高安哲羅，都讚嘆不已。萬神殿亦成為了建築史上，被模仿得最多的建築之一。

彩色大理石地板是源自古羅馬時期，已有近2千年歷史。

在神殿外的噴泉 Fontana del Pantheon，有4條海豚作裝飾，中間豎立的方尖碑，是來自3千多年前的古埃及。

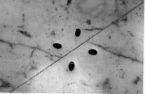

在圓頂下的大理石地面，一共有22個小洞去水口，遇上下雨時，用來排水。近中央的地面是微微斜向下窪的，可加快雨水流往去水口。

Info
地址：Piazza della Rotonda, Roma
開放時間：
星期一至六 0830 - 1930，星期日 0900 - 1800，假期 0900 - 1300（最後進入：閉門前15分鐘）；公眾假期有機會更改開放時間
休息日：1 / 1、25 / 12；當教堂正進行彌撒和宗教活動，並不開放給公眾參觀
門票：免費
網址：www.pantheonroma.com/en
前往方法：從 Fontana di Trevi（許願池）步行前往大約10分鐘。可從特米尼火車站外的「Termini站」乘坐巴士40、70號，或圓形競技場的「Colosseo站」乘坐巴士87號到「Argentina站」，再步行5分鐘。

圓頂是萬神殿的亮點所在。在15世紀之前，它一直是世界上最大的「非鋼筋加固混凝土圓頂」。為了不因重量而倒塌，用來建圓頂的混凝土，添加了火山灰和凝灰岩來增加張力。圓頂逐層逐層建造，基座利用較重身的混凝土混合石灰，近頂的部分，利用了混凝土混合更輕巧的浮石，厚度亦逐漸減少。經過了建築力學的精確計算，物料一層比一層輕，讓圓頂能承受自身的重量。就算經歷了二千年的時光洗禮，依然鞏固如昔。

想了解更多，可使用神殿內的語音解説機。€2
另外，亦可下載官方APP「a bit of Pantheon」，內有提供詳盡的中文解説。

在陽光普照的日子，
光線會穿過「圓頂之
眼」透入室內。如果
光線強烈，在神殿內
有機會看到一束光，
從天窗射進室內，
就像有一條「光之通
道」，把信徒的禱告傳
遞到天上。

巴洛克藝術大師Raffaello Sanzio（拉斐爾）
亦是安葬在內，位置在主聖壇的左邊。

正立面上呈三角的
位置，一個一個小
孔清晰可見。在
17世紀中，教宗
下令把神殿上的
鍍金青銅拆下來
熔化，用來建造
聖彼得大教堂中的
「聖體傘」。一個
個小孔就是原來
的金屬釘孔。

圓頂並沒有用任何
柱幹支撐，是這座
古羅馬建築的奇妙
之處。神殿內部裝
潢非常莊嚴雅緻。

意大利第一任國王Vittorio Emanuele II
（埃馬努埃萊二世）的基室亦設在萬神殿
之內。

刻在柱廊上的銘文，意思是「阿格里帕建造
此廟」。建萬神殿之前，原址是另一座規模
較小的神殿，由屋大維的女婿阿格里帕，於
公元前27年下令建造。後來在69年，神殿被
大火嚴重破壞。直到公元2世紀，哈德良皇
帝把原本的神殿重新設計和擴建，並保留了
阿格里帕的原始銘文。

意大利第二任國
王翁貝托一世，
和意大利第一位
皇后，即是他的
妻子Margherita di
Savoia（瑪格麗特
皇后），一同被埋
葬在萬神殿之內。

羅馬

古羅馬區

古城中心

梵蒂岡

北區

特米尼火車站周邊

越台伯河邊

羅馬周邊

咖啡杯印上了「金杯咖啡」招牌圖案，在店內有售。咖啡杯連小碟 €5.5

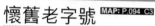

來喝「金杯咖啡」，雖然並不是用「金杯」盛載，但店內有「金杯」出售。

一杯 Cappuccino，只售€1.1，便宜得實在有點難以置信。

熱愛咖啡香氣的，Liquore al caffè（咖啡利口酒）也很值得一試。€12

還有很多精緻的咖啡杯碟套裝，咖啡愛好者不妨用作收藏。

內部有點像咖啡博物館，陳列和出售不同種類的Moka 咖啡壺和磨豆機。

懷舊老字號 MAP: P.094 C3

金杯咖啡館
(La Casa del Caffè Tazza D'oro)

　　自1944年開業，一直人氣高企，擁有幾十年歷史的老字號，漸漸成為羅馬最深入民心的咖啡店之一。店內充滿舊年代情懷，儘管沒有大廳雅座可讓人坐下來細意享受，來站著喝咖啡的，依然人潮湧湧。那醇香濃厚的咖啡，觸動味蕾，讓人再三回味。那意想不到的平民價格和親切暖心的服務，更讓人有一來再來的念頭。品完咖啡，推薦在店內逛逛，自家推出的咖啡杯和咖啡粉，絕對是手信之選。

懷舊的裝潢，復古氣氛濃厚且別具風韻。

想回家自己慢慢磨的話，也可以直接購買咖啡豆，當中亦有精緻的禮盒裝。

意式Moka咖啡壺專用的咖啡粉，多年來口碑極好。€6

---Info---

地址：Via degli Orfani, 84, 00186 Roma
電話：+39 06 678 9792
營業時間：0700 - 2000，星期日 1030 - 1915
消費：大約 €2 - 5 / 位
網址：www.tazzadorocoffeeshop.com
前往方法：在面向Pantheon（萬神殿）的左邊轉角，步行 1分鐘。

羅馬

古羅馬區

古城中心

梵蒂岡

北區

特米尼火車站周邊

越台伯河區

羅馬周邊

貝尼尼的傑作

大象方尖碑（Obelisco della Minerva）

MAP: P.094 C4

高度只有5.47米，是全羅馬最矮小的方尖碑。1665年，這座方尖碑在附近一個神廟遺址被發現，其後，雕塑大師貝尼尼（Gian Lorenzo Bernini）為它設計了一個很可愛的大象碑座，據說是由他助手Ercole Ferrata 動手雕刻。

大象表情和藹可親，讓這座古埃及方尖碑變得更獨一無二。

方尖碑的後方是一座哥德式教堂Chiesa di Santa Maria Sopra Minerva。

> **Info**
> 地址：Piazza della Minerva，00186 Roma
> 開放時間：全年
> 前往方法：在Pantheon（萬神殿）正面的左後方，步程2分鐘。

幻覺的柱廊

斯帕達宮（Palazzo Spada）

> **Tips**
> 每月第一個星期日免費開放

在一所宮殿的庭院內，有巴洛克建築大師 Francesco Borromini（博羅米尼）很著名的「視覺幻象」作品。兩排看起來有 35 米長的柱廊，實際卻只有8米長。柱廊盡處的中央，有一個看起來有正常人高度的雕像，實際卻只有60cm高。當年博羅米尼得到了一位神父數學家的指導，去計算如何製造這種透視幻覺。除了庭園，在宮殿1樓亦設有畫廊，收藏了大量巴洛克時期的畫作。

MAP: P.094 B4

在宮殿1樓的畫廊，展出大量巴洛克畫作，題材豐富，主要是17世紀紅衣主教Bernardino Spada的家族收藏。

為了營造這種視覺效果，柱廊的地面是不為察覺的向上斜，而後方的柱身高度亦比前方的短。不過，現場只可從外觀看，不可走入柱廊之中親身體驗。

畫廊面積不算太大，但是收藏品為數不少，大廳上的壁畫亦美輪美奐。

> **Info**
> 地址：Piazza Capodiferro,13,00186 Roma
> 電話：+39 06 6874896
> 開放時間：畫廊 0830 - 1930，庭院 0830 - 1830（最後售票 1900）
> 休息日：逢星期一
> 門票：€5
> 網址：www.galleriaspada.beniculturali.it
> 前往方法：從特米尼火車站外的「Termini站」乘坐巴士 64 號到「C.so Vittorio Emanuele / Navona」，再步行5分鐘。或從Campo dei Fiori（花之廣場）步行前往，大約2分鐘。

百年冰淇淋店

Giolitti

離萬神殿僅幾步之遙，於1900年開業，有達110多年歷史的冰淇淋店，是家族式經營，至今已是三代傳人。冰淇淋都是以獨門秘方自家製作，口味選擇豐富，份量也很大。熱門口味有Pistacchio（開心果）、Cioccolato Fondente（黑朱古力）、Frutti di Bosco（雜莓）等等。 如果想坐下來慢慢享受，店內亦有裝潢古典的用餐區，供應特色冰淇淋和甜點。

MAP: P.094 C3

人氣很高的百年老店，經常大排長龍。有時候，服務員在盛冰淇淋的同時，把勺子揮動，像在表演一樣。

店內亦有供應特色甜點、輕食和多種冰淇淋新地，如在用餐區享用，需付額外的服務費。

店的面積挺大，另外一邊設有咖啡廳和傳統糕點店。

Arancia（橙）和Pompelmo Rossa（紅柚）充滿天然果香，是夏天之選。兩球小號的甜筒份量很足，Panna（奶油）還可免費加添。€2.8

> **Info**
> 地址：Via Uffici del Vicario, 40, 00186 Roma
> 電話：+39 06 699 12 43
> 營業時間：0700 - 0100
> 消費：大約€5 - 10 / 位
> 網址：www.giolitti.it
> 前往方法：從Pantheon（萬神殿）步行前往，大約5分鐘。或從圓形競技場的「Colosseo站」乘坐巴士 85號到「Corso/Minghetti站」，再步行 5 分鐘。

新鮮的南瓜花，有Ricotta（里考塔）和開心果碎的香氣，口感多層次。Fiori di Zucca Freschi Ripieni di Ricotta e Pistacchio, Serviti con Pomodorini al Forno e Olive Taggiasche€18

餐廳還有一個歷史悠久的地下酒窖，收藏了來自意大利各區的葡萄酒。

內裝復古優雅，格調溫暖舒適，讓客人能細細體會傳統情懷。

餐廳多年來保持高水準，除了吸引遊客來品嘗，很多當地白領階層和商界人士都是常客。

Puntarelle是季節性的蔬菜，一般只在11月至2月和4月至5月供應。Puntarelle e Calamari €18

傳統羅馬料理 `MAP: P.094 C4`

Casa Bleve

　　坐落在歷史最悠久的市中心區段Campo Marzio（戰神廣場），供應傳統羅馬料理。菜單都是季節性更新，務求菜式能以最時令的食材來烹調。特別推薦一客地道前菜「Puntarelle e Calamari」，當中的Puntarelle是羅馬當地特有的蔬菜，是菊苣的一種，配上了新鮮魷魚，很有咬口之餘，又爽口鮮甜，一試難忘。

以鮮味的赤魢魚和甜美的蕃茄為素材，烹調出一客特色的意大利麵。Pici con battuto di Scorfano e Pomodorino Fresco €24

肉質嫩滑的菱鮃魚，用了南瓜花和小蕃茄烹調，提升了魚的鮮味。Straccetti di Rombo con Datterini e Fiori di Zucca €22

Info

地址： Via del Teatro Valle, 48 - 19, 00186 Roma
電話： +39 06 686 5970
營業時間： 1230 - 1500，1930 - 2300
休息日： 逢星期日
消費： 大約 €30 - 45 / 位
網址： www.casableve.com/it/home
前往方法： 從 Pantheon（萬神殿）步行前往，大約5分鐘。或在特米尼火車站外的「Termini 站」乘坐巴士70 號到「Rinasimento 站」，再步行2分鐘。

有機超市 `MAP: P.094 C3`

Natura Sì

　　是著名連鎖有機超市，全國分店多達200多間，專售有機產品，標榜健康、安全、無添加。產品都獲歐盟有機認證，保證高品質。貨品種類相當齊全，除了有新鮮食材、有機蔬果、肉類、乳製品、果汁、五穀雜糧、麵食，還有各類型的有機個人護理產品。適合追求健康的人，來慢慢挑選。

在意大利的多個大小城市，都可找到Natura Si的分店。

有機蔬菜和水果選擇很多，食得亦更放心。

來自德國的Lavera 洗髮、護髮產品，純天然成份，溫和護髮，還得到多個有機認證。每枝€5.49

100%阿拉比卡有機咖啡粉，Moda咖啡壺專用。€3.95

產品上如印有這個綠色標章，表示有機成分含量達95%以上，並獲得了歐盟有機認證。

Info

地址： Via dei Prefetti, 13 / 14，00186 Roma
電話： +39 06 68301614
營業時間： 0930 - 2000
休息日： 逢星期日
網址： www.naturasi.it
前往方法： 從Pantheon（萬神殿）步行前往，大約6分鐘。或從圓形競技場的「Colosseo站」乘坐巴士51號到「S.Claudio站」，再步行5分鐘。

古羅馬倖存的柱廊
哈德良神廟 (Il Tempio di Adriano)

　　經歷近二千年的時光洗禮，巨大的「哈德良神廟」只剩下一排側柱廊，一共11根柱。人們為了把這些古羅馬遺留下來的一磚一柱，好好保存，於17世紀，建築師把這些柱廊，納入了新建築設計之內，用來成為一座大樓的正立面，形成了一座融合古今的特色建築。現在大樓是「羅馬證券交易所」的所在地。

MAP: P.095 D3

這一排雄偉的古羅馬柱廊，融合了新式建築。讓經過的遊人都驚訝不已！

很欣賞意大利人致力於保存任何古老遺蹟，建立一座真正的「永恆之城」。

哈德良皇帝在138年去世後，繼任人Antonino Pio命人修建「哈德良神殿」，用來紀念哈德良皇帝。當時的神殿規模很大，現今只剩下11根柱。

┤Info├

地址：Piazza di Pietra, 00186, Roma
開放時間：全年（內部並不開放）
前往方法：從Pantheon（萬神殿）步行前往，大約5分鐘。就在Bartolucci（小木偶店）的右邊。

小木偶木製品
Bartolucci

　　走進了一個可愛的木頭世界！由Bartolucci 家族在 1981 年創立的品牌，專售自家設計的木頭工藝品，滴答鐘、掛飾、擺設、玩具，統統都畫上了復古模樣的人物或動物，非常有懷舊特色。Pinocchio「小木偶皮諾丘」亦是店中主角之一，店內有多個熱賣的小木偶系列，都是可愛的玩具和擺設。門外亦有放置小木偶的木板公仔，讓客人隨意拍照。

MAP: P.094 C3

家傳戶曉的童話故事《木偶奇偶記》，是意大利作家Carlo Collodi筆下的故事，從1881年開始，在當地一本兒童雜誌刊登。主角小木偶皮諾丘 Pinocchio，說謊時鼻子會變長，形象深入民心，成為了大眾的童年回憶。

提提你！

接近門口位置，鼻子長長的Pinocchio，正在踩著他的木頭腳踏車。

充滿意大利風情的木製時鐘，是非常獨特的紀念品。€20

很可愛的小筆筒，有別緻的動物造型，充滿舊時代的童趣。€8

小木偶化身成不同隊伍的足球員，當中有AC米蘭、祖雲達斯、羅馬隊等等。筆筒€13（可免費印上名字）

以小木偶造型製作的木筆筒和沙漏，設計很懷舊復古。大部分產品都可加上名字，變得更具紀念性。筆筒€16、沙漏€17.5；加上名字需另加€2。

木匠正在進行手工製作，有多個不同造型的小木偶正在圍繞他。

店外的熱門打咭位！跟小木偶皮諾丘合照，幾乎是每個客人都會做的事情。

┤Info├

地址：Via dei Pastini, 96 - 98, 00186 Roma
電話：+39 06 691 0894
營業時間：1000 - 2230
網址：www.bartolucci.com
前往方法：從Pantheon（萬神殿）步行前往，大約5分鐘。可從La Casa del Caffè Tazza d' Oro（金杯咖啡廳）右邊的街道直行。

羅馬

古羅馬區

古城中心

梵蒂岡

北區

特米尼火車站周邊

越台伯河區

羅馬周邊

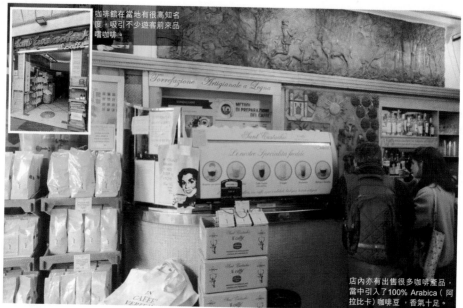

咖啡館在當地有很高知名度，吸引不少遊客前來品嚐咖啡。

店內亦有出售很多咖啡產品，當中引入了100% Arabica（阿拉比卡）咖啡豆，香氣十足。

經典馳名

鹿角咖啡館 (Sant' Eustachio il Caffè)

　　源自1938年，是羅馬古老咖啡館之一。店主很重視質量，使用100%的阿拉比卡咖啡豆，從多米尼加共和國、危地馬拉、埃塞俄比亞、巴西等地購入，再以獨門方法烘焙，讓咖啡散發出無與倫比的濃香。館內沒有華麗的裝潢，鮮明的黃色系，成為了咖啡館的獨特色調，格調輕鬆隨意。咖啡選擇多樣化，當中有不少是獨家調配，亦有意大利少有的凍咖啡系列，包括夏季限定的Granita con Panna（咖啡沙冰配奶油），擄獲不少咖啡愛好者的芳心。

MAP: P.094 C4

店外設了少許路邊雅座。如果想坐著慢嘆，需要付出額外的座位費。每位€2.5

Il Caffè Latte（牛奶咖啡），漸層的牛奶和咖啡，還有綿密細滑的泡沫。€3

供應的咖啡有不少獨創口味，這杯 Il Caffè Tiramisù，在特濃咖啡之上添了一點奶油和可可粉，多了一份甜美。€2.2

自家推出的商品種類很豐富，這些鐵盒無糖咖啡糖，包裝很具特式，盒上寫上了關於咖啡的字句。每盒€3

在門口旁邊，展示了各種咖啡的圖片和價格，非常清晰，點餐沒難度。咖啡款式大約有20多種，價位每杯€1.3 - 6.5。

自家推出的環保購物袋，很有復古感覺。€4

╾ Info ╾

地址：Piazza di S. Eustachio, 82, 00186 Roma
電話：+39 06 6880 2048
營業時間：0730 - 0100，星期五0730 - 0130，星期六0730 - 0200
消費：大約€3 - 8 / 位
網址：www.santeustachioilcaffe.it
前往方法：就在Pantheon（萬神殿）和Piazza Navona（那佛納廣場）之間。從萬神殿步行前往，大約2分鐘。

羅馬

古雞馬區

古城中心

祝蒂岡

北區

特米尼火車站周邊

越台伯河區

羅馬周邊

香烤羊排，是羅馬所屬的Lazio（拉齊奧）大區的傳統菜式，肉質鬆軟嫩滑，火喉剛剛好。Abbacchio Scottadito €18

在餐廳的玄關位置，設有一個前菜準備區，展示當天供應的前菜，選擇豐富，當中的雜錦海鮮，非常熱賣。Antipasto misto di mare €15

餐廳內部的石牆，充滿原始格調，像在洞穴內用餐一樣，很有獨特氛圍。

香草蜆肉意粉是另一熱門招牌菜式，鮮味出眾，拌以羅馬當地特色意粉Tonnarelli，厚實有嚼勁。Tonnarelli Vongole €14

經典傳統羅馬料理
Hostaria Costanza

如果想好好記著經典料理的香氣，這間餐廳很值得一試。餐廳供應的菜式，當中有很多是羅馬料理的經典，招牌菜式包括：「Filetto di Manzo al Pepe Verde」（奶油綠胡椒煎牛柳）、「Bucatini all' Amatriciana」（豬頰肉番茄空心長麵）等等。全部都宗於傳統配方和做法，讓古法食譜能得以留存下去，亦能讓食客一嚐正宗的羅馬佳餚風味。

MAP：P.094 B4

經典的羅馬老式餐廳，又富有優雅懷舊的意式風情。

一客卡布里沙律，簡單的以水牛芝士、蕃茄、九層塔作配搭，其重點是材料的新鮮度，俘虜了不少餐客。Insalata Caprese €12

Info

地址： Piazza del Paradiso, 65, 00186 Roma
電話： +39 06 6861717
營業時間： 1230 - 1500、1930 - 2330
休息日： 逢星期日
消費： 大約€25 - 35 / 位
網址： www.hostariacostanza.it
前往方法： 在特米尼火車站外的「Termini 站」乘坐巴士64號到「C.so Vittorio Emanuele / S.A. Della Valle 站」，再步行2分鐘。或從Piazza Navona（那佛納廣場）步行前往，大約5分鐘。

超過150種口味   **MAP：P.094 C3**
Gelateria Della Palma

自1978年開業以來，客人都是絡繹不絕，特別在炎夏，經常有排隊人潮。冰淇淋每天新鮮製作，口味有超過150種，當中的Fichi e noci（無花果和核桃）、Cioccolato al Whisky（威士忌朱古力）、Basilico（羅勒）等等，都是充滿特色的口味。如果你還是偏愛傳統，這兒的經典口味也十分多，絕對讓人心滿意足。

在冰淇淋上都設有圖片和代表物，讓客人可以從中知道是什麼口味。

兩大排玻璃雪櫃放滿了色彩豐富的Gelato。對於有選擇困難的人，真的要花點時間去選。

小號冰淇淋，可選擇兩種口味。Zenzero（薑）不是太辣，口感清爽宜人。Crema di Limoncello（檸檬酒）滿滿果香，非常醒神。還可免費加上Panna（奶油）。€2.8

店裡自設工坊，標榜100% 手工製作，且用料天然。在冰淇淋店旁邊亦有餐廳雅座，供應各種花式冰淇淋和甜點。

Info

地址： Via della Maddalena 19 - 23, 00186, Roma
營業時間： 0830 - 0030
消費： 大約€3 - 8 / 位
網址： www.dellapalma.it
前往方法： 就在Pantheon（萬神殿）的正前方，步行2分鐘。或從Piazza Navona（那佛納廣場）步行前往，大約5分鐘。

羅馬

古羅馬區
古城中心
梵蒂岡
北區
特米尼火車站周邊
越台伯河區
羅馬周邊

黑松露燉意大利飯，奶油般的口感，味道淡雅不太濃，襯托出松露的香氣。Risotto Carnaroli al Tartufo Nero €20

香脆多士塗滿了黑松露醬，上面還有滿滿的羊奶芝士碎和片片黑松露，香氣四溢。Crostino, Tartufo Nero e Pecorino di Grotta €6

自家製的 Tiramisù，是傳統的版本，口感稠滑，甜度恰好。Tiramisù della Casa €8

松露迷人香氣
Osteria Barberini

一間家庭式的溫馨小酒館，以黑、白松露風味料理為主打，設計了很多以「松露」為主角的菜式，價格頗為親民，吸引了不少「松露」迷。當中最受歡迎的菜式，有Risotto Carnaroli al Tartufo Nero（黑松露燉意大利飯）和 Filetto di Manzo al Tartufo Nero e Porcini（黑松露牛肝菌牛里脊）。松露飄香，實在讓人難忘。

I Can Tips

Tartufo Bianco（白松露）盛產的季節：10 月至 12 月。而Tartufo Nero（黑松露）則全年都有供應。

小蕃茄龍蝦意大利扁麵，每一口都有龍蝦的鮮味，屬松露料理以外的人氣之選。Tagliolini all' Astice , Datterini e Lime €20

店內座位不多，只有大約40個。無論午市、晚市，都經常爆滿，建議預先訂座。

`MAP: P.095 E2`

一層層滋味的黑松露醬，中間夾著正在融化的Mozzarella芝士，濃郁美味。黑松露牛肝菌千層麵 Lasagna , Tartufo Nero, Funghi , e Grana€16

Info

地址：Via Della Purificazione 21, 00187 Roma
電話：+39 06 4743325（建議訂位）
營業時間：1230 - 1430．1830 - 2230
休息日：逢星期日
消費：大約€25 - 40 / 位
網址：www.osteriabarberini.com/en
前往方法：乘坐地鐵橙色A線在「Barberini」下車，向北步行約2分鐘。

市井咖啡風情
Bar De Santis Remo

牆上掛着的，都是舊日的的照片和裝飾，別有一番風情。

不加修飾的低調裝潢，木製藤椅、雲石小圓枱，和微微泛黃的燈光，配合起來營造了濃厚的舊時代氛圍，就像停留在幾十年前的時光。來喝咖啡的人，大多是當地平民，一邊喝咖啡，一邊高談闊論，是聯繫情誼的一刻。若想細味地道風情，不妨造訪。

Info

地址：Via del Governo Vecchio, 122, 00186 Roma
電話：+39 06 6880 6670
營業時間：0730 - 2000
休息日：逢星期日
消費：大約€1 - 2 / 位
前往方法：可從聖天使堡旁邊的「Borgo Sant' Angelo站」乘坐巴士 40 號到「Chiesa Nuova站」，再步行 3 分鐘。或從Piazza Navona（那佛納廣場）步行前往，大約5分鐘。

一杯醇香可口的意式咖啡Espresso，只售€0.8，確實是平民的價格。

`MAP: P.094 B4`

海之香氣
Acqua dell' Elba

　　透明、輕盈、清新、自在，是大海的香氣。Acqua dell' Elba 是由托斯卡尼Isola dell' Elba小島上的一個香水工作室研製，靈感來自海洋。香水一共有 7 個系列，散發淡雅清香，其中最熱賣的是Classica 經典系列，滿滿的梔子花、海茉莉花和優雅的木質香，是氣質系少女的香氣。店裡的Tiffany藍色調，很有療癒感，充滿海的氣息。

`MAP: P.095 D2`

Classica經典系列，香氣淡雅脫俗。高身瓶子那種是女性香水。而矮身那款是男性系列，氣味較中性，男女都合用。50ml 淡香水 €46、香水€52。

一套包含5款小瓶15ml香水的禮盒，可以一次過把5種誘人香氣帶回家。€74

海洋藍色系，一下子俘虜少女心。除了男、女裝香水，品牌亦有推出兒童適用的香水，和家居香氣系列。

品牌採用的Tiffany 藍色系，散發清新透徹感，讓人舒適自在。

香水都是透藍的海水色系。Blu系列十分獨特，調合了清新的無花果、茉莉、橘子、海百合等香氣，散發淡淡自然的木質香。

Info

地址：Via Frattina, 87, 00187 Roma
電話：+39 06 679 0282
營業時間：1100 - 1900
網址：www.acquadellelba.com
前往方法：乘坐地鐵橙色A線到「Spagna」，再步行6分鐘。

結合古今建築
和平祭壇博物館（Museo dell' Ara Pacis）

　　在超現代的建築內，藏有公元前9年建成的「和平祭壇」。大理石祭壇上刻滿精美浮雕，是用來慶祝內戰結束，及紀念奧古斯都大帝為羅馬帶來了和平。在欣賞古羅馬建築的同時，博物館亦經常舉辦以攝影為題的短期展覽。

`MAP: P.094 C2`

充滿現代感的博物館，內藏古羅馬時期的紀念祭壇，就像把古今兩個時空，融合了在同一空間。

Info

地址：Lungotevere in Augusta, 00186 Roma
開放時間：
0930 - 1930，24 / 12 及 31 / 12 0930 - 1400（最後售票：閉門前 1 小時）
休息：1 / 5、25 / 12
門票：€10.5（短期展覽價另外購票）
網址：www.arapacis.it
前往方法：從Piazza del Popolo（人民廣場）步行前往，大約 7 分鐘。或可從梵蒂岡聖彼得廣場旁邊的「Risorgimento站」乘坐巴士81號，到「Ripetta站」，再步行3分鐘。

路邊名泉
蜜蜂噴泉（Fontana delle Api）

　　在張開的大蚌殼上，有3隻正在休息的蜜蜂。這個獨特的噴泉，是由來自巴貝里尼家族（Barberini）的教宗烏爾班 8世（Urban VIII），於1644年委託巴洛克建築大師貝尼尼設計。3隻蜜蜂是巴貝里尼家族徽章上的圖案。

`MAP: P.095 F2`

噴泉原本設在Piazza Barberini（巴貝里尼廣場），1865年，因城市規劃被拆卸，存放在倉庫中。1916年，政府決定把它重新放置在廣場旁的一個角落。

大蚌殼上的碑文記載了：1644年，在教宗烏爾班8世在位第21年時，設立此噴泉並獻給廣大市民。

Info

地址：Piazza Barberini, 00187, Roma
開放時間：全年
前往方法：乘坐地鐵橙色A線到「Barberini」，噴泉在地鐵出口的對面路設。

羅馬

古城中心

古羅馬區

梵蒂岡

北區

特米尼火車站周邊

越台伯河區

羅馬周邊

Pietro da Cortona 的天花畫《Il Trionfo della Divina Provvidenza》，壁畫描述了巴貝里尼家族的權力。神聖的普羅維登斯手持權杖在畫的中央，正下命令要為那3隻蜜蜂的巴貝里尼家族徽章加冕。

Antonio Corradini 的雕塑傑作《La Velata》（面紗），女人被面紗遮掩著，那豐富細緻的褶皺，讓人驚嘆不已。

拉斐爾所畫的《La Fornarina》，據稱畫中人是他的情人 Margherita Luti，一位麵包師的女兒。她亦曾在拉斐爾其他畫作中出現過，例如《La Velata》。

由著名巴洛克建築師 Francesco Borromini（博羅米尼）所設計的螺旋樓梯，成為了宮殿的另一焦點。

這幅巨型天花畫，由 Pietro da Cortona 在 1632 - 1639的所繪畫，長24米，闊14米，讓整個大廳充滿非凡氣派。

巴貝里尼家族宮殿 MAP: P.095 F3

國立古代藝術美術館
(Galleria Nazionale d' Arte Antica)

　　設於巴貝里尼貴族宮殿內的美術館，非常華麗。巴貝里尼家族（Barberini）源自佛羅倫斯，自16世紀遷至羅馬定居。其家族成員Maffeo Barberini 於17世紀被選為教宗 Urbano VIII（烏爾巴諾八世），及後委託多位著名藝術家打造這座宮殿，當中大廳上的天花畫《Il Trionfo della Divina Provvidenza》，由Pietro da Cortona 設計，是早期巴洛克風格的傑作，讓宮殿注入了靈魂，絕對是亮點所在。

美術館內不乏珍貴作品，當中有Filippo Lippi（菲利皮諾‧利皮）、Caravaggio（卡拉瓦喬）、Raffaello（拉斐爾）等等藝術大師的名作。

這個中間有3隻蜜蜂的徽章，是代表巴貝里尼家族。在巴貝里尼宮殿的許多角落，都可發現。而附近的蜜蜂噴泉和巴貝里尼廣場上的噴泉，都刻上了3隻蜜蜂，足見其家族輝煌的歷史。

─── Info ───
地址： Via delle Quattro Fontane, 13, 00184 Roma
開放時間： 0830 - 1900（最後售票：1800）
休息日： 逢星期一、1 / 1、25 / 12
門票： €12（憑票亦可參觀 Galleria Corsini；十天內有效）
網址： www.barberinicorsini.org
前往方法： 乘坐地鐵橙色A線到「Barberini」，再步行3分鐘。或從Stazione di Roma Termini（特米尼火車站）步行前往，大約13分鐘。

紀念無原罪 MAP: P.095 D2

聖母純潔之柱
(Colonna dell' Immacolata)

　　在西班牙廣場的不遠處，聳立了一座建於1857年的紀念柱，柱頂上有一個巨型的「聖母像」，柱身是一支來自古羅馬時代的科林斯柱，底部有4位先知的雕像，包括大衛、以賽亞、以西結和摩西。這支柱子是紀念「聖母無原罪日」，指聖母是純潔不帶原罪。

自1953年起，教宗會在聖母無原罪日（8 / 12）到訪這座紀念柱，並在柱的底部獻上鮮花。

在同一天的早上，消防員會架起雲梯，更換聖母像右臂之上圈著的花環。

─── Info ───
地址： Piazza Mignanelli, 00187 Roma
開放時間： 全年
前往方法： 乘坐橙色A線地鐵到「Spagna」，出站後向左邊方向步行5分鐘。

羅馬

古羅馬區
古城中心
梵蒂岡
北區
特米尼火車站周邊
越台伯河區
羅馬周邊

浪漫階梯
西班牙廣場（Piazza di Spagna）

　　城中最浪漫的地方之一，擁有138級台階的西班牙階梯「Scalinata della Trinità dei Monti」，是通往山上天主聖三堂「Trinità dei Monti」的主要路徑。廣場上有一個著名噴泉，名為破船噴泉「Fontana della Barcaccia」，是巴洛克大師貝尼尼的父親Pietro Bernini和兒子攜手創作，於1627年建成。廣場曾出現在電影《羅馬假日》中而舉世聞名，這兒是很多遊人最喜歡聚集的地方。

MAP：P.095 D2

在廣場經常停泊了一些觀光馬車，乘載遊客在市中心走一圈。

「西班牙階梯」是由法國人在17世紀出資興建，來連接屬於法國人的「山上天主聖三教堂」和山下在廣場旁邊，屬於西班牙人的「西班牙大使館」。

充滿哥德式風格的「山上天主聖三堂」，建於16世紀，屬於法國人的產業。教堂內藏名畫《La Deposizione》，很值得一看。

爬上「西班牙階梯」後，從「山上天主聖三堂」門外往下望，可以看到城市的絕佳美景。每逢春季，廣場花兒處處，十分浪漫迷人。

面向廣場的大街，是著名的名店街Via Condotti，附近亦是城中樓價最高的地段之一。

據稱16世紀台伯河大洪災期間，雕塑家在廣場上看到一條廢棄的小船，引起靈感，成為了「破船噴泉」的創作意念。

在教堂前豎立的方尖碑，始建於古羅馬帝國時代，當年仿效埃及方尖碑而建，上面的象形文字是根據豎立在人民廣場上那方尖碑而複製。

Info

地址：Piazza di Spagna, 00187 Roma
開放時間：全年：星期二至四1015 - 2000、星期五 1200 - 2100、星期六 0915 - 2100、星期日 0900 - 2100（教堂）
休息日：逢星期一（教堂）
前往方法：乘坐地鐵橙色 A線到「Spagna」，廣場在出口的左邊。

店內用餐區帶有英式傳統風格，木製家具和銅色吊燈，添了一點高尚貴氣。

古典懷舊的英式茶室，優雅的氛圍讓人很享受在這兒消磨時光。

英式百年茶室 MAP: P.095 D2
Babingtons

開業超過120年，一走進店迎來的是服務員的笑容，態度親切。

位於「西班牙階梯」旁邊的茶室Babingtons，於1893年由兩位英國女士共同創辦，逐漸成為了名人雅士聚集的高貴茶館。茶種選擇五花八門，當中以羅馬為意念的混合茶最受歡迎，無論是充滿花果香的黑茶「Rome in Love」，還是混了玫瑰、雲呢拿的黑茶「Vacanze Romane」，都帶來浪漫幸福感，讓人想念羅馬的甜美。

店內供應早午餐、甜點、輕食和英式下午茶。

茶館內亦有出售茶葉、茶具、濾茶器、蜂蜜和果醬等等，包裝十分精緻，相當吸引。

茶的名字都充滿詩意，「In the Mood for Love」是烏龍茶配合了菠蘿和橘橙的香氣，茶香淡淡四溢。€10.5

意大利品茶文化沒有太普及，創辦人當年希望開辦一間正宗英式茶室，讓居於當地的英國人，有一個專屬的地方喝茶聚聚。

Info
地址：Piazza di Spagna, 23 00187 Roma, Italia
電話：+39 06 6786027
營業時間：1000 - 2125
消費：大約 €10 - 20（茗茶）、€35（All Day Brunch）、€20 - 35（下午茶餐）
網址：www.babingtons.com/it
前往方法：乘坐地鐵橙色A線到「Spagna」，步行5分鐘。就在Scalinata di Trinità dei Monti（西班牙階梯）前的左邊建築。

巨口大門
祖卡里宮（Palazzetto Zuccari）

如果你用盡了氣力爬上了西班牙階梯，到訪了「山上天主聖三堂」，請不要急著下山，建議你可從教堂再步行多2分鐘，去看看一道很特別的「巨口大門」。這是藝術家Federico Zuccari為其家族宮殿而設計，建於17世紀。要走進建築內，就好像自投羅網的走進了怪物的大口裡面。不過，現在建築物是一所藝術圖書館，只開放給當地居民進入。

「巨口大門」兩旁的窗戶，亦有讓人「小驚嚇」的「巨口大窗」。

建築已改建成一所藝術圖書館Biblioteca Hertziana。

MAP: P.095 E2

據稱設計師的理念是，當訪客帶著猶豫驚恐，跨越這道地獄大門後，迎面而來是一個像天堂的花園，兩極意境瞬間轉化，創造了驚喜。

Info
地址：Via Gregoriana, 28, 00187 Roma
開放時間：全年（只可外圍參觀）
前往方法：乘坐地鐵橙色線到「Spagna」，再步行5分鐘。

只要從西班牙廣場的破船噴泉向前直走,就是名店街匯集的Via dei Condotti。

購物大道

Via dei Condotti、 MAP: P.095 D2

Via del Babuino、 MAP: P.094 C1 - C2; P.095 D2

Via del Corso MAP: P.094 C1 - C2; P.095 D3-D4

在購物大街Via del Corso 494號,會看到一個由古老噴泉改建成的櫥窗,挺特別的。

在人民廣場和西班牙廣場之間,集中了各式各樣的商店,對於喜歡購物的遊客,真的很方便。其中 Via dei Condotti,是一條著名的名店街,時尚名牌店林立。而Via del Corso則集中大眾化商店,整條街道足足有1.5公里長,絕對是購物天堂。如果遇上了每年大約1 - 2月和7 - 8月的全國大減價,應該一整天都逛不完。另外 Via dei Barbuino,亦是熱門的購物大道。

名店街 Via Condotti 匯集了不少高級國際品牌。

著名的旅遊景點「西班牙廣場」就在名店街的前方,來逛街的遊客總是絡繹不絕。

整條Via dei Corso一共有1.5km長,各種類型的店舖都有,主要集中比較大眾化的品牌。

在意大利同一店舖購物滿€155,就可申請退稅。
(退稅資訊詳細介紹見:P.033)

---Info---

名店街 Via dei Condotti (康多徒街)
所在位置: 由Piazza del Spagna (西班牙廣場) 伸延到 Via del Corso。
前往方法: 乘坐地鐵橙色A線到「Spagna」,再步行5分鐘。

購物大道 Via del Babuino (巴布依諾大街)
所在位置: 由Piazza del Popolo (人民廣場) 一直伸延到西班牙廣場。
前往方法: 乘坐地鐵橙色A線到「Spagna」或「Flaminio」,再步行5分鐘。

購物大道 Via del Corso (科爾索大道)
所在位置: 由人民廣場一直伸展到Piazza di Venezia (威尼斯廣場)。
前往方法: 乘坐地鐵橙色A線到「Spagna」或「Flaminio」,再步行8 - 10分鐘。

羅馬

古羅馬區
古城中心
梵蒂岡
北區
特米尼火車站周邊
越台伯河區
羅馬周邊

牆上掛滿了畫作，很有古典文藝氣息，猶如在美術館之中。

文人雅士聚集之地
希臘咖啡館（Caffè Greco）

藝術氣質混入了咖啡香氣之中！自1760年開業，是羅馬最古老的咖啡館，至今仍以最優雅的風格展現。穿著黑色燕尾服的服務生，穿梭在8個典雅的客廳。紅色絲絨質感的梳化椅，顯露了氣派，牆上鍍金古董鏡子，透露了年華。多達300幅畫作，營造了古典優美的藝術氣息。這兒是過往2百多年來，上流貴族、文人雅士、名人富帥聚集的地方。

MAP: P.095 D2

亦可選擇在Bar枱站著快速享受，價格會比較貼近「平民」。一杯Cappuccino €2.5（站著）。

據說卡薩諾瓦、哥德、濟慈、拜倫等等昔日文藝界的大人物，都是過往的常客。

想坐著慢慢品嚐一下咖啡，需要付出比較「高貴」的價格。一杯Espresso €7。

館內亦有推出自家品牌的糖果、咖啡杯套裝和咖啡粉，給客人選購。

Info

地址：Via dei Condotti 86, 00187, Roma
電話：+39 06 679 1700
營業時間：0900 - 2100
消費：大約 €5 - 30 / 位
網址：www.caffegreco.shop/index.php
前往方法：在Via dei Condotti（名店街）Bvlgari 的對面。可乘坐地鐵橙色A線到「Spagna」，再步行5分鐘。

男士理髮廳
Max & Jò Barber Shop

各位男士，如果想在旅程中換一個意式髮型或鬚型，可以試試在這間優雅的男士專用理髮廳，好好體驗一下。理髮廳於1990年開業，裝潢富有歐式復古風，理髮師們都經過專業培訓。來理髮或修鬚的客人，都需要事先預約。在一樓，亦設有一個小型博物館，展示了一些昔日的理髮用具。

MAP: P.095 D2

設於上層的博物館，面積不大，展出一些具特色的理髮廳用品，這座「騎馬」兒童剪髮椅，很特別的。

店內所用的工具都一絲不苟，精緻的鬚梳、剃鬚用具、剪刀，都是專業品牌。

對於注重儀容的意大利男士，「理髮」和「修鬚」這兩回事，是日常生活中很重要的事情，亦因此鑽研了一套意式的「美學」概念。

Info

地址：Via dei Cartari 10, 00186 Roma
電話：+39 06 6813 6095
（必須Email 或電話預約）
營業時間：0900 - 1900
休息：逢星期一及日
消費：大約 €25（洗剪）、€20（鬚鬚造型）、€40（尊貴鬚鬚造型）
網址：www.maxjobarbershop.it
前往方法：乘坐地鐵橙色 A 線到「Spagna」，再步行 5 分鐘。從 Piazza del Popolo（人民廣場）步行前往，大約 10分鐘。

琳瑯滿目實在太吸引了，選朱古力的過程絕對是感官享受！除了創新口味，當中亦有傳統的松露朱古力、果仁朱古力等等。

店主喜歡研製全新口味的朱古力，一旦有靈感，就會進行試煉，直至滿意。當中有不少創新口味讓人驚喜萬分。

法式朱古力的誘惑

客人可以從玻璃櫃中自選朱古力，價格以重量作計算。每125克 €17。

Quetzalcoatl Chocolatier Roma

位於名店區的一間手工朱古力店，店主是法國人，對於法式甜點和朱古力充滿熱情，年少時曾在法國著名的廚藝學校受過專業培訓。現在店內供應的朱古力，不單止擁有法式風味，更有不少以意大利本土特色食材而製造的獨特口味，例如「Passito di Sicilia」（西西里島風乾葡萄甜酒）、「Aceto Balsamico con More」(黑莓與香醋)、「Rosmarino」（迷迭香）等等。朱古力幼滑質感和充滿驚喜的味道配搭，讓人難以抗拒。

MAP: P.095 D2

由法國人店主所製作的馬卡龍特別正宗，亦是店中熱賣產品。8個禮盒裝 €18。

聖誕期間會推出很多別緻的送禮套裝。整個杯子都是用朱古力做的！還印上了聖誕老人圖案，非常精緻。

店內裝潢簡約優雅，各種口味的朱古力，在一排大型玻璃陳列櫃中展示，非常吸引。

朱古力均以新鮮天然材料製造，當中有不少特色口味，都是出於店主的獨門秘方。

── Info ──
地址：Via delle Carrozze, 26, 00187 Roma
電話：+39 06 6920 2191
營業時間：星期一 1100 - 2000、星期二至六 1030 - 1930、星期日 1500 - 200
網址：www.chocolatissimo.it
前往方法：乘坐地鐵A線到「Spagna」，再步行5分鐘。從 Piazza di Spagna（西班牙廣場）步行前往，大約3分鐘。

車迷朝聖

法拉利專門店 (Ferrari Store)

源自意大利的超級跑車法拉利，全球已有27間專門店，專售以「法拉利」品牌的自家商品，包括男裝、女裝、童裝、時尚飾品、皮具用品等等。位於羅馬這間本土分店，對於車迷來就，很值得來朝聖。一抬起頭，看到店內高掛一架「法拉利」賽車，實在讓人不禁駐足欣賞。店內亦有少量「羅馬限定」的紀念產品。

MAP: P.094 C2

在童裝部，除了出售各款法拉利童裝，亦有兒童電動車和模型搖控車等等的玩具。

為羅馬車迷設計的紀念品，帽子除了有法拉利的標記，還有「Roma」羅馬的字樣。

高掛著的「法拉利」賽車，實在太搶眼了。

── Info ──
地址：Via Tomacelli, 147, 00186 Roma
營業時間：1000 - 2000
網址：www.store.ferrari.com/it-it
前往方法：乘坐地鐵橙色A線到「Flaminio」，再步行10分鐘。或從Pantheon（萬神殿）的向前直走，大約 10分鐘。

速食平價意粉
Pastificio Guerra

1918年開業的老式意大利麵食店,坐落在羅馬最高貴的名店地段,卻以低廉價格,供應新意大利麵速食快餐。每天由下午1時起,新鮮烹製2種正宗意大利風味的麵食,例如有經典的Carbonara(卡邦拿意粉)和Amatriciana(阿瑪翠斯意粉)。意粉較硬身很有咬口,重點是價格很便宜,經常未開店已經出現人龍。

MAP: P.095 D2

每天供應的意粉口味會有不同,都是以€4均一價格。礦泉水亦免費提供。喜歡喝一杯的,亦可詢問店主免費領取一小杯葡萄酒。

店內有企位用餐區,特別在1 - 2pm 午餐時段,非常熱鬧擠擁。

一客Carbonara份量挺多意粉味道沒有太大驚喜,不過,價格確實很吸引。€4

Info
地址:Via Della Croce 8, 00187 Roma
營業時間:1300 - 2130
消費:大約€4 / 位
前往方法:從Piazza di Spagna(西班牙廣場)步行前往,大約 2 分鐘。

享受藝術滋味 **MAP: P.095 D2**
Canova Tadolini

咖啡廳堆滿了雕塑,透出優雅獨特的藝術風,讓人嘆為觀止!雕塑來自著名藝術大師Antonio Canova(安東尼奧·卡諾瓦)和他學生 Tadolini 的工作室。1818年,雕塑家 Antonio Canova 和房東簽訂了合同,同意房東可永久保留他們的雕塑,來換取長期租約。現在,工作室變為一所咖啡廳,展示了 Antonio 大師和學生Tadolini 多年來在工作室的作品。

喝一口咖啡,沉浸在藝術的世界。想來觀摩一下,亦可選擇在 Bar 枱前點一杯咖啡,站著品嘗,收費很便宜。Cappuccino €1.3

除了咖啡之外,由中午開始亦供應午餐。在巨大的雕像旁邊用餐,是多麼獨特的體驗。

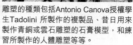
雕塑的種類包括Antonio Canova授權學生Tadolini 所製作的複製品、昔日用來製作青銅或雲石雕塑的石膏模型,和練習所製作的人體雕塑等等。

Info
地址:Via del Babuino 150 / A, 00187 Roma
電話:+39 06 3211 0702
營業時間:咖啡廳0800 - 2000,餐廳1200 - 2400
消費:大約 €25 - 40 / 位(午餐或晚餐)
網址:www.canovatadolini.com
前往方法:在購物大街 Via del Babuino 的中段。可乘坐地鐵橙色A線到「Spagna」,再步行 5 分鐘。從Piazza del Popolo(人民廣場)或Piazza di Spagna(西班牙廣場)步行前往,大約5 分鐘。

甜點控至愛
Pompi Tiramisù

被譽為「羅馬最著名的Tiramisù」之一,皆因這兒提供多種Tiramisù的口味,天天自家鮮製。款式除了經典原味之外,還有開心果、士多啤梨、榛子、香蕉朱古力等等。Tiramisù甜度剛剛好,口感幼滑濃香,所以天天熱賣,在繁忙時間分分鐘需要大排長龍。

MAP: P.095 D2

士多啤梨口味Tiramisù,在Tiramisù上面的士多啤梨,新鮮甜美,而且份量不少。€4

店內只設有2張圓枱給客人站著品嘗。如果想較舒適,坐下來慢慢享用的話,可到在許願池附近的另一間分店,地址:Via Santa Maria in Via, 17。

開心果口味的Tiramisù,加添了果仁碎,很有口感。€4

雖然大部分客人都是為了Tiramisù而來,店內亦有供應各種口味的冰淇淋和甜點。

Info
地址:Via della Croce, 82, 00187, Roma
電話:+39 06 6994 1752
營業時間:1030 - 2200,星期五和六 1030 - 2300
消費:大約 €4 - 10 / 位
網址:www.barpompi.it
前往方法:乘坐地鐵橙色A線到「Spagna」,再步行5分鐘。

藝術家的小巷
Via Margutta

在繁華的市中心，一轉角走進了一條恬靜的藝術小巷。只有350米長的這條鵝卵石小路，滿佈一切跟藝術有關的店舖，設計店、小餐館、畫廊、家具店、藝術工作坊。原來早在 17世紀，教宗保羅三世為這一區域的藝術家，提供了減稅稅優惠，所以，自幾百年前，許多藝術家都在此生活和建立工作室。直到現在，只要漫步細逛，優雅的文藝氣質依然無處不在。

MAP：P.095 D1 - D2

這兒是市中心少有的一片寧靜空間，不經意的透出了藝術感。

整條街道有很多藝術家、工藝品修復者和古董經銷商進駐。

有不少著名畫廊，都選擇在這條小路上開設，吸引很多藝術愛好者前來尋訪。

路的中段設有Fontana delle Arti（藝術家噴泉）。噴泉是20世紀初的作品，上面刻上了畫架、調色板和畫筆，設計正好代表了這一條藝術小路。

威士忌迷的世界
Whisky & Co

優雅高尚的威士忌專賣店，擁有大量酒藏，主要來自蘇格蘭、日本、美國、愛爾蘭等地。店主是百分百威士忌愛好者，喜歡迷醉在威士忌的酒醇香氣中，同時亦喜歡在世界各地搜羅珍藏佳品。　這間店亦是每年「羅馬蘇格蘭威士忌節」的舉辦單位之一，致力推廣品嚐威士忌的文化。

MAP：P.095 D1

店內除了出售各種威士忌，還有Rum酒和Gin酒。

專賣店設在藝術小街 Via Margutta，距離西班牙階梯和人民廣場僅幾步之遙。

於2015年開業，是店主的心血結晶，致力搜羅各地優質的威士忌。

刻在大理石上的魔法
Bottega del Marmoraro

探頭一看，這兒就像有魔力一樣，讓時光靜止。店裡每個角落，都被一塊一塊小小的大理石板堆疊著。石塊上刻上了名言、短句，好像在跟人說話，讓人深思、讓人淺笑。這是大理石工匠Enrico Fiorentini 的工作坊，把很多「意大利式」的語錄，用古法刻在石頭上，讓遊人可以把它們買回家，成為永不磨滅的旅行紀念。 **MAP：P.095 D2**

以意大利文或拉丁文刻上的格言短句，都有點意思的，有些勵志，有些讓人回心一笑。客人亦可自選任何題字，起價為€15。

店內從地面到天花板都「掛滿」和「堆滿」大理石塊，流溢一種獨特的氣氛。

「La Vita è Bella」（美麗人生）和「La Dolce Vita」（甜美人生）是最經典的吧！只需僅僅幾個字，就道盡了意大利人一向的生活理念。刻了字的大理石塊由 €10 起。

羅馬式小牛Saltimbocca alla Romana 和蕃茄肉丸Polpette al Pomodoro，讓人回味！這些傳統料理都以「小碟」摩登方式來演繹，讓人耳目一新。

摩登演繹傳統菜

Assaggia

　　想吃一頓精緻優雅的Fine Dining，又想同時品嚐羅馬傳統名菜，這一間位於Margutta 19 Luxury Hotel 內的餐廳，很值得推薦！主廚Daniele Ciaccio是土生土長的羅馬人，對於羅馬料理有很深厚的情意結。餐廳叫做Assaggia，解作「品嚐一下」、「試一試」。意念就是以「小碟」形式，組合成6道菜或9道菜的Tasting Menu，令食客可以一次過品嚐多種傳統羅馬菜式。

MAP: P.095 D1

豬類肉番茄意大利麵Amatricana，是羅馬經典意大利麵。餐廳選用了有機麵條和蕃茄，豬類肉香脆惹味，配合了來自羅馬地區的羊奶芝士，濃香美味。

意大利的經典風味菜，Insalata di Finocchi, Arance e Olive（茴香、橙和黑橄欖沙律），充滿甜美果香，清新又爽口。

意國傳統鄉村菜式之一 Ceci e Pasta，是把意大利麵放在濃稠的鷹嘴豆湯裡，一起品嚐。充滿香濃豆味，飽肚暖身。

自2017年開幕，在短短幾年間，餐廳已經得到不少媒體的推介，包括被《Traveler》選為 羅馬最好的30間餐廳之一，亦在意大利的飲食權威指南《Gambero Rosso》中得到良好評級。

──Info──

地址：Margutta 19 Luxury Hotel, Via Margutta 19, 00187 Roma
電話：+39 06 97797980
營業時間：1230 - 1430，1930 - 2300
消費：大約 €35 - 50／位
網址：www.assaggiaroma.com
前往方法：乘坐地鐵橙色A線到「Spagna」，步行5分鐘。或從Piazza del Popolo（人民廣場）步行前往，大約6 - 8分鐘。

主廚正在準備Saltimbocca alla Romana，是羅馬名菜之一。小牛排上放上了鼠尾草和風乾火腿，然後用牛油煎香，再淋上白酒。肉質十分嫩滑。

主廚Daniele Ciaccio對各方面一絲不苟。非常整潔的餐廳廚房，所有擺放都井井有條。

羅馬

古羅馬區

古城中心

梵蒂岡

北區

特米尼火車站周邊

越台伯河區

羅馬周邊

有6道菜或9道菜套餐以供選擇。每「小碟」份量需不多，但是6道甚至9道菜加起來的一人份量，其實非常足夠，重點是一次過可品嚐多個經典菜式。6道菜套餐€27；9道菜套餐€37。

優雅時尚的裝潢，想不到原來供應百分百的正宗傳統意大利料理。

葡萄酒選擇亦很多，每杯介乎€7-15之間。另有多種 Cocktail 選擇，每杯介乎€12 - 14 之間。

氣氛挺有情調，餐廳在酒店內自成一角，避開了外面的人潮，有靜謐與舒適感。

用餐環境和食物質素都很優質，加上其親民實惠的價格，實在很誘人。餐廳每一季都會跟隨著時令食材，更換菜單。

餐廳選用的特級初榨橄欖油，都是高質素的有機產品。

餐廳亦有園林戶外雅座，非常悠閒寫意。

在宏偉的古埃及方尖碑下，有一個以4隻埃及石獅子作裝飾的噴泉，就像在看守著整個廣場。

聳立在廣場中央，是一座高36米的方尖碑。是由古羅馬皇帝奧古斯都，從埃及帶到羅馬，最初設在Circo Massimo（馬克西姆斯競技場）。

位於廣場的南邊，有2座外型相似17世紀教堂（Santa Maria dei Miracoli 和 Santa Maria in Montesanto）。一左一右的雙子教堂，形成了很特別的廣場景觀。

重要交匯點
人民廣場
（Piazza del Popolo）

寬闊巨大的廣場，匯集了不同年代的歷史痕跡。在2個世紀之前，這兒一直是執行死刑的地方。現在廣場是一個重要的交匯，從南邊可通往3條畢直大路，包括Via del Babuino（巴布依諾大街）、Via del Corso（科爾索大道）和Via Ripetta（利佩達大街）。附近是著名的購物區，各式商店林立。廣場上的教堂 Basilica di Santa Maria del Popolo（人民聖母教堂）亦值得一遊，內藏了卡拉瓦喬和貝里里的作品。 **MAP: P.094 C1**

在廣場南邊的兩座雙子教堂中間，就是購物大道Via del Corso，而靠左的大直路，是另一條購物大道Via del Babuino，可通往Piazza di Spagna（西班牙廣場）。（詳細介紹見P.117）

在廣場東邊設有一座大型噴泉 Fontana della Dea di Roma，上方有一個「品奇歐陽台」，可觀摩整個廣場的漂亮景致。（詳細介紹見 P.150）

廣場北面有一座城門 Porta del Popolo，於1475年修建，原址是古羅馬時代的「北大門」，是古代從北面進入羅馬城的主要通路。在1655年，城門由貝尼尼悉心改造，來迎接改信了天主教的瑞典女皇Cristina di Svezia，進入羅馬城。

─ Info ─

地址：Piazza del Popolo, 00187 Roma
開放時間：全年
前往方法：乘坐地鐵橙色A線到「Flaminio」，經對面馬路的 Porta del Popolo（人民之門）就可進入廣場。或從 Piazza di Spagna（西班牙廣場）經 Via del Babuino 步行前往，大約 10 分鐘。

暖色調經典文具
Fabriano Boutique

源自1264年的文具老品牌，以繽紛色彩作設計元素，產品富有創意兼具時尚美感，亦同時重視品質和實用性。用家不乏專業人士、作家、藝術家等，歷年來產品都備受推崇。文具總類繁多，當中最經典包括筆記本、木顏色筆套裝、書寫用具、公事包、皮革小品等等，深受文具控的喜愛。

MAP: P.094 C1

專為喜歡旅行的人設計的筆記本系列「Grand Tour」，以羅馬地圖作封面，別具意義又相當精緻。A5筆記本€9.9、A5 筆記本€12.8、書簽€1.2

店內裝潢以充滿活力的橙紅系為主調，讓老文具品牌變得年輕時尚。

「24色的木顏色筆套裝」是品牌最經典的產品之一。除了色澤明亮，重點是那可捲摺的布製筆袋，美觀之餘，亦方便外帶使用。€39.5

以「木塞軟木」作素材的「Holy-Wood」系列，非常有創意。背包亦較為輕巧，內有放置13吋手提電腦的間隔。€279.5

─ Info ─

地址：Via del Babuino, 172 , 00187 Roma
電話：+39 06 3260 0361
營業時間：1100 - 2000
網址：www.fabrianoboutique.com/it
前往方法：在購物大道 Via del Babuino 的後段。乘坐地鐵橙色A 線到「Flaminio」，再步行 5 分鐘。或從Piazza del Popolo（人民廣場）步行前往，大約 2 分鐘。

124

古羅馬區
古城中心
梵蒂岡
北區
特米尼火車站周邊
越台伯河週邊
羅馬周邊

餐廳內設有一個全羅馬最高的酒窖，收藏了多達750種的葡萄酒。酒窖亦設有豪華典雅的貴賓室，可安排 2 - 12人的私人聚會或品酒會。

內部裝潢十分古典華麗，猶如在宮殿裏的瑰麗氣派。這兒是熱門的求婚之地，當然客人亦可前來純粹享受城中的貴氣和美食。

餐廳露台的景觀，讓人讚嘆不已。在夏天，眼前美景毫無遮擋，讓客人可以一邊享受微風，一邊享受美食，在冬天，為了保溫，露台會架起密封的玻璃窗戶，景觀依舊。黃昏美景更覺醉人。

猶如宮殿裏的瑰麗氣派
Mirabelle

★I Can
Tips

Dress Code：
品嚐晚餐的話，客人需穿著優雅的休閒服飾。男士需穿著長褲和襯衫，並不允許穿短褲、無袖襯衫和人字拖鞋。

　　置身如此瑰麗堂皇的宴會廳，就像在夢境裡用餐一樣！位於市中心5星級酒店Hotel Splendide Royal 7樓的觀景餐廳（酒店詳細介紹見P.040 - 041），裝潢富有貴族式的浪漫氣派。餐廳的另一亮點是，在露台設有景致極美的用餐區，可居高臨下俯瞰180度漂亮全景！在日落時份，天色變成粉紅系，眼前的美食與美景交融著，是一場味覺與視覺的華麗享受。

`MAP: P.095 E2`

賣相像一個可愛的柑桔，內裡包著啖啖鵝肝醬！味道濃香細膩，給人無限驚喜。Mandarino di foie gras con pan brioche di carrube €48

甜美的橘子蛋糕，充滿水果香氣，配搭上咖啡朱古力薄片，層次豐富。€34

魚生拼盤賣相精美別緻，新鮮度十足。配合眼前開揚美景，實在妙不可言。Sinfonia di Pesci Crudi e Crostacei con Granella di Cous Cous Speziato €50

米蘭燉飯的薄脆版本，烘過的飯更為香口。伴上了清新的露荀和薄脆的巴馬臣芝士，創意十足。Al salto alla Milanese, nido di asparagi verdi, e cremoso di parmigiano €46

取名為「Settimo Cielo」（第 7 個天堂）的朱古力甜點。榛子、金箔與朱古力的奇妙誘惑，口感濃郁軟滑，讓人有像在天堂的感覺。Cioccolato con Cuore di Nocciola e Pepite d' Oro €34

Info

地址：7 / F，Hotel Splendide Royal Roma，Via di Porta Pinciana, 14, 00187, Roma
電話：+39 06 42168838 / +39 06 42168837（需訂位）
營業時間：1230 - 1500，0930 - 2300
消費：大約 €100 - 180 / 位（另有7道菜的 Tasting Menu €150）
網址：www.mirabelle.it
前往方法：在人民廣場附近的「P.le Flaminio站」乘坐 巴士 61或160號，在「Veneto/Sardegna站」下車，再步行5分鐘。乘坐地鐵橙色A線到「Spagna」，再步行10分鐘。

羅馬

古羅馬區
古城中心
梵蒂岡
北區
越台伯河區
羅馬周邊
特米尼火車站周邊

低調時尚
Stroili

全國擁有近400家專賣店及專櫃，在特米里火車站地下下底層亦有一間分店。

意大利著名首飾品牌之一，設計趨向雅緻時尚，簡約之中流露貴氣。首飾手工細膩，有銀飾、K金、玫瑰金、鑽石系列，款式選擇眾多，迎合不同風格。大部分設計都充滿時尚清雅感，很適合日常簡單配襯，價位一般由幾十歐起。

MAP: P.094 C2

大部分設計融合了簡約與型格兩大風格，適合低調愛美的女生。

首飾設計獨特，讓人愛不釋手，價格亦很親民。這系列的手鍊€34.9、頸鍊€39.9起、耳環€39.9起。

Info
地址：Via del Corso, 95, 00186, Roma
營業時間：0930 - 2000
網址：www.stroilioro.com
前往方法：在購物大街 Via del Corso之中，從 Piazza del Popolo（人民廣場）向前直走，大約6分鐘。或從Piazza di Spagna（西班牙廣場）步行前往，大約5分鐘。

羅馬體育俱樂部專賣店
A.S. Roma Store

不少球迷們，都會在意大利當地購買球衣和紀念品。這間是A.S. Roma在羅馬市中心的專賣店。除了出售各款成人和童裝球衣，還有玩具、家居精品、文具等等，產品琳瑯滿目。二樓設有球賽門票部，出售各場A.S. Roma賽事的門票。

MAP: P.095 D3

羅馬隊的主場設在 Stadio Olimpico di Roma（奧林匹克體育場），門票除了可網上預訂，亦可在店內購買。

店以 A.S. Roma 的經典紅、黑雙色作主調。

帽子款色眾多，大部分都有A.S. Roma 的狼作標記。帽子每款由 €18起。

Info
地址：Piazza Colonna 360, 00186, Roma
電話：+39 06 6978 1232
營業時間：1000 - 1900
網址：www.asromastore.com/it
前往方法：在 Colonna di Marco Aurelio（馬可奧里略圓柱）旁邊。可從圓形競技場的「Colosseo 站」乘坐巴士 85 號到「Corso/ Minghetti」，再步行 3 分鐘。

除了球衣，各款風衣亦是球迷之選，實用性高。每款價位不同，大約€80。

在羅馬市中心一共有2間分店，另一間在Via del Corso, 25。

堅果油護理品牌
Nashi Argan Store

品牌從摩洛哥引入有機堅果油，然後研製了一系列的頭髮、臉部和身體護理產品，當中的護髮油更是店中皇牌。堅果油有助為秀髮深層滋潤，同時重建受損髮絲，用過的客人都大讚它的效果，令秀髮更柔順潤澤。所用的堅果油均為100%有機認證，讓人用得更放心。

MAP: P.095 D2

品牌在全國有 7 間專賣店，在米蘭和佛羅倫斯都各有分店。

有不同功能性的洗髮水，這一種是針對敏感頭皮，平衡油脂分泌，達至防脫髮功效。200ml€17.5

頭髮保濕噴霧亦是人氣產品，可讓髮絲更水潤，撫平毛躁。€7.7（40ml）、€18（100ml）

Info
地址：Via Frattina, 148 , 00187 Roma
電話：+39 066 792 910
營業時間：1000 - 2000
網址：www.nashiargan.it
前往方法：乘坐地鐵橙色A線到「Spagna」，再步行3分鐘。或從Fontana di Trevi（許願池）步行前往，大約7分鐘。

熱門產品有頭髮專用的堅果油，洗髮後直接塗上髮絲，令頭髮更服貼柔順。€14（30ml）、€34（100ml）。

除了頭髮、臉部和身體護理產品，還有香水系列和各種禮品套裝，以供選擇。

天鵝絨梳化很有時
尚氣派，手拿一杯
美酒，享受微醺的
時光，亦很不錯。
店內專門供應羅馬
所屬大區 Lazio 的
葡萄酒，一杯大約
€7 - 15 。

每個季節都會推出不同的Tasting Menu，
5 道菜不含餐酒大約€45 - 50，另外亦有5
道菜黑松露料理套餐 €70 。

鰤魚他他混和了石榴的果香，帶出了魚蓉
的鮮味，讓人驚喜。Tartare di Ricciola con
Gel di Melograno €16

奪歐洲最佳設計餐廳 MAP: P.095 D2

VyTa Enoteca Regionale del Lazio

　　時尚、品味、傳統，再加上創新的觸感，是這間餐廳的理念。
獲選2018年度英國「餐廳與酒吧設計獎」（RBDA）中的歐洲最佳餐
廳/酒吧，讓餐廳更具過人魅力。以金屬、黑色、水晶和天鵝絨配合
出來的佈局，成為後現代的時尚之地。行政總廚Dino De Bellis 每
個季節都利用最當造的食材，設計別出心裁的菜式，來搭配 Lazio
（拉齊奧）大區的葡萄酒，把美食和美酒融合在時尚的空間。

紅蝦藏紅花意大利
飯，紅蝦鮮味十足，
意大利飯口感濃郁
有咬口。Risotto allo
Zafferano Pregiato
di Nepi e Gambero
Rosso Marinato €18

濃郁的朱古力蛋糕配
上椰漿和軟甜的南瓜
粒，配搭新穎，賣
相亦很精級。Zucca,
Cocco e Cioccolato
€10

行政總廚Dino De Bellis 把傳統的
地道菜式，以現代的方式展現，
為食客帶來新的味覺體驗。

―Info―

地址：Via Frattina, 94, 00187 Roma
電話：+39 06 8771 6018
營業時間：0900 - 2300（午餐 1230 - 1530，
　　　　　晚餐1830 - 2230）
消費：大約 €30 - 60 / 位
網址：www.vytaenotecalazio.it
前往方法：乘坐地鐵橙色A線到「Spagna」，
　　　　　再步行10分鐘。

除了來品嚐午餐或晚餐，有些客人是特意來品酒
的。餐廳的地面層設有酒吧及Bistrot區，供應輕食
和佐酒小吃。

時尚之地

Rinascente Roma（文藝復興百貨）

　　佔地有 14000平方米，匯集了800個國際品牌，裝潢富麗堂
皇，很多高級名牌都在此設立專櫃。例如有 Bottega Veneta、
Balenciaga、Gucci、Givenchy、Prada、
Saint Laurent、Louis Vuitton 等等，是名
牌時尚的集結地。

MAP: P.095 E3

在地下底層的家品
部，亦不容錯過。
有多個家居高檔品
牌進駐，是生活品
味之選。

Rinascente是意大利著名的
高級百貨公司，品牌高質
又齊全。在羅馬的Piazza
Fiume，設有另 1間分店。

―Info―

地址：Via del Tritone, 61, Via dei Due Macelli,
　　　23, 00187 Roma
營業時間：1000 - 2200
休息日：公眾假期營業時間會有調整，詳情請
　　　　查閱官網。
網址：www.rinascente.it/rinascente/it/flagship-
　　　store/11115/roma-via-del-tritone/
前往方法：乘坐地鐵橙色A線到「Barberini」，
　　　　　再步行5分鐘。

羅馬
古羅馬區
古城中心
梵蒂岡
北區
特米尼火車站周邊
越台伯河區
羅馬周邊
羅馬周邊

聖潔的天主之國

梵蒂岡

Città del Vaticano / Vatican City

在華麗與聖潔交織下的梵蒂岡，開始一場獨特的遊歷吧！梵蒂岡是意大利境內一個獨立的城邦國，總面積只有44公頃，是世界上最小型的國家之一。面積雖小，卻擁有全世界最大的教堂，全因這兒是天主教廷的總部。國家元首（教宗）亦是天主教會全球最高領袖。這個具有宗教特殊性的國家，擁有豐富的藝術文化瑰寶，「梵蒂岡博物館」更是全世界最大的博物館之一。

 交通

鐵路：可乘坐地鐵橙色A線到「Ottaviano」或「Lepanto」或區內火車到「Roma S. Pietro」。

巴士：從特米尼火車站外的「Termini站」或威尼斯廣場的「P.za Venezia站」，乘坐40號巴士到「Traspontina/Conciliazione」，或從許願池附近的「S. Claudio 站」乘坐巴士492號到「Bastioni Di Michelangelo站」。

電車：可乘坐電車19號 到「Risorgimento - San Pietro」。

步行：可從「聖天使橋」經「協和大道 Via della Conciliazione」到達梵蒂岡。

梵蒂岡區地圖

古羅馬區
古城中心
梵蒂岡
北區
特米尼火車站周邊
越台伯河區
羅馬周邊

Tevere

La Dispensa dei Mellini

Ristorante le Carré Français

Ponte Umberto I

♀ P.za Cavour巴士站
Piazza Cavour

Orto

Coop 超市

Lepanto

Via Cola di Rienzo

Ristorante Porto

Ristorante - Les Etoiles

Roof Garden - Les Etoiles

Atlante Star Hotel

聖天使橋
Castel di Sant'Angelo

聖天使堡
Ponte Sant'Angelo

聖天使堡巴士站

協和音樂廳
Auditorium della Conciliazione

Ponte Vittorio Emanuele II巴士站

Ponte Vittorio Emanuele II

Lgt Sassia/
S. Spirito巴士站

19號電車路

Viale Giulio Cesare

Atlante Garden Hotel

Via Giovanni Vitelleschi

Vitelleschi巴士站

Borgo Sant'angelo巴士站

協和大道 Via della Conciliazione

Tr aspontina/Conciliazione巴士站

Risorgimento/
San Pietro巴士站

Ottaviano

Risorgimento/
San Pietro

Bastioni Di Michelangelo巴士站

Viale Candia

The Loft

Palazzo del Commentatore

聖彼得廣場
Piazza San Pietro

Via delle Fornaci

梵蒂岡博物館
Musei Vaticani

聖彼得大教堂
Basilica di San Pietro in Vaticano

Conad City超市

梵蒂岡花園
Giardini Vaticani

Cipro

Città del Vaticano

Roma San Pietro

N

梵蒂岡小歷史：
正式名字叫「梵蒂岡城」，前身為「教宗國」，自8世紀開始統治整個羅馬及亞平寧半島中部，直到1870年意大利統一時期，「教宗國」從整個羅馬退守到梵蒂岡城。1929年，意大利總理墨索里尼跟教廷簽訂了《拉特蘭條約》，協議在意大利境內成立一個叫「梵蒂岡城」的主權國家，以教宗為元首，來取代舊有的「教宗國」。「梵蒂岡城」人口現有大約830名，國家有發行錢幣和郵票。是天主教廷的總部，亦是全世界教徒的朝聖地。

「梵蒂岡城」國家官方網站：
www.vaticanstate.va/content/vaticanstate/en.html

舉世矚目的貝尼尼柱廊
聖彼得廣場 (Piazza San Pietro)

在全世界最大的天主教堂「聖彼得教堂」前方，連接著一個巨大的柱廊廣場「聖彼得廣場」。廣場由著名巴洛克大師Gian Lorenzo Bernini（貝尼尼）設計，前後用了11年時間建造，於1667年落成。巨大的廣場有320米乘 240 米，兩個半圓形的柱廊是焦點所在。由284支柱子組成的柱廊，一共 有140個聖徒雕像，整齊地排列在柱頂之上，形成了一個環繞廣場的橢圓空間。柱廊形態就像張開了兩臂，讓民眾走進廣場後，能感受天主的擁抱。

MAP: P.129 B2

鳥瞰廣場的最佳景觀
登上聖彼得教堂圓頂（詳細介紹見 P.132），可以鳥瞰整個宏偉壯大的廣場！從高處看，廣場形狀像一個鎖匙孔，喻意用來開啟天國之門。

提提你

廣場上的雙子噴泉，是出自兩位不同的建築師。右邊的由卡洛馬德爾諾在1614年設計。後來，在1675年貝尼尼開展了重建廣場的計劃，為了平衡外觀，他設計了外觀相似的噴泉，把它們移放在方尖碑的左右，成一直線。

在教堂外的左右兩旁，自1847年起設了2個大型雕像。在左邊近出口處，有拿著「天國之鑰」的門徒聖彼得雕像。在右邊近入口處，是手持利劍的聖保祿 雕像。

廣場正中豎立的方尖碑，高 25.5 米，是古羅馬皇帝卡利古拉從埃及運過來的。原本放置在尼祿競技場，作戰車比賽的轉折位，於1586被移至現址。

在某些星期三，教宗會在廣場上接見信眾、禱告、唱詩和佈道，參加者需預約門票。
確實日期、索取門票的詳情可查閱：www.vatican.va/various/prefettura/en/udienze_en.html

徽章上，交叉著的一對鑰匙和屬於羅馬教宗的三重冕皇冠，構成了梵蒂岡的標誌。

貝尼尼設計的半圓柱廊，就像一個臂彎，把人們抱入懷中。兩邊柱廊上的140個聖人像，就像站在高處守護著廣場一樣。

─Info─
地址： Piazza San Pietro, 00120, Vatican City
開放時間： 全年
門票： 廣場免費進入
前往方法： 乘坐地鐵橙色A線到「Ottaviano」，再步行12分鐘。亦可從「Roma Termini」乘坐火車到「Roma S.Pietro」，再步行10分鐘。或從 Castel di Sant' Angelo（聖天使堡）經 Via della Conciliazione（協和大道）步行至廣場，大約12分鐘。

N

梵蒂岡花園
Giardini Vaticani

往梵蒂岡博物館入口

往「Ottaviano」地鐵站

梵蒂岡博物館
Musei Vaticani

宗座宮Palace Apostolic

教宗窗口

瑞士近衛隊站崗位置

衣帽間及洗手間

入口

Via dei Corridori

進入教堂的保安檢查

登頂售票處及樓梯

青銅門

馬德蘭諾噴泉噴泉

入口

貝尼尼柱廊

往「聖天使堡」和古城中心
Via della Conciliazione

進入教堂

方尖碑

聖彼得大教堂
Basilica di San Pietro in Vaticano

貝尼尼柱廊

貝尼尼噴泉

出口

郵局車

Borgo Santo Spirito

紀念品店、郵局、
洗手間及遊客服務中心

瑞士近衛隊站崗位置

Piazza del Sant'Uffizio

往「Roma S.Pietro」火車站

聖彼得廣場

郵政局開放時間：
「遊客服務中心」內的郵政服務：
星期一至六 0900 - 1830
梵蒂岡博物館內的郵局：
根據梵蒂岡博物館的開放時間
其他梵蒂岡郵局：
9月至6月星期一至五 0800 - 1835，星期
六 0800 - 1400；7月及8月 星期一至六
0800 - 1400

入型入格的
宗座瑞士近衛隊

　　負責保護教宗、聖座和所有屬於教廷建築的「瑞士近衛隊」，因為身份的特殊和那套華麗的三色制服，成為了很多遊人的拍攝對象。這個僱傭兵組織於1506年成立，效忠於教宗和教廷。隊員必須是瑞士籍男士，完成了基本軍事訓練，並介乎19 - 30歲之間未婚的天主教徒。

制服充滿藝術氣息，常被誤為米高安哲羅的作品。其實是由一位指揮官在20世紀初設計，靈感來自拉斐爾的壁畫。

藍、橙、紅色的3色制服配以黑色貝雷帽，正在站崗的瑞士近衛隊隊員，成為廣場上的一個亮點。

親睹教宗的祝禱

　　每逢星期日正午12時，如果教宗沒有外訪，會從「宗座宮」最右邊第2個窗口，向民眾揮手、演説和祝禱，過程大約15分鐘，每次都吸引大量信徒在廣場聚集，來聆聽教宗講話。

祝禱當天，會在演説的窗台上加上紅色絨布以作識別。在廣場上任何一角，基本上都可遠望到教宗。

在廣場前方亦設有大型電視螢幕，同步直播教宗的講話和祝禱。

1981年曾在廣場發生過企圖暗殺教宗一事。為了保安理由，在星期日正午祝禱前和其他大型活動的舉行日，進入廣場要通過保安檢查。

在梵蒂岡寄明信片

　　印上了教宗模樣的郵票或紀念封，是梵蒂岡最熱門的手信之一。很多遊客亦會在此寄出一些明信片，特別是那郵戳更具紀念價值。梵蒂岡內有多間郵局，在聖彼得廣場附近已經有3間。另外，在梵蒂岡博物館內，亦有1間。

大部分梵蒂岡的郵票都是以教宗模樣作圖案，有特殊紀念意義。

明信片和一般信件郵費參考：寄往 亞洲各地 €2.3、意大利境內 €0.95、歐洲各地 €1。

在教堂出口外，有專售各種官方紀念品的「遊客服務中心」，並附設了郵政服務及集郵中心。這一間出售的紀念郵票十分齊全。提提大家：內裡是禁止拍攝的。

在廣場上左邊噴泉旁，亦有「郵政車」，提供各項郵政服務。

聖彼得大教堂規模之大，足以容納6萬名信徒，而每天亦吸引了2萬名遊客前來參觀。

參觀重點：
登上圓頂：近距離欣賞米高安哲羅的圓頂設計，和雄偉的聖彼得廣場全景。
教堂內：米高安哲羅舉世聞名的雕塑作品《Pietà》（聖殤像）
教堂主祭壇：貝尼尼設計的聖體傘
地下墓室：多位教宗安息之地

提提你

莊嚴瑰麗的朝聖
聖彼得大教堂
（Basilica di San Pietro in Vaticano）

　　佔地超過2萬3千平方米，是全世界最大的教堂，亦是天主教徒的熱門朝聖地。原址是門徒聖彼得殉教後的埋葬之地，古羅馬君士坦丁皇帝在4世紀興建了教堂以作供奉。後來，教宗儒略二世展開了擴建計劃，在舊教堂之上重建一座雄偉浩大的聖彼得堂。工程由1506年開始，先後由多位著名建築師悉心設計，包括有伯拉孟特、拉斐爾 、米高安哲羅、卡洛馬德爾諾等等。大教堂經過了120年的修建，最後在1626年竣工。

MAP: P.129 B2

登上圓頂

　　教堂的圓頂，是米高安哲羅在文藝復興時代顛峰傑作之一。想登上高達137米的圓頂，就要準備好足夠的體力。攀登了一共551級樓梯之後，會發現這是絕對值得的！在穹頂基座的走廊上，可近觀圓頂上金碧輝煌的馬賽克鑲嵌畫，亦可從高角度欣賞莊嚴的教堂內部。再往上走，更可從圓頂外的觀景台欣賞讓人驚心動魄的梵蒂岡全景。

當年已達72歲的米高安哲羅，接手重建大教堂。他設計了這個宏偉巨大的穹頂，可惜在他逝世之前還未建成。後來由賈科莫．德拉．波爾塔和多梅尼科．豐塔納接手，於1590年完成。

在觀景台上，還可眺望在梵蒂岡博物館的建築群，規模十分之大。若然在黃昏時份登頂，天空瀰漫著柔和的粉紅色系，超美的。

登頂路程分2段，首先步行231級樓梯，或乘坐升降機到達平台。然後再有320級的小樓梯，步行登上圓頂外的觀景台。樓梯有點狹窄，記緊要穿著舒適的鞋。

繞著穹頂基座的走廊，可清楚欣賞到圓頂旁的天使馬賽克鑲嵌畫。

教堂巨大的正立面高48米，闊115米，由卡洛馬德爾諾於1612年建成。在立面頂層上，設有13座雕像，中間是耶穌，旁邊是聖若翰和11位門徒。而門徒聖彼得的雕像，就立在廣場上。

Info

地址：Piazza San Pietro, 00120 Città del Vaticano
開放時間：教堂10月至3月0700－1830、4月至9月0700－1900（地下墓穴於1700關閉）；登上圓頂10月至3月0800－1700、4月至9月0800－1800；聖彼得之墓只限預約
門票：教堂和地下墓穴免費開放：登上圓頂 €8（步行551級樓梯）、€10（電梯＋步行320級樓梯）；聖彼得之墓導賞 €13
網址：www.vatican.va/various/basiliche/san_pietro/index_it.htm
聖彼得之墓導覽預約：只限 Email 或 Fax預約，詳情見 www.scavi.va
前往方法：乘坐地鐵橙色A線到「Ottaviano」，再步行12分鐘。亦可從「Roma Termini」乘坐火車到「Roma S. Pietro」，再步行 10 分鐘。也可乘坐 19 號電車，在「Risorgimento-San Pietro」下車，步行 5 分鐘。或從Castel di Sant' Angelo（聖天使堡）經 Via della Conciliazione（協和大道）步行前往，大約12分鐘。

從圓頂上能清楚看到整個聖彼得廣場。廣場前寬闊筆直的大道Via della Conciliazione（協和大道），可通往台伯河岸和聖天使堡。大道建於1936－1950年，由墨索里尼下令建造，用以連接「梵蒂岡城」和「意大利」兩個國家。

細看之下，會發現在圓頂之上和十字架之下，有一個細小的金色球狀物。內部有空間可容納20人。在50年代以前，人們可通過一條約80厘米的通道，到達金色球內參觀。後來因安全理由，不再開放。

不可錯過的神聖藝術《Pietà》(聖殤像)

在右側第一個禮拜堂，展示了教堂內最著名的藝術作品，就是米高安哲羅在23歲時完成的《Pietà》(聖殤像)。作品刻畫了聖母抱著垂死中的耶穌時那情景，表達了人類最哀痛又深切的情感。在1972年，《Pietà》曾被一名精神患者嚴重破壞，經過3年的修復，雕像被重新放置在玻璃室內展示，以作保護。

這座非凡的雕塑以舉世聞名的Carrara (卡拉拉) 大理石製作，完成後，受到眾人的好評，亦難以置信是由年僅23歲的米高安哲羅所創作。

米高安哲羅在聖母胸前衣帶上刻上了自己的名字。是他所有作品之中，唯一有簽字，據稱是為了紀念他6歲時去世的母親。

聖壇上貝尼尼設計的聖體傘Baldachino

沿著長廊走到中心位置，在圓頂天花下的聖壇上，聳立了一座高29米的聖體傘。由Gian Lorenzo Bernini (貝尼尼) 設計，於1634年建成，利用了青銅和鍍金打造，有4枝20米高的螺旋柱支撐著。柱身刻有大量精雕細琢的凹凸紋理，頂部有鍍金天使雕像。是經典的巴洛克代表作之一。

據說在建造時不惜代價，教宗Urbanus PP. VIII (烏爾巴諾八世) 命人熔解了萬神殿中的金屬，來用作此聖體傘的建材。

貝尼尼的聖體傘和米高安哲羅的圓頂天花，都是驚世之作。雙雙配合之下，讓莊嚴的大教堂增添華麗氣派。

其他參觀要點

從大教堂的左中殿位置，可以經禮品部通往Museo del Tesoro (寶藏博物館)，內藏了不少珍貴無價的聖物。如果想領取聖水，亦可在禮品部購買一個小瓶子，然後在右方的Sagrestia (聖器室) 外，詢問職員代為領取。最後，不要錯過參觀Tombe dei Papi (地下墓室)，內裡是多名教宗的安息之地。

在聖體傘的左方前方轉角，是寶藏博物館、聖器室和禮品部的入口。

地下墓室入口比較隱蔽 (位置可參考上方地圖)。地下室比想像中燈火通明，在此安放了多個教宗的石棺。

從地下墓室出來，是教堂的外側，前方有一個飲用水噴泉。

盛載聖水的小瓶子可在禮品部購買，上面有大教堂的模型。每個 €3

在進入寶藏博物館和禮品部的走廊上，會發現一個列表，上面列出了歷年教宗的名字和其去世年份。第一位教宗，就是門徒聖彼得。

提提你

參觀流程建議
(大概位置可參考 P.131的地圖)

1. 進入教堂必須通過在廣場右方的保安檢查，不可攜帶任何危險品。
2. 大型行李和背包需存放在入口旁的衣物寄存處。
3. 入口處分開兩邊路線，右邊是通往登頂的售票處和樓梯。決定登頂的，建議先登，因為登頂後下來，會直接抵達教堂裡面。
4. 不登頂的，可經左邊路線直接進入教堂。
5. 建議最後參觀教堂內的地下墓室，因為出口會在教堂外旁邊。
6. 從教堂出來後的右手邊，是瑞士衛隊其中一個站崗位置。

注意事項
1. 教堂是神聖莊嚴的地方，記緊保持安靜。
2. 衣著方面，不可穿背心、短裙、短褲，不可過於暴露，亦不可戴帽。
3. 「寶藏博物館」和「地下墓室」禁止拍照。其他範圍拍照時不可使用閃光燈和腳架。

4. 當教宗於星期三在廣場會見信眾時，遊客有機會禁止進入教堂參觀。
5. 如果想避開人潮，可以安排在早上時份 (大約7-9am) 參觀。
6. 「聖器室」不開放參觀，「聖彼得之墓」只可預約導覽參觀。

教堂門外設有指示。往右是通往登頂的售票處，往左是進入教堂。

一般進入教堂都要排長龍，教堂由早上7時開放，想避開人潮可考慮在清晨抵達。圓頂則由早上8時開放，觀景台向著廣場的方向是正東面，冬季清早剛冒出來的晨光，越美的，日出過後早上拍照有機會背光。

羅馬
古羅馬區
古城中心
梵蒂岡
北區
特米尼火車站周邊
越台伯河邊
羅馬周邊

數不盡的藝術瑰寶
梵蒂岡博物館
（Musei Vaticani）

MAP: P.129 B2

佔地5.5公頃，是全世界最大的博物館之一，擁有的收藏極為豐富，歷代教宗的藝術珍品都陳列在此。博物館起源於1506年，當年教宗朱利葉斯二世開放花園給公眾，來觀賞一組古希臘雕塑《Laocoonte》，形成了博物館的最初型。期後收藏不斷增加，慢慢擴展至一系列的博物館，展品包括埃及文物到文藝復興全盛期的傑作，從伊特魯里亞文物到現代藝術的收藏。令人震撼的，還有「拉斐爾房間」，和「西斯汀禮拜堂」中兩件米高安哲羅的偉大傑作。

Info

地址：Viale Vaticano, 00165 Roma
電話：+39 06 6988 3145
開放時間：
0900 - 1800（最後入館 1600）、5月至10月的星期五加開1900-2300（最後入館 2130）
休息日：
逢星期日（除了每月最後一個星期日免費開放0900 - 1400、最後入場：1230）、天主教假期包括 1 / 1、6 / 1、11 / 2、19 / 3、復活節、復活節後的星期一、1 / 5、29 / 6、14 / 8、15 / 8、1 / 11、25 / 12、26 / 12
門票：
成人 €17、25歲以下學生（須出示國際學生証）€8（建議預先訂票，網上預約費＋€4）；語音導覽＋€7；另有多種官方導覽團（需預約），詳情可在官網查閱。
網址：www.museivaticani.va
前往方法：
乘坐地鐵橙色A線到「Ottaviano」，再步行7分鐘。或從波爾各賽美術館附近的「Bioparco站」乘坐 19 號電車到「Risorgimento- San Pietro站」，步行8分鐘。或從許願池附近的「S. Claudio 站」乘坐巴士492號到「Bastioni Di Michelangelo站」，再步行5分鐘。

在庭院中央的雕塑，名為《Sfera con Sfera》（球體與球體），是Arnaldo Pomodoro的傑作。雕塑的形態是一個球體被另一個包圍著，內球代表地球，外球代表基督教。內球看起來像機器的齒輪，象徵著世界的脆弱和複雜性。

Cortile della Pigna
松果庭院

松果庭院中有一個2世紀的青銅松果雕塑，於中世紀時在古羅馬遺跡Terme di Agrippa（阿格里帕浴場）中被發現，在1608年被移放在此。

Museo Gregoriano Egizio
埃及博物館

分為九個房間，擁有可追溯到7000年前的埃及文物，重點展品有埃及木乃伊，和一些在「哈德良別墅」發現的古埃及雕像。

Museo Pio Clementino
皮奧·克萊門蒂諾博物館

在Galleria Chiaramonti（雕塑長廊）展出了大量神話和古代半身像、建築裝飾和石棺等。

Cortile Ottagonale
八角庭院

這座《Laocoonte》（拉奧孔）是羅得島雕塑家在公元前一世紀的作品，位於皮奧·克萊門蒂諾博物館中的Cortile Ottagonale（八角庭院）之中。

雕塑描述特洛伊戰爭時，祭司Laocoön警告特洛伊人，不要接受希臘人在城外留下的木馬，指出這木馬是一個詭計。雅典娜為了木馬計最終能成功，派出毒蛇殺了Laocoön和他2個兒子。

這是館內最重要的展品之一。雕像於1506年被發現，熱愛古典藝術的教宗儒略二世馬上把它搬到梵蒂岡宮殿，後來開放花園給民眾進來觀賞，這形成了最初期的梵蒂岡博物館。

Galleria delle Carte Geografiche
地圖展廊

長達120米的 Galleria delle Carte Geografiche（地圖展廊）設於通往「拉斐爾房間」的走廊，金碧輝煌的天花壁畫，配合兩旁牆上一系列巨型地圖壁畫，形成了震撼的畫面。

地圖展廊建於1581 - 1583年，由地理學家 Ignazio Danti設計，一共有40幅地圖壁畫，分區描繪當時意大利一些重要城市的地貌。

Pinacoteca
畫廊

一共分18間展覽室，展出達460幅中世紀至19世紀的畫作，當中不乏大師級珍貴名作，包括這幅 Raffaello（拉斐爾）的《Trasfigurazione 聖容顯現》、Caravaggio（卡拉瓦喬）的《Deposizione 埋葬基督》、Leonardo da Vinci（達文西）的《San Girolamo 聖葉理諾在野外》等等。

照片來源：WikiMedia Public

旋轉樓梯

離開博物館時，是要通過這條經典的「旋轉樓梯」到達出口。樓梯由Giuseppe Momo在1932年設計，其設計靈感來自館內（在Museo Pio - Clementino）另一條16世紀初由 Bramante（伯拉孟特）設計的旋轉樓梯。

從「旋轉樓梯」的底部向上望，有很特別的視覺效果。

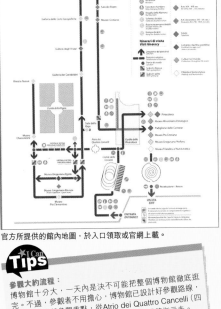

官方所提供的館內地圖，於入口領取或官網上載。

Tips

參觀大約流程：
博物館十分大，一天內是決不可能把整個博物館徹底逛完。不過，參觀者不用擔心，博物館已設計好參觀路線，遊人可以按著參觀重點，從Atrio dei Quattro Cancelli（四門中庭）開始，選擇參觀路線，然後沿路跟著指示走。

梵蒂岡博物館門口設在Viale Vaticano。

門外經常出現人龍，強烈建議事先預訂門票。（門票資訊及參觀須知見 P.138）

如有預先訂票，可經特快通道進入。

館內的售票處。

經這條橢圓樓梯往上走，正式進入博物館。

到達「四門中庭」，選擇參觀路線，沿路都會有明確指示。

羅馬

古羅馬區

古城中心

梵蒂岡

北區

特米尼火車站周邊

越台伯河區

羅馬周邊

Stanze di Raffaello
拉斐爾房間

　　1508年，教宗朱利葉斯二世邀請拉斐爾為他的私人公寓創作壁畫。這 4 個並排的房間，全由拉斐爾構思設計，並親自繪製了「簽字廳」和「伊利奧多羅廳」，當中在簽字廳的《雅典學院 La Scuola di Atene 》，讓人驚嘆不已，亦成為了他最著名的傑作。1520年，37歲的拉斐爾因患病英年早逝，還未完工的「博爾戈火災廳」和「君士坦丁廳」，最後由學生按照他的設計來完成。

簽字廳
Stanze di Segnatura

是當中最矚目的房間，這裡曾是教宗的私人圖書館，後來是教廷簽署文件的地方。房間中4面牆身壁畫的主題，跟圖書館中的 4 個主要科目作對應，當中有神學、哲學、詩歌 和法學。而最著名的《雅典學院》（上圖），是畫在哲學類書籍的牆壁上，畫中一眾古代著名學者，正在討論哲學和宗教有關的理念。

簽字廳
Stanze di Segnatura

提提你

在「簽字廳」，除了《雅典學院》，還有不容錯過的作品！

《Disputa del Sacramento》（聖禮的爭辯）是「拉斐爾房間」中第一幅完成的作品。畫面把人物分為「在天上」和「在人間」，而眾人正在就彌撒聖禮展開討論。

《Parnaso》（帕納塞斯山）
以「詩歌」為題材的壁畫，是畫在「簽字廳」原本放置詩歌類書籍的牆上。畫的中央有正在演奏著里拉琴的阿波羅，旁邊有 9 位來自不同年代的詩人，包括古希臘的荷馬、古羅馬的維吉爾、中世紀的但丁等等。

伊利奧多羅廳
Stanza di Eliodoro

另一個由拉斐爾親自繪製的房間，是昔日教宗舉行私人會見的地方。壁畫《I ncontro di Leone Magno con Attila》（利奧一世會見阿提拉），描述了教宗阻止了野蠻人的侵略。而聖彼得和聖保羅正顯現在天上。

《Scuola di Atene》（雅典學院）
拉斐爾把當年最著名的藝術和建築大師容貌，融入了古代哲學家之中。

他把手指著天的柏拉圖，樣子畫成了達文西，把穿藍袍的亞里士多德，樣子畫成了伯拉孟特。而坐在台階，是正托著腮的米高安哲羅。

拉斐爾亦有把自己畫在其中。他是最右邊的第二個人物，戴著黑帽子的那個年輕男子。

I Can Tips

根據參觀路線，房間的先後次序為：
1. Sala di Costantino（君士坦丁廳）
2. Stanza d' Eliodoro（伊利奧多羅廳）
3. Stanza della Segnatura（簽字廳）
4. Stanza dell' Incendio（博爾戈火災廳）

博爾戈火災廳
Stanza dell'incendio

《Incoronazione di Carlo Magno》描述於800年12月25日，查理曼在舊聖彼得大教堂，受教宗加冕為「羅馬人的皇帝」那情景。

《L'Incendio di Borgo》（博爾戈火災）
1514年，利奧四世到達火災現場祝福人民，火災奇蹟地熄滅了。畫中左邊的人物正在逃生，右邊的婦女正在盛水滅火，描繪得栩栩如生。

照片來源：Adobe Stock

Cappella Sistina
西斯汀禮拜堂

是博物館的焦點所在！建於1473-1481年的禮拜堂，以教宗西斯汀四世的名字命名。禮拜堂是他在位期間命人修建。這兒除了是重要典禮的舉行地，亦是選舉新教宗時進行秘密會議的地方。禮拜堂內有兩幅萬眾矚目的藝術傑作：米高安哲羅的《創世紀》和《最後的審判》，絕對不容錯過。

《創世紀 Volta della Cappella Sistina》1508 - 1512年
米高安哲羅花了4年光景，完成這幅超過1000平方米的巨型壁畫，當中描繪了舊約《創世紀》中的故事情節，以一大一小的畫幅作交替。其中小畫幅部分，以柱子作為畫框，並在4個角上畫了青年裸體「Ignudi」，巧妙運用各人的身體姿態，來作構圖上的平衡。壁畫兩側繪畫了多個女巫和先知，畫中人物一共343個人物。

提提你

《創世紀》分為9組，描繪不同的舊約情景
包括有：《分開光明與黑暗》、《創造日月》、《分開陸地與海洋》、《創造亞當》、《創造夏娃》、《失樂園》、《諾亞的祭祀》、《大洪水》和《諾亞酒醉》。

《創造亞當 Creazione di Adamo》
其中最著名的是《創造亞當》。上帝正按照他自己的形象，創造了世上第一位男士，並以手指注入生命和智慧。亞當則慢慢抬起他強壯有力、完美極致的身軀，伸手回應，眼神細膩地交流著。兩個指尖即將相連的瞬間，賜予生命無限的力量。

照片來源：WikiMedia Public

《最後的審判 Il Giudizio Universale》
1536 - 1541年
在《創世紀》完工24年之後，米高安哲羅再度被邀在這裡中作畫。祭壇牆上的這幅壁畫，描述世界末日來臨之時，進行最後審判的情景。畫中人物多達400個，分佈在天上、人間和地獄三個空間。

在中央正舉著手準備審判的就是耶穌。通過判決，善者上天堂，惡者下地獄。在準備審判的這一刻，氣氛嚴肅惶恐，連在耶穌身旁的聖母，都害怕得蜷縮起來。

I Can Tips

1. 為了保護壁畫，西斯汀禮拜堂內部嚴禁拍攝或錄影，並由職員看守。

2. 禮拜堂附近有出口，可直接往聖彼得教堂外。從禮拜堂出口跟著人潮往左走，是繼續博物館的參觀路線。而右邊的長走廊，是給完成所有參觀的遊人，可直達教堂附近，省卻路程又不用再排隊。

提提你

《最後的審判》背後小故事
這幅震撼人心的畫作，在當年卻引起爭議。畫作中的大部分人物都是裸體，有些教會人士認為猥褻了神靈。在米高安哲羅剛去世之後，教宗庇護四世命人在裸體上畫上遮羞布。直至20世紀修復壁畫期間，決定把遮羞布移除，最終還原了米高安哲羅的原創意念。

照片來源：WikiMedia Public

維馬

古羅馬區

古城中心

梵蒂岡

北區

特米尼火車站周邊

越台伯河區

羅馬周邊

馬車館
Padiglione delle Carrozze

於1973年開幕，除了有不同年代教廷專用的馬車，展館後方亦展示了近年現代化的教宗私人座駕（Popemobile）。其中最有標誌性的，是1981年教宗若望保祿二世被企圖槍擊暗殺時，正乘坐著的開篷「Fiat 1107 Nuova Campagnola」。

這輛精緻小巧的19世紀教宗馬車，是專門在宮殿中花園內使用的。

從「Cortile della Pinacoteca」（畫廊露天庭院）的樓梯往下走，就可到達這個很容易給遊客遺忘的「馬車館」。

所有教宗座駕的車牌都是「SCV 1」，而「SCV」是意大利文中「Stato della Città del Vaticano」（梵蒂岡城）的縮寫。

當中最矚目的大型馬車，放置在館內的中央位置，於1826年在羅馬製造，金碧輝煌充滿貴氣。

這是當年發生暗殺事件的Fiat教宗座駕。後來有部分的「Popemobile」，被加上了防彈玻璃窗，以作保護。

梵蒂岡花園
Giardini Vaticani

位在聖彼得教堂和梵蒂岡博物館的後方，足足有23公頃，佔了整個梵蒂岡城國的一半面積。花園有700多年歷史，每一部分都經過精心打理。花園平日不向公眾開放，遊人只可預約導覽團，在專人帶領下，才可踏足這片充滿靈氣、像天堂般的梵蒂岡後花園。

登上聖彼得大教堂的圓頂，可以欣賞到漂亮的梵蒂岡花園景色。因導覽團人數有限，如有意進入花園參觀，建議提早預訂。

Tips

參觀「梵蒂岡博物館」須知

1. 避免在場外大排長龍，強烈建議預訂門票。抵達後，可使用「已預訂」的特別通道，減省排隊的時間。
2. 每月最後一個星期日免費入場，建議一早到達，因為當天人潮擁擠，開放時間亦只到下午1400。
3. 沒有預訂門票的話，到步後發現人龍十分長，可以在聖彼得廣場上的「遊客服務中心」購買「Skip The Line 免排隊優先入場門票」€21、25歲以下學生 €12。
4. 參觀「梵蒂岡花園」，必須預約導覽團，只限逢星期一、三、四、五和六，每節2小時。網上門票在2個月前開放預訂。臨時預約可在聖彼得廣場上的「遊客服務中心」預訂。博物館門票連花園導覽團€33。
5. 進入博物館需經過安全檢查，避免攜帶大量行李和危險物品，大型雨傘和三腳架需要存放在入口處的免費衣帽間。
6. 不可穿著露肩、迷你裙等過於暴露的衣著進入西斯汀禮拜堂。

休閒輕食
The Loft

人氣輕食店，就在梵蒂岡博物館的前方不遠處。主打健康休閒輕食，包括沙律、Bruschette（意式多士）、三文治 Panini（帕尼尼）、各種 il tagliere（冷切肉芝士拼盤），統統以新鮮、美味作賣點。Panini的餡料都是經過精心配搭。店內亦供應多種奶昔、蔬果汁，全部即叫即製，保證新鮮。 **MAP：P.129 B1**

以新鮮茴香、紅蘿蔔、鮮橙和薑片打成的蔬果汁，健康甜美、清新可口。€4

除了星期日之外，每天都由清早營業至零晨。

木質裝潢有小溫馨氣氛，營造輕鬆自在的用餐環境。

這款帕尼尼餡料有油漬蕃茄乾、風乾火腿和來自附近地區「Amaseno」的軟芝士，用料地道，配搭讓人驚喜。€6

Info
地址：Via Leone IV, 34, 00192 Roma RM
電話：+39 347 004 5169
營業時間：0700 - 0000、星期日 0700 - 1600
消費：大約 €10-15 / 位
前往方法：在梵蒂岡博物館出口的右前方，步行5分鐘。

羅馬

古羅馬區

古城中心

梵蒂岡

北區

特米尼火車站周邊

越台伯河區

羅馬周邊

在Rooftop 餐廳的露天雅座吹吹風，面對著360度迷人風景，聖彼得廣場和大教堂都在眼前，可以完全徹底的放空！

Sunday Brunch 的前菜和甜點都是自助自選，另外可在當天菜單中選一客主菜。當天選了「脆脆三文魚」，外層香脆肉質卻嫩滑無比，一吃難忘。Sunday Brunch每位 €40

每天供應的午市菜式，亦相當吸引。當天的「牛油果芒果鮮蝦沙律」（€16）和「火箭菜蕃茄蕃紅花鮮蝦意大利麵」（€20），至今回味無窮。

Roof Top餐廳分上、下層，同樣可以飽覽美景。下層是半露台式，頂層是花園式，設有露天梳化雅座。黃昏時份的「鹹蛋黃」，會在聖彼得教堂的正後方隨處落下。

美景跟美食融為一體，雙重滿足。手上的 Panna Cotta（意式奶酪），甜美的雜莓與香滑的奶油，誘惑人心。

Sunday Brunch 的自助甜點區，選擇豐富，賣相亦精緻。

醉人美景下之盛宴
Roof Garden Terrace Bar - Les Etoiles

MAP: P.129 B2

　　想同時滿足味蕾與視覺，讓身體逃離繁忙的遊客區，讓靈魂進入一個悠閒的空間，這兒是完美的地方。居高臨下的360 度梵蒂岡景色，讓人迷醉！餐廳位於一間4星級酒店Atlante Star Hotel 的6樓天台（酒店詳細介紹見 P.042），可一邊享受美食之餘，一邊飽覽美景。餐廳供應的午市菜式相當吸引，美味又份量十足。非常推薦逢星期天供應的意式Brunch，一個價錢包括了自助式的前菜、甜點，和一客自選主菜，在醉人美景下來一場感觀的盛宴。

酒店詳細介紹見 P.042

來自不同區域的芝士，品質上佳，值得芝士迷前來細嚐。

Sunday Brunch 前菜選擇眾多，一共有大約十多款，色澤配搭賞心悅目，叫人人忍不住大吃。當中的海鮮沙律實在美味無窮。

---Info---

地址：Via dei Bastioni, 1, 00193 Roma（或經Atlante Star酒店進入Via G.Vitelleschi, 34）

電話：+ 39 06 686386

營業時間：1000 - 0000 ，Sunday Brunch 1230 - 1500

消費：大約 €20 - 35 / 位，Sunday Brunch €40 / 位

網址：www.atlantehotels.com

前往方法：從Piazza San Pietro（聖彼得廣場）或Castel di' Sant' Angelo（聖天使堡）步行前往，大約 8-10分鐘。或乘坐地鐵橙色 A 線到「Ottaviano」，再步行10分鐘。或從特米尼火車站外的「Termini 站」乘坐 40 號巴士到「Traspontina/Conciliazione」，再步行 3 分鐘。

羅馬

聖天使堡

古羅馬區

古城中心

梵蒂岡

北區

特米尼火車站周邊

越台伯河區

羅馬周邊

這座高踞於台伯河上的大型建築，由古羅馬時期開始，一直是城中標誌。期間不斷修建改造，現在的模樣是17世紀以後留傳下來的。

見證年代變遷

聖天使堡 (Castel di Sant' Angelo)

一個見證歷史的地標。公元135年，古羅馬哈德良皇帝決定建造一座龐大的家族陵墓，命人在台伯河畔修建一座圓柱體結構的大型建築，被稱為「哈德良陵墓」。後來在590年，因一場大瘟疫，人民發起了懺悔遊行，當時教宗隨隊伍遊行到「哈德良陵墓」附近時，天使聖米迦勒突然顯現，向教宗宣佈羅馬大瘟疫正在結束。從此，人們叫這兒做「聖天使堡」。

隨著年代的變遷，建築先後不斷被改造，去配合不同用途。這座原本是古羅馬皇帝的陵墓，在中世紀被改建為防衛的城堡，從15世紀開始，城堡被改建為配套齊備的居所，以備有危難時，城堡可變為教宗的庇護之地。17世紀改造成華麗的文藝復興建築，現在則是一座國立博物館「Museo Nazionale di Castel di Sant' Angelo」（聖天使堡國家博物館）。

MAP: P.129 C2

城堡上的天使像是建築的亮點！在13世紀，第1座天使像被設在堡頂上，來紀念那「天使聖米迦勒顯現」的事件。後來，多個天使像先後因破爛而替換。現在的這座青銅拔劍天使像，於1753年建造，天使就像一劍消滅了當年的大瘟疫。

在城堡頂的「天使露台」可以欣賞到漂亮的城市風景，還有雄偉的聖彼得大教堂。

於16世紀設計和建造的教宗卧室。

教宗的秘密通道

城堡建有一條1200米長的秘密通道「Il Passetto di Borgo」，從梵蒂岡宮殿一直通往聖天使堡，昔日以備在危急關頭給教宗逃難之用。在1527年的「羅馬之劫」，羅馬被「國土傭僕」攻陷，當時的教宗克勉七世，經秘道逃走到城堡，在內避難了7個月。如想觀摩這條秘道，可參加博物館舉辦的導覽團「Il Castello Segreto」。英語導覽團每天有2團（時間1000或1600），需在售票處預約。

提提你

於16世紀初，在城堡內加建了優雅的涼廊，在此可以看到漂亮的台伯河畔和聖天使橋上的風光。

自16世紀，教宗國的機密文件都存放在這個Sala del Tesoro（珍寶館）。在一個有6把鎖的保險箱內，亦收藏了大量現金和貴重物品。

Tips

1. 可下載官方免費 APP（名字：Museo Nazionale di Castel San' Angelo），參觀時透過APP有中文解說及語音導覽。
2. 每由10月至3月期間，每月第一個星期日免費入場。

城堡的中央是古羅馬時代的陵墓，是哈德良皇帝和其他家族成員安息之地。

在陵墓的大理石上刻上了哈德良皇帝寫給自己靈魂的詩句。

Info

地址：Lungotevere Castello 50, 00193 Roma
開放時間：0900 - 1930（最後售票 1830）
休息日：1/1、1/5、25/12
門票：€14（如有臨時展覽，價格可能會上漲）；參加「Il Castello Segreto」導覽團另加€5。
網址：www.castelsantangelo.com
前往方法：建議經聖天使橋前往，從橋直走到城堡的入口。可從特米尼火車站的「Termini站」乘坐巴士 70 號到「Zanardelli 站」，再步行 8 分鐘。

維馬

古羅馬區

古城中心

梵蒂岡

北區

特米尼火車站周邊

越台伯河區

羅馬周邊

在「榮耀庭園」中展示了一座16世紀由建築師 Raffaello da Montelupo 所做的青銅天使像。

在館內向著無敵美景的露天咖啡室，嘆一口咖啡，吹著微風歇息一會，是一個不錯的主意。

在15世紀，聖天使堡變成了軍事要塞，在城牆和圓形建築之間，加建了護城河增強防衛。博物館內亦展示了很多昔日的兵器。

華麗的 Sala Paolina（小保羅廳）充滿文藝復興氣息，於16世紀修建，用來接見重要的賓客。

露天雕塑長廊

聖天使橋（Ponte Sant' Angelo）

在聖天使堡的前方，有一條條典雅又有氣魄的「聖天使橋」，連接羅馬古城、聖天使堡和梵蒂岡。橋始建於 2 世紀，由哈德良皇帝下令建造。橋在17世紀後期重建，並在兩側添加了10座天使像，而其中2座是貝尼尼的傑作。不過，現在已換上了複製品。

MAP: P.129 C2

河畔風光真很美！從橋上可遠看旁邊另一條橋「Ponte Vittorio Emanuele II」，這橋亦是一條「雕像橋」。

經這橋前往「聖天使堡」和梵蒂岡，兩旁的巴洛克天使雕像陪伴在左右，像展開一場充滿藝術感的神之旅。

Tips

最佳拍攝位置：
一般人都會從「聖天使橋」的正中央取景，不過，橋上人流很多。要避開人潮，除了在清晨抵達之外，亦可從橋頭兩旁的樓梯往下走，到達河邊，那兒是側拍全景的好地方。

橋上左右兩旁的天使像，跟「聖天使堡」頂上的天使像作和應。

Info

地址：Ponte Sant' Angelo, 00186 Roma
開放時間：全年
前往方法：從特米尼火車站外的「Termini站」乘巴士40 或64 號到「Ponte Vittorio Emanuele 站」，往河邊方向步行5分鐘。或從Piazza Navona（那佛納廣場）步行前往，大約10分鐘。

天天營業的尋寶地

聖天使堡露天市集

在 Ponte Umberto I（翁貝托一世橋）與聖天使堡之間，沿著河邊，有一個小型市集，一共有10多個攤檔，售賣各式紀念品，例如有月曆、記事簿、宗教書籍、旅遊書、磁貼、明信片等等。當中可以找到一些價位很便宜，卻又精緻有特色的紀念品，喜歡尋寶，不坊一看。

MAP: P.129 C2

印上了羅馬著名古蹟圖案的記事簿，設計挺美。€4.5

走少女風格的彩繪磁石貼，以羅馬著名景點為背景，手信之選。€5

攤檔不太多，部分售賣宗教書籍和物品，亦有出售設計精美的遊客紀念品。

Info

地址：Lungotevere Castello, Roma
營業時間：早上至1900
前往方法：從聖天使堡門外的左方，往Ponte Umberto I 方向，市集設在河邊的小路上。

各式法包大約有十多款。為了製作出來的法包夠正宗，麵粉都從法國進口，可見法國人對於傳統美食的執著與堅持。

法式經典名菜 Magret de Canard à l'orange（香煎鴨胸佐橙醬），鴨胸肉質嫩口，油份充足，伴以酸甜清新的香橙醬汁，完美的配合。€22

一站式的法國餐
Ristorante le Carré Français

　　置身於優雅環境中，有令人無法抗拒的美食誘惑，和獨一無二的式式料理風情。自2015年開業，由法國人主理，迅速在羅馬打響名堂。這兒一共有10個不同的餐飲範疇，包括飽點、糕點、甜點、可麗餅、法式芝士區、餐館、咖啡廳、葡萄酒、香檳和雜貨食材。務求以「一站式」，讓食客能細味各種法國傳統料理，就如洋蔥湯、法式芝士拼盤、豐腴香口的鵝肝、法國生蠔配香檳等等的「法式經典」。

MAP: P.129 C2

各種口味的鹹派、餡餅，充滿法式風味。法式飽點都依照傳統做法，用料亦專程從法國運來，保證優質。

早餐飽點選擇非常豐富，牛角包、提子麵包、奶油蛋捲都是人氣之選。各式飽點每款 €1 - 2.2、Cappuccino €1.5

主廚曾於法國米芝蓮星級食府工作，對食材的新鮮度相當講究。餐廳主張以優質時令食材烹調各項菜式，保證原汁原味。

另一經典菜式Boeuf Bourguignon（紅酒燉牛肉），以紅酒、紅蘿蔔等配料去慢燉牛頰肉，經長時間燉煮，牛肉依然嫩滑，非常入味。€22

Info

地址： Via Vittoria Colonna 30, 00193, Roma
電話： +39 06 64760625
營業時間： 0700 - 2330、星期六0800 - 2330、星期日0900 - 2330；廚房由1230 - 2230
消費： 早餐、下午茶大約 €5 - 15 / 位；午餐、晚餐大約 €30 - 50 / 位
網址： www.cfr-international.fr
前往方法： 從「聖天使堡」步行前往，大約 8 分鐘。亦可從特米尼火車站外的「Termini 站」或威尼斯廣場的「P.za Venezia 站」乘坐 70 號巴士到「P.za Cavour站」，再步行 3 分鐘。

各式精緻糕餅，讓法式甜點迷吃得不亦樂乎。甜點價位每件大約 €5.5 - 8（堂食）、€3.5 - 6（外帶）。

想享受悠閒的下午茶時光，可以點一客甜點、一杯咖啡然後慢慢歎。

餐廳菜單會依季節更換，亦會不定期推出一些不列在菜單之內的傳統料理。就像到訪當天的法式酥皮肉卷。

由法國甜點師天天鮮製的正宗馬卡龍，口味眾多，價位挺親民的。堂食每個 €2.5，外賣每個 €1.9。

店內設計以時尚黑金配以磚塊牆身，切合了法式優雅簡潔的概念。

現場有售各式各樣的法國雜貨和食材，愛美食的不妨選購一些回家慢慢享用。

店內高雅的裝潢，充滿格調。從早上到晚間任何時段，都可細意享受法式情懷。

法國美食的經典代表：肝醬。（提提大家：Foie Gras d' Oie是鵝肝醬；Foie Gras de Canard 是鴨肝醬）

天天即製的 Macaron，亦是店中人氣之選。為求新鮮，甜點師每天早上 4 時就開始準備製作。

餐廳在地下底層自設大型烘焙室，由每天清晨2時直至下午，麵包師和糕點師不間斷地準備各式飽點、甜點，保證天天新鮮出爐。

羅馬

古羅馬區

古城中心

梵蒂岡

北區

特米尼火車站周邊

越台伯河區

羅馬周邊

羅馬

古羅馬區

古城中心

梵蒂岡

北區

特米尼火車站周邊

越台伯河區

羅馬周邊

海鮮迷之選
Ristorante Porto

餐廳主打Fish & Chips，其他海鮮菜式也是亮點所在。供應的海產非常新鮮，當中的Paccheri con Astice、Rucola e Pomodorini Pachino（蕃茄火箭菜螯龍蝦圓意大利麵）不得不試，螯龍蝦咬啖厚肉，非常足料，價格亦出乎預料的抵食。若然不是海鮮迷，餐廳也有供應多款特色漢堡，不定期亦有推出€9自助午餐。

MAP: P.129 B2

一客蕃茄火箭菜螯龍蝦圓筒麵，讓人回味無窮！蕃茄醬汁帶出了螯龍蝦的鮮甜，圓筒麵很有咬口。€12

Tris di Tartare（三色魚生他他）中有吞拿魚、生紅蝦、和三文魚他他，鮮味十足，佐以少許意大利香醋，微微酸開胃又清新。€12

內裝帶點懷舊復古風，休閒舒適。距離聖彼得廣場只是10分鐘的步程，是在梵蒂岡區用餐的好選擇。

餐廳名字「Porto」意指「碼頭」，主打Fish & Chips，其它的海鮮菜式亦非常吸引。

┌Info┐
地址：Via Crescenzio 56, 00193, Roma
電話：+39 064 550 5797
營業時間：1200 - 1500、1930 - 0000
消費：約€15 - 25 / 位
網址：www.ristoranteporto.com
前往方法：在Castel Sant' Angelo（聖天使堡）的左後方，步程8分鐘。或從特米尼火車站外的「Termini站」或威尼斯廣場的「P.za Venezia站」，乘坐40號巴士到「Traspontina/Conciliazione」，再步行5分鐘。

只有六小時的鐘
Palazzo del Commentatore （騎士指揮官宮殿）

在這個庭院裡，有一個以「蠍蠑」作時針的鐘，最特別之處，是它竟然用「6小時」作運作系統！原來自13世紀至19世紀初，意大利有些地方使用特別的計時系統。每一天由日落後半小時才開始，然後把接下來的24小時分為4個週期，每個週期為6小時，而因此出現了以6小時為基準的鐘。

MAP: P.129 B3

這個鐘在平常12點的位置，有羅馬數字 VI，表示是6點鐘。直到大約19世紀中期，意大利各地的「6小時的鐘」漸漸給「12小時的鐘」取代了。

鐘的所在地，是Ospedale di Santo Spirito（聖靈醫院）的總部，平日只開放庭園給公眾參觀。

┌Info┐
地址：Borgo Santo Spirito, 3 , 00193 Roma
開放時間：不定
休息：假日
前往方法：從Castel Sant' Angelo（聖天使堡）步行前往，大約5分鐘。

舞台上的驚世名作
協和音樂廳
(Auditorium della Conciliazione)

米高安哲羅的驚世名作《最後的審判》，設在梵蒂岡博物館內的西斯汀禮拜堂。（詳情介紹見 P.137）

MAP: P.129 B2

提提你

一個很特別的「戲院」，把音樂、藝術、投影、現場表演等元素結合在一起。近年上演的「Giudizio Universale」，口碑一流！當中揭露了米高安哲羅的名作《最後的審判》背後一些不為人知的秘密。整個1小時的節目，配合270度的投影和壯觀的舞台效果，讓觀眾像身臨其境一樣。

門票可在網上預訂，或親臨在場的售票處。演出場次、時段和項目天天不同，詳情可在官網查閱。

┌Info┐
地址：Via della Conciliazione, 4 , Roma
售票處辦工時間：0900 - 2000、星期日0900 - 1700
開放時間：跟表演場次而定
門票：大約€25 - 30（表演以意大利文為主；另有中文語音解說+€5.4）
網址：www.auditoriumconciliazione.it
預訂「Giudizio Universale」門票：
www.giudiziouniversale.vivaticket.com
前往方法：從Castel Sant' Angelo（聖天使堡）步行前往，大約3分鐘。或從特米尼火車站外的「Termini站」或威尼斯廣場的「P.za Venezia站」，乘坐40號巴士到「Traspontina/Conciliazione」，再步行1分鐘。

維馬

古羅馬區

古城中心

梵蒂岡

北園

特米尼火車站周邊

越台伯河區

羅馬周邊

素菜的美食天堂
Orto

MAP: P.129 C2

　　全素食的餐廳，菜式以意大利料理為主。餐廳於午市推出的自助餐，超級推薦！平日只要付出€9的超平民價格，就可以享用，而且不收任何服務費。每天大約供應20多種菜式，天天不同，選擇都算豐富。有各種沙律菜、意式烤蔬菜、菠菜蛋餅、Cous Cous、素菜意粉，用的食材都很新鮮，美味十分。

裝潢帶點現代工業風，又不失優雅。店內燈光柔和，播放著輕音樂，環境舒適宜人。

餐廳供應的菜式都以健康、新鮮和美味為重點，所用的食材都是最當造的。

色彩繽紛的素菜，擺盤亦很精緻，讓人賞心悅目。以這個價位來說，選擇十分豐富，冷盤、熱盤、芝士、沙律Bar、水果，樣樣都有。

自助午餐平日以超便宜€9的價位吸引食客，週末的話就要付出€15。而晚餐並非自助形式，有特定的菜單點菜，同樣供應全素食料理。

Info
地址： Via Giuseppe Gioacchino Belli, 142, 00193, Roma
電話： +39 06 456 78050
營業時間： 1230 - 1500, 1930 - 0000
消費： 約 €10 - 20 / 位
網址： ristoranteorto.it
前往方法： 在Castel Sant' Angelo（聖天使堡）的後方，步行8分鐘。或乘坐地鐵橙色A線到「Lepanto」，再步行8分鐘。亦可從特米尼火車站外的「Termini 站」或威尼斯廣場的「P.za Venezia 站」乘坐70號巴士到「P.za Cavour站」，再步行2分鐘。

情調小店
La Dispensa dei Mellini

　　一推門進入，彷如置身於雅緻的老洋房內，滿滿恬淡暖和的情調，讓人有「家」的溫馨感。餐廳裝潢以復古為主，混合了現代風格，充滿和諧的對比。小店主打新派傳統菜式，在食材配搭中花了心思，把傳統菜式加入新元素，帶來新鮮感及味覺驚喜。就如一客經典的卡邦尼意粉，配搭上片片黑松露，把當中的香氣提升，帶出更高層次。

MAP: P.129 C2

店主在客人面前刨出片片松露，誘人濃郁的香氣正飄散著。

經改良過的Tiramisù，在面層灑上了朱古力碎粒，更添口感。軟芝士唞唞柔軟滑溜。雞蛋都是採用有機產品，吃得更健康。

餐廳以磚塊配木調子，有種暖和舒適的感覺。晚間燃點起燭光，很有情調。

餐前來一客傳統冷切火腿芝士拼盤，也是不錯的選擇。當中多種意式醃肉來自不同區域，質感、口味各有不同。Tagliere di Salumi e Formaggi €15

牆上掛滿了店主父親昔日在西西里島經營大酒店的黑白舊照，當中不乏當地大名鼎鼎的明星照片。

餐廳隱身在安靜的大街上，距離遊客熱點「聖天使堡」只是12分鐘的步程。

Info
地址： Lungotevere Dei Mellini, 32, Roma
電話： +39 06 321 2633
營業時間： 1230 - 1500、1930 - 2300
休息： 逢星期日
消費： 大約 €20 - 35 / 位
網址： www.dispensadeimellini.it
前往方法： 從Castel Sant' Angelo（聖天使堡）步行前往，大約 12 分鐘。亦可從特米尼火車站外的「Termini 站」或威尼斯廣場的「P.za Venezia 站」乘坐 70 號巴士到「P.za Cavour站」，再步行 5 分鐘。

黑松露卡邦尼扁意粉，松露的獨特芬香混和了蛋香，味道更細膩有層次。Tagliolini alla Carbonara Tartufata €14

寧靜悠閒之地

羅馬北區

如果想遠離過分繁華的遊客區好好呼吸，往北部走，是很不錯的選擇。躲在廣大優美的波爾各賽花園，好好享受翠綠林蔭下的時光。到訪隱藏在園內一角的波爾各賽美術館，慢慢細賞芸芸藝術大師光輝燦爛的精心傑作，然後……被驚為天人的貝尼尼雕塑深深著迷。

交通 有電車2號和19號由市中心往北部走。比較方便可以從Piazza del Popolo（人民廣場）乘車。在「Flaminio站」乘坐電車往北部的二十一世紀博物館，或在「Minestero Marina 站」乘電車往東北部的國立現代藝術美術館和波爾各賽美術館等景點。其他交通方法，可參考每個景點的Info Box。

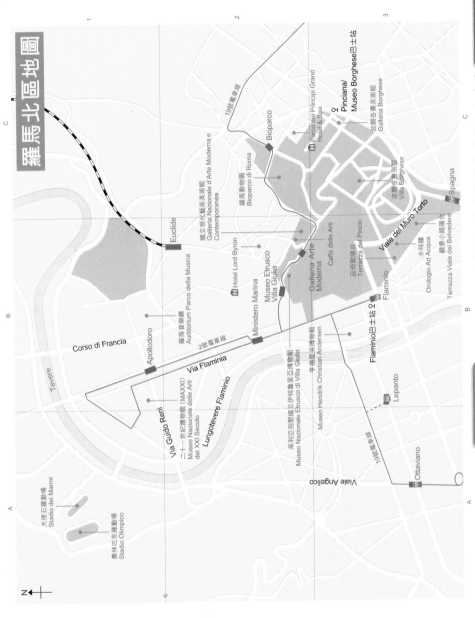

羅馬北區地圖

羅馬

古羅馬區
古城中心
梵蒂岡
北區
越台伯河區
特米尼火車站周邊
羅馬周邊

N

Stadio dei Marmi 大理石運動場

Stadio Olimpico 奧林匹克運動場

Tevere

Corso di Francia

Apollodoro

Via Guido Reni

二十一世紀博物館（MAXXI）
Museo Nazionale delle Arti
del XXI Secolo

羅馬音樂廳
Auditorium Parco della Musica

Ministero Marina

Via Flaminia

Lungotevere Flaminio

2號電車線

19號電車線

埃特魯斯坎國立伊特魯里亞博物館
Museo Nazionale Etrusco di Villa Giulia

安德里克李合博物館
Museo Hendrik Christian Andersen

Viale Angelico

19號電車線

Ottaviano

Lepanto

Flaminio巴士站 Ⓜ Flaminio

Museo Etrusco
Villa Giulia

Hotel Lord Byron

國立現代藝術美術館
Galleria Nazionale d'Arte Moderna e
Contemporanea

Euclide

Bioparco

羅馬動物園
Bioparco di Roma

Galleria Arte
Moderna

Caffè delle Arti

賓丘觀景台
Terrazza del Pincio

Orologio Ad Acqua
水時鐘

觀景小路陽台
Terrazza Viale del Belvedere

Viale del Muro Torto

Villa Borghese
波爾各賽別墅

Ⓜ Spagna

Parco dei Principi Grand
Hotel & Spa

♀ Pinciana/
Museo Borghese巴士站

波爾各賽美術館
Galleria Borghese

147

古羅馬區

古城中心

梵蒂岡

北區

特米尼火車站周邊

越台伯河區

羅馬周邊

城中休憩花園
波爾各賽別墅（Villa Borghese）

是紅衣主教 Scipione Borghese 於17世紀修建的私人花園，亦是羅馬最重要的博物館之一「波爾各賽美術館」所在地。佔地有80公頃，現為公共休憩花園。別緻的翠綠園林，充滿英式庭園風格，環境清靜優美，吸引很多市民前來散步、野餐、划船、踏單車等。

MAP: P.147 C2 - C3；B2 - B3

在人工小湖上建了一座18世紀的「Tempio di Esculapio」（醫神寺廟）。在新古典風小神廟前划船玩樂，別樹一格。划船每人，每20分鐘€3（最少兩人一船）。

另有各式腳踏車、電動單車、哥爾夫球車出租。

園內還有佔地18公頃的Bioparco動物園，有來自5大洲的多達200種動物，最適合親子旅行。

特別在假日，有很多當地人來享家庭之樂。租用家庭車大約每小時€12。

Info

地址： Piazzale Napoleone I , 00197, Roma
開放時間： 公園24小時；動物園 夏季平日 0930 - 1800、夏季假日0930 - 1900、冬季 0930 - 1700（最後入園：閉館前1小時）
門票： 公園免費進入；動物園 成人€16、10 歲以下及身高1米以下€13
網址： www.galleriaborghese.beniculturali. it/en/the-villa；動物園www. bioparco.it

前往方法：
從西南面進入公園範圍：
乘坐地鐵橙色 A線到「Flaminio」，再步行8分鐘到「品奇歐陽台」，並進入公園範圍。或乘坐地鐵橙色 A線到「Spagna」站，步行10分鐘到園內的Terrazza Viale del Belvedere（觀景小路陽台）。

前往Tempio di Esculapio（醫神寺廟）：
可從國立現代藝術美術館步行，大約10分鐘。或乘坐地鐵橙色A線到「Flaminio」，經 Viale Giorgio Washington，步行10分鐘。

前往Bioparco動物園：
可從圓形競技場附近的「Piazza del Colosseo站」乘坐電車 3號 或從國立現代藝術美術館的「Galleria Arte Moderna站」乘坐電車3 或19 號，到「Bioparco站」，再步行5分鐘。

茱利亞別墅國立伊特魯里亞博物館　國立現代藝術美術館　「Bioparco」電車站　N

羅馬動物園

神廟人工湖

電車站

波爾各賽美術館

水時鐘

Flaminio Ⓜ

樓梯入園

人民廣場 Piazza del Popolo

品奇歐陽台

Viale del Muro Torto

觀景小路陽台

Spagna Ⓜ

Piazza H. Sienkiewicz

P.le San Paolo del Brasile

WWW.VILLABORGHESE.IT

連同在左上方的「國立現代藝術美術館」，整個公園範圍呈心型，面積非常大，從多條路徑可進入公園範圍。

羅馬

古羅馬區

古城中心

梵蒂岡

北區

特米尼火車站周邊

越台伯河區

羅馬周邊

不容錯過的展品：

Gian Lorenzo Bernini（貝尼尼）
《Apollo e Dafne》（阿波羅與達芬妮）
《Il Ratto di Proserpina》（劫掠普洛塞庇娜）
《La Verità Svelata dal Tempo》（被時間揭露的真相）

Antonio Canova（安東尼奧・卡諾瓦）
《Paola Borghese Bonaparte》

Caravaggio（卡拉瓦喬）
《Giovane con un cesto di frutta》（拿水果籃的少年）

Raffaello Sanzio（拉斐爾）
《Deposizione Borghese》（卸下聖體）

Tiziano Vecellio（提香）
《Amor Sacro e Amor Profano》（聖愛與俗愛）

提提你

驚為天人的貝尼尼作品《Il Ratto di Proserpina》，神話中的地獄之神「普路同」和身後三隻犬，正在劫掠著「春之女神Proserpina」到冥界作妻子，在他懷裡掙扎的女神正灑著淚，神情刻畫栩栩如生。
照片來源：Adobe Stock

Antonio Canova的著名雕塑《Paola Borghese Bonaparte》，以維納斯女神形象的貴族公主Paolina（拿破崙的親妹），意態撩人地流露美感。照片來源：WikiMedia Public

每一座雕塑都要環繞至少一圈，從不同角度去欣賞！正在捉緊女神的那雙手，是凹陷進了她柔軟的大腿和腰身裡！貝尼尼利用精湛的雕刻技巧，把硬生生的大理石，雕塑出柔軟有彈性的皮膚質感。
照片來源：Adobe Stock

雕塑大師貝尼尼的自畫像，亦是館內珍藏之一。
照片來源：WikiMedia Public

不同凡響的經典收藏
波爾各賽美術館（Galleria Borghese）

　　如果梵蒂岡聖彼得廣場上的「貝尼尼柱廊」，讓你讚嘆不已，那記緊來這間美術館朝聖。Gian Lorenzo Bernini（貝尼尼）最頂級非凡的雕塑作品，都收藏在這裡！館內展出的都是紅衣主教Scipione Borghese在16 - 17世紀收集的珍藏。他是教皇保羅5世的侄子，亦是巴洛克大師貝尼尼的贊助人。據說，一些重要收藏，是他不惜一切代價去換取。不少展品都是大師非凡之作，包括卡拉瓦喬、拉斐爾、提香的畫作等等。

MAP: P.147 C3

美術館的地下底層是售票處和衣物寄存處。雕塑主要在地下層展出，而1樓是畫廊。大廳的馬賽克地板和美輪美奐的天花壁畫，亦不容錯過。

Tips

1. 博物館有人流管制，門票必須預約，每節參觀時段為2小時。

2. 館內如正舉行專題展覽，全館不可拍攝，而門票價格亦有機會提高。

3. 往1樓畫廊的樓梯，比較隱蔽，在Sala 4（4號大廳）的一角。

4. 由10月至3月期間，每月第一個星期日門票免費。（預付預約費€2）

―― Info ――

地址：Piazzale del Museo Borghese 5, 00197 Roma
開放時間：0900 - 1900 每2小時為1個參觀時段（最後入館1700）
休息日：逢星期一、25 / 12、1 / 1
門票：€13 ＋預約費€2（必須預約）
網址：www.galleriaborghese.beniculturali.it/en
網上訂票：www.gebart.it/musei/galleria-borghese/

前往方法：
或從巴里尼廣場附近的「Barberini站」乘坐巴士52、53、63或83號到「Pinciana/Museo Borghese站」，再步行6分鐘。或從圓形競技場的「Piazza del Colosseo站」，或人民廣場附近的「Ministero Marina站」乘坐電車3號到「Bioparco站」，再步行10分鐘。

看日落的熱點 MAP: P.147 B3

品奇歐陽台（Terrazza del Pincio）

從人民廣場向上走，爬上一段樓梯，不用10分鐘就可到達！從這個觀景陽台，可以俯瞰廣場和羅馬漂亮的城市景色。看過美景後，亦可在園中找一條路徑，在一片翠綠景色中漫步遊走，遠離煩囂。這兒和波爾各賽別墅花園連接，亦是一個欣賞日落的著名地方。

在人民廣場東邊噴泉「Fontana della Dea di Roma」後上方，就是「品奇歐陽台」，經常擠滿來看風景的遊人。

染上了橙紅色的天空和周邊園林美景，很療癒的一刻。

接近黃昏優美的廣場景色！觀景台面向正西方，下午有機會逆光的。最佳到訪時段是接近黃昏或早上時份。

黃昏過後，街道和廣場上亮起了燈光，多了一份浪漫情懷。

Info

地址： Salita del Pincio, 00187, Roma
開放時間： 全年
前往方法： 登上Piazza del Popolo（人民廣場）東邊噴泉Fontana della Dea di Roma 的左方樓梯旁，再上另一段在 Viale Gabriele d' Annunzio 的梯間 Salita del Pincio，觀景陽台就在右邊。

城中美景

觀景小路陽台（Terrazza Viale del Belvedere）

如果想在波爾各賽花園遊走一下，最短又最漂亮的路徑，可以從「品奇歐陽台」出發，經面向陽台左邊的林蔭大道 Viale del Belvedere，步行5分鐘，就可到達另一個觀景台！在此，城市美景一覽無遺。 MAP: P.147 B3

大半個羅馬城的美景，就在眼前了！面向觀景陽台的右邊，跟品奇歐陽台連接，後方可通往波爾各賽美術館，而左方可通往西班牙階梯的頂部。

Info

地址： Viale del Belvedere, 00187 , Roma
開放時間： 全年
前往方法： 從Terrazza del Pincio（品奇歐陽台）的左方經Viale del Belvedere，步行 5 分鐘。或從 Galleria Borghese（波爾各賽美術館）經Viale dei Pupazzi，步行15 - 20分鐘。或從Trinità dei Monti（山上天主聖三堂）經門外右方的Viale della Trinità dei Monti，步行 10 分鐘。

令人讚嘆的設計

水時鐘（Orologio Ad Acqua）

隱藏在波爾各賽別墅花園的一角，於1867年由修道士 Gianbattista Embriaco 發明和製造，當年在世博會上得到多個獎項。其後往世界各地展出，在1873年回歸羅馬。建築師為它設計了一個小型池塘，把「水鐘」放置在其中。 MAP: P.147 B3

「水時鐘」的基座利用了鑄鐵來模仿樹幹。置在人造水池之中，像一個在孤島上的鐘塔。

「水時鐘」利用水的流動來推動鐘擺。因長期放置在室外，天氣變化太大，多年前曾長時間停止運作。最後在2004年，由一個鐘錶製造學校，用了3年時間把它整修。

Info

地址： Viale dell' Orologio, Passeggiata del Pincio, 00187, Roma
開放時間： 全年
前往方法： 從「品奇歐陽台」步行前往，大約 5 分鐘。

走進文青據點
MAP: P.147 B2

國立現代藝術美術館

Tips 由10月至3月第一個星期日免費入場。

(GNAM / Galleria Nazionale d'Arte Moderna e Contemporanea)

超過130年歷史的美術館,坐落在龐大宏偉的建築之內。收藏了超過4千件繪畫和雕塑品,當中主要是19 - 20世紀的現代和當代作品,著名展品包括有雕塑大師安東尼奧·卡諾瓦的《Ercole e Lica》(海格力斯和麗加)、莫奈的《Ninfee Rosa》(睡蓮)、克林姆的《Le tre età della donna》(婦女的三種年齡)等等。館內充滿空間感,是慢慢欣賞藝術品的好地方。

雕塑大師安東尼奧的新古典主義作品《Ercole e Lica》,在龐大的展覽廳中展出,充滿氣勢的力量美。

館內亦有展出梵高大師的一些人像畫作。

全館展品一共有2萬件,亦會定期舉行很多專題展覽,足以讓藝術愛好者逛上大半天。

克林姆的《婦女的三種年齡 Le tre età della donna》,畫作中以小女孩、年輕母親和老婦人,代表了女性不同的人生階段,展現了青春美麗的綻放與年華老去的哀愁。
照片來源:WikiMedia Public

館外的樓梯放置了一些獅子的銅像,讓人印象深刻。

Info

地址: Viale delle Belle Arte 131, 00197, Roma
開放時間: 0830 - 1930 (最後入館 1845)
休息日: 逢星期一、1 / 1、25 / 12
門票: €10
網址: www.lagallerianazionale.com
前往方法: 可在梵帝岡區的「Risorgimento-San Pietro站」或人民廣場附近的「Ministero Marina 站」乘坐電車19號,或圓形競技場附近的「Piazza del Colosseo站」乘坐電車3號,到「Galleria Arte Moderna站」即達。

庭院咖啡館

Caffè delle Arti

逛累了美術館後可以在漂亮的庭院享受咖啡,或是享用一個輕巧午餐。一間價格相宜的咖啡館,就在「國立現代藝術美術館」之內,很有藝術氣息。優美的建築,幽靜的用餐環境,營造出令人放鬆的氛圍,是放空的好地方。

MAP: P.147 B2

咖啡館就在面向「國立現代藝術美術館」的左邊,可經博物館進入,或經Via Antonio Gramsci的樓梯上去。

Info

地址: Galleria Nazionale d' Arte Moderna e Contemporanea, Via Antonio Gramsci, 73, 00197 Roma
電話: +39 0632 65 1236
營業時間: 9月尾至5月尾 星期二至日0800 - 2000,5月尾至9月尾 星期二至日 0800 - 0000,星期一 0800 - 1700,午餐時段 1230 - 1500
消費: 大約 €10-20 / 位
網址: www.caffedelleartiroma.com
前往方法: 乘坐電車3、19號到「Galleria Arte Moderna站」。

神秘的伊特魯里亞文明
MAP: P.147 B2

茱利亞別墅國立伊特魯里亞博物館

(Museo Nazionale Etrusco di Villa Giulia)

根據記載,「伊特魯里亞文明」於公元前1000年,已經開始在意大利中部崛起,相比起古羅馬時期,歷史更久遠。館內收藏了大量伊特魯里亞雕像、陶器、金飾品和銅器等。在地下低層,更重組了一些發掘出來的伊特魯里亞人墓穴。

館內最大亮點是用赤色陶土塑造的「Il sarcofago degli sposi」,是屬於一對伊特魯里亞夫妻的棺墓,上面塑了他們的面貌。

博物館在一座典雅的文藝復興別墅內,展品種類繁多,特別是陶器和銅器。

Info

地址: Piazzale di Villa Giulia, 9, 00196 Roma
開放時間: 0900 - 2000 (最後售票 1900)
休息: 逢星期一、1 / 1、25 / 12
門票: €8
網址: www.villagiulia.beniculturali.it
前往方法: 在人民廣場的「Flaminio站」步行或乘坐2號電車到「Ministero Marina站」,再轉乘 19 號電車,在「Museo Etrusco Villa Giulia站」下車即達。

雕塑家工作室

亨德里克博物館

(Museo Hendrik Christian Andersen)

MAP: P.147 B3

來自挪威的雕塑家 Hendrik Christian Andersen（亨德里克），在羅馬定居了40年。1940年去世後，他把自己的寢室、工作室和400多件個人作品，遺贈給意大利政府。他的故居和工作室被翻新後，成為了一所博物館，並免費開放給公眾，展出他生前大部分的雕塑品。

雕塑大多以「男女之愛」和「家庭之愛」為題，從作品中感受到人間愛。

眼前是一個以雕塑品構成的宏偉場景！設於地下層的2個展覽廳，是雕塑家亨德里克以往的工作室，展出作品數量很多。

━━Info━━

地址： Via Pasquale Stanislao Mancini 20, 00196 Roma
開放時間： 0930 - 1930（最後入館 1900）
休息日： 逢星期一、1/1、25/12
門票： 免費
網址： www.polomusealelazio.beniculturali.it/index.php?it/248/museo-hendrik-christian-andersen
前往方法： 乘坐地鐵橙色A線到「Flaminio」，再步行7分鐘。

獲獎建築

二十一世紀博物館

(MAXXI / Museo Nazionale delle Arti del XXI Secolo)

是意大利首個以「當代創意」為主題的國立博物館，由建築博物館和當代藝術博物館組成，是一個大型的文化空間。博物館由英國建築師Dame Zaha Hadid設計，於2010年落成，設計更獲「斯特林建築獎」。

MAP: P.147 B1

博物館大樓氣勢宏偉又充滿時尚感，樓高3層，佔地有2萬9千平方米，面積很大。

博物館內除了有一些裝置藝術作永久陳列，其餘展覽都以短期形式為主。

━━Info━━

地址： Via Guido Reni 4 / A, 00196 Roma
開放時間： 1100 - 1900、星期六1100 - 2200（最後售票：閉館前1小時）
休息日： 逢星期一、1/5、25/12
門票： €10
網址： www.maxxi.art
前往方法： 在人民廣場「Flaminio站」乘坐2號電車到「Apollodoro站」，再步行2分鐘。

表演場館建築群

羅馬音樂廳 (Auditorium Parco della Musica)

以3個室內音樂廳和1個室外劇場組成的表演場館建築群，很具規模。由著名建築師Renzo Piano設計，於2002年啟用，音樂會種類多元化，包括有古典樂、搖滾樂、流行音樂、爵士樂等。建造期間在地底發現了古羅馬遺跡，場館內加設了小型考古博物館，展出發掘出來的文物。場館另設有樂器博物館。

MAP: P.147 B1

3個音樂廳大小不一，分別可容納700名、1千2百名和2千8百名觀眾。

━━Info━━

地址： Via Pietro de Coubertin, 30, 00196 Roma
開放時間： 樂器博物館10月至6月平日1100 - 1700、週末1100-1800。考古博物館 10月至3月平日1100 - 1800、週末1000 - 1800、4月至10月平日1000 - 2000、週末1000 - 2000
休息： 樂器博物館 7月至9月只開放給團體、考古博物館 24 / 12、1 / 1早上
門票： 博物館 免費進入，音樂會 €10 - 35 不等（建議先網上訂票）
網址： www.auditorium.com
前往方法： 在人民廣場「Flaminio」站乘坐2號電車到「Apollodoro站」，再步行5分鐘。或乘區內火車到「Euclide」火車站，再步行7分鐘。

拉素和羅馬隊的主場

奧林匹克運動場 (Stadio Olimpico)

是羅馬最重要的體育館，亦是意甲球會 A.S. Roma（羅馬）和 S.S. Lazio（拉素）的主場球場。自1937年落成，於1953年正式開幕，可容納7萬多名觀眾。歷年在此舉辦過不少世界級賽事，包括：1960年的奧運會、1987年的世界田徑錦標賽和1990年的世界杯。

MAP: P.147 A1

由60個白色運動員雕像組成的大理石運動場，相比起充滿現代感的奧林匹克體育館，更加雅獨特。

在 Foro Italico 體育館群中，後方的奧林匹克體育場主要舉辦足球賽事。前方的Stadio dei Marmi（大理石運動場）是田徑場地，充滿法西斯建築風格。

━━Info━━

地址： Viale dei Gladiatori, 00135 Roma
開放時間： 只限賽事舉行時憑票進入
足球賽訂票網址：
A.S. Roma：www.asroma.com/it/tickets/buy-tickets
S.S. Lazio：www.sslazio.it/it/biglietteria/prezzi-e-gare
前往方法： 從梵蒂岡區的「Risorgimento站」乘坐巴士32號，或從萬神殿附近的「Argentina站」乘坐巴士628號，到「Boselli站」即達。

羅馬

古羅馬區

古城中心

梵蒂岡

北區

特米尼火車站周邊

越台伯河區

羅馬周邊

重點交通樞紐

特米尼火車站周邊

特米尼火車站是羅馬最重要的交通樞紐中心。這兒看起來非常繁忙，每時每刻都車水馬龍。不過，只要從火車站走遠一點點，你會發現隱藏在交通雜亂的街道之中，有不少值得到訪的景點，例如有收藏豐富的古羅馬博物館、精緻典雅的教堂和猶如童話中的住宅小區。

交通

乘坐地鐵橙色 A 線或藍色 B 線都可抵達特米尼火車站（在「Termini」下車）。在火車站外，亦設有大型公車總站，通往全城每一個熱點。從城外抵達羅馬，可乘坐國鐵Trenitalia或私鐵Italo，在「特米尼火車站」（Roma Termini）下車。

從特米尼火車站，可乘坐以下路線到一些熱門景點：

前往地點	巴士路線	地鐵路線
Piazza Venezia 威尼斯廣場	40、85、170	-
San Pietro, Vaticano 梵蒂岡聖彼得廣場	40、64	-
Piazza Navona 那佛納廣場	40、64	-
Pantheon 萬神殿	40、85、64	-
Colosseo 圓形競技場	75、85	地鐵藍色B線到「Colosseo」
Fontana di Trevi 許願池	85	-
Piazza del Popolo 人民廣場	-	地鐵橙色A線到「Flaminio」
Trastevere 越台伯河區	H	-
Terme di Caracalla 卡拉卡拉溫泉	714	-
Piazza di Spagna 西班牙廣場	-	地鐵橙色A線到「Spagna」

上車地點：
巴士總站「Termini 站」：位於火車站外的Piazza dei Cinquecento
地鐵「Termini 站」：從特米尼火車站乘扶手電梯往地下低層

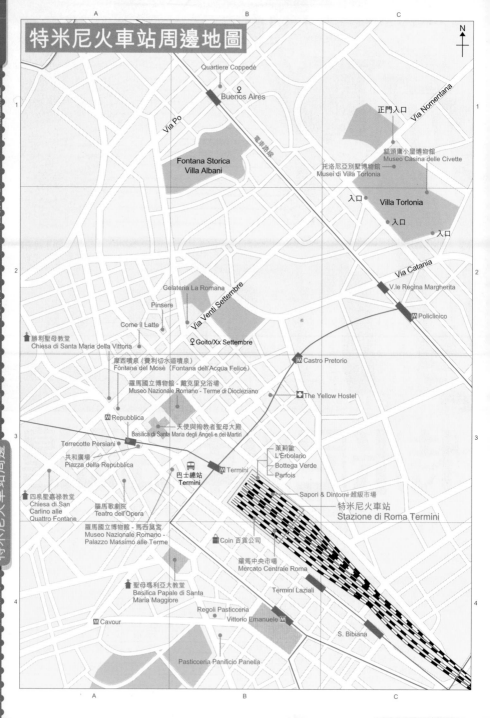

特米尼火車站周邊地圖

古羅馬區
古城中心
梵蒂岡
北區
特米尼火車站周邊
越台伯河區
羅馬周邊

N

A   B   C

Quartiere Coppedè

Buenos Aires

Via Po

電車路線

Via Nomentana

正門入口

Fontana Storica
Villa Albani

貓頭鷹小屋博物館
Museo Casina delle Civette

托洛尼亞別墅博物館
Musei di Villa Torlonia

入口

Villa Torlonia

入口   入口

Via Catania

V.le Regina Margherita

Gelateria La Romana

Pinsere

Come il Latte

Via Venti Settembre

M Policlinico

勝利聖母教堂
Chiesa di Santa Maria della Vittoria

Goito/Xx Settembre

摩西噴泉（費利切水道噴泉）
Fontana del Mosè（Fontana dell'Acqua Felice）

M Castro Pretorio

羅馬國立博物館－戴克里兒浴場
Museo Nazionale Romano - Terme di Diocleziano

The Yellow Hostel

M Repubblica

天使與殉教者聖母大殿
Basilica di Santa Maria degli Angeli e dei Martiri

Terrecotte Persiani

共和廣場
Piazza della Repubblica

萊莉歐
L'Erbolario

Bottega Verde

Parfois

巴士總站
Termini

M Termini

Sapori & Dintorni 超級市場

特米尼火車站
Stazione di Roma Termini

四泉聖嘉祿教堂
Chiesa di San
Carlino alle
Quattro Fontane

羅馬歌劇院
Teatro dell'Opera

羅馬國立博物館 - 馬西莫宮
Museo Nazionale Romano -
Palazzo Massimo alle Terme

Coin 百貨公司

羅馬中央市場
Mercato Centrale Roma

聖母瑪利亞大教堂
Basilica Papale di Santa
Maria Maggiore

Termini Laziali

Regoli Pasticceria

Vittorio Emanuele M

S. Bibiana

M Cavour

Pasticceria Panificio Panella

A   B   C

在一樓的美食廣場「Terrazza Termini」，設有乘客等候區，亦有提供手機充電區。

羅馬交通總匯點
特米尼火車站 (Stazione di Roma Termini)

全意大利最繁忙的火車站，全年總乘客量多達1億5千萬人。火車站佔地非常廣大，總面積達22萬5千平方米，設有各式各樣的商店、食肆、百貨公司、超市，讓乘客在等候火車之際，亦可來一次盡情購物。為了切合大量乘客需要，一樓整層改建成大型的美食廣場「Terrazza Termini」和等候區，在車站右側亦設有中央市場「Mercato Centrale Roma」（詳細介紹見P.157），供應各種意國特色美食。

MAP: P.154 B3 - B4 - C4

車站地面月台的右手邊，穿過Coin百貨，可通往行李寄存部、旅客服務中心和當地旅行社櫃臺，最後到達較難找的羅馬中央市場。

中央市場
當地旅行社
旅客服務中心
租車公司
月台
行季寄存
機場巴士站
COIN百貨
扶手電梯往地下低層商店、Conad超市及地鐵出口
機場快線月台
往1樓美食廣場　Trenitalia客戶服務中心
往地下低層商場及地鐵
Italo客戶服務中心
售票大堂
出口往地鐵
出口往「Termini」巴士總站 / 的士站
Piazza dei Cinquecento

火車站連接了地鐵 A 線和 B 線，亦是機場快線 Leonardo Express 的終站。站外設有大型巴士總站和機場巴士站，可轉乘多種交通工具，前往市中心每個角落。

著名的Grom Gelateria 冰淇淋店，分店遍佈全國，在特米尼火車站內已有 2 間。一間在地面層中央位置，另一間在地下底層商場。

售票大堂設有大量自動售票機，這裡是國鐵 Trenitalia 的售票機。在大堂亦設有兩大火車公司（Trenitalia 和 Italo）的服務中心，提供售票服務和查詢。

設在上層的美食廣場「Terrazza Termini」並沒有中央市場那麼擠擁，選擇也很多，一共有十多間不同類型的餐室，空間亦比較闊落。

─Info─

地址：Stazione di Roma Termini, 00185 Roma
開放時間：全年（月台範圍只限憑車票進入）
網址：www.romatermini.com
前往方法：乘坐地鐵橙色 A 線或 藍色 B 線到「Termini」。或乘坐巴士40、64、75、85、714 號，在公車總站「Termini」下車。

Made in Italy天然護膚品
萊莉歐（L'Erbolario）

1978年創立的天然美容保養品牌，分店遍佈世界各地。所有成份，都是萃取自天然植物、花卉和蔬果，是完全純天然的草本產品。護膚品種類多元化，性質很溫和。而且，在意大利的價格定位比起亞洲區便宜得多，成為了愛美女生來意大利必買的護膚品牌。當中的「海藻多元植物精華保濕液」和「三重透明質酸活膚系列」更是長年人氣之選！

杞子身體護理系列，為身體抗氧化。潤膚露 200ml €20.9、沐浴露 250 ml €10.9。

香水選擇亦很多，主要以花香為主。紫丁香香水「Lillà Lillà」100ml €32.9。

品牌總部位於米蘭附近小鎮Lodi，自設了實驗室研發各種產品。每個生產過程都在意大利進行，是真正100% Made in Italy。

Acido Ialuronico 透明質酸系列，口碑極佳，用過都讚好。特別是保濕精華 Hyaluronic Acid-Face Fluid Triple Action，質地順滑清爽。28ml €27.5

含海藻萃取精華的海藻多元植物精華保濕液，是長年熱賣產品，可急救疲倦的肌膚，亦有緊緻功效。30ml €31.9

Info

地址：Stazione Termini Edificio N, Via Giovanni Giolitti 9, 00185 Roma
電話：+39 06 8397 7752
營業時間：1000 - 2000
網址：www.erbolario.com/it
前往方法：在Stazione di Roma Termini（特米尼火車站）的地下底層。

少女休閒衣飾
Parfois

來自葡萄牙的衣飾品牌，全球有差不多600間分店，主要在歐洲地區，售賣女裝手袋、配飾、鞋子、圍巾等等。走少女休閒風格，價位大眾化。如果購物預算不太多，不妨去搜尋看看。

行李系列充滿少女風，每一個行李箱都有一個相同圖案的手袋或背包作配襯。行李箱€59.9、手袋 / 背包€25 - 35。

貨品種類也很齊全，走歐洲式的休閒時尚風。

Info

地址：Stazione di Roma Termini, Via Giovanni Giolitti, 00185, Roma
電話：+39 06 4778 6803
營業時間：0800 - 2200
網址：www.parfois.com
前往方法：在Stazione di Roma Termini（特米尼火車站）的地下大堂，Venchi 朱古力店的旁邊。

天然護理品牌
Bottega Verde

被譽為「國民護理品牌」，全國擁有超過400間分店。從臉部到全身護理產品，都採用天然成份製造，一部分更來自中部托斯卡尼的一個有機莊園。產品選擇多樣化，而親民的價位，實在讓人愛不釋手。店內久不久會推出特賣促銷，一些特選產品會有額外折扣！

朱古力身體護理系列，包括有護手霜、潤膚露、沐浴露。

大部分產品帶有宜人的香氣，且成份天然，在當地有不少捧場客。

Info

地址：Forum Stazione Termini , Via Giovanni Giolitti 1, 00185, Roma
電話：+39 06 4778 6801
營業時間：0800 - 2200
網址：www.bottegaverde.it
前往方法：就在Stazione di Roma Termini（特米尼火車站）的地下底層商場中央位置。

位置便利
Sapori & Dintorni 超級市場

雖然超市面積不算很大,但是位置非常方便,就在特米尼火車站的地下低層。超市內各式各樣的貨品都很齊全,最重要是營業時間特長,由清晨直到深夜。適合在等火車的時候,繼續挑選手信,或為長途旅程添備糧食。

在通往Via Marsala 的出口前方(United Colors of Benetton 前20米),乘扶手電梯下去,右手邊就是超市了。

超市自家亦有出品優質食材,以價格來說,質量挺不錯的。

Info
地址:-1/F, Stazione di Roma Termini, Piazza dei Cinquecento, 00185, Roma
開放時間:0530 - 0000
網址:www.conad.it
前往方法:在特米尼火車站的地下低層

場內的海鮮攤檔有各種即開生蠔,鮮味滿溢。每隻€4 - 5。

市場內小食選擇也挺多,西西里島炸飯團 Arancina,餡料除了有經典的Ragù肉醬口味,還有火腿芝士、菠菜芝士等等。

在等候火車的期間,可以來飲一杯和吃一點小食,慢慢歎。

大型美食集中地
羅馬中央市場(Mercato Centrale Roma)

在火車站內的美食廣場,引入了大約20間不同的美食攤檔,由早上至零晨,提供多元化的餐飲選擇。佔地有2千平方米,每一個攤檔都供應不同類型的美食,包括有咖啡、飽點、壽司、Pizza、意粉、海鮮、燒烤、沙律、甜點、冰淇淋、開胃酒等等。中央市場的內裝設計充滿時尚,用餐位置舒適寬闊,營造輕鬆熱鬧的氛圍。

海鮮魚生亦很吸引,一碟一碟已經準備好,陳列在玻璃雪櫃內,方便點餐。

中央市場內部以黑色和大理石色作主調,帶出高雅感,締造時尚悠閒的空間。

Info
地址: Roma Termini, Via Giovanni Giolitti, 36, 00185 Roma
營業時間:0800 - 0000
消費:大約 €10 - 20 / 位
網址:www.mercatocentrale.it/roma
前往方法:在Stazione di Roma Termini(特米尼火車站),步行大約5分鐘,入口在火車站側面的大街Via Giovanni Giolitti。

中央市場的門口並不易找,可以穿過Coin百貨公司再直行,經過一群租車公司,就看到入口了。

令人嘆為觀止的馬賽克

羅馬國立博物館 - 馬西莫宮

(Museo Nazionale Romano - Palazzo Massimo alle Terme)

擁有世上最重要的古代藝術收藏，包括雕塑、壁畫、馬賽克、金幣等等，完整地記錄了古羅馬藝術的發展。博物館很有系統的把一些古羅馬貴族建築的內部重組，當中包括有1880年因水利工程而發現的「Casa della Farnesina」，和古羅馬皇帝奧古斯都妻子的別墅「Villa di Livia」，色彩斑斕的壁畫圖案，透過重組，清晰地展現了昔日模樣，令人嘆為觀止。

MAP: P.154 B2

在越台伯河區發掘出來的壁畫，是來自擁有2000年歷史的古羅馬別墅La Casa della Farnesina，實在太美輪美奐！

館內的亮點之一，是古希臘著名雕塑家Mirone（米隆）著名青銅像《Discobolo》（擲鐵餅者）的大理石複製本，是古羅馬哈德良皇帝時期製作的。

二樓陳列了大量古羅馬時期的馬賽克地板，當中亦把一些Domus（古羅馬人的住宅）重組，讓人大開眼界。

收藏品分佈在建築物的4個樓層，1樓主要是雕塑作品，2樓展示古羅馬住宅內的馬賽克和壁畫。

地下底層設有大型錢幣展覽室，展出由公元前4-3世紀到本世紀的錢幣。

博物館坐落在一座新文藝復興風格的建築物之內，建於1883-1887年。

Info

地址: Largo di Villa Peretti, 2, 00185 Roma
開放時間: 0900 - 1930（最後售票1830）
休息日: 逢星期一、1 / 1、25 / 12
門票: €10（聯票€12（可參觀4間羅馬國立博物館：Palazzo Altemps、Crypta Balbi、Terme di Diocleziano 和 Palazzo Massimo；有效期為3天）
網址: www.museonazionaleromano.beniculturali.it/it/170/palazzo-massimo
前往方法: 乘坐地鐵橙色 A 線或藍色B線到「Termini」，再步行5分鐘。在 Stazione di Roma Termini（特米尼火車站）的巴士總站左邊。

「老公」奶油包

Regoli Pasticceria

軟綿綿的甜麵包中，塗滿上一大堆鮮忌廉奶油，入口輕盈奶滑，卻甜而不膩。這種邪惡的奶油包，叫做「Maritozzo」，名字是由意大利文中的「Marito」（老公）演變出來。這種羅馬經典名物，深藏著一個小浪漫。在19世紀，男士會在3月第1個星期五，把戒指、小寶石或小禮物，藏在「Maritozzo」之中，送給未婚妻，讓對方一咬下去，驚喜滿滿。

MAP: P.154 B4

包點選擇眾多，而且價位很吸引。這種「Bombolone」（炸彈）是意式甜甜圈，內藏豐富的吉士奶油餡，甜而不膩。

已有超過一百年歷史，店內裝潢卻有現代感，舒適雅緻。

這間傳統的糕餅店連咖啡室，很受當地人歡迎，每天早上都有一堆捧場客。

一個「老公」奶油包配一杯Cappucino，是羅馬經典早點。奶油份量多到成半圓拱形，早餐叫一個小號剛剛好。小號€1.2，另有大號€2.5。

Info

地址: Via dello Statuto, 60, 00185 Roma
電話: +39 06 487 2812
營業時間: 0630 - 2020
休息: 逢星期二
消費: 大約 €5 / 位
網址: www.pasticceriaregoli.com
前往方法: 乘坐地鐵橙色A線到「Vittorio Emanuele」，再步行3分鐘。或從 Stazione di Roma Termini（特米尼火車站）步行前往，大約10分鐘。

探索古羅馬歷史

羅馬國立博物館 - 戴克里兒浴場
(Museo Nazionale Romano - Terme di Diocleziano)

博物館原址是古羅馬時代規模最大的浴場，建於298至306年，佔地足足有13公頃，可容納大約3千人。浴場一直使用到6世紀中期，及後「哥德戰爭」造成全城破壞，亦因中斷了古羅馬引水道的供水，浴場從此無法再使用。現在遺址改建成一所面積頗大的博物館群，當中展示了古羅馬時期的文字、紀念銘文、淺浮雕和考古文物，參觀博物館亦可順道觀賞浴場當日的部分結構。

MAP: P.154 A3 - B3

入口就在特米尼火車站對面不遠處，步程只需5 - 10分鐘。

博物館面積頗大，在庭院中亦展出了大量古羅馬雕像和石棺。

如果對於歷史和考古有興趣，這個博物館可足以逛大半天，展品種類很豐富廣泛。

館內主要分3個部分，包括「古羅馬書寫博物館」、「拉丁人原始歷史博物館」和「利維亞別墅虛擬博物館」。

Info

地址：Viale Enrico de Nicola, 76, 00185, Roma
開放時間：0900 - 1930
　　　　（最後售票：閉館前1小時）
休息日：逢星期一、1 / 1、25 / 12
門票：€10；聯票€12（可參觀4間羅馬國立博物館：Palazzo Altemps、Crypta Balbi、Terme di Diocleziano 和 Palazzo Massimo，期效期為3天）
網址：www.museonazionaleromano.beniculturali.it/it/163/terme-di-diocleziano
前往方法：從Stazione di Roma Termini（特米尼火車站）步行前往，大約 5 - 10分鐘。或乘坐地鐵藍色 B 線到「Castro Pretorio」，再步行10分鐘。

古今交融的教堂

天使與殉教者聖母大殿
(Basilica di Santa Maria degli Angeli e dei Martiri)

MAP: P.154 A3

建於1563-1566年，當年委託年達86歲的米高安哲羅大師作初步設計，把建於3世紀的古羅馬遺跡「戴克里先浴場」其中一部分建築改建，當中以完整保留舊有結構為首要宗旨。設計把浴場的冷水池改造成教堂中殿，並存留了8支原本屬於浴場的粉紅花崗岩柱。設計沒有特意為教堂建造一個正立面，外觀呈現原本古羅馬時期的建築模樣，成為了一座古今交融的教堂。

在古羅馬浴場遺跡內修建教堂，體現了古今交融的建築美學。

青銅門由當代雕塑家Igor Mitoraj 於2006年設計，跟古羅馬的建築融合了，毫無違和感。

教堂的外觀沒有特意去粉飾，只在原有古羅馬浴場建築上設了2個拱門，作簡單的入口。

「戴克里先浴場」面積很大，教堂只佔有浴場的一角。而浴場的另一部分，是羅馬國立博物館。

聖堂呈十字形，當中的8支粉紅花崗岩柱，和巨大的拱形天花，都是浴場的原有結構。

Info

地址：Piazza della Repubblica, 00185, Roma
開放時間：0730 - 1900，假日0730 - 1930
門票：免費進入
網址：www.santamariadegliangeliroma.it
前往方法：在 Piazza della Repubblica（共和廣場）前方。乘坐地鐵橙色 A線到「Repubblica」，再步行2分鐘。或從 Stazione di Roma Termini（特米尼火車站）步行前往，大約10分鐘。

意態撩人的仙女噴泉

共和廣場 (Piazza della Repubblica)

一個半圓形廣場，兩側建有宏偉的新古典主義柱廊，營造優雅的氛圍。廣場中央的「Fontana delle Naiadi」（仙女噴泉）建於1901年，剛落成時曾經引來保守派人士不滿，皆因圍繞噴泉有4位造型性感的仙女雕像，被泉水沾濕後更覺意態撩人。經過多年討論，有關部門最後決定保留原有設計。

廣場中央連接一條通往古羅馬區的主要大道「Via Nazionale」，而廣場前方就是「天使與殉教者聖母大殿」。

MAP: P.154 A3

仙女噴泉的所在地，是古羅馬瑪西亞水道（Aqua Marcia）的終點。4位仙女的姿態都不同，有倚著龍背的、抱著天鵝的、臥在河獸身上的、和騎著海馬的。

Info

地址：Piazza della Repubblica, 00185, Roma
開放時間：全年
前往方法：乘坐地鐵橙色A線到「Repubblica」即達。或從 Stazione di Roma Termini（特米尼火車站）步行前往，大約 10 分鐘。

麵包盛宴 `MAP: P.154 B4`

Pasticceria Panificio Panella

一杯沙巴翁咖啡讓人印象難忘！於1929年開業，是當地非常著名的麵包糕點店。從清晨開始，店內總是擠滿人。一走進店，剛出爐的麵包和糕點，香氣四溢。這兒的咖啡更是誘人，在Espresso 或Cappuccino之中，加入了充滿蛋香的Zabaione（沙巴翁），成為獨門的特色咖啡！而且價格大眾化，簡直是美食愛好者的天堂！

加入了沙巴翁的特濃咖啡，更加香滑甜美。很少意大利咖啡店會有這樣的咖啡配搭。（想在咖啡裏加Zabaione，下單時要向職員説一聲）Espresso Con Zabaione。€1.2

每天新鮮出爐的飽點選擇豐富，美味可口，讓人想天天都來吃一個早餐。Brioches Sfogliosa €1.5

店內亦有售賣各種特色食材，種類挺多，包括意大利米、香醋、麵包、香草等等乾貨。這種已調好味的意大利米，每份€5.5。

午市亦有供應各式鹹點、三文治和切件Pizza。從晚上7時起供應豐富的Aperitivo（開胃酒自助餐）。

Info

地址：Via Merulana 54, 00185 Roma
電話：+39 06 487 2435
營業時間：0700 - 2300、星期五及六0700 - 0000、星期日0700 - 2100
消費：大約€3 - 15 / 位
網址：www.panellaroma.com
前往方法：乘坐地鐵橙色 A 線到「Vittorio Emanuele」，再步行3分鐘。或從Stazione di Roma Termini（特米尼火車站）步行前往，大約 11 分鐘。

庭園中的複製傑作 `MAP: P.154 A3`

Terrecotte Persiani

如果每次逛博物館，都有想把展品帶回家的念頭，可以來這兒試試找一個複製品。藝術家Domenico Persiani 擅長把各種大名鼎鼎的雕塑品和名畫，以高像真度複製出來，以不同的大小尺寸、用料、質感來展現。當中有掛牆版的「真理之口」、陶製版的「松果雕塑」、袖珍版的「獅身人面像」等等，讓人大開眼界。

所有陶製品價位不一，小型的大約€20-50。前面的仿古油燈€20。

走進去才會發現這個放滿了雕像和陶器的庭院，其實是一間工藝店。這兒是沒有招牌的。

每件作品都是全人手製作，背後印上了店主名字的印章，和以鉛筆寫上了價格。

別出心裁的庭院，放滿了複製傑作，像一所開放式的另類博物館。

Info

地址：Via Torino, 92, 00184, Roma
營業時間：0900 - 1300、1500 - 1900
前往方法：乘坐地鐵橙色A線到「Repubblica」，再步行3分鐘。

華麗歌劇表演廳 `MAP: P.154 A3`

羅馬歌劇院（Teatro dell'Opera）

1890年，歌劇院以新文藝復興風格落成，1926年，被政府收購後重建，外觀成為很典型的法西斯式風格。劇院內部擁有鍍金的華麗氣派，可容納1600名觀眾。是舉行歌劇、音樂會、芭蕾舞表演等等的場地。

雖然歌劇院外觀比較樸實簡約，但是內裡裝潢卻十分華麗。

除了網上訂票，亦可親臨劇院內的售票部買票。

Info

地址：Piazza Beniamino Gigli, 1 Roma
門票：歌劇大約€20 - 75（視乎個別表演及位置）
訂票網址：www.operaroma.it
前往方法：乘坐地鐵橙色A線到「Repubblica」，再步行3分鐘。從特米尼火車站步行前往，大約 6分鐘。

秀麗的白色天花
四泉聖嘉祿教堂
(Chiesa di San Carlino alle Quattro Fontane)

教堂外的十字路口，設有4個噴泉，每個噴泉都有不同的模樣，噴泉上的雕像是神話中的角色。這是代表力量的朱諾女神。

代表貞潔的戴安娜女神雕像。

　　一座巴洛克風格的教堂，由Francesco Borromini（弗朗西斯科‧博羅米尼）在17世紀時期設計。當年修建這教堂的時候，資金有限，只能利用成本較低的白色素材。Borromini把設計重點放在心思之上，建成了秀麗亮眼的白色天花。相對其他富麗堂皇的教堂，更別樹一格。教堂位於一個十字路口，路口的4個角分別設有噴泉，形成了很特別的街頭風景。

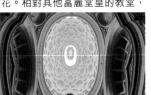

MAP: P.154 A3

白色橢圓天花的立體十字與幾何圖案，讓設計更與眾不同。除了美觀之餘，亦可減輕結構的重量。

Info

地址：Via del Quirinale, 23, 00187 Roma
開放時間：星期一至六1000 - 1300，星期日1200 - 1300
門票：教堂免費進入
網址：www.sancarlino.eu/chiesa/chiesa.asp
前往方法：從Stazione di Roma Termini（特米尼火車站）步行前往，大約12分鐘。或可乘坐地鐵橙色A線到「Repubblica」，再步行6分鐘。4座噴泉設在教堂外的十字路口（Incrocio delle Quattro Fontane）。

費利切水道的終站
摩西噴泉（Fontana del Mos）

　　建於1585至1588年，又名為「Fontana dell' Acqua Felice」（費利切水道噴泉）。在教宗西斯都五世在位期間，全個羅馬只剩下一條依然運作的古羅馬水道「Aqua Vergine」（處女水道），不足以供應全城潔淨的飲用水。因此，他下令修復了一條已荒廢的古羅馬水道，並改名為「費利切水道」。這個摩西噴泉的所在地，就是新水道的終點站。

當時在羅馬的水道終點站，都會興建一座大噴泉，以作識別和紀念。這一座座噴泉是「Aqua Felice」（費利切水道）的終站。而在「Aqua Vergine」（處女水道）的終點所在地，就是大名鼎鼎的許願池。

提提你

在羅馬到處可見「S．P．Q．R．」這個字樣，其實是「元老院與羅馬人民Senātus Populusque Rōmānus」的縮寫，即是羅馬共和國與羅馬帝國的正式名稱。

MAP: P.154 A3

噴泉的設計以古羅馬凱旋門作靈感，中央有手拿著「十誡」的摩西雕像。

在噴泉背後3個拱門內，刻上了來自舊約聖經裡的人物，除了在中央的摩西，還有左邊的亞倫和右邊的約書亞。

Info

地址：Piazza di S. Bernardo, 00185, Roma
開放時間：全年
前往方法：乘坐地鐵橙色A線到「Repubblica」，再步行3分鐘。

貝尼尼 驚世之作
勝利聖母教堂
(Chiesa di Santa Maria della Vittoria)

聖女像懸浮在半空，衣服的褶皺有著柔軟的質感。

　　這座外觀不太起眼的17世紀教堂，卻吸引了很多遊客慕名前來，全因1座貝尼尼大師的經典雕塑《Estasi di Santa Teresa》（聖德雷莎的狂喜）。靈感來自聖女聖德雷莎，她在自傳中描述與天使相遇時的神魂超拔。天使正微笑著，把一支金箭插入聖德雷莎的胸口，貝尼尼把聖女臉上夾雜著痛苦和欣喜的表情，都從雕塑中刻畫了出來。

MAP: P.154 A3

《Estasi di Santa Teresa》是巴洛克大師貝尼尼的驚世之作，吸引了很多遊客前來欣賞。

Info

地址：Via Venti Settembre 17, 00187 Roma
開放時間：0830 - 1200，1530 - 1800
門票：免費進入
網址：www.chiesasantamariavittoriaroma.it
前往方法：乘坐地鐵橙色A線到「Repubblica」，再步行5分鐘。從特米尼火車站步行前往，大約12分鐘。

這是Pinsa，不是Pizza

Pinsere

　　無論外表、口味和質感，都像「Pizza」，但是它叫做「Pinsa」。在古羅馬時期，已經有Pinsa了。口感介乎於柔韌的拿波里式Pizza和薄脆的羅馬式Pizza之間，叫人一吃難忘！製作Pinsa的麵團，所用的麵粉種類、水和鹽的比例都跟Pizza有不同。Pinsa的麵團亦要經過30 - 33小時的長時間發酵，營造了外部輕脆、內部鬆軟的口感。這種與別不同的質感，讓前來品嚐的客人，都贊嘆不已。

MAP: P.154 A2

相比起正常的Pizza，Pinsa是比較小型。對於女孩子來說，這個份量剛剛好。

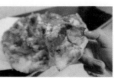

烘好的煙燻火腿（Speck）Pinsa，店員在上面淋上了自家調製的香草汁，讓Pinsa更加香口。€5.5

外賣和堂吃的價位一樣。店內設有靠牆的用餐位置，讓食客可以站著品嚐。

每天供應的口味大約有 6 - 8 款，都放在玻璃櫃枱內，一目了然。€4.5 - 5.5一個。

選好口味後，店員立即把Pinsa放入234度的焗爐烤焗，大約幾分鐘就出爐了。Pinsa會被切成4小份，方便立刻品嚐。

Info

地址：Via Flavia, 98, 00187 Roma
電話：+39 06 4202 0924
營業時間：0900 - 2100
休息日：逢星期六、日
消費：大約 €5 - 10 / 位
前往方法：從 Stazione di Roma Termini（特米尼火車站）步行前往，大約13分鐘。或可在「Termini 站」乘坐巴士38、223、92或260號到「Goito / Xx Settembre站」，再步行 4 分鐘。

人氣冰淇淋店　**MAP: P.154 A2**

Come il Latte

　　店名「Come il Latte」意大利文的意思是「像牛奶般」，這兒的冰淇淋，的確像牛奶般的濃郁幼滑。店內自設工坊，以最新鮮的材料天天鮮製冰淇淋。開業不夠已吸引了不少客人慕名而來。店內亦設有朱古力「水龍頭」，讓客人可以在甜筒內和冰淇淋之上，再添上朱古力，絕對是甜蜜的味覺享受。

當天供應的口味，都以意大利文和英語寫在黑板上。

非常邪惡的朱古力「水龍頭」，可以添加朱古力在甜筒之內，滿足一眾朱古力迷。

店內設有「噴泉」，給吃了冰淇淋口渴的客人，可以自行取水飲用水，很貼心的。

只限冬季的熱飲「特濃朱古力」，還可加添鮮奶油，十分飽肚暖身。Cioccolato Caldo Con Panna €5

秋天限定的Castagna（栗子）冰淇淋口味，和Crema al Marsala（奶油配瑪薩拉酒），口感綿軟，在冰淇淋面層還可淋上朱古力醬。小號的甜筒 €2.5

Info

地址：Via Silvio Spaventa, 24/36, 00187, Roma
電話：+39 06 4290 3882
營業時間：1100 - 2300，
　　　　　　星期五及六1100 - 0000
消費：大約 €3 - 5 / 位
前往方法：從Fontana del Mosè（摩西噴泉）步行前往，大約 6 分鐘。或可乘坐地鐵橙色A線到「Repubblica」，再步行 10 分鐘。

童話地段 MAP: P.154 B1
Quartiere Coppedè

　　從 Via Dora 的街口走進去，是全羅馬最別緻的地段。這兒是一個寧靜的住宅區，由著名的佛羅倫斯建築師Gino Coppedè，在1913至1926年構思和建造。他結合了中世紀、古希臘、新藝術、新古典主義和巴洛克多種風格，建造了獨一無二童話般的住宅區段。馬路上的金屬吊燈，引人注目，讓街道更有古樸風韻。別墅牆身畫滿了童話式壁畫，猶如進入了一個充滿魔法的異想世界。

仙女小別墅的外牆，畫滿了童話般的壁畫，亦畫上了佛羅倫斯和威尼斯的風景。

Palazzi degli Ambasciatori（大使宮）圓拱建築上的金屬吊燈，橫跨在馬路之上，讓馬路更古色古香。

通過圓拱到了Piazza Mincio（明喬廣場），在中央有一個可愛的Fontana delle Rane（青蛙噴泉），後方的大宅 Villino delle Fate（仙女小別墅），絕對是亮點！

房子是私人大宅，內部沒有開放參觀。只能從外遠眺欣賞。

Info

地址：Piazza Mincio, 00198, Roma
前往方法：乘坐地鐵橙色A線到「Policlinico」，在「V.le Regina Margherita / Morgagni 站」轉乘電車2、3或19號到「Buenos Aires站」，經 Via Tagliamento，步行3分鐘。

70年的經典冰淇淋
Gelateria La Romana

並非每一家冰淇淋店都可找到這些源自上一代的傳統冰淇淋。

　　成立於1947年，原本是一間家庭經營的冰淇淋店，現在已擴展到意大利各大城市。冰淇淋都用純天然食材來製作，質地幼滑綿軟。除了一些創新口味，店內長期供應一系列特色口味，是根據古老的食譜而製作。當中有「Pesto di Pistacchio」（開心果醬）、「Croccante All' Amarena」（黑櫻桃脆脆）、「Yogurt Miele e Noci」（蜜糖核桃乳酪），配方源自傳統，別具特色。

MAP: P.154 B2

除了各式冰淇淋，店內也有供應少量甜點，亦很受歡迎。

小型的甜筒份量亦不少，最後還可免費加上鮮奶油（Panna）。€2.5

混合茶中融入了冰淇淋的口味，很獨一無二。當中有「黑朱古力黑茶」、「薑、梨子水果茶」，都非常吸引。除了可即場品嚐，亦可把茶包買回家。

店內裝潢簡約雅緻，重點是有很寬敞的用餐區，客人可以選個舒適的座位，坐下來慢慢品嚐。

在甜筒內還可添加一些朱古力，增加誘惑邪惡感。

Info

地址：Via Venti Settembre, 60, 00187 Roma
電話：+39 06 4202 0828
營業時間：1200 - 0000、週末 1100 - 0000
消費：大約 €5 / 位
網址：www.gelateriaromana.com
前往方法：從 Stazione di Roma Termini（特米尼火車站）步行前往，大約 12 分鐘。或可在「Termini 站」乘坐巴士38、223、92或260號到「Goito / Xx Settembre站」，再步行 3 分鐘。

新古典主義
托洛尼亞別墅博物館
（Musei di Villa Torlonia）

Tips (I Can)
購買聯票，可同時參觀園內另一間博物館Casina delle Civette（貓頭鷹小屋博物館）。詳細介紹見：同頁下方

　　坐落於貴族家庭 Torlonia（托洛尼亞）昔日的家族大宅Casino Nobile之內。由1925至1943年，大宅曾租借給獨裁者Mussolini（墨索里尼）。其後，這座新古典主義別墅於1978年被市政府買下，成為了一所國立博物館，展出了Torlonia家族的雕塑收藏和古董家具。別墅位於一個清幽的公園內，綠草如茵，是遠離塵囂的好去處。

MAP: P.154 C1

大廳的壁畫華麗得讓人嘆為觀止，清雅中流露非凡氣派。

這是當年墨索里尼租用別墅期間，他使用過的房間。在公園範圍內，亦有墨索里尼用來避難的地下室，開放給公眾預約參觀。

館內展出托洛尼亞家族的珍貴收藏。最不容錯過的，有Antonio Canova大師的浮雕。

博物館在一個挺大的公園裏，公園一共有3個入口，從 Via Nomentana 大街的正門入口一進入，就是別墅博物館了。

房間的壁畫，讓人有透視錯覺，把二維的平面變成了三維的立體。壁畫上的柱廊，讓人誤以為是有深度的空間。

━Info━

地址： Villa Torlonia, Via Nomentana 70, 00161 Roma（售票處設在Casino Nobile）
開放時間： 0900 - 1900（最後入館 1815）
休息日： 逢星期一、1/1、1/5、25/12
門票： Casina delle Civette + Casino Nobile 聯票 €9.5，Casino Nobile €7.5（如正舉行專題展覽，門票價格有機會會提高）
網址： www.museivillatorlonia.it
前往方法： 乘坐地鐵藍色B線到「Policlinico」，再步行10分鐘到Villa Torlonia（托洛尼亞別墅公園）入口。或從特米尼火車站外的「Termini站」，乘坐巴士 66 或 82 號到「Nomentana / Villa Torlonia 站」，再步行2分鐘到公園正門入口。

彩色玻璃宮殿
貓頭鷹小屋博物館
（Museo Casina delle Civette）

Tips (I Can)
如購買Casina delle Civette 和 Casino Nobile 的聯票，售票處在Casino Nobile（Musei di Villa Torlonia）。

　　房子於1840 由Giuseppe Jappelli（朱塞佩・帕佩利）設計，以瑞士山間小屋作藍圖，後來成為了貴族Giovanni Torlonia（喬瓦尼・托洛尼亞）王子的官邸，直到他1938年去世。在他居住期間，更為房子注入了夢幻般的元素，利用彩繪玻璃讓房子變得獨一無二！現在這座美輪美奐的小別墅成為了博物館，讓公眾可以進入欣賞，房子裡無處不在的彩色玻璃窗，像置身於童話世界中！

MAP: P.154 C2

別墅被稱為「貓頭鷹小屋」，因為喬瓦尼王子特別喜歡貓頭鷹，而屋內亦有以貓頭鷹的主題的彩繪玻璃。

如果遇上了陽光，光線會通過彩繪玻璃，在牆上和屋內的角落，映透出了魔幻的彩色光影。

小屋的彩色玻璃窗，真的精緻極致！博物館亦展出了一些彩繪玻璃設計和草圖。

━Info━

地址： Villa Torlonia, Via Nomentana 70, 00161 Roma
開放時間： 0900 - 1900（最後入館 1815）
休息日： 逢星期一、1/1、1/5、25/12
門票： Casina delle Civette + Casino Nobile 聯票 €9.5，Casina delle Civette €6（如正舉行專題展覽，門票價格有機會會提高）
網址： www.museivillatorlonia.it/en/casina_delle_civette/la_casina_delle_civette
前往方法： 從特米尼火車站外的「Termini站」乘坐巴士66或82號到「Nomentana / Villa Torlonia 站」，再步行2分鐘到公園正門入口。從園內的Casino Nobile（Musei di Villa Torlonia）步行前往，大約3分鐘。

一排以玫瑰花作主題的玻璃窗，讓這座建築變成了一座浪漫宮殿。

屋內的窗戶、涼廊、門廊，都以不同圖案的彩繪玻璃精心修飾，圖案以動物、植物和大自然為主。

羅馬

古羅馬區

古城中心

梵蒂岡

北區

特米尼火車站周邊

越台伯河區

羅馬周邊

走進鵝卵石的迷宮小區

越台伯河區 Trastevere

　　穿越了台伯河，來到了羅馬的左岸「Trastevere」（Trastevere 意指：橫越台伯河），一個迷人的隱秘角落。這兒是城中的典型平民區，古老狹窄的鵝卵石街道、像迷宮一樣的小巷、別具風情的小店，構成了老生活韻味。小區亦是著名的用餐熱點，溫馨地道的餐館滿街都是，尤其集中在「Piazza di Santa Maria」（聖母廣場）一帶。徘徊在巷弄間後，別忘了爬上貢尼科洛山，沉浸在金黃色的羅馬美景之中。

交通　　這一區並沒有地鐵可直達。可從威尼斯廣場的「Venezia站」乘坐電車8號到「Belli站」或「Trastevere（Mastai）站」。或從梵蒂岡區的「Risorgimento/Porta Angelica站」或「Vitelleschi 站」乘坐巴士23 號到「Lgt Farnesina /Trilussa 站」。

165

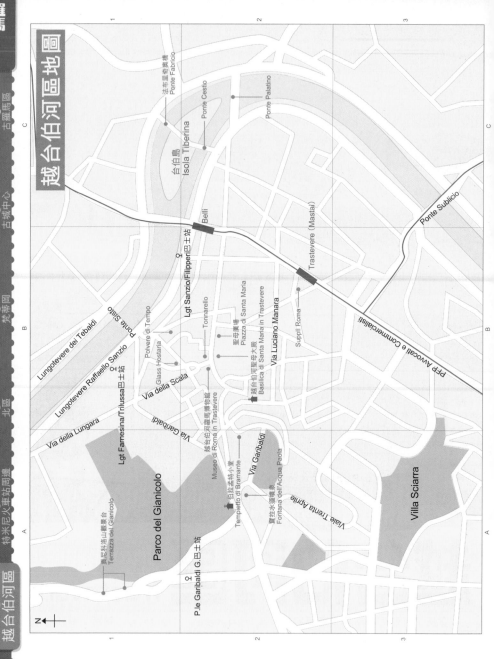

羅馬

古羅馬區
古城中心
梵蒂岡
北區
特米尼火車站周邊
越台伯河區
羅馬周邊

越台伯河區地圖

N

C

B

A

1

2

3

法布里奇奧橋
Ponte Fabricio

Ponte Cestio

台伯島
Isola Tiberina

Ponte Palatino

Ponte Sublicio

Belli

越台伯河區巴士站
Lgt Sanzio/Filippen巴士站

Trastevere (Mastai)

PFP Avvocati e Commercialisti

Lungotevere dei Tebaldi

Ponte Sisto

Lungotevere Raffaello Sanzio

Tonnarello

聖母廣場
Piazza di Santa Maria

Polvere di Tempo

Via della Scala

Glass Hostaria

Via della Lungara

Lgt Farnesina/Trilussa巴士站

Via Garibaldi

越台伯河區巴士站

聖母瑪母大殿
Basilica di Santa Maria in Trastevere

Via Luciano Manara

Suppli Roma

越台伯河羅馬博物館
Museo di Roma in Trastevere

伯拉孟特小堂
Tempietto di Bramante

Via Garibaldi

Viale Trenta Aprile

寶拉水道噴泉
Fontana dell'Acqua Paola

賈尼科洛山觀景台
Terrazza del Gianicolo

Parco del Gianicolo

P.le Garibaldi G.巴士站

Villa Sciarra

166

深秋的台伯河畔，更添詩意。

河岸醉美風光
台伯島（Isola Tiberina）

一個形狀像一艘船的小島，長約270米，寬約67米，是羅馬市內唯一的島嶼。位於台伯河的中間，河邊兩岸宜人的風景和暗藏的小歷史故事，讓這兒變成了獨特的神隱小島。

全羅馬最古老的橋樑

建於公元前62年的Ponte Fabricio（法布里奇奧橋），連接東邊古城和台伯島，曾多次因洪災損毀而重建，但仍保留了昔日面貌，鵝卵石道、古橋、10世紀的大教堂，成為了小島迷人之處。像與世隔絕的小島，在1586年設立了一間公共醫院，以往是治癒隔離病患的隱密之地。

MAP: P.166 C1 - C2

橋又名為「四頭橋」，因為橋上的一個4頭雕像，傳說是為了紀念重建時各持己見的4位建築師。

橋上和島上經常有街頭藝人演奏音樂。島的另一邊通往越台伯河小區。

傳說古羅馬人把暴君Lucio Tarquinio的屍體扔進河中，而形成了台伯島。

公元前291年，島上建了一座神廟來供奉「Aesculapius」（醫術之神），其後人們都來祈求健康。神廟現址為一所教堂。

橋有近2000年的歷史，橋身還可清楚看到古羅馬時代刻上的拉丁銘文。

─┤Info├─

地址： Isola Tiberina, 00186, Roma
開放時間： 全年
前往方法： 從Bocca della Verità（真理之口），經古橋 Ponte Fabricio步行前往，大約8分鐘。從Trastevere（越台伯河小區），經Ponte Cestio橋樑步行前往，大約5 - 10分鐘。

羅馬人生活實景
越台伯河羅馬博物館
(Museo di Roma in Trastevere)

利用真人大小的立體模型，來展示19世紀羅馬人的真實寫照。當中包括有小酒館、街頭、藥房等等的場景，配合文字解說，可體會當時人民的生活概況。館內另展出一系列描繪羅馬的水彩畫，定期亦舉辦與羅馬相關的臨時展覽。館不太大，從展品可更了解這個城市。

`MAP: P.166 B2`

是19世紀一間羅馬藥房的情景，有醫生在旁即場應診。

在博物館的樓梯間有一個「真理之口」1比1的複製品。

在羅馬的小酒館，昔日有個說法，如果葡萄酒濺到桌上，是好運的徵兆。

以前用來運送葡萄酒給小酒館的雙輪木頭車。

=Info=
地址：Piazza di S. Egidio, 1b, 00153 Roma
開放時間：1000 - 2000
休息：逢星期一
門票：€ 8.5
網址：www.museodiromaintrastevere.it
前往方法：
從梵蒂岡里彼得廣場附近的「Risorgimento / Porta Angelica站」乘坐巴士23 號到「Lgt Sanzio / Filipperi站」，再步行 5分鐘。或從威尼斯廣場的「Venezia站」乘坐電車8號到「Belli 站」，再步行5分鐘。

人氣食堂
Tonnarello

餐廳由1876年開業，人氣十足，幾乎晚晚都滿座。供應羅馬傳統菜式，最受歡迎的有Cacio e Pepe（芝士黑胡椒意大利麵）、Abbacchio al Forno con Patate（香草羊肉馬鈴薯）等等。店內隨意休閒的裝潢，吸引大量年輕食客。服務員親切熱情，而且價格經濟，又不設餐枱服務費，所以經常人頭湧湧。

`MAP: P.166 B2`

「一鑊過」的Cacio e pepe，意大利麵都是自家製，份量非常多。芝士味濃又充滿胡椒香。€8.5

佈置充滿懷舊感，沒有半點拘束，餐廳佔地兩層，還有戶外座位。

營業時間特長，如果不想排長龍，可以在用餐時間之前提早到達。

=Info=
地址：Via della Paglia, 1, 00153 Roma
電話：+39 06 580 6404（繁忙時間建議訂位）
營業時間：0800 - 0100
消費：大約 €15 - 25 / 位
網址：tonnarello.it
前往方法：
乘坐巴士23、280或780號，在「Lgt Sanzio / Filipperi」下車，再步行 5分鐘。或乘坐電車8號，在「Belli」下車，再步行 5分鐘 。在面向越台伯河聖母大殿的右前方。

拉絲芝士球的誘惑
Supplì Roma

人氣旺盛的熟食店，供應各種意式小食、炸物、Pizza等等。當中招牌芝士球「Supplì」，是必試的羅馬街頭小吃。炸至金黃色的飯團，內有蕃茄肉醬和超級多的水牛芝士Mozzarella。剛炸出來的「Supplì」，半溶芝士邊吃邊拉絲，熱騰騰充滿芝士香，叫人怎能抗拒！

`MAP: P.166 B2`

一掰開拉到長長的絲，像「電話線」一樣，所以當地人叫它做「Supplì」。（Supplì al Telefono 意思是電話線）每個 €1.5

相比起西西里島的炸飯球Arancini，Supplì內有更多的芝士，是罪惡中的幸福感。

有些炸物、件裝Pizza以重量作計算。如不想邊走邊吃，店內亦有兩張小圓枱。

小食選擇豐富且價格親民，吸引不少當地棒場客，買外賣回家慢慢享用。

=Info=
地址：Via di S. Francesco a Ripa, 137, 00153 Roma
電話：+39 065897110
營業時間：0900 - 2200
休息日：逢星期日
消費：大約 €5 - 10 / 位
網址：www.suppliroma.it
前往方法：乘坐電車8號到「Trastevere / Mastai 站」，再步行2分鐘。從越台伯河聖母大殿步行前往，大約5 分鐘。

迷人的馬賽克
越台伯河聖母大殿
(Basilica di Santa Maria in Trastevere)

閃耀奪目的馬賽克鑲嵌畫，讓這所教堂充滿迷人魅力。位於越台伯河區最主要的廣場上，始建於3世紀初，是羅馬最古老的聖母瑪利亞教堂之一。豎立在中殿有22支「愛奧尼柱式」及「科林斯柱式」的古羅馬圓柱，據估計是從卡拉卡拉浴場或貢尼科洛山上的艾西斯神廟拆卸下來的。教堂於12世紀加建了羅馬式鐘樓，並在立面和內部添加了迷人的馬賽克鑲嵌畫。 **MAP: P.166 B2**

內部金光閃閃的馬賽克鑲嵌畫，配合17世紀加建的木製金色天花板，絕對是教堂的亮點所在。

鑲嵌畫上最中間有耶穌和聖母瑪利亞，而多位門徒則伴在其左右。

在主聖壇右邊的這部小機器，只要投入€0.4作Offerta（奉獻），鑲嵌畫上的燈光就會亮起來，每次歷時3分鐘。

外立面上的馬賽克鑲嵌畫，在陽光下發出閃耀光芒。聖母瑪利亞和聖嬰在畫的中間，栩栩如生。

後方的羅馬式鐘樓建於12世紀，讓這教堂更添魅力。

Info

地址： Piazza di Santa Maria in Trastevere, 00153 Roma
開放時間： 0730 - 2100
門票： 免費進入
前往方法： 乘坐巴士23、280或780號，在「Lgt Sanzio / Filipperi」下車，再步行5分鐘。或從威尼斯廣場的「Venezia」乘坐電車8號到「Belli 站」，再步行5分鐘。

時間的塵埃 **MAP: P.166 B1**
Polvere di Tempo

對現代人來說，「沙漏」、「日晷」像是被時間淘汰了的東西，卻有狂熱愛好者把這些古代玩意，重新設計，讓它們重現在摩登的時空中。店主Adrian Rodriguez Cozzani 先生，於1989年開設了這間「時間器工藝室」，親手設計及製造多種沙漏和日晷。看似一個妙想天開的意念，卻創造了一間別具特色的小店，讓客人像跨越了時空回到古代，發現重重驚

大大小小的沙漏，都是由店主親手製作。看著沙漏中的沙不斷墜落，卻感覺光陰停住了。

除了時間器，還有關於時空宇宙的新奇小物，有指南針、天文圖、古代地球儀、封蠟印章等等。

日晷是古代的計時工具，是根據太陽的陰影來推斷時間。

提提你

當年店主有「製造古代時間器」這個念頭，全因參觀了在米蘭的「波爾迪佩佐利博物館」（詳細介紹見P.365），那兒有豐富的日晷收藏，讓他徹底的迷上了。

精緻的木盒子日晷指南針，全都出自店主的手工製作。每款€25 - 35。

還有各種款式的復古地圖，很有文青格調。

由店主太太設計的袖口扣，上面印上了羅馬著名廣場的鳥瞰圖案。€10

Info

地址： Via del Moro, 59, 00153 Roma
營業時間： 1100 - 1330、1430 - 2000；星期六 1100、1400、1500 - 2000
休息： 逢星期日
網址： www.polvereditempo.it
前往方法： 從梵蒂岡聖彼得廣場附近的「Risorgimento/ Porta Angelica站」乘坐巴士23號到「Lgt Farnesina / Trilussa站」，再步行2分鐘。或從威尼斯廣場的「Venezia站」乘坐電車8號到「Belli 站」，再步行5分鐘。

總廚Cristina Bowerman經常在各大媒體和慈善活動中出現，歷年來亦獲得過不少獎項。

魚生片新鮮甘甜，拌上了以乳酪、海藻和杞子調製的醬汁，還加上了蟹子、藍莓和酸甜李子，營造了味蕾和觀感的多重層次。€30

感動味蕾
Glass Hostaria

隱藏在風情萬種的越台伯河小區之中，有這間與眾不同的餐廳。由來自南部Puglia（普利亞）大區的名廚Cristina Bowerman掌廚，屢年獲得米芝蓮一星評級。內裝走現代感路線，在古樸城區中令人眼前一亮。總廚Cristina 曾經留學美國，亦經常周遊列國，透過旅行和異地體驗取得靈感。菜式經過精心設計，在意大利料理中，加入了世界各地的特色用料和當造食材。憑着豐富的想像力和對烹飪的熱情，創造出前所無有的新穎菜色，無論在賣相和美味程度都很出眾，讓人驚喜萬分。

MAP: P.166 B1

餐前奉上的小前菜具創意又別緻！小圓波內藏了啤酒，沾上了黃糖，一放進口立即爆開，啤酒香氣溢滿口中，感覺超「爽」。

蕃茄龍蝦海膽小丸子Gnocchi，再加上了黑蒜和大大片的黑松露，難忘濃郁的海膽香，是味覺全新的體驗！€26

每一客甜點的賣相都很精緻，猶如藝術品。

┏━ Info ━┓

地址： Vicolo del Cinque, 58, 00153 Roma
電話：+39 06 58335903（建議訂位）
營業時間：1930 - 2300
休息日：逢星期一
消費：大約 €80 / 位 起（另有Tasting Menu：7 道菜 €90 - 95 、9 道菜 €150）
網址：glasshostaria.it
前往方法：乘坐巴士23、280或780號，在「Lgt Sanzio / Filipperi」下車，再步行 4分鐘。或乘坐電車8號，在「Belli」下車，再步行 6分鐘。

行政總廚亦會親自向客人介紹菜式和給予建議，讓客人更享受用餐的過程。

餐廳樓高2層，裝潢簡約時尚，氣氛輕鬆優雅，不拘束。

太誘惑的甜點！栗子的甜美，與牛肝菌的濃烈味道互相配合，再配上了朱古力脆餅。
Castagna , Porcini e Cioccolato €15

這一客羊肉配紅燒洋蔥，與濃烈的藍芝士醬。配搭很大膽創新，驚喜十足。

以芒果和泡菜製作的醬汁伴以嫩滑香口的鰻魚，清新甜美，很有亞洲風情。

供應的麵包籃也很講究，一共有5款，全部自家新鮮製作。最中間的小茴香薄脆片，非常脆口，一吃難忘。

餐後奉上的3式小甜點，有迷你的Cannolo、特濃朱古力Sacher和手作啫喱糖，為晚餐作完美的終結。

提提你

總廚 Cristina Bowerman 小檔案：
總廚亦有出版個人著作，分享為了夢想而奮鬥的過程。原本修讀法律及平面設計的她，為了夢想，在美國完成了廚藝學校的學位，並在當地實習吸取經驗。2004年決定回意大利工作，並於2010年獲得了米芝蓮一星的評級。

最完美的小神殿

MAP: P.166 A2

伯拉孟特小堂
(Tempietto di Bramante)

外觀像一座古羅馬式神殿的小禮堂，坐落在昔日聖彼得被釘十字之地，又名為「聖彼得蒙托里奧小神殿」，是著名建築師 Donato Bramante（伯拉孟特）的經典之作。由16根柱子構成了一個正圓空間，結合了古羅馬風格於基督教建築之中，被譽為完美偉大的建築設計。

小神殿有一個地窖，是傳說中聖彼得的殉教室。

在賈尼科洛山山腰，神殿前方是遠眺羅馬全景的好地方。

Info

地址：Piazza di S. Pietro in Montorio, 2, 00153 Roma
電話：＋39 06 581 2806
開放時間：1000 - 1800
休息日：逢星期一
門票：免費進入
網址：www.accademiaspagna.org/el-templeto/?lang=it
前往方法：從越台伯河聖母大殿步行前往，沿著上山的樓梯階往上走，步程大約 10 分鐘。經「Spanish Royal Academy」（西班牙學院）的門口進入。

《絕美之城》取景地

寶拉水道噴泉 (Fontana dell'Acqua Paola)

步行上賈尼科洛山，必會經過這一座大型的大理石噴泉。在16世紀，為了解決台伯河供水不足的問題，把古羅馬時期的「圖拉真水道」改建，成為一條新的「寶拉水道」。噴泉的所在地，是水道的終點站。在電影《絕美之城》開場一幕，一群日本遊客就是在這兒下車拍照。

MAP: P.166 A2

這座噴泉是參照「摩西噴泉」的風格而設計的。

寶拉泉的正前方是一個觀景台，如果沒有太多氣力步上賈尼科洛山，在這兒看風景亦很不錯。

Info

地址：Via Garibaldi, 00153, Roma
前往方法：從越台伯河聖母大殿步行前往，沿著上山的樓梯階，步程大約 10 分鐘。

金黃美景

賈尼科洛山觀景台 (Terrazza del Gianicolo)

大半個羅馬城就在眼底！這兒是羅馬最高的山丘Gianicolo（賈尼科洛山）。在天氣晴朗的日子，不妨安排一場小健行，從越台伯河小區步行上山，在青翠宜人的山丘之上欣賞風景，來回都不過是大半小時。一到下午接近傍晚時份，前往觀賞黃昏日落的遊客更多。一覽無遺的城市景色，被映照成金黃一片，構成了絕美的風景。

MAP: P.166 A1

上山的巴士班次不太準確。不過，看到如此美景，就算走起路上來都很值得。

★ I Can Tips

步行上山的，可由「越台伯河聖母大殿」出發，經 Via della Paglia 轉右到 Vicolo della Frusta，沿著Via Garibaldi 登上樓梯和斜路，途經「伯拉孟特小堂」和「寶拉水道噴泉」，最後到達觀景台。

在此可遠眺「維托里亞諾」和數不盡的教堂圓頂。

廣場上豎立了加里波第的騎馬雕像，以紀念他在意大利統一時立下的功勞。

山上有不少休憩空間，在週末，有機會會遇上兒童木偶戲在山上上演。夏季時份，附近設有酒吧，讓人遠離城市的喧囂。

Info

地址：Via Servilia 43, 00118 Roma
開放時間：全年
前往方法：可從聖天使堡附近 「Lgt Sassia/S.Spirito站」乘坐巴士 115 或 870號到「P.le G. Garibaldi 站」即達；或從越台伯河聖母大殿步行上山，大約15分鐘。

山上的觀景台是向正東方向，早上背光，下午較順光。

黃昏前是最佳的到訪時段，會看到日落餘暉映照成金黃色的羅馬城景。

城市邊緣的休閒美

羅馬周邊

　　如果在過於熱鬧的遊客區想念休閒，不妨稍移玉步，向羅馬的周邊進發吧！可以考慮到訪空間感十足的EUR區域，探索法西斯建築之餘，又可在博物館群中慢逛細目。亦可安排一天前往Tivoli，在古羅馬遺跡哈德良別墅中，領悟歷史，在文藝復興別墅千泉宮，欣賞四處湧動的泉水，交織出來的美妙樂章。

古羅馬區

古城中心

梵蒂岡

北區

特米尼火車站周邊

越台伯河區

羅馬周邊

173

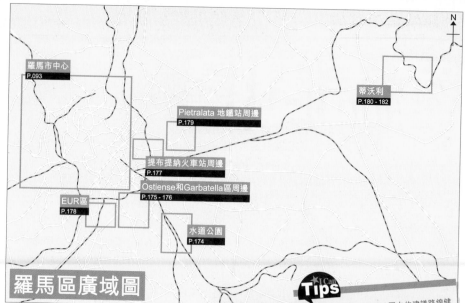

羅馬市中心
P.093

蒂沃利
P.180 - 182

Pietralata 地鐵站周邊
P.179

提布提納火車站周邊
P.177

Ostiense和Garbatella區周邊
P.175 - 176

EUR區
P.178

水道公園
P.174

羅馬區廣域圖

Tips

如果時間許可，可跟隨地圖中的建議路線健行走半圈，從「Giulio Agricola」地鐵站出發，沿經16世紀重新修建的「Acquedotto Felice」和源自1世紀的「Acquedotto Claudio」，然後從「Cinecittà」地鐵站離開。不過，平日遊人不多，四周比較僻靜，獨行遊客要小心。

雄偉的古羅馬水道
水道公園
（Parco degli Acquedotti）

距離羅馬市中心8公里的水道公園，內裡保存了幾座古羅馬時期興建的引水道，幾排以巨石建成的高架水道，被廣大的綠色草坪圍繞著，十分壯觀。古羅馬人善於建築，當年羅馬城非常缺水，單靠台伯河水和雨水，並不足夠全民之用。因此，建造了多條輸水道，從遠方山上的泉源，一直經水道運到城中。而水質最好的，用來飲用。水質普通的，用來打造浴池、灌溉田園等等。

從「Parrocchia San Policarpo」教堂旁邊進入園區，一整條Acquedotto Felice水道，很矚目壯觀。

園區佔地有15公頃，走進公園要成功看到多條水道，亦不是容易。當中Acquedotto Claudio水道是園內最雄偉壯觀的，不過，需要步行一段距離。

水道公園

‥‥‥‥‥‥ 建議路線

公園是羅馬人的休閒空間，一到假日，聚集了很多來野餐、踏單車、跑步的當地人。

古羅馬人認為高架起來的輸水道，維修比起地下水道更方便，而且可以免遭各種污染。

公園附近有農田和綿羊牧場，幸運的話可能會遇上一堆正在吃草的羊群。

—Info—

地址： Via Lemonia, 221, 00174, Roma
開放時間： 全年
門票： 免費進入
網址： www.parcoappiaantica.it/home/itinerari/acquedotti
前往方法： 乘坐地鐵橙色A線到「Giulio Agricola」，向西南方向步行8分鐘。公園沒有圍籬或正式入口，可在教堂「Parrocchia San Policarpo」旁邊，穿過水道的圓拱進入。

神秘的地下墓穴
亞壁古道
（Via Appia Antica）

　　「亞壁古道」是古羅馬最早建設的一條大路，在市中心以南的一段古道地底，更隱藏了一條超過300公里的通道，是天主教的早期墓穴和躲藏之處。當中有些墓穴可供參觀，最著名的有「聖巴斯弟盎地下墓穴」和「聖卡里斯托地下墓穴」。而古道上的教堂「城外聖巴斯弟盎聖殿」亦不容錯過，內裡收藏了貝尼尼在80歲時所雕刻的耶穌像，是這位偉大的巴洛克大師人生中最後一件作品。

建於2世紀的「聖卡里斯托地下墓穴」，是羅馬天主教會的第一座官方墓地。地下隧道一共有20公里長，一個個棺材大小的洞穴設在狹窄的隧道兩旁，讓人印象深刻。

「聖卡里斯托地下墓穴」的地面，是一個翠綠的園林，在假日有不少遊人沿著鵝卵石小路騎單車或散步。

「城外聖巴斯弟盎聖殿」建於4世紀，在17世紀進行過大型修建，內部莊嚴瑰麗。

古道平日車來車往，行人路亦比較窄小。每逢星期日，古道會禁止車輛行駛，讓市民可以在這條羅馬古道上漫步。

另一個地下墓穴「聖巴斯弟盎地下墓穴」，入口就在教堂「城外聖巴斯弟盎聖殿」外邊的小門。殉道者聖巴斯弟盎就是被埋葬在這個地下墓穴。

Info

城外聖巴斯弟盎聖殿
Basilica di San Sebastiano Fuori le Mura
地址：Via Appia Antica, 136, 00179, Roma
開放時間：0830 - 1830
門票：免費進入
網址：www.sansebastianofuorilemura.org
前往方法：在圓形競技場的「Colosseo站」乘巴士118號到「Basilica S. Sebastiano 站」即達。

聖巴斯弟盎地下墓穴
Catacombe di San Sebastiano
地址：Via Appia Antica, 136, 00179, Roma
開放時間：1000 - 1700（最後入場 1630）
休息日：逢星期日、1/1、11月中至1月中
門票：入場及導覽團 € 8
網址：www.catacombe.org
前往方法：入口在Basilica di San Sebastiano Fuori le Mura（城外聖巴斯弟盎聖殿）的右邊。

聖卡里斯托地下墓穴
Catacombe di San Callisto
地址：Via Appia Antica, 110/126, 00179, Roma
開放時間：0900 - 1200、1400 - 1700
休息日：逢星期三、1/1、復活節、25/12、1月底至2月底
門票：入場及40分鐘導覽團 € 8
網址：www.catacombe.roma.it/it/index.php
前往方法：在圓形競技場的「Colosseo站」乘坐 巴士118號在「Appia Antica / Scuola Agraria站」，再步行3分鐘。從Catacombe di San Sebastiano（聖巴斯弟盎地下墓穴）經Via Appia Antica（亞壁古道）步行前往，大約10分鐘。

以民居的外牆作畫布
Ostiense和Garbatella區周邊
街頭藝術區
（Tor Marancia Street Art）

　　由來自不同國家的22名街頭藝術家，在11幢民房外牆上，繪畫了繽紛亮麗的壁畫。這是2015年一個名為「Big City Life」的大型公共藝術項目，當時特意邀請了一些著名的街頭藝術家，用了3個月時間，在建築外牆作畫。完成之後，這一個住宅區，猶如一個露天街頭藝術博物館。

MAP: P.175

很喜歡這一幅，讓人想起米高安哲羅《創造阿當》指尖觸碰的那瞬間。這一幅作品以綻放的花朵作點綴，多了一份浪漫感。

有些作品更融入了居民自身的故事。在動筆之前，據說部分藝術家有跟住客傾談過，然後才定下創作的主題和概念。

這些街頭藝術，就像把藝術與色彩融入了生活。

Info
地址：63, Viale Tor Maranci, Roma
開放時間：全年
網址：www.bigcitylife.it
前往方法：乘坐巴士160、670或671號到「Tor Marancia/Arcadia 站」即達。

館內亦有展出昔日警隊用品、模型警車、制服等等，可從中了解意大利警察的歷史。

專用於在雪地的爬坡警車，應該是最特別和最罕見的警車吧。

超跑林寶堅尼
警車博物館（Museo delle Auto della Polizia di Stato）

一眾車迷的打卡點！這兒是專門收藏意大利警車的博物館，從50年代到現在，按時代順序地展示。從昔日的軍綠色到現在使用的海藍色系，從日常使用的巡邏車到只會在雪地使用的爬坡車，統統都有。最讓人興奮的是，能夠親身目睹警隊專用的超級跑車！世上最型的林寶堅尼警車，登場！

MAP：P.175

林寶堅尼超跑警車，主要用作緊急運送供移植的器官。車上設有運送器官的冷凍櫃和心臟除顫器。

小巧玲瓏的Smart Car警車。

這些超跑警車，都是車廠贈送給警方。據稱博物館亦有一輛法拉里超跑警車，不過，到訪當天正在其他地區展出中。

警車按時代整齊地展示，當中亦有警隊摩托車和單車。每架警車旁邊都寫上了型號和意大利文解說。

── Info ──
地址：Via dell' Arcadia, 20, 00147 Roma
開放時間：0900 - 1300
休息日：星期日及假期、8月份
門票：€3
網址：www.poliziadistato.it/articolo/555-Un_museo_per_le_auto_della_Polizia/
前往方法：乘坐巴士160、670或671號到「Tor Marancia/Arcadia」站，再步行3分鐘。

發電廠展覽空間
蒙特馬爾蒂尼中心博物館
（Centrale Montemartini）

發電廠和雕像，居然可以產生融合感！這間容納了400多座雕塑作品的博物館，於1997年開幕，是由一座舊發電廠改建而成。充滿藝術美感的古羅馬雕像，被設置在冷冰冰工業化的發電廠房內，形成了一個很特殊的視覺空間。

MAP：P.175

館內亦有展出1架屬於昔日教宗的火車（Treno di Pio IX），1858年建造，一共有3個車卡，車卡上有代表「梵蒂岡」的雙鎖匙徽章。

很獨一無二的展覽空間，把古典雕塑的柔美，與發電機的剛悍，截然不同的兩者，巧妙的融合在一起。

博物館分2層，一共有4個展覽區，主要展出來自古羅馬時代的雕像。

── Info ──
地址：Via Ostiense, 106, Roma
開放時間：0900 - 1900；24 / 12、31 / 12 0900 - 1400（最後售票：閉館前半小時）
休息日：逢星期一、1 / 1、1 / 5、25 /12
門票：€7.5；Capitolini Card 聯票（另可參觀 Musei Capitolini）€12.5；如館內有特別展覽，門票有機會上漲。
網址：www.centralemontemartini.org
前往方法：
乘坐地鐵藍色B線到「Garbatella」再步行10分鐘。或從梵蒂岡區的「Risorgimento / Porta Angelica 站」或越台伯河區的「Lgt Sanzio / Filipperi 站」乘坐巴士 23 號到「Ostiense/ Prefettura 站」，再步行 3 分鐘。

Lidl所出售的貨品主要來自歐洲各地，並不
是全意大利品牌。

超市自家護理品牌「Cien」，經常被當地的
Blogger 或 Youtuber 大力推介。這款潤手
霜，不用€1 就有 1 枝了。

大型廉價超市
Lidl 超市

相比其他在羅
馬市中心的超
市，這一間Lidl
都算大規模。

　　來自德國的連鎖超市，公認「價廉
物美」。在提布提納火車站附近的這一
間，規模挺大，新鮮蔬果、出爐麵包、乾貨熟食，應有盡有。貨品
主要來自歐洲各地，有不少更是超便宜貨色。如果你是專門尋找意
大利製造的高級優質食材，這兒可能沒有太多選擇。相反，如果你
是慳錢的背包客，或是不想花費的長途旅人，來這兒找「便宜貨」就
最好不過了。

除了已調味的即食意
大利飯，亦有這種蘑
菇玉米粥。價格都是
€ 1 左右。

「Cien」的玫瑰眼
霜亦很抵用。每枝€
1.99

Info

地址：Via della Lega Lombarda, 32, 00162 Roma
營業時間：0800 - 2200、星期日0900 - 2200
網址：www.lidl.it
前往方法：
從特米尼火車站外的「Termini 站」乘坐巴士
310號到「Ippocrate / Provincie」、或從人民
廣場附近的「P.le Flaminio 站」乘坐巴士490
號到「Tiburtina / crociate 站」，再步行1分
鐘。或從Stazione Tiburtina（提布提納火車
站）步行前往，大約10分鐘。

麵包天天定時新鮮出爐，選擇亦有很多。一個牛角麵包，大約€ 0.5。

羅馬第二大火車站
提布提納火車站
(Stazione di Roma Tiburtina)

站內亦有多間店鋪、超市和
食店，如果在此轉車，等車
期間亦可慢慢逛逛。

　　除了特米尼火車站，位於較東北邊的「Stazione di Roma
Tiburtina」（提布提納火車站），亦是羅馬另一個重要交通中樞。除
了火車，地鐵藍色B線的「Tiburtina」亦在此設站。在火車站對面，
是羅馬最主要的長途巴士總站「Autostazione Roma Tiburtina」，大
部分開往其他大城市或歐洲各地的長途大巴，都在這兒停靠。

MAP: P.177

Info

地址：Stazione di Roma Tiburtina,
00162, Roma

前往方法：
乘坐地鐵藍色B線到「Tiburtina」即達。從許
願池附近的「S. Claudio 站」乘坐巴士62、
71或492號、或從萬神殿附近的「Corso /
Minghetti站」乘坐巴士62或492號，到「Staz.
ne Tiburtina站」即達。

時尚品牌Fendi的總部
意大利文明宮
(Palazzo della Civiltà Italiana)

一座四方形大理石建築，擁有像古羅馬圓形競技場的拱門設計，被稱為「Colosseo Quadrato」（方形的羅馬競技場），一直是「EUR」區的標記。墨索里尼於1938年下令建造，充滿法西斯建築風格，原本為了1942年的世博會而設。墨索里尼倒台後，工程暫停，然後大樓一直空置。於1953年，曾經在此舉行過農業展覽會。直到2015年，被Fendi租用，成為其總部辦公大樓。

建築有6層高，在最底層4個角落都設有騎馬雕像。在地面拱門一共豎立了28座代表不同職業的大理石像，有哲學、商業、天文學、醫學、等等。

沒有華麗的裝潢，卻重視對稱和簡約的外觀，是法西斯建築風格的重點所在。墨索里尼企圖用新的建築風格，來整合人民。二戰倒台後，市內再沒有新的法西斯建築。

羅馬南部的「EUR」區全名Esposizione Universale Roma（世博園區），是墨索里尼精心打造的法西斯建築區，原本為了1942年在羅馬舉辦世界博覽會，以慶祝獨裁掌權20年。在此建有很多法西斯風格的新派建築，墨索里尼倒台後，建築沒有被摧毀，亦成為了這一區的歷史痕跡。此區有多個龐大的人工湖和綠化公園，充滿空間休閒感。

提你

一樓是「展覽空間」，不定期舉行藝術展覽。除了在展覽期間，大樓不開放公眾進入。

Info

地址：Quadrato della Concordia, 3, 00144 Roma
開放時間：只在有特別展覽時對外開放
網址：www.fendi.com/us/fendi-roma/palazzo-della-civilta-italiana
前往方法：從特米巴火車站外的「Termini 站」乘坐巴士170 號到「Ciro II Grande 站」，再步行6分鐘。

擴闊眼界
文明博物館
(Museo della Civiltà)

在EUR區之中的大型博物館群，只要一張門票就可以參觀多間不同題材的博物館。當中有「史前與民族博物館」，展出了石器時代、青銅時代、鐵器時代的考古發現。另外，還展出了不同民族的風土文物。在對面的大樓，設有一座規模龐大的「民間藝術傳統博物館」，展品非常生活化，包括有昔日的傳統服裝、節慶用品、樂器、農民用具等等。透過展品可更了解意大利各地的人民生活和傳統文化。

在「民間藝術傳統博物館」展出了許多民間用品，例如用樂器、傳統衣服、房屋模型等等。展品富有民間傳統特色，是昔日人民生活的寫照。

「民間藝術傳統博物館」亦有展示中世紀威尼斯人所用的貢多拉，設有頂篷，下雨或陽光太猛時，船客都可以躲在頂篷裡。

Tips

一張聯票3天內有效，可參觀～
1. Museo Preistorico Etnografico "Luigi Pigorini"（史前與民族博物館 / 售票處所在地）
2. Museo delle Arti e Tradizioni Popolari "Lamberto Loria"（民間藝術傳統博物館）
3. Museo dell'alto Medioevo "Alessandra Vaccaro"（中世紀早期博物館）

Info

地址：Piazza Guglielmo Marconi, 14, Roma
開放時間：0800 - 1900（最後售票1830）
休息日：逢星期一
門票：聯票€10
網址：www.museocivilta.beniculturali.it
前往方法：從特米尼火車站外的「Termini 站」，乘坐巴士714或到「Colombo / Civilta' Del Lavoro 站」，橫過對面馬路即達。或從那佛納廣場附近的「Rinascimento站」，乘坐巴士30 號到「Colombo / Agricoltura 站」，再步行5分鐘。

這幾間博物館的位置很接近，坐落在兩座相鄰的建築，不過內部並不互通。

在「中世紀早期博物館」內展出了一些從古羅馬別墅發掘出來的壁畫和馬賽克地板。

19世紀西西里島的傳統木頭車，以馬匹或騾仔來拖運重物。車一般以紅色為主調，上面的彩繪雕花精緻細膩。

Colombo / Agricultura巴士站
意大利文明宮 Palazzo della Civiltà Italiana
Ciro II Grande巴士站
民間藝術傳統博物館 Museo Nazionale delle Arti e Tradizioni Popolari
Colombo/Civilta' Del Lavoro 巴士站
文明博物館 Museo della Civiltà Romana
史前與民族博物館 Museo Preistorico Etnografico "Luigi Pigorini"
中世紀早期博物館 Museo Nazionale dell'Alto Medioevo
Viale della Civiltà del Lavoro
Via Cristoforo Colombo

超市位置就在地鐵站旁邊，營業時間特長，星期日亦全天營業。

貨品排列相當整齊，店內空間闊落寬敞，逛得特別舒適。

掃手信必到
PAM大型超市
（Panorama Hypermarket）

面積大得驚人的連鎖超級市場！是全羅馬最好逛的超市。位置好像有點遠離市中心，但從特米尼火車站乘坐地鐵，只需15分鐘就能到達！而超市就在地鐵站旁邊，非常方便。上層還有百貨部門，專售家庭用品、小型電器、衣物等等。想去大掃貨的，可以預留半天時間！

Cantucci（意式脆餅）除了經典的杏仁口味，這品牌亦有推出其他口味，例如朱古力、開心果等等，都很吸引。每盒 €2

Arkalia 系列出品了很多有機面霜，當中有牛油果眼霜、堅果油面霜、蘆薈日霜等的，標榜內含天然成份高達97％。每款 €6-8

Geomar的有機5分鐘面膜，含95％天然成份，左邊Purificante有清潔淨化的效果，右邊 Anti-Age有滋潤緊膚作用。兩包方便裝 €1.2

Pam 超市自家品牌Arkalia，推出了很多超便宜的個人護理用品。有機杏仁護手霜 Crema Mani 每枝 €1.7。

同樣是超市Arkalia系列的 Latte Detergente（洗面奶），以蘆薈汁和櫻桃油製成，成份天然，質地滋潤。每枝 €2

陳化了 30 個月的Parmigiano Reggiano（巴馬臣芝士），入口沙沙有質感。每件 €9.9

Tips

超市經扶手電梯往地鐵站時，在停車場旁邊亦有另一間規模較小的廉價超市「In's」。

在超市內的藥房部，可以找到一些知名歐洲藥妝品牌，例如：Eucerin、La Roche-Posay、Rilastil、NUXE 等等，貨品都很齊全。

---Info---

地址： Via Tiburtina, 757, 00159 Roma
營業時間： 星期一至六0800 - 2200，星期日0900 - 2100（關門前最少半小時前要進入），公眾假期有機會更改營業時間，詳情請查閱官網。
網址： www.pampanorama.it
前往方法： 乘地鐵藍色B線到「Pietralata」，出閘後穿過左邊的停車場，上扶手樓梯即達，步行約2分鐘。

往Tivoli的Cotral 巴士站
Ponte Mammolo
S. Maria del Soccorso
Pietralata
Panorama Hypermarket 大型超市

埃斯特別墅（千泉宮）
Villa d' Este

蒂沃利市中心Tivoli

哈德良別墅
Villa Adriana

埃斯特別墅附近 Villa d'Este

埃斯特別墅（千泉宮）
Villa d' Este

入口

N

Parrocchia Santa Croce

Piazza Giuseppe Garibaldi

Piazza Giuseppe Garibaldi

Viale Roma

Tivoli

從火車站步行至市中心路徑

Cotral巴士站
回羅馬Ponte
Mammolo

Cotral / C.A.T.巴士站
Large Nazioni unite

Via Trieste

Viale Tomei

蒂沃利
Tivoli

C.A.T.「VieRoma / Ponte della Pace」巴士站
（前往：Villa Adriana / Villa d'Este）

羅馬的後花園
蒂沃利 (Tivoli)

相比起羅馬的繁華，蒂沃利就像一個隱世的後花園。位於羅馬以東 30公里外，因氣候溫和，自古羅馬時期，成為了皇室和上流貴族的避暑勝地。小城內有2個列入了世界文化遺產的貴族別墅，包括歷史遠久的「哈德良別墅」和清麗脫俗的「埃斯特別墅」，先後由古羅馬哈德良皇帝和文藝復興時期的貴族紅衣主教分別打造。想遠離人煙稠密的羅馬，最適合到訪蒂沃利，作一天郊外遊。

「埃斯特別墅」的入口就在蒂沃利市中心廣場「Piazza Giuseppe Garibaldi」後方。

往來 羅馬和蒂沃利

1.地鐵＋大巴（較方便）
去程

　　乘坐地鐵藍色B線到「Ponte Mammolo」，在出口前方的巴士總站，轉乘Cotral公司營運往「Tivoli」方向的大巴，車程大約 50 - 60分鐘。車票可在自助售票機購買，單程車費 €2.2，上車購買需 €7。建議購買來回。

　　如往「哈德良別墅」，在Via Nazionale Tiburtina，221下車，然後經Via Venezia Tridentina 步行25分鐘。**如往「埃斯特別墅」**，可在「Largo Nazioni Unite」（Piazza Giuseppe Garibaldi 附近）下車。

回程

　　如從「埃斯特別墅」回程， 可在 Via Nazionale Tiburtina 2（Piazza Giuseppe Garibaldi 附近的公園外，Unicredit 銀行對面）乘坐 Cotral公司 的大巴，回去羅馬的「Ponte Mammolo」地鐵站。如車票沒有事先準備，可在煙草店購買。

　　如從「哈德良別墅」回程， 可在 Via Nazionale Tiburtina 與 Via di Villa Adriana 交界的巴士站，乘坐Cotral公司的大巴，回去羅馬的「Ponte Mammolo」地鐵站。

Cotral下車處
Via Nazionale Tiburtina

Cotral回羅馬上車處

往Tivoli

下車後步行路線

入口及售票處

C.A.T.巴士站往Tivoli 或 Villa d'Este

展覽小屋　　　　Hospitalia
Pecile
　　　　　Teatro Marittimo
Tre Esedra
Piccole Terme　　　　Piazza d'oro
Grandi Terme
　　Canopo
Serapeo

哈德良別墅附近 Villa Adriana

從Ponte Mammolo的巴士總站，轉乘Cotral大巴往Tivoli：　　　　　　　　　Cotral巴士公司 網頁：www.cotralspa.it

上車買票價格十分貴。可以事先在自助售票機或煙草店購買。

在「Ponte Mammolo」地鐵出口前方的巴士總站，從自助售票機上方的螢光幕，可查閱開出時間和月台資料。

在早上的繁忙時間，往Tivoli的人有很多，都幾乎滿座。

來往羅馬和蒂沃利的藍色Cotral大巴。

2.火車＋當地巴士
可從「Roma Termini」或「Roma Tiburtina」乘坐Trenitalia國鐵火車到「Tivoli」車程大約 1 小時。**如往「哈德良別墅」**，可步行 7 分鐘到「Via Roma/Ponte della Pace站」，轉乘C. A. T.公司營運的地區巴士4或4X，到達門口。**如往「埃斯特別墅」**，可從火車站步行前往，大約15分鐘。或轉乘地區巴士4 或4X，在「Largo Nazioni Unite站」下車。

當地巴士 C.A.T. Local bus Tivoli（注意：班次不太密，特別在假日）
http://www.catbustivoli.com

往來「哈德良別墅」和「埃斯特別墅」
在「哈德良別墅」售票處旁邊，有往Villa d'Este和Tivoli市中心的地區巴士站，非常方便。在售票處可購買巴士票和查詢巴士時間表。不過，巴士開出時間不太準確。上車前最好跟司機確定目的地。

從房間精緻的馬賽克地板，可以聯想到別墅昔日有多富麗堂皇。

「Teatro Marittimo」是別墅的重點建築之一。在一個圓形的人工水池中央，建有一所小型住宅。這種建築設計在古羅馬時代是非常的獨特前衛。

古代皇室的避暑山莊
哈德良別墅（Villa Adriana）

位於蒂沃利市中心5公里外，於公元118 - 138年建造，在古代是全世界最大的別墅之一。由古羅馬皇帝哈德良精心打造，他亦充當了建築師，親手設計並監督工程進度。這個規模龐大的皇室避暑山莊，佔地超過120公頃，當中有大型花園、浴池、神殿、圖書館、劇院等，現在向公眾開放可供參觀的，是其中大約40公頃的面積。在1999年，哈德良別墅遺址被列入了世界文化遺產名錄之中。 **MAP: P.180**

跟大多數古羅馬遺跡一樣，經過近2000年的光景，眼前的建築都不太完整，參觀時需要加點想像力。這兒是「Piazza d' Oro」，周邊昔日建有宏偉的柱形門廊。

★I Can
Tips

1. 由10月至3月期間，每月第一個星期日免費入場。
2. 考古區範圍很廣，建議穿著舒適的鞋子。
3. 整個區域都在露天範圍，夏天要注意防曬，帶備足夠水份。

在城牆邊進入「Pecile」前的小屋，展示了別墅的原始模型，讓遊客可以想像整個皇家別墅真的大得誇張，就像一個設備完善的城鎮。

以埃及城「Canopo」為名的水池，卻充滿古希臘風格。池邊有科林斯柱和希臘雕像圍繞著。

Info

地址： Largo Marguerite Yourcenar, 1, 00010 Tivoli, Roma

開放時間：
1月 0830 - 1700、2月 0830 - 1800、3月至3月最後一個星期六 0830 - 1830、3月最後一個星期日至4月底 0830 - 1900、5月至8月0830-1930、9月 0830 - 1900、10月至10月最後一個星期六 0830 - 1830、10月最後一個星期日至12月底（最後入場：閉館前1個半小時）

休息日： 1 / 1、25 / 12

門票： €10

網址： www.villaadriana.beniculturali.it

前往方法：
從羅馬乘坐地鐵藍色 B 線到「Ponte Mammolo」，在出口前方的巴士總站，轉乘Cotral公司營運往「Tivoli」方向的大巴，在 Via NazionaleTiburtina, 221下車，經 Via Venezia Tridentina 步行25分鐘。或從火車到「Tivoli」，在市中心轉坐C. A. T.公司營運的地區巴士4 或4X，到達門口。（Tivoli的交通詳情見 P.180）

「Canopo」水池是別墅中最著名的景點之一，遊人必到。有119米乘18米的水池，以一個位於尼羅河三角洲的古埃及城市「Canopo」而命名。

長方大型庭園「Pecile」是根據古希臘建築作靈感，中間設有一個大水池，附近風景優美。

哈德良皇帝當年從世界各地的建築中汲取靈感，結集了古埃及、古希臘和古羅馬風格，親自設計了別墅的大部分建築。

羅馬

Fontana dell' Organo（風琴之泉）定時會奏起音樂。最特別之處，噴泉是利用水壓把隱藏著的風琴發出一段段樂章。音樂播放的時間，從早上 10:30 開始，然後每隔 2 小時 1 次，每節大約3 分鐘。

黃昏時份落霞映照在一片噴泉水之上，發出微紅的光芒，一切在夢幻之中。這兒是風琴之泉的所在地，亦是熱門的拍照地。

千泉宮殿
埃斯特別墅（Villa d'Este）

別墅依山而建，像一個別緻的空中花園，是意大利文藝復興時期的傑作。跟「哈德良別墅」一樣，被列入了「世界文化遺產」名錄之中。始建於1563年，由紅衣主教Ippolito II d' Este命人修建。別墅又被稱為「千泉宮」，全因庭園內建有多達50個噴泉、250個瀑布和超過200個噴口，散佈在每一個角落。噴泉設計從古羅馬和古希臘雕塑汲取靈感，營造了古典雅緻的美感。身置於水聲潺潺的庭園內，泉水發出的聲音，就像創造了獨特又悅耳的樂章，配合居高臨下的美景，交織出視覺與聽覺的雙重享受。

MAP： P.180

Tips

1. 如果下午才抵達，建議先參觀花園。因為花園會在日落後關閉。而別墅的室內範圍會跟閉館時間關閉。
2. 花園部分地面長滿青苔，如果遇上雨季，要穿着合適的鞋，以防滑倒。

居高臨下的埃斯特別墅，綠樹成蔭，是瞭望風景、遠離煩囂的好地方。

園內的噴泉都經過精心設計，泉水的交錯流瀉，靈氣逼人。

昔日整個別墅擁有完善的供水系統，在別墅的地下室設有存水庫，把附近的河水引來，讓這裡的泉水可以長流不斷。

別墅入口比較隱蔽，在市中心廣場「Piazza Giuseppe Garibaldi」的背後，「Parrocchia Santa Croce」教堂右邊有小門進入售票處。

在羅馬近郊的千泉宮，就像一個隱世的空中花園，園內清雅脫俗，園外綠意盎然。

巴洛克風格的別墅，內在佈置讓人驚喜不已，房間大廳都畫滿了壁畫，是文藝復興時期的典範。

足足有130米長的百泉大道，亦是庭園的亮點所在。幾乎每走 2 步，就有另一個噴泉出水口。

=Info=

地址： Piazza Trento, 1, 00019 Tivoli, Roma
開放時間： 0830 - 1945（最後售票1845）；花園會在日落後關閉
休息日： 逢星期一早上、1 / 1、25 / 12
門票： €10
網址： www.villadestetivoli.info/index.htm
前往方法： 從羅馬地鐵藍色B線「Ponte Mammolo」站外的巴士總站，乘坐Cotral 公司運營的大巴往「Tivoli」，在「Largo Nazioni Unite站」下車，再步行3分鐘。或乘坐火車到「Tivoli」，步行15分鐘或轉乘當地巴士。（Tivoli 的交通詳情介紹見 P.180）

文藝復興浪漫之城

佛羅倫斯

Firenze (意) / Florence (英)

又名「翡冷翠」，是浪漫之城的代表。位於意大利中部，是托斯卡尼大區的首府，亦是14至17世紀文藝復興運動的發源地。於15至18世紀期間，由顯赫的美第奇家族所統領的「美第奇王朝」，致力推動文藝復興這場藝術革命，在建築、文學、藝術和科學等等領域，給予莫大的贊助和貢獻，書寫了佛羅倫斯最輝煌的歷史，並把它流傳至永恆。一座充滿藝術、歷史和美景的名城，幾乎無人不愛。

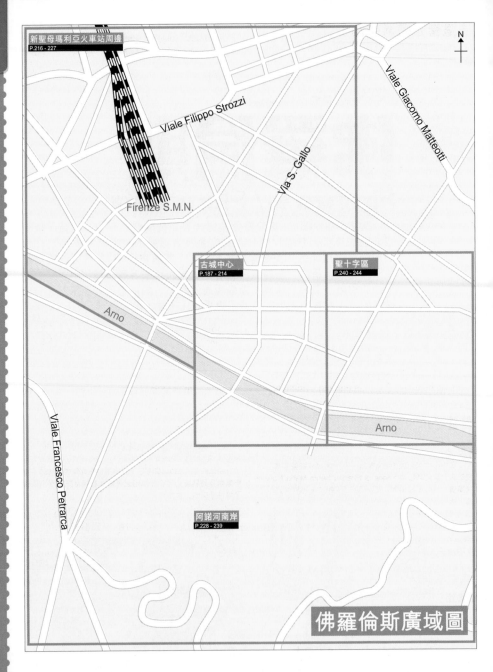

新聖母瑪利亞火車站周邊
P.216 - 227

Viale Filippo Strozzi

Via S. Gallo

Viale Giacomo Matteotti

N

Firenze S.M.N.

古城中心
P.187 - 214

聖十字區
P.240 - 244

Arno

Arno

Viale Francesco Petrarca

阿諾河南岸
P.228 - 239

佛羅倫斯廣域圖

佛羅倫斯機場交通

在佛羅倫斯附近，有2個主要機場，以國內或歐洲短線為主。

1.Aeroporto di Firenze - Peretola(FLR)佛羅倫斯 - 佩雷托拉機場

又名為「Aeroporto Amerigo Vespucci」，位於市中心西北方向7公里外，非常鄰近，主要提供國內或歐洲短線的航班升降落。

官網：www.aeroporto.firenze.it

交通方法：

1.T2輕軌電車路線

於2019年2月啟用的T2電車路線，可來往市中心和佩雷托拉機場，車程只需22分鐘，非常方便。

---Info---

營運時間：
機場往市中心 星期一至四及假日 0506 - 2359；星期五、六 0506 - 0144
市中心往機場 星期一至四及假日 0500 - 0025；星期五、六 0500 - 0200
市中心乘搭地點：
新聖母瑪利亞火車站外的「Unita」或「Alamanni - Stazione」電車站
車票：單程€1.5（市內Ataf普通車票適用）
班次：大約每5 - 15分鐘一班
官網：www.gestramvia.com

2.「Volainbus」機場巴士

由Busitalia Nord巴士公司營運，從新聖母瑪利亞火車站出發，車程大約20分鐘。

---Info---

營運時間：
機場往市中心 0530 - 0030
市中心往機場 0500 - 0010
市中心乘搭地點：
從新聖母瑪利亞火車站旁邊的Autostazione Busitalia長途巴士總站。
注意：清晨和晚間的班次，則在火車站正門的「Tunnel FS」站上車。
車票：單程€6
班次：每30分鐘一班；晚間班次較疏
網址：www.fsbusitalia.it

3.的士

從佛羅倫斯市中心乘的士往佩雷托拉機場，單程定價€22（平日）、€24（假日）或€25.3（晚間），從機場出發需另加附加費€2.7，行李費每件€1。車程大約15分鐘。
呼招的士電話：＋39 055 4390 / 055 4798。

2.Aeroporto Internazionale di Pisa - San Giusto / Galileo Galilei(PSA)比薩 - 聖朱斯托國際機場/伽利略機場

伽利略機場位於佛羅倫斯80公里外的PISA（比薩），主要提供國內和歐洲短線航班，亦有少量國際航線在此升降。
官網：www.pisa-airport.com

交通方法：

1.機場巴士

從佛羅倫斯大巴停靠處Piazzale Montelungo出發，直往伽利略機場，車程大約70分鐘。

---Info---

Sky Bus Lines Caronna 巴士公司
車票：單程€14（可網上購票）
運行時間：
佛羅倫斯往機場 0530 - 2230
機場往佛羅倫斯 0500 - 2355
班次：每1 - 2小時一班
網址：www.caronnatour.com

2.火車＋Pisamover 無人駕駛鐵路

從佛羅倫斯新聖母瑪利亞火車站「Firenze S. M. Novella」，乘坐Trenitalia國鐵往比薩中央火車站「Pisa Centrale」，車程大約50分鐘。然後轉乘無人駕駛鐵路Pisamover往機場「Pisa Fermata Aeroporto」站，車程大約8分鐘。

---Info---

國鐵和Pisamover的車票，可在Trenitalia官網或自動售票機一併購買。
網址：www.trenitalia.com
車票：€11.3

佛羅倫斯城際交通

1.火車

市中心內有2個主要火車站，幾乎大部分遊客都會在新聖母瑪利亞火車站 Stazione di Firenze Santa Maria Novella（簡稱Firenze S.M.N）抵達，然後步行大約10分鐘，即可到達古城中心。另外，在市中心較東面的火車站Stazione di Firenze Campo di Marte，相對規模較小。

Firenze S.M.N. 是佛羅倫斯最主要的火車站。

2.長途巴士

長途巴士主要在3個不同的車站停靠。

1. Autostazione Busitalia（長途巴士總站）

位於S.M.N火車站後方出口附近，Via Santa Caterina da Siena 街道內，往托斯卡尼的小鎮，例如Siena、San Gimigliano、「The Mall」購物村官方專車，都在此停靠。

Autostazione Busitalia 設有售票處及詢問處，可購票和查詢路線。

2. Fermata Autobus Piazzale Montelungo（大巴停靠站）

在S.M.N火車站附近的Viale Filippo Strozzi馬路旁邊。廉價巴士Flixbus、往購物村「Barberino Designer Outlet」、「The Mall」、往Pisa機場巴士等等，都在此停靠。此站不設售票處及詢問處，建議上車前查好班次表和訂好車票，或先了解可否在車上購票。

在 Piazzale Montelungo的大巴停靠站，如從火車站前往，可於Via Valfonda 2 的鐵閘閘口進入，再經沿路指示前往。

3. Villa Costanza（長途巴士中轉站）

位於市中心8公里外，主要是廉價巴士Flixbus的大型中轉站，到步後需在旁邊的「Villa Costanza」站，轉乘電車T1.3路線往市中心，車程22分鐘。

佛羅倫斯市內交通

　　市中心不太大，只需徒步就可通往大部分主要景點。在阿諾河南岸的米高安哲羅廣場和聖十字區，相對路程比較遠，可以考慮乘坐公共交通。

1.巴士和輕軌電車

　　市內有多條電動巴士路線，包括C1、C2、C3、C4，來往城中主要景點和古城中心，很適合遊客乘坐。

輕軌電車主要由Firenze S.M.N.火車站，連接西面近郊地方和北面機場方向，沿路不經過古城中心。對於遊客來說，比較少機會乘搭。

2.市內普通車票

　　由Ataf公共交通公司推出的車票，可用於市內電車和巴士。於打票後90分鐘的有效時間內，可隨意轉乘市內的電車和巴士。車票可在煙草店、Ataf 售票部、電車站前自動售票機和一些大型報攤購買。票價 €1.5；上車購票€2.5

---Info---

Ataf官網：www.ataf.net
輕軌電車官網：www.gestramvia.com

每個電車站前都有Ataf車票自動售票機，操作十分簡易，且有英語畫面選擇。

畫面列出了「最多可找續金額」為€5。

每張車票在首次使用時，必須放入打票機打票作啟動，方為有效。

3.的士

　　的士以€3.3（平日）、€5.3（假日）或€6.6（晚間）作起標，電招附加費為€1.96，行李費每件€1。

呼招的士電話：
+39 055 4390 / 055 4242。

除了在火車站附近設有的士站，在馬路上行走中的的士不太多，大部分情況都需要電招。

實用旅行資訊

1. Firenze Card 觀光咭

「Firenze Card」

　　屬於官方博物館通行證，價格不便宜，是否抵買很見人見智。有效期為首次使用後72小時，可免費進入市內及周邊地區接近80間博物館、別墅和歷史花園，包括永久和臨時展覽。除了學院美術館和大教堂博物館之外，其他包含的景點，不需預約下都可優先進入。費用€85。

「Firenze Card＋」

　　另加€7，可在「Firenze Card」的有效期內無限次免費乘搭市內公共交通工具，和享用一些餐廳和商店的折扣。

「Firenze Card Restart」

　　當「Firenze Card」已過了72小時的有效使用期，用戶可於1年內，以€28續買48小時的有效期。

---Info---

官網：www.firenzecard.it
購買方法：可在官網或旅客中心購買
注意：觀光咭不可轉讓

2.PassePartout 3 Days 優惠聯票

　　相對比較優惠的聯票，可到訪Galleria degli Uffizi（烏菲茲美術館）、Palazzo Pitti（碧提宮）和Giardino di Bobol（波波里花園）各一次，並可使用其優先通道，門票有效期為連續3天。

---Info---

價格：11月至2月 €18；3月至10月 €38；網上訂票另加€4
（訂票時需確定進入烏菲茲美術館的日期和時間）
詳情：www.uffizi.it/en/pages/combined - ticket

Info Point 旅客中心：

市中心內一共有4間官方旅客中心，除了可查詢各項景點路線，和索取免費市內地圖，還可購買「Firenze Card」觀光咭。

	電話	地址	開放時間
1. 火車站附近	+39 055 212245	Piazza della Stazione, 4	星期一至六 0900 - 1900；假日 0900 - 1400
2. 美第奇宮附近	+39 055 290832	Via Camillo Cavour, 1	星期一至五 0900 - 1300
3. 聖母百花大教堂附近	+39 055 288496	Piazza S. Giovanni, 1	星期一至六 0900-1900；假日 0900 - 1400
4.佩雷托拉機場入境大堂	+39 055 315874	Aeroporto Amerigo Vespucci	每天 0900 - 1900

佛羅倫斯官方旅遊資訊：www.firenzeturismo.it

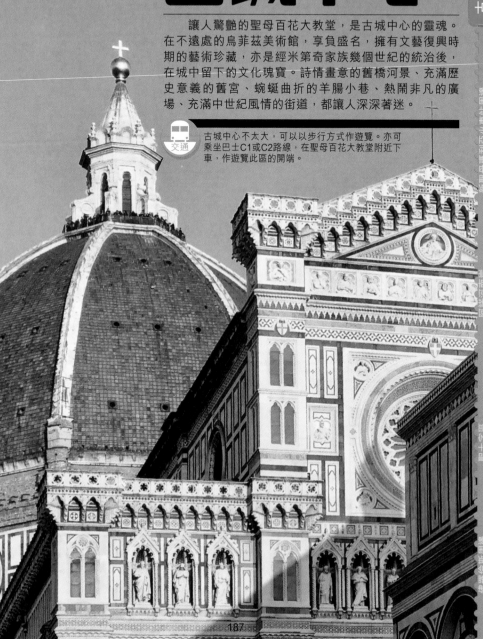

文藝復興之美

古城中心

讓人驚艷的聖母百花大教堂，是古城中心的靈魂。在不遠處的烏菲茲美術館，享負盛名，擁有文藝復興時期的藝術珍藏，亦是經米第奇家族幾個世紀的統治後，在城中留下的文化瑰寶。詩情畫意的舊橋河景、充滿歷史意義的舊宮、蜿蜒曲折的羊腸小巷、熱鬧非凡的廣場、充滿中世紀風情的街道，都讓人深深著迷。

交通 古城中心不太大，可以以步行方式作遊覽。亦可乘坐巴士C1或C2路線，在聖母百花大教堂附近下車，作遊覽此區的開端。

佛羅倫斯

古城中心

新聖母瑪利亞火車站周邊

阿諾河南岸

聖十字區

佛羅倫斯周邊

N

A | B | C

聖母領報大殿
Basilica della Santissima Annunziata

聖母領報廣場
Piazza dell' Annunziata

Via Degli Alfani

Ciao Florence旅行社

孤兒院博物館
Museo degli Innocenti

美第奇小聖堂
Cappelle Medicee

Via de' Pucci

Il Papiro

Via dei Servi

Via del Giglio

UB

馬爾系利住宅博物館
Museo di Casa Martelli

FAC Fast and
Causal (Eataly)

Fiorentina Store

聖母百花大教堂
Cattedrale di Santa Maria del Fiore

大教堂博物館
Museo dell'Opera del Duomo

Caffè Scudieri

Richard Ginori

Via Dei Cerretani

聖約翰洗禮堂
Battistero di San Giovanni

Oblate Cafeteria

Buca Lapi

Helvetia & Bristol Firenze -
Starhotels Collezione

Migone Confetti

Via Sant'Egidio

Via dei Pecori
Roma Duomo 巴士站

布魯內萊斯基的圓頂
Cupola di Brunelleschi

喬托鐘樓
Campanile di Giotto

Via del Campidoglio
RED Bistrot Libreria

Caffè Gilli

Johnsons & Relatives

Via dell' Oriuolo

特爾納波尼名店街
Via de' Tornabuoni

佛羅倫斯慈悲博物館
Museo della Misericordia
Firenze

Edoardo il Gelato Biologico

Via degli Speziali

Erbario Toscano

Via della Vigna Nuova

Venchi Cioccolato
e Gelato

但丁故居
Casa di Dante

Il Bisonte Firenze

Milu Hotel

Via Dante Alighier

Via del Parione

共和廣場
Piazza della Repubblica

文藝復興百貨
La Rinascente

Antica Spezieria
Erboristeria San Simone

Via del Pescioni

達萬蒂宮博物館
Museo di Palazzo Davanzati

Via dei Lamberti
Borsalino

La Vie del Tè

Stilelibero Monili Firenze

巴傑羅國立博物館
Museo Nazionale del Bargello

Via degli Strozzi

新市場涼廊
Loggia del Porcellino

I Fratellini

領主廣場
Piazza della Signoria

古馳花園
Gucci Garden

Via delle Terme

Cantinetta delle Terme

金豬噴泉
Fontana del Porcellino

海神噴泉
Fontana del Nettuno

Via dei Gondi

菲拉格慕博物館
Museo Salvatore Ferragamo

Tei Francesco

傭兵涼廊
Loggia della Lanzi

Via della Ninna

舊宮
Palazzo Vecchio

天主聖三一橋
Ponte Santa Trinita

Luciano Gloves

Via dei Castellani

La Fettunta

舊橋
Ponte vecchio

烏菲茲美術館
Galleria degli Uffizi

Ponte alle Grazie 恩寵橋

Lungarno Guicciardini

Arno 阿諾河

佛羅倫斯古城中心地圖

佛羅倫斯

古城中心

新聖母瑪利亞火車站周邊

阿諾河兩岸

聖十字區

佛羅倫斯周邊

於每年復活節周日，會舉辦一個傳統節慶活動「Scoppio del Carro」，當日有一輛滿載煙火的塔車，由一對白牛拖拉著，和音樂隊伍一起於古城街頭遊行，接著大約於早上11時，在大教堂前方點燃，煙火從塔車爆發出來，十分壯觀。

於15世紀完工時，曾為歐洲最大的教堂，亦是文藝復興初期的代表性建築。

城中最迷人的建築
聖母百花大教堂
(Cattedrale di Santa Maria del Fiore)

是全城最重要的地標，宏偉壯觀的巨型圓頂更是精髓所在。這座世界第4大教堂，於13世紀由Arnolfo di Cambio（阿諾爾福‧迪‧坎比奧）始建，外牆以白色、綠色和粉紅色的大理石，拼成別具風格的幾何圖形裝飾，在日光下閃耀生輝，美得讓人沉醉。大教堂擁有華麗別緻的外觀，內部莊嚴平實，堂內最矚目的藝術品，是美第奇家族御用建築師Giorgio Vasari（喬爾喬‧瓦薩里）於1572年所設計的圓頂壁畫《最後的審判》。 **MAP：P.188 B2**

在教堂內，可抬頭欣賞這幅位於圓頂之上的巨型壁畫《最後的審判》，由Giorgio Vasari設計，並由他的學生Frederico Zuccari繪製了大部分。

教堂內收藏了一幅獻給但丁的畫作《Dante e la Divina Commedia》（但丁與神曲），由Domenico di Michelino於1465年繪畫。畫中以佛羅倫斯作背景，但丁拿著他的驚世巨作《神曲》，旁邊有他在詩中描述的煉獄九層山、天堂和通往地獄的大門。

教堂內部宏大寬敞，充滿空間感。教徒為祈福而點燃的燭光，增加了莊嚴優雅感。

網上訂票Tips：
1. 如在旺季到訪，建議預先在官網訂票。
2. 訂票時需選擇到訪日期，門票則在訂票者所輸入的日期起30天內有效，於首次使用後72小時內有效。
3. 為控制人數，在訂票時必須預約參觀圓頂的時間，確定後不可更改。
4. 訂票時輸入的到訪日期，和參觀圓頂的日期，必須為同一天。

Info

地址：Piazza del Duomo, 50122 Firenze
電話：+39 055 276 0340
網址：www.ilgrandemuseodelduomo.it
前往方法：從「Firenze S.M.N.」火車站經Via Panzani和Via dei Calzaiuoli步行前往，大約11分鐘。

開放時間：
教堂內部：1000 - 1630；
　　　　　星期日1330 - 1645
圓頂：0830 - 1700；星期六0830 - 1700；
　　　星期日1300 - 1600
洗禮堂：0815 - 19:30；星期六0815 - 1930；
　　　　星期日0815 - 1330
鐘樓：0815 - 1900
地下遺跡：1000 - 1700；星期四、六1000 -
　　　　　1630；星期日休息
博物館：0900 - 1900；每月第一個星期二休息
*個別日子，特別是宗教假期，開放時間有機會更改，一切以官網更新為準。

門票：
教堂內部 Cathedral：免費進入

圓頂Cupola+洗禮堂Battistero+鐘樓Campanile+地下遺跡Cripta和博物館Museo：只設有聯票，沒有設立單獨景點門票。票價：€18；如在網上購票，另加每人€2手續費。

佛羅倫斯

古城中心

新聖母瑪利亞火車站周邊

阿諾河南岸

聖十字區

佛羅倫斯周邊

布魯內萊斯基的圓頂
Cupola di Brunelleschi

建於1420-1436年，由Filippo Brunelleschi（菲利波·布魯內萊斯基）設計，是世上最大的磚砌圓頂，內部直徑為45.5米，外部直徑為54.8米。在大教堂內左側近尾端，設有一道樓梯，可攀登上圓頂外的觀景台。台階一共有463級，抵達頂部後，佛羅倫斯絕美景色盡入眼簾。

登頂的樓梯設於圓頂內層和外層之間的中空結構內，路徑很窄，且有很多轉彎位。

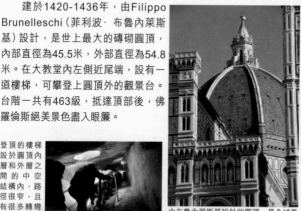

由布魯內萊斯基設計的圓頂，是全城最標誌性的建築。

設於圓頂外邊的觀景台，離地面有91米，佛羅倫斯360度全城美景盡收眼底。

在攀登的途中，有一條圍繞著圓頂內部的走廊，從那裡可俯覽教堂的內部，和近距離欣賞由Giorgio Vasari設計的圓頂壁畫《最後的審判》。

「Salone del Paradiso」（天堂大廳）是根據聖母百花大教堂於14世紀初的真實尺寸和模樣，設立了這個模擬場景，展示大量雕塑作品，很莊嚴壯觀。

大教堂博物館
Museo di Santa Maria del Fiore

位於大教堂後方的博物館，樓高3層，佔地6千平方米，洗禮堂的「天堂之門」及其他教堂內的原始裝飾和雕像，都被轉移到此收藏。當中包括Donatello及Andrea Pisano的雕塑作品。另外，昔日於洗禮堂的銀色祭壇Altare Argenteo di San Giovanni，由多位藝術家在14 - 15世紀共同製造，奢華極致，亦不容錯過。藝術大師米高安哲羅著名的雕像《Pietà Bandini》（班迪尼聖殤）是另一焦點所在。

館內展出了多個昔日大教堂正立面的木製模型。

米高安哲羅後期的雕塑作品《Pietà Bandini》，再次以聖殤為主題，原本是為了自己的墳墓而作。在製造期間，因未滿意當中一些細節，他曾錘擊破壞它，今天仍可看到耶穌的胸部、肩膀和聖母手上的破損跡象。

洗禮堂的北門，同樣是Lorenzo Ghiberti的作品，於1403-1424年創造，由28個方形鑲板組成，描繪了新約中耶穌的生平和受難的情境。

於1966年佛羅倫斯發生了大洪災，原本設在洗禮堂的「天堂之門」，被洪水破壞，經修復後，決定從此收藏在這裡。

館內收集了多個布魯內萊斯基的圓頂模型，讓到訪者可更了解其結構及建造歷史。

佛羅倫斯

古城中心

新聖母瑪利亞火車站周邊

阿諾河南岸

聖十字區

佛羅倫斯周邊

聖約翰洗禮堂
Battistero di San Giovanni

　　就在教堂的前方，建築呈八角型，外牆以綠色和白色大理石拼出幾何圖案。洗禮堂基座源自古羅馬時代，於11世紀建成現在的羅馬式風格，於13世紀加建了呈金字塔形的屋頂。洗禮堂設有三道大門，當中的兩道鍍金青銅門，於15世紀初，由金匠雕刻家Lorenzo Ghiberti（洛倫佐·吉貝爾蒂）花了大半生時間精心鑄造，其中面向教堂的東面大門，更被米高安哲羅稱為「Porta del Paradiso」（天堂之門）。

堂內金光閃閃，穹頂上的鍍金馬賽克鑲嵌畫非常壯觀。位於中間的耶穌是審判者，在他的左腳下，是地獄和魔鬼撒旦。

「天堂之門」由10個方形鑲板組成，分為兩行，描繪舊約的場景。在鑲板周圍刻有24個聖經人物和藝術家的模樣，當中有1個光頭的中年男子，是金匠Ghiberti的自畫像像。門是複製品，原創作品收藏在「大教堂博物館」內。

八角型的洗禮堂是大教堂建築群中歷史最久遠的，近年經過清洗修復後，在陽光下非常閃耀亮白。

於穹頂金色壁畫的上方，畫有天使隊列。壁畫由13世紀開始製作，直到14世紀初才完工，由多位藝術家合作而成。

喬托鐘樓
Campanile di Giotto

　　始建於1334年，以當時的建築師Giotto di Bondone（喬托）而命名。Giotto於1337年去世後，建造工程先後由Andrea Pisano和Francesco Talenti繼任，最後於1359年落成。鐘樓呈方形，攀登414個台階到達頂部後，可欣賞人嘆為觀止的美景。圍繞鐘樓的底層基座，設有非常精彩的淺浮雕裝飾，題材關於中世紀各方面的研究領域，包括科技、藝術、天文等等的範疇，情景刻畫得細緻豐富。

從高角度往下望，可遠望呈八角形的洗禮堂和熱鬧的廣場。

在鐘樓上，可近距離欣賞大教堂的圓頂這個經典宏偉的建築。

設在底層基座的淺浮雕，分為兩排，上排呈菱形，下排呈六邊形。在西面外牆下方的這幾個，由左至右分別展示了畜牧業、音樂、冶金學和葡萄酒的發明。浮雕現為複製品，原創作品收藏在大教堂博物館內。

高84米的鐘樓，聳立於大教堂的旁邊，入口位於鐘樓的背後。仔細觀察塔身，會發現下層沒有窗戶，然後越高層，窗戶越大，令整體結構上輕下重，增加鞏固度。

鐘樓不設電梯，攀登414級樓梯雖費氣力，抵達會感到完全值得。

世上最早的志願團體
慈悲博物館
(Museo della Misericordia Firenze)

　　成立於1244年的佛羅倫斯慈悲協會，是世上最古老的慈善機構之一，現今仍然運作。於中世紀黑死病蔓延期間，慈悲會人員幫助了城中很多病患人士。館內展出了當時關於黑死病的畫作，和一些昔日用過的醫療工具，另外亦展出一些具藝術價值的繪畫收藏。 **MAP: P.188 B2**

昔日的慈悲會義工，需身穿長袍，頭戴面罩，不能讓別人知道自己是誰，理念是以「不記名的身份」去行善。

於中世紀，佛羅倫斯先後發生過23次瘟疫，最嚴重的是於1348年爆發的黑死病，整個瘟疫期間，全城失去了超過一半的人口。

提提你

─── Info ───

地址： 4 / F, Piazza del Duomo 20, 50122 Firenze
開放時間： 0900 - 1700
休息日： 每月第一個星期二
門票： €4（有中文解說資料可借閱）
網址： www.misericordia.firenze.it/museo
前往方法： 在大教堂廣場上，聖母百花大教堂喬托鐘樓的旁邊

佛羅倫斯

古城中心

新聖母瑪利亞火車站周邊

阿諾河南岸

聖十字區

佛羅倫斯周邊

一客充滿墨西哥風情的Taco，以手撕牛肉和爽甜生菜作餡料，外層灑上大量特級巴馬臣芝士碎，汁多味美，非常香口。Taco di Lesso Rifatto一客4件€12

以雞肝慢煮成醬，加入檸汁和鼠尾草作調味，伴以地道寬麵Pappardelle，香氣四溢，讓人回味無窮。Pappardelle di Fegatini, Limone e Salvia €14

意國料理新世代
FAC Fast and Causal

很多繁忙的城市人，都想找一個休閒的地方，快速享受高品質美食，然後滿意的離開，去繼續一天繁多的工作和行程。餐廳以美味、優質、隨意、高效為理念，供應高級「快餐」，來配合新世代的生活方式。菜式種類眾多，有意大利傳統家常菜，亦有以世界各地美食為靈感的美食，全以優質食材去烹調。「Nonno del Mese」很婆婆、公公級的長輩手傳古老料理，菜式每求上一輩的家常菜能留

位於高級超市Eataly的1樓，食材都採用Eataly內出售的優良食品。

裝潢設計走年輕隨意形式，讓客人可不拘小節地用餐。餐廳還建設有優美的戶外庭園，可選一杯Cocktail或特色飲料，再點選一些輕食，享受一個舒適的下午。

用餐環境休閒時尚，十分寬敞。雖說供應「快餐」式美食，客人亦可舒適地慢慢享受。

朱古力蛋糕伴松子果仁、葡萄乾與奶油冰淇淋，淋上了少許Vin Santo甜酒，充滿濃酒香，口感多層次。€6

餐廳自家推出的手工啤酒，帶有青檸果香，清新透心涼。€4.5

━ Info ━

地址：1 / F Eataly, Via de' Martelli, 22, 50122 Firenze
電話：+39 0550153603
營業時間：1200 - 2200（1200 - 1500午餐、1900 - 2200晚餐）
消費：大約€15 - 25 / 位
網址：www.fastandcasual.com
前往方法：在Cattedrale di Santa Maria del Fiore（聖母百花大教堂）附近，步行1分鐘。沿著教堂左邊的街道Via de' Martelli走110米，即達Eataly，再乘電梯上1樓。

MAP: P.188 B2

佛羅倫斯

古城中心

新聖母瑪利亞火車站周邊

阿諾河南岸

聖十字區

佛羅倫斯周邊

有機冰淇淋
Edoardo il Gelato Biologico

冰淇淋每天鮮製，以最當造的「有機天然食材」製作，並得到了有機認證，更是托斯卡尼大區中第一間通過認證的有機冰淇淋店！冰淇淋口感綿密，當中有不少創新口味，例如有夏季限定的「Lavanda e Miele」(薰衣草和蜜糖)與充滿托斯卡尼氣息的「Sorbetto al Chianti」(基安蒂紅酒沙冰)。

MAP: P.188 B2

冰淇淋口味選擇大約有十多種，在電子螢光幕中列出，選單每星期更新。

就在聖母百花大教堂的後方，口碑一向很好，在旺季經常出現人龍。

Chianti紅酒沙冰充滿酒香，酒精濃度有4%，愛葡萄酒人士必試。甜筒杯細Size€3.5

無論是「杯裝」或「甜筒」，都是用上自家製的甜筒脆皮，並即場製作，香脆無比。

Info
地址：Piazza del Duomo, 45/R, 50122 Firenze
營業時間：1100 - 2330
消費：大約€4 - 6 / 位
網址：www.edoardobio.it
前往方法：在Cattedrale di Santa Maria del Fiore (聖母百花大教堂)的後側，步行前往大約3分鐘。

傳統手工雲石紙
Il Papiro

在1976年創立於佛羅倫斯，以手工裝飾紙為賣點，當中的「雲石紙」更是源自托斯卡尼的傳統手藝，紙張上鮮豔奪目的紋理，採用了差不多失傳的技術，逐張以人手染製，然後風乾，每一張紙都擁有猶如大理石的圖案，線條幻變不一。店內出售很多以「雲石紙」製造的手藝品，包括筆記本、相簿、海報、相架、禮物盒等等。一些源自中世紀的書寫文儀用品亦是亮點！如鋼筆、羽毛筆、用作信件封口的火漆印章禮盒、記錄家譜的家族樹海報等。把被城市人遺忘的文儀古物復興，成為永不退滅的時尚。

MAP: P.188 B2

全國大約有10多間分店，大部分設於托斯卡尼這一區。

以人手製作的雲石紋手袋，坊間少有，要做得精細絕不容易。€399

幾乎每天都有工藝師駐守於店內，提供人手製作雲石紙的示範。

逐張精心製作，每一張雲石紙都獨一無二。客人可單獨購買紙張，用作包裝禮品或書籍，都很不錯。

木顏色和圓筆筒，配以手工雲石紙作裝飾，十分精緻。木顏色套裝€22

Info
地址：Borgo San Lorenzo, 45/r, 50123 Firenze
電話：+39 055 294271
營業時間：0900 - 2000
網址：ilpapirofirenze.eu
前往方法：從Cattedrale di Santa Maria del Fiore (聖母百花大教堂)步行前往，大約3分鐘。

以聖母百花大教堂做圖案的卡片，是很不錯的紀念品，同一系列還有其他以當地著名地標作圖案，例如舊宮、舊橋等。€4

以雲石紙的工藝技術來製造皮革產品，難度很高，也要使用一些皮革專用的顏料。長形銀包€223

佛羅倫斯

古城中心

新聖母瑪利亞火車站周邊

阿諾河南岸

聖十字區

佛羅倫斯周邊

人氣意式三文治
I Fratellini

MAP: P.188 B3

　　傳統Panini（意式三文治）加上一杯紅酒，感受一下當地風味。於1875年開業，屬人氣外賣店。供應近30種不同的餡料組合，有Salame Piccante（辣肉腸）、Prosciutto Crudo（生火腿）、Pomodori Secchi（蕃茄乾）、Pecorino（羊奶芝士）等等，全是地道食材。

店外經常有人龍，服務員火速有效率，所以等候時間不會太久。且有派發多國語言菜單，加速點餐時間。

一個Panini10秒內就做好了，麵包較硬，餡料蠻多。Panini每個€4，另可點選葡萄酒，每杯大約€2.5 - 3.5。

店內沒有任何座位，所有客人都是外賣帶走，或聚集在門外享用。

Info

地址：Via dei Cimatori, 38 / r, 50122 Firenze
電話：+39 055 239 6096
營業時間：1000 - 1900
消費：大約€5 - 10 / 位
網址：www.iduefratellini.it
前往方法：從Cattedrale di Santa Maria del Fiore（聖母百花大教堂）步行前往，大約4分鐘。

飽覽百花教堂的景觀
Caffè Scudieri

　　咖啡廳於1939年啟業，在聖母百花大教堂的洗禮堂前方，最大亮點是眼前大教堂的無敵景觀！夏天時份，更會在廣場加設露天用餐區。如果想在美景前好好坐下來享受，需作較高的預算。如果只想沾一沾老咖啡館的氛圍，那麼，就站在吧枱喝咖啡吧！可以平民價格換來瞬間的享受，亦很不錯。

MAP: P.188 B2

一杯意式咖啡加奶油（Caffè con Panna），口感綿密，香滑無比。

裝潢古典優雅，水晶大燈與木質家具配襯著，是佛羅倫斯傳統咖啡館風格。

糕點選擇很多，當中有很多傳統當地的款式，滋味獨特。每件€1.2起

Info

地址：Piazza di San Giovanni, 19R, 50123 Firenze
電話：+39 055 210733
營業時間：0700 - 2300
消費：大約€5 - 20 / 位
網址：https://scudieri.it
前往方法：在Cattedrale di Santa Maria del Fiore（聖母百花大教堂）洗禮堂的前方。

誘人的托斯卡尼香氣
Erbario Toscano

　　源自托斯卡尼的香水店，其中「Cuore di Pepe Nero」更是店內皇牌香氣，成份有黑胡椒、西西里柑橘、茉莉、雪松木、琥珀等等，香氣濃郁又獨一無二。店內另有出售自家品牌的面部和身體護理產品，包括薰衣草身體油、純玫瑰香皂、橄欖油面霜、葡萄潤唇膏等。 MAP: P.188 B3

香水以天然成份製造，最熱賣的包括「Cuore di Pepe Nero」和「Bacche di Tuscia」，擁有與眾不同的香氣，讓人回味。香水每瓶50ml€40、100ml€5

有機特級初榨橄欖油護手霜，以來自托斯卡尼的橄欖製造，觸感柔滑。單枝裝30ml€6.9

店雖不大，但裝滿豐有氣派，放滿香水瓶的玻璃櫃，讓人眼前一亮。

Info

地址：Via de' Cerretani, 33/R, 50123 Firenze
電話：+39 055 230 2431
營業時間：1000 - 1930
網址：www.erbariotoscano.it
前往方法：在聖母百花大教堂前方200米，步行前往約2分鐘。

城中最古老的咖啡廳
Caffè Gilli

I Can Tips

在很多經典咖啡廳，於吧枱站著享用，和於用餐區坐著享用，價格不一。
Prezzi al Banco＝「吧枱」價格
Prezzi al Tavolo＝「用餐區」價格

擁有270年歷史的經典咖啡廳，於1733年啟業，是全城最古老。最初由一個瑞士家庭於大教堂附近開店，然後經過多年來的演變，最後搬到共和廣場的旁邊。店內裝潢充滿古典氣息，於20世紀初，這裡曾是一眾著名作家、知識分子和藝術家的社交聚腳點。咖啡廳除了供應咖啡和飽點，亦有供應傳統糖果、脆餅和朱古力。附設餐廳，提供季節性的托斯卡尼和意大利料理。

MAP: P.188 B2

在老咖啡廳徘徊，細看吧枱上的燭台與銀器，跟穿西裝的服務生聊天，好好感受意大利懷舊咖啡廳文化。

以白米混合牛奶和蛋烘焗而成的「Budino di Riso」(米飯布丁)，是托斯卡尼大區的傳統米捷，帶有雲呢拿香，值得一試。Budino di Riso€1.2、Cappuccino€1.4 (吧枱價)

這兒的Tiramisù很著名，不太甜膩，口感柔滑。甜點選擇豐富，充滿法式風情。

木製家具與大理石圓枱，營造迷人獨特的氛圍。

室外用餐區由一個玻璃室組成，在內可擁有共和廣場的景觀。

---Info---
地址：Via Roma, 1r, 50123 Firenze
電話：+39 055 213896
營業時間：0730 - 0000
消費：大約€5 - 30 / 位
網址：caffegilli.com
前往方法：在Piazza della Repubblica (共和廣場) 的轉角位置，步行1分鐘。

馳名朱古力店
Venchi Cioccolato e Gelato

著名連鎖朱古力和冰淇淋店，供應跟「朱古力」相關的美食，包括口感軟綿的冰淇淋，香氣濃郁，入口即化。冬天限定的美食，

包括有即製的Crepe，和濃醇的朱古力特飲，夏天則有淋上朱古力醬的杯裝士多啤梨。還有供應盒盒包裝的朱古力，也可自行選擇散裝朱古力，口味眾多，是送禮的好選擇。

MAP: P.188 B2

裝潢以金色優雅為主，設於牆身的朱古力瀑布，十分矚目。

冰淇淋口味以朱古力為主，當中最具特色有辣椒朱古力「Cioccolato al Peperoncino」，和含75%可可的特濃朱古力「Cuore di Cacao」。

粒裝朱古力口味有幾十種，都貼上詳細介紹。Cremino幼滑無比，Gianduiotto充滿榛子香，朱古力迷必試。€6 - 7 / 100g

香軟的朱古力法式薄餅Crepe，即叫即製，內裡塗滿了朱古力醬，香濃不甜膩。€4.5

鐵盒子充滿懷舊風的禮品朱古力，漂亮得驚人。小盒€13、大盒€16

---Info---
地址：Via dei Calzaiuoli, 65, 50122 Firenze
電話：+39 055 264339
營業時間：1000 - 2300；星期五、六1000 - 0000
消費：大約€4 - 10 / 位
網址：www.venchi.com/it/negozi/firenze-calzaiuoli-duomo
前往方法：在面向Cattedrale di Santa Maria del Fiore (聖母百花大教堂) 的右方150米，步行前往大約2分鐘。

佛羅倫斯

古城中心

新聖母瑪利亞火車站周邊

阿諾河兩岸

聖十字區

佛羅倫斯周邊

中世紀的豪門住宅
達萬紮蒂宮博物館
(Museo di Palazzo Davanzati)

　　宮殿先後屬於富裕商人Davizzi家族和Davanzati（達萬紮蒂）家族，他們的家族徽章在建築物內到處可見，直到1838年，達萬紮蒂家族的唯一繼承人過身後，建築物開始被棄置，於1904年，收藏家Elia Volpi把它買下，一心把它打造成獨一無二的中世紀住宅博物館，並加添了不少當代的家具。於1951年，意大利政府把宮殿買下，並改建成博物館。雖然宮殿在幾個世紀內被多次易手，內在裝潢依然富有濃厚的中世紀格調。

MAP：P.188 A3

色彩鮮艷的壁畫圖案，成為了多個房間和大廳的主要佈置。

牆壁繪上了多個中世紀家族紋章，是古代佛羅倫斯貴族房子的特色。

宮殿內大部分家具雖然不是源自中世紀，但整體的裝潢佈局，都保留了中世紀和文藝復興時期的風情。

睡房的牆身都以壁畫作裝飾，圍繞整個天花下方的壁畫，描述一個愛情悲劇故事。

在芸芸中世紀的貴族宮殿之中，這裡是在佛羅倫斯保存得最完好之一。

充滿代表性的家族徽章、房間內色彩鮮明的壁畫和富有托斯卡尼式的木雕天花，讓宮殿擁有獨特的魅力。

─── Info ───
地址： Via Porta Rossa, 13, 50123 Firenze
開放時間： 0815 - 1400：週末1315 - 1900（最後售票：閉館前半小時）；導覽團時間（需預約）：1000、1100和1200：週末1500、1600和1700。
休息日： 每月第2、第4個星期日及每月第1、3、5個星期一：1 / 1、25 /1 2
門票： €6：18 - 25歲€2
網址： www.bargellomusei.beniculturali.it/musei/4/davanzati
前往方法： 從Piazza della Repubblica（共和廣場）步行前往，大約3分鐘。

昔日貴族宮殿
馬爾泰利住宅博物館
(Museo di Casa Martelli)

　　位於15世紀的馬爾泰利宮內，屬於昔日Martelli貴族的宮殿，於1986年家族中最後一位繼承人去世後，遺贈給市政府，現改建為住宅博物館，並在官方導遊帶領下，讓遊人可以欣賞幾百年前的貴族居所，包括古典家具、掛毯和古董裝飾品，及其家族收藏的畫作。

MAP：P.188 A2

官方提供的免費導賞團，主要以意大利文解説，參加者只需在指定時間在館內等候即可，不用預約。

馬爾泰利家族熱愛藝術收藏，擁有為數不少的畫作，當中有Piero di Cosimo、Domenico Beccafumi等著名畫家的作品。

在地下層有一間著名的「Sala Giardino d'Inverno」（冬季花園大廳），利用了壁畫營造錯視效果，讓人感到置身在花園之中。

─── Info ───
地址： Via Ferdinando Zannetti, 8, 50123 Firenze
導賞團集合時間：
星期四1400、1500、1600、1700：星期六0900、1000、1100、1200：星期日有機會加開導賞團（詳情請查閱官網）
門票： 只限跟隨導賞團參觀，免費參加
網址： www.bargellomusei.beniculturali.it/musei/5/martelli
前往方法： 在Cattedrale di Santa Maria del Fiore（聖母百花大教堂）右邊前方，步行前往大約2分鐘。

佛羅倫斯

古城中心

新聖母瑪利亞火車站周邊

阿諾河南岸

聖十字區

佛羅倫斯周邊

百年歷史糖果店
Migone Confetti

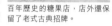

始業於1906年，是家庭式經營的老糖果和特產店，招牌產品除了色彩繽紛的Confetti（杏仁彩糖），還有傳統的Torrone（牛軋糖）、Cantuccio（杏仁脆餅）、來自錫耶納的Panforte（潘芙蕾）等等。大教堂圓頂形狀的糖果盒子是另一亮點，非常可愛，屬送禮之選。 **MAP: P.188 B2**

百年歷史的糖果店，店外還保留了老式古典招牌。

精緻的玻璃瓶內放滿各種各樣的糖果，很有老式糖果店的氛圍。

以聖母百花大教堂的圓頂、洗禮堂或喬托鐘樓作精美禮盒包裝，內藏啫喱糖或朱古力。€9.5 - 19.8

甜酒Vin Santo配杏仁脆餅Cantucci，是托斯卡尼大區的名物。Cantucci €10.2 / 300g、€13.6/400g；甜酒Vin Santo€6.9

──Info──
地址：Via dei Calzaiuoli, 85R, 50123 Firenze
電話：+39 055 214004
營業時間：0930 - 1930；逢星期日 1000-1930
前往方法：在面向Cattedrale di Santa Maria del Fiore（聖母百花大教堂）的右方120米，步行前往大約2分鐘。

全球頂級帽子品牌 **MAP: P.188 B3**
Borsalino

於1857年由帽子工匠Giuseppe Borsalino創立，其品牌最經典的紳士氈帽，成為了19世紀中期歐洲男士優雅的標記，亦是貴氣身份的象徵。品牌傳著百年老字號的優良品質，使用上等質料，加上工匠們的非凡手藝，多年來深受全球名人們的喜愛。除了男裝氈帽，店內亦有眾多女裝草帽、闊沿帽、小圓禮帽等等，以供選擇。 帽子有多個尺寸以供選擇，並附有專門的盒子作收藏之用。另有可摺式設計的氈帽，方便出遊和公幹時攜帶。

以優質兔子毛、鹿毛、駱駝毛所製造的男士氈帽，是店中經典之最。基本款式大約由€260起，價格根據防水程度和用料而定。

女士款式流露淑女和貴婦般的秀麗優雅，價格大約由€280至600。

Borsalino擁有160多年歷史，是世界知名的傳統帽子品牌之一。

──Info──
地址：Via Porta Rossa, 40/red, 50123 Firenze
電話：+39 055 218275
營業時間：1000 - 1930
休息日：逢星期日
網址：www.borsalino.com
前往方法：從Piazza della Signoria（領主廣場）步行前往，大約3分鐘。

費倫天拿官方專賣店
Fiorentina Store

成立於1926年的ACF Fiorentina（費倫天拿足球會），是佛羅倫斯一支意大利甲組足球隊，於市中心設有其官方專賣店，主售各款球衣、運動衣和紀念品，顏色主調都以費倫天拿的經典紫色，上面均印上了代表其球會和佛羅倫斯的紅色百合圖案。

MAP: P.188 B2

牆上有很多球員的親筆簽名，店不太大，商品卻很齊全，球衣款式多樣化。

頸巾屬熱賣款式，價格不貴，球迷必備。頸巾由€19起

文具系列包含筆記本、筆袋，以代表「ACF Fiorentina」的紫色作主色，非常鮮艷。

冷帽上印上了「Fiorentina」的字樣，屬冬季時尚之選。冷帽€19

──Info──
地址：Borgo S. Lorenzo, 9/R, 50123 Firenze
電話：+39 055 219523
營業時間：1000 - 2000
網址：www.fiorentinastore.com/it/fiorentina_store_duomo
前往方法：在聖母百花大教堂前方右側，步行前往約1分鐘。

廣場是許多街頭藝人集結的地方,他們的賣藝本領層出不窮,讓遊人樂在其中。

自13世紀以來,廣場一直是當地人熱門的聚集點,很多當地人會在歷史悠久的咖啡館裡聊天,或在傍晚喝一杯。

猶如露天雕像博物館　MAP: P.188 B3

領主廣場
(Piazza della Signoria)

　　整個廣場呈「L」型,被多座重要建築物環繞,充滿了歷史、藝術和政治意義。設在中央位置的「Fontana del Nettuno」(海神噴泉)、米高安哲羅的《大衛像》複製品和旁邊「Palazzo Vecchio」(舊宮)都是焦點所在。位於廣場南端的「Loggia dei Lanzi」(傭兵涼廊),匯聚了眾多文藝復興時期的雕塑,猶如一座露天博物館。前方是全球舉世聞名的烏菲茲美術館。

海神噴泉建於16世紀,以白色卡拉拉大理石製成的海神,在中央聳立,面孔像當年的統治者科西莫一世,高高在上很有氣勢,象徵當年佛羅倫斯的海上統治權力。

在傭兵涼廊的圓拱下方,有藝術家Benvenuto Cellini的《珀耳修斯》青銅像。古希臘神話中的珀耳修斯,右手持劍,左手高舉著他砍下的女妖美杜莎之頭顱。

雕塑家Giambologna於16世紀的作品《Ercole e il centauro Nesso》,聳立在涼廊內,當中的半人馬栩栩如生。

雕塑家Giambologna的另一作品《掠奪薩賓婦女》,是1583年的作品。

廣場中央聳立了第一任托斯卡尼大公Cosimo I de' Medici(科西莫一世)的騎馬雕像,以紀念這位來自美第奇家族的統治者。

在傭兵涼廊的台階上,有2座代表佛羅倫斯的獅子雕像,右面的是源自古羅馬時代,而左面的是由藝術家Flaminio Vacca於1598年雕刻而成。

━Info━

地址:Piazza della Signoria, 50122 Firenze
開放時間:全年
前往方法:從Cattedrale di Santa Maria del Fiore(聖母百花大教堂)經Via dei Calzaiuoli步行前往,大約5分鐘。從Ponte Vecchio(舊橋)步行前往,大約3分鐘。

新聖母瑪利亞火車站周邊　阿諾河南岸　聖十字區　佛羅倫斯周邊

Tips I Can

如遇上惡劣天氣，「Torre d' Arnolfo」塔樓會關閉並禁止參觀。

在舊宮門外聳立的米高安哲羅《大衛像》，自1873年以複製品取代，原創作品收藏在學院美術館內。

沿著223級階梯，登上塔樓頂部，可飽覽佛羅倫斯一大片紅磚屋頂的城市景觀。

塔頂上360度的全景視野令人嘆為觀止，並可遠觀聖母百花大教堂的圓頂和側面。

「500人議事大廳」是議會的所在地。牆上大型壁畫壯麗非凡，描繪了佛羅倫斯昔日在比薩和錫耶納的戰勝事蹟。

建築內有多個裝飾華麗的大廳和房間，當中以大量壁畫和繪畫作裝飾，包括波提切利、多納泰羅等大師的作品。

市政廳所在地
舊宮（Palazzo Vecchio）

外觀像城堡一樣的舊宮，是建築師 Arnolfo di Cambio 於13世紀末為市政府設計，又名為「Palazzo della Signoria」。

　　宏偉的堡壘式建築，聳立於領主廣場上，是城中最重要地標之一。建於13 世紀，最初是修道院院長的宮殿，於16世紀中期，成為了統治者米第奇家族的居所，其後建成了「碧提宮」並把總部遷往那邊，這兒成為人民口中的「舊宮」。現為市政廳的所在地，並設有博物館，其中的彩繪大廳「Salone dei Cinquecento」（500人議事大廳），氣勢磅礴，是參觀的重點所在。亦可登上高94米的「Torre d' Arnolfo」塔頂，陶醉在佛羅倫斯的美景之中。

MAP: P.188 B3

庭院用了灰泥和壁畫作裝飾，是文藝復興中的典範。庭院免費開放參觀。

Info

地址： Piazza della Signoria, 50122 Firenze
電話： +39 055 276 8325
開放時間：
博物館 10月至3月 0900 - 1900，星期四 0900 - 1400；4月至9月 0900 - 2300，星期四 0900 - 1400（最後入場：關閉前60分鐘）
塔樓 10月至3月 1000 - 1700，星期四 1000- 1400；4月至9月 0900 - 2100，星期四 0900 - 1400（最後入場：關閉前60分鐘）；夏季會加開晚間參觀時段
休息日： 25/12
門票： 博物館、登塔、考古區聯票€19.5；博物館、登塔聯票€17.5；登塔€12.5
網址： museicivicifiorentini.comune.fi.it/ palazzovecchio
前往方法： 在Piazza della Signoria（領主廣場）上，Galleria degli Uffizi（烏菲茲美術館）的旁邊。

佛羅倫斯

古城中心

新聖母瑪利亞火車站周邊

阿諾河南岸

聖十字區

佛羅倫斯周邊

領主廣場

商店分左、右兩區，左區主售精品、文具、筆記本、明信片、藝術書籍、印花箱盒等，右區主售服裝、手袋和飾品。

在「Gucci Garden Gallery」展出了昔日以花卉作設計主題的服裝，有置身花園的夢幻感，讓人賞心悅目。

品牌展覽館和限量商店
古馳花園（Gucci Garden）

　　源自佛羅倫斯的Gucci，於1921年創立，近年Gucci在它的起源地，建立了一個很有特色的「室內花園」，結集了「Gucci Garden Gallery」展覽空間、限定商品店和餐廳。展覽空間表露了品牌的時尚設計美學，展出昔日時裝、手袋和行李箱等。位於地下層的商店，更不容錯過，有專門為「Gucci Garden」而設計的限定品，並只限在這兒出售。整體裝潢以大自然的花卉和動物作主題，色調繽紛活潑，猶如在夢幻的花園中。

MAP：P.188 B3

以動物作圖案的黑、白手提包，附有「Gucci Garden」的金色字樣，在商店出售。€1390 - 1980

「Gucci Garden」的經典粉紅眼睛系列商品，精緻又可愛。T-shirt€420、零錢包€350

位於上層的「Gucci Garden Gallery」展出了品牌由30-80年代的手提包和行李箱，從中可見過去潮流的轉變。

從衣服、手袋、飾品、銀包、太陽眼鏡、連衣裙、圍巾等等應有盡有，令人目不暇給。

商店旁邊設有「Gucci Osteria」餐廳，由米芝蓮3星餐廳名廚 Massimo Bottura主理，裝潢瑰麗堂皇。

隱藏在「Gucci Garden」之中，更有1間華麗非凡的VIP大廳，可預訂作私人聚會之用。

Info

地址：Piazza Della Signoria, 10, 50122 Firenze
電話：+39 055 7592 7010
開放時間：1000 - 1930
門票：Gucci Garden Gallery 成人€8； 學生免費進入；商店自由進出
網址：www.guccimuseo.com
前往方法：在Piazza Della Signoria（領主廣場）的東面。

繁華的街頭風情
共和廣場（Piazza della Repubblica）

廣場上偶爾會有吹大型肥皂泡的街頭藝人，一大堆泡沫飄在半空，十分夢幻。

市中心一個很重要的廣場，經常有街頭藝人眾集，響起悅耳的音樂聲。廣場上設有旋轉木馬，很有歐式街頭風情。面向廣場有一幢著名的百貨公司Rinascente（文藝復興百貨），是熱門的購物點。在百貨頂層的咖啡廳，擁有廣場和聖母百花大教堂的漂亮景致。

位於Rinascente文藝復興百貨頂層的咖啡廳，擁有大教堂的圓頂景色。

MAP：P.188 B2 - B3

──── Info ────
地址：Piazza della Repubblica, 50123, Firenze
開放時間：全年
前往方法：從聖母百花大教堂旁邊的街道Via Roma步行前往，大約3分鐘。

大型綜合書店
RED Bistrot Libreria

是全國最大型連鎖書店「La Feltrinelli」的概念店，把咖啡館、餐廳和書店集結為一。以「RED」作概念店的名字，取其自「Read」、「Eat」和「Dream」的縮寫，亦是店的基本理念。店內出售多種類型的書籍，並設有英文書本專櫃。店內亦有大型文具部，出售著名文儀用品品牌，和小眾特色設計商品，屬「文具控」尋寶的好地方。

附設的餐廳供應早餐、午餐、小吃、開胃酒和簡單晚餐，價格挺親民。

充滿托斯卡尼風格的鉛筆和木顏色，精緻優雅。鉛筆€9.5 / 6枝

MAP：P.188 A2

在入口附近設有英文書籍和旅遊書的專櫃，方便遊客。

當中有不少以「佛羅倫斯」為主題的精品和筆記本，是紀念品之選。

餐廳設有Happy Hour時段，由1800-2200只需付出€10，除了包含一杯Cocktail或飲品之外，還可享用吧枱前的輕食和前菜。

──── Info ────
地址：Piazza della Repubblica, 26/27/28/29, 50123 Firenze
電話：+39 055 219390
營業時間：0900 - 2300
網址：www.lafeltrinelli.it
前往方法：在Piazza della Repubblica（共和廣場）上大型拱門建築的右邊門廊下。從聖母百花大教堂步行前往，大約5分鐘。

文藝復興時期的迷人雕塑
巴傑羅國立博物館
（Museo Nazionale del Bargello）

MAP：P.188 C3

收藏了眾多14至17世紀文藝復興時期的雕塑傑作，包括有米高安哲羅的大理石雕像《Il Bacco》、浮雕《Tondo Pitti》、貝尼尼刻畫情人的半身像《Busto di Costanza Bonarelli》等。館內亦擁有大量陶瓷、掛毯、金銀器和舊錢幣等的精緻收藏品。　博物館位於巴傑羅宮內，於1255年興建，曾經用作監獄和軍營，是城中最美的中世紀宮殿之一。

由10月至3月，每月第1個星期日免費進入。

展品分佈在3個樓層，收藏豐富，是佛羅倫斯市內第2大國立博物館。

──── Info ────
地址：Via del Proconsolo, 4, 50122 Firenze
開放時間：0815 - 1400（最後售票1320）；如有專題展覽，開放時間有機會延長。
休息日：每月第1、3、5個星期一；每月第2、4個星期日
門票：€8；18 - 25歲€2
網址：www.bargellomusei.beniculturali.it
前往方法：從Cattedrale di Santa Maria del Fiore（聖母百花大教堂）步行前往，大約6分鐘。

館內預設了參觀路線，在地下層通過了保安檢查後，沿樓梯會直上2樓的正式入口，遊客經「U」形路線走畢後，會從另一翼的樓梯往下層1樓，跟著路線完成參觀後，最後會抵達地下層的紀念品店。

I Can Tips

1. 進入前需經過保安檢查，不可攜帶任何液體。
2. 由10月至3月期間，每月第一個星期日免費入場。
3. 如在旺季到訪，建議提前網上預約。館內設有人流限制，訂票時需選擇到訪日期及時間，確定後不可更改。

全球首屈一指的藝術寶庫

MAP: P.188 B3 - B4

烏菲茲美術館 (Galleria degli Uffizi)

　　坐落在一幢雄偉的「U」形宮殿建築內，是全世界最重要的美術館之一。建於1560至1580年之間，是昔日統治者米第奇家族大公科西莫一世委託著名建築師Giorgio Vasari設計，用作司法部門的辦公室，其名字「Uffizi」意思就是「辦公室」。後來，家族要員開始在頂層放置珍貴的私人收藏品。

　　直至1737年美第奇家族絕嗣，公國繼承權轉交給洛林家族。美第奇家族中最後一位直系後裔Anna Maria Luisa de' Medici，跟繼承者簽訂協議，規定所有米第奇家族的收藏品，必須留在佛羅倫斯，且必須向公眾開放展出。這座滿載藝術文化瑰寶的建築，最後於1765年改建為美術館，並對外開放。

不容錯過的展品

1. Piero della Francesca皮耶羅‧德拉‧弗朗切斯卡的《Doppio ritratto dei duchi di Urbino》（烏爾比諾公爵的雙肖像）展館：2樓Room8
2. Filippo Lippi菲利普‧利皮的《Madonna col Bambino e due Angeli》（聖母瑪利亞和孩子與兩天使）展館：2樓Room8
3. Botticelli波提切利的《La Primavera》（春天）展館：2樓Room10 - 14
4. Botticelli波提切利的《Nascita di Venere》（維納斯誕生）展館：2樓Room10 - 14
5. Leonardo da Vinci達文西的《Annunciazione》（聖母領報）展館：2樓Room35
6. Michelangelo米高安哲羅的《Tondo Doni》（聖家族）展館：2樓Room41
7. Raffaello拉斐爾的《Madonna del Cardellino Sala》（金翅雀聖母像）展館：2樓Room41
8. Tiziano提香的《Flora》（花神）展館：1樓Room83
9. Tiziano提香的《Venere di Urbino》（烏爾比諾維納斯）展館：1樓Room83
10. Caravaggio卡拉瓦喬的《Medusa》（美杜莎）展館：1樓Room96

位於2樓Room18的八角形紅色大廳「La Tribuna」，於1584年由大公弗蘭斯科一世委託建造，以展示他的藝術品和珠寶收藏，圓頂天花以6千塊亮白的貝殼作裝飾，瑰麗迷人。

整座建築外圍柱身的壁龕里，於19世紀豎立了28座偉人雕像，包括伽利略、達文西、但丁、米高安哲羅等等。

Info

地址： Piazzale degli Uffizi 6, 50122, Firenze
訂票電話： +39 055 294883
開放時間： 0815 - 1850 (最後售票1805)
休息日： 逢星期一、1 / 1、25 / 12
門票： 11月至2月€12；3月至10月€20；另加€4訂票手續費；3天優惠聯票PassePartout 3 Days (可參觀Uffizi、Palazzo Pitti和Giardino di Boboli) 11月至2月€18、3月至10月€38
網址： www.uffizi.it/gli-uffizi
前往方法： 從Piazza della Signoria (領主廣場)步行前往，大約5分鐘。

提提你

202

佛羅倫斯

古城中心

新聖母瑪利亞火車站周邊

阿諾河南岸

聖十字區

佛羅倫斯周邊

館藏十分豐富且價值連城，大部分來自米第奇家族歷年的收藏。畫作按年份和畫家分門別類，在多達101個展廳內展出。收藏品由古希臘時期的雕塑，到18世紀威尼斯派系的畫作，都應有盡有，當中以文藝復興時期的傑作最為豐富，包括波提切利、米高安哲羅、達文西、拉斐爾、喬托、以及其他大師的眾多作品，令人驚嘆。

《La Primavera》：波提切利於1480年繪製，令人嘆為觀止。以春日的橙園和月桂樹林作背景，頌揚「愛情」、「和平」與「繁榮」。畫中展示了9位神話人物和138種植物和花卉，神話人物包括站在中央的愛神維納斯，和正準備射出愛神之箭的丘比特，左方3位女神自成一組，在春風中歡欣地和平起舞。照片來源：Wikimedia

《Doppio ritratto dei duchi di Urbino》：畫中人是烏爾比諾公爵和他的妻子，他們正互相對望。公爵因失去了右眼，所以畫家只繪畫了其左側的輪廓。夫人的蒼白皮膚是當年貴族的標誌，又有稱，於1472年畫作完成的前後，夫人不幸逝世，畫中暗示了這個事實。

《Doppio ritratto dei duchi di Urbino》：畫的背後亦很精彩，描繪了公爵和夫人乘坐著兩匹凱旋馬車，車上有象徵「美德」的各種元素。如果把前後4個畫面拼合在一起，背景中的田園風光可構成360度的連貫全景。

《Nascita di Venere》：波提切利於1485年的另一驚世傑作，描繪維納斯女神從海沫中誕生的寓言。維納斯以金色長髮半掩著赤裸的身體，站在貝殼之上，猶如珍珠般純淨完美。在岸邊正有位少女等待著女神，準備為她奉上粉紅披肩。照片來源：Wikimedia

《Venere di Urbino》：提香於1538年受烏爾比諾公爵委託而繪畫，是當時期最性感露骨的作品。提香把維納斯女神的形象，融入待嫁的年輕女孩之中。赤裸女孩斜躺在床上，手中玫瑰象徵「愛情」，床尾的小狗象徵「忠貞」，後方2名女僕正尋找衣飾，準備為女孩穿上。

《Annunciazione》：達文西於1475年繪畫，描繪天使去朝拜聖母瑪利亞，告知她懷了耶穌基督的那一幕情景。同一展廳內一共有4幅達文西早期的畫作。

咖啡廳位於2樓陽台上，可近距離欣賞宏偉的舊宮，享受美妙的景色。

館內出售的紀念商品，質量挺不錯。這款以波提切利所繪畫的《春天》作文件夾的圖案，清雅脫俗。€6

館內的紀念品店規模很大，商品種類很多，包括明信片、海報、筆記本、購物袋、書籍等。以名畫圖案製作的木顏色套裝，非常精美。€7.5

呈「U」型的烏菲茲美術館，中間有一個狹長的廣場，建築物的短邊，以圓拱門廊作裝飾，從拱門往外走，可享有阿諾河的迷人風景，亦是拍攝舊橋全景的熱點。

從館內「U」型走廊的玻璃窗前，可欣賞舊橋和河岸漂亮的景致。

《Medusa》：卡拉瓦喬於1597年所繪畫，描繪希臘神話中一個女妖美杜莎，那毒蛇狀的頭髮，讓人驚恐。

佛羅倫斯

古城中心

新聖母瑪利亞火車站周邊

阿諾河南岸

聖十字區

佛羅倫斯周邊

舊橋保留了中世紀的原始面貌，橋上的彩色小房子內設了商店，房子底部以木樑作支撐。在二戰期間，它是城中唯一倖存的跨河大橋。

兩邊河岸風光如詩如畫，是阿諾河上最美的古橋。

阿諾河上最美的古橋
舊橋（Ponte Vecchio）

擁有獨一無二外觀結構的舊橋，是阿諾河上最古老的橋樑。始建於中世紀，在1345年大洪災後重建。在中世紀時期，橋上結集肉販、魚販和皮匠的店舖。於1565年，在橋的商舖上加建了一條專屬美第奇大公的私人密封通道，稱為瓦薩利走廊（Corridoio Vasariano），用以連接其辦公大樓「舊宮」和位於阿諾河南岸的住所「碧提宮」。因橋上販賣豬肉引起惡臭，於1593年，大公費迪南德一世下了命令，只有金匠和珠寶商可在橋上開店，以改善橋的衛生狀況。

MAP: P.188 A4

時至今日，橋上幾乎所有店舖，都仍是珠寶金飾店，這個傳統已維持了幾個世紀。

舊橋是城中浪漫之地，橋的中央有俯瞰阿諾河的觀景平台，許多情侶在橋的欄杆上鎖上同心鎖來表愛意。

美第奇大公的私人通道「瓦薩里走廊」，建於橋的店舖上，讓其家族成員不用跟普通百姓走一樣的路徑。參觀瓦薩利走廊必須預約，並需在導遊帶領下才可進入。（走廊目前正進行翻新，預計於2021年完成，暫不對外開放。）

於聖誕節期間，映照在舊橋上的變幻光影，充滿藝術感，美得驚人。

於晚上關門後，橋上商店的外觀像一個大型木製手提箱，充滿古色古香的老店舖風情。

Info

地址：Ponte Vecchio, 50125 Firenze
開放時間：全年
前往方法：從Piazza della Signoria（領主廣場）或Galleria degli Uffizi（烏菲茲美術館）步行前往，大約3分鐘。

是拍舊橋全景的好地方
天主聖三一橋（Ponte Santa Trinita）

建於16世紀，是世界上最古老的橢圓形拱橋，連接Via de' Tornabuoni名店街和阿諾河對岸。橋上的河岸風光如詩如畫，著名的Ponte Vecchio（舊橋）位於橋的正上游位置，吸引很多遊人前來橋上拍舊橋的全景。

MAP: P.188 A3

從天主聖三一橋上可欣賞舊橋和阿諾河的美景，特別在下午順光時份，景色更美。

Info

地址：Ponte Santa Trinita, 50100 Firenze
開放時間：全年
前往方法：從名店街 Via de' Tornabuoni 的尾端，可通往橋頭。從 Piazza della Signoria（領主廣場）步行前往，大約6分鐘。

這條橢圓形拱橋於文藝復興時期興建，在17世紀初在橋上加建了4座四季雕像。

佛羅倫斯

古城中心

新聖母瑪利亞火車站周邊

阿諾河南岸

聖十字區

佛羅倫斯周邊

地道家庭式料理
La Fettunta

在舊宮附近的街道Via dei Neri之上，有好幾間很地道的小餐館。這間主要供應托斯卡尼式家常料理，招牌菜包括當地著名的麵食「Pappardelle al Ragù」（肉醬寬麵）和「Pici Ragù e Funghi」（蘑菇肉醬粗麵），價格相當合理之餘，份量又十足，非常抵食。

MAP：P.188 B4

佛羅倫斯的經典菜式之一，以蕃茄、西芹、紅蘿蔔、迷迭香和紅酒等燉煮牛肉，香濃美味，充滿微辣胡椒和紅酒香，最適合配合麵包一起吃。Peposo alla Fornacina €10，餐酒每杯€2（小）

在餐廳近門口位置，放置了很多當地食材，目不暇給。

餐廳佈局以簡單溫馨為主，木質家具與石磚牆身，充滿托斯卡尼式的鄉村風格。

Info

地址：Via dei Neri, 72, 50122 Firenze
電話：+39 055 274 1102
營業時間：1200 - 2300
休息日：逢星期二
消費：大約€15 - 20 / 位
前往方法：從Palazzo Vecchio（舊宮）經Via dei Neri步行前往，大約2分鐘。

擁有超過50年歷史的老字號，屬家庭式經營，店主和店員都非常專業。

老字號皮手套專賣店
Luciano Gloves

位於舊橋不遠處，於1966年開幕，專售皮革手套。店內所有皮手套，都是出自佛羅倫斯的手工製作，使用高品質皮革，種類有牛皮、羊皮、山羊皮等等，觸感極佳。設計時尚精緻，顏色、款式有達數十種，多屬流行中的經典。選購皮手套時，最重要親自試戴，感受不同的質感和貼合度。手套尺碼特多，女裝有4個不同的尺碼，男裝則有6個，讓剪裁更貼服合身。

MAP：P.188 B3

女裝皮手套大多以貼服優雅款式為主，並有多個尺碼以供選擇。店員亦會根據客人的手型和喜好，給予建議。

牆上接近天花掛了一個小牌，隱藏著重要的歷史。牌上橫線是1966年11月4日那天阿諾河洪災的水位，當年正是此店開幕不久的日子，那次大洪災幾乎淹沒整間店舖和整個城市。

左邊橙色那對有Cashmere羊毛作襯底，保暖力強，右邊米色那對是單層皮革，柔軟度高。Cashmere-lined皮手套€69；純皮單層手套€35

Info

地址：Via Por Santa Maria, 10, 50122 Firenze
電話：+39 055 210635
營業時間：1000-1930；星期日1000-1830
網址：lucianogloves.blogspot.com
前往方法：在Ponte Vecchio（舊橋）橋頭前方30公尺，步行1分鐘。

手套種類和顏色選擇豐富，放滿整個玻璃飾櫃，讓人目不暇給，男裝、女裝各款每對由€25至109不等。

除了專售皮革手套，店內亦有其他衣飾可選購，包括圍巾、帽子和領呔。

佛羅倫斯

古城中心

新聖母瑪利亞火車站周邊

阿諾河南岸

聖十字區

佛羅倫斯周邊

盡顯佛羅倫斯皮革之精髓

Il Bisonte

始創人Wanny Di Filippo先生，於1970年在佛羅倫斯成立了第一間手工皮具工坊，後來演變成自家品牌，誓要把本土歷史悠久的傳統皮革工藝，發揚光大。休閒包「Maremmana」系列，由始創人於1974年設計，40多年來推出過無數個版本，依然長期熱賣，屬品牌中最經典款式。除了可側揹、手提或作背囊之外，只要把兩旁的扣子鬆開，則變換成一個大型旅行袋，功能性強。

MAP: P.188 A3

據店員透露，品牌在意大利所定的價格，相比起香港專門店便宜兩至三成，買滿€155後，更可享有退稅服務。

由始創人Wanny Di Filippo先生自家設計的經典款式，袋內都會印有他的名字，並註明100%Made in Italy。

在製作過程只會使用天然染料，不用化學物。另外，所有配件都來自托斯卡尼大區，保證高質。

利用不同質料和色彩製作的斜肩袋款式，小巧實用，女生至愛。每款大約€245 - 375

「Maremmana」系列旅行包，可變換成不同的模樣，是眾多客人鍾情的款式。小€325、大€525

│Info│
地址： Via del Parione, 31, 50123 Firenze
電話： +39 055 215722
營業時間： 1000 - 1900、星期日1130 - 1830
網址： www.ilbisonte.com/it-it
前往方法： 在Via de' Tornabuoni名店街附近。從Firenze S.M.N.（新聖母瑪利亞火車站）步行前往，大約10分鐘。

花草茶館

La Vie del Tè

古色古香的花草茶專賣店，融和現代優雅風格，於1961年啟業。店主是一名百份百茶迷，多年來不斷從世界各地搜尋別具風味的茶葉，然後湊合成各式各樣的混合茶和花草茶，現已調製了多達250種類的茶。以「Firenze」佛羅倫斯為題的混合茶系列是亮點之一，茶的名字充滿詩意，推薦「il Sogno di Michelangelo」（米高安哲羅之夢），用以烏龍茶混合栗子和奶油的甜味，馥郁誘人！

MAP: P.188 B3

「Firenze」系列一共有6款，以茉莉綠茶、白茶、朱古力等混和的「Il Segreto dei Medici」（米第奇的秘密），與充滿薰衣草和橙橘香的「La Leggenda di Boboli」（波波里的傳奇），都很吸引。100克連茶罐€15.3、50克小包裝€5.5

茶葉從多個原產地進口，包括中國、印度、日本、斯里蘭卡、台灣等等。經過混和湊合，茶的香氣變得多樣化，更獨一無二。

店內以玻璃瓶子放滿了各種混合茶葉，讓客人可以用鼻子來體會茶的香氣。喜歡的話，可以以磅重形式散買。每100g€5 - 7.5

源自佛羅倫斯的La Vie del Tè茶館，全城現有3間，位於聖靈教堂Via Santo Spirito的那間分店，設有60個座位，供應各種茶類、甜點和小吃，可以舒適優雅地品嚐茶。

除了茶葉，店內亦有出售各種禮盒套裝和茶具，包裝都很精緻。

│Info│
地址： Via della Condotta, 28, 50122 Firenze
電話： +39 055 268648
營業時間： 星期一1000-1330、1500 - 1930；星期二至日1000 - 1930
網址： www.laviadelte.it
前往方法： 從Piazza della Signoria（領主廣場）步行前往，大約2分鐘。

歷史悠久的市集
新市場涼廊
(Loggia del Mercato Nuovo)

於市場出售的皮手袋款式眾多，顏色選擇豐富。

市集主售手袋、手套、圍巾、布藝品、皮革製品等等。對於遊客的另一焦點，是涼廊南面的「金豬噴泉」。

一座文藝復興時期的建築，建於1547年，由科西莫一世下令建造。昔日這裡是當地的高檔市場，出售絲綢、珠寶和高級紡織品，現為攤販們兜售紀念品和皮革品的地方。涼廊是「金豬噴泉」的所在地，所以又名為「Loggia del Porcellino」（小豬涼廊）。

MAP: P.188 B3

於16至17世紀期間，這種「涼廊」是當地流行的建築模式。

─Info─
地址：Via Calimala, 6, 50123 Firenze
營業時間：0900 - 1830
休息日：25 / 12、26 / 12、1 / 1
網址：www.mercatodelporcellino.it
前往方法：在Piazza della Repubblica（共和廣場）和Ponte Vecchio（舊橋）之間，步行前往大約3分鐘。

幸運傳說
金豬噴泉 (Fontana del Porcellino)

是全城最著名的噴泉之一，泉上有一個野豬青銅像，由雕塑家Pietro Tacca於17世紀根據一座2世紀的古羅馬雕塑複製而成。水沿著野豬的嘴巴滴出來，下方加設了一個錢箱。傳說只要觸摸野豬的鼻子，並放一枚硬幣在豬的嘴巴裡，如果硬幣沿水投進噴泉中，那就有好運氣了，日後亦有機會再訪佛羅倫斯。 **MAP: P.188 B3**

這個傳說吸引了不少遊客特意前來，祈求好運氣。

原創的古羅馬大理石雕塑「Cinghiale」，現收藏在烏菲茲美術館內。這一座是複製品的複本，原製複本收藏在市內「Museo Bardini」博物館。

野豬站在水岸邊，腳下有螃蟹、蝸牛、青蛙、蛇、烏龜、蜜蜂等等的生物。

─Info─
地址：Piazza del Mercato Nuovo, 6, 50123 Firenze
開放時間：全年
前往方法：於主道路Via Calimala轉入街巷內，於新市場涼廊的南面。

雲石紙工作坊
Johnsons & Relatives

是當地雲石紙藝店「Il Papiro」的附屬商店，出售以手工裝飾紙所製作的商品，包括筆記本、文具擺設、相架等等。店內設有「雲石紙工作坊」，逢星期二至六有專業工藝師駐場，教授如何製作雲石紙，參加者更可在導師指引下，親自製作一本雲石紙筆記本，完成後還可把它帶回家！

MAP: P.188 C2

店內除了出售「Il Papiro」的手工紙製品，還有充滿本土風情的麻布藝品。

工作坊需電話預約，課程大約2小時，費用€70，包含了一本筆記本的用紙費。課程屬小班教學，每次不多於5人。

粉色系的雲石紋記事簿，由染紙、切割到釘裝，全屬人手製作。€29.5

以佛羅倫斯全景作圖案的相架，印有著名地標「舊宮」的模樣，非常精美。€27.5

─Info─
地址：Via del Proconsolo, 26/R, 50122 Firenze
電話：+39 055 214 7795
營業時間：1100 - 1800
前往方法：在聖母百花大教堂的右後方，步行前往大約3分鐘。

名牌購物天堂
特爾納波尼名店街
（Via de' Tornabuoni）

是佛羅倫斯最優雅的街道，散發著高貴的氣息。街道兩旁全是古老的建築，精品名牌專賣店林立，例如Gucci、Prada、Emilio Pucci、Bulgari、Armani、Celine、Fendi、Damiani、Valentino等等。喜歡時尚的人，可以慢慢逛上幾個小時。在名店街上，建有一座17世紀的教堂「Chiesa dei Santi Michele e Gaetano」（聖彌額爾和嘉耶當教堂），是城中為數不多的巴洛克式建築。

MAP: P.188 A2 - A3

街上有一間名叫「Procacci」的Wine Bar，於1885年開業，除了可品嚐各種葡萄酒，店中供應的松露三文治（Panini Tartufati）遠近馳名，且價格不貴。

名店街由Piazza Antinori（安蒂諾里廣場）開始，一直延伸至Piazza Arno（阿諾廣場），然後連接通往阿諾河岸的Ponte Santa Trinità（天主聖三一橋）。

在聖彌額爾和嘉耶當教堂的內部，收藏了大量雕像、畫作和浮雕，教堂的正立面赤以多個雕像作裝飾。

Hermès在此亦開設了專賣店，位於聖彌額爾和嘉耶當教堂的對面。

在Hogan店外，保留了昔日一間著名香水藥店「Profumeria Inglese」的裝飾，原店於1843年由英國藥劑師Henry Roberts開設。

Info

地址：Via de'Tornabuoni, 50123 Firenze
開放時間：視乎個別店舖
前往方法：從Cattedrale di Santa Maria del Fiore（聖母百花大教堂）步行前往，大約8分鐘。

Tips

展覽主題定期更換，每年由3月底至5月初，有機會因更換展覽而閉館。詳情請在官網查閱。

經典造鞋大師永恆的時尚
菲拉格慕博物館
（Museo Salvatore Ferragamo）

意大利經典品牌Salvatore Ferragamo，由造鞋大師Ferragamo於1921年在佛羅倫斯成立。品牌多年來擁有369項與鞋類設計相關的專利，並為許多著名荷里活星包括Marilyn Monroe和Audrey Hepburn，度身訂造專屬的鞋子。此博物館以專題形式，展示品牌的歷史、其始創人的設計理念和昔日的創作品，是一眾鞋迷和時尚人士不可錯過的地方。

MAP: P.188 A3

地面層設有「Salvatore Ferragamo Creation」專門店，店中所有鞋款都來自「Ferragamo Creation」系列，全部是根據始創人Ferragamo生平的經典設計而推出的限量復刻版本。

「Ferragamo Creation」系列，充滿埃及風情的金色高跟鞋，感覺非常時尚，很難想像是幾十年前的設計。€700

「Ferragamo Creation」系列，鞋底都刻上了原創設計的年份和限量復刻版本的數量。

Info

地址：Piazza di Santa Trinita, 5R, 50123 Firenze
電話：+39 055 356 2846
開放時間：1000 - 1930
休息日：1 / 1、1 / 5、15 / 12、25 / 12
門票：€8
網址：www.ferragamo.com/museo
前往方法：在Via de' Tornabuoni名店街附近。從Firenze S.M.N.火車站步行前往，大約10分鐘。從Ponte Vecchio（舊橋）步行前往，大約5分鐘。

博物館位於一座中世紀建築Palazzo Spini Feroni的地下室，整座宮殿現為品牌的總部。

Ferragamo當年一心要創造出質量、設計和舒適感都完美的高跟鞋，更為此修讀人體解剖學課程。博物館展示了昔日Ferragamo親手製作的鞋子。

Gucci旗下的高級瓷器
Richard Ginori

MAP: P.188 A2

有「歐洲第一名瓷」之稱，擁有280年歷史，始創於1735年，主力創作猶如藝術品的瓷器，靈感來自文藝復興時期的風格。位於名店區的這間旗艦店，裝潢貴氣高尚，優雅的瓷器陳設，宛如置身於一間貴族居所。出售的瓷器主要是碗碟和餐具，設計精巧，充滿優雅浪漫感。

「Ora di Doccia」系列，把傳統瓷器上的公雞，塑造成更有藝術感的紋理，再以人手畫上精緻的金黃飾邊，珍貴時尚。每件餐具由€47 - 210不等。

「Granduca Coreana」系列的餐具，以春日百花為題材，加入了東方色彩，高貴優雅。茶杯€90、碟子€64 - 82、茶壺€315

於2013年被時尚品牌Gucci收購，更顯不凡身價。

— Info —
地址：Via dei Rondinelli, 17/r, 50123 Firenze
營業時間：星期一至三1000 - 1900；星期四至六1000 - 1930；星期日1200 - 1830
網址：www.richardginori1735.com
前往方法：在名店街Via de' Tornabuoni的前端。從Cattedrale di Santa Maria del Fiore（聖母百花大教堂）步行前往，大約4分鐘。

復古時尚家具飾品店
UB

專門出售古董家具和懷舊物品的商店，位於一間歷史悠久的牆紙店內。一進去就看到很漂亮的大型鐵鳥籠！店面設計時尚，細藏心思。燭台、餐具、行李箱、燈具、衣物和各種家居裝飾品，隨意率性的擺放在一個時尚的空間，恍如一間小型博物館。地下層主賣家具和日常物品，二樓則出售歐洲古著衣飾。

MAP: P.188 A2

座枱燈、行李箱、電話，都像經得起時間考驗，復古款式總是永不落伍。

商店位於昔日的牆紙店內，層架上保留了一卷卷復古牆紙，成為了店的裝潢風格。

二樓出售懷舊古著衣服，大部分保養良好，嶄新如初。

店內所擺放的每一件物品，包括大型家具、畫作、牆紙、燈飾、小擺設，都供出售。

— Info —
地址：50123, Via dei Conti, 4, 50123 Firenze
營業時間：1030 - 1930
休息日：逢星期日
網址：www.ubfirenze.it
前往方法：從Cattedrale di Santa Maria del Fiore（聖母百花大教堂）步行前往，大約6分鐘。

至尊詩人的《神曲》
但丁故居（Casa di Dante）

MAP: P.188 B3

意大利文學傑作《La Divina Commedia》（神曲）的作者Dante Alighieri（但丁），來自佛羅倫斯的貴族家庭，出生於1265年，是全國最偉大的詩人之一，有「意大利語之父」和「至尊詩人」的稱號。博物館展出了但丁的生平、家族歷史和一些不同版本的《神曲》複製本。

史詩作品《神曲》，描述但丁想像通過地獄、煉獄和天堂的遊歷，和去世後靈魂淨化的各個階段。

在館外牆上設有但丁雕像，他是一位佛羅倫斯偉大的詩人，亦是一位政治家，後期因政治原因被放逐，流亡在外。

博物館設於這一座中世紀建築內，據稱是他曾居住過的地方。

— Info —
地址：Via Santa Margherita, 1, 50122 Firenze
開放時間：11月至3月 平日1000 - 1700；其餘日子和假日1000 - 1800
休息日：逢星期一
門票：€4
網址：www.museocasadidante.it
前往方法：從Cattedrale di Santa Maria del Fiore（聖母百花大教堂）步行前往，大約5分鐘。

佛羅倫斯

古城中心

新聖母瑪利亞火車站周邊

阿諾河南岸

聖十字區

佛羅倫斯周邊區

Buca Lapi

配菜推薦Zucchini Fritti（炸翠玉瓜），非常滋味爽脆。而Patate al Forno（烤薯角）則是牛排最經典的配搭。再配一杯紅酒，讓人意猶未盡。

地道薯仔菠菜玉棋Gnocchi di Patate, Spinaci，玉棋自家新鮮製造，口感軟綿，入口即化。

店中招牌菜式烤牛排「Bistecca」，可點選1人份€45（Per una persona）或2人份€90（Per due persone）。

厚切牛排烤得外焦內嫩，肉汁鮮美豐富，牛味十足。
Controfiletto alla Griglia €45

馳名正宗牛排館
Buca Lapi

於1880年啟業，是城中最古老的餐廳之一，亦是一間遠近馳名的牛排館。餐廳環境非常特別，位於一座中世紀宮殿Palazzo Antinori的地下酒窖，經過精心裝飾，營造了一個別有歷史風情的用餐環境。供應菜式以托斯卡尼的正宗料理為主，各式種類的「烤牛排」是店中的百年招牌拿手菜。牛排肉質上盛，以傳統烤架煮熟，火喉控制相當好，肉汁豐富充滿炭燒香，肉食愛好者不容錯過。

`MAP: P.188 A2`

客人在點餐時，可因應自己的喜好選擇牛排的生熟程度。這種內裡嫩紅，比較生的，叫做「Al Sangue」，相等英語的「Rare」；五成熟叫做「Media」，相等英語的「Medium」；全熟叫做「Ben Cotta」，相等英語的「Well Done」。

特濃朱古力蛋糕Cioccolato Fondente，每一口都是幼滑無比的朱古力，濃郁香醇，充滿甜蜜的幸福感，是一客完美的餐後甜點。€10

Info

地址：Via del Trebbio, 1r, 50123 Firenze
電話：+39 055 213768（建議訂位）
營業時間：1900-2230
休息日：逢星期日
消費：大約€60 - 100 / 位
網址：www.bucalapi.com
前往方法：從Firenze S.M.N.（新聖母瑪利亞火車站）步行前往，大約7分鐘。

餐廳設於一個隱蔽又有溫馨感的地下室，用餐大廳充滿異國情調。這兒經常爆滿，建議盡早訂座。

牆身以色彩豐富的舊海報作壁紙，大部分是屬於不同地區的人文風景，別具特色。

餐廳設有半開放式廚房，大廚正在烤佛羅倫斯T骨大牛排，肉的厚度和份量令人嘆為觀止，不時傳來陣陣香氣。

牆壁上畫了漂亮的風景畫，猶如在河邊用餐，很有意境。

吊燈充滿復古風情，食客紛紛在燈罩的空白位置簽了名字，在此留下美好的回憶。

這兒的肉類料理均由一班經驗豐富的廚師砲製，向來口碑都很好。

入口位於Via de' Tornabuoni名店街的開段轉角位置，招牌充滿老派餐廳的懷舊感。

入口旁邊有一個小窗，下面寫上了「Vino」（葡萄酒）的字樣。原來很久以前，這是地下酒窖的銷售窗口，人們在這個小窗可直接購買葡萄酒。

佛羅倫斯

古城中心

新聖母瑪利亞火車站周邊

聖母百花大教堂周邊

阿諾河南岸

聖十字區

佛羅倫斯周邊

香水是由不同的香油混合酒精而成，氣味有層次。香油以留香時間分為「前調」、「中調」和「基調」3組。「前調」是塗香水後首先會散發出來的氣味，一般會較濃郁，但揮發得最快，然後會聞到較淡的「中調」，而香氣最清淡的「基調」則是最持久。

工作坊在一間源自1700年的古法香水店中舉行，店內亦有出售獨家原創的香水。

Step 1：調配香水前，駐店的調香大師兼藥劑師Fernanda Russo，會講述佛羅倫斯香水歷史和基本資料，讓學員有初步的概念。

Step 2：學員用鼻子逐一把香油輕聞，中途聞一下咖啡豆以調節嗅覺，從3組香油中，每組選2種喜愛的香氣，然後分別滴在試紙上。

Step 3：調香大師把學員滴了香氣的試紙，組成扇形並在空氣中搖動，去感受這幾種香油混合出來的香氣，然後憑她的經驗評估，計算出各種香油的份量比例。

創造私屬的個人香氣
調製香水工作坊
（Perfume Workshop）

喜歡香水的人，有想過去調配一瓶屬於自己的香水嗎？從文藝復興時期開始，佛羅倫斯成為歐洲最重要的香水生產地之一。當時興起了以酒精為基礎的香水，城中的藥劑師和調香師紛紛為貴族和皇室精心研製。「調製香水工作坊」讓參加者可了解佛羅倫斯香水的歷史，更可在調香大師的指導下，親手創造一瓶50毫升的個人香水，然後把這「世上只此這瓶」的私屬香水帶回家。

Ciao Florence旅行社另有舉辦很多特色一天遊，例如「Chianti葡萄園騎馬體驗」、「五漁村一天團」、「托斯卡尼鄉村烹飪班」等。詳情可見官網：www.ciaoflorence.it

MAP：P.188 C3 B1

Tips

「調製香水工作坊」報名資訊*

舉辦單位：Ciao Florence Tours & Travels（當地旅行社）
活動名稱：Perfume Masterclass Small Group Tour: A Sensory Experience
活動時間：逢星期一、三、五或六1030 - 1200
報名方法：網上報名或親臨位於市中心的Ciao Florence門市
活動費用：€70
網址：www.ciaoflorence.it/en/tour-detail/114
門市地址：Via Camillo Cavour, 36R, 50129 Firenze
前往方法：從Cattedrale di Santa Maria del Fiore（聖母百花大教堂）步行前往，大約5分鐘。

*活動需經「Ciao Florence旅行社」事先預約

Info

Antica Spezieria Erboristeria San Simone 古法香水店
地址：Via Ghibellina, 190, 50122 Firenze
營業時間：1000-1330、1430-1900
休息日：逢星期日
網址：www.anticaerboristeriasansimone.it
前往方法：從Cattedrale di Santa Maria del Fiore（聖母百花大教堂）步行前往，大約6分鐘。在Museo Nazionale del Bargello（巴杰羅美術館）的斜對面。

Step 4：學員跟著調香大師計算好的滴數，把所需的香油逐一滴進量杯。

Step 5：混好香油後，就可進入最後的工序，調香大師會在香水之中加入酒精，然後注入香水瓶內。

Step 6：最後，學員為自己調配的香水構想一個名字，再寫在瓶上，獨一無二的私屬香水終於面世了！香水需靜待20-30天才可啟用。

佛羅倫斯

古城中心

新聖母瑪利亞火車站周邊

阿諾河南岸

聖十字區

佛羅倫斯周邊

鮮甜的蟹肉配以手工鮮製麵條，是美味又完美的配搭，用料很足，是海鮮控的至愛。Scialatielli al Granchio€20

葡萄酒選擇豐富，大部分來自托斯卡尼產區。

店內座位不太多，特別在晚餐時段，建議訂座。

擺盤精緻的雜錦海鮮伴巨型通粉，配一杯白葡萄酒，充滿地中海風情。Paccheri ai Frutti di Mare€14

浪漫情調海鮮餐
Cantinetta delle Terme

　　於2016年開業，餐廳以地中海海鮮料理而聞名，同時亦供應當地托斯卡尼料理。坐落在一幢有500-600年歷史的建築內，餐廳內的地下酒窖設有隱蔽式用餐區，擁有迷人氣氛，晚間餐桌上燃起燭光，充滿浪漫情調。餐廳有多款海鮮料理屬招牌菜式，龍蝦意大利麵、蜆肉烏魚子意大利麵、香煎吞拿魚等等。採用新鮮海產，以傳統做法為基礎，再加入創新元素，為食客帶來味覺新體驗。餐廳每季根據當造食材，更新餐單。

地下酒窖設有用餐區，充滿私密感，特別浪漫迷人。

以蜆肉本身的海水鮮味烹調意大利麵，非常入味，添加了烏魚子，把鮮味更昇華。Spaghetti Vongole con Bottarga€13

MAP: P.188 A3

甜點焦糖燉蛋，在客人面前點上了火焰，很有驚喜，燉蛋甜度恰好，口感香滑細膩。

─ Info ─

地址：Via delle Terme, 14R, 50123 Firenze
電話：+39 055 239 6084
營業時間：1200 - 1430、1900 - 2230
　　　　　（晚間建議訂座）
休息日：逢星期一
消費：大約€25 - 40 / 位
網址：www.cantinettadelleterme.com
前往方法：從Ponte Vecchio（舊橋）或
　　　　　Piazza della Signoria（領主廣
　　　　　場）前往，步行大約4分鐘。

隱世大教堂美景
Oblate Cafeteria

　　坐落於公共圖書館頂層的咖啡店，因為擁有聖母百花大教堂圓頂景色而聞名。咖啡店供應輕食、三文治和簡單午、晚餐，價格和口味都較為大眾化。位置不太易找，需要從圖書館的庭院進入館內，然後再穿過閱讀區，登上頂層，感覺很奇妙。

圖書館坐落在歷史悠久的建築物內，遊客不多，到處都是學生。

MAP: P.188 C2

除了室內有很棒的景觀，店外設有半露天座位，同樣可以欣賞到宏偉的大教堂美景。Marrocchino€1.5

─ Info ─

地址：Biblioteca delle Oblate,
　　　　Via dell' Oriuolo, 26, 50122 Firenze
電話：+39 055 263 9685
營業時間：0900 - 0000；星期一 1400 - 1900；
　　　　　星期六 1000 - 0000
休息日：逢星期日
消費：大約€3 - 10 / 位
前往方法：在聖母百花大教堂後方，步行前往
　　　　　大約5分鐘。

巴洛克式的華麗

聖母領報大殿

(Basilica della Santissima Annunziata)

建於1250年，由聖母忠僕會（Servi di Maria）建造。教堂有一個古老傳說，於13世紀，畫家在繪畫壁畫《聖母領報》的期間，感到無法好好畫出聖母瑪利亞的面貌，後來，畫家一覺睡醒後，壁畫奇跡地完成，相傳是由一位天使繪畫，期後，這幅畫一直被安放在此教堂內。

MAP：P.188 C1

教堂內以灰泥、大理石和鍍金作裝飾，呈現了巴洛克式的華麗，鍍金的木刻天花金光閃閃，莊嚴優雅。

在教堂前的Piazza dell' Annunziata（聖母領報廣場），豎立了一座托斯卡尼大公Granduca Ferdinando（費迪南多一世）的騎士像。

教堂的正立面建於1601年，是仿照了旁邊的孤兒院而建造，讓廣場上的建築物風格，達至統一。

Info

地址： Piazza SS Annunziata, 50122 Firenze
開放時間： 0730 - 1230、1600 - 1830；假日加開 2045 - 2145
門票： 免費進入
網址： annunziata.xoom.it
前往方法： 從Galleria dell' Accademia（學院美術館）步行前往，大約3分鐘。或從聖母百花大教堂步行前往，大約10分鐘。

對稱的古典柱式涼廊，是設計聖母百花大教堂穹頂的天才建築師Brunelleschi的傑作。

館內設有畫廊，展出一些文藝復興時期的宗教畫作。

頂層有一間隱世咖啡座「Caffè del Verone」，面對聖母百花大教堂的景色，人流不多，推薦去對著美景放空。

小孤雛的真實紀錄

孤兒院博物館

(Museo degli Innocenti)

在孤兒院外的涼廊中，有一個可旋轉的小鐵窗，母親可在不被看見的情況下，把無力撫養的小嬰兒放進窗口上的轉盤，然後輕輕一轉，嬰兒就會從鐵窗進入孤兒院裡。大部分的棄嬰，母親都會特意在他們的衣服上，留下小物件作識別物，期望有天可再度重逢，以作確認。當年捨棄親生骨肉的母親們，背後都有不為人知的故事。在孤兒院旁邊的博物館內，展示了部分物品和他們的故事。

MAP：P.188 C1

小鐵窗最終在1875年封閉，不再允許以匿名方式遺棄新生兒。

小櫃子裏收藏了昔日附在棄嬰身邊的識別物，博物館根據孤兒院的紀錄，把他們感人的故事，記述了出來。

Info

地址： Piazza della Santissima Annunziata, 13, 50122 Firenze
電話： +39 055 203 7308
開放時間： 1000 - 1900（最後售票1830）
門票： €7；連語音導覽€10
網址： www.museodeglinnocenti.it
前往方法： 在聖母領報大殿的旁邊。從Galleria dell' Accademia（學院美術館）步行前往，大約3分鐘。

佛羅倫斯

古城中心

新聖母瑪利亞火車站周邊

阿諾河南岸

聖十字區

佛羅倫斯周邊

繁華之美

新聖母瑪利亞火車站周邊
Firenze S.M.N.

　　屬城中最主要的交通中樞區，人流熙來攘往。車站附近設有眾多酒店、餐館和商舖，盡顯繁華。在車站附近亦有很多著名景點，值得去細味探索。13世紀哥德式新聖母瑪利亞大教堂，猶如美食天堂的中央市場、大名鼎鼎的大衛雕像、顯赫煇煌的美第奇里卡迪宮，結集歷史、藝術與美食，很值得花一點時間徘徊慢逛。

交通

步行：
從古城中心步行至Firenze S.M.N.火車站周邊，只需10分鐘。

巴士：
可乘坐巴士路線1、6、11、17、36、37、23、C2、C4號等，抵達火車站。或乘輕軌電車到「Alamanni - Stazione」、「Valfonda」、「Unita」。從火車站往古城中心或聖十字區，可乘坐巴士C2路線。

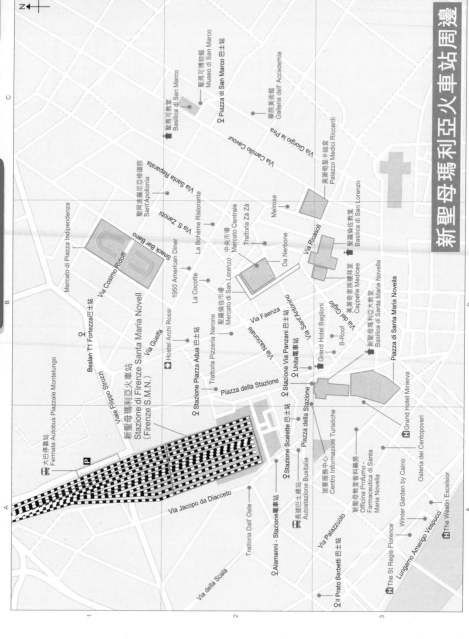

佛羅倫斯

古城中心

新聖母瑪利亞車站周邊

阿諾河兩岸

聖十字區

佛羅倫斯周邊

新聖母瑪利亞車站周邊

新聖母瑪利亞火車站周邊

N

C

B

A

1 · 2 · 3

聖馬可博物館
Museo di San Marco

聖馬可教堂
Basilica di San Marco

Piazza di San Marco 巴士站

學院美術館
Galleria dell'Accademia

聖阿波羅尼亞修道院
Sant'Apollonia

Via Santa Reparata

Via Camillo Cavour

Via Giorgio la Pira

美第奇里卡迪宮
Palazzo Medici Riccardi

聖羅倫佐教堂
Basilica di San Lorenzo

Mercato di Piazza Indipendenza

Via Cosimo Ridolfi

Snack Bar Bano

La Bohème Ristorante

1950 American Diner

La Cocotte

中央市場
Mercato Centrale

Trattoria Zà Zà

Da Nerbone

Melrose

Via Ricasoli

Beslan T1 Fortezza 巴士站

Viale Filippo Strozzi

Via Guelfa

Via S. Zanobi

Hostel Archi Rossi

Trattoria Pizzeria Nerone

聖羅倫佐市場
Mercato di San Lorenzo

Via Faenza

Via Nazionale

Via Sant'Antonino

Via del Giglio

美第奇家族禮拜堂
Cappelle Medicee

Grand Hotel Baglioni

B-Roof

新聖母瑪利亞大教堂
Basilica di Santa Maria Novella

Piazza di Santa Maria Novella

Stazione Piazza Adua 巴士站

Stazione Via Panzani 巴士站

Unita 電車站

Piazza della Stazione

新聖母瑪利亞火車站
Stazione di Firenze Santa Maria Novell
(Firenze S.M.N.)

Fermata Autobus Piazzale Montelungo

大巴停靠站

P

Stazione Scalette 巴士站

長途巴士總站
Autostazione Busitalia

Piazza della Stazione

旅客服務中心
Centro Informazioni Turistiche

Alamanni - Stazione 電車站

Via Jacopo da Diacceto

Trattoria Dall'Oste

Via Palazzuolo

Via della Scala

Il Prato Barbetti 巴士站

新聖母瑪利亞教堂香料藥房
Officina Profumo -
Farmaceutica di Santa
Maria Novella

Winter Garden by Caino

Grand Hotel Minerva

Grand Hotel Minerva

Osteria del Centopoveri

The St Regis Florence

Lungarno Amerigo Vespucci

The Westin Excelsior

216

佛羅倫斯

古城中心

新聖母瑪利亞火車站周邊

阿諾斯河南岸

聖十字區

佛羅倫斯周邊

遊客必經之地

新聖母瑪利亞火車站

(Stazione di Firenze Santa Maria Novella)

是城中的公共交通中樞。於1935年落成，取名為聖母瑪利亞火車站（縮寫：Firenze S.M.N.），建築風格屬於意大利理性主義。位於車站地下低層的購物街，設有大約30間商舖和餐廳。月台區前的 La Feltrinelli 書店，設有少量用餐區，供應簡單餐點，是旅客們等火車途中的熱門聚集地。

MAP: P.216 A1 - A2

火車站的地下底層，開設了咖啡店、家居小品店 Flying Tiger 和一些大眾品牌的服裝專賣店，包括有 Primadonna、Cello、Alcott、Mango 等。

跟其他城市的大型火車站一樣，要出示有效火車票才可進入月台範圍。

相比起羅馬特米尼火車站或米蘭中央火車站，這裡的購物區規模較小，但也一應俱全。

設在月台及售票大廳前的 La Feltrinelli 書店，設有咖啡店。

從售票大廳前方的自動電梯往下走，就是車站的購物地下通道。

Info

地址：Piazza Santa Maria Novella, Firenze
開放時間：全年
網址：www.firenzesantamarianovella.it/it
前往方法：從聖母百花大教堂步行前往，大約10分鐘。另可乘巴士路線1、6、11、12、17、36、37、23、C2、C4號等等，抵達火車站周邊。或乘輕軌電車到「Alamanni-Stazione」、「Valfonda」、「Unita」。

人氣牛排店 **MAP: P.216 A2**

Trattoria Dall'Oste

專門品嚐肉類料理的餐廳，人氣很高，經常滿座。餐廳推出多種套餐，最受歡迎的是「Bistecca alla Fiorentina」套餐，除了可享用1kg的佛羅倫斯著名T骨大牛排，還包括葡萄酒和甜點，份量足夠2人分享。一人行亦可選擇其他套餐，推薦「Menu Chianina」，包含了500g來自 Chianina 牛種的烤牛排，這種白牛品質上乘，屬當地最優質的一種，肉汁豐富，質感嫩滑。

店內以葡萄酒木箱作牆身裝飾，滿有托斯卡尼的鄉村風格，佈置以舒適為主。餐廳設有中文餐單，點菜非常方便。

「Menu Toscana」中的烤牛排，配以3種不同口味的特製醬汁，肉質較 Chianina 厚實，沾上醬汁別具風味。套餐另包意式餃子、甜點和葡萄酒 €29

薯仔肉醬大餃子 Tortelli di Patate con battuto di Chianina，餡料豐富，汁多味美。

「Menu Chianina」中另有一客特色意粉，以 Chianina 牛肉煮成肉醬濃汁，拌以鮮製粗條麵，香濃入味。

Tips
餐廳在聖母百花大教堂附近，亦開設了一間分店。
地址：Via dei Cerchi, 40/R, 50122 Firenze

「Menu Chianina」中的烤 Chianina 牛排（Bistecca di Chianina），牛味香濃，汁多肉嫩。套餐另包意粉和葡萄酒 €36.5

杏仁脆餅 Cantucci 是托斯卡尼大區的著名甜點，餅內有原粒杏仁，香脆有硬度，一般配以甜酒 Vin Santo，把餅沾進酒裡，吸收酒的甜香，然後再放入口，美味可口。

Info

地址：Via Luigi Alamanni, 29R, 50123 Firenze
電話：+39 055 212992
營業時間：1100 - 2230
消費：大約 €30 - 60 / 位
網址：trattoriadalloste.com
前往方法：在 Firenze S.M.N.（新聖母瑪利亞火車站）後方的大街，步行前往大約3分鐘。

佛羅倫斯

古城中心

新聖母瑪利亞火車站周邊

阿諾河南岸

聖十字區

佛羅倫斯周邊

店內亦有展出幾百年歷史留存下來的產品包裝、玻璃瓶、陶瓷品、調製香水的用具等等。

這家總店裝潢優雅華麗，猶如一所典雅的博物館，美得不得了。

經典皇室古法香水

新聖母教堂香料藥房
(Officina Profumo-Farmaceutica di Santa Maria Novella)

是世上最古老的製藥廠之一，於1221年由一名教會修士創建，在1612年開設公眾門市。藥房使用天然原料和傳統手法，自家調製香水、乳霜、天然香皂、家居香氛，還有多種草本藥酒。當中最著名的古法香水「Acqua di S. M. Novella」，於1533年由米第奇家族女兒凱瑟琳‧德委託藥店調製，作為嫁給法國國王的陪嫁香水。這種香水擁有獨特的柑橘香，是藥店最經典的香氣。

MAP: P.216 A3

在米蘭、威尼斯和維羅納市中心，也設有比較小型的分店。

藥店的皇牌產品，除了香水，還有玫瑰水、金盞花修護面霜、花粉再生面霜、天然蘆薈露、牛奶皂等等。玫瑰水的香氣清新宜人，十分保濕。玫瑰水250ml€14、500ml€25

香水大約有四十多種，除了古法皇室香氣「Acqua di S. M. Novella」，花香幽淡的翡冷翠天使「Angeli di Firenze」和清新脫俗的茉莉「Gelsomino」，也是熱賣之選。香水每瓶100ml大約€70 - 90

香蠟板也是熱賣品，有薰衣草、玫瑰、石榴、百花香等等香味，可放在衣櫃、行李或抽屜，香氣可以持續半年至一年。Tavoletta di Cera Profumato€18

在場設有螢幕可查閱各產品資料，另有詳細的中文說明和價目表可索取。

除了有幾個銷售大廳，店內設有咖啡館和香水與製藥廠博物館。

Info

地址： Via della Scala, 16, 50123 Firenze
電話： +39 055 216276
營業時間： 0900 - 2000
網址： www.smnovella.com
前往方法： 從Firenze S.M.N.（新聖母瑪利亞火車站）步行前往，大約5分鐘。

哥德式建築之美
新聖母瑪利亞大教堂
（Basilica di Santa Maria Novella）

於1246年建成，由中世紀著名建築師Leon Battista Alberti（阿爾伯蒂）設計，特色在於對稱的外觀和上方的圓形彩窗，正立面以黑白斑馬雙色的大理石搭配，是哥德式建築典範之一。教堂內部也值得參觀，收藏了一些藝術大師的傑作。

MAP：P.216 B3

這座哥德式風格的教堂，是「黑衣修士」道明會的主要教堂。

位於後方的 Firenze Santa Maria Novella火車站，也因這座教堂而得名。一出火車站，即可看到教堂的尖頂鐘樓。

堂內有很多藝術珍藏，包括有Giotto所繪製的十字架《Crocifisso》和Ghirlandaio在Cappella Tornabuoni（托納布奧尼小堂）的壁畫等等。

⊪Info⊩

地址：Piazza di Santa Maria Novella, 18, 50123 Firenze

開放時間：

	星期一至四	星期五	星期六	假日
10月至3月	0900 - 1730	1100 - 1730	0900 - 1730	1300 - 1730
4月至6月	0900 - 1900	1100 - 1900	0900 - 1730	1300 - 1730
7月至8月	0900 - 1900	1100 - 1900	0900 - 1830	1200 - 1830
9月	0900 - 1900	1100 - 1730	0900 - 1730	1200 - 1730

最後售票：關閉前45分鐘

門票：€7.5

網址：www.smn.it

前往方法：在Firenze S.M.N.（新聖母瑪利亞火車站）對面，步行前往大約2分鐘。

令人驚嘆的景色
B-Roof

位於Grand Hotel Baglioni酒店頂層的餐廳，擁有超美的佛羅倫斯全景。餐廳於夏季開放的露天頂樓花園B-Green，供應餐前酒Aperitivo，客人可在漂亮的城市景色下，喝一杯放空一下。餐廳另有供應精緻托斯卡尼傳統料理。

MAP：P.216 B3

設在花園的全景酒吧，只在夏天開放。而在花園平台上用餐，另有15%附加服務費。

在傍晚的醉人美景前享受一杯特飲，讓人心情舒暢。

雞尾酒賣相精緻，每款由€16起，另有幾款佐酒小吃。

B-Green天台酒吧上擁有無敵佛羅倫斯全景，絕對是最佳賣點。

⊪Info⊩

地址：Grand Hotel Baglioni, Piazza dell' Unità Italiana, 6, 50123 Firenze

電話：+39 055 2358 8560

營業時間：B-Roof餐廳 1200 - 1400、1930 - 2200；B-Green酒吧 1830 - 2200（夏季限定）

消費：餐前酒大約€20 - 30 / 位；午餐或晚餐大約€80 - 100 / 位（建議預約）

網址：www.b-roof.it

前往方法：在Firenze S.M.N.（新聖母瑪利亞火車站）斜對面，步行前往大約5分鐘。

平民料理 **MAP：P.216 A3**
Osteria dei Centopoveri

於1992年啟業，以平民價格供應托斯卡尼料理。於中午時段，更以€12優惠價，推出包括2道菜和酒水的套餐，吸引大批當地居民和遊客前來用餐。以這個價錢來說，份量是意想不到的多。至於晚市，設有幾款特色套餐以供選擇，當中的「Menu della Bistecca」（牛排套餐），只要付出€28，就可享用1人份的前菜、500g牛排、甜點、酒水和咖啡，同屬抵食之選。

當天優惠午餐中的燒魚，肉質嫩滑非常新鮮，份量蠻多，以這個價格來說，質量算是不錯。

海鮮意大利麵，用料挺足，醬汁不太濃稠，份量同樣挺多。優惠午餐€12（包含2道菜、葡萄酒和水）

裝潢以傳統小餐館形式，用餐時段充滿熱鬧感，是典型意大利的市井風情。

每當優惠午餐時段，座無虛席，非常繁忙，餐廳外經常有人等候。

⊪Info⊩

地址：Via Palazzuolo, 31r, 50123 Firenze

電話：+39 055 218846

營業時間：1200 - 1500、1900 - 2300

消費：大約€12 - 35 / 位

網址：www.centopoveri.it

前往方法：從新聖母瑪利亞火車站步行前往，大約8分鐘。

輝煌的見證
美第奇里卡迪宮
(Palazzo Medici Riccardi)

於1445年，美第奇家族委託著名建築師Michelozzo（米開羅佐）修建，是文藝復興時期貴族家居的最佳範本。宮內的私人小禮堂Cappella dei Magi（東方三博士小聖堂），在狹小的空間畫滿了精緻無比的壁畫，以聖經中的東方三博士為題，由Benozzo Gozzoli繪製，把當時美第奇家族中的顯赫人物肖像，繪入其中，成為了畫中騎士，後方有一班浩浩蕩蕩的隊伍跟隨著。 MAP: P.216 B2 - B3；C2 - C3

位於售票處旁邊的書店出售獨家商品，筆記本以東方三博士小聖堂內的壁畫作圖案，皮製筆記本十分精緻。大€20、小€15

金碧輝煌的大廳之中，天花板上有那不勒斯畫家Luca Giordano所創作的壁畫。牆壁兩旁的鏡子，把大廳映照得更富麗堂皇。

宮殿內的裝潢擺設，可追溯到17世紀，當時Riccardi（里卡迪家族）把這座宮殿買下，且重新改造及添置了新家具。

建於15世紀的「柱廊庭院」，聳立了不少雕塑，庭院免費進入，很值得一看。另外，憑門票可往地下層的「大理石博物館」參觀，通往入口的樓梯設於花園。

美第奇家族是當年佛羅倫斯的統治者，這幅在東方三博士小聖堂內的壁畫，描繪了家族當年的輝煌成就，壁畫色澤艷麗，讓人印象深刻。

——Info——
地址：Via Camillo Cavour, 3, 50129 Firenze
開放時間：0900 - 1900（最後售票1800）
休息日：逢星期三
門票：宮殿€7；18 - 25歲€4；花園免費參觀
網址：www.palazzo-medici.it
前往方法：在Cattedrale di Santa Maria del Fiore（聖母百花大教堂）的北側，步行前往大約5分鐘。

全城最古老的教堂
聖羅倫佐教堂
(Basilica di San Lorenzo)

始建於393年，擁有引人注目的教堂正立面，成為吸引遊人的焦點。矚目原因並非它擁有華麗的建築外觀，反而，是它那過於樸實的風格。原來教堂的正立面一直未完工，於16世紀，曾委託藝術家為其設計，但後來由於資金問題而擱置方案，不加修飾的正立面，一直維持至今。看起來低調普通的教堂，內在收藏了不少藝術瑰寶，包括了Filippo Lippi的作品。 MAP: P.216 B3

教堂內部可通往Biblioteca Medicea Laurenziana（洛倫佐美第奇圖書館），由米高安哲羅在16世紀設計及重修，館內收藏了很多著名的手抄本。

I Can Tips
教堂範圍內不可拍攝。

——Info——
地址：Piazza di San Lorenzo, 9, 50123 Firenze
開放時間：1000 - 1700；星期日1330 - 1700
休息日：從11月至2月的星期日
門票：教堂€6；圖書館€9
網址：basilicadisanlorenzofirenze.com
前往方法：從Cattedrale di Santa Maria del Fiore（聖母百花大教堂）步行前往，大約3分鐘。

異國情調餐館
Trattoria Pizzeria Nerone

Pizza全天候供應，並以傳統火爐即場烘烤，別有風味。

於1943年開業，餐館以特色家具和彩色吊燈作襯托，裝潢充滿異國情調。菜式以多元化的托斯卡尼料理為主，除了供應經典的佛羅倫斯大牛排，亦有沙律、意大利飯、麵食類及其他肉類料理。以傳統火爐即場烘烤的Pizza和Focaccia，亦是餐館的特色所在。 MAP: P.216 B2

以橄欖油作餅底的Focaccia，烤過後更加香脆，配以充滿咸香的Lardo作餡料，十分惹味。€10

——Info——
地址：Via Faenza, 95/97R, 50123 Firenze
電話：+39 055 291217
營業時間：1130 - 2300
消費：大約€15 / 位起
網址：www.trattorianerone.it
前往方法：從新聖母瑪利亞火車站步行前往，大約5分鐘。

米高安哲羅的四季雕像

美第奇家族禮拜堂
（Cappelle Medicee）

是美第奇家族成員最後安息之地。禮拜堂由新聖器室「Sagrestia Nuova」和王子小聖堂「Cappella dei Principi」組合而成。新聖器室建於1520至1534年之間，建築結構與石棺上的4座雕像，都是由米高安哲羅大師所設計。雕塑象徵一天之中的4個時分，分別以《畫》、《夜》、《晨》、《昏》來命名，是參觀的焦點所在。

`MAP: P.216 B3`

於16世紀初統治佛羅倫斯的美第奇大公Lorenzo di Piero de' Medici，其墓棺上設有由米高安哲羅設計的雕像《晨》和《昏》。

小禮拜堂是從聖羅倫佐教堂背部伸延出來的建築，設有獨立入口。從外可見高高聳立的巴洛克式圓頂。

王子小聖堂內設有59米高的巨型圓頂，天花壁畫美輪美奐，以聖經中的場景為題。

Info

地址：Piazza di Madonna degli Aldobrandini, 6, 50123 Firenze
開放時間：0815 - 1400（最後售票：1320）
休息日：每月第2個、第4個星期日；每月第1個、第3個、第5個星期一
門票：€8；18 - 25歲€2
網址：www.bargellomusei.beniculturali.it/musei2/medicee/
前往方法：位於在聖羅倫佐教堂的後方，從新聖母瑪利亞火車站步行前往，大約8分鐘。

復古衣飾店

Melrose

貨品種類很多，帽子、連身裙、牛仔服、碎花襯衣、手袋、化妝箱等等，無論男裝、女裝，都一應俱全。

如果對復古的衣物飾品情有獨鍾，這裡有大量高質量的二手古著！店面看似不大，其實分開了好幾個區域，稍微不留神就會錯過幾個房間。店內佈置經過精心設計，利用鮮明的色彩、古舊家具和特色物件，徹底營造了一個復古年華的場景。貨品多不勝數，由平價衣物到名牌絕版珍品，應有盡有，喜歡尋寶的不容錯過。

`MAP: P.216 B2`

色彩鮮豔、剪裁精緻的復古連身裙，是長期的熱賣種類，貨源來自世界各地。

是城中最大型和精緻的復古衣飾店，很有獨特風格。

門外以舊車牌作裝飾，懷舊復古又有型格。

商品分門別類，更以深淺色系作排列，十分整齊，方便客人尋覓心頭好。

Info

地址：Via de' Ginori, 18, 50123 Firenze
電話：+39 055 267 0030
營業時間：1000 - 2030；星期日1400 - 2000
網址：melrosevintage.business.site
前往方法：在美第奇里卡迪宮花園外的右邊。從Firenze S.M.N.（新聖母瑪利亞火車站）步行前往，大約10分鐘。

精緻時尚餐館　`MAP: P.216 B2`

La Cocotte

優雅恬適的用餐環境，充滿空間感，特別吸引年輕客人。餐廳由早上營業至零晨，由早餐、午市輕食、下午茶甜點、晚上正餐都有供應。店內還有「煙火版本」的佛羅倫斯大牛排「Bistecca alla Fiorentina」，在上菜時在碟上燃起小煙火，閃著亮光的牛排，讓人驚喜十足。

店內亦有供應雞尾酒和啤酒，點選一客佐酒小吃，喝一杯閒閒坐，在輕音樂下，享受悠閒時光。

大型玻璃櫃內展示了多款手造甜點，賣相吸引，選擇蠻多。甜點每客€5 - 7

手打牛肉堡配薯條，肉食愛好者的至愛。各種漢堡大約€15。

Info

地址：Via Nazionale, 112/red, 50123 Firenze
電話：+39 055 283114
營業時間：0800 - 0000；星期五及六0800 - 0200（廚房1000-2300）
消費：約€25 - 40 / 位
網址：www.lacocotte.org
前往方法：從Firenze S.M.N.（新聖母瑪利亞火車站）經Via Nazionale步行前往，大約8分鐘。

佛羅倫斯

古城中心

新聖母瑪利亞火車站周邊

阿諾河南岸

聖十字區

佛羅倫斯周邊

在環形殿中展示的《大衛像》，自然光線從玻璃天窗映照下來，雕像的精緻細節，顯露無遺。

被譽為最完美銅體的雕像
學院美術館（Galleria dell'Accademia）

這座米高安哲羅的驚世傑作《大衛像》，源自一塊有瑕疵的大理石。於15世紀末，人們決定為聖母百花大教堂的屋頂扶壁，建造一座高4米多的雕像。重達5噸的巨型大理石已準備好，先後經2名雕塑家嘗試製作，可惜，這塊巨石滿有瑕疵，質量不佳，因怕日後威脅雕像的穩定性，最終放棄，並把計劃擱置。

於1501年，教堂重提這個「不可能的任務」，並委託當年只得26歲的藝術大師米高安哲羅，利用那塊擱置了25年的大石創作雕像。經過兩年多的光景，《大衛像》正式揭幕，這位「聖經中的英雄」大衛，神色姿態被雕得栩栩如生，肌肉線條輪廓配合光影效果，令人嘆為觀止。

Tips ☝ I Can
MAP: P.216 C2

1. 館內不設衣帽間，請盡量不要攜帶大袋和背包。
2. 進入時需經過保安檢查，不可攜帶超過500ml的瓶裝液體。
3. 不可攜帶長雨傘。
4. 不可使用自拍棒和閃光燈拍攝。

建議可圍著雕像慢慢走一圈，從不同角度去欣賞當中的絕妙細節。

細心一看，大衛的右手正拿緊石頭，左手握著弦索附在肩膀上。他正準備以「石機弦」去擊打巨人歌利亞。在這即將迎戰的瞬間，大衛正凝神思考，目光專注，充滿決心。

《大衛像》手背上的脈絡和肌肉曲線，充滿張力，展現出力量與美態，被譽為擁有最完美銅體的雕像。

Info

地址：Via Ricasoli, 58/60, 50122 Firenze
電話：+39 055 098 7100
開放時間：0812 - 1850（最後售票1820）
休息日：逢星期一、1 / 1、25 / 12
門票：€12；門票預定另加€4；利用語音導覽實機另加€6
網址：www.galleriaaccademiafirenze.beniculturali.it
訂票網址：b-ticket.com/b-ticket/uffizi/default_eng.aspx
前往方法：從新聖母瑪利亞火車站外的「Stazione Piazza Adua」站乘坐巴士、6、11或14號到「Piazza di San Marco」站即達。或從Cattedrale di Santa Maria del Fiore（聖母百花大教堂）經Via Ricasoli步行前往，大約5分鐘。

完美極致的《大衛像》揭幕後，市議會決定不放在大教堂的屋頂，並打算另尋一個更顯眼合適的位置，最終雕像設在政治中心「領主廣場」，象徵佛羅倫斯共和國戰無不勝的力量。直到1873年，為了保護免受風化，雕像被移放到這間佛羅倫斯美術學院附屬的美術館，並在原址放置了一座複製品。

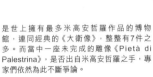

是世上擁有最多米高安哲羅作品的博物館，連同經典的《大衛像》，整整有7件之多。而當中一座未完成的雕像《Pietà di Palestrina》，是否出自米高安哲羅之手，專家們依然為此不斷爭論。

美術館設有2層，如在旅遊旺季到訪，建議先網上訂票。

從正面看，《大衛像》的頭部和手部比例是略為被擴大。雕像原本計劃設在離地80米的大教堂屋頂，所以，米高安哲羅把比例調整，就算人們從下而上欣賞雕像，都可看到擴大了的頭部和手部。

在館內設有樂器博物館，展出了非常珍貴的古代樂器，是美第奇與洛倫納家族的收藏，包括古鋼琴發明家Bartolomeo Cristofori和小提琴製琴大師Antonio Stradivari為美第奇家族所創作的樂器。

每年有過百萬名遊客，慕名前來一睹米高安哲羅《大衛像》的真貌。

館中還收藏了許多文藝復興時期的珍貴作品，包括許多以宗教為題的金色木板畫作。

在大部分的石膏模型之上，有很多「黑色小洞」，原來是用作鑄造青銅像或製造複製品所留下的記號，館內有詳細視頻解說其製作過程。

在「Sala del Colosso」展廳內，收藏了大量石膏模型，當中包括展示在傭兵涼廊的Giambologna《掠奪薩賓婦女》的石膏原模等。

1樓設有互動區域，透過一系列的視頻可對《大衛像》了解更多，另有視頻介紹樂器博物館的展品。

地下層的糕點烘焙店，出售多種托斯卡尼名物Cantucci杏仁脆餅，除了原味，還有眾多口味選擇，包括Alchermes甜酒、朱古力、檸檬杏仁等。每公斤€19

美食廣場裝潢時尚休閒，利用玻璃天花透入光線，眾多美食攤位整潔有序，完全不發覺正身處一座「街市」之中。

天堂級的美食廣場

市場地下層有多間乾貨店，專售各式各樣的芝士和意式火腿醃肉，有些店舖提供真空包裝服務，方便攜帶。

中央市場 (Mercato Centrale)

是規劃很好的菜市場，地下層集中各種新鮮食物和乾貨的攤檔，包括蔬果、肉類、芝士店、火腿店、乾果店、土產店等等。一樓設有規模很大的美食廣場，結集了各種料理的精選美食攤，包括有西西里島小食、啤酒館、松露料理、香草燒雞、海鮮魚生、拿波里Pizza、日本壽司等等。這裡還會不定期舉行各種活動，例如音樂演奏、美食品嚐會等等，有濃厚又熱鬧的用餐氛圍。

MAP: P.216 B2

中央市場設有2個入口，在Via dell' Ariento的入口是皮具市集的所在地。另1個設在Piazza del Mercato Centrale。

足足有半隻手掌大的Porcini牛肝菌乾，香氣四溢，有不同品質，大小和價位以供選擇。每100克 €20

於美食廣場的服務台旁邊，設有小型儲物櫃和手機充電線，可供客人免費使用。

─Info─

地址：Piazza del Mercato Centrale - Via dell' Ariento, 50123 Firenze
營業時間：0800 - 0000
網址：www.mercatocentrale.it
前往方法：從Firenze S.M.N. 火車站或百花聖母大教堂步行前往，大約8分鐘。

牛肚包之王

Da Nerbone

位於中央市場的地下層，於1872年開業，它不止是街知巷聞，更是馳名國際！幾乎每個到訪佛羅倫斯的遊客，都會前來這間牛肚包美食攤潮聖。師傅從鍋子裡撈出牛肚，切成細片夾在麵包之中，再淋上秘製綠香草醬汁和火紅辣汁，牛肚嫩滑無比，一吃難忘！不吃內臟的，可考慮選擇燒牛肉包「Panino Roast Beef」。

牛肚包挺足料，微硬的麵包吸收了牛肚汁的精華，是佛羅倫斯頭號平民美食。
Panino Lampredotto €4

綠色古老招牌透露了店的歷史，經營了近150年，依然人氣高企，常常大排長龍。不想排隊的話，可在剛開店的時候前來。

在店家攤位的前方，設有幾張大餐枱，方便客人趁熱享用。

店家更印製了特色明信片，給客人免費拿取，留個美好的紀念。

─Info─

地址：Mercato Centrale, 50123 Firenze
營業時間：1100 - 2030
休息日：逢星期日
消費：大約€4 - 10 / 位
前往方法：在Mercato Centrale (中央市場)的地下層，從Via dell' Ariento的入口進入後，轉右走到盡頭後再轉左，即達。

露天皮具市集
聖羅倫佐市場 (Mercato di San Lorenzo)

在皮具市集淘東西，一般都會討價還價。在此出售的皮具雖便宜，很難估計是否真的「Made in Italy」。

位於Mercato Centrale (中央市場)的周邊，是著名的皮具市集，由街道Via dell' Ariendo開始，然後再向周圍伸延。市場結集了幾百個皮具攤檔，出售各種皮革製品，包括手袋、皮帶、錢包和真皮外套等等，當中亦有售賣遊客紀念品、衣飾、筆記本等等小物件。

MAP: P.216 B2

令人眼花繚亂的皮具攤檔，有時間慢逛的話，有機會淘到心儀小物。

Info

地址： Piazza del Mercato Centrale, 50123 Firenze
營業時間： 大約0800 - 2200（由個別攤檔自定）
休息日： 部分攤檔在星期日或星期一休息
前往方法： 位於中央市場的外圍，從Firenze S.M.N. (新聖母瑪利亞火車站)向東步行前往，大約8分鐘。

二手及古董市集
Mercato di Piazza Indipendenza

到二手及古董市集尋寶，要懂得適當的「議價」。

每月的第3個週末，在火車站不遠處的Piazza della Indipendenza (獨立廣場)，有一個大型熱鬧的古董二手市場，大約有90-110個攤位，主售古董家具、裝飾品、瓷器、衣服、復古飾物、書籍、錢幣、藝術品等等。對於喜歡舊物古董的人，是去尋寶的好機會。

MAP: P.216 B1

要注意，每年7月和8月炎夏期間，這個古董市集會停辦的。

Info

地址： Piazza della Indipendenza, 50129 Firenze
營業時間： 每月的第3個週末（7月和8月除外）
前往方法： 從新聖母瑪利亞火車站步行前往，大約10分鐘。

佛羅倫斯《最後的晚餐》
聖阿波羅尼亞修道院 (Sant'Apollonia)

由Andrea del Castagno於15世紀所創作的大型壁畫《Cenacolo di Sant' Apollonia》，畫中每位門徒的腳下，都寫上了他們本身的名字。

在文藝復興時期，意大利各地的畫家，紛紛以聖經中「最後的晚餐」這一幕情景作題材。當中最著名的，是在米蘭感恩聖母教堂食堂內，由達文西所繪畫的一幅驚世傑作。而在佛羅倫斯，有最少7個出自不同藝術家的版本，其中一幅設在聖阿波羅尼亞修道院內，像是城中的隱秘藝術寶藏。

MAP: P.216 C2

門口不太像修道院，像一座普通建築物的入口，很容易錯過。

Info

地址： Via Ventisette Aprile, 1 , 50129 Firenze
開放時間： 0815 - 1350
休息日： 每月第1個、第3個、第5個星期日、1 / 1、25 / 12
門票： 免費參觀
前往方法： 從Museo di San Marco (聖馬可博物館)步行前往，大約3分鐘。

遊客飯堂
Trattoria Zà Zà

餐廳位於中央市場後方的廣場，在戶外設有好幾個玻璃屋用餐區域。

餐廳長年人氣高企，由當初只佔一個店舖位，現在擴展到佔據了半個廣場的戶外用餐區。以托斯卡尼料理為主打，招牌菜包括丁骨牛排、龍蝦意大利麵、意式松露餃子等等。餐廳為了方便語言不通的遊客，設有多國語言菜單，並可利用手機點菜。

MAP: P.216 B2

如果想避開前來用餐的人龍，建議預先訂位，或在正常用餐時間前，稍微早一點到達。

Info

地址： Piazza del Mercato Centrale, 26r, 50123 Firenze
電話： +39 055 215411（建議訂位）
營業時間： 1100 - 2300
消費： 大約€30 - 45 / 位
網址： www.trattoriazaza.it
前往方法： 在Mercanto Centrale (中央市場)的後方，步行前往大約1分鐘。

佛羅倫斯

新聖母瑪利亞火車站周邊

古城中心

阿諾河南岸

聖十字區

佛羅倫斯新周邊

佛羅倫斯周邊

行政總廚Gentian Shehi自小對烹飪充滿熱情，立志要成為頂尖廚師，期後於酒店式廚藝學校畢業。他表示「佳餚料理」像時尚一樣，每年都有潮流走向，要憑觸角走在尖端。

菜式名為「La lepre nel Bosco」（樹林裡的野兔），以森林作意境，當中有野菇啫喱、黑松露片、橙橘幕斯和各種蔬菜乾，創造成不同的質感，佐配主角野兔肉，美得如畫，像一場視覺盛宴。

甜點名為「Ricordo d'infanzia」（童年回憶），創作靈感來自小時候的早餐配搭，以牛奶和麥片做成軟滑的布丁，以咖啡做成啫喱，佐配蜂蜜冰淇淋和焦糖粟米片，多重口感讓人耳目一新。

以米飯和薯仔打成幼滑的忌廉狀，內藏鮮味的青口，是南方Puglia傳統菜式的變奏版本，以更優雅和時尚的方式演繹出來。（5道菜Tasting Menu €120）

在優雅的用餐區享受美味佳餚，細味浪漫情懷。

餐廳內設有酒吧區域，供應各種咖啡、葡萄酒和Cocktail。

星級花園中的宴會

Winter Garden by Caino

　　位於五星級酒店Hotel St. Regis之內，榮獲米芝蓮頒發的一星殊榮。來自南部Puglia大區的行政總廚Gentian Shehi，擁有24年廚藝經驗，對精緻料理充滿熱情，善於把創意元素融合傳統菜式之中，每道菜式都充滿意境，在背後像蘊藏著故事。餐廳擁有恍如皇家宮殿式的裝潢，滿有華麗氣派。晚間情調更讓人畢生難忘，現場有鋼琴演奏古典音樂，是浪漫就餐的好去處。

MAP: P.216 A3

大廳中央的水晶大燈，盡顯華麗氣派，圓拱柱廊式的建築，猶如置身於一個瑰麗的室內花園。

Info

地址：Hotel St. Regis, Piazza Ognissanti, 1 , Firenze
電話：+39 05527163770（建議訂位）
營業時間：酒吧1200 - 2300；午餐1200 - 1430；晚餐1900 - 2230
消費：大約€100 - 150 / 位
網址：www.wintergardenbycaino.com
前往方法：從Firenze S.M.N.（新聖母瑪利亞火車站）往阿諾河邊方向步行，大約10分鐘。

昔日道明會修道院

聖馬可博物館 (Museo di San Marco)

修道院連接旁邊的聖馬可教堂，正立面非常精緻，內部呈現文藝復興建築風格。

前身為15世紀的道明會修道院，由美第奇家族常用的建築師Michelozzo（米開羅佐）設計，現在改建成博物館，收藏多件珍貴的宗教畫作，最引人注目是由僧侶Fra' Angelico所繪畫的《天使報喜》壁畫。而位於館內的紀念品書店內，即是昔日修道院的食堂位置，牆壁上畫了以「最後的晚餐」為題的《Cenacolo di San Marco》，也是亮點所在。

同樣以「最後的晚餐」為題，是文藝復興時期藝術家Domenico Ghirlandaio的作品。畫中有象徵不朽的「孔雀」和象徵大自然生生不息的「比翼雙飛」。

最引人注目是Fra' Angelico所繪畫的《天使報喜》，畫風柔美細膩，充滿光明感，壁畫設於1樓走廊入房間的外牆。

MAP: P.216 C2

Info

地址：Piazza San Marco 3, 50121, Firenze
開放時間：0815 - 1320，週末0815 - 1650
休息日：每月第1個、第3個、第5個星期日和每月第2個、第4個星期一、1 / 1、25 / 12
門票：€8
網址：www.polomusealetoscana.beniculturali.it/index.php?it/190/museo-di-san-marco-firenze
前往方法：從新聖母瑪利亞火車站外的「Stazione Piazza Adua」站乘坐巴士1、6、11或14號到「Piazza di San Marco」站到達。

穿溜冰鞋的懷舊美式餐廳

1950 American Diner

於2011年開業，以50年「美式公路餐廳」為主題，穿著迷你裙的女服務生，一邊踩著Roller，一邊向客人送餐！餐廳供應各種美式漢堡飽，100%使用意大利肉，保證優質，當中的手打牛肉堡更是以「人工按摩」來製造，讓漢堡肉扒更加嫩滑多汁。

MAP: P.216 B2

以老爺汽車、舊式路牌和精緻的懷舊家具作裝飾，每一個角落都是拍照的好地方。

平日以優惠價供應午市精選套餐，一份漢堡飽、薯條連飲品只需€9，份量頗多。

穿上了滾軸溜冰鞋的服務生，負責落單和上菜，很有美式Vintage感。

黑白格子地磚、紅色沙發雅座、色彩繽紛的霓虹燈，充滿美式元素。

Info

地址：Via Guelfa, 43, 50123 Firenze
電話：+39 328 82 86 117
營業時間：1130 - 2330；星期六0900 - 0000；星期日0900 - 2330
消費：大約€10 - 20 / 位
網址：www.1950americandiner.it
前往方法：從Firenze S.M.N.（新聖母瑪利亞火車站）經Via Nazionale步行前往，大約8分鐘。

抵食創意料理

La Bohème Ristorante

位於市中心地段，供應別緻的意大利菜。菜式以托斯卡尼的田園風味為主，融合了南部料理的濃郁口味，創造出別出心裁的新派意國料理。從精緻的賣相，看得出每一道菜都是廚師不平庸的精心傑作。平日午市有優惠套餐供應。

MAP: P.216 B2

呈菱形微微不規則的意大利麵Maltagliati，以當造菇菌和軟芝士Burrata煮製，配搭創新。Maltagliati ai Funghi di Stagione e Burrata €13

墨綠色的牆身，屬低調的簡約時尚，用餐區闊落舒適。

煎牛柳火喉剛好，肉質嫩滑，蔬菜以充滿咸香的鳳尾魚炒香，滋味多重。Tagliata di Manzo con Foglie Saltata e Acciugata €18

燒八爪魚佐薑黃橙橘薯蓉餅，八爪魚外脆內嫩，鮮味十足。Polpo Scottato su Tortino di Patate alla Curcuma e Agrumi €13

Info

地址：Via Guelfa, 30, 50129 Firenze
電話：+39 055 532 0344
營業時間：1130 - 1500、1830 - 2330
休息日：逢星期六中午
消費：大約€20 - 35 / 位
前往方法：從Mercanto Centrale（中央市場）步行前往，大約5分鐘。

佛羅倫斯

古城中心

新聖母瑪利亞火車站周邊

阿諾河南岸

聖十字區

佛羅倫斯周邊

非凡脫俗

阿諾河南岸

　　跨過了阿諾河，來到南岸，隨即多了一份休閒和空間感，跟熙攘往來的古城中心截然不同。這一區又名為Oltrarno（奧特拉諾），華麗不凡的碧提宮、綠蔭盎然的波波里花園、居高臨下的米高安哲羅廣場，都在這裡。遊覽這區，適合放慢腳步，一邊散步，一邊探索這座文藝復興名城。最後，別忘了沿著卵石小路，登上米高安哲羅廣場，欣賞佛羅倫斯非凡脫俗的美景。

可從古城中心步行前往，經Ponte Vecchio、Ponte alle Grazie或Ponte Santa Trinita多條橋樑過河，路程不太遠。亦可從新聖母瑪利亞火車站附近的「Stazione Scalette」站，乘坐巴士C4號到「Pitti」站，在碧提宮開展這一區的旅程。 交通

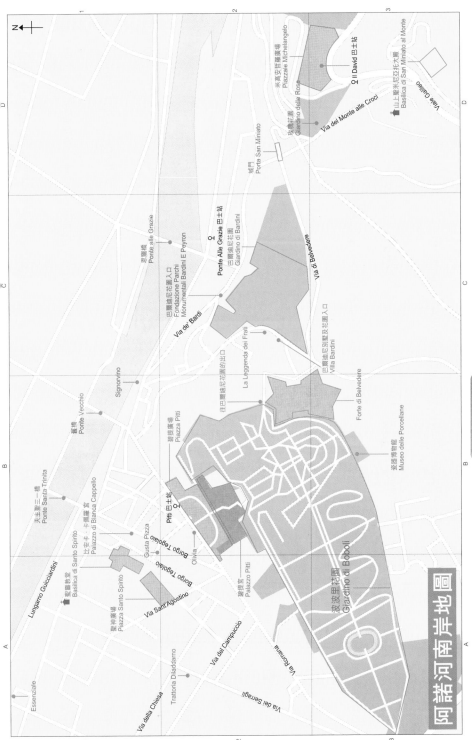

佛羅倫斯

古城中心

新聖母瑪利亞火車站周邊

阿諾河南岸

聖十字區

佛羅倫斯周邊

自16世紀起，氣派非凡的碧提宮成為米第奇家族在托斯卡尼權勢財力的象徵。

見證美第奇家族的輝煌
碧提宮（Palazzo Pitti）

全城最宏偉壯觀的宮殿，最初由Filippo Brunelleschi設計，於1457年為Pitti家族而始建。後來在1549年，宮殿出售給米第奇家族大公科西莫一世和他妻子，成為了佛羅倫斯統治者的家族居所。宮殿及後被改造和擴建，於1560年，委託了建築師Bartolomeo Ammannati，增建了規模龐大的庭院和兩個側翼。期後米第奇家族沒落，宮殿成為後繼者的皇宮，直到意大利統一後，被改建為博物館，開放給民眾。

MAP: P.229 B2

Tips ★I Can

1. 由10月至3月，每月第1個星期日免費進入。
2. 清晨門票優惠：於早上0859前到場購買當天「首段進入」的門票，並於0925前進入，可享有50％折扣。
3. 如打算遊覽波波里花園和瓷器博物館，需購買另一種門票或聯票。

時裝與服飾博物館位於宮殿的南部後翼，展品包括18至20世紀的服裝、昔日電影中的服飾、以及16世紀大公爵Cosimo I de' Medici和他妻子的服裝等。

進入碧提宮後，從右邊的樓梯登上1樓，就是帕拉提納美術館的入口。

以巨石建造的碧提宮，外觀莊嚴矚目，低調中流露華麗氣派。

━Info━

地址：Piazza de' Pitti, 1, 50125 Firenze
電話：+39 055 294883
開放時間：0815 - 1850（最後售票：1805）
休息日：逢星期一、1 / 1、25 / 12
門票：11月至2月€10、3月至10月€16；3天優惠聯票PassePartout 3 Days（Uffizi、Palazzo Pitti和Giardino di Boboli）11月至2月€18、3月至10月€38；網上訂票另加€3 - 4（如在旺季到訪，建議預先訂票）
網址：www.uffizi.it/palazzo-pitti
前往方法：從新聖母瑪利亞火車站附近的「Stazione Scalette」站，乘坐巴士C4路線到「Pitti」站即達。或從Piazza della Signoria（領主廣場），經Ponte Vecchio（舊橋）步行前往，大約8分鐘。

從宮殿的陽台，可欣賞城市景色，而位於附近的聖靈教堂和鐘樓，亦盡入眼簾。

館內展出大量珍藏畫作，與金碧輝煌的室內裝飾，讓人目不暇給。

現在宮內設有幾間著名博物館，收藏極為豐富，包括「Galleria Palatina」（帕拉提納美術館）、「La Galleria d' Arte Moderna」（現代藝術畫廊）、「Tesoro dei Granduchi」（珍品收藏館）和「Museo della Moda e del Costume」（時裝與服飾博物館），展出大量畫作、服裝、家具、珠寶等等，極具豪華。宮殿後方是著名的波波里花園，園內設有「Museo delle Porcellane」（瓷器博物館）。

帕拉提納美術館位於宮殿1樓的左翼，收藏了大量16至17世紀的畫作。

昔日的皇家公寓，十分瑰麗優雅，當中有部分家具是19世紀重建時候添置的。

宮殿附設咖啡館，享有休閒的庭園美景，逛累了博物館，也可以坐坐稍作休息。

館內收藏品包括藝術大師Raffaello、Tiziano、Caravaggio、Filippo Lippi、Botticelli等等的繪畫傑作，非常豐富。

現代藝術畫廊位於碧提宮的2樓，擁有精美的繪畫和雕塑，大部分是出自意大利藝術家的手筆。

著名巴洛克大師Pietro da Cortona，在碧提宮繪畫了很多壁畫作品，包括了在「Sala di Giove」的這一幅。

服飾博物館收藏了超過6千件物品，館內經常舉辦專題展覽，輪流把不同的收藏品展出。

在碧提宮的建築外牆，自1696年起，豎立了一個「戴著托斯卡尼大公國冠冕」的獅子，從中展示米第奇家族的皇家權力。

佛羅倫斯

古城中心

新聖母瑪利亞火車站周邊

阿諾河南岸

聖十字區

佛羅倫斯周邊

文藝復興式的花園
波波里花園
（Giardino di Boboli）

MAP：P.229 A2 - B2；A3 - B3

始建於16世紀中期，位於碧提宮內，是大公爵美第奇家族的私人花園，佔地有4萬5千平方米。園內擁有眾多古典雕像、噴泉、水池和洞穴，是一個優雅的散步地點。當中亮點包括有人工石窟「Grotta del Buontalenti」和「Grotta del Madama」、圓形劇場「Anfiteatro」、海王噴水池「Vasca del Nettuno」等。而瓷器博物館「Museo delle Porcellane」所在的玫瑰園，每年4至5月份是玫瑰盛開的日子，愛賞花的人不容錯過。

波波里花園的入口位於碧提宮的庭院裡，登上這條樓梯，就可進入花園範圍。

花園坐落在小山丘之上，可眺望佛羅倫斯的城市景色。

花園內有很多16世紀的雕塑裝飾，園的中央豎立了一座古埃及方尖碑。花園範圍很大，最適宜慢慢散步。

瓷器博物館位於園內的最高點「Palazzina del Cavaliere」，收藏了18和19世紀歐洲多個著名陶瓷工坊的產品，包括Meissen、Wedgewood、Doccia等等。

Info

地址： Piazza Pitti, 1, 50125 Firenze

開放時間： 11 - 2月0815 - 1630；3月和10月之冬令日子0815 - 1730；3 - 5月、9 - 10月之夏令日子0815 - 1830；6 - 8月0815 - 1930（最後售票：關閉前1小時）

休息日： 每月第1個和最後1個星期一、1／1、25／12

門票： 波波里花園＋瓷器博物館＋巴爾迪尼花園 3 - 10月 €10、11 - 2月 €6；3天優惠聯票PassePartout 3 Days（烏菲茲美術館、碧提宮和波波里花園）11月至2月 €18、3月至10月 €38；網上訂票另加€3 - 4（如在旺季到訪，建議預先訂票）

網址： www.uffizi.it/giardino-boboli

前往方法： 從新聖母瑪利亞火車站附近的「Stazione Scalette」站，乘坐巴士C4號到「Pitti」站即達。或從Piazza della Signoria（領主廣場），經Ponte Vecchio（舊橋）步行前往，大約8分鐘。

迷醉在紫藤花隧道中
巴爾迪尼花園
（Giardino Bardini）

紫藤花擁有最浪漫的色系！每年4月底至5月初，正是紫藤花盛開的季節！城中有一條著名的紫藤花隧道，一串串輕輕懸垂下來，像瀑布一樣，從串串花兒之中，還可窺看佛羅倫斯古城的醉人全景。這座花園屬於巴爾迪尼別墅（Villa Bardini），內設博物館，定期舉行不同題材的短期展覽。

MAP：P.229 C2

11月時份的紫藤花隧道，紫藤幻化為一片金黃秋景，別有一番風情。

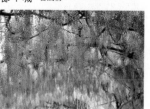

一串串紫藤花被風吹得微微晃動著，飄著點點花香，意境太美了！

Info

地址： Costa S. Giorgio, 2, 50125 Firenze

開放時間： 別墅博物館 1000 - 1900；花園 11月 - 2月 0815 - 1630；3月 0815 - 1730、4 - 5月、9 - 10月 0815 - 1830；6 - 8月 0815 - 1930（最後進園：關閉前1小時）

休息日： 別墅博物館 逢星期一；花園 每月第1和最後1個星期一、1／1、25／12、31／12

門票： 別墅博物館 €10（憑波波里花園＋巴爾迪尼花園門票 €5）；波波里花園＋巴爾迪尼花園一天門票 3 - 10月 €10、11 - 2月 €6

網址： www.villabardini.it

前往方法（巴爾迪尼花園有2個入口）：

1. 山下：Fondazione Parchi Monumentali Bardini E Peyron

地址： Costa San Giorgio, 2, 50125 Firenze

前往方法： 從Ponte Vecchio（舊橋）橫過阿諾河到達南岸後，經Via de' Bardi，步行大約6分鐘。或從學院美術館附近的「Piazza di San Marco」站，乘坐巴士23號到「Ponte Alle Grazie」站，再步行2分鐘。

2. 山上：Villa Bardini

地址： Costa S. Giorgio, 2-4, 50125 Firenze

前往方法： 從Ponte Vecchio（舊橋）橫過阿諾河到達南岸後，經Costa dei Magnoli斜路直上，步行大約8 - 10分鐘。

花園面積大約有4公頃，坐落在一個微微斜的山丘上，坐擁佛羅倫斯全城景色，令人陶醉。

在一片幽幻的紫色花影中，有佛羅倫斯的古城全景襯托著。

每年的紫藤花花季，為期只有大約2星期，花園總擠滿去賞花的遊人。在其他日子，這兒遊人不多，可享受片刻愜意的寧靜。

特級初榨橄欖油概念店

Olivia

這裡絕不是一間簡單的餐廳！這裡是源自1585年的橄欖油品牌Frantoio di Santa Téa附屬的概念店。以「特級初榨橄欖油」為主題，結集了餐廳和商店，更可安排品嚐橄欖油體驗和烹飪班等等的活動，藉此推廣「品嚐橄欖油文化」。餐廳供應的菜式，全以自家品牌的初榨橄欖油來烹調，提供健康、富創意又美味的優質料理。當中的初榨橄欖油冰淇淋、用橄欖油製的蘋果肉桂蛋糕、橄欖油炸海鮮，都是推介之選。

以初榨橄欖油所製作的冰淇淋，濃郁香醇又獨特。

MAP: P.216 B2

松露是托斯卡尼大區的著名特產，餐廳季節性供應黑松露料理。

南瓜意大利餃子配以陳醋醬汁和Grana Padano芝士，創意之選。Tortello di Zucca €12

橄欖種類有很多，不同品種所初榨出來的橄欖油，風味濃郁度都有不同，品牌擁有多達14種風味的初榨橄欖油，有部分在店內出售。100ml小瓶裝€5

「Idea Toscana」是著名托斯卡尼護理品牌，採用了店主家族種植的橄欖，去製造一系列有機橄欖油護膚品，於店內有售，推薦天然又滋潤的護手霜。

Olio Extra Vergine di Oliva
特級初榨橄欖油

100%天然植物脂肪，是由第一道冷壓橄欖而榨取出的油，在橄欖油類別之中最頂級和最純正，等級、風味和營養價值都屬最高。而其他類別的橄欖油，是從第二道或多次壓榨而取出的油，亦有機會混和化學物或其他精製油，品質相對較低。

提提你

包裝成一瓶「香水」的初榨橄欖油，味道非常濃郁，可配合比較濃味的料理，例如煎牛扒，可直接在煎好的牛扒上灑下數滴，作提昇香氣。€31

餐廳加入「橄欖」作裝飾元素，這張圓桌子是以昔日的橄欖木磨坊改造而成。用餐區設有大電視，可觀看橄欖收成的過程。

Tips
I Can

參加「Oil Tasting」體驗活動

有基本的「The ABC of oil」和較深入的「Extra Virgin Culture」課程，可了解更多特級初榨橄欖油，費用每人大約€15-30。報名及詳情：可在官網和經Email查詢。

Info
地址：Piazza Pitti, 14R, 50125 Firenze
電話：+39 055 267 0359
營業時間：1200 - 2200；星期日1200 - 1700
休息日：逢星期一
消費：大約€20 - 35 / 位
網址：www.oliviafirenze.com
前往方法：在Palazzo Pitti（碧提宮）的對面馬路，步行大約1分鐘。

宮廷之戀

比安卡 · 卡佩羅宮

(Palazzo di Bianca Cappello)

於15至16世紀，這種外牆裝飾技術「Sgraffito」，在意大利被廣泛使用。

建築秘藏了一個宮廷愛情故事。已婚的托斯卡尼大公弗朗切斯科一世，跟貴婦Bianca Cappello一見鍾情。他建造了這座宮殿，給予情人居住，還設計了一條地下隧道，從這座宮殿通往他的居所「碧提宮」，用來秘密會面。後來正式妻子因病去世，大公立即迎娶情人。這段感情最終不被美第奇家族接受，兩人懷疑被中毒而先後身亡。

MAP: P.216 B1

宮殿現為私人物業，內部不開放給公眾參觀。

牆身裝飾以一種叫「Sgraffito」（釉畫法）的手法來繪製。首先，抹一層石膏於牆上，用深色顏料著色。待乾燥後，再塗上一層白色石膏，然後在白色層之上方，刮擦出圖案，以顯露底層的色彩。

提提你

這座建築物擁有全城最優雅的外牆裝飾，十分精細雅緻。中間橙色帶有波點和皇冠的圖案，曾是美第奇家族統治時期的大公徽章。

Info
地址：Via Maggio, 26, 50125 Firenze
開放時間：全年
前往方法：從Palazzo Pitti（碧提宮）步行前往，大約2分鐘。

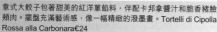

意式大餃子包著甜美的紅洋蔥餡料，伴配卡邦拿醬汁和脆香豬臉頰肉。擺盤充滿藝術感，像一幅精緻的潑墨畫。Tortelli di Cipolla Rossa alla Carbonara€24

餐廳坐落在巴爾迪尼花園之中，是昔日藝術品收藏家Stefano Bardini的貴族宮殿。

La Leggenda dei Frati

　　秘藏在佛羅倫斯巴爾迪尼別墅花園之中，有一間靜謐優雅的餐廳，是總廚Filippo Saporito和他妻子Ombretta Giovannini的夢幻天地。餐廳獲得米芝蓮一星評級，供應精緻料理，滿有水準，在菜式設計、味道和創意度之中，取得了一個完美的平衡。

　　總廚和妻子兩人同樣對烹飪充滿熱情，他們在30多年前在專業廚藝學院認識，然後攜手向著共同目標前進。最初在故鄉Siena附近開設餐廳，期後搬到這個別墅花園繼續悉心經營，這裡擁有醉人的景色，總廚還利用花園的空間，親自培種出多不勝數的香草，用於菜式之上，完美展現「Farm - to - table」的概念。

葡萄酒收藏豐富，如果品嚐Tasting Menu，也可加選Wine Pairing（另加€60 - 90），當中菜式已跟葡萄酒款精心配搭好。

黑蒜汁鴿肉伴以幼滑胡蘿蔔醬，微微酸甜帶點鹹香，肉質是前所未有的嫩滑，這味道真的太誘人。€38

MAP: P.216 C2

混以無花果乾的雞肝醬，滑順濃郁，香草葉增添了獨有的風味。

---Info---

地址：Costa S. Giorgio, 6/a, 50125 Firenze
電話：+39 055 068 0545（需訂位）
營業時間：1200 - 1400、1930 - 2200
休息日：逢星期一、星期二午市
消費：大約€90 - 150／位（Tasting Menu：5道菜€105，9道菜€130）
網址：www.laleggendadeifrati.it
前往方法：從Ponte Vecchio（舊橋）橫過阿諾河到達南岸後，經Costa dei Magnoli斜路直上，步行大約10分鐘，在Villa Bardini（巴爾迪尼別墅）入口的旁邊。

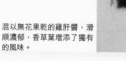

佛羅倫斯

古城中心

新聖母瑪利亞火車站周邊

阿諾河南岸

聖十字區

佛羅倫斯周邊

總廚Filippo和妻子經常笑容滿面！一對相識超過30年的夫婦，從17歲結婚後一直恩愛如昔，擁有相互間的默契，把餐廳管理得盡善盡美。

冒著輕煙的黑森林甜點，讓人以為在夢中。朱古力慕斯柔滑無比，濃而不膩，藏在中間的車厘子醬更是甜蜜的精髓！BFG Mousse 64%, Panna Cotta, Ciliegia Nera €21

源自總廚家鄉Siena的乾果麵包Pan dei Santi，是餐廳新鮮自家烘焙，麵包有合桃、乾果和葡萄在其中，有嚼勁又充滿水果香。

非常酥脆的杏仁餅Cantucci，和一些托斯卡尼烘烤小點，是停不了的美味。

餐廳裝潢以黑白為主，簡約但極具優雅，有私密的空間感，晚間情調很好。在享受美食的同時，也能享受到靜恬的氛圍。

總廚熱愛親手培植各種香草，並悉心照料，每年都會添加新品種。自家種植的香草，用於烹調各種菜式。總廚表示他很重視食材的品質和原味，新鮮即摘的香草更鮮嫩芳香。

餐廳坐擁佛羅倫斯的醉人景緻，在夏天還可以在花園中用餐。

晚餐後有一個小驚喜！服務生拿著位於餐廳上層的別墅博物館鎖匙，帶著客人夜闖已關門的博物館，同時登上頂層露台欣賞絕美景色。

235

佛羅倫斯

古城中心

新聖母瑪利亞和亞利火車站周邊

阿諾河南岸

聖十字區

佛羅倫斯周邊

黃昏日落時份，景色絕美。天空被落霞染成一片橙紅，街上燈火漸漸亮起，很浪漫的瞬間。

全城最美日落觀景地

米高安哲羅廣場
（Piazzale Michelangelo）

位於阿諾河南岸山上，是俯瞰這座城市的最佳地點。始建於1869年，由建築師Giuseppe Poggi設計，以享負盛名的藝術大師米高安哲羅為主題，於中央位置聳立了他著名的《大衛像》青銅複製品。

廣場上設有大型優雅露台，可全無遮擋地欣賞整個佛羅倫斯的美景。於阿諾河的彼岸，聳高的舊宮、聖母百花大教堂的圓頂和喬托鐘樓，在一片磚紅屋頂和泛黃建築之中，格外耀眼。夕陽西下時份，更讓人驚艷。

MAP：P.229 D2 - D3

徒步登上廣場的路程頗長，但路面非常寬闊，很易走。

夕陽西下時，舊橋與阿諾河兩岸璀璨的景色，讓人神往。

登上廣場的途中，會經過玫瑰園，每年5月玫瑰盛放的日子，這裡一共有350種玫瑰供遊人欣賞，且免費進入，值得一遊。

除了在領主廣場上聳立了一座大理石《大衛像》複製品，在這廣場的中央位置，亦設有一座青銅複製品。

---Info---

地址： Piazzale Michelangelo, 50125 Firenze
開放時間： 全年
前往方法：
步行：從烏菲茲美術館出發，橫過橋樑Ponte alle Grazie到阿諾河南岸，往左走到達廣場Piazza Nicola Demidoff，再往左走，經城門Porta San Miniato登上斜路Via del Monte alle Croci，途經Giardino delle Rose（玫瑰園）入口，再沿樓梯一直上，廣場就在頂端的左方。全程大約20-25分鐘。

巴士：乘坐12或13號巴士路線，可直達米高安哲羅廣場的「Il David」站。可從新聖母瑪利亞火車站步行7分鐘往「Beslan T1 Fortezza」站，乘坐巴士13號。或步行8分鐘往「Il Prato Barbetti」站，乘坐12號。

日間與黃昏時份，擁有不同的景致，眼前風光一樣的美艷。

登上廣場的路徑不難找，只要穿過這座「Porta San Miniato」城門，然後沿著斜路和樓梯一直上。

教堂前醉人的觀景台
山上聖米尼亞托大殿
（Basilica di San Miniato al Monte）

始建於1018年，後來經過多次重修，最後保留羅馬式風格。一般教堂頂部會矗立十字架或聖像，而這裡則以一隻抓著羊毛的青銅鷹作取代。這隻鷹來自羊毛商人協會屬下「卡利馬拉藝術」組織的徽章，於中世紀時期，他們是這座教堂的贊助人。教堂前方擁有醉人全景，內殿的金色馬賽克畫作，亦是參觀亮點。

MAP: P.229 D3

教堂正立面上的幾何圖案，跟阿諾河對岸的新聖母瑪利亞大教堂和聖十字教堂很相似。

從大路Viale Galileo登上這座教堂，風景極美。在教堂外有一個大型的觀景地，可飽覽佛羅倫斯全城景致。

從米高安哲羅廣場登上小山丘，不消一會，就可抵達，這兒位置更高，遊人較少，是欣賞城市天際線的好地方。

Info
地址：Via delle Porte Sante, 34, 50125 Firenze
電話：+39 055 234 2731
開放時間：0930 - 1300，1500 - 1900（夏季至1930）；星期日0815 - 1900（夏季至1930）
門票：免費進入
網址：www.sanminiatoalmonte.it
前往方法：從Piazzale Michelangelo（米高安哲羅廣場）步行前往，可經Via del Monte alle Croci或大路Viale Galileo前往，大約5 - 10分鐘。

一站式葡萄酒連鎖店
Signorvino

Signorvino在其他大城市，例如米蘭和維羅納，都設有分店。

意大利著名的葡萄酒連鎖店，結集商店、餐廳和酒吧。在佛羅倫斯的這一間，坐落在阿諾河岸，擁有露台式的河畔用餐區，面向無敵舊橋景色！店內出售意大利各種葡萄酒，來自全國不同產區，並會不定期舉辦「品酒課程」，數小時的課堂以英語或意大利語講解，讓當地人和遊客都可參予。

MAP: P.229 B1

葡萄酒分產區和種類整齊的地擺放，一目瞭然。

著名的托斯卡尼葡萄酒種類
Chianti Classico（紅酒）
Vino nobile di Montepulciano（紅酒）
Brunello di Montalcino（紅酒）
Vernaccia di San Gimignano（白酒）
Vinsanto（甜酒）con i cantucci（配：杏仁脆餅）

提提你
店內設有品酒用餐區，除了可以點選午、晚餐外，亦可只去喝一、兩杯坐坐聊天，品嚐一下葡萄酒。

Info
地址：Via de' Bardi, 46R, 50125 Firenze
電話：+39 055 286258
營業時間：商店0930 - 0000；餐廳1130 - 2300
網址：www.signorvino.com/it/negozi/firenze（品酒課程：詳情可參閱官網）
前往方法：在阿諾河畔，從Ponte Vecchio（舊橋）過橋後，往左邊步行2分鐘。

米高安哲羅的木雕
聖靈教堂
MAP: P.229 A1 - B1
（Basilica di Santo Spirito）

在週末，於教堂前的聖神廣場，經常舉行各式各樣的市集，非常熱鬧。

在這座外貌簡樸的教堂內，收藏了Michelangelo（米高安哲羅）藝術大師的一件作品。於15世紀，教堂院長曾接待過年僅17歲的米高安哲羅，他感到這位年輕人才華出眾，答應他可借助每天運到修道院的屍體，來研習解剖學。於1493年，18歲的米高安哲羅為表對院長的感謝，為教堂雕刻了一個「耶穌受難」十架木像，現收藏了在堂內的聖器室。

教堂立面非常簡單，幾乎沒有任何裝飾，內殿呈十字形，華麗優雅。

教堂內不可拍攝

提提你

聖神廣場（Piazza Santo Spirito）建於15世紀，一直是城中熱門的市集地點。

Info
地址：Piazza Santo Spirito, 30, 50125 Firenze
開放時間：1000 - 1300，1500 - 1800；假日1130 - 1330，1500 - 1800
休息日：逢星期三
門票：免費進入
網址：www.basilicasantospirito.it
前往方法：從Palazzo Pitti（碧提宮）向西步行，大約3分鐘即達。

佛羅倫斯

古城中心

新聖母瑪利亞火車站周邊

阿諾河南岸

聖十字區

佛羅倫斯周邊

以朝鮮薊、鳳尾魚、雞蛋和奶油做的菜式，口感細緻多重，絕對是創意之演繹。

當代料理重視賣相與細節，甜點也非常精緻。冷凍的奇異果慕斯配以白色脆餅，味道豐富多層次。

味蕾之驚喜盛宴
Essenziale

　　距離喧鬧的旅遊區，僅幾步之遙。一間現代化又迷人的餐廳，於2016年開業，憑著新派創意料理打響名堂。餐廳菜式經常更換，務求食客能品嚐最當造的食材。牆上寫上了當天供應的菜單「Menu Mercato」，食客可從中自由選擇。而餐廳最精髓之處，是「Menú Buio」（黑暗餐單），在上菜之前，客人是不會知道有什麼菜式，一切都會在驚喜之中！如果有任何過敏或食物偏好，下單時要記緊說明！

MAP: P.216 A1

主廚和餐廳員工重視團隊精神，整體理念是簡約和創意。

由舊房子改建而成，裝潢設計富有休閒現代感，像穿梭在現代與傳統之間。

餐廳自家種植多款香草用作烹調之用，讓菜式更新鮮無比。

木製古典天花更顯優雅，中間設有玻璃窗幕透下自然光線，感覺舒適。

年輕主廚Simone Ciprian自小對烹飪充滿熱情，曾在多個國家生活去汲取靈感，並精研各地美食之道，把料理注入新元素。

═Info═

地址：Piazza di Cestello, 3R, 50124 Firenze
電話：+39 055 247 6956（建議訂位）
營業時間：1900 - 2300
休息日：逢星期日、一
消費：Menú Buio 6道菜€65、8道菜€80；
　　　Menu Mercato 每一道菜€22、6道菜
　　　€45、甜點€7
網址：essenziale.me
前往方法：從Palazzo Pitti（碧提宮）步行前
　　往，大約12分鐘。或可從新聖母
　　瑪利亞火車站附近的「Stazione
　　Scalette」站，乘坐巴士6或11號到
　　「Soderini」站，再步行3分鐘。

人氣Pizza店
Gusta Pizza

非常繁忙的Pizza店，經常在還未開門的時候，已經出現人龍。客人先在收銀處點餐付款，然後由服務員安排座位，坐下來的時候Pizza就差不多準備好了，快速高效。當中最有人氣是獨創口味「Gustapizza」，Pizza以蕃茄醬和水牛芝士烘好後，再加上新鮮火箭菜、車厘茄和巴馬臣芝士碎片，餡料豐富，香氣四溢。

MAP：P.216 B1

以蕃茄醬、辣肉腸、水牛芝士和羅勒作餡料的Pizza，簡單又美味。Pizza Calabrese €8

Pizza以傳統烤爐烘烤出來，餅底厚身柔軟，充滿南部風情。

以釀酒木桶作餐桌，挺有特色。店內座位有限，一到用餐時間，非常熱鬧擠擁，氣氛輕鬆地道。

供應的Pizza只有7種，全部清楚列明在收銀區，每款由 €5 - 8。

Info

地址：Via Maggio, 46r, 50125 Firenze
營業時間：1130 - 1530、1900 - 2330
休息日：逢星期一
消費：大約€8 - 10 / 位
前往方法：在Palazzo Pitti（碧提宮）的前方，步行大約2分鐘。

煎野豬柳佐配新鮮黑松露片，野豬柳烤得剛好，上面的香草鹽漬豬背油入口即溶，充滿咸香。Tagliata di Cinghiale con Lardo e Tartufo Nero €23

Tips

餐廳不收取任何麵包費、餐桌費或服務費，餐單上所寫的價格，全為實價。

濃郁的羊奶芝士伴以脆薄薯片和蜜糖，灑上了松露香油作提昇香氣。份量挺多，配麵包一流。Luna di Miele €7

溫馨家庭餐館 **MAP：P.216**
Trattoria Diladdarno

主打傳統托斯卡尼風味料理，全部菜式採用新鮮食材烹製而成。最著名的菜式有各種肉類料理，包括烤佛羅倫斯T骨牛排和各式煎牛柳。托斯卡尼大區從古至今流行打獵，餐廳亦有供應特色「野味」，充滿田園鄉村風味，例如野兔、野豬、小鹿等等，種類很視乎季節性，在秋季亦有推出松露料理。

甜點Tiramisù弄得像一棵小植物，賣相別出心裁，當中的咖啡以朱古力醬替代，更加香濃甜美。Tiramisù Diladdarno €6

吃野味要看時機，不是天天有供應，而牛排料理Tagliata di Manzo（牛柳）和Bistecca alla Fiorentina（佛羅倫斯T骨大牛排）則長年供應。

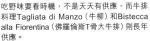

廚師正在烤超大件的佛羅倫斯T骨大牛排，一件起碼是2人份量。一般下單後服務生會把牛排先磅重和報價，客人表示OK後，才拿去烤。價格以重量作計算。Bistecca alla Fiorentina 每公斤€48

餐廳裝潢溫馨雅緻，客人以當地人居多，店主母親經常親自招待客人，親切和藹。

Info

地址：Via dei Serragli, 108/r, 50124 Firenze
電話：+39 055224917
營業時間：1200 - 1400、1900 - 2200
休息日：星期一全日、星期二午市
消費：大約€20 - 40 / 位
網址：www.trattoriadiladdarno.com
前往方法：從Palazzo Pitti（碧提宮）步行前往，大約8分鐘。

佛羅倫斯

古城中心

新聖母瑪利亞火車站周邊

阿諾河南岸

聖十字區

佛羅倫斯周邊

感受市井風情

聖十字區 Santa Croce

　　位於古城中心的東邊，相比之下沒有市中心那般旅遊化，但依然熱鬧繁華，更多了一點不修飾的市井風情。在狹窄的中世紀街道上，各式各樣的餐室林立，宏偉的聖十字教堂，是眾名人的安息之地，讓人緬懷。圍繞聖安布羅祖市場一帶，有廉價的街頭美食攤，市民在聚集聊天，攤販在叫賣，是居民的真實生活寫照。

可從聖十字教堂作遊覽這區的開端。從聖母百花大教堂前往，步程大約10分鐘。亦可從新聖母瑪利亞火車站附近的「Stazione Via Panzani」站，乘坐巴士C2路線到「Ghibellina Pepi」站。 交通

地圖

N

A　　　B　　　C

Via Sant'Egidio
Buca Del Vino
Cantina Barbagianni
Maestri Di Fabbrica

Via Pietrapiana

Sergio Pollini Lampredotto

Annigoni 巴士站

聖安布羅祖市場
Mercato di Sant' Ambrogio

Via dell'Agnolo

Via dei Pandolfini

Vivoli

Ghibellina Pepi 巴士站

Via Giuseppe Verdi

Via dei Pepi

聖十字教堂
Basilica di Santa Croce

Borgo Allegri

Via Ghibellina

聖十字廣場
Piazza di Santa Croce

皮具學校
Scuola del Cuoio

Via S. Giuseppe

Borgo Santa Croce

Lungarno delle Grazie

Arno

1　2　3

聖十字區地圖

先賢們的安息之地
聖十字教堂
(Basilica di Santa Croce)

Tips I Can

教堂前方的聖十字廣場，是著名中世紀球賽Calcio Storico Fiorentino（佛羅倫斯歷史足球）的舉辦場地。比賽每年於24 / 6舉行，賽前有大型中世紀巡遊。
門票及詳情：www.calciostoricofiorentino.it

　　始建於1294年，是城中最具代表性的哥德式建築。教堂由著名建築師Arnolfo di Cambio設計，內殿莊嚴雄偉。堂內是眾多16至19世紀名人的安息之地，包括藝術大師米高安哲羅、物理學家伽利略、劇作家阿爾菲耶里（Vittorio Alfieri）等等。在教堂的修道院內，收藏了佛羅倫斯7幅《最後的晚餐》的其中一幅，由Taddeo Gaddi於4世紀繪製。

MAP：P.241 B2 - B3

有「意大利語之父」稱號的詩人但丁（Dante Alighieri），出生於佛羅倫斯，教堂前方豎立了他的紀念雕像。

教堂白色正立面簡潔宏偉，是聖方濟各教派最大的教堂。

教堂入口和售票處，設在正門左側的這排門廊中。

聖十字廣場上的Palazzo dell' Antella宮殿，牆壁上畫滿了17世紀的壁畫，非常精緻。

---Info---

地址：Piazza di Santa Croce, 16, 50122 Firenze
開放時間：0930 - 1730；6 / 1、15 / 8、1 / 11、8 / 12及假日1400 - 1730
休息日：1 / 1、復活節、13 / 6、4 / 10、25 / 12、26 / 12
門票：€8
網址：www.santacroceopera.it
前往方法：從新聖母瑪利亞火車站附近的「Stazione Via Panzani」站或聖母百花大教堂附近的「Roma Duomo」站乘坐巴士C2路線到「Ghibellina Pepi」站，再步行1分鐘。

佛羅倫斯

古城中心
新聖母瑪利亞火車站周邊
阿諾河南岸
聖十字區
佛羅倫斯周邊

這裡可以看到製作皮革品的過程，這位工匠剛替客人所購買的銀包，用火印烙上名字的縮寫。

學習皮革品製作
皮具學校
(Scuola del Cuoio)

MAP: P.241 B2

Tips
學校設有長期或短期課程：
長期：分10星期的學徒級別和20星期的工匠級別，屬專業技能課程。
短期：分為3小時和6小時，較適合遊客來體驗，課堂中會製作簡單的皮革品。課程均需預約，詳情及價格可在官網查詢。

由聖十字修道院與當地皮革專家於二戰後創立，教導戰爭中的孤兒如何製作皮革品，成為其一技之長。托斯卡尼的皮革工藝享負盛名，近年，這裡演變成國際化的工藝學校，來自世界各地的學生專程來研習這門精湛的傳統工藝，亦有遊客前來參與半天的體驗課程，親手製作皮革品。學校旁邊附設商店，開放給公眾參觀，店內出售由專業工匠手工製的皮革品，到訪者還可在旁觀摩製作過程。

商店出售各類型的皮革製品，包括零錢包、銀包、手袋、皮褸、皮帶等等。質料上盛且手工精巧。

剪裁皮革都屬人手工序，手袋的手挽帶都由人手縫合。

位於聖十字教堂後方，入口在Via S. Giuseppe，然後經花園進入，學校和皮具商店都在庭園內，可沿著指示走。

「Intrecciato」是一種手工精細的編織技術，工匠正利用特別的工具製作這種交織條紋。

學校始創人的女兒Francesca Gori，是一名出色的皮具設計師。她堅持親自設計和創作她的手袋製品，並全部手工縫製。每件創作品只製造一個，不會重複，全是獨一無二的心血結晶。

自家出品的男裝真皮銀包，皮革柔軟。編織款€110、橫紋款€58

出自Francesca Gori其中一個製成品，還有一系列的款式陳列在店中專屬的飾櫃。

Info

地址：Via S. Giuseppe, 5R, 50122 Firenze
電話：+39 055 244533
開放時間：1000 - 1800，
　　　　　　秋冬季的星期六1030 - 1800
網址：www.scuoladelcuoio.com
前往方法：在Basilica di Santa Croce（聖十字教堂）的後方，步行前往大約2分鐘。

聖安布羅祖市場
Mercato di Sant' Ambrogio

食材店供應各式意式醃肉火腿、芝士和地道土產，滿足遊客的需要。

相比起遊客熱點Mercato Centrale（中央市場），位於市中心東面的聖安布羅祖市場，更貼近當地人生活的一面。市場從1873年營運至今，只在早上和中午營業，分為露天區域及室內市場。室內區主售肉類、海鮮、麵包、雜貨和食店。圍繞在市場外的露天區，則主售廉價衣物、蔬果和日常生活品等等。

市場內有數間熟食店，供應地道廉價美食。

MAP: P.241 C1 - C2

這裡是佛羅倫斯最古老的菜市場，沒有太觀光化，表現了當地人市井生活的一面。

如果想在旅程中途下廚煮食，在此可購買新鮮又平價的蔬果和肉類。

Info
地址：Piazza Lorenzo Ghiberti, 50122 Firenze
開放時間：0700 - 1400
休息日：逢星期日
網址：www.mercatosantambrogio.it
前往方法：從聖母百花大教堂附近的「Roma Duomo」站，乘坐巴士C2路線到「Annigoni」站即達，如步行大約需15分鐘。

城中最古老的冰淇淋店
Vivoli

於1929年開業，是佛羅倫斯經典的冰淇淋店。店內主要供應冰淇淋，亦有各式傳統糕點和咖啡。冰淇淋食譜由昔日流傳下來，所有原料都使用當地食材，即日新鮮製作，沒有添加任何化學劑，招牌口味之一「Riso」（米飯），是不少食客的推介。

MAP: P.241 A2

冰淇淋口感柔滑，味道不錯。小杯裝€2.5

大約有30款口味以供選擇，當中大部分是意式經典口味，包括有Stracciatella（奶油碎巧克力）、Zabaione（沙巴翁）等等。

店內屬老式裝修風格，是昔日當地人熱門的聚會場所。

Info
地址：Via dell' Isola delle Stinche, 7r, 50122 Firenze
電話：+39 055 292334
營業時間：0730 - 0000；
　　　　　11月至3月0730 - 2100
休息日：逢星期一
消費：大約€3 - 5 / 位
網址：www.vivoli.it
前往方法：從Piazza della Signoria（領主廣場）步行前往，大約6分鐘。

街頭老字號牛肚包　**MAP: P.241 C1**
Sergio Pollini Lampredotto

這間美食小攤，經常大排長龍，主要供應牛肚包和燉牛肚。水煮牛肚夾在微硬的麵包之中，口感軟嫩，入口即化，肉汁濃郁，多年來深受當地人喜愛。店主兒子謙虛地說，準備牛肚包不需獨門秘方，重點是肉的本質，用以新鮮優良的牛種來烹調，基本上就能弄出如此香噴噴的人間美食。

牛肚放進高湯慢煮至少1小時，然後切片夾在麵包之中，可加上香草醬汁或辣汁。當地人最經典的吃法，是以鹽和胡椒取代醬汁作調味。牛肚包€3.5

攤檔原來已有100年歷史，自20年前起，由店主Sergio接手，帶領兒子們一起經營，製作地道的街頭美食。

Tips
I Can Tips

佛羅倫斯吃「牛肚」的小備忘
Panino con Lampredotto 牛肚包
以不同方式作調味：
Salsa Verde（香草醬汁）和Salsa Rossa（辣汁）或Sale e Pepe（鹽和胡椒）
Trippa Alla Fiorentina 佛羅倫斯式燉牛肚
一般以番茄、洋蔥、西芹、紅蘿蔔等等，把牛肚慢慢燉煮至醬汁調濃，最後灑上芝士碎。
Lampredotto和Trippa的分別：
Lampredotto是牛的最後一個胃，即第4個胃，是皺胃。而Trippa則是幾個牛胃不同的部分組成。兩者口感有所不同。

Info
地址：Via dei Macci, 126, 50122 Firenze
電話：+39 334 778 2350
營業時間：0930 - 1530
休息日：逢星期日
消費：大約€5 / 位
前往方法：從Mercato di Sant' Ambrogio（聖安布羅祖市場）步行前往，大約2分鐘。

佛羅倫斯

古城中心
新聖母瑪利亞火車站周邊
阿諾河兩岸
聖十字區
佛羅倫斯周邊

鮮味的烏魚子拌以鮮製意大利麵，淡淡的芝士香，帶點青檸果香與黑胡椒的微辣。Spaghetti Cacio e Pepe con Lime e Bottarga di Muggine €10

充滿情調的酒窖餐廳
Cantina Barbagianni

　　主要供應傳統托斯卡尼料理，餐廳的地下底層設有情調十足的酒窖，提供迷人優雅的用餐環境。菜單選擇豐富，於每個季節因應新鮮食材，而推出新菜式。葡萄酒約有50種以供選擇，當中以托斯卡尼產區為主。廚師班底除了有當地人，還有華籍廚師。如有需要，他亦可為華籍客人提供建議，及推薦一些比較適合亞洲人口味的菜式。

`MAP：P.241 A1`

慢煮豬柳佐配薯粟子和辣蘋果醬，肉質實厚，醬汁微甜開胃。€16

麵包都是自家新鮮製造，是托斯卡尼大區的地道無鹽麵包。

供應的甜點天天不同，大部分屬傳統風味。每客€6

---Info---
地址：Via Sant'Egidio, 13 / r, 50122 Firenze
電話：+39 055 248 0508
營業時間：1900 - 2230；
　　　　　　星期五・六1900 - 2330
消費：大約€20 - 35 / 位
網址：www.cantinabarbagianni.it
前往方法：從Cattedrale di Santa Maria del Fiore（聖母百花大教堂）經Via dell' Oriuolo步行前往，大約8分鐘。

精緻的禮品商店 `MAP：P.241 A1`
Maestri Di Fabbrica

　　屬於多元化的商店，結集了餐廳、書店和紀念品商店。主要出售較為藝術性的商品，例如有飾物、餐具、家居用品、玻璃器皿、皮革製品和充滿「佛羅倫斯」風情的手工藝禮品等等，亦有出售香水、護膚品、葡萄酒、藝術書籍等等。

商店的牆身畫滿壁畫，很有藝術感。

在中午和傍晚，店內供應開胃菜自助餐，每次有大約十多種前菜。午市€8（不含飲料）；傍晚€10（包飲料1杯）

富有托斯卡尼鄉村風情的精品，全屬手工藝品，精緻漂亮。

---Info---
地址：Borgo degli Albizi, 68/r, 50122 Firenze
電話：+39 055 242321
營業時間：1000 - 2000；
　　　　　　星期四至日1000 - 2200
網址：maestridifabbrica.eu
前往方法：從聖母百花大教堂步行前往，大約7分鐘。

美酒、美景之旅程

佛羅倫斯周邊

佛羅倫斯位於中部托斯卡尼大區裡，四周的田園風光，讓人嚮往！如果喜歡小鎮風情，但時間又太緊湊，可以利用半天時間，到附近的山上小鎮 Fiesole逛逛，慢享自然風光。托斯卡尼是著名的葡萄酒產地，不妨安排一趟酒莊品酒之旅，在葡萄園中穿越，會是一場難忘的體驗。

佛羅倫斯

古城中心

新聖母瑪利亞火車站周邊

阿諾河南岸

聖十字區

佛羅倫斯周邊

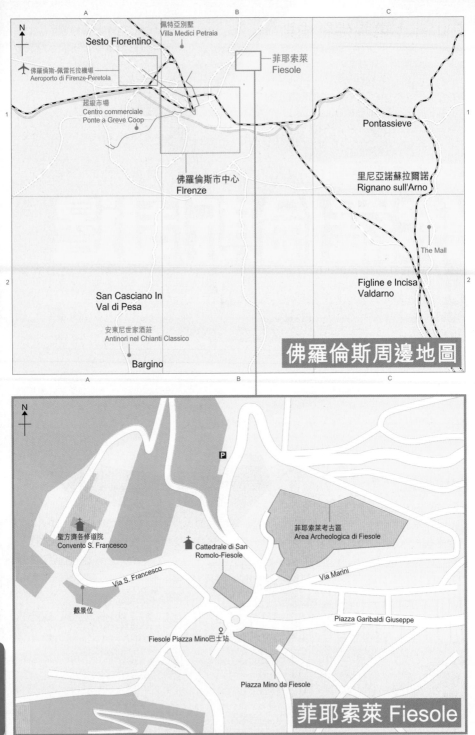

N

A | B | C

佩特亞別墅
Villa Medici Petraia

Sesto Fiorentino

佛羅倫斯-佩雷托拉機場
Aeroporto di Firenze-Peretola

菲耶索萊
Fiesole

超級市場
Centro commerciale
Ponte a Greve Coop

Pontassieve

1

佛羅倫斯市中心
FIrenze

里尼亞諾蘇拉爾諾
Rignano sull'Arno

The Mall

San Casciano In
Val di Pesa

Figline e Incisa
Valdarno

2

安東尼世家酒莊
Antinori nel Chianti Classico

Bargino

佛羅倫斯周邊地圖

N

P

聖方濟各修道院
Convento S. Francesco

菲耶索萊考古區
Area Archeologica di Fiesole

Cattedrale di San
Romolo-Fiesole

Via S. Francesco

Via Marini

觀景位

Piazza Garibaldi Giuseppe

Fiesole Piazza Mino巴士站

Piazza Mino da Fiesole

菲耶索萊 Fiesole

在山丘上遠眺佛羅倫斯
菲耶索萊（Fiesole）

　　距離佛羅倫斯不到10公里的山上小城Fiesole（菲耶索萊），是遠離煩囂的好地方。菲耶索萊位於295米高的山坡上，最著名的是擁有一望無際的城市遠景。早在公元前8世紀，這裡已成為了伊特魯里亞人的據點，直到古羅馬人的佔據。小城不太大，卻保留了伊特魯里亞城牆的巨型石塊、古羅馬溫泉和圓形劇場的遺跡，加上簡單迷人的教堂、綠草如茵的小徑，讓遊人可漫不經心的隨意逛逛。

MAP: P.246 B1

聖方濟各修道院建於14世紀，屬於哥德式建築風格。

建議在天氣晴朗的日子前往。如遇上天陰霧氣或下午背光的時候，眼前佛羅倫斯的景色會比較模糊。

主要廣場Piazza Mino da Fiesole上豎立了意大利統一後第一位國王Vittorio Emanuele II和開國功臣Garibaldi的騎馬銅像。

下車後經Via S. Francesco小斜坡往上走200米，就可找到遠眺佛羅倫斯美景的觀賞位。

菲耶索萊的考古區內，有古羅馬時期留存下來的劇院、溫泉浴場、寺廟和考古博物館，對於歷史有興趣的，可購票入內參觀。

Info
地址：50014, Fiesole, FI Firenze
前往方法：從新聖母瑪利亞火車站前的「Stazione Piazza Adua」站，乘坐市內巴士7號到「Fiesole Piazza Mino」站下車，約每20-30分鐘一班，車程約20分鐘。

大型好逛的超市
Centro Commerciale Ponte a Greve-Coop

　　在佛羅倫斯的市中心，大型超市非常少見，而且價格也不夠便宜。如果想到超市大量入貨，建議去這一間。位於市中心6公里外，乘坐電車只需15分鐘就能到達購物商場「Centro Commerciale Ponte a Greve」，內裡設有超級大型超市Coop，佔地極廣，各式各樣貨品應有盡有，一心去掃貨的人，包保滿載而歸。　**MAP: P.246 A1**

商場店鋪不太多，而Coop超市則佔據了商場的3份之2範圍，規模大型又好逛。

黑松露醬用來拌意大利麵或塗多士直接吃都可以。松露醬價格差別可以很大，除了品質外，都會根據成份有多少而定價格。最便宜的黑松露醬，成份比例大約只有2-4%。€5.9

從輕軌電車站下車後，穿過前方的大型停車場，就是超市的入口了，十分方便。

Info
地址：Centro Ponteagreve, Viuzzo delle Case Nuove, 9, 50143 Firenze
電話：+39 0557326699
營業時間：星期一至六0800-2100；星期日0830-1330
網址：www.e-coop.it
前往方法：從「Alamanni-Stazione」電車站乘坐輕軌電車T1路線到「Nenni-Torregalli」站即達。

來自北部Trento大區的Melinda是非常著名的蘋果品牌，推出的白朱古力蘋果乾，清甜可口，是健康又美味的零食。€1.25

店內出售很多托斯卡尼地區的特色食材，例如這款野兔肉醬意粉醬汁。減價期€2.29

無花果是地中海國家盛產之物，天然又有益，這裡的無花果乾都十分便宜。一大袋€2.7

華麗的室內庭園，建有玻璃天花，以豐富的17世紀壁畫和大型水晶吊燈作裝飾，充滿了迷人的氛圍。

從別墅的華麗氣派，可體會昔日貴族們的富裕生活。

迷人的米第奇家族莊園
佩特亞別墅
（Villa Medici Petraia）

　　是最迷人的米第奇家族別墅之一，距離古城中心僅幾公里，家族於16世紀買下，於1538年，大公科西莫一世要把這座鄉郊別墅，改建成更宏偉壯觀的家族大宅，委託 Niccolò Tribolo 打造了一個令人驚嘆的意大利式花園。而這個別具特色的米第奇家族別墅花園，連同家族其他的莊園，包括碧提宮內的波波里花園，於2013年一起被列入了同一項世界文化遺產。

`MAP: P.246 B1`

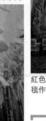

別墅內設有小型禮拜堂，其裝潢一絲不苟，牆上畫滿了文藝復興時期的壁畫。

紅色宴會大廳氣派非凡，牆上以17世紀的掛毯作裝飾。

多年來這裡被美第奇家族進行了徹底改造，從一座鄉村住宅變成了一座美輪美奐的郊外宮殿。

別墅花園位於山坡上，可欣賞到前方壯麗的平原景色。

━━━ Info ━━━
地址： Via della Petraia, 40, 50141 Castello, Firenze
電話： +39 055 452691
開放時間： 11月至2月 0830 - 1630；3月和10月 0830 - 1730；4月至9月 0830-1830（最後進入：閉門前1小時）
休息日： 每月第2個、第3個星期一、25／12、1／1
門票： 免費（每隔1小時有工作人員帶領參觀）
網址： www.polomusealetoscana.beniculturali.it/index.php?it/185/firenze-villa-medicea-della-petraia
前往方法： 從「Firenze S.M.N.」（新聖母瑪利亞火車站）乘坐地區火車往「Firenze-Castello」站，車程約10分鐘，下車後需步行半小時，或轉乘巴士2或28號到「Viale Sestese 1_V」站，再步行15分鐘。

高端時尚品牌Outlet
The Mall

　　非常受亞洲人歡迎的名牌折扣村，匯聚了多達40個全球知名高端品牌，包括有Gucci、Bottega Veneta、Balenciaga、Givenchy、Valentino、Saint Laurent等等，旁邊更設有Prada Outlet。

詳細介紹及前往方法：見 P.030 - 031

`MAP: P.246 C2`

━━━ Info ━━━
地址： Via Europa, 8, 50066 Leccio FI, Firenze
營業時間： 1000 - 1900
網址： www.themall.it

在The Mall折扣村內全屬國際頂尖一線奢侈品牌，是「名牌控」必去朝聖的地方。

除了兩間玻璃品酒室，在釀酒酒窖內還有另一間非常雅緻的品酒房間。

如果想在尊貴的玻璃室內品酒，一邊摸著杯底，一邊欣賞釀酒木桶的壯觀全景，預約時記緊說明清楚。

托斯卡尼星級品酒行
安東尼世家酒莊
(Cantina Antinori nel Chianti Classico)

舉世聞名的托斯卡尼美酒，想起就心醉！著名葡萄酒莊Marchesi Antinori，位於Chianti產酒區，距離佛羅倫斯只需大半小時的車程。整座酒莊建築充滿劃時代風格，典雅不凡。眼前有數之不盡的釀酒木桶，上層更設有2間玻璃品酒室，擁有一覽無遺的「釀酒木桶」全景！在氣派非凡的品酒室內，拿著一杯Chianti Classico慢慢細味，絕對是貴氣的體驗！

`MAP: P.246 A2`

Tips

公車班次不多，建議預約前請先查閱公車時間表。
Autolinee Chianti Valdarno
巴士公司網頁：
www.acvbus.it

品酒體驗需預先網上預約，當日會有專人帶領參觀酒莊，從中了解釀酒過程，最後設有品酒環節。

酒莊除了有釀酒區、品酒室，還設有微型電影院、葡萄園、餐廳及商店。

「Chianti Classico」是意大利經典葡萄酒之一，如果喜歡葡萄酒，很值得安排一天遊，親身到酒莊品酒細味。

酒莊自1385年起開始釀製葡萄酒，至今足足有600多年歷史。這裡是酒莊的新總部大樓，於2012年落成。

Info

地址： Via Cassia per Siena 133 , Bargino 50026, San Casciano Val di Pesa, Firenze
營業時間： 1000 - 1800
休息日： 每年11月至3月
Wine Tasting Tour價格： €32 / 位起
（需網上預約）
網址： www.antinori.it/en/tenuta/estates-antinori/antinori-nel-chianti-classico-estate
前往方法： 從佛羅倫斯市中心的Autostazione Busitalia（大巴總站），乘坐巴士370號，在「Bargino Antinori」站下車，車程大約45分鐘。

以「後現代風格」的時尚建築來演繹600多年的釀酒歷史，實在讓人驚喜不已。

登上酒莊門外的旋轉樓梯後，原來是別有洞天的！樓梯通往一大片在屋頂的葡萄園，環境優雅。

真實與虛幻的華麗

威尼斯
Venezia（意）/ Venice（英）

世上居然有一座如此夢幻瑰麗的水上城市！由121個小島嶼、436道橋樑和無數條蜿蜒的水道交織而成。水道巷弄中傳來船夫的歌聲，優雅的貢多拉，隨著水波微微蕩漾，夢幻光影與水中倒影，如畫的風光，讓人迷戀。繁華的聖馬可廣場、S型大運河、無處不在的聖馬可獅子，都是昔日威尼斯共和國（La Serenissima）在潟湖區建立的華麗舞台，在此寫下了一千年光輝歷史。如夢的威尼斯，叫人徘徊在真實與虛幻之中。

威尼斯分區地圖

梅斯特雷 Mestre
布拉諾島 Burano
穆拉諾島 Murano
威尼斯潟湖主島
羅都島 Lido

穆拉諾島、布拉諾島
Murano、Burano

梅斯特雷 Mestre

卡納雷吉歐區 Cannaregio

聖十字區 San Croce

聖保羅區 San Polo

城堡區 Castello

聖馬可區 San Marco

多爾索杜羅區 Dorsoduro

聖喬治馬焦雷島 San Giorgio Maggiore

朱代卡島 Giudecca

威尼斯潟湖主島

威尼斯實用資訊＋市內交通

威尼斯機場交通

在威尼斯附近，一共有2個常用的機場。

1.Aeroporto Marco Polo di Venezia(VCE) 威尼斯 - 馬可波羅機場

位於威尼斯潟湖主島12公里外，是威尼斯最主要的機場，提供歐洲及國際航線。從亞洲地區抵達的長途航班，大多在此降落。

官網：www.veniceairport.it/cn

於馬可波羅機場的入境大樓接近出口處，設有大型售票窗口，出售各種機場交通票，亦設有電子告示牌，列出各交通路線的班次時間。

來往威尼斯潟湖區 羅馬廣場 巴士總站（Piazzale Roma）

交通工具	費用	車程	官網
ATVO 機場巴士	€8	大約20分鐘	www.atvo.it/it-venice-airport.html
ACTV市內巴士5號「Aerobus」路線	€8	大約23分鐘	actv.avmspa.it
的士	€40	大約20分鐘	

由ACTV營運的「Aerobus」機場巴士路線，上車處就在羅馬廣場巴士總站，非常方便。

來往威尼斯主島及潟湖群島

1. Alilaguna 機場渡輪

由Alilaguna船公司營運，一共有4條路線，從機場碼頭（Darsena）出發，前往威尼斯主島多個停靠站及潟湖群島，包括穆拉諾島、布拉諾島、麗都島。

─Info─

官網：www.alilaguna.it
機場上船處：在機場抵達區的出口，沿著左側通道步行7分鐘到達機場碼頭。
船票：€15、Murano €8，憑Venezia Unica觀光咭 €8、Murano €4
船程：Murano島（30分鐘）、F. Nove站（38分鐘）、Lido島（58分鐘）、聖馬可站（1小時12分鐘）、Rialto站（57分鐘）、Guglie站（42分鐘）

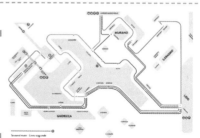

機場渡輪路線圖，可於Alilaguna官網查閱。

2. ACTV「Aerobus」機場巴士路線＋水上巴士

由ACTV推出的聯票，可於交通票啟動後90分鐘內，乘坐機場巴士「Aerobus」往潟湖區的羅馬廣場巴士總站（Piazzale Roma），再轉乘水上巴士。

┌─ Info ─┐
官網：actv.avmspa.it
交通票：€14
└────────┘

3. Water Taxi 水上的士

┌─ Info ─┐
船費：從機場往聖馬可區大約€110（包含每人1件行李費：4人以上另有附加費）
呼招電話：+39 199 48 49 50
└────────┘

來往威尼斯內陸區梅斯特雷火車站(Venezia Mestre)

交通工具	費用	車程	官網
ATVO 機場巴士	€8	大約17分鐘	www.atvo.it/it-venice-airport.html
ACTV 市內巴士15號路線	€8	大約25分鐘	actv.avmspa.it
的士	€40	大約15 - 20分鐘	

ATVO機場巴士於Mestre的上車處「ATVO大巴停靠站」，位於朝向火車站的左邊260米，步行3分鐘。

2. Aeroporto di Treviso - Sant'Angelo(TSF)特雷維索機場

位於威尼斯本土以北30公里外的特雷維索（Treviso），主要提供歐洲及國內短途航線。

官網：www.trevisoairport.it

交通方法：

來往威尼斯主島羅馬廣場巴士總站（Venezia Piazzale Roma）

交通工具	費用	車程	官網
ATVO 機場巴士	單程€12	大約70分鐘	www.atvo.it/it-treviso-airport.html

來往威尼斯內陸區梅斯特雷火車站（Venezia Mestre）

交通工具	費用	車程	官網
ATVO 機場巴士	單程€12	大約55分鐘	www.atvo.it/it-treviso-airport.html

威尼斯城際交通

威尼斯潟湖區域並不允許車輛行駛。巴士、的士和所有車輛，只可駛到主島西面羅馬廣場（Piazzale Roma）上的巴士站或停車場，大型車輛只可在特隆凱托島（Tronchetto）的大巴停靠站下車，然後再以水路或步行方式，前往潟湖各區。

大部分抵達威尼斯主島的遊客，都會選擇乘坐火車前往，方便快捷。

1.火車

聖露西亞火車站（Stazione di Venezia Santa Lucia），是威尼斯主島區唯一的火車站，一般往潟湖和歷史中心遊覽，都在此下車。而在威尼斯內陸區梅斯特雷，則設有另一個火車站（Stazione di Venezia Mestre）。

2.長途巴士

從其他城市抵達威尼斯主島的大型旅遊巴士，一般都會停靠在特隆凱托島（Tronchetto）的大巴停靠站，可轉乘無人駕駛輕軌「People Mover」到達羅馬廣場，或轉乘水上巴士往各個潟湖區。

威尼斯市內交通

1.主島、潟湖

於潟湖區和主島範圍因不允許車輛行駛（除了Lido麗都島），主要以「水路」交通工具或步行來遊覽水都。非常普遍的是ACTV營運的「水上巴士」（Vaporetto）（詳細介紹見：P.254 - 257），停靠站眾多，深夜也有少量「N」路線運行主要地區。另外，也有專門橫越大運河的「貢多拉渡船」（詳細介紹見：P.258）、像快艇般狂飆的「水上的士」和以觀光為主的貢多拉船。（詳細介紹見：P.258）

水上的士是大運河上最有型格的交通工具，收費不便宜，乘坐人數最多8人。起標價€15；然後每分鐘€2。

於水上的士站清楚列出了政府設定的價格表。有些熱門路線設有可預約價格，從聖露西亞火車站到聖馬可區或Murano，船費為€60。4人以上、假日及晚間都有附加費用。

2.連接主島和內陸區梅斯特雷Mestre

可乘坐火車、巴士或電車，往來Mestre。
詳細介紹見：P.330

3.連接主島和Tronchetto與郵輪碼頭

設有無人駕駛輕軌「People Mover」，連接Piazzale Roma（巴士總站）、Marittima（郵輪碼頭）和Tronchetto（大巴停靠站）。

輕軌班次每7分鐘一班，車程只需4分鐘。

實用旅行資訊

1.觀光咭/聯票

Museum Pass 市政府博物館聯票

聯票可於啟用後6個月內，免費進入11個市政府博物館各1次，包括：

· Palazzo Ducale（詳細介紹見P.264 - 265）
· Museo Correr（詳細介紹見P.270）
· Museo Archeologico Nazionale（詳細介紹見P.270）
· Biblioteca Nazionale Marciana（詳細介紹見P.270）
· Museo di Palazzo Mocenigo（詳細介紹見P.302）
· Ca' Pesaro（詳細介紹見P.303）
· Museo del Vetro（Murano）（詳細介紹見P.327）
· Museo del Merletto（Burano）（詳細介紹見P.329）
· Museo di Storia Naturale（詳細介紹見P.302）
· Ca' Rezzonico（詳細介紹見P.278）
· Casa di Carlo Goldoni（詳細介紹見P.296）

—— Info ——
票價：成人 €24；26歲以下學生或65歲以上 €18
銷售點：可於官網預訂各市政府博物館售票處、Venezia Unica旅客中心
官網：www.visitmuve.it

Venezia Unica City Pass 城市觀光咭

由官方旅遊局以一站式營運，綜合大部分交通票、博物館、展覽、景點聯票及導覽團，並有多種City Pass組合以供選擇。遊客從官網預訂後，於到訪當日憑確認Voucher即可優先進入景點，免卻排隊買票的時間。交通票則可憑確認Voucher上的PNR Code，到ACTV自動售票機自行領取。

官網：www.veneziaunica.it

Rolling Venice Discount Card 青年優惠咭

所有29歲以下的青年可申請，於一年內有效，費用為€6。憑咭可以優惠價購買博物館、景點和音樂會門票，並另有一些餐飲和當地優惠。申請可於聖露西亞火車站的「Venezia Unica」旅客中心辦理（需攜帶護照）。

憑咭更可以€22購買72小時ACTV水陸交通票，極之優惠，再加€6可包括一程機場巴士，可於官網直接申請及購買。

官網：www.veneziaunica.it/en/content/rolling-venice

· Rollong Venice優惠咭＋72小時ACTV水陸交通票＝€28
· Rollong Venice優惠咭＋72小時ACTV水陸交通票＋單程馬可波羅機場巴士＝€34

2. Venezia Unica 官方旅客中心

在市中心設有多間旅客中心，可供一般查詢。另可購買地圖、Venezia Unica觀光咭、景點聯票、音樂會、表演門票、ACTV或Alilaguna交通票，也可預約各種官方導覽團。

威尼斯官方旅遊資訊：www.veneziaunica.it

位於聖馬可廣場的官方旅客中心，可查閱最新活動資訊。

—— Info ——
1.聖馬可廣場
地址：San Marco-Piazza San Marco 71/f
營業時間：0900 - 1900

2.機場入境大樓
地址：Aeroporto Marco Polo
營業時間：0830 - 1900

3.羅馬廣場
地址：Piazzale Roma-Autorimessa Comunale, Santa Croce
營業時間：0700 - 2000

4.聖露西亞火車站
地址：Interno Stazione Venezia Santa Lucia
營業時間：0700 - 2100

3. 旅客注意事項

作為一個熱門的旅遊城市，當局訂下了一些守則，去保護水都的歷史文化和城市景觀，違反者罰款由€25 - 500起。

· 不可餵白鴿和海鷗
· 不可坐在地上、橋上、樓梯上或非指定戶外地方進食
· 不可騎腳踏車（除了麗都島可騎腳踏車）
· 不可赤裸半身，不可只穿泳衣在城中行走
· 不可在任何建築物和古蹟外牆上塗鴉
· 不可游泳或跳水
· 不可在橋上或任何古蹟扣上鎖頭
· 不可航拍，違反者將被起訴及需繳交天價罰款

當局於市中心多個地方張貼了告示，並呼籲旅客遵守法例。

在橋上或古蹟扣上代表愛情的鎖頭，看似浪漫，其實是違法行為，被發現需罰款€100起。

4. 高水位，怎麼辦？

秋冬季節可能會出現高水位現象（Acqua Alta），海平面上升引致城中岸邊和低窪地帶，有機會被洪水淹過，行人需涉水而過。一般淹水情況，只持續幾個小時，然後待潮水退去，一切恢復正常。歷年來也曾經發生非常嚴重的水災。

如遇上了高水位狀況：

1. 城中有多個地方，可購買水靴和長身膠鞋套。鞋套大約€8 - 10；水靴大約€12 - 30。
2. 水上巴士大部分會正常運作。如果洪水太嚴重，有些路線會根據情況作出調動，甚至停止服務，於碼頭的大型電子告示牌會有顯示。
3. 在城中主要大道，會架起臨時高架行人道，給行人行走。沿著高架道路線，可以由火車站行走到聖馬可廣場。
4. 市政府設有高水位警報系統，可預測3天水位情況，可在網上查閱。
   網頁：www.comune.venezia.it/it/content/centro-previsioni-e-segnalazioni-maree
5. 當水位超過100cm，岸邊和低窪地帶，有機會被洪水淹過。如果達至120-140cm，聖馬可廣場會被淹沒，如水浸太嚴重，需考慮改變行程。
6. 盡量不要在高水位淹水時，於岸邊涉水行走，很容易走越走出，掉進水裏，建議貼著建築物走，或沿著主要道路上的高架道行走。

這是水位大約100 - 120cm於聖馬可廣場的情況，遊人沿著高架行人道行走。

這種長過膝頭的膠鞋套，在高水位時於城中大小商店可見，也有很多小販四出兜售。

ACTV交通票種類

由ACTV公共交通公司推出的交通票,分開「陸路」和「水路」2種,適用於ACTV營運的巴士、電車、PeopleMover輕軌和水上巴士(機場路線除外),因為一次性的「水路」交通票不太便宜,很多遊客都會購買「天票」,可在限定時間內無限次乘坐,相對比較化算。每次使用交通票時,必須放在車票感應機前啟動,方為有效。

┤Info├
ACTV官網:actv.avmspa.it (可查閱各路線的時刻表)
銷售點:可在煙草店、ACTV售票部、Venezia Unica旅客中心。或大型水上巴士站外的售票處。

車票種類:
A.陸路普通交通票
在啟動後75分鐘有效時間內,可隨意轉乘前往主島上羅馬廣場、於Mestre和Lido的陸路交通,包括市內巴士、電車和People Mover。票價€1.5

B.水路普通交通票
在啟動後75分鐘有效時間內,可隨意轉乘ACTV水上巴士(不包括16和19號路線)。票價€7.5(包括1件行李)
短程路線包括來往「S.Zaccaria」-「S.Giorgio」、「Zattere」-「Palanca」、「Murano Colonna」-「Fondamente Nove」,設有一次性的單程船票。票價€5

C.水陸交通天票(1/2/3/7天票)
在交通票啟動後的有效時間(以小時作限期:一天票可於24小時內有效),可無限次乘坐ACTV水上巴士、於Mestre和Lido的市內巴士和電車(機場路線除外),還有Mestre往主島羅馬廣場的巴士。

┤Info├
票價:1天票€20、2天票€30、3天票€40、7天票€60

D.72小時水陸交通青年票 ROLLING VENICE
適用於29歲以下,在交通票啟動後72小時內,可無限次乘坐ACTV營運的所有市內交通工具(機場路線除外)。

┤Info├
票價:€22 (需先購買「Rolling in Venice Card」青年優惠咭,票價:€6)
銷售點:Venezia Unica售票處和旅客中心

水上巴士乘搭流程

水上巴士是威尼斯潟湖區中最常用的交通工具。

1.ACTV交通票可在售票亭「Biglietteria」購買。

2.自動售票機也可購買各種交通票。要注意:機器最多找續金額為€9.95。

3.於大型水上巴士站設有電子顯示螢幕,列出班次資訊、路線停靠站、開出時間和上船位置。

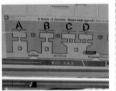
4.大型水上巴士站會設有多個「上船位置」,以英文字母作區分,並由不同的閘口進入。

5.每個碼頭都清晰列出每條路線的駛往方向、停靠站和目的地。

6.也有告示牌列出不同路線的班次時間表。

7.可根據電子顯示螢幕所顯示的上船位置,入閘等候。每個「上船位置」都以清晰字母表示。

8.在進入浮台等候區前,必須把船票放上「感應機」啟動,否則也當作逃票。

9.每艘水上巴士的船頭和船身,都列出了路線號碼和目的地。

10.船上也有路線圖,可供參考。

威尼斯ACTV水上巴士路線圖

來源：ACTV官方網站

1, 2, 3, 4.1, 4.2, 5.1, 5.2, 6, 7, 8, 9, 10, 11, 12, 13, 14, 15, 16*, 17, 18, 19*, 20, 22

N Linee notturne
Night routes

PM People Mover
Funicolare terrestre
Cable railway
(Shuttle P.le Roma / Marittima / Tronchetto)

* A \ Alilaguna arancio

* B \ Alilaguna blu

* R \ Alilaguna rossa

* Non sono validi i titoli di viaggio Actv
Actv tickets and passes are not valid

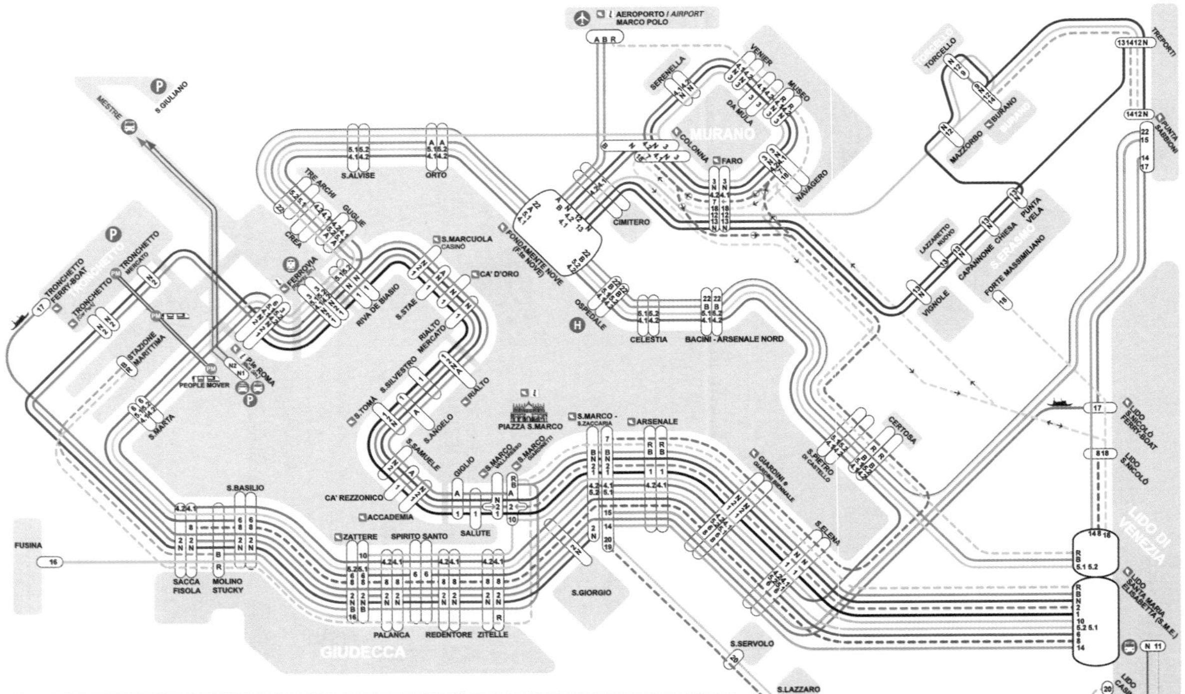

Ricordati di consultare gli orari esposti
Remember to read the timetables shown

Punti vendita o biglietterie automatiche Venezia Unica
Venezia Unica ticket points or self-service ticket machines

Informazioni turistiche
Tourist information

La linea ferma
The waterbus does stop here

La linea non ferma
The waterbus does not stop here

Linea stagionale
Seasonal route

注意：虛線路線「只在旺季」行駛

威尼斯

威尼斯水上遊

威尼斯特色節慶

羅馬可區

聖馬可區

多爾素休雷區

朱代卡島和聖喬治馬焦雷島

威尼斯水上遊
水上巴士遊大運河

沿著大運河（Canale Grande）遊覽威尼斯，河岸迷人美景和特色建築盡收眼底！遊客可從聖露西亞火車站出發，於「Ferrovia」站乘坐水上巴士1號或2號，抵達聖馬可廣場的「S. Marco」站，這樣就可以遊遍整條「S型」大運河，飽覽極美的風光！

1號路線水上巴士：

1號路線屬於「站站停」，船程較長，可以慢慢拍照，屬「遊船河」之選！

—**Info**—
船程：大約45分鐘（由聖露西亞火車站到聖馬可廣場）
班次：繁忙時間每12分鐘一班
大概路線：由巴士總站羅馬廣場「P.le Roma」開出，途經火車站外的「Ferrovia」，再沿著S型運河向聖馬可進發，期間停靠所有大運河兩旁的水上巴士站（除了「S. Samuele」），到達聖馬可區的「S. Marco Vallaresso」和「S. Marco-S. Zaccaria（Danieli）」，最後以麗都島「Lido」為終點站。

2號路線水上巴士：

每一艘水上巴士於船尾都設有幾個最佳「風景觀賞位」！要成功坐到有利位置「遊船河」，建議在人流較少的大清早，或提前於羅馬廣場「P.le Roma」上船。

—**Info**—
船程：大約30分鐘（由聖露西亞火車站到聖馬可廣場）
班次：繁忙時間每12分鐘一班
大概路線：由聖馬可區的「S. Marco -S. Zaccaria」開出，先往聖喬治馬焦雷島和朱代卡島，再經運河外圍往巴士總站羅馬廣場「P.le Roma」和火車站外的「Ferrovia」，然後沿著S型大運河往聖馬可區「S. Marco（Giardinetti）」，於S型大運河只在幾個主要水上巴士站停靠。

大運河兩旁主要建築：

威尼斯賭場
Casinò di Venezia

於1638年開業，是世上最古老的賭場之一，至今依然營運，屬於文藝復興時期最豪華的宮殿之一。

土耳其商館
Fondaco dei Turchi

建於1277年，最初是佩薩羅家族的宮殿，後來成為土耳其商人的交易中心和倉庫。現為一所自然歷史博物館。

庇薩尼宮
Palazzo Pisani Moretta

哥德式宮殿建於15世紀，原是庇薩尼貴族的居所。於2018年，一名香港女商人以6500萬歐元買下位於帕多瓦省的科納羅別墅（Villa Cornaro）和這座大運河上的華麗宮殿，作為私人住宅。

S. Marcuola (Casinò)
Riva de Biasio
S. Stae
Canal Grande
Ferrovia
P.le Roma
S. Tomà
S. Samuele
Ca' Rezzonico
Accademia

學院木橋
Ponte dell'Accademia

於1934年建成，連接聖馬可區和學院美術館，是大運河上唯一的木橋，開幕時它是歐洲最大型的木拱橋。

黃金屋
Ca' d'Oro
建於1440年，華麗精緻的宮殿擁有哥德式優雅的花窗設計，是運河上最美的建築之一，現為美術館。

里阿爾托橋
Ponte di Rialto
大橋像一座典雅的大理石拱門，是城中最重要的地標之一。橋的周圍是幾個世紀以來最熱鬧繁華的市場和商業區。

N

Ca' d'oro

Canal Grande

Rialto Mercato

S. Silvestro

Rialto

Canal Grande

S. Angelo

S. Marco Vallaresso

Giglio

S. Marco-S. Zaccaria (Danieli)

Salute

S. Marco（Giardinetti）

Canal Grande

聖馬可廣場
Piazza San Marco
聖馬可廣場附近設有多個水上巴士站，無論在那一個「San Marco」站下船，只要抬頭跟著鐘樓的方向走，就可抵達聖馬可廣場了。

安康聖母教堂
Basilica di Santa Maria della Salute
建於17世紀的巴洛克式教堂，擁有宏偉又莊嚴的外觀，是大運河上重要的地標之一。

達里奧宮
Palazzo Dario
於1487年落成，正立面以多個圓形圖案作裝飾。宮殿被傳為「受過了詛咒」，幾個世紀以來，多個宮殿擁有人和住客，先後因各種原因意外去世。

巴巴里哥宮
Palazzo Barbarigo
以外牆上Murano玻璃馬賽克鑲嵌畫而聞名，始建於16世紀，於19世紀由著名玻璃製品商所擁有，改建時於外牆加設了非常矚目的馬賽克壁畫。旁邊是另一座私人宮殿「Palazzi Da Mula Morosini」。

257

威尼斯

威尼斯水上遊

威尼斯特色節慶

聖馬可區

多爾索社羅區

朱代卡島和聖喬治馬焦雷島焦焦售賣島

威尼斯水上遊

浪漫水都精華遊

乘坐貢多拉遊水巷

乘坐華麗獨特的威尼斯傳統船貢多拉，穿越於大運河和小橋細巷，是一件多麼浪漫的事情！船夫一邊划船，一邊介紹沿途景物，有些還會即興高唱傳統歌曲，充滿水鄉風情。想再浪漫一些，可選擇在晚間或黃昏時份乘坐，穿行於暗窄隱秘的水道，如像夢中的一場冒險，絕對會是一個難忘的體驗。

以金屬鋼片作裝飾的船頭叫做「Ferro」，就像刀面上有一棚牙齒，6隻「鋼片牙齒」代表威尼斯6個大區。船頭鋼片用來平衡站在船尾船夫的重量。

船夫統一穿上橫間制服和專屬的稻草帽，站在船尾左邊，靈巧地划動著貢多拉。

貢多拉是昔日水都最主要的交通工具，於全盛時期，全城擁有1萬艘貢多拉，而目前只有大約400艘。

每艘貢多拉都是獨一無二，船上的雕花裝飾全是度身訂做，猶如一件瑰麗的藝術品。

貢多拉船身漆成黑色，氣派非凡的絨布座椅，給人華麗典雅的感覺。

貢多拉小檔案

呈月牙形的貢多拉（Gondola），大約有11米長，全屬人手打造，價值不菲，製作工序十分複雜，整艘船使用8種不同的木材，以280個組件拼合而成，屬一門珍貴的傳統工藝。而船夫需接受至少6個月的專業訓練，考獲牌照並通過長期實習，才可成為一名認可的貢多拉夫。

提提你

幾乎在每個貢多拉上船處都設有告示牌，列出均一價格。

在不同碼頭上船會有不同的運行路線，如有指定的心水路線，於上船前要跟船夫商議好。

另有一種傳統小船跟貢多拉很相似，叫做「Sandolo」（桑多洛）。船頭兩端較平，沒有像貢多拉那樣呈月牙形，船身亦較輕盈小巧，最多只可接載4名乘客。

大部分貢多拉碼頭，都以綠色木牌子刻上「Servizio Gondola」（貢多拉服務站）的字樣，遊客可在這些停靠站乘搭。

Info

價格： 日間 30分鐘 €80；晚間1900 - 0400 35分鐘 €100（公價：以每條船計算；最多可乘載6人）

橫越大運河的公共交通

貢多拉渡船

(Gondola Traghetto)

貢多拉渡船上是可站立的，由2名船夫一前一後划船。

這種貌似「貢多拉」的船，是水都一種公共交通工具，專門橫越大運河。「貢多拉渡船」沒有華麗的修飾，比較起真正的貢多拉，船身較為闊大，每艘船可乘載十多個人，因為載客較多，每次需要2名船夫同時扒船。上船後不用2分鐘，就可抵達對岸。想極速一嚐「水上遊威尼斯」的滋味，可試坐這種平民式的渡船。

「Traghetto」是渡船的意思，碼頭是貢多拉和渡船兩用，不用預先買票，上船時把船費直接給船夫即可。

Info

貢多拉渡船的路線：
一共有多條路線，運行時間各有不同，在冬日及假日有機會停駛，船費€2，以下是比較熱門和常用的路線：
1. Gondola Traghetto di Santa Sofia（San Polo-Cannaregio）
2. Gondola Traghetto di San Tomà（San Polo-San Marco）
3. Gondola Traghetto di Santa Maria del Giglio（Dorsoduro-San Marco）

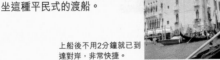

上船後不用2分鐘就已到達對岸，非常快捷。

威尼斯特色節慶

「威尼斯面具狂歡節」與「法國尼斯嘉年華」和「巴西嘉年華」，被列為世界三大嘉年華。每年吸引眾多遊客，特意前來參加。

不容錯過的傳統嘉年華

面具狂歡節

(Carnevale di Venezia)

　　源於1162年的「威尼斯狂歡節」，以華麗服裝和神秘精緻的面具而舉世聞名，每年吸引來自世界各地的遊客，蜂擁而至。在長達兩星期的嘉年華會，街上的每個角落，不論是小巷、廣場、咖啡廳還是小橋上，都擠滿華麗裝扮的「狂歡者」，十分引人入勝。面具盛會除了在街頭上演，城中還舉行很多別具特色的活動，奢華舞會、貴族晚宴、水上遊行、派對音樂會等等。參加這個傳統又熱鬧的節慶，絕對讓人畢生難忘！

於開幕日傍晚舉行的盛大活動「La Festa Veneziana sull' Acqua — Parte Prima」，把大運河改造成一個水上舞台，以燈光、音樂、舞蹈，幻化成精彩的水上表演。照片來源：感謝ACTV提供官方照片

在聖馬可廣場上舉辦的「最漂亮面具服裝評選賽」（Il Concorso della Maschera più bella），參賽者在台上向大眾展示其設計的原創衣飾。

Tips

- 狂歡節期間，整個威尼斯主島的酒店和住宿都非常緊張，漲價幅度極大，建議至少提前幾個月預訂房間。
- 於狂歡節舉辦的各項典禮和活動，在官網會列出詳情和確實日期。
- 也可租用華麗服飾去參加慶典，成為「狂歡者」（詳情可參閱「Nicolao Atelier」P.312）

狂歡節的由來

歷史悠久的狂歡節（又名為：嘉年華），是在天主教為期40天的「大齋戒」之前，教徒間舉行活動來狂歡縱情，然後才開始「告別肉食」，展開一段漫長的「克己懺悔」日子。世界各地都有各種狂歡節的大型活動，而威尼斯的狂歡節，「面具」是派對的主角。

提提你

節慶期間的聖馬可廣場，是最多「面具人」聚集的地方，像在舉行一場隆重又盛大的街頭化妝舞會。

華麗又帶點戲劇化的服飾，是威尼斯狂歡節的象徵，吸引很多攝影愛好者前去拍照。

在聖馬可鐘樓舉行的「Il Volo dell'Angelo」（天使之飛行），是狂歡節的重要慶典之一。盛裝打扮的天使，從鐘樓頂部，沿著繩索一邊飛降到廣場上，一邊灑下五彩紙屑。照片來源：感謝ACTV提供官方照片

穿上華麗服飾的威尼斯人，在聖馬可廣場上的露天咖啡廳用餐，這些獨特的畫面，只能在狂歡節期間遇上。

Info

舉行日期：每年在「大齋戒首日」前2星期開始，並在懺悔節當天結束。舉行日子根據每年復活節而浮動，一般在2月至3月之間。

網址：www.carnevale.venezia.it

浩蕩的水上巡遊和競賽

威尼斯賽船節 (Regata Storica)

　　每年9月份的首個週日，於水都的大運河上會舉行一場賽船盛會「Regata Storica」，場面相當熱鬧。在正式賽船之前，大運河上會有一個別開生面的水上巡遊，主角是一艘艘仿16世紀模樣的船隻，船上的掌舵手，都穿上華麗古典的服飾，場面浩大猶如在電影裡的情節，巡遊過後賽船正式開始，以不同種類的傳統船隻作比賽，十分壯觀。

於運河兩旁任意找個位置，都可觀賞到賽事。而最熱門的位置是Ponte Rialto（里阿爾托橋），從橋上可俯瞰眾多船隻隊伍。

屬一年一度的水上盛事，船隊遊行十分浩蕩壯觀，像在重演昔日威尼斯共和國的輝煌時刻。

賽船有多場賽事，包括雙人、六人、男子、女子、兒童等等。

以16世紀經典船隻作水上巡遊，船手以傳統服飾作盛裝打扮，出盡全力爬船。

Info

舉行日期：每年9月第一個星期日
舉行時間：一般會在下午時段，但根據每年官方公佈為準。
網址：www.regatastoricavenezia.it

水都的輝煌歷史見證
聖馬可區 San Marco

是水都最繁華的地段，以舉世聞名的聖馬可廣場為中心。金色宏偉的聖馬可大教堂、龐大壯觀的總督府，和著名地標聖馬可鐘樓，都在廣場範圍之內。來自各地的遊人，就像一起回顧威尼斯共和國的光輝歷史。昔日的威尼斯人居然可在潟湖上，建立這些經典華麗的建築群，讓人驚嘆不已，亦令人不自覺地對「水都」迷戀。

交通

水上巴士：可乘坐水上巴士1或2號到「San Marco」站，或乘坐水上巴士1、2、4.1或5.1號到「S. Zaccaria」站，即達聖馬可廣場附近範圍。

大運河渡船：可於多爾索杜羅區的「Gondola Traghetto di Santa Maria del Giglio」碼頭，乘坐貢多拉渡船，到達本區同名的碼頭。

步行：如從Ponte di Rialto（里阿爾托橋）慢步到聖馬可廣場，步程大約8至10分鐘。也可從對岸的多爾索杜羅區，經Ponte dell' Academia（學院木橋），步行前往本區。

朱代卡島和聖喬治馬焦雷島

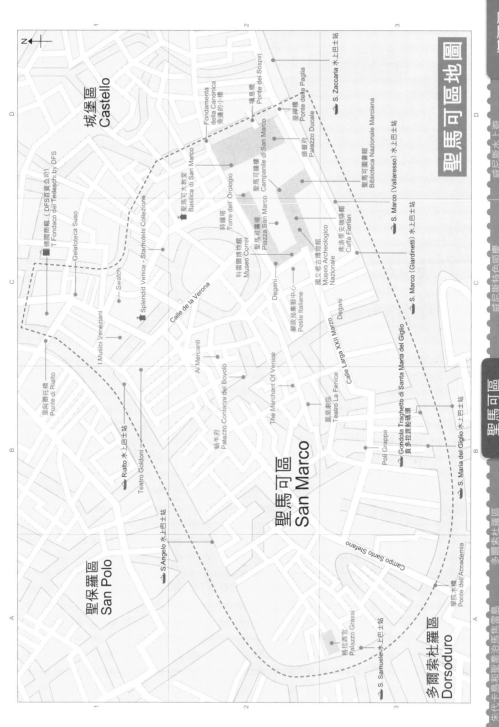

聖馬可區地圖

N

D

城堡區
Castello

聖馬可大教堂
Basilica di San Marco

Fondamenta della Canonica 旁邊的小橋

嘆息橋
Ponte dei Sospiri

S. Zaccaria 水上巴士站

嘆息橋
Ponte della Paglia

總督府
Palazzo Ducale

聖馬可圖書館
Biblioteca Nazionale Marciana

德國商館（DFS百貨公司）
T Fondaco dei Tedeschi by DFS

Gelatoteca Suso

Splendid Venice - Starhotels Collezione

Swatch

I Musici Veneziani

時鐘塔
Torre dell'Orologio

聖馬可鐘樓
Campanile di San Marco

聖馬可廣場
Piazza San Marco

科雷爾博物館
Museo Correr

Degani

國立考古博物館
Museo Archeologico Nazionale

弗洛里安咖啡館
Caffè Florian

S. Marco (Vallaresso) 水上巴士站

S. Marco (Giardinetti) 水上巴士站

C

郵政局暨郵政中心
Poste Italiane

Calle de la Verona

Degani

里阿爾托橋
Ponte di Rialto

Al Mercanti

The Merchant Of Venice

蝸牛府
Palazzo Contarini del Bovolo

B

Rialto 水上巴士站

Teatro Goldoni

鳳凰劇院
Teatro La Fenice

Calle Larga XXII Marzo

Gondola Traghetto di Santa Maria del Giglio
貢多拉遊船碼頭

S. Maria del Giglio 水上巴士站

Polì Grappa

聖保羅區
San Polo

S.Angelo 水上巴士站

聖馬可區
San Marco

Campo Santo Stefano

A

多爾索杜羅區
Dorsoduro

葛拉西宮
Palazzo Grassi

S. Samuele水上巴士站

學院木橋
Ponte dell'Accademia

1 2 3

威尼斯

威尼斯水上遊

威尼斯特色節慶

聖馬可區

多爾索杜羅區

朱代卡島和聖喬治馬焦雷島

廣場集中了水都最重要的建築物，是每個遊客必訪的地方。

而「聖托達洛柱」上的San Teodoro，是威尼斯9世紀前的守護聖人，於828年聖馬可遺體運到威尼斯後，守護聖人換作了聖馬可。

面積浩大的聖馬可廣場，始建於9世紀，是城中最重要的聚集地，也是大型節慶和重要活動的舉辦場地。

從「聖馬可和聖托達洛柱」往海濱長廊走，是著名的貢多拉停靠站「Traghetto Molo」，以聖喬治馬焦島作背景，是熱門的拍照位置。

歐洲最美的客廳

聖馬可廣場（Piazza San Marco）

佔地有1萬2千平方米的廣場，是城中最心臟地帶，曾被拿破崙稱讚為「歐洲最美的客廳」。廣場上拜占庭式混合哥德式的聖馬可教堂、高聳雄偉的威尼斯鐘樓、白裡透粉又莊嚴瑰麗的總督府、精緻可愛的時鐘樓、熱鬧的露天咖啡廳，構成一個迷人的城市景觀。遊客值得在此地細意漫遊，去探索威尼斯共和國以往近千年的統治期間，所締造的輝煌傳奇。

MAP: P.P261 C2 - D2

聖馬可翼獅

這隻展翅雄獅是守護聖人聖馬可的象徵，也是威尼斯共和國官方徽章上的圖案，城中的建築物、旗幟、雕像、硬幣等等，都可找到其蹤影。獅子爪下按著一本打開了的書，上面以拉丁文寫著「Pax tibi Marce, Evangelista meus」，意思是「願你平安，聖馬可，我的福音使徒」。

於昔日威尼斯共和國的國旗上的「聖馬可翼獅」。

提提你

廣場上有多間古老咖啡廳，於假日和晚間提供現場音樂演奏，氣氛浪漫悠然。坐在露天雅座欣賞音樂或用餐，各咖啡廳會有不同的附加服務費。

在運河旁的位置，一左一右聳立了2根花崗岩圓柱，名為「Colonne di San Marco e San Teodoro」（聖馬可和聖托達洛柱），是昔日海路入口的指示。

接近總督府的「聖馬可柱」，柱頂聳立了象徵威尼斯守護聖人聖馬可的「翼獅」雕像。

廣場範圍設立了告示牌，提醒遊客在威尼斯主島不可餵白鴿、不可只穿泳衣或衣著太裸露、不可坐在台階上或在公眾地方進食等等。

聖馬可廣場上的主要景點和建築

舊行政大樓　時鐘塔　獅子小廣場

科雷爾博物館（拿破崙翼）

國立考古博物館（新行政大樓）入口設於：科雷爾博物館

聖馬可大教堂

聖馬可鐘樓
聖馬可和聖托達洛柱

總督府（入口）

聖馬可圖書館
入口設於：科雷爾博物館

Info

地址：Piazza San Marco, 30124 Venezia
開放時間：全年
前往方法：乘坐水上巴士1號到「San Marco（Vallaresso）」站、或2號到「San Marco（Giardinetti）」或乘坐4.1或5.1號到「S. Zaccaria」站，下船後可跟著鐘樓位置進入廣場。

大教堂主要採用拜占庭式和哥德式建築風格，並融合了東西方的裝飾元素。

在聖馬可博物館內的教堂平台，可看到旁邊的總督府、壯觀的廣場及優美的潟湖景色。

不可思議的金色馬賽克
聖馬可大教堂
MAP: P.261 D2
（Basilica di San Marco）

聖馬可博物館的入口，位於教堂內殿的出口處，登上樓梯即達。

於828年，威尼斯商人把聖馬可的遺體藏在一個籃子裡，並以豬肉覆蓋，從埃及偷運到威尼斯，當時埃及人不可觸碰被《古蘭經》所禁止的豬肉，因而避過了檢查。回國後，威尼斯人隨即建立了一座教堂，把聖人的遺骨好好安放。教堂於978年發生大火，然後開始歷時幾個世紀的重建，最終打造成極為華麗的大教堂。

整個內部包括牆壁、天花和圓頂，覆蓋了超過8千平方米的金色馬賽克鑲嵌壁畫，巧奪天工，讓人讚嘆不已，並有「黃金教堂」的稱號。黃金祭壇是其中一個亮點，以超過2500粒寶石鑲嵌，是堂內最貴重的藝術珍品之一。位於平台層的博物館亦值得參觀，在內展示了教堂的建造歷史，並收藏了「聖馬可之馬」的原創品，更可近距離欣賞到金碧輝煌的馬賽克。

平台上的4匹鍍金青銅馬，被稱為「聖馬可之馬」，是威尼斯人於第4次十字軍東征期間的戰利品，學者推測是羅馬帝國或更早期的作品，目前，原創品收藏於聖馬可博物館內作保護，平台上則展示其複製品。

─── Info ───

地址： Piazza San Marco, 328, 30100 Venezia
電話： +39 041 270 8311
網址： www.basilicasanmarco.it
前往方法： 乘坐水上巴士1號到「San Marco（Vallaresso）」站、或2號到「San Marco（Giardinetti）」，或乘坐水上巴士4.1或5.1號到「S. Zaccaria」站，即達聖馬可大教堂附近範圍。

教堂內部 Basilica
開放時間：
29 / 10 - 15 / 4 平日0930 - 1700（最後進入1645）；假日1400 - 1630（最後進入1615）；16 / 4 - 28 / 10 平日0930 - 1700（最後進入1645）；假日1400 - 1700（最後進入1645）
門票： 免費進入

教堂內部 亮燈時間
平日： 1130-1245
假日： 只在慶典期間

聖馬可博物館 Museo di San Marco
（可登上平台Loggia dei Cavalli）
開放時間：
29 / 10 - 15 / 4 0945 - 1645
16 / 4 - 28 / 10 0935 - 1700
門票： €5

黃金祭壇 Pala d' oro
開放時間：
29 / 10 - 15 / 4 平日0945 - 1645；假日1400 - 1630；16 / 4 - 28 / 10 平日0935 - 1700；假日1400 - 1700
門票： €2

聖器收藏室 Tesoro
開放時間：
29 / 10 - 15 / 4 平日0945 - 1645；假日1400 - 1630；16 / 4 - 28 / 10 平日0935 - 1700；假日1400 - 1700
門票： €3

大教堂頂部設有5座拜占庭式的大圓頂，並以哥德式的尖塔和雕像作裝飾。

教堂共有5座大門，每座大門的圓拱上，都以色彩濃厚的馬賽克鑲嵌畫作裝飾，描述不同的聖經故事。

在教堂內的博物館商店，有這些印上了聖馬可鐘樓或教堂模樣的「觀光紀念金幣」可購買。每個€2

Tips I Can

1. 除了平台，教堂所有範圍均不可拍攝。
2. 教堂內燈光暗淡，如想清楚看到泛著金光的馬賽克壁畫，建議在設定的亮燈時間到訪。或付費進入聖馬可博物館，在內可近距離看到金色馬賽克。
3. 衣著方面，不可穿短褲、短裙、背心和戴帽子。
4. 不可攜帶大型行李和背包，進入教堂前，可免費存放在教堂外左邊的行李寄存處。

教堂

廣場

紅色路線是前往「行李寄存處」，綠色路線是「教堂入口」。
地圖來源：官網

長53米、闊25米的大議會廳，是總督府中最雄偉的大廳，也是歐洲最龐大的議會廳之一，昔日在這裡舉行重要的司法會議。

見證威尼斯共和國的黃金年代
總督府 (Palazzo Ducale)

　　曾是「威尼斯共和國」歷年總督居住的宮殿，始建於9世紀，期後遭遇多次火災，目前是15世紀重建後的模樣，也是威尼斯哥德式建築的獨特典範。宮殿是昔日最重要的政治中心，在內設有行政部門、國會和司法機關。

　　位於1樓的Sala del Maggior Consiglio（大議會廳）絕對是參觀亮點，在內收藏了被喻為世上最大的帆布油畫《Il Paradiso》（天堂），畫作長22米、闊7米，是威尼斯畫派「三傑」之一Jacopo Tintoretto（丁多列托）的驚世傑作。宮殿內瑰麗堂皇的「黃金階梯」，和通往旁邊新監獄的「嘆息橋」，亦不容錯過。

MAP: P.261 D2

總督府內設有一條著名的「Scala d'Oro」（黃金階梯），建於16世紀中期，天花有金碧輝煌的壁畫裝飾。

呈長方形的總督府，分為3層，外牆以白色與粉紅色大理石，組成雙色菱形作裝飾，讓人印象深刻。

宮殿著名的哥德式涼廊，以猶如「四葉草」形狀的廊柱作裝飾，外觀非常優美。

於大議會廳寶座後的整幅牆上，就是世上最大型的帆布油畫《天堂》，由丁多列托於16世紀後期繪畫。

大議會廳的天花一共用了35幅帆布油畫作裝飾，大部分於16世紀後期繪製。天花下面有一排列的肖像畫，繪畫了威尼斯歷史上76位總督的肖像。

「Sala del Senato」是舉行參議院會議的地方，於1574年大火之後重修，壁畫裝飾於1595年完成，其中有丁多列托的作品。廳內牆上有兩個大鐘，其中一個是天文鐘，上面有各個星座符號。

總督府

威尼斯

威尼斯水上遊

威尼斯特色節慶

聖馬可區

多爾索杜羅區

朱代卡島和聖喬治馬焦雷島

嘆息橋與監獄
Ponte dei Sospiri Le Prigioni
橋上唏噓嘆息

　　嘆息橋連接總督府和旁邊的新監獄，建於1614年，屬於巴洛克式早期風格，是一座密封式拱廊橋。在橋的內部，朝向運河設有2個正方花格小窗戶，當犯人在總督府接受審判後，通往監獄之時，這條橋是必經之路。傳說，當犯人們經過此橋往行刑，透過小窗看到潟湖的美景，常常不自覺地慨嘆，「嘆息橋」因此而得其名。而參觀總督府的遊人，可從內部親身走進「嘆息橋」並通往新監獄，體會當年囚犯們的心情。

`MAP: P.261 D2`

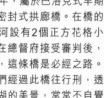

新監獄建於總督府旁邊另一座獨立的建築物內，相比起總督府閣樓上的鉛頂牢房「Piombi」和潮濕的地下牢房「Pozzi」，環境較為改善。

傳說中的囚犯們，通過橋上的花格小窗戶，窺望著外邊潟湖美景，心中萬分感慨而嘆息。

嘆息橋是幾乎完全密封，內部像一條狹窄的走廊。

─Info─

地址: Piazza San Marco, 1, 30124 Venezia
電話: +39 04 1271 5911
開放時間: 4月至10月 星期日至四0830 - 2100，星期五、六0830 - 2300（最後入館：關門前半小時）；11月至3月 0830 - 1730（最後入館1630）
門票: 沒有總督府的單獨門票，只設有聯票。網上預約可優先進入。
　　聯票（總督府＋科雷爾博物館＋國立考古博物館＋聖馬可圖書館）€20、15 - 25歲學生 €13（啟用後3個月內有效，每所博物館限入1次）
　　Museum Pass 聯票（包括11個市政博物館）€24、15 - 25歲學生 €18（啟用後6個月內有效，每所博物館限入1次）
網址: palazzoducale.visitmuve.it
前往方法: 位於聖馬可廣場上，聖馬可大教堂旁邊。可乘坐水上巴士1號到「San Marco（Vallaresso）」站，或2號到「San Marco（Giardinetti）」或乘坐4.1或5.1號到「S. Zaccaria」站，即達聖馬可廣場附近範圍。

擁有傷感與浪漫的傳說
嘆息橋（Ponte dei Sospiri）
橋下一吻定情

　　橋除了有「因犯人的嘆息聲而得名」這個經典故事，也有另一個浪漫的傳說。在電影《情定日落橋》中叙述，只要日落前鐘聲響起的那一刻，戀人在嘆息橋下深情一吻，就會情定一生，永不分離，相愛到永遠，這座橋從此成為了城中最浪漫的橋樑。一座橋同時擁有「傷感絕望」與「甜蜜浪漫」兩個極端的傳說，成為了遊人必訪之地。

開放時間: 全年

`MAP: P.261 D2`

建於1614年，由當時的威尼斯總督Marino Grimani委託建造，用以連接總督府和新監獄，橋的中央位置刻有他的徽章。

另一座可看到嘆息橋的橋樑，是後方Fondamenta della Canonica旁邊的小橋，這裡遊客比較少，同時也可看到麥稈橋上擠擁的遊客。

因為電影裡的一個美麗傳說，外表優雅的嘆息橋，成為了戀人表示愛意的浪漫之地。

遊客可從兩座橋上拍到嘆息橋的全景，其中的Ponte della Paglia（麥稈橋）位於斯拉夫人堤岸之上，是熱門拍照之地。

─Info─

地址: Piazza San Marco, 1, 30100 Venezia
前往方法: 從Palazzo Ducale（總督府）的側面，沿著運河旁的Riva degli Schiavoni（斯拉夫人堤岸）走到Ponte della Paglia（麥稈橋），站在麥稈橋上即可看到整座嘆息橋。

鐘樓內設電梯,可直接登上頂層上的觀景台,不用費力氣。

威尼斯最重要地標之一

聖馬可鐘樓

(Campanile di San Marco)

聳立在聖馬可廣場上的方形塔樓,源自一座9世紀的瞭望燈塔,歷年來經過多次改建,於16世紀建成現在的模樣。鐘樓的基座小樓「Loggetta del Sansovino」(桑索維諾前廊),由Jacopo Sansovino設計,以3個大理石浮雕拱門作裝飾,是文藝復興時期的建築傑作。

於1902年,整座鐘樓倒塌,變成一堆瓦礫,期後根據原本模樣重建。在1912年,新鐘樓於城中重大的宗教節慶「聖馬可節」那天落成。登上鐘樓頂端的涼廊,可俯瞰威尼斯漂亮全景,在天色晴朗時,甚至可遠眺壯麗的阿爾卑斯山。

`MAP: P.261 D2`

鐘樓是城中最重要的地標之一,每年狂歡節期間舉行的重要儀式「天使之飛行」,盛裝打扮的天使就是從這座鐘樓頂部,沿著繩索降落到廣場上。

高98.6米的鐘樓,擁有金字塔形的尖頂,頂上聳立了天使加百列的金色雕像。

鐘樓內設有5個大鐘,在威尼斯共和國時代,由5個大鐘所發出的鐘聲,意思都有不同。1個在每天正午嗚響,1個是宣布參議院會議即將開始,呼召議員到總督府,另1個是在裁判官發表判決之前響起。

從鐘樓頂層的涼廊,可360度鳥瞰整個水都和潟湖景色,舊海關大樓的三角運河交匯處,也盡在眼前。

宏偉闊大的聖馬可廣場景致,在鐘樓頂樓可一覽無遺。

俯瞰這樣開揚的美景,滿眼都是密密麻麻的紅磚屋頂,真是一個視覺享受。夕陽西下時,景致更美。

Tips ★I Can

從高處欣賞水都的美景,除了登上聖馬可鐘樓,還有以下的觀景位:
1. 時鐘塔(詳細介紹見:P.267)
2. DFS百貨公司的觀景平台(詳細介紹見:P.272)
3. Hilton Skyline Rooftop Bar(詳細介紹見:P.289)
4. 聖喬治馬焦雷島上的教堂鐘樓(詳細介紹見:P.291)

━━ Info ━━

地址: Piazza San Marco, 30124 Venezia
開放時間: 1 / 10 - 27 / 10 0930至1800(最後進入:1745);28 / 10 - 31 / 3 0930 - 1645(最後進入:1630);1 / 4 - 15 / 4 0900 - 1730)·(最後進入:1645);16 / 4 - 30 / 9 0830 - 2100(最後進入:2045)
門票: €8
前往方法: 位於聖馬可廣場上最高的建築物。可乘坐水上巴士2或10號到「S. Marco (Giardinetti)」站,或1或2號到「S. Marco (Vallaresso)」站,再步行3分鐘。

在時鐘塔上的2個青銅像，於整點報時，2位「摩爾人」一先一後敲打於1497年製造的銅鐘，在廣場上清晰可見整個過程。以青銅製造的雕像，因「膚色」較深，被稱為「摩爾人」（意思是深膚色的人）。

讓人嘆為觀止

時鐘塔（Torre dell' Orologio）

　　於1499年揭幕，精妙的設計驚為天人！塔的中央前後各有不同模樣的鐘面，朝向廣場的鐘面上方，聳立了聖母雕像，昔日於每一小時，有天使和東方三博士的木像，從右側門經旋轉軌道走出來，圍著聖母走半圈並鞠躬行禮，然後從左門退回塔中。

　　於19世紀，在左右小門位置，換上了轉輪來顯示時間，而天使和東方三博士的「出巡」，只在每年的主顯節和聖母升天節才會上演。塔樓的最頂層，則有2個巨大的摩爾人像，定時敲鐘報時。如果想一睹鐘塔的內部，需預約參加官方導覽團，由專人帶領下，觀摩這座讓人嘆為觀止的鐘塔。

MAP：P.261 D2

2個時鐘、轉輪和天台上的摩爾人，都是依靠塔內這組複雜的齒輪系統定時運作。以往系統還未換作自動化時，有專人住在鐘塔內，長期以人手運作。

時鐘上的天使和東方三博士木製雕像，目前只會於每年的主顯節（6／1）和聖母升天節（15／8）才出巡。

於1858年，在天使和東方三博士出巡的兩邊小門，換上了帶有「小時」和「分鐘」的轉輪，讓人們從廣場上更能準確讀取時間。顯示「小時」的轉輪，以羅馬數字寫上，顯示「分鐘」的轉輪，則以阿拉伯數字並每5分鐘轉一次。

時鐘塔的另一方，朝向街道，藍色鐘面上以金色星星作點綴，中間位置以象徵聖馬可的獅子作裝飾。

從窄小的旋轉梯登上最頂層，就可達設有2個摩爾人敲鐘的天台。

---Info---

地址： Piazza San Marco, 30124 Venezia
1小時英語導覽團時間： 星期一至三1100或1200；星期四至日1400或1500
休息日： 1／1、25／12
門票： 導覽團€12（必需預約；可網上或電話預約）
網址： torreorologio.visitmuve.it
預約電話： +39 041 42730892（從海外）；848082000（從意大利）
前往方法： 面朝聖馬可大教堂，天文鐘就在左側位置。參加導覽團需在預約時間前5分鐘在Museo Correr內的售票處旁邊集合。

這座公共時鐘塔是威尼斯另一著名地標。近年來，時鐘由全球頂尖的鐘錶製造商Piaget負責維修，讓擁有500多年歷史的時鐘塔，成為不朽永恆。

塔樓上的風景很美！可近距離欣賞廣場和大教堂的美景。

館裡有6個不同裝潢的小宴會間，這一間名為「Sala del Senato」，配上金碧輝煌的歐式裝飾和壁畫，華麗有氣派。

像貴族般的咖啡香
弗洛里安咖啡館
(Caffè Florian)

於1720年啟業，是意大利最古老的咖啡館，亦是當年文人雅士的聚集場所，歷年來擁有眾多名人顧客，其中包括大情聖Giacomo Casanova、著名劇作家Carlo Goldoni與英國詩人Lord Byron等等。服務生都穿上帥氣的燕尾服，裝潢保留昔日的瑰麗感，充滿文藝氣息，讓人片間迷失，享受一場如夢似的貴族咖啡盛宴！廣場上設有露天雅座，於晚間和假日，有專屬樂隊現場演奏古典樂曲，以「Café-Concert」概念，讓客人一邊細味咖啡，一邊欣賞悠揚的樂音。

MAP: P.261 C2

取名為「在威尼斯之夕陽」的花茶，帶有橙橘、玉桂和雲呢嗱香，微微酸甜，香氣回韻持久。Infuso Tramonto a Venezia€10.5

熱騰騰的朱古力，質感濃稠，香醇幼滑，奉上香脆小餅乾片，是完美的配搭。Cioccolato in Tazza€11

客人也可購買印上Caffè Florian標記的經典杯具，以作紀念。

蛋糕中層的Ricotta，加入了葡萄乾果，表層脆餅灑上了碎焦糖，十分軟滑甜美。Torta di Ricotta€14.5

如坐在露天雅座用餐和欣賞現場奏樂，需另付出「音樂演奏費」。每人€6

咖啡館擁有「聖馬可獅子」徽章的專屬杯具，以銀製圓形大托盤盛載，氣派優雅非凡。Caffè alla Venexiana加入了濃香的奶油和少許咖啡利口酒，滑順可口。€16

Caffè Florian開業至今已有幾個世紀，仍然保留古雅華麗的模樣。

—**Info**—

地址：Piazza San Marco, 57, 30124 Venezia
電話：+39 041 520 5641
營業時間：0900 - 0000
消費：大約€20 - 40 / 位
網址：www.caffeflorian.com
前往方法：在Piazza San Marco（聖馬可廣場）的南端門廊中央位置。

威尼斯

威尼斯水上遊

威尼斯特色節慶

聖馬可區

多關萊杜羅堡

宋代卡恩和聖索冶馬索焦爾島

另有各種款式的明信片可供選擇，全以意大利或威尼斯為題材。每張€0.85

紀念郵戳和明信片

由郵政局推出的官方紀念明信片套裝，一共有8張不同的明信片，全以威尼斯的風景為主題。€5

郵政局集郵中心（Poste Italiane）

郵寄明信片給親朋戚友，或是購買富有當地特色的郵票，是不少遊客在旅程中必做的事情。想更有紀念價值，推薦到這一間郵政局！這裡設有集郵中心「Spazio Filatelia」，出售一些充滿水都風情的紀念郵票或紀念封，郵政局也會不定期推出官方紀念明信片套裝。而在集郵中心的職員，亦可為信件蓋上印有貢多拉圖案和當天日期的郵戳，別具特色。

MAP：P.261 C2

郵局間中會推出充滿當地特色的紀念集郵品，這款以經典百年咖啡廳Caffè Florian為主題的郵票小型張，很具收藏價值。€10

印有鳳凰劇院的郵票，和貢多拉紀念郵戳，非常有紀念性。€0.7（如寄遞往亞洲地區，需貼上價值€2.4的郵票）

每個大城市都有少量郵局設有「Spazio Filatelia」（集郵空間），專售紀念郵票。

位於聖馬可廣場西端Museo Correr（科雷爾博物館）的後方，要注意這間郵局只在中午前辦工。

─Info─
地址：Ufficio Postale Poste Italiane, Calle Larga Ascensione, 1255, 30124 Venezia
辦公時間：星期一至五 0820 - 1335；
　　　　　星期六 0820 - 1235
休息日：逢星期日及假期
前往方法：從Piazza San Marco（聖馬可廣場）步行前往，大約1分鐘。進入後左手邊就是「Spazio Filatelia」。

集郵控的天堂

Degani

郵票擺放得非常整齊，且分門別類，方便客人「尋寶」。

由一個收藏家開設的小天地，出售他在世界各地收集的郵票，以國家、地區、題材分門別類，其中也有梵蒂岡和San Marino兩個意大利「國中國」的郵票。

除了出售郵票外，亦有不同年代的稀有錢幣，和不再流通的絕版「里拉」紙幣，是收藏愛好者尋寶的地方。

MAP：P.261 C2

意大利國土內的小國San Marino所發行的郵票，深受集郵人士的喜愛，店主把多個不同款式的郵票，組合成套裝作發售。€20 / 套

店主珍藏包括來自2千年前古羅馬帝國的錢幣，屬城中罕有，亦價值不菲。

位於聖馬可廣場上一個隱蔽的角落，內裡展示和出售大量郵票，像一所小型的博物館。

─Info─
地址：S.Marco 79, 30124 Venezia
電話：+39 041 520 5567
營業時間：1100 - 1900
前往方法：在Piazza San Marco（聖馬可廣場）的西北端角落，Longchamp旁邊轉角位置。

「Salone da Ballo」宴會廳充滿新古典主義，建於19世紀初，這裡曾是宮殿的舞廳，後方的房間收藏了雕塑大師Antonio Canova早期的作品。

博物館位於廣場的西端，遠距離面對著聖馬可大教堂。登上富麗堂皇的樓梯，即可抵達位於1樓的售票處和入口。

★I Can Tips

博物館範圍很大，從**科雷爾博物館**（Museo Correr）內部，可通往旁邊「新行政大樓」內的**國立考古博物館**（Museo Archeologico Nazionale）和**聖馬可圖書館**（Biblioteca Nazionale Marciana）。科雷爾博物館的入口，亦是這3個景點的唯一入口。可跟著館內設定的遊覽路線，一併參觀。

昔日皇室宮殿
科雷爾博物館
(Museo Correr)

博物館所在位置，是昔日的皇室宮殿。在「威尼斯共和國」沒落時期，拿破崙入侵威尼斯，於1806至1814年其統治期間，命人建造一座新的皇室住宅，並名為「拿破崙翼」大樓。後來，威尼斯被奧地利短暫統治，此宮殿漸漸加添了奧地利式的裝潢風格，於1866年意大利統一後，這裡成為威尼斯皇家宮殿，期後改建為博物館，展出19世紀初威尼斯貴族Teodoro Correr所遺贈的收藏品，並以他的名字為博物館之命名。

MAP: P.261 C2 - D2

館內保留了一些昔日皇室家具裝飾，著名的茜茜公主（奧地利女王Elisabetta），也曾在統治期間入住過這間優雅的房間。

以威尼斯經典布藝花紋所創作的藝術餐具，十分典雅高貴。咖啡杯€18.9

充滿水都風情的貢多拉咖啡杯碟，設計可愛，在博物館商店中有售。€27.9

在國立考古博物館，展出了一些源自古希臘和古羅馬的文物和雕塑。

建於16世紀的聖馬可圖書館，是意大利最早期的公共圖書館之一。館內大廳的天花古典優雅，讓人讚嘆不已，現為舉辦短期展覽的場地。

位於1樓的商店，出售多元化的藝術書籍和紀念品，值得一逛。另外亦設有咖啡廳，擁有聖馬可廣場的美景。

---Info---

地址：Piazza San Marco, 52, 30124 Venezia
開放時間：11月至3月1000 - 1700（最後入館1600）；4月至10月1000 - 1900（最後入館1830）
電話：+39 04 1240 5211
門票：沒有單獨門票，只設有聯票，並可網上預約。聯票（總督府＋科雷爾博物館＋國立考古博物館＋聖馬可圖書館）€20、15 - 25歲學生 €13（啟用後3個月內有效，每個博物館限入1次）；Museum Pass 聯票（包括11個市政博物館）€24、15 - 25歲學生 €18（啟用後6個月內有效，每所博物館限入1次）
網址：correr.visitmuve.it
前往方法：乘坐水上巴士1號到「San Marco（Vallaresso）」站、或2號到「San Marco（Giardinetti）」或乘坐水上巴士4.1或5.1號到「S. Zaccaria」站，再步行到聖馬可廣場的西端。

可容納大約1000名觀眾，並分為正廳座位、4層包廂座位和頂層樓座。

於1996年所發生的大火，是人為造成，2名維修電工為了拖延工作限期而縱火，2人最終被判縱火罪。

在此欣賞一場歌劇或音樂會，絕對是畢生難忘的體驗！表演節目場次及訂票，可在官網查閱。包廂門票大約由€110起，建議提前幾個月預訂。

華麗歌劇舞台
鳳凰劇院
(Teatro La Fenice)

全場只得一間的豪華皇家包廂「Royal Box」，內裡擁有金光閃閃的裝潢和最佳觀賞視野，用來招待地位顯赫的貴賓。

金碧輝煌的豪華裝飾和彩繪天花，叫人著迷，劇院觀眾席的中央處更設有一個豪華皇家包廂「Royal Box」。

全國舉足輕重的鳳凰劇院，是歷年來世界級著名作曲家首次公演的舞台，包括威爾第的歌劇巨作《茶花女》、《弄臣》等等。劇院跟名字一樣，是名副其實的「不死鳥火鳳凰」，非常傳奇！於1792年開幕，取名為「鳳凰」，是希望人間裡的不美滿，就像鳳凰一樣在灰燼裡浴火重生，而這個神話卻成為了劇院的命運，先後經歷了2次火災後得到重生。於1835年，劇院發生歷時3日3夜的大火，後來依據昔日模樣重修。於1996年，劇院再度失火，重建後於2003年再度開放。 **MAP：P.261 B2**

劇院外的大廳以大理石柱廊，和閃亮奪目的水晶燈作裝飾，氣派非凡。

每個包廂都由獨立的門戶進入。

─Info─
地址：Campo San Fantin, 1965, 30124 Venezia
電話：+39 041 786654
開放時間：0930 - 1800（會根據表演節目而更改，官網內詳列了每天可參觀的確實時段）
門票：€11；26歲以下學生 €7；門票已包含租用英語語音導覽機，或可預先免費下載手機應用程式「Teatro La Fenice」作導覽之用
網址：www.teatrolafenice.it
前往方法：乘坐水上巴士1號到「S. Maria del Giglio」站，再步行5分鐘。或從Piazza San Marco（聖馬可廣場）步行前往，大約4分鐘。

幸福冰淇淋滋味
Gelatoteca Suso

著名的手工冰淇淋店，賣相非常精緻！客人可選擇別緻的脆筒，讓冰淇淋更無懈可擊。採用全天然材料，不添加人工色素，質感軟滑順口，味道多層次，而且經常推出新口味，其中「Pistaccio Assoluto」（開心果）、「Dark Ciok」（特濃巧克力）都屬人氣之選，吃貨一族不容錯過。

MAP：P.261 C1

有3種特色脆筒以供選擇，滿足味蕾和視覺。冰淇淋2個球€3.4；「Black Suso」特色脆筒另加€1

「Dark Ciok」沒有添加乳製品，甜度不高，是純黑朱古力的香濃味道。1球€2.2

店內大約有20種口味選擇，其中有很多創新口味。

─Info─
地址：Calle della Bissa, 5453, 30124 San Marco, Venezia
營業時間：0930 - 2230
消費：大約€4 - 8 / 位
網址：suso.gelatoteca.it
前往方法：從Ponte di Rialto（里阿爾托橋）步行前往，大約2分鐘。

威尼斯

威尼斯水上遊

威尼斯特色節慶

聖馬可區

多羅素伐羅堤

朱代卡島和聖喬治馬焦雷島

漂亮的大運河美景盡收眼底，在這裡可以看到「S」形大運河的一整個彎道。如果天氣晴朗時，有機會可遠眺阿爾卑斯山附近的山巒。

平台上設有觀光資訊，向到訪者介紹眼前大運河旁邊的著名建築物。

DFS百貨公司絕美的觀景平台
德國商館
(T Fondaco dei Tedeschi by DFS)

要逃離威尼斯的擁擠，登上高處看風景就最好不過了。位於DFS百貨公司頂層的觀景平台（Rooftop Terrace in 360），擁有大運河醉人的360度風景！重點是免費開放給公眾！百貨公司所在建築物，是昔日「德國商館」（Fondaco dei Tedeschi）的原址，始建於1228年，是德國人在威尼斯專屬的貿易中心、倉庫和居所，直至共和國沒落，最後一批德國商人於1812年遷出，商館從此被棄用。於20世紀建築物曾改建為郵政總部，現為DFS大型百貨公司。

MAP: P.261 C1

設於百貨公司地下層的AMO餐廳，由3星米芝蓮餐廳的名廚Massimiliano Alajmo主理。

商館樓高4層，佔地有7千平方米，整體呈方形建築結構，四邊建有古典柱廊。而樓層越高，樓底卻越矮。

百貨公司結集了眾多國際知名品牌，包括有Gucci、Givenchy、Saint Laurent、Prada等等的專櫃。

Info

DFS百貨公司
地址：Calle del Fontego dei Tedeschi, Ponte di Rialto, 30124 Venezia
電話：+39 041 3142 000
開放時間：1000 - 2000（6月至8月至2030）
前往方法：在Ponte di Rialto（里阿爾托橋）旁邊，步行前往大約1分鐘。可乘坐水上巴士1號或2號到「Rialto」站，再步行2分鐘。

觀景平台
觀景平台門票：
免費參觀（需預先訂票：可在到訪日期前15天內網上預約；Walk-In的話，如人數未滿，也可在4樓即場預約及參觀）
開放時間：6月至8月1015 - 2015；4月、5月、9月、10月1015 - 1930；11月至3月1015 - 1915（每節參觀時間為15分鐘）
訂票網址：www.dfs.com/en/venice/t-fondaco-rooftop-terrace
前往方法：於DFS百貨公司內的頂層4樓。

從這裡可居高臨下欣賞威尼斯全景，還可遙望位於不遠處的聖馬可大教堂和鐘樓。

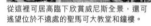

觀景台不太大，每節的參觀人數限為80人，時間為15分鐘，並採用了預約制，只要依照預約好的時間前來，不用輪候即可進入，十分方便。

威尼斯

威尼斯水上遊

威尼斯特色節慶

聖馬可區

多關素杜蘭區

朱代卡島和聖喬治馬喬雷島

全城最美的旋轉樓梯

蝸牛府

MAP: P.261 B2

(Palazzo Contarini del Bovolo)

擁有哥德式後期風格，建於14-15世紀，是昔日康達里尼家族（Contarini）的貴族宮殿，亦是城中最獨特迷人的建築物之一。宮殿擁有一道非常矚目的旋轉樓梯，猶如「蝸牛殼」（威尼斯方言為：Bòvolo）一樣，所以又被稱為「蝸牛府」。沿著浪漫優雅的階梯，旋風式登上頂層後，漂亮極致的威尼斯風光，盡現眼前！位於2樓設有丁多列托大廳（Sala del Tintoretto），內有小型藝術展覽。

樓梯旁邊建有一個長型涼廊，連接相鄰的宮殿大樓。

充滿哥德式建築風格的旋轉梯，以拱廊為支柱，優美雅緻，為後方漂亮的風景，營造了一個獨特的畫框。

位於頂層設有一個圓形觀景台，黃昏景色更覺醉人。

頂層的景色非常壯觀，可以看到不遠處的聖馬可鐘樓及大教堂圓頂。

建築物樓高4層，總高度大約只有26米，就算徒步走上頂層也不會太累。

蝸牛府位於一個寧靜的庭院之中，遊人都目不轉睛地盯著這座獨特的建築。

Info

地址： Corte Contarini del Bovolo, San Marco 4303, 30124 Venezia
開放時間： 1000 - 1330、1400 - 1800
休息日： 1 / 1、15 / 8、1 / 11、25 / 12和 26 / 12
門票： €7；25歲或以下、65歲以上€6
網址： www.scalacontarinidelbovolo.com
前往方法： 乘坐水上巴士1號到「Rialto」站，再步行5分鐘。或從Piazza San Marco（聖馬可廣場）步行前往，大約5分鐘。

巷子裡的佳餚料理

Ai Mercanti

MAP: P.261 C2

隱藏在一條小巷裡，有一間滿有口碑的餐廳！供應富有創意的新派料理，賣相精緻之餘，味道也是實力派！佳餚都經過精心設計，且每3個月更換菜式，務求帶給客人新驚喜。店內所供應的麵包、甜點與麵食，都是自家新鮮製造。餐廳也注重裝潢，在微微泛黃的燈光下，流露出高雅貴氣，晚間點燃起燭光，很有浪漫氛圍。

以菠菜和藍芝士Gorgonzola所製作的兔肉凍，伴以菠菜醬汁，佐酒一流，適合喜歡較濃味的食客。

餐廳酒藏多達300種，葡萄酒款由親民的Prosecco氣泡酒，到頂級酒莊Gaia的名酒，都有供應。

以低溫烹調的流心蛋，外面炸成微脆，拌以薯仔及新鮮麵包打成的泡沫，充滿咸香的小鳳尾魚更是鮮味所在，整體非常配合，屬驚喜之作。Uovo all' apparenza croccante，spuma di patate e acciuga del cantabrico €14

Info

地址： Calle Fuseri, 4346/a, 30011 San Marco,Venezia
電話： +39 041 523 8269
營業時間： 1220 - 1500、1900 - 2200
休息日： 逢星期日全日、星期一午市
消費： 大約€30 - 40 / 位
網址： www.aimercanti.it
前往方法： 在Scala Contarini del Bovolo（蝸牛宮）的附近，步行前往大約1分鐘。或乘坐水上巴士1號到「Rialto」站，再步行5分鐘。

紅色瓶身的「Museum Collection」系列，一共有40款，每一瓶只含一種原始香氣。除了可單獨使用，客人還可以「Layering」方式，先噴上其中一種，然後一層一層補上另外的氣味。€50 - 70 / 50ml

威尼斯的醉人香氣
The Merchant Of Venice

　　源自威尼斯的一個藝術香水品牌，把古法調製的香水重新詮釋。經典的「Murano Collection」系列，香水藏在充滿浪漫感的瓶子內，非常優雅，設計靈感來自傳統的Murano玻璃藝術。另一亮點是「Museum Collection」系列，品牌精心選取了40種最受歡迎的原香氣，包括了「Indian Jasmine」、「Majestic Rose」、「White Musk」等等，讓客人可以根據自己的喜好自行配搭，創造出個人化的香氣。

MAP: P.261 B2

可自行配搭的原香氣「Museum Collection」系列，店家也有一些「調香秘方」作建議，提供客人靈感，店員亦會給予專業意見。

店內的大吊燈採用了Murano的玻璃燈飾，充滿貴氣。

這間旗艦店位於鳳凰劇院附近，另在威尼斯馬可波羅機場、玻璃島Murano、米蘭和Verona等地都設有分店。

把優雅濃郁的香水，隱藏在一個像「火焰」的瓶子內，可把它插在通透的玻璃花瓶或器皿，成為獨特的室內擺設。€180 / 30ml

Info

地址：Campo San Fantin, 1895, 30124 Venezia
電話：+39 041 296 0559
營業時間：1030 - 1930
休息日：逢星期一
網址：www.themerchantofvenice.it
前往方法：從Piazza San Marco（聖馬可廣場）步行前往，大約5分鐘。在面朝Teatro La Fenice（鳳凰劇院）左前方的廣場上。

店內裝潢走貴氣古典風格，以多個雕像作裝飾，恍如回到中世紀的浪漫宮殿中。

「Murano Collection」淡香水系列一共有7款，瓶子設計是從Murano的玻璃工藝得來靈感，每一款都高雅脫俗，超美！

著名蒸餾酒專門店
Poli Grappa

很多愛酒之人都喜歡Grappa蒸餾酒，這種源自Veneto大區的「渣釀白蘭地」，利用製酒後的葡萄果渣，蒸餾成一種別具風味的利口酒，深受大眾喜愛。擁有超過百年釀製歷史的Poli，更是Grappa當中的名牌！酒莊於威尼斯設有這間專門店，出售各款自家出品的蒸餾酒。

`MAP: P.261 B3`

店內設有小型展覽區展示一些蒸餾酒的用具。另外，客人還可即場品酒，費用大約€3-5。

擁有百年釀酒經驗的Poli，歷年來以不同種類的果渣和蒸餾方式，釀製出眾多口味的Grappa。

── Info ──
地址：Campiello Feltrina S. Marco, 2511B, 30124 Venezia
電話：+39 041 866 0104
營業時間：1000 - 1900
網址：www.poligrappa.com/ita/geografia/ poli-distillerie-shop-venezia
前往方法：從Piazza San Marco（聖馬可廣場）步行前往，大約8分鐘。可乘坐水上巴士1號到「S. Maria del Giglio」站，再步行2分鐘。

地區限定手錶
Swatch

雖然Swatch的分店遍佈世界各地，但在威尼斯的這一間，擁有該地區限定的手錶款式，以往推出過一些意大利專屬版本，例如「米蘭世博會」、「威尼斯雙年展」藝術家限定錶款等等。當中「威尼斯城市錶」更屬長期限定品，富有當地元素，愛收藏的人值得一看。 `MAP: P.261 C1`

錶面有聖馬可廣場上的街燈模樣，錶帶上還有一艘紅色貢多拉，附上的盒子也很有威尼斯風格。

另外，錶帶上印上威尼斯的意大利文名字「Venezia」，用以經典橫間條紋，讓人想起貢多拉夫的制服。

€70

── Info ──
地址：Merceria S. Salvador, 5022, 30123 Venezia
電話：+39 041 522 8532
營業時間：0930 - 1930；星期日1000 - 1900
網址：shop.swatch.com/it_it
前往方法：在Ponte di Rialto（里阿爾托橋）附近，步行前往大約2分鐘。可乘坐水上巴士1號或2號到「Rialto」站，再步行2分鐘。

城中最古老的劇院
Teatro Goldoni

於1622年落成，是威尼斯最古老的劇院。1875年，更以著名劇作家Carlo Goldoni的名字命名。劇院內部裝潢華麗，總共可容納800名觀眾，並一直營運至今。每個季度都有不同種類的表演節目在此上演，包括音樂會、芭蕾舞劇、舞蹈劇等等。 `MAP: P.261 B1`

劇院平時只接受團體預約參觀，在沒有表演節目的日子，並不對外開放。

劇院位於里阿爾托橋附近，歷年來經過多次重建。

── Info ──
地址：S. Marco, 4650, 30124 Venezia
電話：+39 041 240 2011
售票處開放時間：1000 - 1300，1500 - 1830；表演當天 1000 - 1300，1500 至表演開始
休息日：逢星期一和日，表演日子除外
門票：視乎節目而定；大約€15 -35 （可網上預先訂票）
網址：www.teatrostabileveneto.it
前往方法：可乘坐水上巴士1號或2號到「Rialto」站，再步行3分鐘。或從Piazza San Marco（聖馬可廣場）步行前往，大約5分鐘。

華麗古典音樂會
I Musici Veneziani

── Info ──
地址：Scuola Grande di San Teodoro, Campo S. Salvador, 4810, 30124 Venezia
電話：+39 041 521 0294
門票：€30 - 40；學生€25 - 35 （可於網上訂票）
網址：www.imusiciveneziani.com
前往方法：在Ponte di Rialto（里阿爾托橋）附近，步行前往大約2分鐘。可乘坐水上巴士1號或2號到「Rialto」站，再步行2分鐘。

一班穿上17世紀迷人巴洛克服飾的音樂家，在一個富麗堂皇的大會堂，舉行古典音樂會！成立於1996年的管弦樂團「I Musici Veneziani」，由多位音樂家與歌唱家組成，過去已舉行了20多個季度、超過5000場的音樂表演，曲目主要是18世紀的古典歌劇，歷年來也推出過很多CD專輯。

`MAP: P.261 C1`

音樂會的舉行時間及場次，每個季度都有不同，詳情及訂票可到官網查詢。

在「Scuola Grande di San Teodoro」表演場地設有售票處，或可在網上預先訂票。

威尼斯

威尼斯水上遊

威尼斯特色節慶

聖馬可區

多爾索杜羅區

朱代卡島和聖喬治馬焦雷島

迷人的運河區段

多爾索杜羅區 Dorsoduro

「Dorsoduro」名字意思是「硬的背部」，因為這一區相對水城的其他區域，土地較為硬實和穩定，所以有這樣的稱號。這裡是城中最重要的藝術館「學院美術館」的所在地，且鄰近大學區域，處處充滿文化氣息。位於岸邊的「Zattere」，擁有一望無際的朱代卡運河風光，是迷人的漫步區段。

 交通

漫步路線：路線可從「Zattere」碼頭開始，沿著岸邊直路「Fondamenta Zattere Allo Spirito Santo」，一直走到盡頭三角尖位「Punta della Dogana」，可再從另一邊河岸，前往地標建築「安康聖母教堂」。

水上巴士：可乘坐水上巴士1號到「Salute」站，抵達安康聖母教堂，或乘坐1或2號到「Accademia」站，抵達學院美術館，亦可乘坐2、5.2、6或10號到「Zattere」站，抵達南端的沿岸步道。

大運河渡船：可於聖馬可區的「Gondola Traghetto di Santa Maria del Giglio」碼頭，乘坐貢多拉渡船，到達本區同名的碼頭。

步行：從聖馬可區步行前往，可經Ponte dell' Academia（學院木橋），通往本區。

多爾索杜羅區地圖

聖馬可區
San Marco

聖保羅區
San Polo

多爾索杜羅區
Dorsoduro

Salute 水上巴士站

Punta della Dogana

安康聖母教堂
Basilica di Santa Maria della Salute

Gondola Traghetto di Santa
Maria del Giglio碼頭

佩姬古根漢美術館
Collezione Peggy Guggenheim

Spirito Santo 水上巴士站

學院木橋
Ponte dell'Accademia

Accademia 水上巴士站

學院美術館
Galleria dell' Accademia

雷佐尼可宮
Ca' Rezzonico

Ca' Rezzonico 水上巴士站

Ca' Macana

Osteria Enoteca ai' Artisti

聖特羅瓦索造船廠
Squero di San Trovaso

Osteria al Squero

Fondamenta Zattere Allo Spirito Santo

Zattere 水上巴士站

Pasticceria Tonolo

Bigoi

Dal Nonno Colussi

San Basilio 水上巴士站

Riviera Ristorante per Onnivori

277

威尼斯水上遊

威尼斯特色節慶

聖馬可區

多爾索杜羅區

朱代卡島和聖喬治馬喬雷島

「Salone da Ballo」宴會廳富麗堂皇，牆身和天花上的「仿柱廊」裝飾元素，營造錯視效果，擴大空間感。

昔日名門望族的宮殿
雷佐尼可宮（Ca' Rezzonico）

於1649年，由城中名門望族Filippo Bon委託著名建築師Baldassare Longhena建造，因Bon家族的財務問題一直未解決，建築師亦於1682年去世，宮殿的建造工程一直未能完成。於18世紀初，雷佐尼家族把它買下，並委託建築師Giorgio Massari繼續建造。宮殿於19世紀再次轉售，成為了詩人Robert Browning（布朗寧）的私人居所。現為一所「18世紀威尼斯博物館」，集中了大量家具、雕刻、衣飾、壁畫等，並收藏了Tiepolo和Tintoretto等藝術名家的作品。

MAP: P.277 B2

館內亦收藏了許多威尼斯風景畫作，從畫中可了解昔日威尼斯的景況。

位於一幢巴洛克式的豪華宮殿內，坐擁美景，是大運河上少數對外開放的宮殿建築之一。

於「Egidio Martini」畫廊中收藏了大量從15至20世紀初的畫作，包括一些藝術大師的作品。

於地下層的庭院中設有咖啡室，環境空曠寂靜，非常休閒寫意。

博物館內結集了不同府邸的收藏品，主要來自18世紀威尼斯共和國終結前的璀璨盛期。

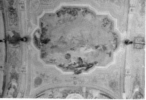

置身於城中最典型的威尼斯式宮殿，讓人陶醉於18世紀的迷人氣氛之中。

Info

地址： Dorsoduro, 3136, 30123 Venezia
開放時間： 11月至3月1000 - 1700（最後售票1600）；4月至10月1030 - 1800（最後售票1630）
休息日： 逢星期二
門票： €10；另可憑博物館聯票「Museum Pass」入場，聯票€24
網址： carezzonico.visitmuve.it
前往方法： 從Gallerie dell' Accademia（學院美術館）步行前往，大約6分鐘。也可乘坐水上巴士1號到「Ca' Rezzonico」站即達。

優雅的海鮮料理
Osteria Enoteca ai Artisti

小店格調優雅，用餐環境也很舒適，主打海鮮料理及新派意大利菜，海鮮每天由旁邊的魚市場購入，絕對新鮮。廚師用心創造佳餚料理，讓食客陶醉在舌尖上。海鮮料理相當出眾，招牌菜式「青口貝蛤蜊濃湯」和「鮮蝦意大利麵」，香氣四溢，令人回味。店主重視食材的新鮮度，菜式經常根據當造季節更換，務求供應最合時宜又優質的料理。

`MAP: P.277 A2`

隨餐奉上的麵包，全是新鮮自家烘焙，且有多種選擇。

店內裝潢浪漫優雅，葡萄酒主要來自意大利各個產地，選擇豐富。

餐廳位於小水巷旁邊，夏季有少量露天雅座，店內座位不多，經常爆滿，建議預先訂位。

鮮蝦意大利麵鮮味可口，麵條入口有咬勁，蝦肉彈牙味美。€18

甜點融入創新元素，意式奶凍Panna Cotta加入了利口酒Grappa和抹茶粉，伴以新鮮果粒，奶香茶濃。€8

以青口貝和蜆肉慢煮而成的濃湯，青口貝肥美可口，湯汁香濃，鮮上加鮮。Guazzetto di Cozze e Vongole €14

─ **Info** ─

地址：ABC Fondamenta Toletta, 1169 ABC, 30123 Venezia
電話：+39 041 523 8944
營業時間：1245 - 1430，1900 - 2200（建議訂位）
休息日：逢星期日
消費：大約€30 - 40 / 位
網址：www.enotecaartisti.com
前往方法：從Gallerie dell' Accademia（學院美術館）步行前往，大約3分鐘。也可乘坐水上巴士1號到「Ca'Rezzonico」站，再步行3分鐘。

人氣傳統糕餅
Pasticceria Tonolo

威尼斯著名的傳統糕餅店，餅店沒有因水都的名氣而變得遊客化，反以保留了正宗地道特色。糕餅、甜點款式很多，各式飽點、蝴蝶酥、牛角麵包一應俱全。店內也有提供咖啡餐飲，美味十足，價格亦很相宜。推薦一試「Bignè Chantilly」意式泡芙，奶油濃厚軟滑。而在狂歡節期間限定的「Frittelle」炸甜甜圈，絕對是人間美食。

`MAP: P.277 A1`

「Bignè Chantilly」內的奶油沿用了威尼斯的傳統做法，奶香濃滑。每件糕餅大約€1.1 - 1.5

歷史悠久的傳統老店，店內經常擠滿本地人，糕餅日日新鮮出爐，十分美味吸引。

自家製作的杯裝甜點「Tiramisù」，軟滑可口，也是熱賣之選。€2.5

用來盛載咖啡的藍色瓷杯非常別緻，很有懷舊感。

─ **Info** ─

地址：Calle S. Pantalon, 3764, 30123 Venezia
電話：+39 041 523 7209
營業時間：0745 - 2000，星期日 0745 - 1300
休息日：逢星期一
消費：大約€5 - 8 / 位
網址：pasticceria-tonolo-venezia.business.site
前往方法：從Scuola Grande di San Rocco（聖洛克大會堂）步行前往大約1分鐘。也可乘坐水上巴士1號或2號到「San Tomà」站，再步行4分鐘。

Ca' Macana

店外展示了其中一種熱門的狂歡節裝扮，是14 - 18世紀歐洲地區「瘟疫醫生」的特殊黑袍、寬邊帽和長嘴面具。

昔日專門治療黑死病病人的「瘟疫醫生」，大部分會戴著這種長嘴「防護面具」，以防感染。長嘴位置內藏乾花、薰衣草、百里香、薄荷葉、樟腦等香味物質，充當過濾器。這種特殊面具現成為狂歡節的特色裝扮之一。

全人手製作的威尼斯面具
Ca' Macana

　　這間面具專門店創立於1984年，專售各種「威尼斯式面具」，特別是用於狂歡節的華麗面具。店內供應的款式全是自家人手製作，百份百意大利製造，利用傳統方法，創造出各式各樣的形狀與裝飾風格。店內也有出售昔日威尼斯人用於日常生活的傳統面具「La Moretta」和「La Bauta」，別具歷史意義。

MAP: P.277 A2

於每個面具的背後，製作師都會親筆簽上名字和寫上製作年份。

威尼斯傳統面具的迷思

面具和狂歡節，是威尼斯的標記，也代表了威尼斯人以往的生活模式。昔日人民被允許於一年中有六個月時間，可在日常生活中自由戴上面具。面具的精髓在於神秘、謎、誘惑，但同時挑戰道德層面，很易成為偽裝與犯罪的工具，在面具的背後，人們都藏著不可告人的秘密，亦變成了威尼斯昔日光輝背後的一些黑暗面。自共和國沒落後，於19世紀在奧地利人統治下，開始全面禁止在日常生活中使用面具。

提提你

傳統白色方形面具「La Bauta」，是昔日威尼斯人日常生活中經常使用的面具，男女適用，用於隱藏其身份，下巴部分內有空位，沒有緊貼面部，就算不脫下面具，也可說話和進食。

威尼斯另一傳統面具「La Moretta」，盛行於17至18世紀，是一種女性專用橢圓黑天鵝絨面具，它覆蓋了女性的面部，使其更加迷人誘惑。

「La Moretta」並沒有任何固定帶子，背後卻有一個「鈕扣」，佩戴時需要用口咬著那「鈕扣」來固定面具，所以，整個佩戴期間不可發聲。面孔和聲音都隱藏了，是一種神秘的誘惑。

Info

Ca' Macana面具專賣店
地址：Dorsoduro, 3172, 30123 Venezia
電話：+39 041 277 6142
營業時間：1000 - 1800；夏季1000 - 2000
網址：www.camacana.com
前往方法：
乘坐水上巴士1號到「Ca' Rezzonico」站，再行約2分鐘。

Ca' Macana面具工作坊
（ABC course 基本製作課程）
地址：Dorsoduro 3215, 30123 Venezia
舉行時間：星期一至六1000 - 1730；冬季至1630（可網上預約或Walk-In）
費用：包含1小時的專業指導連1個面具的材料：一人€49；二人同行每人€44；3 - 13人每人€39（於現場以現金付款）
網址：www.camacana.com/en-UK/mask-making-experience-abc-course.php
前往方法：
在Ca'Macana面具專賣店的斜對面。

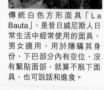

Ca' Macana

威尼斯
威尼斯水上遊
威尼斯特色節慶
聖馬可區
多爾索杜羅區
朱代卡島和聖喬治馬喬雷島

店內擁有大量面具款式,全由富經驗的面具製作師人手繪製,客人可以試戴也歡迎拍照。價位由€19 - 300不等,視乎款式和質料。

為狂歡節而設計的女性半面具,多屬高雅貴氣的設計,讓人著迷。

孔雀造型的面具,手工製作精巧,迷人美艷又帶有神秘感。

面具工作坊

　　如果想為旅程留下更有紀念性的回憶,可以參加店內舉辦的「1小時面具製作體驗」,並親手製作1個威尼斯面具帶回家。客人可從60種不同形狀的面具中選擇,導師會教授一些特別的上色技巧,然後由客人自行繪畫。課程沒有限定舉行時間,客人可自選時段,甚至隨時Walk-in,店內有導師長駐可給予指導,製作過程不太複雜,小朋友亦也可參加。

店內出售的所有面具,都是由專業製作師以傳統方式人手製作,努力把這門威尼斯獨特工藝流傳下去。

Step by Step

1.製作師事先以模具弄好白色紙塑面具,這個步驟需時72小時。

2.參加者可從60種不同形狀的面具中選擇1款,製作專屬的面具。

3.開始之前導師會介紹一下威尼斯的面具歷史和製作方法,而工作室有齊所有用具和顏料,非常方便。

4.參加者隨後可按著自己心意設計面具,然後上色。

5.也有機會遇上專業級的製作師,在場人手繪製各式面具。

6.參加者繪畫好面具後,可用風筒把顏料吹乾,最後塗上光油。

坐落於一所前教堂和修道院內，擁有世上最多的威尼斯派系畫作。

館內的一些重要收藏：
1. 保羅・委羅內塞Paolo Veronese的《Cena a Casa di Levi》（利未家的宴會）
2. 喬爾喬Giorgione的《Tempesta》（暴風雨）
3. 提香Tiziano的《San Giovanni Battista》（施洗者聖約翰）
4. 丁多列托Tintoretto的《Miracolo di San Marco》（聖馬可的奇蹟）
5. 真蒂萊・貝利尼Gentile Bellini的《Processione in Piazza San Marco》（聖馬可廣場的遊行）

提提你

達文西的珍貴素描手稿《Uomo Vitruviano》（維特魯威人），也是館內重要收藏之一，平日不對外展出，只會不定期作短期公開展覽。

達文西根據了古羅馬建築師維特魯威在《建築十書》中的描述，把人體放入代表「天」的圓形和代表「地」的方形之中，繪出了人體最完美的比例。
照片來源：WikiMedia

豐富藝術收藏
學院美術館（Galleria dell' Academia）
`MAP: P.277 B2`

很多博物館為了保護收藏品，都一律禁止使用自拍棍，長雨傘也不可攜帶進內。

於1750年創立，是威尼斯美術學院的附屬美術館，最初為了教學用途而收集繪畫、陶瓷與古代雕塑。於19世紀初拿破崙佔領威尼斯期間，查封及沒收了許多修道院內的珍貴藝術收藏，及後，其中許多被安置在此。展品主要為14至18世紀「威尼斯畫派」的作品，當中包括了派系中「三傑」提香、委羅內塞和丁多列托的畫作，其絢麗的色彩，豐富的光線變化，讓人著迷，是藝術愛好者不可錯過之地。

Tips
由10月至3月期間，每月的第1個星期日免費入場。

從貝利尼於15世紀後期所創作的《Processione in Piazza San Marco》，可見昔日聖馬可廣場的迷人景觀。

丁多列托所繪畫的《聖馬可的奇蹟》，充分表現了威尼斯畫派豐富色彩的風格。畫中描述一次顯靈奇蹟，從天而降的聖馬可，暗中解開了一位將被處死的基督徒身上的枷鎖。
照片來源：WikiMedia

Info
地址：Campo della Carità Sestiere di Dorsoduro, 1050, 30100 Venezia
電話：+39 04 1520 0345
開放時間：星期一0815 - 1400（最後入館：1300），星期二至日0815 - 1915（最後入館：1845）
休息日：1 / 1、1 / 5、25 / 12
門票：€12
網址：www.gallerieaccademia.it
前往方法：乘坐水上巴士1號或2號到「Accademia」站，即達門外。

古色古香 `MAP: P.277 B2`
學院木橋（Ponte dell'Accademia）

在美術館前方的學院木橋，連接對岸「聖馬可區」，是大運河上唯一一座木製橋。於1934年建成，原本計劃建一座石橋去取替之前過於現代的金屬橋，在等待建造新石橋的同時，設立了一座臨時木橋，但因木橋太優美，而被決定永久保留下來，開幕時它是歐洲最大型的木拱橋。

於1986年重建木橋時，加入了金屬鋼材去支撐結構，加強其穩固性。

遊人都喜歡站在橋上，欣賞大運河綺麗的風光。

Info
地址：Ponte dell' Accademia, 30100 Venezia VE
開放時間：全年
前往方法：乘坐水上巴士1號或2號到「Accademia」站，即達。

威尼斯

威尼斯水上遊

威尼斯特色節慶

聖馬可區

多爾索杜羅區

朱代卡島和聖喬治馬焦雷島

這間酒館的Cichetti款式有很多，每件大約€1.2。

喜歡吹風的客人，也可外帶到門外，倚在小運河旁，慢慢享受悠閒的美食時光。不過，要小心很喜歡偷吃Cichetti的海鷗！Spritz€2.5

享受悠閒的Cichetti
Osteria al Squero

坐落於小運河旁邊的酒館，滿滿傳統風情，值得去感受一下。小酒館提供威尼斯式點心Cichetti，琳琅滿目，種類很多。雪白幼滑的鱈魚蓉小多士Bacalà是Cichetti中的經典，那入口即化又充滿魚香的口感，推薦一試，還有三文魚多士、南瓜蓉芝士多士、Alici鳳尾魚多士，都是店內很受歡迎的佐酒小吃。

MAP: P.277 B3

提提你
什麼是Ombra？
昔日在聖馬可鐘樓的影子下，設有一些葡萄酒攤檔，當太陽轉移了方位，店主也跟著陰影把攤檔移動，以避開日曬。所以，威尼斯人傳統上稱「小杯葡萄酒」為「Ombra」（影子）。

一杯Ombra葡萄酒，跟Cichetti是經典的組合！Ombra€1.2

水都最著名的造船廠 **MAP: P.277 B3**
聖特羅瓦索造船廠
(Squero di San Trovaso)

貢多拉是威尼斯最經典的傳統船，全由人手製作！每條貢多拉用以8種不同種類的木材，利用幾個月時間來精心打造，成本最少達2萬歐元。位於市中心的這間造船廠，源自17世紀，雖然只接受團體預約參觀，但任何人都可從運河的對岸，觀摩一下造船過程。

Info
地址: 1097, Fondamenta Bonlini, 30123 Venezia
開放時間: 只接受團體預約參觀
網址: www.squerosantrovaso.com
前往方法: 乘坐水上巴士2號、5.2號或6號到「Zattere」站，再步行3分鐘。

在威尼斯吃CICHETTI的要點：
什麼是Cichetti？
（又可寫成Cicchetti或Cicheti）
是威尼斯式地道小吃或下酒菜的統稱，一般以「小碟」形式，最常見是把餡料放在小多士或玉米糕上。最經典的有Bacalà鱈魚蓉小多士，其他餡料還有意式火腿、魚類、芝士、海鮮等等。

供應時間: 一般在傳統酒館供應，從上午到下午，有些還會供應到晚上。

如果下單: 各式各樣的Cichetti，會排列在玻璃餐櫃或吧枱上，客人可直接點指下單，然後可配一杯葡萄酒或Spritz調酒。

重點: 很多當地人都是拿著酒杯和Cichetti，一起擠在吧枱前，站著一邊吃喝一邊聊天。要熱鬧、隨意、率性，才是真正的地道。

店內傳統老店風格，沒有拘束感，是聊天喝一杯的好地方，入夜後和用餐時間熱鬧得很。

小酒館在小運河水巷旁邊，對面是城中著名造船廠，所以酒館亦取名為「al Squero」。（意思是：在造船廠）

Info
地址: Dorsoduro, 943 - 944, 30123 Venezia
電話: +39 335 600 7513
營業時間: 1100 - 2130
休息日: 逢星期三
消費: 大約€8 - 15 / 位
網址: osteriaalsquero.wordpress.com
前往方法: 乘坐水上巴士2號、5.2號或6號到「Zattere」站，再步行2分鐘。可從Gallerie dell'Accademia（學院美術館）步行前往，大約3分鐘。

造船廠堅持使用傳統方式，以全人手造船，每一條貢多拉都是船匠的心血結晶。

威尼斯

威尼斯水上遊

威尼斯特色節慶

聖馬可區

多爾素杜羅區

朱代卡島和聖喬奇馬焦雷島

傳統老式餅店

Dal Nonno Colussi

所有糕餅都選用新鮮食材手工製成，並在店內的烤箱中製作。

　　於1956年開業的傳統餅店，以最地道的風味，製作各種糕餅和甜點。店內自設烘焙室，天天新鮮出爐。招牌糕餅有著名的「Fugassa」，是一種源自復活節的小蛋糕，另外，「Krapfen」奶油甜甜圈、來自Burano的「Bussola」傳統圈狀餅乾，都充滿獨特的威尼斯香氣。 MAP: P.277 A1

源自復活節的小蛋糕「Fugassa」，店內天天有供應。€2

⌐Info⌐

地址： Calle Lunga S. Barnaba, 2867A, 30123 Venezia
電話： +39 041 523 1871
營業時間： 0900 - 1300；1530 - 1900
休息日： 逢星期一、二
網址： dalnonnocolussi.com
前往方法： 乘坐水上巴士1號或2號到「Ca'Rezzonico」站，再步行5分鐘。

「Bigoi」屬於厚麵條，表面比較粗糙，好處是可以沾上更多醬汁，吃起來更加入味。

街頭意大利麵

Bigoi

「Alla Norma」是以茄子、蕃茄和Ricotta所烹調成的醬汁，香氣濃郁。醬汁選擇另有「Alla Pescatore」（海鮮）、「Seppie Nere」（墨魚汁）、「Al Pesto」（青醬）等。€5 - 6

以小麥粗麵粉、水、雞蛋和鹽作「Bigoi」的材料，利用這部機器天天在店內新鮮製作。

　　把國民料理「意大利麵」，演變為街頭小吃！店內只供應一種源自威尼斯的鮮製意大利麵條「Bigoi」，以新鮮雞蛋天天在店內製造。醬汁有9種以供選擇，全是受歡迎又經典的配搭。當客人落單後，店員隨即把鮮製麵條煮滾，然後淋上麵醬。只需短短1分鐘，簡單、健康、經濟又美味的快餐，就準備好了，很適合想爭取時間遊覽的觀光客。 MAP: P.277 A1

店內不設任何座位，只設企位，客人可舒適地快速享用美食。

在點餐處貼上了各種醬汁的介紹，並有圖畫展示其主要材料，讓客人更容易選擇和下單。

⌐Info⌐

地址： Calle Crosera, 3829, 30123 Dorsoduro S. Pantalon, Venezia
電話： +39 041 525 6090
營業時間： 1130 - 2130；
　　　　　　星期五、六1130 - 2200
消費： 大約€5 - 10 / 位
網址： www.bigoi.com
前往方法： 從Gallerie dell' Accademia（學院美術館）步行前往，大約9分鐘。或乘坐水上巴士1號或3號線到「San Toma'」站，再步行3分鐘。

豐富的現代藝術收藏

佩姬古根漢 美術館
（Collezione Peggy Guggenheim）

美術館設於大運河上一座充滿現代感的優雅宮殿「利奧尼宮」，是佩姬古根漢生前居住了30年的私人大宅。

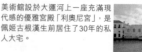

　　一座俯瞰大運河的「現代藝術博物館」，展示了多達200位意大利和歐美藝術家的作品，展品極之豐富，全部屬於一位20世紀著名美國收藏家Peggy Guggenheim。她年少時，父親在鐵達尼號沉船意外過身，她繼承了大筆家產。然後憑著高度的鑒賞力和財力，成為一位獨具慧眼的藝術收藏家。 MAP: P.277 C2

⌐Info⌐

地址： Palazzo Venier dei Leoni, Dorsoduro 701, 30123 Venezia
電話： +39 041 2405411
開放時間： 1000 - 1800（最後入場1730）
休息日： 逢星期二、25 / 12
門票： €15；26歲以下學生€9
網址： www.guggenheim-venice.it
前往方法： 乘坐水上巴士1號或2號到「Accademia」站，再步行5分鐘。

肉質非常軟滑的鴿肉，配以獨製酸甜藍莓醬汁，嫩香不膩。

小件魚生拼盤賣相精緻無比，宛如「藝術品」一樣。

精緻創意料理
Riviera Ristorante per Onnivori

位於運河岸著名休閒地段「Zattere」，餐廳門外擁有一望無際的朱代卡運河景色！裝潢走優雅Fine Dining路線，主要供應「新派料理」，以新鮮當造的食材，配合天馬行空的創意，打造出獨一無二的菜式。從每個細節都感受到店主的用心，無論對食材新鮮度、用餐氛圍、服務態度、餐具配搭等等都力盡完美。店主還親自拜訪每個食材供應商和葡萄酒莊，確保品質。菜單主要採用「Tasting Menu」形式，讓客人可以一次過品嚐多個精心設計的菜式。

MAP: P.277 A3

紅磚牆壁和復古地板，讓人印象深刻，營造截然不同的格調。

很獨特的海鮮湯！湯碟內放滿了雜錦海鮮，然後服務生在海鮮上擠噴上濃湯！非常驚喜。

半泡沫狀的海鮮濃湯，以新鮮海產熬製，十分香滑鮮甜，打成細沫狀，沒有負擔感，猶如奶油般的滑溜口感。湯碟藏著啖啖海鮮，口感一流。

店主Gp Cremonini與主廚對用料非常執著，以最當造的食材製作料理，提高菜餚的風味。

很可愛的Tiramisu焦糖脆餅，製作成「威尼斯」的地形模樣，中間夾著香滑的軟芝士，放在特濃咖啡裡，沾上咖啡香。

肉質鮮甜的整蝦他他，弄成魚的形狀，眼睛是紅蘿蔔醬汁，尾巴以海藻碎作點綴，賣相別出心裁。

Info

地址：Fondamenta Zattere Al Ponte Lungo, 1473, 30123 Venezia
電話：+39 041 522 7621（建議訂座）
營業時間：1230 - 1500、1900 - 2230
休息日：逢星期二、四
消費：7道菜€95 / 位、11道菜€150 / 位
網址：www.ristoranteriviera.it
前往方法：從Gallerie dell' Accademia（學院美術館）步行前往，大約8分鐘。或乘坐水上巴士2號線到「San Basilio」站，再步行1分鐘。

聖母的雕像聳立在宏偉的圓頂上，外部以眾多巴洛克式雕像作裝飾。

教徒獻上奉獻（offerta）後，可燃點起燭光作祝禱。

祭壇上有精美的大理石雕刻，充滿莊嚴氣氛。

教堂命名為「Salute」（健康），是大運河沿岸重要的地標之一。

宏偉莊嚴的巴洛克式教堂

安康聖母教堂

(Basilica di Santa Maria della Salute)

　　於1630年，威尼斯爆發了一場大瘟疫，奪走了8萬人的性命。瘟疫過後，人們決定建造這座教堂，獻給聖母，感謝聖母把瘟疫送走。由著名設計師Baldassare Longhena（巴達薩雷‧隆格納）設計，足足花了50年時間去建造，於1687年完工。教堂屬經典巴洛克式風格，內部莊嚴高雅。聖器室裡收藏了丁多列托的藝術傑作《Le nozze di Cana》（迦納的婚禮）。

MAP: P.277 D2

內部非常莊嚴，在巨型圓頂下設有一個呈正八角形的空間，有六座禮拜堂環繞著。

Info

地址：Dorsoduro, 1, 30123 Venezia
開放時間：
教堂 0930 - 1200，1500 - 1730
聖器室 1000 - 1200，1500 - 1700；
　　　　星期日1500 - 1700
門票：教堂免費進入；聖器室€4
網址：basilicasalutevenezia.it/la-basilica
前往方法：從Gallerie dell' Accademia（學院美術館）步行前往，大約8分鐘。也可乘坐水上巴士1號到「Salute」站即達。

絕美的三角地帶

Punta della Dogana

　　是大運河與朱代卡運河的交匯處，擁有280度一望無際的運河美景，吸引眾多遊人前來欣賞！在這個狹長的三角地段上，是昔日17世紀的海關大樓，從前貨船進入水都市中心之前，貨物都要在這裡接受檢查，並支付關稅。現在這所「舊海關倉庫」，改建為一所「當代藝術博物館」，以專題形式舉行各種藝術展覽。

MAP: P.277 D2

享有對岸聖馬可廣場和鐘樓的美景，吸引眾多遊人前來欣賞。

充滿歷史意義的舊海關大樓，由日本著名建築師安藤忠雄重修，保留了昔日倉庫的格局，改建成充滿空間感的博物館。

Info

地址：Punta della Dogana, Dorsoduro, 2, 30123 Venezia
開放時間：1000 - 1900（最後進入1800）
休息日：逢星期二
門票：€18（聯票：Palazzo Grassi+Punta della Dogana）
網址：www.palazzograssi.it
前往方法：可乘坐水上巴士1號到「Salute」站，再步行4分鐘。或從安康聖母教堂向東步行3分鐘。

這個三角交匯點擁有一望無際的運河景色，風景如畫。

威尼斯

威尼斯水上遊

威尼斯特色節慶

聖馬可區

多爾素杜權區

朱代卡島和聖喬治馬焦雷島

避開熱鬧人群的好去處

朱代卡島和聖喬治馬焦雷島
Giudecca e San Giorgio Maggiore

於威尼斯本島的南方,有2個常被遺忘的潟湖島嶼。狹長的「朱代卡島」,曾是重要工業區域,於50年代以後,工廠紛紛搬到本土地區。現在島上的著名酒店Hilton Molino Stucky Venice,其會議中心正是由昔日的麵粉製造廠改建而成。在朱代卡島旁邊的「聖喬治馬焦雷島」,像一個神聖又隱世的小島,島上的參觀亮點聖喬治馬焦雷教堂,設計出自建築大師Andrea Palladio,鐘樓上的風景,絕美!

交通　朱代卡島和聖喬治馬焦雷島都沒有跟本島連接,必須以水路方式前往。

朱代卡島:
島上有4個ACTV水上巴士站,比較常用的包括「Zitelle」、「Redentore」和「Giudecca Palanca」。水上巴士路線是2號、4.1號和4.2號。另有N線,在夜間行駛。

聖喬治馬焦雷島:
島上有1個ACTV水上巴士站「S. Giorgio」,可從聖馬可廣場的「Zaccaria」站乘坐水上巴士2號,船程只需3分鐘。

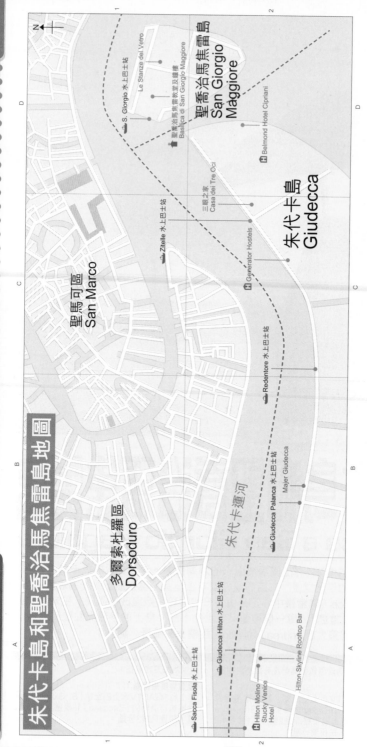

朱代卡島和聖喬治馬沿馬喬治焦雷島地圖

聖馬可區
San Marco

多爾索杜羅區
Dorsoduro

朱代卡河

朱代卡島
Giudecca

聖喬治馬焦雷島
San Giorgio
Maggiore

Le Stanze del Vetro

🚏 S. Giorgio 水上巴士站

⛪ 聖喬治馬焦雷教堂及鐘樓
Basilica di San Giorgio Maggiore

🏨 Belmond Hotel Cipriani

三眼之家
Casa dei Tre Oci

🚏 Zitelle 水上巴士站

🏨 Generator Hostels

🚏 Redentore 水上巴士站

🚏 Giudecca Palanca 水上巴士站

Majer Giudecca

🚏 Sacca Fisola 水上巴士站

🚏 Giudecca Hilton 水上巴士站

🏨 Hilton Molino
Stucky Venice
Hotel

Hilton Skyline Rooftop Bar

相比「S」型的大運河，眼前的朱代卡運河更為寬闊，也是郵輪的航道，在此偶爾會看到龐大的郵輪在前方經過。

酒吧也有供應無酒精飲品，這杯甜美的「Island Punch」，以多種果汁調配出來，包括橙汁、檸檬汁、野莓汁和菠蘿汁，充滿清新果香。€12

如果想遠離聖馬可區的過份繁華，這兒是極好「放空」的地方。

城中最浪漫的景色
Hilton Skyline Rooftop Bar

　　是威尼斯唯一的Rooftop天台酒吧，位於「莫利諾斯塔基希爾頓酒店」的頂層，坐擁浪漫迷人的運河全景，尤其在黃昏時份，在一片粉紅色或橙紅的天空之中，讓人陶醉！酒吧有多樣化的飲品以供選擇，除了有不同風味的Cocktail、啤酒、香檳與葡萄酒，還有來自世界各地的烈酒Rum、Whisky、Vodka、Gin等等，也有少量無酒精飲品。在如此醉人的景色和輕音樂下，享受微醺放鬆的一刻，旅程就像更完美！

MAP: P.288 A2

夏天中午時段（1200 - 1600）有供應簡單輕食、午餐、沙律、前菜，例如意式風乾火腿配蜜瓜、芝士火腿拼盤。

最美的一刻，莫過於日落黃昏時份，整個天空泛著橙紅色的光芒，心都醉了！

想品嚐一些富有當地特色的飲品，可點一杯源自Veneto大區的著名氣泡酒「Prosecco」。另外，也有充滿桃香的威尼斯特飲「Bellini」或瘋靡全國的經典調酒「Spritz」。Prosecco€12、Bellini€14、Aperol Spritz€14

雞尾酒大約有30款選擇，當中不少是結合了傳統與創新。冬天更有供應「Hot Cocktail」，別具特色。

---Info---

地址： Hilton Molino Stucky Venice, Via Giudecca, 810, 30133 Venezia
電話： +39 041 2723316
營業時間： 4月至10月1200 - 0100（於1200-1600期間有輕食供應）；11月至3月1600 - 0000
消費： 大約€20 - 30 / 位
網址： www.skylinebarvenice.it
前往方法： 在Hilton Molino Stucky酒店前方的專屬碼頭「Giudecca Hilton」，設有酒店提供的船隻，往來聖馬可廣場「Hilton Shuttle Boat-ST Marco Stop」碼頭，船程大約20分鐘。聖馬可廣場的上船位置在「S. Zaccaria」公共水上巴士站的旁邊。大約20至40分鐘一班。

小果撻上的Ricotta軟滑不已，配以雜莓清新甜美。€2

店內另有供應輕食、Panini意式三文治、Arancini炸飯團等等。

甜點款式很多，包括經典Tiramisù和源自西西里島的脆捲餅Cannolo。每件€3.9

龐大的自助用餐區，非常舒適！內部另設餐廳，裝潢十分高雅，供應精緻料理。

運河邊享受美食
Majer Giudecca

　　創立於1924年，最初由一間麵包烘焙店起家，現在除了出售麵包，還有多元化的餐點！由咖啡、甜點、飽點、羊角麵包、各式傳統餡餅、件裝Pizza、輕食小吃都有供應。內部更另設裝潢高雅的餐廳，於中午和傍晚供應優質意大利料理，例如沙律、麵食、海鮮、烤牛排等等。夏天在運河旁邊設有用餐雅座，享有絕美的風景，和休閒寫意的氛圍！

MAP: P.288 B2

咖啡豆從中美洲、南美、非洲等地直接進口，然後在當地自家烘烤。Cappuccino香醇可口，奶泡打得非常幼細。€1.6

店內出售多種自家烘焙和磨製的咖啡粉，包括有100%Arabica（阿拉比卡）、Etiopia（埃塞俄比亞）、Guatemala（危地馬拉）等等。Caffè Macinato €6 - 7.5 / 250g

Majer在全威尼斯一共有多間分店，而擁有最美風景的，應該就是這一間了。對著一望無際的朱代卡運河景色，十分寫意！

Info

地址：Fondamenta Sant'Eufemia, 461, 30135 Giudecca,Venezia
電話：+39 041 521 1162
營業時間：0700 - 2100；星期日0800 - 2100
消費：大約€5 - 25 / 位
網址：www.majer.it
前往方法：乘坐水上巴士2號、4.1或4.2號到「Giudecca Palanca」站，下船後往左走1分鐘。

攝影藝術畫廊
三眼之家
(Casa dei Tre Oci)

　　非常獨特的建築物，由畫家Mario de Maria（馬里奧·德·瑪麗亞）設計，建於1913年，作為其一家人的居所。立面有三個很特別的大窗戶，像三隻並排的眼睛，房子因此取名為「三眼之家」（威尼斯方言中「òci」解作眼睛）。現為展覽場地，主要舉辦關於攝影或藝術的專題展覽。

MAP: P.288 C2

正面的三個窗戶，代表了畫家本人、他妻子和他兒子。

畫廊樓高三層，經常舉辦各類型的攝影展覽，當中不乏大師級的作品展。

在中間大窗戶的上方，有一個較小型的直窗，以新哥德式框架作裝飾，是紀念他已故的年輕小女兒。

建築物是20世紀早期新哥德式的典範，從房子的窗戶往外望，可以遠眺運河對岸的景致。

Info

地址：Fondamenta della Zitelle 43, Isola della Giudecca, Venezia
電話：+39 041 24 12332
開放時間：1000 - 1900
休息日：逢星期二
門票：€12
網址：www.treoci.org
前往方法：乘坐水上巴士2、4.1或4.2號到「Zitelle」站，下船後往左走1分鐘。

從對岸的聖馬可廣場，遠眺這個聖喬治馬焦雷島，小島像懸浮在水面一樣，帶有靈氣又有神秘感。

Tips

島上有一所名叫「Le Stanze del Vetro」的展覽空間，主要展出玻璃藝術品，免費開放參觀。

Le Stanze del Vetro
地址： Isola di San Giorgio Maggiore, 8, 30124 Venezia
開放時間： 1000 - 1630（星期三休息。）
網頁： lestanzedelvetro.org

鐘樓上的美景
聖喬治馬焦雷教堂
（Basilica di San Giorgio Maggiore）

從聖馬可廣場遙望對岸，會發現一個像「懸浮在水面」的小島，像一個神聖又隱世的小島！島上建有一座16世紀古典主義風格的教堂，由著名建築大師Andrea Palladio（安德烈亞·帕拉迪奧）設計。白色大理石正面以4根宏偉的立柱作支撐，融入了古代神廟的模樣，美得讓人驚嘆！登上教堂旁邊75米高的鐘樓，更是欣賞大運河風光的好地方。

MAP：P.288 D1

小島上設有一個漂亮的燈塔，旁邊是遊艇停泊區，充滿寧靜悠閒感。

教堂內部呈長方形，屬羅馬式風格，在後殿設有精緻優雅的唱詩席。

從鐘樓頂上可看到長長窄窄的朱代卡島全景。若遇上好天氣，眼前的風光會更綺旎！

往下望可以欣賞到教堂修道院內像迷宮一樣的花園。

純白的教堂正立面，莊嚴低調，內藏了多幅丁多列托的作品，亦不容錯過。

---**Info**---

地址： Isola di S.Giorgio Maggiore, 30133 Venezia（鐘樓入口：在教堂內的左方）
開放時間： 4月至10月0900 - 1845；11月至3月0830 - 1745
門票： 教堂免費進入；鐘樓€6，26歲以下€4
網頁： www.abbaziasangiorgio.it
前往方法： 從聖馬可廣場的「San Marco Zaccaria」站乘坐水上巴士2號，到「S. Giorgio」站，即達。船程大約3分鐘。ACTV交通票適用，另有優惠船票（單程）€5。

鐘樓有升降機直達頂部，登頂一點都不費力。面對著一大片紅磚屋頂，景色真是無限好。

在鐘樓頂部美景盡收眼底，還可遠眺對岸聖馬可鐘樓的風光。

古樸市井風貌

聖保羅區 San Polo

位於大運河的左岸,以里阿爾托橋附近為中心,這個區段沒有對岸的聖馬可區那樣華麗,卻散發出平民現實生活的味道。百姓們聚集在傳統小酒館內,遊人們在曲折蜿蜒的巷道兜兜轉。那些錯綜複雜的窄小街道,縱橫交錯的水巷,讓人恍如進入了一個迷宮。迷失過後,別忘了走進聖洛克大會堂裡,抬頭欣賞丁多列托引人入勝的畫作,猶如進入了藝術天堂。

水上巴士:
可乘坐水上巴士1號到「Rialto Mercato」站或「S. Silvestro」站。或乘坐1號或2號到「San Tomà」站。

大運河渡船:
從卡納雷吉歐區前往,可於黃金宮旁邊的「Traghetto di Santa Sofia」碼頭,乘坐橫過大運河的Traghetto「貢多拉渡船」,到達本區同名的碼頭。

步行:
從聖馬可區,可經Ponte di Rialto(里阿爾托橋)跨過大運河,即可抵達本區。

🚌 交通

聖保羅區地圖

聖馬可區
San Marco

聖保羅區
San Polo

聖十字區
San Croce

- Traghetto di Santa Sofia (Sestiere di Cannaregio)「賈多拉渡輪」站
- Traghetto di Santa Sofia (Sestiere di San Polo)「賈多拉渡輪」站
- Rialto Mercato水上巴士站
- Chiesa di San Giacomo di Rialto
- 里阿爾托橋 Ponte di Rialto
- Piedaterre
- Cantina Do Mori
- Bar All'Arco
- Farini
- 里阿爾托市場 Mercato di Rialto
- Cantina Do Spade
- Antico Forno
- Ostaria dai Zemei
- S. Silvestro 水上巴士站
- Edelweiss Venezia
- Acqua e Mais
- 聖保羅大會堂 Scuola Grande di San Rocco
- 聖保羅廣場 Campo San Polo
- 卡洛・哥爾多尼之家 Casa Carlo Goldoni
- San Tomà水上巴士站

大運河

N

聖保羅區
外島十周邊
城堡區
卡納雷吉歐區
聖十字區
聖保羅區

威尼斯

聖保羅區

聖十字區

卡納雷吉歐區

城堡區

外島＋周邊

位於大橋附近的運河旁邊，設有多間古老餐廳和典型威尼斯酒館，由晚上起，是夜生活熱鬧之地。

大橋於16世紀後期由Antonio da Ponte設計，從正面看，像一座典雅的大理石拱門，讓大運河擁有獨特的景致。

大運河上最有代表性的橋樑

里阿爾托橋
(Ponte di Rialto)

威尼斯最著名的橋樑之一，始建於1180年，長48米，最初是一座木橋，後來改為吊橋，於15世紀因不勝負荷折斷了，於16世紀重修，並改以白色大理石建造，即是現在看到的石橋模樣。從昔日到19世紀後期，這座大橋是連接大運河兩岸的「唯一」橋樑。在里阿爾托橋附近，是市場的所在地，從3百多年開始，已經是威尼斯最重要的商業區之一，現今依然是水都最熱鬧繁華的地方，結集眾多酒館、商店和紀念品店。

MAP: P.293 D2

橋的附近有一間始建於421年的教堂「Chiesa di San Giacomo di Rialto」，被認為是威尼斯最古老的教堂，正立面上的大鐘，於15世紀重建時添加的。時鐘鐘面分為24小時，只有一枝時針。

在聖保羅區的橋端，設有熱鬧的市集，屬於大型紀念品商店街。

當年人們在橋上兩側加建商店並出租，目的是為了資助橋樑的重修工程，現在主要結集首飾店和紀念品商舖。

──**Info**──
地址：Ponte di Rialto, Sestiere San Polo, 30125 Venezia
開放時間：全年
前往方法：從Piazza San Marco（聖馬可廣場）步行前往，大約7分鐘。或乘坐水上巴士1號到「Rialto Mercato」站，再步行2分鐘。

大部分遊人都喜歡站在橋上欣賞眼前優美的景色，特別在日落時份，更覺迷人。

於橋端大運河旁邊，設有大型露天用餐區，是眾多遊客聚集欣賞運河景色的地方。

威尼斯

聖保羅區

聖十字區

卡納雷吉歐區

城堡區

外島＋周邊

現代版本的貢多拉船夫鞋
PiedàTerre

主售威尼斯著名的休閒平底鞋子「Le Friulane」（又稱為「Furlane」），於二戰過後由Friuli Venezia Giulia大區傳入，特色之處在於鞋底，是利用「舊單車輪胎廢料」人手縫製，當年一眾貢多拉船夫更為其瘋魔！原來這種鞋底，除了特別防滑，它們亦不會破壞珍貴的貢多拉船木材，鞋亦柔軟舒適，當年「Le Friulane」很快成為了貢多拉船夫的經典服飾之一。

MAP: P.293 D2

以「全人手製作」，是這種傳統鞋的特色。鞋底以環保再生材料製作，昔日亦在「威尼斯雙年展」中展出過。

這間專賣店自家設計了很多現代改良版本，亦常見於當地的時尚雜誌之中。

昔日貢多拉船夫的傳統鞋，以流行時尚的方式重新演繹，把這種威尼斯的經典產物流傳下去。

─Info─

地址：Rialto / San Polo , 60 , Venezia
電話：+39 041 528 5513
營業時間：1000 - 1330，1430 - 1930；星期六1000 - 1930；星期日1030 - 1830
網址：www.piedaterre-venice.com
前往方法：在Ponte di Rialto（里阿爾托橋）附近，從聖馬可區過橋後直走，位於左邊長廊下。乘坐水上巴士1號到「Rialto Mercato」站，再步行2分鐘。

經典款式主要以布質製造，顏色選擇十分多，據聞昔日的威尼斯人，在夜間「密會情人」的時候也會特意穿上，因為鞋底柔軟，在走路時非常安靜。經典款式€49 - 55

時尚版本，在鞋面加了一個細長剪裁作修飾，形狀像威尼斯的尖拱窗戶。另有尖頭款式、加厚版本和絲絨質料，舒適簡約又優雅。

500多年歷史的傳統酒館
Cantina Do Mori

一走進店，充滿了驚喜！店內吊掛著一大堆古老「砂煲罌罉」，充滿威尼斯的老派小酒館風情。酒館主要供應威尼斯式「點心」Cichetti，一件一件整齊的擺放在吧枱之上。想吃那一件，只需向服務生指一指示意就可以了，點餐完全沒難度。每逢用餐時間總堆滿人，熱鬧得很。店內沒有座位，客人都是站著擠在一起，談天說地，邊喝邊吃，是非常威尼斯式的用餐風情。

MAP: P.293 D2

酒館位於里阿爾托橋附近的一條小巷內，入口有點隱蔽，從大橋步行大約5分鐘。

充滿奶油魚香的鱈魚蓉Bacalà Mantecato，口感軟滑，推薦一試。

這裡大部分葡萄酒都保存在古老木桶內，很有懷舊酒館的風味。葡萄酒價格每杯大約€2.5 - €5。

每一款Cichetto價格都不同，每件大約是€1 - €2.5。

─Info─

地址：S. Polo, 429, 30125
電話：+39 041 522 5401
營業時間：0800 - 1930；星期六0800 - 1700
休息日：逢星期日
消費：大約€10 - 15 / 位
前往方法：在Ponte di Rialto（里阿爾托橋）附近。乘坐水上巴士1號到「Rialto Mercato」站，再步行2分鐘。

各式各樣的Cichetti，讓人垂涎欲滴，是餐前小吃或輕食的好去處。

小酒館由1462年開業至今，足足有500多年歷史。天花懸吊下來的銅鐵大煲，為小酒館營造了獨特的風格。

威尼斯

聖保羅區

聖十字區

卡納雷吉歐區

城堡區

外島＋周邊

著名劇作家的故居

卡洛·哥爾多尼之家
(Casa di Carlo Goldoni)

是著名威尼斯式喜劇作家Carlo Goldoni（卡洛·哥爾多尼）的故居，展館佔地不太大，主要設在1樓的3個房間內，佈置靈感來自Carlo Goldoni於18世紀中期幾部代表作內的場景，包括《Il Gioucatore》、《Chi la fa l'aspetta》、《L'Avvocato Veneziano》等等，讓訪客能透過當中擺設去回味劇中的情節。

木偶是威尼斯傳統工藝之一，各種木偶人物的衣飾，都採用珍貴物料和時尚剪裁製成，非常精緻。

展覽館的所在建築是Carlo Goldoni的故居，屬小型哥德式風格。

MAP: P.293 E3

在其中一個展覽室裡，展示了18世紀的小型木偶劇院，當年透過木偶劇反映社會生活的實況。

Info

地址：Calle del Scaleter, 2794, 30125 Venezia
開放時間：1月至3月1000 - 1600；4月至10月1000 - 1700（最後入館：關閉前半小時）
休息日：逢星期三
門票：€5；另可憑博物館聯票「Museum Pass」入場，聯票€24
網址：carlogoldoni.visitmuve.it
前往方法：從Ponte di Rialto（里阿爾托橋）步行前往大約6分鐘。或乘坐水上巴士1號或2號到「San Toma」站，再步行2分鐘。

聖保羅區酒館林立，很多遊人和當地人都會「一間接一間」地光顧，去好好體驗小酒館風情。Cichetti每件大約€2起。

從早上開始，服務員就馬不停蹄地準備Cichetti，放滿整個玻璃櫃和吧枱，給客人自由點選。

這裡的Cichetti比較大件，除了經典的鱈魚蓉外，火腿醃肉和芝士也是常見的餡料。

色澤比較偏黃的「Baccalà alla Vicentina」是維琴察式煮鱈魚，鱈魚加入了洋蔥、蒜頭、牛奶、香芹和芝士烹調，唧唧厚肉，充滿濃郁的蒜香。

老字號傳統酒館

Bar All' Arco

簡樸傳統的小酒館，開業多年，一直受到當地人的愛戴。每逢用餐時間，由內至外都擠滿了人！酒館供應威尼斯式下酒菜Cichetti，款式豐富，餡料包括有魚類、火腿、芝士、魷魚等等。多種口味的Baccalà鱈魚蓉拌醬絕不容錯過！唧唧魚肉，香氣回盪！店內瀰漫輕鬆熱鬧的氛圍，是把酒聊天之地。想體驗水都風情的飲食文化，別錯過這間傳統酒館！

威尼斯式奶油鱈魚蓉「Baccalà Mantecato」，鱈魚加入了蒜頭、香芹和牛奶，被打至慕斯狀，再塗在脆麵包上，那入口即化的軟滑質感，讓人一吃難忘。

MAP: P.293 D2

傳統酒館地道又正宗，經常擠滿當地人光顧。要注意：這間酒館只由早上至午後營業。

Info

地址：S. Polo, 436, 30125 Venezia
電話：+39 041 520 5666
營業時間：0800 - 1430
休息日：逢星期日
消費：大約€8 - 15 / 位
前往方法：在Ponte di Rialto（里阿爾托橋）附近。乘坐水上巴士1號到「Rialto Mercato」站，再步行2分鐘。

威尼斯

聖保羅區

聖十字區

卡納雷吉歐區

城堡區

外島＋周邊

在威尼斯，「Scuola」（會堂）意指一些宗教慈善團體的總部和聚會之地，收集捐款並對有需要的人提供援助和服務。城中一共有6所「大會堂」，而聖洛克大會堂就是當中最著名之一。

丁多列托的巔峰之作

聖洛克大會堂

(Scuola Grande di San Rocco)

會堂內的大廳，整個天花和牆壁都鋪滿了畫作，十分富麗堂皇。

城中最享負盛名的一所大會堂，外在擁有精雕細琢的正立面，內在設有富麗堂皇的大廳，堂內最矚目的是文藝復興大師丁多列托的帆布油畫。被稱為威尼斯畫派「三傑」之一的丁多列托（Jacopo Tintoretto），曾在3個不同時期被委託在此繪畫，歷年作品達至數十幅，幾乎鋪滿了所有牆壁與天花，十分引人入勝，讓人驚喜不已。

由丁多列托於1565年所繪畫的《Crocifissione》（被釘十字架），畫面內容豐富，場面壯觀。

藝術大師丁多列托在聖洛可大會堂內，前後一共花了20多年，創作了60多幅油畫，這個會堂就像他的「個人展覽廳」。

MAP: P.293 B2

會堂內的天花絕對是焦點所在，堂內有提供鏡子，方便遊客拿著鏡子欣賞天花壁畫，不用長時間枯著頭。

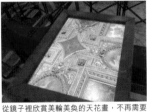

從鏡子裡欣賞美輪美奐的天花畫，不再需要用力抬頭，大可慢慢研究。

Info

地址：Campo San Polo, 3052, 30125 Venezia
電話：+39 041 523 4864
開放時間：0930 - 1730（最後售票1700）
休息日：1 / 1、25 / 12
門票：€10；租用語音中文導賞機＋€3
網址：www.scuolagrandesanrocco.org
前往方法：從Stazione di Venezia Santa Lucia（聖露西亞火車站）步行前往，大約8分鐘。另可乘坐水上巴士1號或2號到「San Tomà」站，再步行4分鐘。

薄底厚底Pizza

Antico Forno

La Pizzaccia屬加厚版本的件裝Pizza，外脆內軟，美味可口，豐盛感十足。

於2001年開業，主要供應切件Pizza（Pizza Al Trancio）和即叫即製的原個Pizza，方便快捷且價格經濟，吸引很多背包遊客前來快速醫肚。供應的切件Pizza有眾多種口味，種類有L'italiana薄底版本和La Pizzaccia與La Rustica厚底版本，讓客人能夠以自己喜好作選擇。

薄底Pizza，香口清脆，口感輕盈又無過膩感。件裝Pizza口味天天不同，全都擺放在玻璃櫃裡給客人選擇。

店面以古色古香的柱身作裝飾，裝潢古樸簡潔，店內設有企位用餐區。

MAP: P.293 C2

以番茄醬汁做底，鋪上了紫洋蔥絲、芝士和火腿等餡料，翻熱後香氣四溢。切件Pizza每件大約€3 - 3.6

Info

地址：Ruga Rialto, 973, 30125 Venezia
電話：+39 041 520 4110
營業時間：1130 - 2130
消費：大約€5 - 10 / 位
網址：www.anticofornovenezia.com
前往方法：在Ponte di Rialto（里阿爾托橋）附近。乘坐水上巴士1號到「S. Silvestro」站，再步行3分鐘。

威尼斯

聖保羅區

聖十字區

卡納雷吉歐區

城堡區

外島＋周邊

充滿時代感的快餐輕食
Farini

裝潢很有現代感的快餐店，供應優質烘焙食品和輕食，包括切件Pizza、沙律、Bruschette多士、雞尾酒、麵包等等。其中切件Pizza，最受歡迎，當天供應的Pizza，都整齊的放在吧枱上給客人點選。價格算便宜，且有舒適的用餐座位區，屬城中少有。

MAP：P.293 D2

件裝Pizza口味眾多，點選後服務員可按照客人需要，微微加熱烘烤。

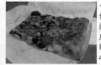
一件切件Pizza份量不算大，不過用料新鮮，餅皮酥脆，內部香軟。每件€3.8 - 4.3

「Aperitivo套餐」可選一杯飲品再加一客小型火腿小食拼盤。€8

店內亦有熱門餐前調酒以供選擇，包括帶有接骨木花香的「Hugo」和充滿橙橘誘惑的「Spritz」等等。€4 - 5

Info
地址： Ruga Rialto, 655, 30125 Venezia
電話： +39 041 520 1488
營業時間： 0730-2100；星期五．日0730-2200；星期六 0730 - 2300
消費： 大約€5 - 10 / 位
網址： farini.com
前往方法： 在Ponte di Rialto（里阿爾托橋）附近。乘坐水上巴士1號到「Rialto Mercato」站，再步行3分鐘。

街頭小吃炸海鮮
Acqua e Mais

屬人氣小店，供應各式各樣的威尼斯街頭小吃，當中最熱賣的是炸海鮮，一共有2款，包括「Calamari e Gamberi」（炸魷魚和蝦）和「Polenta e Pesce」（炸雜錦海鮮和玉米糕），海鮮炸至金黃，香氣樸鼻，麵糊不過厚，用料亦夠新鮮。店內也有供應多種著名地道開胃菜，包括「Sarde in Saor」（醋漬沙丁魚）和「Insalata al Mare」（海鮮沙律）等等。

MAP：P.293 C2

店內也有供應多種威尼斯著名開胃菜，可根據所需的份量來選購。

半開放式廚房香氣四溢！小店屬於小吃外賣店，不設任何座位。

香炸魷魚和蝦十分熱賣，炸蝦香脆可口，魷魚相當新鮮，毫不腥口。Calamari e Gamberi€5

在小窗展示了各式各樣的小吃，當中除了炸海鮮最受歡迎，另外，各式鱈魚泥（Baccala Mantecato）也很吸引。

Info
地址： Campiello dei Meloni, 1411-1412, 30125 Venezia
電話： +39 041 296 0530
營業時間： 0930 - 1930
消費： 大約€5 - 10 / 位
網址： acquaemais.com
前往方法： 從Ponte di Rialto（里阿爾托橋）步行前往大約6分鐘。乘坐水上巴士1號到「S. Silvestro」站，再步行3分鐘。

精美陶瓷碗碟　**MAP：P.293 C1**
Edelweiss Venezia

於1970年開業，專售「意大利製造」的廚房陶瓷製品，並以人手製作，圖案都用傳統方式手繪出來。陶瓷上的繪圖主要以大自然和食物為靈感，其中有很多設計依照了陶瓷本身的用途，來畫上該有關食材的圖案，例如，用來盛載Pizza的碟子上畫了Pizza、酒瓶上以葡萄串作圖案等等。另外，以「威尼斯」作題材的小碗碟，亦是遊客之心水選擇。

瓷器上繪了聖馬可鐘樓、里阿爾托橋、貢多拉等等，富有代表性，畫風活潑生動。€10 - 25

芝士形狀的碟子非常可愛，最適合用來做芝士拼盤。€12

心型的陶瓷碗碟，以威尼斯多個地標作圖案，大小尺寸都有，屬手信之選。

Info
地址： Calle del Scaleter, 1590, 30125 Venezia
電話： +39 041 887 8609
營業時間： 0900 - 1300，1400 - 1930
網址： edelweiss-venezia.com
前往方法： 從Ponte di Rialto（里阿爾托橋）步行前往，經Ruga dei Oresi和Ruga dei Spezieri直走，大約3分鐘。乘坐水上巴士1號到「Rialto Mercato」站，再步行2分鐘。

威尼斯

聖保羅區

聖十字區

卡納雷吉歐區

城堡區

外島 + 周邊

店內裝潢樸實不華，一到用餐時間，非常熱鬧。

餐館的門口有點不易找，是隱藏在一條窄巷門廊Sottoportego delle do Spade之下。

黑漆漆的墨魚意大利麵 Spaghetti al Nero，以原汁原味的墨汁作意粉醬，是最經典的威尼斯菜式之一。€14

墨魚鮮味十足，配以淡香濃稠的玉米粥，讓人一吃難忘。Seppie in Nero con Polenta €15

以鮮蝦的蝦頭、蝦膏、蝦殼和蕃茄熬製成醬汁，拌以意大利麵，蝦味非常濃郁。Spaghetti alla Busara €14

老牌人氣餐館
Cantina Do Spade

　　遠於1448年已啟業的地道老牌餐館！店內充滿樸實不華的風格，滿有傳統歷史，至今人氣依舊非常高，用餐時間幾乎座無虛席，食客中有不少當地人熟客。餐館主要供應威尼斯傳統菜式，當中的海鮮料理非常推薦，招牌菜有「Seppie in Nero con Polenta」（墨魚配白玉米粥）和「Spaghetti alla busara」（蕃茄鮮蝦意粉）等等，菜式源用傳統方法和用料烹調，風味十足，讓人回味無窮。

MAP: P.293 C1

由幾種海鮮小點配搭成的Selezione di Cichetti Misti，可以一次過品嚐沙丁魚配白玉米粥、醃魷魚、烤大蝦等等的小吃，非常美味。二人份€18（圖中是一人份）

---Info---

地址：Calle del Scaleter, 859, Venezia
電話：+39 041 5210583
營業時間：1000 - 1500，1800 - 2200
休息日：逢星期二午市
消費：大約€20 - 30 / 位
網址：cantinadospade.com
前往方法：從Ponte di Rialto（里阿爾托橋）步行前往，大約3分鐘。或乘坐水上巴士1號到「Rialto Mercato」站，再步行3分鐘。

傳統小酒吧
Ostaria dai Zemei

　　小酒館供應威尼斯特色「點心」Cichetti，是餐前小吃或輕食的好去處。店內客人都是擠在一起站立著，拿著酒杯，一邊吃喝一邊聊天，感覺很地道。各款漂亮精緻的Cichetti都整齊陳列在玻璃餐櫃內，讓人垂涎欲滴，雪白幼滑的鱈魚蓉小多士，入口即溶，絕對要一試！

MAP: P.293 C2

在威尼斯享用點心形式的Cichetti，是最地道的簡餐，佐酒一流。每件大約€1.8 - 2。

裝潢保留了傳統老店樸實的風格，充滿地道風情。

店內不設座位，而於店外路邊設有小量座位，需另收少量餐桌服務費。

---Info---

地址：Calle del Scaleter, 1045/b, 30125 Venezia
電話：+39 041 520 8596
營業時間：0830 - 2030；星期日0830 - 1900
消費：大約€8 - 15 / 位
網址：www.ostariadaizemei.it
前往方法：在Ponte di Rialto（里阿爾托橋）附近。乘坐水上巴士1號到「S. Silvestro」站，再步行3分鐘。

Cichetti餡料選擇有很多，款式天天不同，包括各種意式火腿、三文魚、芝士等等，配搭多得讓人眼花撩亂。

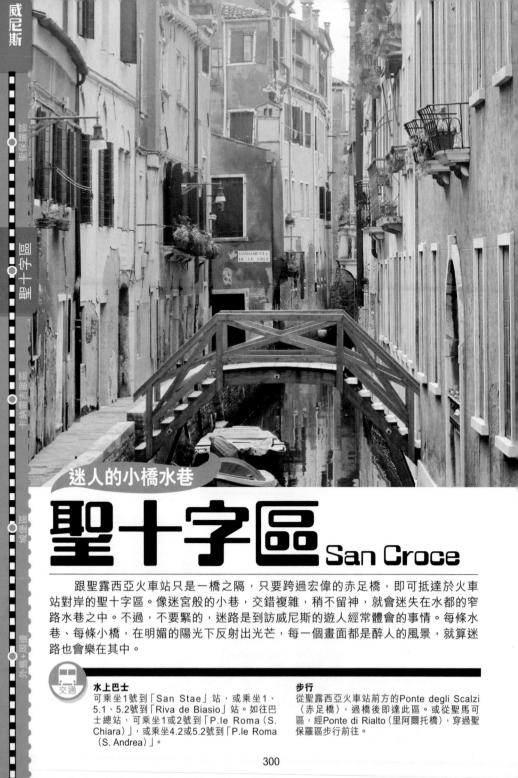

威尼斯

聖保羅區

聖十字區

卡納雷吉歐區

城堡區

外島＋周邊

迷人的小橋水巷

聖十字區 San Croce

　　跟聖露西亞火車站只是一橋之隔，只要跨過宏偉的赤足橋，即可抵達於火車站對岸的聖十字區。像迷宮般的小巷，交錯複雜，稍不留神，就會迷失在水都的窄路水巷之中。不過，不要緊的，迷路是到訪威尼斯的遊人經常體會的事情。每條水巷、每條小橋，在明媚的陽光下反射出光芒，每一個畫面都是醉人的風景，就算迷路也會樂在其中。

交通

水上巴士
可乘坐1號到「San Stae」站，或乘坐1、5.1、5.2號到「Riva de Biasio」站。如往巴士總站，可乘坐1或2號到「P.le Roma（S. Chiara）」，或乘坐4.2或5.2號到「P.le Roma（S. Andrea）」。

步行
從聖露西亞火車站前方的Ponte degli Scalzi（赤足橋），過橋後即達此區。或從聖馬可區，經Ponte di Rialto（里阿爾托橋），穿過聖保羅區步行前往。

聖十字區

N

聖馬可區
San Marco

聖十字區
San Croce

聖保羅區
San Polo

卡納雷吉歐區
Cannaregio

San Stae 水上巴士站
頗薩羅宮
Ca. Pesaro

Osteria Antico
Giardinetto

Bisnonni Vintage

摩契尼哥宮博物館
Museo di Palazzo
Mocenigo

Muro San Stae

Osteria La Zucca

土耳其商館
Fondaco dei Turchi

Riva de Biasio 水上巴士站

Bacareto Da Lele

威尼斯聖露西亞車站
Stazione di Venezia
Santa Lucia

憲法橋
Ponte della Costituzione

羅馬廣場（巴士總站）
Piazzale Roma

郵輪碼頭
Terminal Crociere

特隆凱托島（大巴停靠站）
Trochetto

P.le Roma (S. Andrea) 水上巴士站

P.le Roma 水上巴士站

People Mover 輕軌站
（往郵輪碼頭及Trochetto大巴停靠站）

聖保羅區

聖十字區

卡納雷吉歐區

城堡區

外島+周邊

莫契尼哥家族（Mocenigo）地位顯赫，於14至18世紀期間，曾經有多達7名家族成員，先後被選為威尼斯共和國的總督（Doge），可見其家族的崇高地位。

香水瓶收藏在小型貢多拉夫帽內，設計太可愛了。

展廳展示了以往用來製作香水的調香原料和經典氣味，到訪者可試聞體驗。

香水與貴族服飾
莫契尼哥宮博物館
（Museo di Palazzo Mocenigo）

衣服上精緻優雅的刺繡和蕾絲，展示了當時工匠非凡精巧的手藝，也突顯了威尼斯貴族們的身份地位。

曾是威尼斯最享負盛名的貴族之一「Mocenigo」家族的華麗宮殿，現為18世紀「服飾、紡織品與香水博物館」，從大量服裝、家具和裝飾中，揭露了17至18世紀威尼斯貴族的生活方式與細節。於2013年增設的香水博物館，展出了上幾個世紀的特色香水瓶、製作香水的原材料和工具等等，並透過多媒體設施，可讓到訪者更了解威尼斯的香水歷史。地下層設有香水實驗室，用來舉行香水調製工作坊，也有定期舉辦關於香水的短期展覽。 MAP: P.301 D1

於地下層的展廳，展出了一些昔日威尼斯香水品牌的包裝設計，這一款以鐘樓造型作香水瓶，充滿水都風情。

威尼斯曾是歐洲最主要的香水產地之一，製作香水的歷史很悠久，館內展出了昔日的調製工具。

宮殿保留了昔日的天花壁畫和新古典主義風格的家具，主要來自18世紀後期。

Info
地址： Museo di Palazzo Mocenigo-Centro Studi di Storia del Tessuto e del Costume, San Croce, 1992, 30135 Venezia
開放時間： 11月至3月1000 - 1600；4月至10月1030 - 1630（最後售票：關門前半小時）
休息日： 逢星期一、1/1、1/5、25/12
門票： €8；另可憑博物館聯票「Museum Pass」入場，聯票€24
網址： mocenigo.visitmuve.it
前往方法： 從Ponte di Rialto（里阿爾托橋）步行前往，大約8分鐘。也可乘水上巴士1號到「San Stae」站，再步行2分鐘。

動物標本收藏庫
土耳其商館
（Fondaco dei Turchi）

展品眾多，對自然生態有興趣的遊客，很值得前來參觀。展品解說只設有意大利文，可租用英語語音導覽機。

建於1277年，最初是佩薩羅家族的宮殿。於1621年至1838年，宮殿變成土耳其商人在威尼斯的交易中心、倉庫和居所。現為一所自然歷史博物館（Museo di Storia Naturale di Venezia），擁有大量植物、昆蟲和動物收藏品。最讓人印象深刻的是，在燈光昏暗的房間內，牆上掛滿了一隻一隻為數眾多的動物標本。 MAP: P.301 C1

外觀非常雄偉的宮殿，是哥德式風格的代表建築，於19世紀末期進行過大型重修。

館內面積很大，擁有豐富的動物標本和化石收藏，當中亮點包括這座恐龍骨化石。

Info
地址： Salizada del Fontego dei Turchi, 1730, 30125 Venezia
電話： +39 041 275 0206
開放時間： 11月至5月 平日0900 - 1700；週末及6月至10月1000 - 1800（最後售票：關門前1小時）
休息日： 逢星期一、1/1、1/5、25/12
門票： €8；25歲以下學生€5.5；另可憑博物館聯票「Museum Pass」入場，聯票€24
網址： msn.visitmuve.it/en/the-museum/history/fontego-dei-turchi
前往方法： 從Stazione di Venezia Santa Lucia（威尼斯聖露西亞火車站）步行前往，大約10分鐘。可乘坐水上巴士1號到「San Stae」站，再步行5分鐘。

藝術博物館

佩薩羅宮（Ca'Pesaro）

位於大運河上一座宏偉的巴洛克宮殿，現為「現代藝術博物館」和「東方藝術博物館」。於1樓的現代藝術博物館，收藏了19至20世紀的重要繪畫和雕塑，其中包括著名奧地利畫家古斯塔夫·克林姆（Gustav Klimt）所繪畫的《Giuditta II》。2樓是短期展覽的場地。3樓則是東方藝術博物館，收藏了多達3千件亞洲藝術品和歷史文物，主要來自日本、中國和印度。

MAP: P.301 D1

由著名畫家Klimt於1909年所繪畫的《Giuditta II》，充分展現了Klimt對女性形象的獨特美學。在地下層的博物館商店，可找到這幅畫作的紀念品。

於1樓收藏了許多19-20世紀的畫作和雕塑，其中最著名的有夏加爾（Chagall）和古斯塔夫·克林姆（Gustav Klimt）的作品。

東方藝術館內ъ收藏品是來自江戶時代的日本藝術收藏。

裝潢充滿東洋色彩的東方藝術館，展品包括有武士劍、馬具、武士刀、樂器、瓷器、掛畫、和服等等。

━Info━

地址：Santa Croce, 2076, 30135 Venezia
電話：+39 041 721127
開放時間：11月至3月1000 - 1700（最後售票1600）；4月至10月1030 - 1800（最後售票1730）
休息日：逢星期一
門票：€10；另可憑市政府博物館聯票「Museum Pass」入場，聯票€24
網址：capesaro.visitmuve.it
前往方法：從Ponte di Rialto（里阿爾托橋）步行前往，大約8分鐘。也可乘坐水上巴士1號到「San Stae」站，再步行2分鐘。

於17世紀由貴族佩薩羅（Pesaro）家族委託著名建築師Baldassarre Longhena設計。宮殿內部充滿華麗和氣勢感，地下設有博物館咖啡室，面對著大運河美景。

素菜料理之選　**MAP: P.301 C1**

Osteria La Zucca

格調優雅的小餐館，位於小橋水巷旁邊，充滿悠閒恬意的氛圍，提供很多意式蔬菜料理，是素食愛好者的天堂。餐廳取名為「南瓜」，其招牌菜也以南瓜作主角，包括Zuppa di Zucca, Catalogna e Castagna（南瓜栗子素菜湯）和Flan di Zucca（南瓜餡餅），那甜美細膩的口感，色香味美。另外，也有供應各種肉類料理。

茄子和糖漬小蕃茄，拌以濃郁的希臘芝士，配搭獨特。Melanzane con Pomodori confit e Feta Greca€8

以乾果和豉酒伴以香橙凍糕，那種軟滑半冰涼口感，甜美透心涼。Semifreddo di Arance con Frutta Secca e Rum€7.5

南瓜栗子素菜湯，南瓜味濃，口感綿密，十分新鮮健康。Zuppa di Zucca, Catalogna e Castagna€10

斜線紋理的木質家具與地板，帶點鄉村風情又有現代感，氣氛溫暖。

━Info━

地址：San Croce, 1762, 30135 Venezia
電話：+39 041 524 1570
營業時間：1230 - 1430、1900 - 2230（建議預訂）
休息日：逢星期日
消費：大約€25 - 40／位
網址：www.lazucca.it
前往方法：從Stazione di Venezia Santa Lucia（聖露西亞火車站）步行前往，大約9分鐘。也可乘坐水上巴士1號到「San Stae」站，再步行3分鐘。

小餐館外的轉角位置是彎彎的水巷，很有水都情懷。

威尼斯

聖保羅區

聖十字區

卡納雷吉歐區

城堡區

外島+周邊

家庭式海鮮餐館 MAP: P.301 D1

Osteria Antico Giardinetto

由一對夫妻經營的家庭餐館，佈置溫情別緻，主打威尼斯海鮮料理，也有供應肉類料理。招牌菜包括地道「墨魚汁意大利麵」，黑黑濃郁的墨魚汁，充滿海水的天然鮮味。前菜「意式魚生雜錦拼盤」也是熱門菜式，充滿水果香的獨門醬汁拌以生魚片，清新開胃，是一眾海鮮迷的至愛。

室內用餐座位不多，大約只有10張餐桌，建議訂位。餐廳內另有別緻的小庭園，在夏季會開放作用餐雅座。

自家製的士多啤梨意式奶凍，新鮮草莓醬汁充滿果香，奶凍濃郁軟滑。Panna cotta alla fragola €6

鮮味濃郁的墨魚汁麵，麵條是新鮮自家製作，別有風味。Vermicelli al Nero di Seppia €14

意式魚生雜錦拼盤，用上了新鮮生魚片，以少許土多啤梨、菠蘿、檸檬汁等等來配搭，口味清新。Antipasto Assortito di Pesce Crudo €21

入口隱藏在小巷裡，不太容易找，感到食客都是靠口碑而來的。

Info

地址：Calle dei Morti, 2253, 30135 Venezia
電話：+39 041 722882
營業時間：1830 - 2230（建議訂座）
休息日：逢星期一
消費：大約€35 - 50 / 位
網址：www.anticogiardinetto.it
前往方法：從Ponte di Rialto（里阿爾托橋）步行前往，大約6分鐘。也可乘坐水上巴士1號到「San Stae」站，再步行3分鐘。

捲成圓筒的特色Pizza

Muro San Stae

開業超過10年的餐廳，擁有很多當地捧場客，主廚在傳統料理中，加入一些創新意念，讓菜式有點不一樣。招牌菜包括鮮味十足的「Spaghetti alle Vongole」（蜆肉意大利麵）和各種即烘Pizza。除了有經典圓形的Pizza，還有捲成圓筒狀的Pizza「Arrotolata」，和沒有加添蕃茄醬的白色Pizza「Le Bianche」，種類很多。

餐廳內裝富有時尚藝術感，磚牆上的大型攝影作品，是出自業餘藝術家的創作。

MAP: P.301 D1

墨魚燉意大利飯添加了熱熔芝士和杏仁原片，口感多層，濃稠又飽肚。€14

捲筒Pizza「Arrotolata」，皮厚軟滑，內餡有水牛芝士、蕃茄、風乾牛肉，充滿特色。Arrotolata AmoreTesolo €13

意式奶凍Panna Cotta，伴以新鮮雜莓，甜美之選。

Info

地址：Campiello Dello Spezier, Santa Croce, 2048, 30135 Venezia
電話：+39 041 52 41628
營業時間：1200 - 2230；11月至3月1200 - 1500、1800 - 2230
消費：大約€25 - 40 / 位
網址：www.murovenezia.com
前往方法：從Museo di Palazzo Mocenigo（莫契尼哥宮博物館）步行前往，大約1分鐘。可乘坐水上巴士1號到「San Stae」站，再步行3分鐘。

尋時裝瑰寶之地
Bisnonni Vintage

是復古衣物愛好者尋寶的地方！小店專售二手古董衣服，亦有不少高價的精品古著，其中更有來自高級大牌的昔日絕版款式，包括有Versace、Emilio Pucci、Moschino、Fendi等等。店內亦有一些平價復古衣飾和鞋包以供選擇。

`MAP: P.301 D1`

店內貨品擺放整齊，充滿空間闊落感，可以優雅舒適地尋寶。

店舖坐落在一個小廣場之中，位置都算容易找。

Vintage服飾總是經得起時間考驗，是獨一無二的時尚。

大部分貨品保養得宜，嶄新如初，復古控值得一逛。

─ Info ─
地址：Santa Croce, 2120 Santa Maria Mater Domini, 30135 Venezia Venice, Italy
電話：+39 041 887 8688
營業時間：1200 - 1800；週六 1000 - 2000
前往方法：從Palazzo Mocenigo（莫契尼哥宮）步行前往，大約2分鐘。也可乘坐水上巴士1號到「San Stae」站，再步行3分鐘。

地道威尼斯式小吃　`MAP: P.301 B2`
Bacareto Da Lele

很地道的人氣小食店，主打小型意式三明治Panino。餡料選擇豐富，包括有風乾火腿、芝士、煙薰火腿、辣肉腸等等，葡萄酒和小吃的價格是意想不到的經濟便宜。小店不大，沒有設立用餐區，食客們都是站著擠在一起，一邊吃喝，一邊談天說地。

小食店位於水巷旁邊，很多食客都會手拿酒杯，在水巷旁邊聊天，很隨意休閒。小杯酒Ombra€0.6

硬麵包配合不同的地道食材作餡料，Mortedella火腿份量足，價格非常經濟。Panino每個€1

經常有很多平民百姓光顧，非常熱鬧，而且小店鄰近巴士總站和火車站，位置很便利。

─ Info ─
地址：Fondamenta dei Tolentini, 183, 30100 Venezia
電話：+39 347 846 9728
營業時間：0600 - 2000；星期六 0600 - 1400
休息日：逢星期日
消費：大約€3 - 8 / 位
前往方法：從Stazione di Venezia Santa Lucia（聖露西亞火車站）步行前往，大約5分鐘。

大運河上的第四座橋樑
憲法橋
（Ponte della Costituzione）

於2008年建成，屬於西班牙建築師Santiago Calatrava的設計，拱形橋擁有玻璃地板和欄杆，是大運河上唯一充滿時尚現代感的橋樑，用來連接北岸的聖露西亞火車站和南岸的羅馬廣場巴士總站。

`MAP: P.301 A2 - B2`

因為設計過於現代感，橋樑落成的時候曾受到很多批評，有人表示跟水都的古樸風情有點格格不入。

很多人不滿橋面過於陡峭，所以，於2010年花費了180萬歐元安裝了一個機械升降系統，方便行動不便者，可惜啟用後不久一直停用至今。

從橋上可欣賞到大運河漂亮的景色。

─ Info ─
地址：Ponte della Costituzione, 30135 Venezia
開放時間：全年
前往方法：一出Stazione di Venezia Santa Lucia（聖露西亞火車站）後，往右邊走，大約3分鐘可到達。在Piazzale Roma（羅馬廣場）的東北方向。

聖保羅區

聖十字區

卡納雷吉歐區

城堡區

外島+周邊

體驗水都的繁華與悠閒

卡納雷吉歐區 Cannaregio

連接潟湖上的聖露西亞火車站，和水都最瑰麗的歷史中心聖馬可區。不少遊客喜歡從火車站出發，沿途跟著指示牌，慢慢徒步往聖馬可區，一邊散步一邊欣賞兩旁唯美的建築，在運河水道前駐足觀賞，到處風光如畫，讓人難忘。通往聖馬可區的寬闊大街上，商店、酒店和餐廳林立，熱鬧非凡。一個轉身，走進昔日的猶太人區Ghetto，一瞬間從繁華退回悄靜，盡是悠閒的水鄉情懷。

交通

水上巴士

在聖露西亞火車站外設有「Ferrovia」大型水上巴士站，乘坐1、2、3、4.1、4.2、5.1、5.2號均可抵達。如前往黃金宮附近，可乘坐1號於「Ca d' oro」站下船。位於東北岸的「F.te Nove」站，是前往潟湖外島Burano和Murano的熱門轉乘站。

貢多拉渡船

在黃金宮旁邊的街道，設有貢多拉渡船碼頭（Traghetto di Santa Sofia），可橫越大運河抵達對岸的「聖保羅區」，船程不用1分鐘。

步行

從聖露西亞火車站，經卡納雷吉歐區步行至聖馬可大廣場，是很熱門的步行路線。中途設有許多路牌指示方向，而路徑亦較其他區域寬闊畢直。可經火車站外左邊大街Rio Terà Lista di Spagna開始直走，步程大約30分鐘。（詳細步行路線：可參考地圖P. 307）

卡納雷吉歐區地圖

卡納雷吉歐區
Cannaregio

聖十字區
San Croce

城堡區
Castello

聖馬可區
San Marco

聖保羅區
San Polo

F.te Nove水上巴士站

聖馬可廣場
Plazza San Marco

Traghetto di Santa Sofia
賣多拉渡船站

La Bottega del Tartufo

Ca' d' oro水上巴士站

Pylones

Ricami Veronica

Ballerette

黃金宮美術館
Galleria Giorgio
Franchetti alla Ca d'Oro

里阿爾托橋
Ponte di Rialto

Frulalà

Strada Nova

Lindt

Nicolao Atelier

Fondamenta Misericordia

Despar Teatro Italia

S.Marcuola-Casino水上巴士站

猶太博物館
Museo Ebraico

Pasticceria La Donatella

Ghetto

Guglie水上巴士站

Trattoria Bar Pontini

Fondamenta Savorgnan

Pasticceria dal Mas

Ostena al Cicheto

Cocaeta - Non le
solite Crêpe

Crea水上巴士站

赤足橋
Ponte degli Scalzi

聖露西亞火車站
Stazione di Venezia

Rio Terà Lista di Spagna

Ferrovia水上巴士站

憲法橋
Ponte della Costituzione

步行路線：從「聖露西亞火車站」往「聖馬可廣場」

聖保羅區

聖十字區

卡納雷吉歐區

城堡區

外島+周邊

一步出火車站門外，就可看到「Ferrovia」大型水上巴士站和ACTV交通票的售票亭。

整個威尼斯大區有5個火車站，名字都以威尼斯（Venezia）作開頭，於訂票和下車前記緊看清楚。位於潟湖區，就只有這個聖露西亞火車站（Venezia Santa Lucia）。

潟湖區交通中樞

威尼斯聖露西亞火車站
（Stazione di Venezia Santa Lucia）

於1861年開始啟用，是威尼斯潟湖區的火車站。車站不算很大，設有大約30間店舖，包括大眾服飾品牌「Pimkie」、「Mango」、「Parfois」、「Desigual」和北歐雜貨「Flying Tiger」等等。食店除了有樓高2層的「Relaxation & Coffee」，還有「KFC」、連鎖Pizza店「Rossopomodoro」和著名冰淇淋店「Grom」等等，選擇尚算眾多。

MAP：P.307 A2

Tips

車站的15至23號月台較為隱蔽，位於左方最盡處建築物後方的戶外位置。

在Rossopomodoro可品嚐源自南部的「Pizza Fritta」炸Pizza，外層麵團香脆軟熟，中間夾著半溶芝士與酸甜的蕃茄醬，一吃難忘。€4

進入車站售票大堂的右邊，有樓高2層的「Relaxation & Coffee」，屬大型餐飲區，上層設有寬敞的用餐區、充電位和洗手間（惠顧時可向收銀員領取進入洗手間的輔幣），需等候火車的遊人經常在此用餐和小憩。

車站內設有「Venezia Unica」官方旅客中心，可在此購買地圖或「Venezia Unica」觀光咭，和報名參加各種官方導覽團。

這間Rossopomodoro位於月台大堂的右邊，「Pizza Fritta」即叫即炸，非常香口。

Rossopomodoro除了供應小型外帶Pizza，另設有舒適的用餐區，供應正宗即烘拿波里式Pizza。

━Info━

地址： Stazione di Venezia Santa Lucia, 30100 Venezia
網址： www.veneziasantalucia.it/it
前往方法： 可乘坐水上巴士1、2、3、4.1、4.2、5.1或5.2號到「Ferrovia」站即達。

橋上的大運河美不勝收

赤足橋（Ponte degli Scalzi）

　　始建於1858年奧地利人統治期間，委託了1名英國建築師建造了一座充滿「工業風格」的金屬鐵橋，威尼斯人宣稱那鐵橋在美學上跟「水都」並不相容。於意大利統一後，鐵橋亦開始出現結構性問題，在1934年，威尼斯當局委託建築師Eugenio Miozzi重新設計一座「大理石橋」，以營造水都一致的古典美感。

MAP: P.307　A2 - B2

橋是橫跨威尼斯大運河的4大橋樑之一，因連接火車站，所以又被稱為「Ponte della Stazione」（車站橋）。

橋上醉人的大運河風光！過橋後可通往聖十字區。不過複雜的話，左邊是卡納雷吉歐區，從橋的左邊大街Rio Terà Lista di Spagna一直跟著指示走半小時，可通往聖馬可區。

Info

地址：Ponte degli Scalzi, 30100 Venezia VE
開放時間：全年
前往方法：一步出Stazione di Venezia Santa Lucia（聖露西亞火車站）即可看到，在車站外的左前方。

隱藏巷裡的驚喜

Osteria al Cicheto

　　餐館隱藏於一條轉角小巷裡，客人幾乎都是靠口碑而來。菜式以當地特色料理為主，於平日午市和晚市，供應多款優惠套餐。主菜推薦「Tris di Baccalà」，可一次過品嚐三種經典製法的鱈魚料理，另外，「Fegato alla Veneziana con i Fichi」（無花果威尼斯燴豬肝）和「Spaghetti alle Seppie」（墨魚麵），都是十分地道的威尼斯菜，很值得一試。

MAP: P.307　A2

店不太小，但座位有限，全店大約只有少於10張的用餐枱，建議訂座，或於用餐時間前提早到達。

Tris di Baccalà當中有3種以不同方法烹調的鱈魚蓉，包括入口即化的奶油鱈魚、充滿蒜香的維琴察式煮鱈魚和以蕃茄汁慢燉的鱈魚。

從火車站一出往左轉，走到大街Rio Terà Lista di Spagna，然後轉左進入小巷Calle de la Misericordia裡。

Tagliatelle al Ragù d'anatra 鴨肉醬意大利麵，醬汁濃稠味美。

山羊芝士沙律，用料豐富且非常新鮮。套餐是以固定價格，可從菜單的前菜、第1道菜、第2道菜上選擇。午市優惠套餐：前菜＋第1道菜€14；前菜＋第2道菜€18；前菜＋第1道菜＋第2道菜€24。晚市套餐€24 - 33。

Info

地址：Calle de la Misericordia, 367/A, 30121 Cannaregio, Venezia
電話：+39 041 716037（建議預訂）
營業時間：1200 - 1430，1730 - 2230
休息日：逢星期六午市和星期日全日
消費：大約€20 - 30 / 位（只收現金）
網址：www.osteria-al-cicheto.it/it
前往方法：從Stazione di Venezia Santa Lucia（聖露西亞火車站）步行前往，大約3分鐘。

威尼斯

聖保羅區

聖十字區

卡納雷吉歐區

城堡區

外島＋周邊

唯美的建築瑰寶 MAP: P.307 C2
黃金屋美術館
(Galleria Franchetti alla Ca' d'Oro)

建於1440年，曾是貴族馬力諾‧孔塔里尼（Marino Contarini）的宮殿，因建築外牆曾以鍍金作修飾，故被稱為「黃金宮殿」，金飾已褪掉了幾個世紀，宮殿仍然華麗精緻。宮殿最後一位主人男爵喬治‧佛蘭凱蒂（Giorgio Franchetti），去世後把整座黃金宮和畢生藝術收藏，遺贈給市政府，現址及後改建為美術館，展出其珍貴收藏，其中焦點是由 Andrea Mantegna 大師所繪的《San Sebastiano》（聖巴斯弟盎）。

入口位於小巷Calle Ca' d'Oro裡，非常低調，且很易錯過。

在露台上欣賞絕美的大運河全景，是美術館內另一重要亮點！

哥德式風格的「黃金宮」，是大運河上最矚目的宮殿之一。宮殿底層有船隻用的出入口，是水都建築物的特色。

Tips
· 館內不可拍攝。
· 每月第1個星期日免費入場。

美術館的1樓和2樓，都有絕美露台！優雅的鏤空花飾窗戶設計，美得教人屏息。仔細一看，會發現1樓和2樓的窗飾圖案並不一樣。

Info
地址：Calle Ca' d'Oro, 3934, 30121 Venezia
開放時間：1樓 0815 - 1915；星期一0815 - 1400 全館（1至2樓）星期二至日 1000 - 1800（最後售票：關門前30分鐘）
休息日：2樓 逢星期一；全館1/1、1/5、25/12
門票：€8.5；聯票（Ca'd'Oro+Palazzo Grimani）€10
網址：www.cadoro.org
前往方法：乘坐水上巴士1號到「Ca' d'Oro」站，再直行60米即達，入口在左邊。如從Ponte di Rialto（里阿爾托橋）步行前往，大約8-10分鐘。

舊劇院改建的超市 MAP: P.307 B1
Despar Teatro Italia

為了保留劇院的古典建築外觀，Despar的招牌只隱約印在玻璃上，就算經過門外，都未必會發現原來是一間超市。

始建於1914年的舊劇院，後來改建為電影院，於90年代末期，建築物開始被棄用。連鎖超市Despar花了兩年時間，把劇院改造成美輪美奐的超級市場，於2016年開幕，讓客人可穿梭在歷史悠久的建築內選購美食，感受嶄新又獨特的購物體驗。

超市內部面積也算大，價格比起其他城市有一點高。內部牆上和天花保留了昔日的壁畫，很有古今融和的感覺。

Info
地址：Campiello De L' Anconeta, 30121 Venezia
營業時間：0800 - 2130
網址：www.despar.it/it/punto-vendita-despar/753/venezia/
前往方法：從威尼斯Santa Lucia火車站，步行10分鐘。或乘坐水上巴士1號／2號到「S. Marcuola-Casino' SX」，再步行5分鐘。

縫上名字的布藝品
Ricami Veronica

店內所有布藝品，都可以即場用衣車縫上名字，過程不用3分鐘。布藝品種類很豐富，圍裙、毛巾、浴袍、兒童小背包、廚師帽、嬰兒口水肩、廚房布等等。想更加有紀念性，還可以縫上「Venezia」威尼斯的字樣，或貢多拉的圖案。 MAP: P.307 C2

圍裙可以縫上名字，很有紀念性。圍裙€15-20、廚師帽€13。

隔熱墊和廚房布，都可縫上貢多拉的圖案，很有特色。隔熱墊€7、廚房布€10。

Info
地址：Strada Nova, 3821/c , 30121, Venezia
營業時間：0930 - 1930
前往方法：乘坐水上巴士1號到「Ca' d' Oro」站，再步行2分鐘。

前菜「雞尾酒凍蝦」，蝦肉厚實彈牙，非常新鮮。Cocktail di Gamberi €8.5

以蕃茄醬汁烹調的「海鮮意大利麵」，份量挺多，鮮味十足，屬誠意之作。Spaghetti allo Scaglio €15

威尼斯的海鮮香氣
Trattoria Bar Pontini

　　溫馨雅緻的小餐館，坐落在小運河邊，主打經典威尼斯海鮮料理，以傳統方式炮製出自家風味的菜式，招牌菜包括「Sarde in Saor」（醋漬沙丁魚）、「Spaghetti allo Scaglio」（海鮮意大利麵）、墨魚汁麵和各種鱈魚料理等等。飯後甜點「Tiramisu」，口碑也極好。以菜式的份量來計算，整體價格頗經濟實惠，又不失美味，讓人稱心滿意。

MAP: P.307 B2

位於水巷旁邊，戶外用餐區面對著運河和小橋，充滿悠閒感。

餐廳小巧雅緻，滿有家的溫馨感，店內座位不多，建議預早前來。

店內供應的Housewine葡萄白酒，簡單易入口，配海鮮一流。Vino della Casa（1/4 litro）€3

室內牆身畫滿了葡萄樹，營造溫暖舒適的用餐環境。

威尼斯著名前菜冷盤「醋漬沙丁魚」，拌以甜洋蔥和提子乾，酸甜開胃。Sarde in Saor €12.5

---Info---

地址：Cannaregio, 1268, 30121 Venezia
電話：+39 041 714123
營業時間：1130 - 2230
休息日：逢星期日
消費：大約€20 - 35／位
前往方法：從Stazione di Venezia Santa Lucia（聖露西亞火車站）步行前往，大約8分鐘。可乘坐水上巴士4.1、4.2、5.1或5.2號到「Guglie」站，再步行1分鐘。

威尼斯

聖保羅區

聖十字區

卡納雷吉歐區

城堡區

外島+周邊

各種頭飾、帽飾都可租用,但因衛生理由,面具是不作出租之用,如有需要可自行準備。

除了可在「面具狂歡節」期間租用服飾,也可在任何時候租用來拍照留念,或作私人晚宴、舞會之用。

租用華麗衣裳

Nicolao Atelier

　　由享負盛名的舞台服飾設計師Stefano Nicolao所開設的工作室。設計師Nicolao歷年來為國際級電影、舞台劇、歌劇、芭蕾舞劇而製作的衣飾,多不勝數,保守估計超過一百萬件,除了出租給電影作戲服之用,亦在此工作室出租親自設計的華麗衣飾,給客人參予「面具狂歡節」作盛裝打扮,或拍照留念之用。

MAP: P.307 C1

於「面具狂歡節」期間舉行的慶典儀式「天使之飛行」,以往好幾屆的天使服飾,都由店主Nicolao親自設計。

租用衣飾

流程:
想租用衣飾的客人,可透過Email查詢問價,並提供尺碼、喜好的色系和款式。職員會根據資料,於到訪當日準備幾組服飾,給客人前來選擇。

費用:
在「面具狂歡節」租用衣飾,一天費用大約€220起。也可租用全新訂製的服裝,一天費用大約€400起。如於平日租用作拍攝紀念之用,店內有提供半小時短租服務,並可在工作室內的場地,或門外水巷旁「快拍」,費用為€50起。價格視乎質料和款式。

提提你

Nicolao是著名的舞台服飾設計師,歷年來獲獎無數。

在場也有出售少量服飾和布藝品,款式充滿古典氣質。

於工作室後方設有一個大型倉庫,用來存放「海量」服裝,設計以16-18世紀古典優雅風格為主,其中也有以往為舞台或電影特別設計的服裝,包括了《蝴蝶夫人》昔日的舞台服,現在全為出租之用。

店內收藏了大量昔日由Nicolao為各方設計的服飾,華麗優雅且剪裁獨特。

店內有歐式優雅的沙發椅作裝飾,可作為影樓,讓客人穿著古典衣飾拍攝。

━━ Info ━━
地址: Cannaregio, 2590, 30121 Venezia
電話: +39 041 520 7051
營業時間: 0900 - 1300、1400 - 1800
休息日: 逢星期六、日
網址: www.nicolao.com
前往方法: 乘坐水上巴士1號或2號到「S. Marcuola-Casino'」站,再步行6分鐘。

百年傳統糕餅店
Pasticceria dal Mas

於1906年開業的威尼斯傳統糕餅店，經常擠滿客人，特別是早餐和午後的時段。甜點和糕餅選擇十分豐富，軟滑的開心果醬意式泡芙「Bignè con Crema al Pistaccio」和充滿奶油香的泡芙「Bignè con Crema Chantilly」，都是早餐特色飽點之選！咖啡也十分出眾，濃郁的香醇氣味實在誘人！是早餐和下午茶的好去處。 **MAP: P.307 B2**

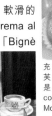

充滿奶油和蛋香的意式泡芙，配一杯朱古力咖啡，是早餐的甜美之選。Bignè con Crema Chantilly €1.3；Mokaccino €1.8

帶點酒香的沙巴翁泡芙，香濃又獨特。Bignè allo Zabaione €1.3；Caffè Macchiato €1.1

不能錯過的咖啡糕餅百年老店，當中大部分的糕餅，都依照傳統做法製造，非常地道。

店內也有出售自家品牌的朱古力和傳統餅乾禮盒裝，店的旁邊更設有附屬的禮餅店。

Info
地址：Rio Terà Lista di Spagna, 150, 30121 Venezia
電話：+39 041 715101
營業時間：0700 - 2100；星期日 0730-2100
消費：大約 €3 - 8 / 位
網址：www.dalmaspasticceria.it
前往方法：從Stazione di Venezia Santa Lucia（聖露西亞火車站）步行前往，大約3分鐘。一出火車站，往左轉入大街Rio Terà Lista di Spagna，直走200米，店在街道的右邊。

黑松露迷之選 **MAP: P.307 D2**
La Bottega del Tartufo

專門出售黑、白松露食材的品牌，供應多達70種自家產品，種類豐富。除了黑松露醬，還有松露油、原片黑松露、松露麵條、黑松露玉米粉、黑松露百花蜜糖和各種松露與其他食材調和出來的醬料，例如露荀黑松露醬等等。店內設有試食區，提供一些熱賣產品以供試嚐。試食過後喜歡的話，大可把松露香氣帶回家！

黑松露配以牛肝菌醬，氣味更香濃獨特。Pesto Porcini e Tartufo €12.5

套裝內有1瓶黑松露醬、1小瓶黑松露牛肝菌醬和1小枝白松露油，屬送禮之選。€15

店內出售全是黑、白松露的食材產品，選擇很多，中央位置設有試食區。

高成份比例的黑松露醬，價格大約 €30 - 70。

Info
地址：Calle Dolfin, 5621, 30121 Venezia
電話：+39 041 523 5659
營業時間：0930 - 2100
網址：www.labottegadeltartufo.com
前往方法：從Ponte di Rialto（里阿爾托橋）步行前往，大約4分鐘。可乘坐水上巴士1號到「Ca' d' Oro」站，再步行4分鐘。

瑞士蓮朱古力專門店
Lindt

從小吃到大的瑞士朱古力Lindt，在歐洲各地設有很多專門店，出售極多不同味道的Lindt朱古力，其中更有意想不到的口味，款式琳瑯滿目，非常誘人。店內亦有供應多款禮盒包裝，特別在復活節和聖誕期間，選擇極多！ **MAP: P.307 C2**

朱古力口味包括有芒果、鹹焦糖「Caramello Salato」、椰子醬「Crema di Cocco」、咖啡「Cappuccino」、士多啤梨「Fragola」、榛子朱古力「Gianduiotto」等等，選擇極之豐富。！

散裝朱古力可自行揀選放入膠袋，以均一價格用重量作計算，比起香港價位不算太便宜，重點是這裡有很多香港沒有的口味。€4.39 / 100g

店內亦設有咖啡吧，供應多種特色咖啡，特別是咖啡朱古力和冬天限定的熱朱古力，濃郁純香。

有多款以意大利著名利口酒流心的「酒心朱古力」，包括有「Sambuca Molinari」和「Praline Grappa Nonino」。另外，幼滑的Cremini內藏西西里開心果「Pistacchio di Sicilia」，和特濃朱古力中間有流心咖啡「Espresso」，亦相當吸引！

Info
地址：Rio Terà de la Maddalena, 2063, 30121 Venezia
營業時間：1000 - 2000
網址：www.lindt.it
前往方法：從Stazione di Venezia Santa Lucia（聖露西亞火車站）步行前往，大約11分鐘。可乘坐水上巴士1或2號到「S. Marcuola-Casino'」站，再步行3分鐘。

色彩歡樂的世界
Pylones

MAP: P.307 C2

　　源自法國的品牌，於歐洲擁有近100間分店，在亞洲和香港地區也有銷售點。商店主售原創設計小物，大部分都色彩繽紛，玩味十足，令人興奮又愛不釋手。其中最有特色的系列，是「以旅遊城市為題」的紀念商品，全以城中最具特色的旅遊景點作圖案，例如小銀包、咖啡杯、便條紙、紙扇等等，當作伴手禮也不錯！

「威尼斯城市杯」以狂歡節面具、總督府和里阿爾托橋作背景，設計非常精美。€9

店中也有出售其他城市杯，以「佛羅倫斯」作背景的這一隻設計極美，除了有聖母百花大教堂的圓頂，還有波提切利名畫《維納斯的誕生》中的女神。€9

以「旅遊城市為題」的商品，還有濃縮咖啡小杯、眼鏡盒、卡片套、便條紙、圍巾等等，設計都以歡樂艷麗為主。

店內出售的精品，有不少可愛的設計，讓人回心微笑。

══ Info ══
地址：Cannareggio, Strada Nova, 3948, 30121 Venezia
電話：+39 041 241 2415
營業時間：0930 - 1930
網址：www.pylonesitalia.it
前往方法：在黃金宮後方的大街。可乘坐水上巴士1號到「Ca' d' Oro」站，再步行1分鐘。

甜美水果宴
Frulalà

MAP: P.307 C2

　　用百分百新鮮蔬果來調製「水果飲料」和「輕食」，最受歡迎有「水果冰沙」，全部即叫即做，不含防腐劑，是健康甜美之選。招牌甜點水果碗「Fruit Bowl」也很吸引，有乳酪、香蕉朱古力、抹茶等等口味，然後再可自選水果粒、乾果作配料。晚間熱賣的「水果雞尾酒」，全以新鮮蔬果汁調配而成，Bloody Mary、Tequila Sunrise、Piña Colada，入口充滿甜美酒香，十分清新。

供應的水果新鮮度很高。在威尼斯設有2間分店，都很受歡迎。

「Fruit Bowl」水果碗下層是自選的甜品底，有Açaí或乳酪可選，上面可任選配料，有麥片、水果、果仁等等。細碗€5

店員準備了一小杯Smoothie，給客人試飲。這種口味叫Evergreen，用了菠蘿、香蕉、菠菜、西柚打成的Smoothie，新鮮甜美。

炎炎夏日，一杯清新的水果冰沙或Cocktail，透心涼！在冬季也有熱騰騰的水果Smoothie，甜蜜暖心。

店內設有中文菜單，方便遊客點餐。晚間更營業到深夜，當中各種水果雞尾酒是不二之選。

══ Info ══
地址：Cannaregio, Fronte Civico 2292, 30121, Venezia
營業時間：星期日至五 0900 - 0200；星期六 2200 - 0200
網址：frulala.com
前往方法：乘坐水上巴士1號到「Ca' d' Oro」，再步行4分鐘。

昔日猶太人聚集區
Ghetto

MAP: P.307 B1

是一個被運河環繞著的小島，也是昔日猶太人的隔離區。於1516至1797年，威尼斯共和國限制猶太人，必須住在這個區域。當年小島只有兩條小橋對外連接，猶太人只允許在白天進出，晚間橋上的門會上鎖，並由兵衛駐守。小島中的廣場「Campo del Ghetto Nuovo」，就是當年猶太人主要的活動範圍。走進這區，可體會當年的歷史，也可感受悄靜樸實的水鄉情懷。

在附近的河畔Fondamenta dei Ormesini，建有很多別緻的小橋，寧靜優美，是拍照的好地方。

這區沒有聖馬可廣場那裡的虛幻豪華，有的是樸素如真的市井生活。

日落時份的Ghetto區，微暗的燈火透出了水鄉的柔美。

於主要廣場Campo del Ghetto Nuovo，建築物樓層特別多，樓底又特別矮，可想像當年猶太人的居住稠密度。

╾Info╾
地址： Campo di Ghetto Nuovo, 30100 Venezia VE
前往方法： 從Stazione di Venezia Santa Lucia（聖露西亞火車站）步行前往，大約15分鐘。可乘坐水上巴士4.1、4.2、5.1或5.2號到「Guglie」站，再步行3分鐘。

了解猶太人文化
猶太博物館（Museo Ebraico）

在Campo del Ghetto Nuovo廣場上有一所猶太博物館，館內收藏了一些猶太教文物，包括節慶用品、希伯來聖經《塔納赫》、婚禮用品、銀器等等。而博物館每天都有舉辦導賞團，有專人帶領參觀附近的「猶太會堂」。在昔日猶太人Ghetto這個狹小隔離區，共建有5所不同派系的會堂（Sinagoghe），有些更建在民居的樓層之中，導賞團可帶領參觀其中的3間。　MAP: P.307 B1

Ghetto中最歷史悠久的猶太會堂「Scuola Grande Tedesca」，會堂中男女座位是分開的，女士們的座位設在二樓。

館內展出了一些節慶用品，包括一些全人手繪製的猶太人「婚姻契約」（Ketubboth）。

於1541年建造的猶太會堂「La Sinagoga Scuola Levantina」，內部以紅色作主調，豪華雅緻。

「La Sinagoga Scuola Levantina」這一間猶太會堂，直至目前仍然有定期舉行宗教活動。

博物館不太大，展品主要是宗教文物。建議購買連同「猶太會堂導覽」的門票，從中可了解更多猶太人文化。

╾Info╾
地址： Campo di Ghetto Nuovo, 2902/b, Venezia
開放時間： 10月至5月1000 - 1730；6月至9月1000 - 1900
導覽團（每小時一節）： 10月至5月1030 - 1630；6月至9月1030 - 1730
休息日： 逢星期六及猶太假期（星期五有機會提早關門）
門票： 博物館＋猶太教堂導覽團€12；博物館€8
網頁： www.museoebraico.it/en/synagogues
前往方法： 乘坐水上巴士4.1、4.2、5.1或5.2號到「Guglie」站，再步行4分鐘。

新派餅店

MAP: P.307 B1

Pasticceria La Donatella

源自1946年，餅店不但供應傳統糕點，還創造出獨特的新派甜點。早餐時段供應多種口味的牛角包，當中最特別有「開心果」口味，牛角包中間是香口滑溜的開心果醬。咖啡以意大利著名品牌Illy的咖啡粉調製。甜點、蛋糕口味眾多，賣相精緻，是下午茶不二之選。裝潢新派典雅，亦有提供少量舒適雅座。

在下午茶時段，最適合前來品嚐一客讓人心花怒放的法式泡芙。€5

Cappucino泡沫細滑，開心果牛角包口味獨特，充滿果仁香。牛角包€1.3、Cappucino €1.6。

開業超過70年，店內裝潢卻屬新派優雅，供應的甜點和蛋糕以新穎款式居多，賣相精緻，讓人眼前一亮。

Info

地址： Canneregio, 1382, 30121 Venezia
營業時間： 0700 - 2100
消費： 大約€5 - 10 / 位
網址： ladpasticceriavenezia.com
前往方法： 從聖露西亞火車站，步行8分鐘。或乘坐水上巴士1或2號到「S. Marcuola- Casino」站，再步行5分鐘。

暖暖窩心的即製Crêpe

Cocaeta - Non le solite Crêpe

牆上貼上了所有口味選擇，配搭多得驚人！每件大約€5 - 8。

店不太大，只有少量站立的空間，而所有Crêpe都是由店主一人即場製作，用餐時間有機會出現人龍。

專門供應各式各樣的Crêpe，材料配搭眾多，有鹹款也有甜款，選擇超過50種，當中還有很多意想不到的創新口味。Crêpe全是即叫即製，餡料選用了當地優質的食材，麵團中沒有用雞蛋和牛奶，口感香滑微脆。即製Crêpe那種暖暖窩心的滋味，讓人回味。

MAP: P.307 A1

加了橙酒Gran Marni的朱古力醬Crêpe，充滿香橙、肉桂和濃郁的朱古力香，酒味不會太重。€6

這款鹹Crêpe內有熟火腿和Monsasio當地芝士做餡料，餅邊烘得微脆，口感香滑。€5.5

Info

地址： 549, Fondamenta S. Giobbe, 30121 Venezia
營業時間： 星期一1300 - 1630、1900 - 2230；星期二1300 - 1630；星期五1300 - 1530、1900 - 2100；週末1300 - 1530、1900 - 2200
休息日： 逢星期三、四
消費： 大約€5 - 15 / 位
前往方法： 從Stazione di Venezia Santa Lucia（聖露西亞火車站）步行前往，大約8分鐘。可乘坐水上巴士4.1或4.2號到「Crea」站，再步行1分鐘。

女生至愛芭蕾鞋

Ballerette

選擇花多眼亂，尖頭閃亮款式，充滿優雅貴氣感。€129

源自羅馬的芭蕾鞋，款式非常吸引！從圓頭平底的經典款，到尖頭閃亮的時尚款，通通都有，顏色、質料選擇很多，所有鞋款都是「Made In Italy」。另一賣點是，每雙鞋子都附上透明鞋盒，少女至愛。

全國一共有5間分店，包括在羅馬、佛羅倫斯和米蘭。經典款蝴蝶結芭蕾鞋由€69起。

所有鞋款都是在意大利設計和製造。立體波波款平底鞋，可愛又獨特。€159

MAP: P.307 C2

休閒系列橫紋平底鞋，質料軟熟而且非常輕身。€108

Info

地址： Strada Nova 3927, Sestiere Cannaregio, 20121, Venezia
營業時間： 1000 - 2000
網址： www.ballerette.com
前往方法： 乘坐水上巴士1號到「Ca' d' Oro」，再步行1分鐘。

海上輝煌

城堡區
Castello

往水都的東邊走，漸漸遠離擁擠的聖馬可區，眼前多了一片休閒感。於運河邊的斯拉夫人堤岸，坐擁一望無際的景致。不遠處就是昔日的軍械庫造船區，這裡秘藏著幾個世紀前共和國的海上輝煌史。再走遠一點，是世上舉足輕重的「威尼斯雙年展」園區，每年歷時6個月的展覽期，讓這片休閒荒地，成為全球藝術與建築界的焦點。

交通

水上巴士
可乘坐1、4.1或4.2號，到軍械庫附近的「Arsenale」站，或雙年展花園附近的「Giardini」站。另有較接近聖馬可區的「S. Zaccaria」水上巴士站，途經路線包括有1、2、4.1、4.2、5.1、5.2、14、20號等等。

步行
可以散步方式，從Piazza San Marco（聖馬可廣場），沿著運河邊的Riva degli Schiavoni（斯拉夫人堤岸）一直步行至威尼斯海洋史博物館和軍械庫。

聖保羅區

聖十字區

卡納雷吉歐區

城堡區

外島＋周邊

A   B   C

N

卡納雷吉歐區
Cannaregio

Ospedale 水上巴士站

聖馬大會堂
Scuola Grande di San Marco

軍械庫（造船區）
Arsenale di Venezia

Libreria Acqua Alta

城堡區
Castello

Scriba

軍械庫內的雙年展展覽空間
La Biennale di Venezia (Arsenale)

Al Giardinetto da Severino

聖馬可區
San Marco

Residenza Veneziana

Il Ridotto

Hilton Shuttle Boat -
ST Marco Stop 碼頭

Padiglione delle Navi

聖馬可廣場
Piazza San Marco

斯拉夫人堤岸
Riva degli Schiavoni

威尼斯海洋史博物館
Museo Storico Navale
di Venezia

Caffè La Serra

雙年展公園
I Giardini della Biennale

S. Zaccaria 水上巴士站

Arsenale 水上巴士站

聖喬治馬焦雷島
San Giorgio Maggiore

Giardini 水上巴士站

城堡區地圖

Giardini Biennale
水上巴士站

文藝復興時期的精緻建築

聖馬可大會堂
（Scuola Grande di San Marco）

始建於1260年，是「聖馬可大會堂」的原址，於1485年大火後重建後，成為了一座極之華麗的文藝復興建築，以白色為主的正立面，用了精緻的科林斯壁柱和眾多大理石雕像組成。大會堂現為「公立醫院」，位於1樓設有「醫學史博物館」和歷史悠久的老藥房，可供遊客參觀。

MAP: P.318 A1

左邊那白色宏偉的建築，就是聖馬可大會堂，而右邊是聖若望及保祿大殿。

Info

地址： Campo dei Santi Giovanni e Paolo, 6777, 30122 Venezia
門票： €5（大部分展品只設意大利文註釋）
網址： www.scuolagrandesanmarco.it
前往方法： 乘坐水上巴士4.1、4.2、5.1、5.2或22號到「Ospedale」站，再步行6分鐘。或從Ponte di Rialto（里阿爾托橋）步行前往，大約8分鐘。

Museo della Scuola Grande di San Marco
聖馬可大會堂博物館
開放時間： 0930 - 1730
休息日： 逢星期一、日
　　　　　（每月第1個星期日除外）

Farmacia Storica e Museo Anatomia Patologica
古藥房及病理解剖博物館
開放時間： 逢星期一、三、五1030 - 1730

Biblioteca Storia Medicina e Archivio Storico
醫學史圖書館與歷史檔案館
開放時間： 逢星期二至五1000 - 1200、1400 - 1600

威尼斯

聖保羅區

聖十字區

卡納雷吉歐區

城堡區

外島+周邊

店中有一條貢多拉，用來放置書籍，這個「書櫃」絕對是世上獨一無二。

走到最盡處有一道通向運河的門，旁邊設有椅子，讓書蟲可以朝向著水巷「打書釘」。偶爾會有一條貢多拉在眼前飄移。

迷失在貢多拉的書堆之中 MAP: P.318 A1
Libreria Acqua Alta

經常水浸是威尼斯的特色，書店店主為了在水位高漲的時候，書本可以好好被保護，想出了一個很好的方法，就是把它們放進貢多拉、浴缸和小艇內！而店主的貓，偶爾會在書堆上閒閒晃，在浴缸裡懶洋洋的靜靜躺，構成更有趣的畫面。這些獨一無二的「景象」，相信只會在威尼斯這裡看得到！也因此被譽為「世上最具特色的書店」之一。然後，別錯過陽台上以「舊書」製造的樓梯階，只要拾級而上，瞥一眼，讓人對「水都」永不忘懷。

店的名字很貼切，叫做「高水位書店」，門口看不出來原來內有乾坤，經過別錯過進去看一看。

再移玉步，會發現書本被藏入舊浴缸！

露台有很別緻的「書梯」，由舊書籍堆起建成的樓梯，上面寫著「Go up, follow the books steps！Climb!!」

店內出售很多具有特色的物件，例如威尼斯共和國地圖、別緻的明信片、關於貓的紀念品、古老的黑膠唱片和各種各樣的新舊書籍，猶如一間舊物博物館。

只要乖乖的跟著指示拾級而上，漂亮的威尼斯水巷景色又在眼前了！

書店擁有驚人的藏書量，一堆堆的新舊書籍隨處可見，堆放在每一個角落，雜亂中卻又有點規律。

─ Info ─
地址： Calle Lunga Santa Maria Formosa, 5176b, 30122 Venezia
電話： +39 041 296 0841
營業時間： 0900 - 2000
前往方法： 從Piazza San Marco（聖馬可廣場）步行前往，大約8分鐘。

威尼斯

聖保羅區

聖十字區

聖十字區

卡納雷吉歐區

城堡區

外島+周邊

難以抗拒的松露香！南瓜小餃子以味噌、榛子和開心果做出多種醬汁作點綴，加上甜美的南瓜乾果、碎果仁和黑松露片，充滿誘人濃香，多層味道非常搭配。€40

笑容滿面的總廚Gianni Bonaccorsi，連同兒子Nicolò一起用心經營和管理，夥前實力派大廚，餐廳更獲得米芝蓮一星評級。

Tips
餐廳於午市供應「2道菜優惠套餐」，以較經濟價格讓客人可以小試米芝蓮餐廳菜式，套餐包括1客3款餐前小點，和1客海鮮或肉類菜式。€35 / 位

城中星級秘店
Il Ridotto

位於聖馬可大教堂背後一個小廣場，內部只設有9張用餐枱子，屬低調優雅的裝潢，感覺高端舒適，讓人差點忘記正身處於擁擠的威尼斯！滿有驚喜的餐廳，供應新派精緻菜式，把富有威尼斯風味的料理，加入獨一無二的新元素，從誘人的菜餚中，表現了精湛的廚藝和無限創意，讓食客不期然的被美食感動。菜式重視味道之餘，也著重精美的賣相，帶給客人味覺與視覺的雙重享受，多年來更獲得米芝蓮一星評級。

`MAP：P.318 A2`

店內擁有寧靜舒適的氛圍，裝潢簡約高雅，沒有過度拘束感，且服務非常細心。

餐廳旁邊設有附屬冰淇淋店，供應自家製作冰淇淋，全以特色優質食材鮮製，其中有不少獨特口味。

冰淇淋味道獨一無二！紫蘿葡和薑與南瓜！是了不得的配搭，全屬驚喜新口味。

前菜變奏三部曲「3Tapas」，其中有奇異果沙丁、青口薯泥和輕脆千層芝麻鱈魚Baccalà。鱈魚充滿奶油香，以多層薄脆千層酥皮包裹著，外面沾上粒粒芝麻，香脆有口感。

小店只有9張餐枱，桌子之間留有空間，感覺寬敞闊落。

青口拌以幼滑薯泥，鮮嫩無比，海帶充滿海水的鮮味，味道十分驚喜！

端來的麵包是新鮮剛烤好的，拿上手還熱烘烘，非常脆香可口！

Info
地址：Campiello, Campo Santi Filippo e Giacomo, 4509, 30122 Venezia
電話：+39 041 520 8280
營業時間：1200 - 1345、1845 - 2145
休息日：逢星期三全日，逢星期四午市
消費：2道菜優惠午餐€35 / 位；5 - 9道菜午或晚餐€95 - 140 / 位
網址：www.ilridotto.com/it
前往方法：乘坐水上巴士1、4.1、4.2、5.2號到「San Marco-San Zaccaria」站，再步行3分鐘。或從Piazza San Marco (聖馬可廣場) 步行前往，大約5分鐘。

水都後花園
Al Giardinetto da Severino

餐廳坐落在一幢15世紀的佐爾齊家族宮殿「Palazzo Zorzi」之內，室內用餐大廳至今仍保留了原有的建築特色，充滿古典韻味。餐廳有一個戶外庭院，夏天時份，可在小花園內享用午膳。菜式方面，主要供應經典威尼斯料理，用傳統方式烹調，以保留原來的風味，招牌菜包括「Risotto alla Pescatora」（海鮮意大利燉飯）、「Tagliolini al Nero di Seppia con Ragù di Astice」（龍蝦肉醬墨魚意大利麵）等等。

MAP：P.318 A1

餐廳在小花園自家種植葡萄，用來自製甜葡萄酒，給客人享用。

來自Burano當地的傳統餅乾，配以甜酒Vin Santo，把餅乾浸入甜酒裡沾一沾，餅乾充滿甜美的酒香。Biscotti Buranelli Con Vin Santo €6

室內用餐大廳曾是佐爾齊家族的小教堂，擁有16世紀的拱形天花、畫作和壁爐，非常古色古香。

布拉諾島海鮮冷盤前菜，用料豐富，有八爪魚沙律、蝦、醃三文魚、奶油鱈魚蓉、醋漬沙丁魚等等。Antipasto di Pesce alla Buranella €14

夏天開放的半露天戶外用餐區，屬威尼斯少有的漂亮庭園，在此用餐，十分悠閒寫意。

---Info---
地址： Salizada Zorzi, 4928,30122 Venezia
電話： +39 041 528 5332
營業時間： 1200 - 1500、1900 - 2200
休息日： 逢星期四
消費： 大約€25 - 35 / 位
網址： www.algiardinetto.it
前往方法： 從Piazza San Marco（聖馬可廣場）步行前往，大約6分鐘。或乘坐水上巴士4.2或5.2號到「S. Zaccaria」站，再步行5分鐘。

優美的海濱大道
斯拉夫人堤岸（Riva degli Schiavoni）

在堤岸旁邊停泊的懷舊船隻，古色古香，富有昔日繁華的水都情懷。

有一條很寬闊的海濱大道，從聖馬可廣場向東面延伸，十分適合慢慢散步。沿著步道，設有很多販賣紀念品的攤位，和一些流動畫廊，展示富有威尼斯風情的畫作，更有街頭畫家在場即時作畫。一路沿著海濱直走，區段越來越寧靜，最後可抵達雙年展公園。

MAP：P.318 A2 - B2

鄰近「S. Zaccaria」水上巴士站，豎立了意大利統一後的第一位國王Vittorio Emanuele II的紀念雕像。

---Info---
地址： Riva degli Schiavoni, 30100 Venezia
開放時間： 全年
前往方法： 乘坐水上巴士2、14、15、4.2或5.2號到「S. Zaccaria」站即達。或從Ponte della Paglia（麥桿橋）沿著運河畔一直往東走。

見證航海時代的輝煌
威尼斯海洋史博物館
(Museo Storico Navale di Venezia)

收藏了大量航海用品、航海圖、船艦模型、海軍裝備等等，讓遊人能體會昔日威尼斯共和國航海時代的輝煌史。門票以聯票形式，可同時參觀後方的Padiglione delle Navi（船之展館），當中展出了各式各樣的船舶，每一艘都具有重要的歷史意義。

MAP：P.318 C2

博物館佔地很大，展廳一共有42個。

坐落在一幢16世紀的建築物，是昔日的海軍倉庫。

---Info---
地址： Riva S. Biasio, 2148, 30122 Venezia
開放時間： 11月至3月1100 - 1700；4月至10月1100 - 1800（最後入場：關門前1小時）
門票： €10（聯票：Museo Storico Navale di Venezia＋Padiglione delle Navi）
網址： www.visitmuve.it/it/musei/museo-storico-navale-di-venezia
前往方法： 乘坐水上巴士1、4.1或4.2號到「Arsenale」站，再步行1分鐘。

威尼斯

聖保羅區

聖十字區

卡納雷吉歐區

城堡區

外島+周邊

蠟印章套裝連蠟，很有古典氣質，送禮一流。€19.5

筆記本都以全手工製作，有多種顏色、花紋和4種不同尺寸可供選擇，每一本都很夢幻，美得讓人愛不釋手。

夢幻的雲石紋紙藝品
Scriba

充滿藝術感的「雲石紋紙」，是一門獨特的傳統手工藝。這店供應由雲石紋紙製作的筆記本和文具，紙的紋理和色澤都夢幻極了，漂亮得讓人心動！除了有不同大小和款式的雲石紋紙筆記本，店內亦出售一些仿古書寫用品和特色手工製品，包括穆拉諾玻璃鋼筆、密函封蠟、羽毛筆、手工壓花皮書、墨水筆等等，讓有關古代文字和書法的藝術商品可留存下去！

MAP: P.318 A1

Scriba源自威尼斯當地，在市中心設有2間分店，都是鄰近聖馬可廣場。

羽毛筆套裝包括了筆身、筆座、墨水和不同的筆頭，非常齊備，充滿復古風。€25

用來把密件封口的密封蠟印章，每個字母都有正楷和草書以供選擇。

不同大小的雲石紋筆記本，價格大約由€12.5 - 19.5。

┌─Info─┐
地址：Salizada San Lio, 5765, 30122 Venezia
電話：+39 041 241 2403
營業時間：0930 - 2000
網址：www.scribavenice.com
前往方法：從Piazza San Marco（聖馬可廣場）步行前往，大約6分鐘。可乘坐水上巴士1或2號到「Rialto」站，再步行5分鐘。

非常精緻的木顏色套裝。圓筒盒子以雲石紙製造。€7.5

蠟印章的圖案選擇很多，其中也有充滿威尼斯風情的「貢多拉」圖案。

昔日裝備海軍的造船區 MAP: P.318 C1 - C2

軍械庫（Arsenale di Venezia）

Tips

軍械庫內設有雙年展的展覽空間，在舉辦期間局部開放給持票人士。

建於1104年，是中世紀時期歐洲規模最大的國家造船區，當年的威尼斯人就在這裡大規模生產船隻、兵器以及進行軍事會議。總面積有45公頃，周邊以長達3公里的高牆圍繞著，用作防禦。造船工業是昔日威尼斯共和國的重點發展產業，在最輝煌的全盛期，曾有多達1萬6千名工人在此工作，而昔日的大型軍艦和商用船，都是在這裡生產。

整個造船區佔地有45公頃，是全城面積的15%，規模十分龐大。直到威尼斯共和國衰落之後，就沒有再在此造船，部分範圍目前為海軍研究所，平日不對外開放。

被防禦高牆圍繞著的軍械庫造船區，曾經是威尼斯共和國海軍工匠的秘密造船基地。

充滿古典主義建築風格的軍械庫大門「Porta Magna」，以巴洛克風格的雕塑作裝飾，門前設有4座不同面貌的古老獅子雕像。

Info

地址：Arsenale di Venezia, 30122 Venezia
開放時間：僅在特定活動期間局部向公眾開放。
網址：arsenale.comune.venezia.it
前往方法：乘坐水上巴士1、4.1或4.2號到「Arsenale」站，再步行3分鐘。

當代藝術潮流的展覽地

雙年展花園
(I Giardini della Biennale)

於19世紀初，由拿破崙構思建造的公共花園，是城中最大的休憩綠地。由1895年舉辦第1屆「威尼斯雙年展」開始，花園裡大約一半的範圍，先後建了近30個代表不同參展國家的特色展館。園中的展館範圍，只開放給雙年展的持票人士，而花園其餘的範圍，則全年向公眾開放，讓人們可以享用一片遠離人煙的休閒空間。 MAP: P.318 C2

威尼斯雙年展
La Biennale di Venezia
於1895年啟辦，被譽為「世界三大藝術展」。於單數年會舉行「藝術雙年展」，而雙數年則舉行「建築雙年展」，主辦單位每年都邀請全球首屈一指的藝術家或建築師，展出其特色作品。除了在園區設有大型展館，在城中的多個地點，亦會舉行一連串的慶祝活動、派對、音樂會、戲劇季、藝術展、電影節等。

提提你

由1895年舉辦第1屆雙年展開始，這裡一直是歷年的舉辦地點。

Info

雙年展花園
I Giardini della Biennale
地址：Calle Giazzo, 30122 Venezia
開放時間：全年；部分範圍屬雙年展館，只開放給雙年展的訪客
門票：公園免費進入
前往方法：乘坐水上巴士1號到「Giardini」或「Giardini Biennale」站，再步行3-5分鐘。或從Piazza San Marco（聖馬可廣場），經Riva degli Schiavoni（斯拉夫人堤岸）步行前往，大約20-25分鐘。

威尼斯雙年展
La Biennale di Venezia
舉行日期：每年大約5月底-11月底
展覽地點：雙年展花園及軍械庫內的特定展覽區
開放時間：1000 - 1800
休息日：逢星期一
門票：€25；26歲以下學生€16（一般在3月底前，在官網訂票有早鳥優惠）
網址：www.labiennale.org

百年玻璃溫室咖啡座

Caffè La Serra

咖啡館位於一個「古老溫室」，主要供應飲料和少量輕食。溫室於1894年落成，以玻璃和鐵枝建造，充滿懷舊風情，吸引很多當地人聚集，寧靜地享受「慢活」。玻璃溫室距離「雙年展花園」僅幾分鐘步程，適合逛完展覽後，順道前來，在綠草如茵的環境下，細味咖啡。 MAP: P.318 C2

特色咖啡「Caffè la Serra」值得一試！以特濃咖啡Espresso、朱古力、牛奶，營造不同色系的層次感，再灑上榛子粒，是多重口感的誘惑！還附上一片當地小餅「Biscottini del Doge」。€3

館內擁有輕鬆的氛圍，供應開胃酒、啤酒、果汁、咖啡和其他有機食品，亦有供應一些簡單輕食和三文治。

玻璃溫室曾被棄用了超過10年，在90年代後期經過多年修復，改建為咖啡館，把古色古香的溫室延續下去。

店內也有出售一些盆栽植物，宣揚綠色生活理念。

Info

地址：Viale Giuseppe Garibaldi, 1254, 30122 Venezia
電話：+39 041 296 0360
營業時間：1000 - 2000
消費：大約€5 - 10 / 位
網址：www.serradeigiardini.org/it
前往方法：乘坐水上巴士1號到「Giardini」站，再步行3分鐘。從雙年展花園步行前往，大約2-5分鐘。

夢幻之地

威尼斯外島+周邊

　　威尼斯其中2個潟湖外島Murano（穆拉諾島）和Burano（布拉諾島），深得遊人喜愛！前者以優雅貴氣的玻璃藝術品而聞名中外，後者則以色彩豐富的漁民房子而舉世聞名，更經常被選為「世上必去的夢幻小島之一」、「一輩子必去的絕美小鎮之一」等等，美得就像傳說中的夢幻國度，讓人嚮往不已。

威尼斯外島 + 周邊地圖

N

A　　　　　　B　　　　　　C

Noventa Di Piave
Designer Outlet

穆拉諾島（玻璃島）
Murano

布拉諾島（彩色島）
Burano

梅斯特雷
Mestre

麗都島 Lido

威尼斯主島

梅斯特雷 Mestre

N

A　　　　　　B　　　　　　C

Via Einaudi

Piazza Ferratto
市中心廣場

Galleria Matteotti

Via Miranese

Via Giuseppe Verdi

Torre dell' Orologio

Via Giosuè Carducci

Mestre Centro
(Piazzale Cialdini) 電車站

Olivi 電車站

Via Piave

Via Podgora

Cinema Dante

Via Cappuccina

Corso del Popolo

Stazione MESTRE FS C3 巴士站

ATVO Autostazione 旅遊巴士總站
（機場巴士 / 往返 Outlet 巴士乘搭處）

Mestre Stazione F.S. 電車站

V.LE Stazione

Stazione di Mestre-Venezia
梅斯特雷火車站

ANDA Venice
Hostel

Interspar 超級市場

穆拉諾島 Murano

N

1

Venier 水上巴士站

聖瑪利亞聖多拿狄聖殿
Basilica dei Santi Maria e Donato

玻璃博物館 Museo del Vetro

Murano Da Mula 水上巴士站

Fon. Rivalonga

Museo 水上巴士站

鐘樓 Torre dell' Orologio

Murano Serenella 水上巴士站

玻璃彗星 Cometa di Vetro

玻璃燒製工坊
Original Murano Glass

Fondamenta dei Vetrai

Fondamenta S. Giovanni dei Battuti

2

Faro di Murano 燈塔

Murano Navagero 水上巴士站

Murano Colonna 水上巴士站

Murano Faro 水上巴士站
(*往來Burano的水上巴士，僅在此站停靠)

A

B

Tips

到訪威尼斯的遊客，一般
都會預留一天時間，遊覽
Murano和Burano兩個潟湖外
島。推薦購買「水上巴士天
票」，又方便又省錢！

A

B

布拉諾島 Burano

N

Mazzorbo 水上巴士站

Fondamenta di Santa Caterina

Burano 水上巴士站

Via San Mauro

3

馬佐爾博島
Mazzorbo

Coop 超級市場

Viale Marcello

布拉諾島
Burano

Casa di Bepi

Fondamenta di Cavanella

Via Baldassarre Galuppi

蕾絲博物館
Museo del Merletto

4

Love Viewing Bridge

Calle Broetta

聖瑪爾定教堂
Parrocchia di San
Martino Vescovo

A

B

始創於7世紀的教堂 Basilica dei Santi Maria e Donato（聖瑪利亞聖多拿狄聖殿），擁有拜占庭式建築風格，很有古樸風味。

「穆拉諾玻璃」都是以全人手製作，每件作品猶如珍貴藝術品，因此價格並不便宜。

島上小廣場上展示了大型玻璃藝術「Cometa di Vetro」（玻璃彗星），充滿時代感，與身後古色古香的鐘樓營造了對比。

要了解島上享譽盛名的玻璃藝術，可參觀「玻璃博物館」，其中一個展廳介紹該島的玻璃工藝發展，和展示各個加工過程。

玻璃博物館位於一座哥德式風格的宮殿之內，昔日是17世紀一名主教的居所。

樓高3層的玻璃博物館，擁有大量珍貴玻璃收藏品，作品由古羅馬帝國至今，並按時序排列展出。

I Can Tips

前往Murano「穆拉諾島」的交通
從威尼斯主島出發（水上巴士）
1. 在聖露西亞火車站外的「Ferrovia」站，乘坐3號到「Museo」、「Murano Faro」或「Murano Colonna」站，船程大約30分鐘。
2. 從東北岸的「F.te Nove」站，乘坐12、4.1或4.2號，到達Murano，船程大約10-20分鐘。
3. 於聖馬可區的「S. Zaccaria (Jolanda)」站，旺季有7號路線到「Murano Navagero」。
從Burano「布拉諾島」出發（水上巴士）
乘坐水上巴士12號到「Murano Faro」站。船程大約35 - 40分鐘，每20 - 30分鐘一班。
（ACTV水上巴士路線圖：詳情可見P.318 255)

享譽盛名的玻璃島
穆拉諾島（Murano）

　　面積不大的穆拉諾島（Murano），由7個小島組成，以多條小橋連接，中央有蜿蜒的水道穿過，景色漂亮。小島亦俗稱為「玻璃島」，因擁有精湛的玻璃工藝而揚名於世。於13世紀，製作玻璃的窯爐需要不停燃燒，對於以「木」為主要建材的威尼斯主島，有潛在危機。政府下令把所有玻璃工坊，遷移到遠離市中心的這個小島，以防萬一，就此形成了「專門製作玻璃」的穆拉諾島。島上設有「玻璃博物館」，展出不同年代和種類的玻璃藝術，包括水晶聖餐杯、玻璃紡織品、豪華吊燈、玻璃馬賽克工藝等等。

MAP：P.326

Murano除了是玻璃工匠的聚集地，也是昔日威尼斯貴族的渡假勝地。從威尼斯主島出發，船程大約20 - 30分鐘。

Info

玻璃博物館 Museo del Vetro
地址： Fondamenta Marco Giustinian, 8, 30141 Venezia
電話： +39 04 173 9586
開放時間： 11月至3月 1000 - 1700（最後售票1630）；4月至10月 1030 - 1800（最後售票1730）
門票： €10；聯票（蕾絲博物館＋Murano玻璃博物館）€12；Museum Pass 聯票（包括11個市政博物館）€24、15 - 25歲學生€18
網址： museovetro.visitmuve.it
前往方法： 乘坐水上巴士4.1或4.2號到「Museo」站，再步行2分鐘。或乘坐水上巴士3、12、13、4.1或4.2號到「Murano Faro」站，再步行10分鐘。

參觀「玻璃燒製工坊」

威尼斯的玻璃製作工藝，歷史可以追溯到10世紀，而穆拉諾島上的所製作的手工玻璃品，更是享譽全球。想了解更多這種千年傳統藝術，島上設有不少玻璃燒製工坊，定時舉行示範表演，並即場創造出獨特的玻璃作品，讓遊人可欣賞工匠的精巧技藝。

工匠把製造玻璃的混合物料，放入高溫特製火爐中燃燒，直至熱熔成液體狀態。

玻璃工匠手藝令人讚嘆，只需短短數分鐘，一匹玻璃「駿馬」大功告成。

工匠利用不同的鉗子工具，把玻璃熔液塑出造型。

Tips

穆拉諾島上有6個碼頭，往彩色島「Burano」的水上巴士，只從這個設有白色燈塔的碼頭「Murano Faro」開出。

Info

Original Murano Glass 玻璃燒製工坊
地址：Fondamenta S. Giovanni dei Battuti, 4b, 30141 Venezia
電話：+39 389 933 5434
開放時間：玻璃燒製示範0930 - 1530（每節約20分鐘）商店0930 - 1700
門票：參觀玻璃燒製過程€5（需網上預約）；商店免費進入
網址：www.visitmuranoglassfactory.com
前往方法：乘坐水上巴士3、12、13、4.1或4.2號到「Murano Faro」站，再沿著運河邊步行，大約3分鐘即達。

走進童話中的彩色島　　布拉諾島

布拉諾島（Burano）

距離穆拉諾島大約半小時船程的布拉諾島（Burano），又名為「彩色島」，島上房子五彩繽紛，就像置身於「童話世界」。這裡每一幢房子都被塗上了鮮豔的色彩，原因是這小島昔日靠捕魚為業，漁夫從遠方乘船回來時，可第一時間把自己的房舍確認出來。雖然島上捕魚業已不再像昔日般蓬勃，為「房舍塗到鮮豔奪目」這個傳統，一直至今沒有改變，也成為了布拉諾島迷人之處。　**MAP: P.326**

房子像彩虹一樣鮮艷奪目，每一個角落都是很美的背景構圖。

Tips

前往「布拉諾島」的交通：
從聖露西亞火車站：（水上巴士）
從「Ferrovia」乘坐3號前往玻璃島「Murano Faro」站，再轉乘12號路線到達「Burano」站，船程大約1小時。

從主島的東北岸 Fondamente Nove：（水上巴士）
從「F.te Nove」站乘坐12號路線到達「Burano」站，船程大約45分鐘。

從穆拉諾島 Murano：（水上巴士）
在「Murano Faro」站可乘坐12號路線往「Burano」站，船程大約35 - 40分鐘，大約每20 - 30分鐘一班。

Info

蕾絲博物館 Museo del Merletto
地址：Piazza Baldassarre Galuppi, 187, 30142 Burano, Venezia
開放時間：11月至3月1000 - 1700；4月至10月 1030 - 1700（最後入場1630）
休息日：逢星期一、1 / 1、1 / 5、25 / 12
門票：€5；聯票（蕾絲博物館＋Murano玻璃博物館）€12；Museum Pass聯票（包括11個市政博物館）€24、15 - 25歲學生€18
網址：museomerletto.visitmuve.it
前往方法：從「Burano」碼頭步行前往，大約6分鐘。在Parrocchia di San Martino Vescovo（聖瑪爾定教堂）斜對面。

在運河旁邊欣賞一整排五彩房子，漂亮的倒影映照在水面，讓人視線不想離開。

布拉諾島

彩色島就像有種魔法，讓人愉悅。陽光調高了眼前景物的飽和度，也豐富了視覺享受。從碼頭下船後，沿經Viale Marcello一直走，看到河道後再繼續直行，不用5分鐘，就可到達島上最經典的拍景位置「Love Viewing Bridge」。站在成直角的小橋上，眼前享有島上最美的風景。再隨意轉入寧靜的小巷，可細味村民的真樸生活。

「Love Viewing Bridge」小橋上看到的畫面，是Burano最經典的風景，大部分遊人都會擠在這裡不停拍照。

以往房子的外牆顏色，是由市政府決定。但現在居民也可參予決定自己房子的用色，只要向政府事先申請，得到批准就可以了。

Burano又被稱為「蕾絲島」，於16世紀時非常盛行蕾絲，婦女們以人手編織各種蕾絲製品而聞名。島上設有一所蕾絲博物館，介紹Burano這門著名的手作工藝。

島上另有一間充滿藝術美感的房子，位於Calle Broetta小路上，外牆以Burano著名的「蕾絲花紋」作圖案，很優雅又具代表性。

這家充滿童趣的房子「Casa di Bepi」，隱藏在小巷轉角裡，因為外牆設計太獨特，吸引很多遊人前去拍照。（地址：Corte del Pistor, 275）

仲夏時份，家家戶戶都以鮮豔的花草來粉飾門外，構成一幅又一幅漂亮的門前美景。

要避開人潮，轉入小巷細逛，就最適合不過了。遠離河道兩旁熱鬧的旅遊區，穿越巷弄之間，去感受截然不同的氛圍。

Via Baldassarre Galuppi 是這裡的主要大街之一，結集了很多商店和餐廳。

「蕾絲博物館」適合熱愛手藝製作的遊客，前去參觀。館內收藏不算多，大部分整齊的擺放在玻璃飾櫃中展示。

威尼斯

聖保羅區
聖十字區
卡納雷吉歐區
城堡區
外島+周邊

從火車站前往市中心，可經大街 Via Piave 向前直走，抵達這個半露天長廊Galleria Matteotti，然後向右走，就是主廣場Plazza Ferretto和鐘塔地標Torre dell' Orologio。因為路程較遠，很多遊人都會選擇留守在火車站一帶。

Tips

從「梅斯特雷Mestre」前往「威尼斯主島」的交通：

巴士：
從梅斯特雷火車站外右邊的「Stazione MESTRE FS C3」站，乘坐巴士2號前往位於主島的巴士總站Piazzale Roma（羅馬廣場）。車程大約12-15分鐘。車票可在火車站內煙草店購買。車票€1.5（ACTV的公共交通1/2/3/7天票也適用）

火車：
可乘坐國鐵Trenitalia的地區火車（Regionale或Regionale Veloce），從「Venezia Mestre」站，往主島上的聖露西亞火車站「Venezia S. Lucia」站，車程10-12分鐘。車票可在火車站內的自動售票機購買，不需預先訂票。車票€1.35

電車：
從Mestre市中心附近的「Mestre Centro（Piazzale Cialdini）」電車站，乘坐T1路線，往主島Piazzale Roma的「Piazzale Roma CORSIA C」電車站。車票€1.5（ACTV的公共交通1 / 2 / 3 / 7天票也適用）

通往水都的門戶
梅斯特雷（Mestre）

威尼斯潟湖區的主島，以往一直沒有與內陸連接，遊人必須以水路方式前往水都。於1845年奧地利帝國統治期間，建立了鐵路大橋，連接本土陸地和主島。於1933年，大橋擴建成為一條長約4公里的「公路鐵路橋」，名為「自由橋」。自此之後，從本土區域的梅斯特雷（Mestre），經火車或巴士前往水都，大約十多分鐘即可抵達。相比潟湖區主島，這裡的住宿費用和物價較為便宜，且交通方便，成為了「經濟型旅客」熱門留宿之地，然後以「一天遊」方式遊覽威尼斯主島。

MAP: P.325

市中心小巧精緻，又不失韻味，如果時間許可，可找一間半露天咖啡廳，享受一下悠閒時光。

Mestre火車站內設有特別螢光幕「Treno per Venezia S. Lucia」，專門列出「前往威尼斯聖露西亞火車站」的班次資訊，開出時間和月台號碼都清楚列出，十分方便。

--- Info ---
前往方法：
從其他城市前往，可乘坐火車到「Mestre-Venezia」。從火車站往市中心廣場，步程大約20分鐘，可在火車站右側的「Mestre Stazione F.S.」電車站轉乘T2線到「Olivi」站。（大部分該區的酒店或住宿，都設在火車站附近）

Interspar超級市場離Mestre火車站約10分鐘步程，樓高2層且規模很大，非常推薦住在Mestre的遊人去盡情掃貨！而在主島潟湖區則只有小型超市。

Mestre火車站附近比較「住宅區」，觀光點不多。鄰近火車站的這一間電影院Cinema Dante，近年於外牆畫上了可愛的壁畫，頓時成為了拍攝熱點。

鄰近水都的Outlet打折村
Noventa Di Piave Designer Outlet

位於威尼斯市中心40公里以外，是該區著名的大型Outlet購物村，擁有多達150間商店，包括Gucci、Prada、Armani、Bally、Bottega Veneta等等經典高端品牌，是購物愛好者的天堂。（詳細介紹及前往方法，見P.032）

--- Info ---
地址： Via Marco Polo, 1, 30020 Noventa di Piave VE, Venezia
網址： www.mcarthurglen.com/it/outlets/it/designer-outlet-noventa-di-piave

Outlet以威尼斯「水都」為主題，購物村內以貢多拉作裝飾，富有水鄉風情。

時尚設計之都

米蘭

Milano (意) / Milan (英)

　　在繁忙的步伐背後，隱藏了一股獨特的魅力。於13至15世紀，米蘭先後被維斯康堤和斯福爾扎等等貴族統治，在城中留下了不少家族印記。於16至19世紀，當時意大利還未統一，米蘭正處於政治不穩的時期，先後被西班牙、奧地利和法國管轄，對於當地文化有深遠的影響。二戰期間全城被空襲，幾乎被完全摧毀。戰後重建，開始把重心放在工商業之上，米蘭漸漸成為全球首屈一指的時尚設計之都，亦演變成充滿藝術氣息的國際大都市。隨著城市的不斷變遷，米蘭大教堂依然是全城的靈魂所在。

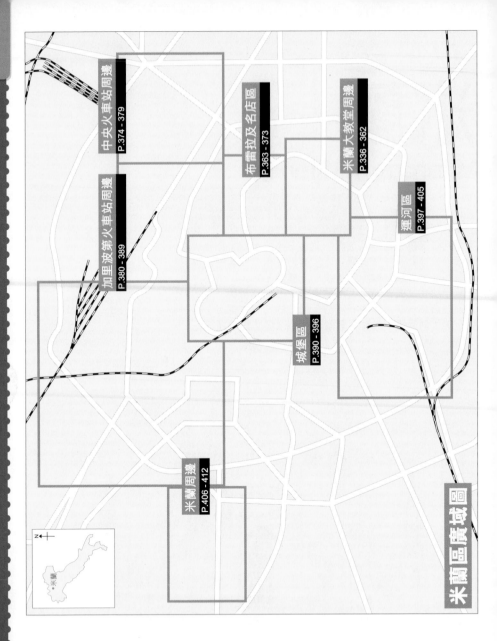

中央火車站周邊 P.374 - 379

布雷拉及名店區 P.363 - 373

米蘭大教堂周邊 P.336 - 362

加里波第火車站周邊 P.380 - 389

運河區 P.397 - 405

城堡區 P.390 - 396

米蘭周邊 P.406 - 412

N

米蘭

米蘭區廣域圖

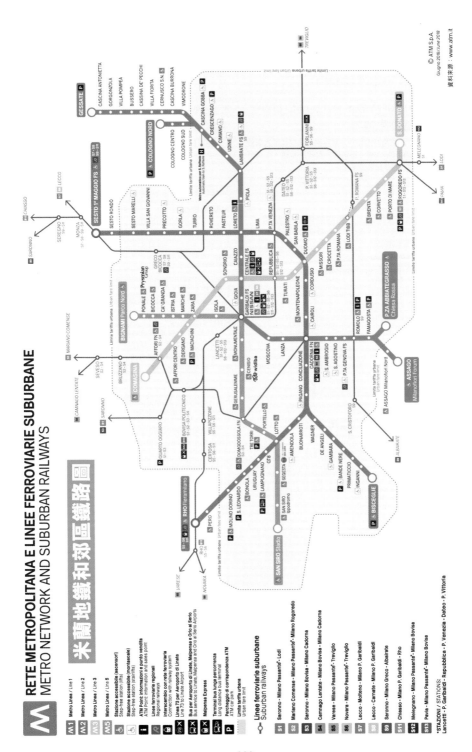

米蘭實用資訊＋市內交通

米蘭機場交通

在米蘭附近，一共有 3 個常用的機場。

1. Aeroporto di Milano Malpensa（MXP）米蘭 - 馬爾彭薩機場

位於市中心西北面49公里外，是米蘭最主要及最大型的機場，一共有2座航站大樓，提供國內及國際航線。從亞洲地區抵達的航班，大多在此降落。

官網：www.milanomalpensa-airport.cn

交通方法：

1. Malpensa Express - 馬爾彭薩機場快線

非常方便的高速列車，來往馬爾彭薩機場的 2 座航站大樓和市中心多個火車站，包括 Stazione di Milano Centrale（米蘭中央車站）、Stazione di Milano Porta Garibaldi（加里波第火車站）和 Stazione di Milano Cadorna（卡多納火車站）。

┌─── Info ───┐
車票：單程€13
運行時間：
來往 Milano Cadorna
往機場 0427 - 0020，
往市中心 0520 - 0020
來往 Milano Centrale /
Milano Porta Garibaldi
往機場 0525 - 2325，
往市中心 0537 - 2237
班次：每15 - 30分鐘一班
車程：大約45 - 55分鐘
官網：www.malpensaexpress.it

2. 機場巴士

從米蘭中央車站出發，車程大約50分鐘。

┌─── Info ───┐

Terravision 巴士公司
車票：單程€8
運行時間：往機場 0350 - 2155；
　　　　　往市中心 0505 - 0010
班次：大約每20分鐘一班；清晨
　　　及半夜班次較疏。
網址：www.terravision.eu

Autostradale 巴士公司
車票：單程€8
運行時間：0400 - 2300
班次：每20分鐘一班
網址：www.autostradale.it

Air Pullman巴士公司
車票：單程€8
運行時間：往機場 0345 - 0015；
　　　　　往市中心 0505 - 0010
班次：大約每20 - 30分鐘一班；
　　　清晨及半夜班次較疏。
網址：www.malpensashuttle.com

3. 的士：

從米蘭市中心乘的士往馬爾彭薩機場，固定價格€95。

2. Aeroporto di Milano - Linate（LIN）米蘭 - 利納特機場

規模較小的機場，非常鄰近市中心，大約在東面8公里外，提供國內和歐洲短線航班。

官網：www.milanolinate-airport.com

交通方法：

1. 機場巴士

從米蘭中央車站出發，經 Milano Lambrate FS（朗布拉特火車站），到利納特機場，車程大約25分鐘。

┌─── Info ───┐
Starfly巴士公司
車票：單程€5
運行時間：往機場0530 - 2230；
　　　　　往市中心 0745 - 2245
班次：每30 - 50分鐘一班
網址：www.starfly.net

2. 的士

從米蘭市中心乘的士往馬爾彭薩機場，單程大約€50。

3. 市內巴士

從米蘭大教堂附近的「Duomo M1 M3」站，乘坐市內巴士73號往總站利納特機場，車程大約25分鐘。

┌─── Info ───┐
車票：單程€1.5
運行時間：0535 - 0035
班次：每10 - 20分鐘一班
網址：www.atm.it

3. Aeroporto di Bergamo - Orio al Serio（BGY）貝加莫 - 奧里奧阿塞里奧機場

位於米蘭市中心50公里外，鄰近小鎮Bergamo，主要提供國內和歐洲廉價航空的短線航班。

官網：www.milanbergamoairport.it

交通方法：

1. 機場巴士

從米蘭中央車站出發，車程大約60分鐘。

┌─── Info ───┐
Terravision 巴士公司
車票：單程€6
運行時間：往機場 0310 - 0000；
　　　　　往市中心 0405 - 0045
班次：大約每20 - 30分鐘一班
網址：www.terravision.eu

米蘭城際交通

米蘭市一共有23個火車站。當中最主要的是Stazione di Milano Centrale（米蘭中央車站），由Trenitalia 或 Italo 所行駛的高速火車，一般都會在此停靠。另外，Stazione di Porta Garibardi（加里波第火車站）、和Stazione di Cadorna，都是市中心內比較繁忙的火車站。

大部分抵達米蘭的大巴，都會停靠在市中心6公里外的Lampugnano長途巴士總站，到埗後需另轉乘地鐵往市中心。

中央火車站是米蘭的最重要交通樞紐。（詳細介紹見P.375）

實用旅行資訊

1. Milano Card 觀光咭

優惠包括：

· 分24小時（票價€8）、48小時（票價€14）和72小時（票價€19）3種，在期限之內，可無限次免費乘搭市內公共交通工具。

· 多個博物館有折扣優惠，部分博物館有提供固定名額、先到先得式的免費入場優惠。

· 1 程UBER免費私家車接送服務。

· 機場巴士折扣優惠。

· 官網：www.milanocard.it

米蘭市內交通

地鐵、巴士和電車

　　由ATM公共交通公司推出的車票，可以在市內地鐵、電車和巴士上使用。車票可在煙草店、ATM售票部、地鐵站內的自動售票機和一些大型報攤購買。

ATM官網：www.atm.it

任何車票在第一次使用時，記緊打票，否則會被當作逃票。

車票可在地鐵站內的自動售票機購買。

每張車票在首次使用時，必須放入打票機打票作啟動，方為有效。

車票種類
（預計從2019年7月起開始生效）

A. 市內普通車票「Biglietto Urbano」票價改為€2，在打票後的90分鐘時限內，可無限次乘坐市內電車、地鐵和巴士。

B. 一天票「Biglietto Giornaliero」、兩天票「Biglietto Bigiornaliero」

在打票後的24小時（一天票）或48小時（兩天票）內有效，可隨意轉乘市內的電車、巴士和地鐵。票價：一天票€7

C. 車票 往 RHO

如前往米蘭國際展覽中心，必須購買特別車票「Biglietti per RHO Fieramilano」。

1. 地鐵

　　米蘭地鐵共有4條路線，四通八達。如果從中央火車站出發，基本上只需乘坐地鐵就可到達各大主要景點，十分方便。當中M1紅色線和M3黃色線是遊客比較常用的。
（米蘭地鐵路線圖見P.333）

地鐵月台上的電子告示牌，列出了下班車的到站時間和前往方向。

行駛時間：
M1、M2、M3:	大約0530 - 0030；	假日 大約0600 - 0030
M5:	大約0540 - 0000；	假日 大約0600 - 0000
1 / 5 和 25 / 12：	大約 0700 - 1930	

3.「Bike Mi」共享單車

　　全市中心一共有402個共享單車站。租用者需預先在網上註冊，和繳付會員費用（一天€4.5；一星期€9），然後可到任何 1 個共享單車站取車和還車。

在米蘭大教堂前方的「Bike Mi」共享單車站。

租車費：頭半小時免費，然後每半小時€0.5，
　　　　每次最多租用2 小時。
運作時間：0700 - 0100
官網：www.bikemi.com

2. 巴士和電車

　　米蘭地鐵四通八達，足以去遊覽米蘭各區，不過，如果想欣賞路面風光，又或者正攜帶大型行李，乘坐巴士或電車，是不錯的選擇。

市中心仍有少量懷舊電車在路面運行，很具特色。

米蘭的電車路線非常多，十分方便。

行駛時間：
電車：頭班車大約 0400 - 0600、尾班車大約 0100 - 0240
巴士：頭班車大約 0530 - 0600、尾班車大約 0030 - 0145
深夜時段有多條「N」線夜班巴士，運行主要區域。

3. 的士

　　起錶日間€3.3、假日日間€5.4、夜間€6.5，然後每公里€1.09 起。預約的士，車資由電話接通後開始計算。
預約電話：＋39 02 7777，或可透過 手機APP「Milano In Taxi」預約。

2. Tourist Museum Card 市立博物館聯票

　　由市政府推出了一種優惠聯票，憑票可在 3 天內免費進入以下市立博物館各 1 次，聯票可在以下博物館購買。價格：€12

包括：
· Galleria d' Arte Moderna（詳細介紹見 P.370）
· Museo del Novecento（詳細介紹見 P.341）
· Musei del Castello Sforzesco（詳細介紹見 P.395）
· Museo Archeologico
· Museo del Risorgimento
· Palazzo Morando Costume Moda Immagine（詳細介紹見 P.371）
· Acquario Civico
· Museo di Storia Naturale
· Planetario Ulrico Hoepli

3. 旅客中心（Info Milano）：

　　官方旅客中心設於埃馬努埃萊二世迴廊尾端，鄰近斯卡拉廣場。除了可以索取免費市內地圖，還可購買觀光咭、查詢各項景點路線，和取得市內最新活動資訊。

── Info ──
地址：Galleria Vittorio Emanuele II,
　　　　Angolo Piazza della Scala, Milano
電話：＋39 0288455555
開放時間：0900 - 1900；週末 · 假日 100 - 1730
休息日：25 / 12 · 1 / 1
米蘭官方旅遊資訊：www.turismo.milano.it

靈氣逼人

米蘭大教堂周邊 Duomo

聳立在市中心的米蘭大教堂「Duomo di Milano」，毫無疑問是米蘭的最心臟地帶。這間全世界第二大的教堂，像一座精雕細琢的白色大理石山，莊嚴奪目，為整個米蘭市注入天地靈氣。圍繞在大教堂附近，餐廳、商店林立，是米蘭最華麗閃亮的地段。遊覽米蘭，就從米蘭大教堂這兒作開端吧！

交通 乘坐地鐵M1紅色線或M3黃色線到「Duomo」站。或可乘坐電車2、12、14、16、19號，在「Duomo」站下車。

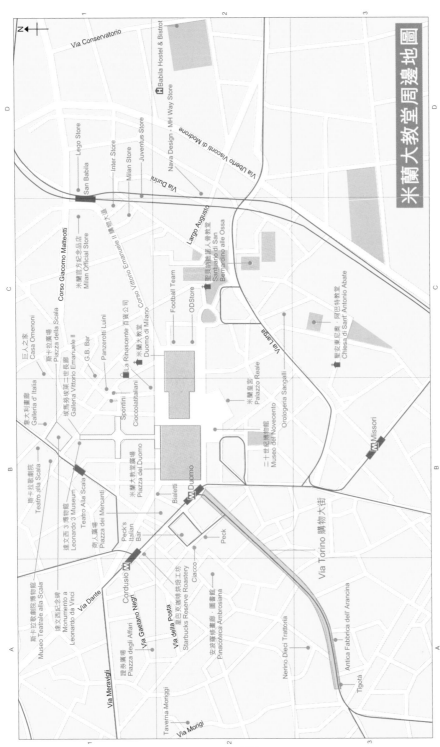

米蘭大教堂周邊地圖

總面積差不多有1.2萬平方米，長度為153米，相等於1.5個足球場那麼長。

世界第2大教堂

米蘭大教堂 (Duomo di Milano)

珍珠白色的米蘭大教堂，是全城最重要的地標，亦是世界第2大天主教堂。始建於1386年，工程歷時超過4百多年，教堂主體於1812年才基本完工，而細節工程則一直持續到1960年，最後一座銅門安裝完成為止才正式結束。教堂擁有讓人震撼的外觀，內外雕像總計多達3400個，充滿奢華極致的巴洛克風格。教堂頂上有135個大理石尖塔，是哥德式的建築典範，最頂部聳立了巨型鍍金聖母雕像，就像在高處守護這座大城市。

MAP: P.337 B2-C3

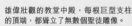

雄偉壯觀的教堂中殿，每根巨型支柱的頂端，都聳立了無數個聖徒雕像。

每支尖塔上都立有雕像，並向天空伸延，好像要跟上天聯繫，神聖且莊嚴。

教堂外牆上有多達150個哥德式風格的「滴水獸」，用來收集雨水，並向下排走。

正立面設有5座20世紀建造的青銅大門，以取代舊有的木門。中央正門建於1908年，門上雕有「聖母升天圖」。

精雕細琢的雕像，數之不盡的分佈在教堂正面和兩側，十分壯觀。

日晷建於1786年，只在強光日子才可目睹其運作。進入教堂後的右側拱頂上，有1個小洞。每當中午，陽光透入小洞，照射到堂內地板這些十二宮圖案之上來報時。

Info

地址：Piazza Duomo, 20121 Milano
網址：www.duomomilano.it
前往方法：乘坐地鐵M1紅色線或M3黃色線到「Duomo」站即達。
備註：在旺季遊覽建議預先訂票，網上訂票手續費€0.5；另有多種導覽團，可在官網查閱。
*開放時間及門票資訊，詳情請參閱P.340

教堂後殿有 3 扇巨型的彩繪玻璃窗，由15至20世紀建造，漂亮得讓人驚嘆。

教堂南側有座讓人毛骨悚然的San Bartolomeo大理石雕像，當年他是被活活剝下皮而殉道。肌肉脈絡線條清晰可見，被認為是解剖學的最佳體現，而聞名於世。

一幅幅彩繪玻璃窗，描述聖經中的故事。當中最古老和最珍貴的，現保存在大教堂博物館內。

從彩繪玻璃窗的右前方，可進入地下墓室Scurolo，內裡安放了紅衣主教Carlo Borromeo的水晶棺。

Tips I Can

教堂內不定期會舉行各種音樂會，包括管風琴演奏。詳情可在官網查閱。
www.duomomilano.it

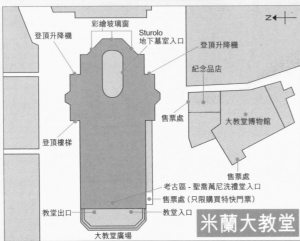

擁有全意大利最大型的管風琴，一共有大約15600根音管。

米蘭大教堂

在大教堂的地底，藏有建於4世紀的Battistero di San Giovanni alle Fonti 聖喬萬尼洗禮堂遺址。

彩繪玻璃窗
登頂升降機
Sturolo 地下墓室入口
登頂升降機
紀念品店
Z←
售票處
大教堂博物館
登頂樓梯
售票處
考古區 - 聖喬萬尼洗禮堂入口
售票處 (只限購買特快門票)
教堂出口
教堂入口
大教堂廣場

如果在日落時份登頂，有機會看到染成了微粉紅的城市景色。

登頂後可近距離欣賞這座偉大建築和大廣場景觀，眼睛穿梭在哥德式風格的尖塔之中，有點不可思議。

閃閃發光的聖母雕像，由 Giuseppe Perego 設計。整座教堂連尖塔和雕像，有108.5米高。

登上大教堂頂部看漂亮美景

從大教堂的頂部，可以用不同角度去欣賞這座雄偉建築，實在令人驚嘆。登上平台，可選擇徒步251級，或乘坐升降機。在這兒可近距離觀賞尖塔上的人物雕像，和聳立在最高處的鍍金聖母像「Madonnina」。有4米高的聖母像，自1774年開始，一直在看守這座城市。

套票資訊：
有各種套票以供選擇，於首次啟動後72小時內有效。

Duomo Pass 套票
A：電梯登頂＋教堂＋考古區＋博物館＋San Gottardo 教堂：€17
B：徒步登頂＋教堂＋考古區＋博物館＋San Gottardo 教堂：€13

Fast-Track 快速通道門票
A：電梯登頂＋教堂＋考古區＋博物館＋San Gottardo 教堂：€25
B：電梯登頂：€23
（登頂快速通道 開放時間：1000 - 1700）

Duomo Tour
90 分鐘的英語導覽團，包含教堂、考古區和登頂：€27（需預約）

參觀博物館了解教堂歷史

Museo del Duomo（大教堂博物館）於1953年落成，收藏了有200件展品，包括雕像、畫作、木製模型和彩色玻璃窗，從中可更了解500多年來大教堂的建築歷史。逛過展館後，別忘了在Duomo Shop（官方紀念品店）逛逛，搜尋一下別具特色的大教堂紀念品。

博物館內收藏了不同時代的大教堂木製模型，可以從中細看其內部設計。

一套 4 個玻璃製造的磁石，上面分別印上了 4 個米蘭最著名的地標。€19.9

源自米蘭的著名文具品牌Moleskine，推出了以「米蘭大教堂」作封面的筆記本，在 Duomo Shop 有售。€12.9

參觀區域	開放時間	票價
教堂內部 Cattedrale	0800 - 1900（最後售票 1800；最後進入 1810）	教堂及博物館 €3
地下墓室（教堂內） Scurolo di S. Carlo	1100 - 1730；星期六 1100 - 1700； 星期日 1330 - 1530（最後進入：關閉前15分鐘）	教堂及博物館 €3
考古區-聖喬萬尼洗禮室（教堂內） Area Archeologica-Battistero di S.Giovanni alle Fonti	0900 - 1900（最後售票 1800；最後進入 1810）	教堂連考古區 €7
登頂 Terrazze	0900 - 1900（最後售票 1800；最後進入 1810）	電梯€14；徒步 €10
大教堂博物館 Museo del Duomo	1000 - 1800（逢星期三休息）	教堂及博物館 €3

米蘭

當代藝術展覽中心
二十世紀博物館
(Museo del Novecento)

位於大教堂廣場上的Palazzo dell' Arengario（阿仁伽里奧宮），被改建成為一座時尚新穎的博物館，於2010年正式開幕，主要收藏20世紀當代藝術家的畫作和雕塑，展品一共多達400件作品，當中包括有藝術大師Carlo Carrà、Giorgio de Chirico、Giorgio Morandi、Arturo Martini等等的重要作品。透過館內的大型玻璃，可欣賞大教堂廣場的美景，是博物館的另一亮點。 **MAP: P.337 B2**

Tips

每月第1個星期日免費入場。另外，每月第1個和第3個星期二的2pm後，可以優惠價€5購票入場。

博物館的正門位於左邊轉角位置，並非面向廣場的。

透過館內的大型半拱形透明玻璃窗，享有大教堂廣場的迷人獨特景致。

位於3樓的餐廳「Ristorante da Giacomo」，可在這個美景前用餐，館內有特別通道，不須門票，都可直上餐廳。

博物館入口有螺旋形通路登上展館，充滿設計藝術感。

除了欣賞當代作品之外，博物館亦是欣賞廣場景色的好地方。從側面觀賞米蘭大教堂，是另一個視角美感。

Info

地址：Palazzo dell' Arengario, Piazza Duomo, 8, 20123 Milano
電話：+39 02 884 440 61
開放時間：星期一 1430-1930；星期二、三、五、日 0930 - 1930；星期四、六 0930 - 2230（最後售票：閉館前1小時）；餐廳 1200 - 0000
門票：€10
網址：www.museodelnovecento.org（博物館）；www.giacomoarengario.com（餐廳）
前往方法：乘坐地鐵M1紅色線或 M3黃色線到「Duomo」站下車，就在大教堂廣場的左方。

全米蘭最熱鬧的地方
大教堂廣場 (Piazza del Duomo)

位於米蘭大教堂前方，是全城最熱鬧的廣場，亦是遊客聚集之地。廣場中心豎立了一個騎馬銅像「Monumento a Vittorio Emanuele II」，是紀念意大利統一後的第一位國王埃馬努埃萊二世，由雕刻家Ercole Rosa於1878年創作。廣場亦是城中大型活動的舉辦場地，包括跨年音樂會。

MAP: P.337 B2 當廣場上有大型活動時，有機會關閉「Duomo」地鐵站的所有出入口。

廣場上有很多白鴿聚集，有人會主動「送」給遊客鴿糧，然後要求收取不合理費用，遊客要注意。

Info

地址：Piazza Duomo, 20121 Milano
開放時間：全年
前往方法：乘坐地鐵M1紅色線或 M3黃色線到「Duomo」站下車。

華麗的展覽空間
米蘭皇宮
(Palazzo Reale)

於18世紀末，經過建築師Giuseppe Piermarini的重新設計，表現了新古典主義風格，成為優雅非凡的皇家宮殿。如今皇宮成為短期展覽館，佔地7000平方米，每年展出大量的藝術品和畫作，當中不乏名師級的傑作。

MAP: P.337 B2

從皇宮正面走進去，就是各短期展覽的售票處和展廳。而Museo del Duomo（大教堂博物館）則設在皇宮左邊的建築內。

Info

地址：Piazza del Duomo 12 , 20121 Milano
開放時間：星期一 1430-1930 ；星期二、三、五、日 0930 - 1930；星期四、六 0930 - 2230（視乎個別展覽 有機會更改）
門票：視乎個別展覽
網址：www.palazzorealemilano.it/wps/portal/luogo/palazzoreale
前往方法：可乘坐地鐵M1紅色線或 M3黃色線到「Duomo」站，再步行到大教堂的正面左側。

米蘭大教堂周邊　布雷拉及名店區　四方名店區地圖　米蘭老店地圖　米蘭中央火車站站周邊

玻璃穹頂下的購物中心
埃馬努埃萊二世長廊
(Galleria Vittorio Emanuele II)

這個十字型長廊，連接了大教堂廣場和斯卡拉劇院2個城中主要地標。採用折衷主義風格，建於1865 至1877年，利用了玻璃和一共353噸的鐵架作為建築材料，建造了一個玻璃圓頂鐵架帷幕天花。長廊以意大利統一後第一位國王Vittorio Emanuele II 而命名，現在是高級品牌購物聖地，當中亦有多間裝潢典雅的咖啡廳、餐館和書店，是華麗的聚集場所。

MAP: P.337 B1

達文西3博物館
Leonardo 3 Museum
出入口
N

客戶服務中心 ── Andrew's Ties
Fratelli Prada
 Gucci

出入口 ── 出入口

Fondazione Prada
Marchesi
Motta
Amorino

Piazza del Duomo　米蘭大教堂
M Duomo入口

在正中央的拱頂邊，有4幅分別象徵農業、藝術、科學和工業的鑲拼畫，為長廊增加了優雅的藝術氣息。

當年為了徵求設計方案而舉行比賽，由鐵路工程師Giuseppe Mengoni 勝出。他在長廊落成前一天，卻發生了意外，從圓頂上墮地不治。

長廊內高級品牌店林立，包括有LV、Versace、Prada、Gucci、Armani等等。而商店招牌為了統一格調，被規定必需為黑底金字。

這種購物長廊是19世紀的新興建築模式，成為了後期室內購物中心的雛型。

在中央地面上，有4幅代表4大城市徽章的馬賽克物磚畫。包括有羅馬的「母娘」、都靈的「公牛」、米蘭的「白底紅十字」，和這個佛羅倫斯的「百合」。

傳說在這幅代表都靈的「公牛」地磚畫上，用鞋跟踩著公牛的下身轉一個圈，就會帶來好運。如果轉上三個圈，就會重回米蘭。

代表米蘭的「白底紅十字」徽章，別具意義。

── Info ──
地址： Galleria Vittorio Emanuele II, 20121 Milano
開放時間： 全年
前往方法： 在米蘭大教堂廣場旁邊，可乘坐地鐵M1紅色線或M3黃色線到「Duomo」站，再步行1分鐘。

全球第一間Prada
Fratelli Prada

源自米蘭的高級時尚品牌Prada，創始人Mario Prada於1913年在埃馬努埃萊二世長廊，開設第1間皮具精品店 「Fratelli Prada」（普拉達兄弟），專售手袋、行李箱、皮具配件等等，不久，成為了上流貴族熱愛的品牌，如今更演變為國際化企業。這間全球第1間Prada，依舊還在，並特意保留昔日的店名。

店內有出售專屬這間店的限量品，對於Prada迷和時尚愛好者，很值得前去朝聖。

── Info ──
地址： Galleria Vittorio Emanuele II, 69, 20123 Milano
電話： + 39 02876 979
營業時間： 1000 - 1930
前往方法： 乘坐地鐵M1紅色線在「Duomo」站下車，再步行5分鐘。

藝術展覽場地
Fondazione Prada Osservatorio

　　由奢侈品牌Prada於1993年創立，是當代藝術和文化的展覽空間。展覽區位於Galleria Vittorio Emanuele II（埃馬努埃萊二世長廊）的5樓和6樓，裝潢簡約時尚，透過落地窗可看到埃馬努埃萊二世長廊的頂側。位於市中心以外，另有一個Fondazione Prada 展覽空間，憑聯票可於7日內前往參觀。

┤Info├

Fondazione Prada Osservatorio
地址：Galleria Vittorio Emanuele, Milano
開放時間：1400 - 2000；週末1100 - 2000
　　　　　（最後售票時間：閉館前半小時）
休息日：逢星期二
門票：Osservatorio＋Fondazione Prada聯票
　　　€15；常設／短期展覽 €10
網址：www.fondazioneprada.org
前往方法：乘坐地鐵M1紅色線在「Duomo」站
　　　　　下車，再步行5分鐘。

Fondazione Prada
地址：Largo Isarco 2，Milano
開放時間：星期一、三、四1000 - 1900；
　　　　　星期五至日1000 - 2100（最後
　　　　　售票時間：閉館前1小時）；La
　　　　　Haunted House：開放直至1800
　　　　　（最後入場：1730）
休息日：逢星期二
門票：Osservatorio＋Fondazione Prada聯票
　　　€15，常設／短期展覽€10
網址：www.fondazioneprada.org
前往方法：乘坐地鐵M3黃色線在「Lodi
　　　　　T.i.b.b.」站下車，再步行10分鐘。

定期舉行不同的藝術展覽，主要關於攝影和視覺語言。

透過落地玻璃，可以看到埃馬努埃萊二世長廊的圓頂外牆。

200年的經典餅店
Marchesi 1824

　　米蘭的一間老牌糕餅店，自1824年起啟業，一直深入民心。在埃馬努埃萊二世長廊內的這一間分店，是近年新開設，並傳承了舊店的絕美裝潢，營造了一個時尚高雅的懷舊氛圍。店以墨綠色為主調，配合半圓窗戶與橫紋天花，別樹一格。店內供應咖啡和各式精美的傳統糕餅和飽點，亦有推出自家製的糖果、朱古力禮盒，包裝非常精緻瑰麗。

有多款傳統糕餅以供選擇，非常吸引，跟咖啡是絕配。

以糖衣包著的朱古力，是店內自家製的產品。粉色系列，賣相誘人。€6

士多啤梨辮子麵包，灑上了一點點開心果仁碎，甜美又有口感。Treccia con Frutta Fresca €2.5

喝一杯醇香濃郁的咖啡，展開一個歡愉的早上。在Bar枱上站著喝，不用另收服務費。Caffè Macchiato €1.3

半圓形的窗框配上埃馬努埃萊二世長廊的景觀，像有一股懾人的魔力，讓人神往。

滿有氣派的內部裝修，高雅時尚，是遊人近年的打咔熱點。（於用餐區專用餐點，需付上服務費和較高的價格。）

在店外的等候區亦很有氣派，綠色絲絨梳化和圖案牆身，充滿古典瑰麗感。

┤Info├

地址：Galleria Vittorio Emanuele II，
　　　20121 Milano
電話：+39 02 94181710
營業時間：0730 - 2100
消費：大約 €5 - 20／位
網址：www.pasticceriamarchesi.com/en.html
前往方法：乘坐地鐵M1紅色線在「Duomo」
　　　　　站下車，再步行5分鐘。在Galleria
　　　　　Vittorio Emanuele II（埃馬努埃萊
　　　　　二世長廊）內。

手工領呔專門店
Andrew's Ties

　　成立於1991年，專售手工男士領呔，以「All Made in Italy」為賣點。工匠注重手工質量，利用100%絲綢為主要質料，以傳統方法製作各款領呔，設計保持優雅時尚風，領呔顏色配搭多樣化，而價位卻十分親民。煲呔亦是熱賣商品，幾乎什麼顏色都有，以配合不同的衣飾和場合。

店內主要售賣自家品牌的領呔，亦有出售少量帽子、手套、皮帶、絲巾等等配飾。

走優雅時尚風的領呔，適合上班、休閒和重要宴會等等不同場合。領呔由€28 - 55，視乎質地及款式。

煲呔顏色選擇非常多，佔據了幾個櫃子，大部分是現成「已打好結」的款式，佩戴方便。€25

單單是藍色系的領呔，已經有超過幾十款以供選擇。€30

┃Info┃
地址：Galleria Vittorio Emanuele II，20121, Milano
電話：+39 02 860935
營業時間：1000 - 1930
網址：www.adties.com
前往方法：乘坐地鐵M1紅色線在「Duomo」站下車，再步行5分鐘。在 Galleria Vittorio Emanuele II（埃馬努埃萊二世長廊）內。

現代感老字號餐室
Motta Milano 1928

　　一間有接近百年歷史的老字號餐廳，近年經精心設計與再造，把傳統咖啡與未來主義融合在一起，展現後現代的創新經典。餐廳由早上開始供應餐飲、咖啡、羊角麵包、餡餅、脆餅等，中午開始供應Pizza、沙律、漢堡包和各種米蘭地道料理和麵食。

各種糕餅和飽點選擇豐富，是早餐之選。

甜點、蛋糕賣相精緻，款式挺多，屬甜點控的至愛。€4

位於在埃馬努埃萊二世長廊面向米蘭大教堂的位置，人流極高，非常便利。

用餐區十分寬敞，充滿時尚的裝潢風格，表現了後現代設計風格。

┃Info┃
地址：Galleria Vittorio Emanuele II，20121 Milano
電話：+39 348 253 4880
營業時間：0700 - 2300；星期六 0700 - 0000；星期日1000 - 2200
消費：早餐大約€5／位；午、晚餐大約€20 - 40／位
網址：www.ilmercatodelduomo.it/motta-caffe-bar
前往方法：在乘坐地鐵M1紅色線在「Duomo」站下車，再步行5分鐘。在 Galleria Vittorio Emanuele II（埃馬努埃萊二世長廊）內。

「邱比特」花之冰淇淋
Amorino

　　以拿著冰淇淋的小愛神「邱比特」作招牌，還把冰淇淋變成一朵小鮮花，充滿浪漫甜美感！店的名字「Amorino」，在意大利文中解作「Little Love」，又意作「邱比特」，店員以一個特製扁平的湯匙勺，把冰淇淋片成花瓣狀，然後再一片一片貼在甜筒上，最後變成貌似一朵鮮花的冰淇淋！現時分店遍佈16個國家，特別在歐洲，有很多「邱比特」的縱影。

如果喜歡法式馬卡龍，亦可要求在冰淇淋上面加上一個。加 €1.8

像一朵玫瑰小花的冰淇淋，口感綿密細滑，水果口味清爽天然。賣相漂亮，迅速俘虜少女心。中號甜筒€3.6

這間是不設座位的外賣店，因為就在米蘭大教堂旁邊，位置太便利，店外經常出現人龍。

┃Info┃
地址：Galleria Vittorio Emanuele II, 20121 Milano
營業時間：1000 - 2200
網址：www.amorino.com
前往方法：乘坐地鐵M1紅色線在「Duomo」站下車，再步行5分鐘。在 Galleria Vittorio Emanuele II（埃馬努埃萊二世長廊）內。

文藝復興時期的天才偉人

MAP: P.337 B1

達文西紀念碑

（Monumento a Leonardo da Vinci）

在斯卡拉廣場上豎立了達文西的紀念碑，以紀念這位文藝復興時期的天才，一個偉大的畫家、雕塑家、建築師、工程師、發明家和科學家。藝術家 Pietro Magni 設計了這座達文西紀念碑，並勝出了一個由布雷拉美術學院舉行的比賽。期後，市政府決定把它豎立在此。

碑上刻上了「Al Rinnovatore delle arti e delle scienze」，以表揚了達文西對藝術和科學上的革新。

出生於中部托斯卡納地區的達文西，先後兩次定居米蘭，在此地留下了不少重要的傑作和貢獻。

碑上的雕像採用來自卡拉拉的白色大理石，底座有4位得意門生的雕像，圍繞著天才橫溢的達文西

於1872年，由國王維奧托二世舉行了紀念碑的落成儀式。

Info

地址：Piazza della Scala, 20121, Milano
開放時間：全年
前往方法：乘坐地鐵M1紅色線到「Cordusio」或「Duomo」站，或M3黃色線到「Montenapoleone」或「Duomo」站，再步行5分鐘。

全球首屈一指的舞台

斯卡拉歌劇院（Teatro alla Scala）

享負盛名的世界級歌劇院

於1778年開幕，可容納2800名觀眾，內部古典華麗，金碧輝煌，當年是一眾貴族名人的場所。在過去的200多年，許多世界知名的演唱家都曾在此演出。而每年的歌劇季開幕之夜，即是12月7日（紀念米蘭的主保聖人Sant' Ambrogio 的聖安博羅修日），吸引眾多名人前來欣賞表演。在全球首屈一指的斯卡拉歌劇院欣賞一場歌劇，是很多音樂愛好者「一生最少要做一次」的事情。

斯卡拉歌劇院博物館

為了讓到訪者可更了解意大利的歌劇藝術，在劇院旁邊，設立了一個博物館 Museo Teatrale alla Scala（斯卡拉歌劇院博物館），展出了大量歌劇的歷史珍藏，包括昔日的服飾、舞台佈景的設計草圖、著名作曲家Giuseppe Verdi（朱塞佩‧威爾第）的樂譜手稿、肖像畫、樂器等等。

歌劇院旁邊設有售票處。不過，想進場欣賞歌劇，建議先網上訂票，記緊表演當天要穿著合適的禮服。

MAP: P.337 B1

深紅色絲絨包廂與鍍金的典雅裝潢，非常有氣派。能登上這兒見表演的音樂家和藝術家，都是很有聲望的。
照片來源：AdobeStock

Info

斯卡拉歌劇院 Teatro alla Scala
地址：Via Filodrammatici, 2, 20121 Milano
各種演出門票：€20 - 220；首演會有機會高達€2000（建議預先訂票）
訂票網址：www.teatroallascala.org
前往方法：乘坐地鐵M1紅色線到「Cordusio」或「Duomo」站或M3黃色線到「Montenapoleone」或「Duomo」站，再步行5分鐘。或從和平門的「Arco Della Pace」站乘坐1號電車到「Teatro alla Scala」站即達。

斯卡拉歌劇院博物館 Museo Teatrale alla Scala
地址：Largo Antonio Ghiringhelli, 1, 20121 Milano
開放時間：0900 - 1730（最後入館 1700）
休息日：1 / 1、復活節、1 / 5、15 / 8、7 / 12、24 / 12下午、25 / 12、26 / 12、31 / 12、12 下午
博物館門票：€9；優惠門票€6（憑「意大利畫廊」門票）
網址：www.museoscala.org
前往方法：博物館入口在斯卡拉歌劇院旁邊。

在世界頂級歌劇院，欣賞歌劇絕對是難忘的體驗。除了歌劇，還有各種藝術表演，包括芭蕾舞、古典音樂等等。
照片來源：AdobeStock

米蘭大教堂周邊　布雷拉及名店區　四方名店區地圖　米蘭老店地圖　米蘭中央火車站周邊

由銀行改建的美術館
意大利畫廊（Galleria d' Italia）

　　由3座歷史悠久的大樓貫連起來的美術館，其中一座是Banca Commerciale Italiana（意大利商業銀行）的原址。館內主要收藏19-20世紀意大利的藝術品，當中包括有聖保羅銀行的收藏品。著名展品有Antonio Canova（安東尼奧·卡諾瓦）所創作的13幅淺浮雕，和由未來主義藝術家Umberto Boccioni（博喬尼·翁貝托）所畫的4幅傑作，包括《Tre Donne》（三位女士）。 **MAP: P.337 B1**

不容錯過的作品有18世紀末由著名雕塑家Antonio Canova所創作的淺浮雕，非凡優雅。

這個新古典主義大廳是以往銀行總部的一部分，地下底層設有一個銀行「金庫」，用作一些珍品展覽。

美術館坐落在著名斯卡拉廣場之上，對面是著名的斯卡拉歌劇院。

館內展出了很多19世紀倫巴第畫作，當中有不少以米蘭作背景，從中可以了解這個城市舊日的模樣。

━━ Info ━━
地址：Piazza della Scala, 6, Milano
開放時間：星期二至日 0930 - 1930；星期四 0930 - 2230（最後入場時間：閉館前1小時）
休息日：逢星期一
門票：€10
網址：www.gallerieditalia.com/it/milano
前往方法：乘坐地鐵M1紅色線到「Cordusio」或「Duomo」站或M3黃色線到「Montenapoleone」站，再步行5分鐘。或從和平門的「Arco Della Pace」站乘坐1號電車到「Teatro alla Scala」站即達。

展區分佈在3座貫連的大樓之中，地下層主要展出一些短期展覽。

由銀行改建的美術館，在設計上保留了昔日銀行的特色，一整排客戶櫃檯仍然存在。

《最後的晚餐》電子修復版
達文西3博物館（Leonardo3 Museum）

　　是探索達文西這一位藝術家和發明家最好的地方。博物館內設有達文西多幅著名畫作的「電子復原版本」，當中焦點當然是《最後的晚餐》。在一個獨立房間內，把《最後的晚餐》數碼修復版本投射到牆壁上，色澤鮮明且構圖完整，完美的驚世畫作呈現在眼前。到訪者亦可戴上360度立體眼罩，體會當時達文西在教堂內作畫的模擬情境。

MAP: P.337 B1

《最後的晚餐》的真跡設在感恩聖母教堂旁邊食堂的牆壁上，如欲參觀必需預約。
（詳情介紹見：P.392 - 393）
提提你

館內展示了達文西所創作的機械模型修復版本，展品超過200個，讓到訪者可親身互動。

━━ Info ━━
地址：Piazza della Scala, 20121, Milano（入口設在Galleria Vittorio Emanuele II 尾端近斯卡拉廣場）
電話：+39 02 495 199 81
開放時間：0930 - 2230
門票：成人€12；租借中文語音導說機＋€4
網址：www.leonardo3.net/it/museo-di-milano
前往方法：乘坐地鐵M1紅色線到「Cordusio」或「Duomo」站或M3黃色線到「Montenapoleone」，再步行5分鐘。

意甲球衣專賣店
Football Team

設在米蘭大教堂的後方，店內出售一共14隊意大利甲組足球隊、意大利國家隊和其他歐洲勁旅的官方球衣。球衣還可以按照客人喜好，免費加上心水號碼、球員名字或自己的名字，過程特快，即日就可領取。想再型格一些，還可以在球衣上印上各種特色徽章，感覺更加「官方」。店內亦有出售各大球隊的紀念品，球迷們不容錯過。

MAP: P.337 C2

一般球衣每件大約€70 - 100，如果想另外印上徽章，需加上附加費，每項價格都有清楚列明。

球衣上的球員名字，亦可按照各人喜好，換上客人的名字。

除了球衣，亦有其他種類的紀念品，以供選擇。

店有2層，當中球衣是最熱賣的商品，球迷們值得前來一看。

球衣選擇非常多，除了本地球隊，亦有出售外國的國家隊官方球衣。

───**Info**───

地址：Piazza del Duomo, 20, 20122 Milano
電話：+39 02 8905 2922
營業時間：1000 - 1900；星期一 1400 - 1900
休息日：逢星期日
網址：www.footballteam-eshop.it/_it/ft-duomo.asp
前往方法：乘坐地鐵M1紅色線或M3黃色線到「Duomo」站，再步行3分鐘。

零食愛好者的天堂
ODStore

最初由一間麵包店起家，逐步發展為連鎖式糖果大賣場。店內除了供應新鮮出爐的麵包、蛋糕、糕點和Pizza，亦出售大量來自歐洲各地的零食小吃，當中有餅乾、糕點、糖果、朱古力、飲品等，應有盡有，商品除了來自著名品牌，亦有屬於小眾廠商，大部分價格都非常實惠，吃貨們不容錯過。無論是自己享用或者用來作手信，都很適合去掃貨。

MAP: P.337 C2

店內有不少產品是來自歐洲各地，只鍾情意大利本土貨的，就要注意了。

朱古力種類十分多，價格都偏向經濟實惠。Laica 開心果朱古力 €0.99

以舊電影海報作鐵盒圖案的朱古力禮盒，很有懷舊風。每盒 €9.9

Confetti 是意大利婚禮喜慶的傳統糖果，以杏仁糖衣包著不同口味的內餡。店內出售很多創新口味，包括餐前酒 Spritz、雞尾酒 Mojito 等。每盒 €2.99

特別版本的瑞士蓮朱古力，以心型的大力水手的鐵盒作包裝。每盒 €12.15

招牌和店內的裝潢都以橙色為主調，鮮明又易識別。

───**Info**───

地址：Piazza del Duomo, 18, 20122 Milano
電話：+39 02 86894478
營業時間：0800 - 2200；
　　　　　星期五、六 0800 - 2300
網址：www.odstore.it
前往方法：在Duomo di Milano（米蘭大教堂）的後方。可乘坐地鐵M1紅色線或M3黃色線到「Duomo」站，再步行3分鐘。

家居飾品充滿高格調時尚風格，表現了享樂生活其中。

在1樓整層，匯集了多個高級國際品牌，專售最新款式的手袋和手提包。退稅服務設於6樓。

五星級購物殿堂
文藝復興百貨 (La Rinascente Milano)

　　是意大利最著名的高級百貨公司，於1865年在米蘭首次啟業，在1917年遇上了大火，幾乎摧毀了整座百貨，後來改名為「La Rinascente」（文藝復興），以表達其「火後重生」的願景。其後，分店擴展到全國多個大城市。在米蘭的這一間，樓高8層，是當中最具規模。店內匯集了世界頂尖的時尚品牌和當地設計商品。在頂層更集合了多家餐廳、食肆、咖啡廳，設有戶外用餐區，可近距離欣賞大教堂和廣場的景致。

MAP: P.337 B1

地下設有各大化妝品和香水專櫃，例如有Acqua di Parma、YSL、Giorgio Armani、Dior 等等，都是歐洲火熱品牌。

廚具家品部亦有很多精美的設計餐具，值得一逛。

超市部出售很多優質食材，松露產品、陳醋、橄欖油等等，目不暇給。

高級手袋品牌包括有Gucci、 Fendi、Chloe、Celine、Balenciaga、Bottega Veneta、Givenchy 等等。

全座百貨一共有10多間餐廳。位於8樓的戶外美食區，更可近距離欣賞大教堂的景致。

店內集中了很多國際品牌，大大小小不同的品牌一共達1500個。

─Info─

地址：Piazza del Duomo, 20121 Milano
電話：+39 02 88521
營業時間：0930 - 2200、星期日1000 - 2200；
　　　　　　美食廣場 0830 - 0000、星期日
　　　　　　1000 - 0000
網址：www.rinascente.it/rinascente/it/flagship-
　　　　store/12/milano-piazza-duomo
前往方法：在Duomo di Milano（米蘭大教堂）
　　　　　　和Galleria Vittorio Emanuele II（埃
　　　　　　馬努埃萊二世長廊）旁邊。乘坐地
　　　　　　鐵M1 紅色線到「Duomo」站，再步
　　　　　　行2分鐘。

人氣Pizza快餐店
Spontini

在1953年，於米蘭成立，是意大利式的Pizza快餐店，至今有60多年歷史。店內供應的Pizza，一直堅持沿用1953年開店時的原始食譜，一直沒有改變，讓供應的Pizza 變成傳統化。開放式廚房，讓客人能看到Pizza 的烘烤過程。為了配合米蘭人的快速節奏，店以快餐形式，提供迅速高效的服務。除了可以散點「件裝」Pizza，亦有幾款套餐連飲品可供選擇。

`MAP: P.337 B1`

「Menu Combo」套餐，包括一件特色口味 Pizza、一客Tiramisù和細杯裝啤酒。€8

Pizza屬於厚底，卻非常鬆軟香脆。火腿磨菇口味的Pizza，經典大眾化，亦美味可口。散點Pizza每件約 €3.8 - 5。

全意大利現有11家分店，包括在羅馬、威尼斯等大城市，亦開始發展到海外。

─ Info ─

地址：Via Santa Radegonda, 11, 20121 Milano
電話：+39 02 8909 2621
營業時間：1030 - 0000
消費：大約 €5 - 10/ 位
網址：www.pizzeriaspontini.it
前往方法：乘坐地鐵M1 紅色線在「Duomo」站下車，再步行5分鐘。

先去買票，然後取票，再找用餐位置。店內全是企位，以自助服務形式用餐。

不用數分鐘整個套餐已經準備好，這種意式Pizza快餐，很適合時間緊迫的遊客。

中世紀氛圍
商人廣場（Piazza dei Mercanti）

一個很有中世紀特色的廣場，現在是短期展覽和露天音樂會的表演場地。廣場被幾座由13 - 16世紀的建築物包圍著，當中的「Palazzo della Ragione」（司法宮），是舊日的政府行政部門。中央處保留了一個古井，別具古典風韻。

`MAP: P.337 B2`

在廣場上的建築物「Loggia degli Osii」，建於1316年，牆身刻有多個家族徽章，1樓的陽台昔日用於宣佈政府法令。

─ Info ─

地址：Piazza dei Mercanti, 20123 Milano
開放時間：全年
前往方法：乘坐地鐵M1紅色線到「Cordusio」站，再步行2分鐘。位於 Piazza del Duomo（大教堂廣場）前方的轉角。

建築物的頂部，刻有很多代表「米蘭」的十字徽章，充滿本土中世紀特色。

雕刻家故居 `MAP: P.337 C1`
巨人之家（Casa degli Omenoni）

曾經是著名雕刻家Leone Leoni的居所和工作室，他於1549年購買了這座房子，並於1565年開始進行翻新。「巨人之家」的名字是取自於建築物立面上的8個巨型雕像，是雕刻家Antonio Abondio的傑作，十分引人注目。

Leone Leoni 和他兒子是藝術收藏家，而著名的達文西手稿《大西洋古抄本》，就是由他的兒子於16世紀末集結而成，現存於安波羅修圖書館。

大門兩旁利用了嵌入式愛奧尼圓柱作裝飾，8個巨型雕像讓建築物變成獨一無二。

─ Info ─

地址：Via degli Omenoni 3, 20121 Milano
開放時間：全年（只可從外參觀，內部不開放給公眾）
前往方法：從Duomo di Milano（米蘭大教堂）步行前往。大約 6 分鐘。

著名街頭小吃
MAP: P.337 B1
Panzerotti Luini

擁有很高知名度的小吃外賣店，主要供應各款Panzerotti（炸麵包）。1949年，來自南部Puglia 大區的Giuseppina Luini 女士，舉家移民到米蘭，把祖父的 Panzerotti 家傳秘方都一併帶來，並開店出售天天新鮮製造的Panzerotti。當時米蘭人還不熟悉這種南部傳統小吃，其後因為太好吃，就越來越出名了。現在除了供應經典的鹹餡料口味，還有甜味可選擇。

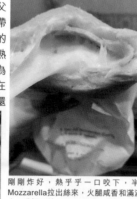

在繁忙時段，人龍長得驚人，不過，店內人手很足夠，等候的時間不會太久。

店外以意大利文和英文列出了所有供應的口味，一共有十多款不同餡料的Panzerotti。

剛剛炸好，熱乎乎一口咬下，半溶的Mozzarella拉出絲來，火腿咸香和滿滿的芝士，香氣四溢。Prosciutto e Mozzarella（火腿、水牛芝士）€2.8

Panzerotti 是一個半圓形的小烤餅，包著餡料，然後炸至金黃。最經典的口味是Pomodoro e Mozzarella（番茄、水牛芝士）。

Info
地址： Via Santa Radegonda 16, 20121, Milano
營業時間： 1000 - 2000；星期一 1000 - 1500
休息日： 逢星期日
消費： 大約 €3 - 6 / 位
網址： www.luini.it
前往方法： 乘坐地鐵M1紅色線到「Cordusio」站，或M1紅色線、M3黃色線的「Duomo」站，再步行 5 分鐘。

休閒路邊雅座
G.B. Bar

傳統咖啡老店和輕食店，早上供應意式咖啡及甜早點，中午供應各樣意式三文治帕尼尼（Panini），傍晚亦可前來嘆一杯開胃調酒及佐酒小吃。店內座位不多，不過，店外設有舒適的路邊雅座，是午後小休的好地方。
MAP: P.337 C1

店外設有路邊雅座，可以舒適的坐下來嘆一杯，休息一下。

晚餐前喝一杯餐前酒Aperitivo，點一客佐酒小吃，是意大利人的飲食文化之一。

Info
地址： Via Agnello 18, 20121 Milano
營業時間： 0700 - 1830；星期六0900 - 1930
休息日： 逢星期日
消費： 大約 €5 - 10 / 位
前往方法： 乘坐地鐵M1紅色線到「Duomo」站，再步行 5 分鐘。

朱古力總滙
Cioccolatitaliani

以「朱古力」為主要賣點的冰淇淋小吃店，於2009年創立，火速成為連鎖式店舖，在米蘭市中心，現有一共9間門市。店家的理念是把美味無窮的朱古力，融和在意式冰淇淋、各種糕點、特色咖啡和一些獨特的菜餚之中，當中以軟滑香濃的冰淇淋最受歡迎，不定期會推出全新的口味配搭。
MAP: P.337 B1

在冬季亦有供應各種即製的可麗餅 Crêpe，有鮮甜果或朱古力餡料作選擇。€6

糕點方面，除了有朱古力口味，亦有各種水果口味。

不定時推出的「Signature Cone」，是包含了 2 - 3款口味的冰淇淋甜筒，口味配搭是店家的心水推薦。€4.5 - 5

Info
地址： Via S. Raffaele , 6 , 20121, Milano
營業時間： 1000 - 2200
消費： 大約 €5 - 10 / 位
網址： www.cioccolatitaliani.it
前往方法： 從Duomo di Milano（米蘭大教堂）步行前往，大約3分鐘。

駭骨小禮堂
聖貝納迪諾人骨教堂
(Santuario di San Bernardino alle Ossa)

　　這間人骨教堂始建於12世紀，教堂附近曾是醫院和公墓的所在地。後來瘟疫蔓延，公墓不夠應用，因而建了一座小房間來存放瘟疫病人的遺體。期後，在旁邊建了一座小教堂，以悼念死者的亡靈，這就是最初的人骨教堂。1712年，教堂毀於一場大火，需要大規模重建，當時把火災中倖存下來的古老骨骸，設計了現在人骨教堂遺骨室的這個模樣，堆砌出十字架和各種裝飾。

`MAP: P.337 C2`

人骨小教堂不是很大，卻放了多達2千個頭顱骨，內裡並不陰森，反而感到氣氛有點莊嚴。

進入了教堂的前廳，右邊有一條窄長的小走廊，就是通往這一間Cappella Ossario（人骨小教堂）。

不同大小的頭骨都整整齊齊的堆放著，佈滿了整個小教堂，令人印象深刻。

優雅的巴洛克建築風格，跟讓人有點毛骨悚然的骸骨，融為了一體，成為了這座教堂的特色。

拱圓天花上的五彩壁畫，刻畫著天堂上正擁抱著喜悅靈魂的天使，象徵人過世後去了一個極樂世界。

四面牆壁、窗台上、裝飾的柱子由底到頂整齊地放置灰白了的駭骨，中間設有以骨頭併合成的十字架。

---Info---

地址：Via Verziere, 2, 20122 Milano
開放時間：平日 0800 - 1200、1330 - 1800；
　　　　　　週末 0930 - 1230
門票：免費進入
前往方法：從 Duomo di Milano（米蘭大教堂）
　　　　　　步行前往，大約10分鐘。

時尚辦公室背包
Nava Design - MH Way Store

「Traveler」系列的小型背包，設計輕巧，內有獨立間隔內可放置12.9英寸的手提電腦。€109

　　意大利設計品牌，起源於米蘭，專售優雅實用型的功能背包。品牌跟多位國際設計師合作，以簡約線條為設計概念，同時又注重其功能性，務求在在美學和功能上找到適當的平衡。背包利用了輕巧耐磨的物料，內部有獨立的手提電腦間隔，款式走簡約優雅風，百搭易襯，深得白領階層的喜愛，除了上班使用，就算在假日外出或旅行時攜帶，亦相當不錯。

`MAP: P.337 D2`

這一款「Duty」系列的背包長期熱賣，屬於高雅斯文款式，並有 3 個尺碼，適合放置不同大小的手提電腦。€145 - 169

除了背包，店內亦有出售文儀用品、手錶、旅行袋、公事包等等。

「Passenger」系列的背包，內部設計可放置手提電腦或 iPad，而最外層間隔方便收藏小物，日常工作或休閒都適合使用。€129

---Info---

地址：Via Durini, 2, 20122, Milano
電話：+39 02 7602 1787
營業時間：1000 - 1900
休息日：逢星期日
網址：www.navadesign.com
前往方法：乘坐地鐵M1紅色線到「San Babila」站，再步行 5 分鐘。

讓人嘆為觀止的天花壁畫 MAP: P.337 C3

聖安東尼奧·阿巴特教堂

(Chiesa di Sant' Antonio Abate)

於13至14世紀期間修建，原址曾是一所12世紀醫院的一部分。教堂的外觀比較簡單，但是，走進去抬頭一看，一整幅畫滿了色彩豐富的壁畫天花，壯觀得讓人驚喜萬分。壁畫於 1631 年由來自 Genova（熱那亞）的畫家Giovanni Carlone，和他的兄弟Giovanni Battista Carlone 合作而成。

此教堂並不是很熱門的旅遊景點，不過，內有如此讓人嘆為觀止的 17 世紀壁畫，很值得參觀。

壁畫描述一些聖經裡關於十字架的情景，還有舊約中渡過紅海的故事。

教堂內部不太大，不過，到處都是美輪美奐的壁畫，讓人印象深刻。

┌─ Info ─┐
地址： Via Sant'Antonio, 5，00122 Milano
開放時間： 3月至 10月 平日1000 - 1800，星期六 1000 - 1400 ； 11月至2月 1000 - 1400
門票： 免費進入
休息日： 逢星期日
網頁： www.faap.it/1/chiesa_di_sant_antonio_abate_3077496.html
前往方法： 乘坐地鐵M1紅色線或M3黃色線到「Duomo」站，再步行 8 分鐘。

百年鐘錶店

Orologeria Sangalli

由Giuliano Sangalli 家族經營的鐘錶店，於1900年開業，主售名貴鐘錶、珠寶、音樂盒等等。品牌主要來自歐洲，當中最特別的，是來自德國黑森林地區的咕咕鐘（Kuckucksuhr），每一個都以人手製造，款式獨特而且選擇眾多。另外，店內亦展示了多款瑞士製造的 Carillon Reuge 珍貴音樂盒，適合收藏家購入作珍藏。

MAP: P.337 C2

木製咕咕鐘非常可愛，每到半點和整點，布穀鳥都會從小木門走出來報時，發出「咕咕」叫聲。
€170

店內天花保留了昔日的手繪花紋，非常別緻。

擁有百年歷史，獲得了市政府頒發的「倫巴底大區傳統老店」証明。

除了有大量咕咕鐘，亦有出售手錶、陀錶、座地鐘、掛牆鐘等等，全屬高貴品牌。

┌─ Info ─┐
地址： Via Bergamini 7，20122 Milano
電話： +39 02 5830 4415
營業時間： 0900 - 1300、1530 - 1900
休息日： 逢星期日、逢星期一上午
網址： www.orologeriasangalli.com/1900/
前往方法： 乘坐地鐵M1紅色線或M3黃色線到「Duomo」站，再步行 8 分鐘。

樂高版本的米蘭大教堂

Lego Store

是全米蘭市中心唯一的Lego官方專門店，大櫥窗展示了以 Lego拼砌出來的米蘭大教堂，非常的壯觀雄偉，成為了店內的矚目焦點之一，推薦樂高迷來看看！專門店一共分2層，樂高玩具款式很齊全。

MAP: P.337 D1

拼砌出來的米蘭大教堂正立面，具有莊嚴瑰麗的感覺。

專門店就在地鐵「San Babila」站外，步行至米蘭大教堂只需 10 分鐘，位置很便利。

用Lego拼出來的米蘭大教堂，非常精緻。仔細一看，教堂的彩色玻璃和教堂頂部的聖母像，都一絲不苟的拼砌了出來。

┌─ Info ─┐
地址： Corso Monforte 2, 20120 Milano
電話： +39 027600 1670
營業時間： 1000 - 2000
網址： www.lego.com/it-it
前往方法： 乘坐地鐵M1紅色線到「San Babila」站，再步行 1 分鐘。

經典購物大道
Corso Vittorio Emanuele II

是市中心的經典逛街路線，連接大教堂廣場和聖巴比拉廣場。自1985年起，整條街道變成步行街，禁止車輛駛入，方便遊人盡情購物。設於這條購物大道的商店，主要是國際和本地男女服飾的知名品牌，當中有很多比較大眾化的商店，包括有Mango、Pinko、Furla、Calzedonia、Bershka、Zara、PennyBlack、Liu Jo、Micheal Kors、O Bag等等。 **MAP: P.337 C1**

意大利時尚女裝品牌Pinko，雖然香港也有專門店，不過，這兒比較多新款，價格亦較低一點。

喜歡玩具的，在這條步行街有一間挺大型的迪士尼商店。

是熱門的購物路線，無時無刻人群不斷，特別在每年的1、2、7和8月全國減價期間，整條街道會更熱鬧。

意大利女裝品牌Falconeri，走斯文柔美路線，大部分設計屬長青款，質料不錯。

國際品牌Mango在意大利的價位跟香港差不多。但在減價期間，部分商品會減至3至7折，非常抵買。

意大利著名女裝內衣店Intimissimi，在此開設了男裝內衣專門店。

[地圖標示：San Babila M Piazza San Babila 聖巴比拉廣場、GEOX、KIKO、SISLEY、ZARA、CALZEDONIA、MAX&CO、INTIMISSIMI、TWIN SET、LUISA SPAGNOLI、MICHEAL KORS、PINKO、DISNEY、SEPHORA、MANGO、MOTIVI、YAMAMAY、CORSO VITTORIO EMANUELE II、MISS SIXTY、FURLA、Rinascente、H&M、VIA PATTARI、Intimissimi Uomo、Piazza Del Duomo 大教堂廣場]

━ Info ━

地址：Corso Vittorio Emanuele II, 20121 Milano
前往方法：乘坐地鐵M1紅色線到「San Babila」站，或M1紅色線或M3黃色線到「Duomo」站，Corso Vittorio Emanuele II 是連接這2個地鐵站的街道。

手信精品
米蘭官方紀念品店
（Milano Official Store）

位於Piazza San Babila（聖巴比拉廣場）上的玻璃小屋，是一所米蘭官方紀念品店，給遊客選購具米蘭特色的紀念品。當中由市政府自家推出的一系列精品，更是手信之選，例如印有米蘭字樣的T恤、外套、磁石貼、杯、文具、擺設等等，最特別的還有「米奇老鼠遊米蘭」系列的精品。 **MAP: P.337 C1**

杯上的經典懷舊電車和米蘭大教堂，是米蘭的最佳標記。每款 €10

從米蘭大教堂經步行街Corso Vittorio Emanuele II，一直走到街尾，就可到達。

「米奇老鼠遊米蘭」的紀念杯，是迪士尼迷必買的手信。€10

同樣是米奇老鼠系列的磁石貼，上面印有「Milano」米蘭的字樣。每款 €5

━ Info ━

地址：Piazza San Babila 20122, Milano
營業時間：0930 - 1930
網址：www.milanofficialstore.it
前往方法：乘坐地鐵M1紅色線到「San Babila」站，再步行1分鐘。從Duomo di Milano（米蘭大教堂）步行前往，大約10分鐘。

國際米蘭紀念品專賣店
Inter Store

位於米蘭大教堂不遠處，可以説是國際米蘭球迷的天堂！店不太大，但出售的紀念商品一應俱全，當中的長期熱賣產品，是各種款式的國際米蘭經典藍黑色球衣。另外，受歡迎的產品還有頸巾、家品、文具、玩具、足球和紀念「Inter」110 週年而推出的小熊等等。地庫更設有童裝部和球賽售票窗口。

`MAP: P.337 C1`

藍黑直紋經典球衣，是國際米蘭球迷必備，當中有多種物料選擇。€86 - 161

可以在球衣加上球員或自己的名字，店內亦有多款徽章可自由選擇，讓球衣變得更個人化。

在樓梯間展示了昔日球員的簽名球衣，猶如一個小型「Inter」博物館。

店內的簽名牆上，有各大球員的親筆簽名，吸引不少球迷拍照留念。

—Info—
地址：Galleria Passarella, 2 , 20122, Milano
電話：+39 02 7601 6297
營業時間：1000 - 2000
網址：store.inter.it
前往方法：乘坐地鐵M1紅色線到「San Babila」站，再步行 2 分鐘。

AC米蘭球隊專門店
Milan Store

如果AC米蘭的球迷們，沒有時間到訪比較遠離市中心的「AC 米蘭博物館」（詳情介紹見 P.409），可以考慮前來這間紀念品專賣店。店開設在大教堂附近，樓高2層，規模龐大，而且商品種類繁多。下層主售各款球衣，上層主售精品、家居用品、玩具、童裝、衣飾品、文具等等，琳琅滿目，非常吸引。 `MAP: P.337`

門口有點隱蔽，在Galleria San Carlo 購物長廊內，Michael Kors 的旁邊。

商品總類很多，當中亦有很多家居用品，球迷可以把心愛的球隊，融入生活。咕𠱸 €15、拖鞋 €16、浴袍 €16

可以把Baby打扮成「AC Milan」可愛小球迷。嬰兒服裝每件 €19.9 - 24.9

專賣店面積挺大，位置便利，是AC米蘭球迷的必去之地。

除了球衣，這些球隊布帶、頸巾，都是頭號熱賣商品。布帶 €15起；頸巾€18起

—Info—
地址：Galleria San Carlo, 20122 Milano
電話：+39 02 4958 0176
營業時間：1000 - 2000
網址：store.acmilan.com
前往方法：乘坐地鐵M1紅色線到「San Babila」站，再步行 1 分鐘。從 Duomo di Milano（米蘭大教堂）步行前往，大約 8 分鐘。

來自都靈的祖雲達斯
Juventus Store

在米蘭市中心，除了有來自米蘭的「Inter」和「Milan」球會所設立的紀念品商店，來自北部Torino（都靈）的「Juventus」（祖雲達斯），因受到大眾球迷的喜愛，故此亦在米蘭開設了官方專賣店。店內出售各種球衣、服飾、精品、文具、小禮品等等，更不定期推出限量版球衣，是球迷的珍藏之選。

`MAP: P.337 D1`

店內有大量球衣、T-shirt、風衣、衛衣和外套，款式主要以黑白雙色為主調。

造型可愛的USB 記憶手指，有祖雲達斯球衣的模樣。16GB €17.9

印上了祖雲達斯標記的小頸扣，簡約精美，輕巧又有紀念性。€3.9

店一共有 2 層，面積雖不太大，但產品種類廣泛，吸引不少球迷前來入貨。

店就在Milan Store 和 Inter Store 的附近，意甲球迷可以一次過到訪3間專賣店參觀和選購心頭好。

—Info—
地址：Corso Europa, 20 , 20122 Milano
電話：+39 02 9286 9366
營業時間：1000 - 2000
網址：store.juventus.com
前往方法：乘坐地鐵M1紅色線到「San Babila」站，再步行 1 分鐘。

百年高級食材店
Peck

於1883年開業，是米蘭歷史悠久的高級食材店，共3層樓，地下主要售賣各種意大利食材，除了乾貨、雜貨，亦有新鮮蔬果、海鮮、肉類、芝士、火腿醃肉和熟食的專櫃，而 2樓是餐廳和輕食店。地下底層有大型的酒窖區，收藏了一共有2500種葡萄酒。食材選擇豐富而且質量優良，推薦美食愛好者前來展開一場美食之購物。

MAP: P.337 B2

有不少食品都以小包裝形式出售，用來送禮亦一流。

Peck 結集了大型食品超市、餐廳和酒窖，是米蘭著名的高級食材店。

—Info—
地址： Via Spadari 9, 20123 Milano
電話： +39 02 802 3161
營業時間： 0900 - 2000，星期日1000 - 1700；星期一 1500 - 2000
網址： www.peck.it
前往方法： 從Duomo di Milano（米蘭大教堂）步行前往，大約5分鐘。

優雅高端經典菜
Peck' Italian bar

在鬧市中的一片恬靜優雅之地，是米蘭著名高級食材店Peck附屬的餐廳和咖啡館，提供精緻的意大利麵和當地經典料理。裝潢貫徹品牌的優雅復古風格，選用木質家具，配搭時尚的簡約裝飾。招牌菜式包括Risotto alla Milanese（米蘭燉意大利飯），以濃郁的芝士、高湯、清雅的白酒、牛油等等慢煮出來，再加入香料Zafferano（番紅花），令整個燉飯變為誘人的鮮黃色，香氣四溢。

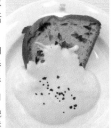

MAP: P.337 B2

源自米蘭的聖誕蛋糕Panettone，佐配軟滑芝士Mascarpone，帶點酒香，味道有層次。€9.5

餐廳亦設有咖啡館，除了前來用餐，亦可來享受一下咖啡和小甜點。

餐廳環境優雅，很有高端感，瀰漫一片悠然典雅的氣氛。

Bar枱用餐區旁邊是半開放式廚房，充滿設計感。

—Info—
地址： Via Cesare Cantù, 3, 20123 Milano
電話： +39 02 869 3017
營業時間： 0800 - 2200，星期六 1000 - 2200
休息日： 逢星期日
消費： 大約 €30 - 60 / 位
網址： www.peck.it/it/ristoranti/peck-italian-bar
前往方法： 乘坐地鐵M1紅色線在「Cordusio」站下車，再步行2分鐘。從Duomo di Milano（米蘭大教堂）步行前往，大約 5 分鐘。

濃郁的米蘭燉飯，無論是味道或是口感，都恰到好處，鮮黃色讓人胃口大開。€13

充滿藝術感的咖啡杯，用來盛載香濃的意式咖啡，更顯完美。一套4款 €19.99

每個季度都會推出新款式的咖啡杯碟套裝，選擇琳琅滿目。一套4款 €19.99

MOKA咖啡壺的始祖

Bialetti

Bialetti 品牌深入民心，分店遍佈全國的大城小鎮。

於1919年由Alfonso Bialetti 創立的廚具品牌。1933年，旗下設計師Luigi De Ponti發明了一種以蒸氣來煮咖啡的「Moka」咖啡壺，自此改變了在家準備咖啡的方式，締造了意大利咖啡的新世代。「Moka」能以極短的時間，利用煮沸時產生的蒸氣，過濾幼細的咖啡粉，炮製出濃烈香醇的Espresso。現今，幾乎每個家庭都有起碼一個「Moka」。而始祖Bialetti，更是很多咖啡愛好者一直追隨的品牌。

MAP: P.337 B2

店內亦有出售自家品牌的煮食鍋、小家電、咖啡機和烘焙工具。

以意大利國旗顏色作主調的MOKA咖啡壺，很有當地特色。1 杯容量€15.9、3杯容量€24.9

用來專門暖著咖啡杯的電熱爐。減價 €17.49

Info

地址：Piazza dei Mercanti, 7, 20123 Milano
電話：+39 02 2336 9408
營業時間：1000 - 2000
網址：www.bialetti.com
前往方法：乘坐地鐵M1紅色線到「Duomo」站，再步行 3分鐘。

無添加手工冰淇淋

Ciacco

這兒的冰淇淋綿密細滑，瞬間俘虜了味蕾！冰淇淋全是自家製作，原材料經過精心挑選，不含任何添加劑，是全天然的滋味。除了大眾口味，還供應很多獨一無二的創意口味，香濃的南瓜Zucca、清甜的佛手柑Bergamotto、很有咬口的蘋果派Strudel，都讓人充滿驚喜，像一場味覺的全新體驗。

MAP: P.337 B2

把菊花、檸檬和續隨子混和而成的Notte di Fiori (夜之花)，是非常意想不到的配搭。Gelato 小號€2.5

香濃甜美的南瓜Zucca冰淇淋，和很有咬口的蘋果派Strudel，非常有驚喜！Gelato 小號€2.5

店內亦有供應咖啡和少量甜點，香醇的意式特濃咖啡配軟滑的奶油，香濃不膩。Espresso con Panna €1.3

每天供應的口味都有所不同，很視乎季節性。店內有舒適用餐區，不另收服務費，可以自行找個位置慢慢享用。

來自Parma 的Ciacco冰淇淋店，不定期推出一些特色口味，喜歡嚐新的要試試。

Info

地址：Via Spadari 13，20123 Milano
電話：+39 02 39663592
營業時間：星期一至六 0800 - 2100
　　　　　　星期日 1400 - 2000
消費：大約 €3 - 5/ 位
前往方法：從Duomo di Milano (米蘭大教堂)步行前往，大約 5分鐘。

美術館擁有1500多件畫作和藝術品，一共分2層在2座建築物內展出，官方建議的參觀時間為最少90分鐘。

達文西和拉斐爾珍貴手稿

安波羅修畫廊
(Pinacoteca Ambrosiana)

　　於17世紀由樞機主教費德里科‧博羅梅奧設計並興建，是意大利最古老的博物館和圖書館之一。現在這兒是一所美術館，收藏了不少米蘭數一數二的藝術傑作，包括了Leonardo da Vinci（達文西）的《Rittratto di Musico》（音樂家）、Caravaggio（卡拉瓦喬）的《Canestra di Frutta》（水果籃）、Raffaello（拉斐爾）的《雅典學院》手稿和達文西手稿《Codex Atlanticus》（大西洋古抄本）等。

MAP：P.337 A2

從美術館可通往旁邊的Biblioteca Ambrosiana（安波羅修圖書館），這兒是世界上第一間向公眾開放的圖書館。

圖書館內收藏了非常珍貴的達文西手稿《大西洋古抄本》，不定期以主題展覽形式，選取當中一部分作展出。

畫作當中亦有Botticelli（波提切利）的著名作品《Madonna del Padiglione》（聖母、聖嬰與三天使）。

依著設定的路線參觀，最後會進入圖書館大廳Sala Federiciana和紀念品書店，然後出口設於圖書館正門，前方是廣場Piazza San Sepolcro。

設在圖書館內的紀念品書店，很有古典書卷氣息。

達文西這一幅《音樂家》肖像畫，是他所有「架上油畫」作品之中，唯一一幅以男性作主角的。

美術館以米蘭的「主保聖人」Sant' Ambrogio（聖安波羅修）而命名，畫廊的正門入口設在Piazza Pio XI。

┌Info┐

地址：Piazza Pio XI, 2, 20123 Milano
電話：+39 02 806 921
開放時間：星期二至日1000 - 1800
　　　　　　（最後入館時間 1730）
休息日：逢星期一、1 / 1、復活節、25 / 12
門票：成人€15；學生€10
網址：www.ambrosiana.it
前往方法：乘坐地鐵M1紅色線到「Cordusio」
　　　　　　站，再步行3分鐘。或乘坐地鐵M3
　　　　　　黃色線到「Duomo」站，再步行5
　　　　　　分鐘。

店內瀰漫著誘人的咖啡香，客人可以在旁觀摩烘焙過程。後方的太陽能告示版，會列出烘焙中的咖啡豆種類。

星巴克商標中的雙尾巴美人魚，此店創作了一個雕塑版本作裝飾，增添了古典藝術感。

華麗登場

星巴克咖啡烘焙工坊
(Starbucks Reserve Roastery)

　　於2018年開業，是全意大利首間星巴克咖啡廳，亦是全球第3間「星巴克咖啡烘焙工坊」，開幕前後引起城中熱話。坐落在歷史悠久的的舊米蘭郵政大樓內，華麗高雅。這裡活像一個「咖啡魔法樂園」，店內自設大型咖啡烘焙機，全天候以獨門方法烘焙各種咖啡豆。裝潢融入了意大利人的設計美學，盡顯氣派。店內供應的創意咖啡值得一試，包括冷萃咖啡和液氮咖啡冰淇淋等等。為了保留本地傳統，店內亦有供應多種意式Espresso和風味小吃。

MAP: P.337 B1

戶外的園林雅座設計很美，像一個銅製的鳥籠。

大型咖啡烘焙機連接天花上的輸送管，把剛烘焙好的咖啡豆，經過金屬管道，自動運送到Main Bar上的透明櫃子裡，隨時備用。

入口處以別緻的海報作裝飾，上面寫上了2018年，正是此店的開幕年份。

店中黑色柱身上的燈罩，由來自威尼斯Murano的藝術大師手工製作出來，泛出金黃淡光，營造格調。

登上階梯，來到位於閣樓的「Arriviamo Bar」。酒吧靈感來自意大利開胃酒的傳統，傍晚開始供應雞尾酒和佐酒小吃，調酒選擇多達100種。

┨Info┠

地址： Via Cordusio 1, 20123 Milano
電話： +39 02 9197 0326
營業時間： 0700-2300
消費： 大約 €5 - 15 / 位
網址： www.starbucksreserve.com/it-it
前往方法： 從Duomo di Milano（米蘭大教堂）步行前往，大約5分鐘。或乘坐地鐵M1紅色線，在「Cordusio」站下車即達。

設計以黑、金雙色為主，營造復古奢華風，盡顯氣派。在華麗的裝潢下，慢享咖啡，確實值得前來。

店員正在介紹咖啡豆和蒸濾咖啡的工具，並示範如何在家製作，最後客人還可試飲。

金色咖啡壺簡約有氣派，上面印上了「Starbucks Reserve Roastery Milano」的字樣，只限在此發售。€60

STARBUCKS RESERVE COLD BREW BAR

冷萃咖啡有獨特的風味，值得一試。咖啡豆研磨成粉後，注入冷水，於低溫環境中，浸泡約12小時，最後把咖啡粉過濾掉，即成。

客人可自行選擇以那種烘焙好的咖啡豆，來製作所點選的咖啡。當中「Vintage Pantheon」這一種咖啡，是米蘭這間特有的烘焙配方。€5.5

有米蘭著名麵包店「Princi」進駐，以人手製作各種麵飽、Pizza、甜點，並以傳統火爐烘烤，讓人驚喜。各式牛角麵包口味眾多，很有意大利風情。

咖啡杯印上了這座建築的外貌，很有紀念性，有黑、灰兩色作選擇。€18

Tote Bag 也是此店的獨家紀念品，以這幢舊日「米蘭郵政總局」作圖案。

建築前身是米蘭郵政總局，咖啡廳的時尚裝潢，完美的融入在這幢歷史古蹟之中。

餐廳擁有迷人瑰麗的情調，充滿古典氣息，鍛鐵吊燈都是由上世紀保存至今。

精緻的棉花糖，淋上暖熱的熱情果醬後，瞬間化成芒果、熱情果、椰子口味的慕斯，像一場甜美的魔術宴。€12

傳統的蕃茄濃湯Pappa al Pomodoro，加入了羅勒去提昇香氣，混入軟水牛芝士，增加了豐厚感。

偏廳是昔日貴族的馬房，牆上的壁畫是上世紀留存下來的，很有歷史意義。

瀰漫中世紀的優雅情調
Taverna Moriggi

建於16世紀的建築之內，餐廳經過了前後 7 年的大型翻新，務求把中世紀的典雅裝潢，一一保存並傳承下去，每一個角落都經過精心思量，最後於2018年重新啟業。泥紅色磚牆、格子木質天花、迷人的鍛鐵吊燈與中世紀壁畫，在這樣歷史悠久的獨特環境中，瀰漫一股華麗優雅的氛圍。菜式注入創新元素，把傳統倫巴第料理，以現代精緻的方式演繹，為客人提供非凡的品味體驗。

MAP: P.337 A2

在紅蝦意大利燉飯內加入了香濃的絲翠奇亞乳酪 Stracciatella，口感軟滑。€24

於1900年啟業，獲市政府頒發「Bottega Storica」百年老店的殊榮。

每個季節，餐廳總廚 Andrea Gurzi 都會推出別具創意的傳統菜式，讓客人有煥然一新的感覺。

╔═ Info ═╗

地址： Via Morigi, 8, 20123 Milano
電話： +39 02 3675 5232
營業時間： 1230 - 1500，1930 - 2330
休息日： 逢星期一
消費： 大約 €40 - 60 / 位
網址： www.tavernamoriggi.com
前往方法： 乘坐地鐵M1紅色線到「Cordusio」站，再步行 7 分鐘。

爭議性的藝術雕塑　**MAP: P.337 A1**
Piazza degli Affari （證券廣場）

在證券廣場的正中間，竪立了一個很具爭議性的雕像。從視覺上看，像一個竪起了中指的不雅手勢。雕塑名為「L.O.V.E.」，於2010年由藝術家 Maurizio Cattelan所創作，象徵 Libertà（自由）、Odio（仇恨）、Vendetta（復仇）和 Eternità（永恆），有指是用來抗議當時全球的經濟狀況。

只要細心觀察，其他的手指原來都被切斷了。名為「L.O.V.E.」的雕塑，像在表露愛與仇恨的交纏。

雕塑後方是證券大樓Palazzo Mezzanotte，是國家金融證券交易的所在地。建築正面有四根巨大的石柱，充滿古典羅馬式風格。

╔═ Info ═╗

地址： Piazza degli Affari, 20123 Milano
開放時間： 全年（只可從外參觀，內部不開放給公眾）
前往方法： 乘坐地鐵M1紅色線到「Cordusio」站，再步行2分鐘。從Duomo di Milano（米蘭大教堂）步行前往，大約 8 分鐘。

購物大街：都靈街 MAP: P.337 B2 - A3
Via Torino

從大教堂廣場旁邊伸展出去的Via Torino（都靈街），是米蘭主要的購物大街之一。這兒曾經是老店和工匠聚集的街道，現今是一條十分繁華興旺的大街，主要結集大眾連鎖服飾的專賣店，包括有Alcott、Stradivarius、OVS、Pimkie、Mango、Zara、Pull& Bear 等品牌，吸引很多年輕人前去購物。

西西里島炸飯球
Antica Fabbrica dell' Arancina

專營西西里島街頭小吃的外賣店，招牌小食「Arancina」（炸飯球）是很多人的至愛。「Arancina」是炸香了的球狀飯糰，內裡包著芝士和各式餡料，最經典口味是Al Ragù（蕃茄肉醬）。剛剛炸好的炸飯球，香氣四溢，香酥微脆的外層，與米飯的咀嚼口感，內在還有濃郁芝士和碎肉咸香，味道讓人大大滿足。

在飯糰內包好了餡料和芝士，捏成球狀，再裹上麵包屑，然後下鍋油炸。

Arancina 是很熱門的街頭小吃，除了味道一流，價格便宜又夠飽肚。

MAP: P.337 A3

小店還有供應西西里島其他特色小食，包括傳統甜點 Cassatina。€3

剛炸出來的Arancina脆卜卜又可口，芝士味濃，不油膩。€3

Info
地址：Via Torino, 57, 20123 Milano
營業時間：1030 - 2345；星期五1030 - 2200；星期六1030 - 0145；星期日1030 - 2300
消費：大約 €3 - 10 / 位
前往方法：乘坐地鐵M3黃色線到「Missori」站，再步行7分鐘。或從Duomodi Milano（米蘭大教堂）步行前往，大約 10 分鐘。

連鎖藥妝店
Tigorà

I Provenzali 推出的玫瑰果油護膚系列，價比性高。左邊的清潔面膜，和右邊的面部磨砂，都是熱賣品。每款 €4.7

是意大利最著名的健康美容產品連鎖店之一，全國擁有超過500間分店，提供多元化的個人身體護理，包括護膚、頭髮護理和嬰兒產品。如果想購買本土的大眾藥妝品牌，這兒有挺多的選擇，當中有不少好物，質量好又便宜抵買。其中 L' Erboristica 和I Provenzali，都是意大利天然美容品的熱門品牌，亦屬經濟之選。 MAP: P.337 A3

被稱為牙膏界「愛馬仕」的Marvis，很多人用過都讚好。綠色是經典的薄荷香。十分推薦紫色，是清香的茉莉花味，不過經常斷貨。每枝€3.85 (85ml)

關於「美容產品」的意大利文單詞：

Viso	面部
Occhi	眼睛
Corpo	身體
Capelli	頭髮
Latte Detergente	洗面奶
Struccante	卸妝液
Tonico Viso	爽膚水
Siero Viso	面部精華
Crema Viso	面霜
Crema Notte	晚霜
Maschera	面膜
Crema Mani	護手霜
Crema Corpo	身體潤膚露
Bagno Doccia / Bagno Schiuma	沐浴露
Balsamo	護髮素
Profumo	香水

Tigorà位於繁忙的購物大街Via Torino。

各款健康美容產品應有盡有，而且價格挺不錯。

有 50 年歷史的草本品牌 L' Erboristica所推出的沐浴露系列，天然滋潤。每款€4.5 - 5

Info
地址：Via Torino, Via Stampa, 14, 20123 Milano
電話：+39 02 8050 3467
營業時間：0900 - 2000；星期日1000 - 2000
網址：www.tigota.it
前往方法：乘坐地鐵M3黃色線到「Missori」站，再步行7分鐘。或從Duomodi Milano（米蘭大教堂）步行前往，大約10分鐘。

屬秋季菜式之一的魚柳佐配南瓜醬汁和續隨子，賣相講究精緻。Filetto di Pesce con Zucca e Cucunci €15

服務生把埋在海鹽下的烤蝦，逐隻放上碟上給客人享用，充滿海洋風情。

人氣海鮮料理
Nerino Dieci Trattoria

　　當地非常受歡迎的一間餐廳，主打創意傳統料理，把傳統菜式加入新派食材作配搭，轉換為絕妙美味的獨家菜式，當中以海鮮料理最受歡迎。招牌菜式有「Tagliatelle con Gamberi Rossi , Lime e Pesto di Pistacchio」（開心果香草醬紅蝦意大利麵）和「Gamberoni Reali in Crosta di Sale」（海鹽焗蝦）等等。根據時令食材，每個季節都會更新菜單，而且價位不高，值得一試。

MAP: P.337 A3

加入了香料和辣椒作烹調的青口，提升了香氣和鮮味。

就餐環境舒適，內廳設有傳統火爐，很有家的溫暖感。

特別在晚市，天天都幾乎滿座，一般都需要預先訂位。

平日中午有供應優惠套餐，第一道菜配餐飲只需 €9，而第二道菜配餐飲亦只需 €12，極之抵食。

敞亮的開放式廚房，讓食客可以一邊欣賞廚師們的認真準備，一邊享受美食。

在廚師們的精心準備下，很多菜式都得到食客大力好評，更累積了不少當地熟客。

---Info---

地址： Via Nerino, 10, 20123, Milano
電話： ＋39 02 3983 1019（建議訂座）
營業時間： 1230 - 1430、1930 - 2300
休息日： 逢星期日全日，逢星期六午市
消費： 大約 €25 - 40 / 位
網址： www.nerinodieci.it

前往方法： 乘坐地鐵M3黃色線到「Missori」站，再步行6分鐘。或從Duomodi Milano（米蘭大教堂）步行前往，大約10分鐘。

文青藝術與上流品味的交匯

布雷拉及名店區
Brera & Quadrilatero della Moda

　　Brera布雷拉區擁有獨特的風格，漫步在滿滿中世紀風情的小巷中，古老的建築、迷人的花園、個性十足的設計小店、休閒舒適的餐室，還有全米蘭收藏最豐富的布雷拉美術館，都為這裡添上了濃厚的文青藝術氛圍。　在布雷拉區的不遠處，就是Quadrilatero della Moda 時尚名店區，整個街區高貴品牌林立，泛出充滿品味的上流氣質。

交通

Brera布雷拉區：
乘坐地鐵M2綠色線到「Lanza」站，亦可乘坐M3黃色線或電車1號到「Montenapoleone」站。

Quadrilatero della Moda名店區：
乘坐地鐵M3黃色線或乘坐電車1號，到「Montenapoleone」站。

從布雷拉區到名店區： 步行大約10分鐘。

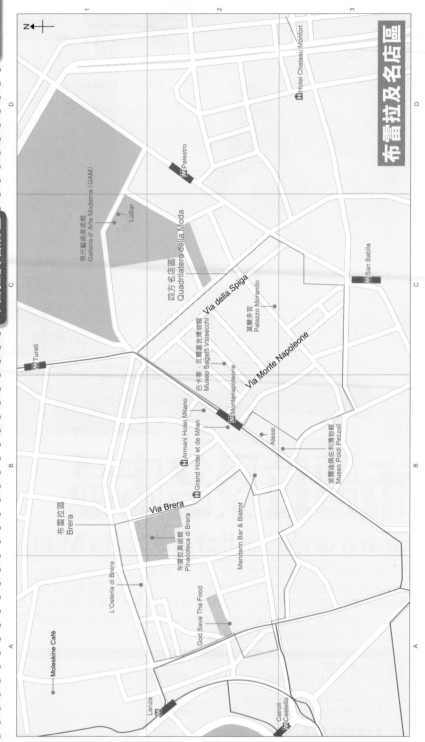

布雷拉及名店區

N

布雷拉及名店區

四方名店區
Quadrilatero della Moda

現代藝術美術館
Galleria d' Arte Moderna（GAM）

LüBar

M Palestro

M Turati

Via della Spiga

莫蘭多宮
Palazzo Morando

M San Babila

H Hotel Chateau Monfort

巴卡華・瓦爾富吉博物館
Museo Bagatti Valsecchi

Via Monte Napoleone

M Montenapoleone

Armani Hotel Milano

Grand Hotel et de Milan

Alessi

波爾迪佩佐利博物館
Museo Poldi Pezzoli

布雷拉區
Brera

Via Brera

布雷拉美術館
Pinacoteca di Brera

Mandarin Bar & Bistrot

L'Osteria di Brera

God Save The Food

Moleskine Café

M Lanza

M Cairoli Castello

在這一間Golden Room 內展示的畫作,都是館內重要收藏,當中有波提切利、曼特尼亞、拉斐爾等藝術大師的作品。

華麗的私人住宅博物館
波爾迪佩佐利博物館
(Museo Poldi Pezzoli)

是19世紀貴族Gian Giacomo Poldi Pezzoli(波爾迪‧佩佐利)的故居,他曾是一名藝術收藏家,於1879年去世之後,把私人住宅和所有收藏品,一併捐贈給市政府。故居成為了一所住宅博物館,收藏品近3千件,除了14至19世紀的畫作外,還有珠寶首飾、武器、玻璃器皿、陶瓷、掛毯、地毯和鐘錶等等,種類極為豐富。

MAP: P.364 B3

★1 Can Tips

可以購買「**Casemuseocard**」住宅博物館聯票,在1年內可進入4間位於米蘭市中心的住宅博物館各1次。包括:Museo Poldi Pezzoli、Villa Necchi Campiglio、Museo Bagatti Valsecchi(詳細介紹見 P.368)和Casa Museo Boschi Di Stefano(詳細介紹見 P.377)。

聯票:€20
網址:www.casemuseo.it

大宅內建有巴洛克式風格的噴泉和梯階,顯現了華麗的氣派。

藝術家Antonio del Pollaiolo(波拉伊奧洛)所畫的一幅女人肖像,刻劃了金髮少女的側面輪廓,是館內最經典的收藏代表作。

位於地下的兵器室,是由著名雕塑家Arnaldo Pomodoro(阿爾納多‧波莫多羅)於2000年設計。

館內收藏了大量古董象牙日晷、指南針和鐘錶,讓人大開眼界。

在欣賞藝術品的同時,亦可感受到這座19世紀貴族大宅的優雅魅力。

▬Info▬

地址:Via Manzoni 12 , 20121, Milano
電話:+39 0279 4889
開放時間:1000 - 1800
(最後入場時間:1730)
休息日:
逢星期二、1 / 1、復活節、25 / 4、1 / 5、15 / 8、1 / 11、8 / 12、25 / 12
門票:€10
網址:www.museopoldipezzoli.it
前往方法:
乘坐地鐵M3黃色線到「Montenapoleone」站,再步行5分鐘。從 Duomo di Milano(米蘭大教堂)步行前往,大約7分鐘。

美術館一共有30多間展覽室，如果想慢慢細看，需要預留大半天時間。

米蘭最大的畫廊
布雷拉美術館
(Pinacoteca di Brera)

　　坐落在歷史悠久的布雷拉宮內，是米蘭最具代表性的美術館。於1809年向公眾開放，擁有400多幅畫作，包括Raffaello（拉斐爾）的《Sposalizio della Vergine》（聖母瑪利亞的婚禮）、Caravaggio（卡拉喬瓦）的《Cena in Emmaus》（以馬忤斯的晚餐）、Paolo Veronese 的《Cena in casa di Simone》（在西蒙之家的盛宴）等等名畫，還有引人注目的《 Il Bacio 》（吻），由威尼斯畫家 Francesco Hayez 於1859年創作，畫中有兩位正在擁吻的年輕人，是浪漫主義藝術的代表作。 **MAP：P.364 B2**

館內設有咖啡廳，環境優雅，供應咖啡、甜點、輕食。

色彩鮮明的《聖母瑪利亞的婚禮》，是由剛滿 20 歲的拉斐爾所創作。年紀輕輕的他，才華洋溢。

庭院設有拿破崙的紀念銅像。美術館開幕之時，米蘭正是在拿破崙的掌控之下。館內部分收藏，是昔日拿破崙從多個地方帶來米蘭的戰利品。

美術館設於1樓，到達布雷拉宮後，先進入庭院，從拿坡侖像後方的大樓梯登上1樓，才能到達美術館的入口。地下樓層是著名的布雷拉美術學院。

文藝復興畫家 Andrea Mantegna（安德烈亞．曼特尼亞）的著名傑作《Cristo morto》（哀悼死去的基督），當中的透視技法令人贊嘆。

這幅《吻》描繪的並不只是愛情，暗中還表達了當年在復興運動中，法國與皮埃蒙特和撒丁島王國結盟一事。畫中以法國國旗的藍色、白色和紅色作主調，來象徵法國。

館內收藏了一些 Giovanni Bellini（喬瓦尼．貝利尼）的著名畫作。當中包括有《Pietà》（哀悼基督），是1460年的作品。

Info

地址：Via Brera, 28, 20121 Milano
電話：+39 02 7226 3264
開放時間：0830 - 1915（最後售票 1840）
休息日：逢星期一、1 / 1、25 / 12
門票：€12
網址：www.pinacotecabrera.org
前往方法：乘坐地鐵M2綠色線到「Lanza」站，再步行6分鐘。或乘坐地鐵M3黃色線到「Montenapoleone」站，再步行8分鐘。

年輕時尚概念餐廳
God Save The Food

餐廳把美食和時尚生活氣息融在一起，氣氛休閒輕鬆。

是米蘭最具代表性的新派食店之一，走年輕高格調路線，重視時尚美感，利用鮮黃色與金色的裝潢配搭，營造出高雅休閒的用餐環境。餐廳由清晨營業至零晨，於不同的時段供應不同種類的美食。客人可以在此品嚐咖啡、包點、鮮果汁、漢堡包、沙律、即製Pizza、新鮮麵食和美味的三文治等等，當中最有特色的，是午晚餐時段推出的 Wok（小炒鍋料理），把亞洲風情融合在意大利的時尚廚房中。

MAP: P.364 A2

在米蘭的Piave和Tortona區，和米蘭大教堂外的La Rinascente 百貨公司地下低層，都開設了分店。

戶外亦設有露天用餐區，位於一個休閒小巧的廣場上，面對一座 15 世紀的教堂。

果撻賣相精緻，餡料豐富，新鮮的士多啤梨香甜誘人。€6

果汁和三文治，是最完美的輕食配搭！鮮製蔬果汁口味選擇多， 份量大大杯，新鮮甜美。蘋果、甘荀、檸檬蔬果汁 €6

Info
地址： Piazza del Carmine, 1, Milano
電話： +39 02 2222 9440
營業時間： 0730 - 0000（午餐 1200- 1500；晚餐 1900 - 2300；其餘時間供應輕食）
消費： 大約 €10 - 30 / 位
網址： www.godsavethefood.it/ristoranti/brera
前往方法： 乘坐地鐵M1紅色線到「Cairoli Castello」站，再步行 5 分鐘。或從 Pinacoteca Brera（布雷拉美術館）步行前往，大約 4 分鐘。

風味料理
L' Osteria di Brera

優雅系裝潢和寧靜的氛圍，營造了溫馨和諧的情調。於1990年開業，位於充滿藝術氣息的布雷拉區，供應菜式種類廣泛，包括海鮮料理、米蘭地道料理和肉類料理。餐廳亦有供應新鮮海產，擺滿在店裡的玻璃櫃內，招牌菜式有意式魚生刺身、生蠔拼盤等等。想品嚐地道一些的菜式，亦可點選米蘭燉飯、米蘭炸肉排等等的傳統風味菜。

MAP: P.364 A1

內廳以石頭磚牆和木質家具作裝飾元素，有和諧溫馨感。

鐵板牛柳配上新鮮火煎菜和小蕃茄，肉汁豐富。Tagliata di Manzo con Rucole e Pomodori €20

烤蔬菜是意大利經典配菜，烘烤過後依然鮮甜。Verdure grigliate €6

一客清新甜美的檸檬雪葩，是夏日最佳的飯後甜點。Sorbetto Limone €6

戶外設有少量雅座，在鵝卵石路邊用餐，特別有歐洲風情。

Info
地址： Via Fiori Chiari, 8, Milano
電話： +39 02 89096628
營業時間： 星期一至四1200-1430，1900-2300；星期五至日1200-2300
消費： 大約 €30 - 40 / 位
網址： www.osteriadibrera.it
前往方法： 乘坐地鐵M2綠色線到「Lanza」站，再步行5分鐘。

Tips
如果想一口氣參觀4間位於米蘭市中心的住宅博物館，可以考慮購買Casemuseocard聯票。（詳細介紹見 P.365）

公寓內部十分奢華，從天花到地磚都經過精心設計。起居室Sala Bevilacqua的整個牆身，鋪滿了19世紀末所製作的金色圖案紅掛毯，非常優雅。

文藝復興風格的貴族住宅
巴卡蒂·瓦爾塞吉博物館
（Museo Bagatti Valsecchi）

　　是全意大利保存得最完好的住宅式博物館之一。這間19世紀的公寓豪宅，是由Bagatti Valsecchi 豪門貴族中的兄弟Fausto 和Giuseppe一起精心打造。於1880年，他們以「文藝復興」風格為藍本，親自參與設計，並同時不斷收集來自15-16世紀文藝復興時期的繪畫、雕塑和藝術品作裝飾，務求讓家中所有細節，能十全十美，達至統一的復古風格。

MAP: P.364 C2

從售票處登上博物館展廳的樓梯階非常古典優雅，顯露了非凡的氣派。

在Galleria delle Armi 兵器收藏室內，展示了屋主兩兄弟所收藏的盾牌、武器和盔甲。

浴室中的大理石浴缸，猶如一個文藝復興時期的噴泉，在19世紀後期，更加建了自來水設備，是當年非常現代的家居設施。

在這兒不但能欣賞到19世紀末期貴族階層的住宅裝飾，還能感受到文藝復興時期的藝術氣息。

在Giuseppe和妻子的主臥室 Camera Rossa 中，以紅色作主調。金碧輝煌的鍛鐵大床和木製古董嬰兒床，泛著華麗復古風格。

這兒更是全米蘭第一間私人住宅，獲取電力供應。大廳中的吊燈最初由天然氣來點亮，後期轉為用電。

Info
地址：Via Gesù , 5 , 20121 Milano
電話：＋ 39 02 7600 6132
開放時間：1300－1745
休息日：逢星期一及公眾假期
門票：€10；逢星期三€7；學生€7
　　　　　（附有中文語音導覽機）
網址：www.museobagattivalsecchi.org
前往方法：
乘坐地鐵M3黃色線到「Montenapoleone」站，再步行3分鐘。

文華獲獎Cocktail
Mandarin Bar & Bistrot

　　坐落在米蘭文華東方酒店內的酒吧，以黑白簡約高格調裝潢，讓客人可以在時尚舒適的空間，細嚐由調酒師精心調製的特飲。當中的雞尾酒「Cielo de Jalisco」（哈利斯戈之天堂），以Patrón Silver、紅西柚汁、青檸汁、玫瑰糖漿和辣椒仔調製出來，於2018年，在Tequila界中的經典品牌 Patrón 所舉辦的「The Perfectionists」調酒大賽之中，更獲得全國之冠。**MAP: P.364 B2**

在此可享受多種不同口味的雞尾酒，和品嚐可口的 finger food。

黑白幾何線條的牆身，充滿格調。在如此高端優雅的環境下，帶來極致的餐飲體驗。

以石榴汁、桃汁、伏特加和法國著名香檳Perrier Jouet Belle Epoque 所調出來的「MO-Re Peach」，充滿浪漫甜美的果香。€20

曾獲獎的「Cielo de Jalisco」，以一個白雲形狀的器皿盛載著，很有意境。在甜美的花果香中，潛藏了一股微溫的辛辣感。€20

調酒師在準備Cocktail 的時候，對客人來說像一場視覺藝術。

──**Info**──
地址：Mandarin Oriental Hotel, Via Andegari, 9 20121 Milan, Italy
電話：+39 02 8731 8898
營業時間：星期三至六 0800 - 0200；
　　　　　星期日至二 0800 - 0100
消費：大約€20／位 起
網址：www.mandarinoriental.com/milan/la-scala/fine-dining/restaurants/italian-cuisine/mandarin-bar-and-bistrot
前往方法：從大教堂步行前往，大約8分鐘。乘坐地鐵M3黃色線到「Montenapoleone」站，再步行3分鐘。

時尚設計家品　**MAP: P.364 B2**
Alessi

　　是世界首屈一指的時尚家居用品品牌，由創辦人Giovanni Alessi，於1921年在意大利北部成立，以「創意」和「美學」作品牌理念，多年來先後跟超過200名全球頂尖知名設計師合作，推出過多達600個系列作品，當中有部分更榮獲國際設計大獎，並列入多間博物館作收藏之用。位於名店街附近的這一間專門店，是全國最大的，新品款式非常齊全。重視家居品味的遊客，值得前來一逛。

室內香氣系列，設計簡潔高雅。用來散發出香薰的「木製樹葉」，可以另外購買作更換。

產品除了廚具和餐具，亦有家居裝飾品、鐘錶、精緻小物等等。大部分產品的定價，比起香港門市便宜很多。

由設計師 Alessandro Mendini 所設計的不銹鋼小鍋，專門用來煎蛋或是製作一人料理。€90

──**Info**──
地址：Via Alessandro Manzoni, 14/16, 20121 Milano
電話：+39 02 795726
營業時間：1000 - 1900
網址：www.alessi.com/it_it
前往方法：乘坐地鐵M3黃色線在「Montenapoleone」站下車，再步行2分鐘。或可從和平門的「Arco Della Pace」站乘坐電車1號到「Montenapoleone」站即達。

由設計師Michele De Lucchi 設計的MOKA咖啡壺「Pulcina」，是長期的熱賣商品之一。3 杯容量 €75；6杯容量 €90

品牌會不定期推出限量版本的設計品。這一款是 2018年的銅製水果盤，全球限量999 個。€350

側邊文字：米蘭大教堂周邊　布雷拉及名店區　四方名店區地圖　米蘭老店地圖　米蘭中央火車站周邊

在此除了可以欣賞數百幅不同風格的現代畫作，還可以欣賞別墅內部的華麗裝潢。

別墅內部亦保留了不少昔日的家居裝飾品和家具，古典優雅。

昔日皇家別墅
現代藝術美術館
（Galleria d'Arte Moderna（GAM））

於1790年建成的皇家官邸，曾經是拿破崙在米蘭的住所，現今被改建成美術館，收藏了大量由18到20世紀現代藝術畫作，當中除了有來自倫巴第和意大利其他地區畫家的作品，亦有不少歐洲各地藝術家的傑作。包括印象派畫家Vincent Van Gogh（梵高）、Paul Gauguin（高更）和抽象派大師Pablo Picasso（畢加索）等等。

MAP: P.364 C1

畢加索的作品《Tête de femme（La Mediterranée）》是館內其中一幅重點收藏。

這座豪華宮殿曾經是拿破崙的官邸，在美術館外設有他的雕像。

館內有不少意大利著名未來主義畫家之一Umberto Boccioni（翁貝托‧薄邱尼）的作品。

Tips

每月第1個星期日全日、第1個和第3個星期二的2pm後免費參觀。

建於18世紀的皇家別墅，是米蘭最重要的一座新古典主義建築之一。

館內一個華麗大廳，不定期會舉行古典音樂會，詳情可在美術館的官網查閱。

---Info---

地址：Via Palestro 16, 20121 Milano
電話：＋39 02 8844 5947
開放時間：0900 - 1730
　　　　　（最後入場時間：閉館前一小時）
休息日：逢星期一、1／1、復活節後的星期一、1／5、25／12
門票：€5
網址：www.gam-milano.com/en/home/
前往方法：乘坐地鐵M1紅色線到「Palestro」，再步行3分鐘。或乘坐地鐵M3黃色線到「Turati」，再步行9分鐘。

秘密花園
LùBar

館內以大量綠色植物作裝飾，充滿園林氣息，像一個秘密花園。

隱藏在「現代藝術美術館」內，是一間充滿浪漫氣息的咖啡館。於2017年中開幕，供應咖啡、輕食、午晚餐，當中最熱賣菜式有Avocado Toast（牛油果多士）、Gamberi Rossi Marinati（醃製生紅蝦），還有各種特色鮮製果汁。重點是在皇家庭園中用餐，非常優雅寫意。

MAP: P.364 C1

這間像玻璃溫室模樣的咖啡館，是由昔日宮殿的一部分改建而成。

---Info---

地址：Via Palestro 16, 20121 Milano
電話：+39 028 3527769
營業時間：0800 - 0000
消費：大約 €10 - 30／位
網址：www.lubar.it
前往方法：乘坐地鐵 M1 線，乘坐地鐵 M1 紅色線到「Palestro」站，再步行3分鐘。在Galleria d'Arte Moderna（現代藝術美術館）庭園的左邊。

昔日服飾與昔日米蘭 MAP: P.364 C2

莫蘭多宮（Palazzo Morando）

於莫蘭多宮的1樓，有2個不同主題的博物館，包括專門展示昔日服飾的展館「Costume Moda Immagine」，以短期展覽形式，展出不同年代的服飾和紡織品，從中了解舊日的時尚設計。另一部分是「藝術畫廊」，主要收藏由16至19世紀之間關於米蘭城市景觀的油畫和藝術品。

展出大量畫作的大廳，裝潢美命美奐，可感受到這華麗宮殿過往的輝煌印記。

館內可欣賞到不同主題的紡織品、服飾與配飾，展品以短期展覽形式展出。

畫作當中有不少以米蘭為題材和背景，可以讓遊客更了解城市的演變歷史。

位於米蘭名店區地段的莫蘭多宮，是昔日貴族的宮殿，於2010年改建為一所博物館，並開放給公眾。

Info

地址：Via Sant' Andrea, 6 , 20121 Milano
電話：+39 02 884 65735
開放時間：0900 - 1300、1400 - 1730（最後入場時間：閉館前半小時）
休息日：逢星期一、1 / 1、1 / 5、15 / 8、25 / 12、25 / 12
門票：免費參觀
網址：www.costumemodaimmagine.mi.it
前往方法：乘坐地鐵M3黃色線到「Montenapoleone」站，或M1紅色線到「San Babila」站，再步行5分鐘。

源自佛羅倫斯的Gucci，於1921年由Guccio Gucci創辦。自1947年推出了以竹節作手柄的手袋（Bamboo Bag），成為品牌的經典。

時尚「黃金四角」

四方名店區（Quadrilatero della Moda）

作為全球首屈一指的時尚之都，各大國際尊貴品牌，都紛紛在米蘭設立專門店。市中心內的四方名店區，是城中最奢華地段，亦是眾多世界頂級品牌的聚集地。以Via Monte Napoleone（蒙特拿破崙大街）、Via Manzoni（曼佐尼大街）、Via della Spiga（戴拉斯皮耶伽大街）以及Corso Venezia（威尼斯大道）構成了一個四方時尚購物區，又稱為「黃金四角」，名牌精品專門店穿梭在大街小巷中，流露出優雅的上流貴氣。（四方名店區地圖 見P.372）

MAP: P.364 B2 - C2 - C3 - B3；P.372

此區結集了多個著名國際品牌，包括有Bvlgari、Hermès、Chanel、Saint Laurent、Salvatore Ferragamo、Cartier、Rolex、Prada等等。

Milano Fashion Week（米蘭時裝週）
全球4大時裝週之一，於每年的2月和9月舉行。屆時，多個品牌都在米蘭舉行大型時裝表演，而各區包括四方名店區，會結集很多全球知名的時裝界人物。

在意大利購買名牌商品，退稅後的價格一般在較亞洲區域便宜，但也視乎個別品牌及型號，建議購買前可先行「格價」。

名牌精品店主要結集於Via Monte Napoleone，在半公里的路段，多不勝數的高級名牌店在馬路兩旁林立。

Bottega Veneta於1966創立於意大利北部威尼托區，手袋設計低調中顯高貴，富有典雅的氣質。

Info

地址：Quadrilatero della Moda,20121 Milano
前往方法：乘坐地鐵黃色M3線到「Montenapoleone」站即達。或從米蘭大教堂步行前往，大約10分鐘。

四方名店區

源自法國的Louis Vuitton，在米蘭一共有3個銷售點。除了在蒙特拿破崙大街的這一間，另外還設在埃馬努埃萊二世長廊和文藝復興百貨內。

始創於1925年的Fendi，源自羅馬，當中屬長青款的Baguette手袋和雙「F」標誌，是品牌的經典魅力。

四方名店區

ARMANI

VIA MANZONI

MONTENAPOLEONE Ⓜ

BALMAIN

ROLEX BOUTIQUE

BALENCIAGA

SERGIO ROSSI

CELINE

SALVATORE FERRAGAMO

VALENTINO

LANVIN

BALENCIAGA

PHILIPP PLEIN

VIA MONTE NAPOLEONE

ACQUA DI PARMA

VIA GESU

TIFFANY & CO

VIA DELLA SPIGA

LOEWE

CARTIER

HERMÉS

CHLOÉ

DIOR

BURBERRY

VERSACE

BOTTEGA VENETA   SAINT LAURENT

MIU MIU

PRADA

VIA SANT'ANDREA

GUCCI

PRADA DONNA

GIUSEPPE ZANOTTI

HOGAN

BALLY

MICHAEL KORS

FENDI

SALVATORE FERRAGAMO

IWC

LONGCHAMP

PRADA UOMO

DOLCE & GABBANA

FRATELLI ROSSETTI

LOUIS VUITTON

BULGARI

CORSO VENEZIA

米蘭百年懷舊老店地圖

在米蘭這個時尚大都市,融合了今古情懷, 當中保留了不少百年歷史的老店,裝潢格局都以傳統為主。到米蘭遊覽,逛名店之餘,亦可考慮逛逛老店,感受一下另類風情。

Antica Trattoria della Pesa

於 1880年開業,是城中歷史最悠久的傳統餐廳之一,店內保留了長形雙色地磚,偏廳放置了昔日的瓷磚爐子,都有逾百年歷史,很有懷舊格調。詳細介紹見 P. 384

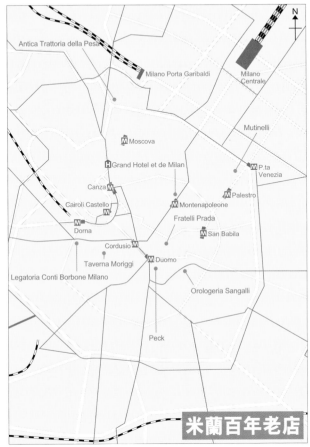

Antica Trattoria della Pesa

Milano Porta Garibaldi

Milano Centrale

Mutinelli

Ⓜ Moscova

Ⓗ Grand Hotel et de Milan

Ⓜ P.ta Venezia

Canza

Cairoli Castello

Ⓜ Palestro

Ⓜ Montenapoleone

Fratelli Prada

Dorna

Ⓜ San Babila

Cordusio Ⓜ

Taverna Moriggi

Ⓜ Duomo

Legatoria Conti Borbone Milano

Orologeria Sangalli

Peck

米蘭百年老店

Taverna Moriggi

富有情調的餐廳,其中一部分是16世紀貴族的馬房,於 1900 年開業,近年經過了大規模整修,保留了牆上古老的壁畫、鍛鐵吊燈和格子木質天花,瀰漫古典優雅的氛圍。詳細介紹見 P.360

Legatoria Conti Borbone Milano

人手製作的記事本,是一門歷代相傳的傳統手藝。於1874年啟業,從染漂手工紙、釘裝書本和印壓上圖案,至今都是人手工序。詳細介紹見 P. 396

Peck

米蘭歷史悠久的高級食材店,於1883年開業,主售各種優質意大利食材,更設有熟食專櫃、餐廳和酒窖,亦是當地人愛逛的老字號。詳細介紹見 P. 355

Grand Hotel et de Milan

擁有150年歷史的豪華大酒店,歷年來招待過不少名人貴賓。享負盛名的作曲家朱塞佩・威爾弟,更曾是這兒的長期住客,直到他於1901年過世的一刻。詳細介紹見 P.063

Mutinelli

於1888年開業至今的帽子專賣店,裝潢充滿懷舊風,老式招牌透露了悠久的歷史,店內還保留了昔日用來擴闊帽子的小儀器,和為帽子印上個人名字縮寫的小機器。詳細介紹見 P.377

Orologeria Sangalli

於1900年開業的百年鐘錶店,由家族經營,已是第4代傳人。店內保留了昔日的手繪木製天花,是城中難尋的古典裝潢風格。詳細介紹見 P. 352

Fratelli Prada

全球第1間「Prada」皮具店,於1913年在埃馬努埃萊二世長廊開業。內部裝潢古典優雅,水晶大燈、幾何地磚和木質玻璃飾櫃,就像帶領客人重回昔日的時空。詳細介紹見 P. 342

MILANO CENTRALE

交通中樞地段

米蘭中央火車站周邊

Milano Centrale F.S.

米蘭市中心內有多個火車站，Milano Centrale（中央火車站）是最主要的一個，亦是大部分遊客必經之地。這兒每天有多達500班列車，往來國內大城小鎮和其他歐洲國家，每年總乘客量達1.2億，流量非常驚人。作為交通中樞地段，四周酒店林立，商舖眾多，亦是旅客流連的好地方。

交通 中央火車站連接地鐵 M2綠色線和M3黃色線的「Centrale FS」站。另可乘坐電車5 、9或10號到「Stazione Centrale m2M3站」，或巴士60或81號到「Stazione Centrale P.za Duca d' Aosta 」。

米蘭中央火車站
Stazione di Milano Centrale

Stazione Centrale m2 m3

La Mela Reintegrata
蘋果雕塑

機場巴士乘搭處

Caiazzo

Verace

Loreto

Stazione Centrale
P.za Duca d'Aosta

Milano
Centrale

La Stilografica Milano

Viale Gran Sasso

Via Vittor Pisani

Lima

Repubblica

Viale Abruzzi

購物大道 Corso Buenos Aires

Casa Museo Boschi
di Stefano

Joia

Mr Panozzo

Viale Città di Fiume

Bar Basso

Via Plinio

Mutinelli

Porta Venezia

典雅氣派

米蘭中央火車站
(Stazione di Milano Centrale)

　　這個古典雅緻的火車站，是一座很具代表性的當代建築。於1906年，為了擴建火車站，市政府進行了設計比賽，建築師Ulisse Stacchini 憑著高貴優雅的設計，最後勝出比賽。月台上的半拱型金屬天花，更是焦點所在。車站的擴建工程，在1931年完工。現時是米蘭最主要的交通中樞點，一共有24個月台，每天乘客量多達33萬人。

MAP: P.375 A1 - B1

車站正式名字是「Stazione di Milano Centrale」，不過，一般寫法都簡化為「Milano Centrale」。

車站的外立面面寬200米、高度有72米，很宏偉典雅。正門入口設在Piazza Duca d'Aosta廣場前方。

牆上以很多大理石雕刻和壁畫作裝飾，使用了不浮誇的低調色系，更顯格調。

車站內有多達100間商舖和30間食肆，在等候火車的同時，可以盡情購物。

在意大利各大城市的火車站，都需要出示當天車票，才能進入月台範圍。

---Info---

地址：Stazione di Milano Centrale, 20125 Milano
網址：www.milanocentrale.it
前往方法：乘坐地鐵M2綠色線或M3黃色線到「Centrale FS」站。或乘火車到「Milano Centrale」。

經典筆記本
Moleskine

於19世紀末，在法國創立的Moleskine筆記本，梵高、海明威、畢加索都曾是用家，之後經過多次停產。於1997年，米蘭一間公司決定把它延續，並推廣到世界各地。在米蘭市中心設有幾間分店，價格比香港專門店便宜，款式亦很齊全。熱賣產品當然是最經典的筆記本系列，圓角硬皮的設計，採用無酸紙製成，耐久性強，廣受文具控的喜愛。

簡約設計亦注重品質，紙質柔滑，書寫流暢，多年來深得文具控的愛戴。

過往曾推出過不少限量版筆記本，例如小王子、哈里波特、翠兒、Snoopy等等經典人物。

「I am Milan」系列筆記本，最適合用來記錄在米蘭的旅行歷程。筆記本 €22.9、明信片 €1.5。

Moleskine Café
Moleskine在米蘭Brera區開設了咖啡室。
地址：Corso Garibaldi 65, 20121 Milano
提提你

賣點除了有一系列的經典筆記本，還有很多優雅簡潔的文儀用品：手提包、書寫工具等等。

店內特設了富有米蘭特色的蓋章，給Moleskine的粉絲們來蓋印留念。

Info
地址：Piattaforma, Stazione di Milano Centrale, 20125 Milano
營業時間：0800 - 2100
網址：https://it.moleskine.com/it
前往方法：在米蘭中央火車站內的平台樓層。

彩色系小物
Campo Marzio

來自羅馬的文儀用品和皮具品牌，創立於1933年，專門出售繽紛亮麗的皮革小物。商品包括記事簿、走珠筆、墨水筆、銀包、手袋、證件套等等。除了顏色選擇豐富，另一重點是價位很親民，送禮自用都合適。

墨水筆連小筆實用。€ 24。

大部分產品屬於艷麗色系，設計卻保留簡潔風。

店的門面充滿色彩，非常矚目耀眼。

Info
地址：Piattaforma, Stazione di Milano Centrale, 20125 Milano
網址：www.campomarzio.it
前往方法：在米蘭中央火車站的平台樓層。

旅客中心
Milan Visitor Center

這間在中央火車站地下的旅客中心，是「Zani Viaggi」旅行社所營運的。在此可預訂前往各Outlet 的車票，包括Serravalle Designer Outlet 、FoxTown、Scalo Milano等等。這兒亦有出售觀光巴士車票，或各種特色一天本地團。

Info
地址：Piattaforma, Stazione di Milano Centrale, 20125 Milano
營業時間：0800 - 2100
網址：www.zaniviaggi.com/cms/home.html
前往方法：在中央火車站正門入口（有蘋果雕塑的Piazza Duca d' Aosta廣場）的左側。

這間旅行社可代訂多條Outlet的專車線路，車票亦可在其官網上預訂。

在米蘭市中心有另外兩間很著名的住宅博物館，包括 Museo Bagatti Valsecchi（詳情介紹見P.368）和 Museo Poldi Pezzoli（詳情介紹見P.365）。

裝潢及陳設都充滿懷舊的味道，可從中了解20世紀米蘭公寓的模樣。

展出的畫作包括了Severini、Boccioni、Marussig、Tozzi和Carrà等的作品。

住宅博物館
Casa Museo Boschi Di Stefano

公寓不太大，但是，幾乎在每一道牆壁上，或每一個空間，都掛滿了畫作。

位於一座30年代的典雅建築內，是昔日Boschi Di Stefano夫婦的公寓。夫婦倆都是藝術愛好者，收藏品數量相當驚人，有多達2000件，主要來自20世紀初期至中期的畫作，於1974年全部捐贈給米蘭市政府。而故居亦改建成博物館，展示了當中的300多幅畫作。在欣賞藝術作品的同時，亦可觀摩一個來自20世紀典型家庭的故居。

MAP: P.375 B2

博物館內的裝潢保留了舊日的設計，門上的幾何圖案充滿懷舊風格。

從藝術畫作到家具裝潢，都感受到昔日屋主對藝術的那份熱情。

這所住宅博物館得到了米蘭市政府的資助，免費開放給公眾參觀。

─Info─
地址： Via G. Jan, 15, Milano
開放時間： 1000 - 1800
休息日： 星期一
門票： 免費入場
網址： https://casemuseo.it/project/boschi-di-stefano
前往方法： 乘坐地鐵M1 紅色線到「Lima」站，再步行 3 分鐘。

老字號帽店
Mutinelli

舊日用來擴闊帽子的儀器。

於1888年開業至今，專門搜羅「意大利製造」的優質帽子，各種款式、風格、質料應有盡有，當中不乏著名帽子中的名牌，例如：Borsalino、Panizza等等，男裝鴨舌帽更有過百款選擇。百年老店歷史悠久，充滿懷舊風，店內還保留了昔日用來擴闊帽子的小儀器。

MAP: P.375 B2

女士紫色貝雷帽，優雅貴氣。
€55

男、女裝的氈帽最受歡迎，用羊毛造的氈帽，價格大約€55 - 90。用兔子毛造的，質料比較上盛，亦更防水，大約€135 - 300。

櫥窗展示了各式各樣的帽子，款式眾多，各種顏色、尺碼、質料都一應俱全。

男裝鴨舌帽放滿了兩個大櫃，款式極多，亦有尺碼選擇。價位大約€38 - 100。

─Info─
地址： Corso Buenos Aires 5, 20124 Milano
營業時間： 星期一 1500 - 1930；星期二至六 1000 - 1330、1500 - 1930
休息日： 逢星期日
網址： www.mutinellicappellimilano.com
前往方法： 乘坐地鐵 M1紅色線到「P.ta Venezia」，再步行1分鐘。

米蘭大教堂周邊　布魯拉及名店區　四方名店區地圖　米蘭老店地圖　米蘭中央火車站周邊

星級素食料理
Joia

這間全素食料理的餐廳，獲得了米芝蓮一星的評價。主廚Pietro Leemann是素食人士，擁有40年廚師經驗，曾到日本、中國生活多年，被當地素食文化影響，回國後開始茹素。他感到食素讓人平和，亦希望把「哲學精神」與「素食料理」融合。他亦表示，蔬菜新鮮度是首要重點，全部食材選自米蘭所屬大區Lombardia的有機農產品，菜式亦經過精心設計，創意十足。

MAP: P.375 A2

用了各種甜蔬菜打成雪葩和慕斯，配上胡蘿蔔蛋糕，是意想不到的飯後甜點。€18

紫薯玉棋配上藍芝士Gorgonzola，還有各種當造的蔬菜，擺盤精緻。€28

主廚Pietro Leemann一共出版了十多本著作，題材包括素食食譜和哲理類，還有探討中西料理的差異等等。

餐廳裝潢簡約，不走華麗風格，亦不失雅緻舒適。

年少時曾走訪中國去體驗中華文化，其素食料理亦融合了亞洲色彩。麵包亦用了中式蒸籠來盛載。

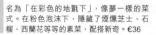

名為「在彩色的地氈下」，像夢一樣的菜式。在粉色泡沫下，隱藏了煙燻芝士、石榴、西蘭花等等的素菜，配搭新奇。€36

Info

地址：Via Panfilo Castaldi, 18, 20124 Milano
電話：+39 02 29522124（建議訂位）
營業時間：1200 - 1430、1930 - 2300
休息日：逢星期日
消費：4道菜 Tasting Menu € 90 / 位
網址：www.joia.it
前往方法：乘坐地鐵M3黃色線到「Repubblica」，再步行7分鐘。

鋼筆之老店
La Stilografica Milano

一所「筆之專門店」，專售各類型的鋼筆和走珠筆，當中不乏高級品牌，更有不少珍品和限量版本，是收藏家的至愛。於1926年開業，被米蘭市政府認證為其中一間米蘭老店「Bottega Storica di Milano」。店內燈光明亮，細看之下，家具裝潢都是源自20世紀初，充滿古典懷舊氣息。

MAP: P.375 B1

店內亦有墨水、筆芯等等的配備品，貨品齊全。

店內家具裝潢由舊日保留至今，很有歷史意義。

結集了30多個鋼筆品牌，包括Visconti、Montegrappa、Aurora、Montblanc、Lamy等等，當中有實惠的大眾款，亦有貴氣的收藏珍品。

Info

地址：The Fountain Pen Milan, Corso Buenos Aires, 53, 20124 Milano
電話：+39 0229 405604
營業時間：星期一 1430 - 1915；
　　　　　星期二至六 0900 - 1915
休息日：逢星期日
網址：www.lastilograficamilano.it
前往方法：乘坐地鐵M1紅色線到「Lima」，再步行2分鐘。

抵食Pizza
Mr Panozzo

南部經典口味Pizza Calabrese，以蕃茄醬汁、水牛芝士Mozzarella配上辣肉腸，一人份量非常飽肚。€5

店內以白色為主調，很有「家」的舒適感。

服務員在客人下單後，奉上顏色筆，讓客人可以即席塗繪，然後「貼堂」，作為店內的裝飾。

這間大眾化的薄餅店，供應各種口味的Pizza和三文治，是在米蘭市中心難得的經濟之選。當中推薦一種長形烘烤三文治「Panozzo」，外皮烘得香脆無比，中間豐富的餡料，讓人回味。一客Panozzo只售€5-6，而一整個Pizza只售€3-5，非常抵食。店內貼滿客人的畫作，充滿活潑休閒風。

MAP: P.375 C2

長形的烘烤三文治「Panozzo」，餡料口味有超過10種選擇。

Info
地址：Via Enrico Nöe, 8, 20133 Milano
電話：+39 333 7691239
營業時間：1000 -1430，1830 - 2230
消費：大約 €5 - 10 / 位
前往方法：乘坐地鐵M1紅色線到「Lima」，再步行 10 分鐘。或乘坐60號巴士到「Viale Abruzzi Via Plinio 站」，步行2分鐘。

無敵Pizza漢堡
Verace

位於「Loreto」地鐵站出口附近，交通方便。所在的Corso Buenos Aires 大街，是米蘭其中一條著名購物大道。

店內亦有供應咖啡、早甜點、切件Pizza和輕食，選擇眾多。

在這間Pizza小食店，吃出了驚喜！店家獨創的「Pizzaburger」，把Pizza和漢堡飽合二為一。用上了Pizza的外皮，中間夾著厚切漢堡肉扒，即叫即製，外皮烘得香脆可口，漢堡肉質嫩滑，肉汁豐富又富嚼勁，是必試的街頭小食！店內有少量座位，可給客人坐下來立即品嚐。

MAP: P.375 C1

烘過的漢堡肉扒仍是嫩紅色的，一口咬下，肉汁隨即溢出，配上熱熔了的芝士和微辣醬汁，一試難忘。€6.5

Info
地址：Corso Buenos Aires , 80, Milano
營業時間：星期一至六 0730 - 2230；星期日 0830 - 2230
消費：大約 €10 / 位
前往方法：乘坐地鐵M1 紅色線或 M2 綠色線到「Loreto」，再步行 1 分鐘。

懷舊酒吧
Bar Basso

一杯「Negroni Sbagliato」份量很多，還奉上一些傳統佐酒小點。坐著慢慢喝 €10；在吧檯前站著喝€8。

酒吧內充滿懷舊老店風情，亦曾經是很多當地廣告、雜誌的取景地。

很多當地知名人士 經常聚集在此，特別是時裝界設計人士。

擁有70多年歷史的老酒吧，不乏當地熟客。年輕人亦會在黃昏時份來一杯餐前Aperitivo。

於1947年開業，店內裝潢是由昔日保存至今，充滿老店懷舊風情。酒吧有超過500種雞尾酒可選擇，其中招牌「Negroni Sbagliato」，更是一絕！原來當年調酒師在調製「Negroni Gin」的時候，錯誤的把氣泡酒代替了氈酒，混在其中。這款因錯誤而創製的新雞尾酒，卻大受歡迎，並取名為「Negroni Sbagliato」，當中的Sbagliato，意思是「錯誤的」，漸漸成為了這間酒吧的經典。

MAP: P.375 C2

Info
地址：Bar Basso, via Plinio 39, Milano
電話：+39 02 2940 0580
營業時間：0900 - 0115
休息日：逢星期二
消費：大約 €10 / 位
網址：barbasso.com
前往方法：乘坐地鐵M1紅色線到「Lima」，再步行 10 分鐘。或乘坐 60號巴士，在「Viale Abruzzi Via Plinio 站」下車，步行1分鐘。

大都市的時尚魅力

加里波第火車站周邊

Porta Garibaldi

在加里波第火車站的周邊，是米蘭的經濟核心區之一，亦是歐洲最富裕的地段之一。附近時尚摩天大樓林立，當中有全國最高的商業大樓「Unicredit Tower」、超現代綠化建築「Bosco Verticale」和全國最高的住宅大廈「Torre Solaria」。附近的「Porta Nuova」新門商業區，亦是許多大型企業的總部所在地。

交通　乘坐地鐵M2綠色線或M5紫色線到「Garibaldi FS」站。或乘坐火車到「Milano Porta Garibaldi」站。

地圖標注

米蘭紀念墓園
Il Cimitero Monumentale di Milano

Monumentale

Hotel VIU Milan

Via Aristotile Fioravanti

Via Carlo Farini

Via Bramante

Viale Luigi Sturzo

加里波第火車站
Milano Porta Garibaldi

Gioia

垂直森林
Bosco Verticale

Via Gaetano de Castillia

Ratanà

Garibaldi FS

廣場入口

Esselunga 超市

蓋 奧蘭蒂廣場
Piazza Gae Aulenti

Antica Trattoria della Pesa

Viale Pasubio

Viale Francesco Crispi

HighTech

10 Corso Como

Illy Caffè

黛瑪茶
Dammann Frères

Sciatt à Porter

Via Melchiorre Gioia

Osteria Brunello

Corso Garibaldi

Eataly Milano Smeraldo

Moscova

加里波第火車站周邊地圖

繁華新時代
蓋・奧蘭蒂廣場
(Piazza Gae Aulenti)

以著名建築師Gae Aulenti命名，被多座時尚摩登大樓圍繞著。廣場兩旁有多間著名商戶進駐，包括有Colmar、Chiara Ferragni專賣店、Illy咖啡店等等，還有多間餐廳和露天咖啡座，充滿休閒寫意的氣息。地下低層設有大型超市Esselunga和美食廣場。

MAP:P.381 C2

非常鄰近著名的Corso Como購物大街、垂直森林和Porta Nuova商業區。

從廣場可通往UniCredit銀行大廈，這座建築連尖頂一共高230米，有31層，是全意大利最高的大樓。

入夜燈色璀璨，廣場中央有大型噴泉，很有休閒感。

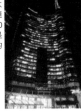

於廣場入口，有23條銅管貫通了4層樓，路人可把耳朵貼近銅管，聆聽從另一方傳遞過來的聲音，是藝術家Alberto Garutti的傑作。

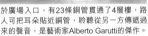

Info
地址：Piazza Gae Aulenti, 20124 Milano
前往方法：乘坐地鐵M2綠色線或M5紫色線到「Garibaldi FS」站，步行3分鐘。

風乾火腿、醃肉和芝士專櫃，選擇非常豐富，放滿一整排玻璃櫃，讓人目不暇給。

即食米蘭燉飯，只需2至3分鐘的烹調時間就可以了。€2.6

啖啖果仁香的羅勒開心果醬，用來弄意大利麵最好不過。€4.99

有來自西西里島Modica的朱古力，口味眾多又獨特，包括辣椒、開心果等等。€2.69

位於環型廣場Piazza Gae Aulenti的地下低層，沿樓梯/電梯一下去即達。

Esselunga是意大利大型超市集團，門市遍佈全國，貨品挺優質的。

入貨之選　MAP: P.381 C2
Esselunga超市

　　是城中難得的大型超市，店內非常寬敞，十分好逛。貨品種類繁多，琳琅滿目，而且價格親民，是手信入貨的好地方。超市營業時間亦很長，連星期日亦全天候營業。遊人可以完成當天行程後，再來慢慢入貨。附近交通非常便利，火車站和地鐵站，都在5至10分鐘的步程內，超市門外亦設有提供輕食的大型美食廣場。

葡萄酒的種類也多得很，除了有來自意大利各產區，亦有來自其它國家。

超市非常好逛，闊落又光猛，可以舒適地慢慢掃貨。

Info
地址： Viale Don Luigi Sturzo, 13, Milano
營業時間： 星期一至六 0730 - 2200；
　　　　　　星期日 0900 - 2000
網址： www.esselunga.it/cms/homepage.html
前往方法： 乘坐地鐵M2綠色線或M5紫色線到「Garibaldi FS」，再步行到Piazza Gae Aulenti，超市在地下低層。

經典意式咖啡
Illy Caffè

　　深得很多咖啡迷喜愛的Illy，於1933年起源於東北部海邊小城Trieste。在Illy專屬的咖啡店，不僅可以一嚐醇香濃郁的咖啡及各種輕食、甜點，店內還出售很多Illy 咖啡產品，當中「Art Collection」系列的咖啡杯套裝，有部分更是限量版本，咖啡迷必愛。

MAP: P.381 C2

店內亦出售各種咖啡豆和Moka咖啡壺專用的咖啡粉。

由藝術家Maurizio Galimberti設計的限量版本咖啡杯，愛收藏的朋友不容錯過。€25

冷醸咖啡套裝（Cold Brew）是近期熱賣品。只要把咖啡豆磨好，放入注了凍水的Cold Brew瓶子內的咖啡隔過濾，放入雪櫃浸泡8 - 10小時，即可享用。€59

由Francesco Illy創立，從於9個國家進口優良的阿拉比卡咖啡豆（Coffea Arabica），然後烘培成意式Espresso咖啡粉，暢銷全球。於1935年，創辦人更生產了第一部意式濃縮咖啡機。其後Illy 在Napoli和Trieste更開辦了咖啡大學。

提提你

在意大利很多城市都可以找到Illy Caffè 的蹤影。

Info
地址： Piazza Gae Aulenti, 36, 20154 Milano
電話： +39 0265 560331
營業時間： 星期一至五 0730 - 2100；星期六 0930 - 2300；星期日 0930 - 2100
網址： www.illy.com
前往方法： 乘坐地鐵 M2 綠色線 或M5 紫色線到「Garibaldi FS」，再步行5分鐘到Piazza Gae Aulenti。

樓高 3 層，每層都設有不同的餐廳和食店，一到用餐時間，人流非常多。

吃貨人至愛
Eataly Milano Smeraldo
（高級食材超市）

　　高級連鎖式超市Eataly，全國分店多達十多間。Eataly很重視食物的質量，品牌都經過挑選，絕大部分食材都來自意大利。於米蘭的這一間，規模挺大，除了新鮮蔬果、肉類、海鮮，還有各種芝士、風乾火腿、松露產品、陳醋等等，真的應有盡有，滿足一眾吃貨人。店內設有多間食肆，提供優質餐飲，當中更有米芝蓮一星餐廳「Alice Ristorante」進駐。

MAP: P.381 B3

亦有出售各種個人天然護理產品，驢仔奶護手霜特別滋潤，另外有橙花蜜護手霜也很不錯。€4.8

米蘭的Eataly就是在這座玻璃建築內。玻璃上大字寫上「Eataly」，非常易認。

頂層設有大型的葡萄酒區，種類多不勝數，來自意大利不同產區的葡萄酒，幾乎佔了一整層樓。

用特級初榨橄欖油來做的小鹹餅，有多種口味，都很吸引。黑松露味€4.3；羅勒醬味€2.8；巴馬臣芝士味€2.8。

雖然產品價格比起一般超市高了一點，這兒也有很多「重視食材質量」的捧場客。

Pastiglie Leone的鐵盒糖果，當中最經典的有代表意大利三色的糖果，非常懷舊。每盒€2.2

─ Info ─

地址：Piazza Venticinque Aprile, 10, 20121 Milano
營業時間：0830 - 0000
網址：www.eataly.net/it_it/negozi/milano-smeraldo
前往方法：乘坐地鐵M2綠色線或M5紫色線到「Garibaldi FS」站，再步行5分鐘。

地下樓層設有美輪美奐的餐室「10 Corso Como Caffè」,休閒中流露奢華感。

通過這個入口,再穿過一個小花園,就可以看到「10 Corso Como」正式的門口。

潮人聖地

10 Corso Como

裝潢充滿時尚貴氣,設計感十足,是著名的潮人聖地。

走在國際時尚前端的「10 Corso Como」,儘管在上海、首爾、紐約等地,都開設了品牌商店,在米蘭的Corso Como大街10號的這一間總店,依舊是潮人必到的時尚聖地。於1991年,由《Vogue Italia》時裝雜誌編輯Carla Sozzani創立,把藝術、設計、美食、文化結合在一起,店內除了匯集了高級品牌的時裝,頂層亦有展覽空間,定期舉行不同的文化藝術展覽。

`MAP: P.381 B3`

地下主要售賣男女衣飾,二樓出售藝術設計書籍,書店旁邊是「Fondazione Sozzani展覽空間」,訪客可以購票進內參觀。

有來自法國品牌 Alaïa 的牛皮雕花手袋系列,潮人恩物。€1790 / €1900

自家推出的品牌精品,有「10 Corso Como」的經典笑臉。鎖匙扣€70;零錢包€110。

── Info ──
地址:Corso Como 10, 20154 Milano
電話:+39 02 29002674
營業時間:星期三、四 1030 - 2100;
　　　　　　星期五至二 1030 - 1930
網址:www.10corsocomo.com
前往方法:乘坐地鐵 M2 綠色線 或 M5 紫色線到「Garibaldi FS」,再步行5分鐘。

經典米蘭菜

Antica Trattoria della Pesa

從1880年開始營業,是米蘭最歷史悠久的餐廳之一。主打傳統倫巴底料理,來這兒用餐的客人,幾乎都是點選一客「Ossobuco con Risotto alla Milanese」(燴燉小牛膝配米蘭燉飯),其他特色菜還有「Risotto al Salto」,是在鍋上用牛油煎烤過的意大利飯,邊位有充滿香氣的飯焦,入口微脆。

`MAP: P.381 B2`

超過 100 年歷史的古老餐廳,把傳統倫巴底料理的精髓延續下來。

Zabaione Caldo(熱沙巴翁)是意大利北部特色甜點之一。用蛋黃、糖、Marsala酒和少許白酒打拌成,陣陣濃郁蛋香。€12

鎮店菜色「燴燉小牛膝配米蘭燉飯」,慢燴過的小牛膝入口軟嫩,配以鮮黃色的番紅花米蘭燉飯,讓人胃口大開。€38

── Info ──
地址:Viale Pasubio 10, 20154 Milano
電話:+39 02 655 5741(建議訂位)
營業時間:1230 - 1430、1930 - 2300
休息日:逢星期日
消費:大約€40 - 60 / 位
網址:www.anticatrattoriadellapesa.com
前往方法:乘坐地鐵 M2 綠色線 或 M5 紫色線到「Garibaldi FS」,再步行6分鐘。

時尚家品概念店
HighTech

門口在一座建築物的內圍中，有點隱閉，可以跟掛著的「HighTech」招牌走進去。

店內也有很多不同品牌的香水、護膚品，女生至愛。

　　注重品味、實用性和高科技的時尚家品店「Cargo」，在19世紀的舊油墨廠，開設了大型概念店「HighTech」。店內面積有2000平方米，分成多個區域。在這兒可以找到時尚家具、時裝配飾、設計精品、香水、護膚品、文具、廚具等等，花多眼亂。在昔日的工廠倉庫，尋找特色的心頭好，感覺就像尋寶一樣。

黑色圓型砧板，有了它，廚房變得更入型入格。€15

MAP: P.381 B3

雖然是由充滿工業風的舊日廠房改建而成，卻給人一點優雅的感覺。

店內有很多可愛的設計小物，刀叉形狀的金色書頁夾，很有玩味。€9

┌Info┐
地址： Piazza XXV Aprile 12, Milano
電話： +39 02 6241101
營業時間： 星期一 1330 - 1930；
　　　　　　　星期二至日1030 - 1930
網址： www.cargomilano.it
前往方法： 乘坐地鐵 M2 綠色線 或 M5 紫色線到「Garibaldi FS」，再步行5分鐘。入口在Dammann茶店旁邊建築物的內圍內。

巴黎百年茶店
黛瑪茶
(Dammann Frères)

MAP: P.381 B3

一走進店，店員已奉上一小杯茶給客人試喝。店內亦有擺放出多種茶葉，讓客人可以輕閒茗茶，選出自己心水的茶種。

　　想細嚐法國茶的韻味，這一家法國老字號黛瑪茶店，是心水之選。在1692 年，始創人Dammann先生，被路易十四授予了在法國售賣茶葉的獨家特權，從此，開展了這個茗茶品牌的歷史。品牌在世界各地搜羅優質茶葉，然後與各種香料混和，調配出超過一百種口味的混合茶。現在的黛瑪茶，已經是國際級的精品茶品牌。

店內黑色高雅古典裝潢，是Dammann Frères 茶店一貫的風格。

「Coffret Pourpre」內有 6 種共36個不同口味的茶包，當中有海鹽焦糖烏龍茶、福建綠茶、俄羅斯風味茶等等。€34

高貴的鐵盒禮品包裝，一直是熱賣產品。「Coffret Merveilleux」包括了3個不同口味的混合茶和一個泡茶隔€39.5

┌Info┐
地址： Piazza Venticinque Aprile, 12, 20121 Milano
電話： +39 02 6291 0288
營業時間： 1000 - 2000
網址： www.dammann.fr
前往方法： 乘坐地鐵 M2 綠色線 或 M5 紫色線到「Garibaldi FS」，再步行5分鐘，在Eataly旁邊大街。

山區家鄉風味
Sciatt à Porter

內裝設計頗有個性，帶點時尚又有休閒風格，沒有半點拘束感。

　　來自倫巴底北部Valtellina 山區的傳統料理。招牌小吃有Sciatt（炸芝士球），一口咬下，熱熔了的芝士一絲絲的溢出來。另外推薦Pizzoccheri，是以蕎麥粉製成的棕色意大利麵，形狀又扁又闊，外表粗糙帶質感，配以薯仔和當地芝士烹調，吸收了香濃的芝士醬汁，滋味無窮，是城中少有的傳統山區特色菜。

餐廳把隱世的Valtellina 山區料理和街頭小吃，帶進了米蘭這個大城市。

MAP: P.381 B3

炸芝士球啖啖濃香充滿芝士香，絕無油膩感，讓人吃到停不了口。Sciatt Cono €5

┌Info┐
地址： Viale Monte Grappa, 18, 20124 Milano
電話： +39 02 6347 0524
營業時間： 0730 - 0000
消費： 大約€20 / 位
網址： www.sciattaporter.com
前往方法： 乘坐地鐵 M2 綠色線 或 M5 紫色線到「Garibaldi FS」，再步行5分鐘。

汁煮紅蔥玉米煎餅配手撕羊肉,味道很讓人驚喜!淡香的玉米煎餅,外面微脆內裡軟滑,跟肉味濃郁的手撕羊是絕配。(Tasting Menu 中的菜式)

平日中午供應的商務午餐,只需€19(一道菜+葡萄酒/兩道菜+甜品),而且天天更換菜式,很受當地白領歡迎。

花園內的盛宴
Ratanà

餐廳坐落在一幢有近百年歷史的園林別墅內,內裝卻換上了當代簡約風格。主廚Cesare Battisti提倡慢食主義,很重視食材的質量,新鮮食材都是從倫巴底地區精心細選。菜式以當地傳統料理為根本,加入創新元素,讓客人可以享受不一樣的倫巴底料理。餐廳有供應 Tasting Menu,讓客人可以一次過品嚐4 道精選菜式和甜點,大大滿足味蕾。平日中午亦有供應優惠的Schiscèta 商務午餐,亦值得一試。 MAP: P.381 C2

甜點賣相十分講究。一客以杏桃為主角的甜點,當中有乳酪、杏桃雪芭、花粉碎粒、杏桃餅,口感多層次,配搭有心思。

主廚Cesare Battisti創意無限,把傳統料理重新演繹。

餐廳亦有供應倫巴底大區的淡水魚料理。橙香鱒魚扒配蘿蔔蓉,單是色調賣相已經讓人胃口大開。

隨餐後咖啡奉上的小甜點,精緻美味。

Info

地址:Via Gaetano de Castillia, 28, Milano
電話:+39 02 87128855(建議預先訂位)
營業時間:1230 - 1430;1830 - 2330
　　　　　(晚餐由1930開始供應)
消費:Tasting Menu €50(不包餐酒)、€70
　　　　(包葡萄酒配對);€19 / 位(星期一
　　　　至五商務午餐)
網址:www.ratana.it
前往方法:乘坐地鐵M5 紫色線到「Isola」或
　　　　　M2綠色線到「Gioia」,再步行5
　　　　　分鐘。

Ratanà

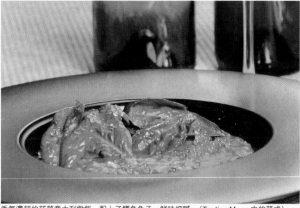

香氣濃郁的菠菜意大利燉飯，配上了鱒魚魚子，鮮味細膩。（Tasting Menu 中的菜式）

感覺這些甜點都是藝術品，太誘人了吧！非常值得一試。

用餐區簡潔高雅，是摩登的裝潢，十分舒適。

有多過700種葡萄酒可供選擇，愛喝一杯的人可以從中慢慢細選。

別墅餐廳位於一個公園內，四周環境恬靜，是逃離城市繁囂的好地方。

春夏時份，還可以在別緻的花園雅座用餐，別有一番風味。

室內用餐區一共有 50多個座位，前來享用晚餐的話，建議先訂座。

餐廳位於這座淡黃色的園林別墅內，是19世紀初的建築。

獲獎特色建築
垂直森林（Bosco Verticale）

　　於2014 年10月落成，由2座一高一低的住宅大樓組成，最特別之處，是在樓層與每戶之間，種植了超過 900 棵樹，用來吸收二氧化碳和過濾塵埃，產生氧氣，改善空氣質量，活像一個在都市中垂直的森林。是項建築融入了城市綠化的理念，設計先後獲得多個國際建築大獎。

MAP：P.381 C2

由博埃里工作室設計，並諮詢了園藝師和植物學家。露台鋼筋有特別加厚，以確保結構可承受大量植物所施加的負荷。

垂直森林和鄰近的 Unicredit 大樓，增添了時尚都市的魅力。

─Info─

地址：Bosco Verticale，20124 Milano
開放時間：全年（只限在建築外圍欣賞遠觀）
前往方法：乘坐地鐵 M5 紫色線到「Isola」，再步行 2 分鐘。

香氣四溢的米蘭肉排，配上一杯紅酒，更是完美。La Vera Cotoletta di Vitello alla Milanese €24

葡萄酒種類有多達200種，每晚都有侍酒師在場，可以隨時給客人選酒的建議。

得獎米蘭肉排
Osteria Brunello

餐廳堅持正宗意大利菜的理念，把傳統料理以摩登形式演繹，當中的招牌菜「Cotoletta alla Milanese」更是得獎菜式！曾獲意大利最權威餐飲評鑒指南「Gambero Rosso」（大紅蝦），所頒發的「最佳米蘭肉排」。肉排依照傳統做法，做出了精髓。小牛排分兩次沾上麵包糠，用熱溶了的牛油炸至金黃。剛端來的肉排，牛油香氣撲鼻，小牛排外脆內軟，肉質細滑，配上了秘製的火箭菜蛋黃醬汁，一吃難忘。

MAP: P.381 B3

內裝時尚簡約，原來已經有十年歷史。2018年亦獲得了Gambero Rosso（大紅蝦）的二蝦（很好）推薦。

晚間燃起了燭光，添了微微浪漫感，情調醉人。

每位服務員都可用英語溝通，亦有提供英語菜單，方便遊客點餐。

濃黑的朱古力Mousse，淋上了脆脆的餅碎和微溫的咖啡奶油，再有一小球牛奶Gelato。冷熱脆軟，是多重口感的誘惑。La Nostra Barbajada €7

微微帶鹹的乳酪布丁，上面灑上了脆脆的麵包糠，是當天的Welcome Antipasto 小前菜。

━Info━

地址：Corso Garibaldi 117, 20121 Milano
電話：+39 0265 92973
營業時間：星期一至五1230 - 1430，1900 - 2330；週末及假日1230 - 1500，1900 - 2330
消費：大約€35 - 50 / 位
網址：www.osteriabrunello.it
前往方法：乘坐地鐵M2綠色線到「Moscova」，再步行2分鐘。

18至19世紀興起了「公墓設計藝術」，把建築、雕塑、園林景觀等元素帶進了墓園，營造了像天堂般的歐式公墓。

ALESSANDRO MANZONI

在名人堂安葬的名人，當中有文學名著《約婚夫婦》的作家Alessandro Manzoni。

記緊尊重場合，參觀時保持安靜。

提提你

動人心魄的安逸
米蘭紀念墓園
(Il Cimitero Monumentale di Milano)

Tips

墓園面積很大，如果打算仔細參觀，可在大門左邊的職員站崗處索取遊覽地圖。

在雅緻的雕塑裝飾下，墓園沒有半點滄涼感，卻有一股動人心魄的安逸感。佔地有25萬平方米，由建築師Carlo Maciachini設計，是很多已故名人安息之地。自1866年開放以後，墓園逐漸增添了大量古典和當代雕塑，充滿藝術性。位於正門主樓的名人堂（Famedio），在此長眠的都是一眾名人和顯赫家族，包括有著名的雕塑家、建築師、作曲家、詩人、文學巨匠，以歌頌他們對意大利的貢獻。在緬懷逝者的同時，這兒猶如一所露天雕塑美術館。

MAP: P.381 A1 - B1

墓園融合了折衷主義、拜占庭式、哥德式和羅曼式多種建築風格。著名作曲家Giuseppe Verdi（威爾第）亦長眠於此。

當年一眾顯赫世家和名門望族，都會邀請著名雕塑家來設計家族公墓。一個瑰麗的家族公墓，是名流們另類的身份象徵。

名人堂的天藍色穹頂上，畫滿了金光閃閃的星星。

著名利口酒Campari家族的公墓，設有「最後的晚餐」為題的大型青銅雕塑，於1935年建造。

Giro d'Italia（環意單車賽）的創辦人Tullo Morgagni和他兄弟的墓碑上，雕塑刻劃6個正在起舞的女孩，她們手中拿著火焰，象徵「生命之火」。

─Info─

地址：Piazzale Cimitero Monumentale, 20154 Milano
開放時間：
0800 - 1800（最後進入1730）：1 / 1、復活節當天及翌日、1 / 5、2 / 6、15 / 8、8 / 12、25 / 12 及 26 / 12 0800 - 1300（最後進入1230）
休息日：逢星期一
門票：免費進入
前往方法：乘坐地鐵M5紫色線到「Monumentale」站即達。

城市綠洲中的歷史寶庫

米蘭城堡區
Castello Sforzesco

除了米蘭大教堂，斯福爾扎城堡與和平門，都是米蘭重要的標記，一起見證著以往動盪的歷史。在城堡後方有一個歷史悠久的聖匹沃內公園，把兩個地標連成一線。公園擁有一片綠色空間，是當地人的日常休憩之地。區內亦有很多不容錯過的藝術珍藏，包括達文西的驚世佳作《最後的晚餐》和米高安哲羅臨終前還在創作的雕塑《隆達尼尼的聖殤》，都是寶貴無價，很值得前去欣賞。

交通

前往斯福爾扎城堡，可乘坐地鐵M1紅色線到「Cairoli Castello」到達城堡正門，亦可乘坐地鐵M2綠色線到「Cadorna」到達城堡側門。前往和平門，可乘坐1號電車，在「Arco Della Pace」站下車。

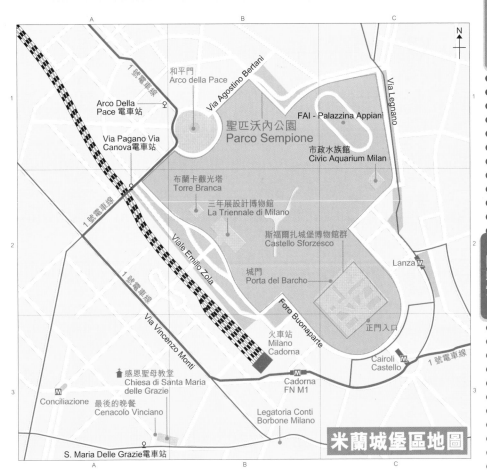

米蘭城堡區地圖

地圖上標示：

N

1 號電車線

和平門
Arco della Pace

Via Agostino Bertani

Via Legnano

Arco Della Pace 電車站

Via Pagano Via Canova電車站

FAI - Palazzina Appiani

聖匹沃內公園
Parco Sempione

市政水族館
Civic Aquarium Milan

布蘭卡觀光塔
Torre Branca

三年展設計博物館
La Triennale di Milano

Viale Emilio Zola

斯福爾扎城堡博物館群
Castello Sforzesco

Lanza M

1 號電車線

城門
Porta del Barcho

Foro Buonaparte

正門入口

Via Vincenzo Monti

火車站
Milano Cadorna

Cairoli Castello M

1 號電車線

感恩聖母教堂
Chiesa di Santa Maria delle Grazie

Cadorna FN M1

M Conciliazione

最後的晚餐
Cenacolo Vinciano

Legatoria Conti Borbone Milano

S. Maria Delle Grazie電車站

因《最後的晚餐》而聞名於世
感恩聖母教堂
(Chiesa di Santa Maria delle Grazie)

　　於15世紀建造的感恩聖母教堂，因為教堂旁邊的食堂內，收藏了達文西的經典巨作《最後的晚餐》，而聞名於世。磚紅色的教堂充滿典型倫巴底風格，教堂內部亦保存了一些很有價值的收藏品，包括金祭壇上的聖體盤。如果去參觀《最後的晚餐》，別忘了順道一遊這座就在旁邊的教堂。

MAP：P.391 A3 - B3

教堂和食堂內收藏的《最後的晚餐》，於1980年一起列入了世界文化遺產的名錄中。

參觀教堂可從正門進入。在教堂旁邊的淡黃色建築，是參觀《最後的晚餐》的入口。詳情介紹見：P392 - 393

在中世紀，米蘭由維斯康堤家族統治，教堂外牆刻上了其家族徽章，是一個龍頭蛇身的標誌。

---Info---

地址：Via Giuseppe Antonio Sassi, 3 20123 Milano

開放時間：平日1000 - 1255，1500 - 1755（七月1530 - 1755）；假日1530 - 1755（七月及八月1600 - 1755）

門票：免費進入

網址：legraziemilano.it

前往方法：乘坐地鐵M1紅色線到「Conciliazione」站，再步行5分鐘。或從大教堂附近的「Duomo」站，乘坐電車16號到「S. Maria delle Grazie」即達。

《最後的晚餐》描繪的是什麼樣的情景？

是取材自聖經中《馬太福音》第26章的故事，描繪耶穌被逮捕前一晚，和十二位門徒共進晚餐的情景。期間耶穌預言：「你們其中一人將會出賣我。」各門徒神色迥異。期後，預言靈驗，耶穌遭門徒猶大出賣，被羅馬兵逮捕，最後被釘十字架處死。

提提你

文藝復興時期的顛峰之作
最後的晚餐
(Cenacolo Vinciano)

Tips

1. 必須預約。一般需預早3個月前，透過電話或網上預約。
2. 每月第一個星期日門票免費，該天門票只接受電話預約。
3. 訂不到票亦可以考慮參加當地導覽團，不過費用較高，大約€40 - 70。詳情：www.tickitaly.com
4. 在不使用閃光燈之下，可拍照。當館內正進行其他展覽，全館則禁止拍攝。

驚世巨作《最後的晚餐》的真跡，是位於感恩聖母教堂食堂內的牆壁上。達文西當年受到正統治米蘭公國的Sforzesco家族邀請作畫，由1494年開始動工，大約3 - 4年後完工，畫作非常大型，面積有460×880cm，畫中構圖的巧妙佈局，各人神情的細緻刻劃，就像神來之筆，讓人驚嘆不已，亦成為了史上最經典的名畫之一。

當年，達文西沒有採用傳統的濕壁畫畫法，卻混合了油畫和蛋彩畫法作新的嘗試，希望能創造更完美的光影效果。但這種創新畫法，令畫作在完成後不久，就開始出現了色彩淡化的問題。後來經過長達20年的大型修復，於1999年畫作煥然一新的重現於公眾眼前。色彩雖已淡化難以彌補，不過，畫中人的肢體表情生動傳神，從中流露了各人的內心世界。

MAP: P.391 A3

Info

地址： Piazza Santa Maria delle Grazie 2, 20123 Milano
開放時間： 0815 - 1900
休息日： 逢星期一、1 / 1、1 / 5、25 / 12
門票： €10＋€2預約費（必須預約，每節參觀時間為15分鐘）；租用語音導覽解說＋€3.5（有英語、普通話等語言選擇）
專人英語導覽： ＋€3.5（只限0930和1530這兩節時段，只接受電話預約）
訂票網址： cenacolovinciano.vivaticket.it
訂票電話： +39 02 92800360 / 800 990084
前往方法：
乘坐地鐵M1紅色線到「Conciliazione」站，再步行5分鐘。或從大教堂前方的「Duomo」站乘坐電車16號到「S. Maria delle Grazie」，再步行1分鐘。

1 聖巴多羅買

他很專心留意正發生什麼事情。這一組是四組門徒中排列得最整齊,跟旁邊背叛者猶大那驚惶失措的神情姿態,成很大的對比。

2 聖雅各

他的左手正指向中央,眼神望向中央位置。讓人的注意力集中在畫的中央部分。

3 聖安得烈

他正在舉起雙手示意他的忠誠。

4 聖彼得

正在拿着刀的聖彼得,表現激動,身體向前傾,在詢問約翰到底發生什麼事情。

5 猶大

將會出賣耶穌的猶大,驚嚇得身體向後傾,手上緊握著的錢袋,內藏出賣耶穌的酬勞。站在中間的耶穌,卻相反地神態自若。達文西透過肢體語言傳達了訊息,亦營造了緊湊的現場感。

6 聖約翰

他神情十分哀傷。他微微斜靠著左方的門徒,騰出了他跟耶穌之間的空隙,讓位於中央的耶穌更易成為焦點。

耶穌基督

耶穌站在畫的中央,神情處之泰然。耶穌身後那窗外透入的光線,代替了頭上的光環,把耶穌突顯了出來,並給人神聖的感覺。

達文西利用了十二個門徒的肢體形態,巧妙的以三人為一組,分成四組。耶穌站立在正中間,成為了焦點。

照片來源:wikimedia

7 聖多馬

他的身體都被遮住了,只能看到頭部和右手。他的食指正指向天空,像在跟耶穌説:天神與您同在。

8 聖雅各伯

張開雙手的聖雅各伯非常憤怒激動。達文西利用他「張開雙手」的姿勢,把耶穌與這組門徒隔開,讓耶穌旁邊留有空間,吸引視線。

9 聖斐理伯

他的身體向前傾,雙手指向心口,正在強力表示自己的清白。

10 聖馬太

正在跟旁邊的門徒討論中,雖然他背對著耶穌,但是他的手向中央伸展開,形成了跟中央部分的連繫。

11 聖猶達

他正跟旁邊的馬太和西門,商討著究竟發生了什麼事情。

12 聖西門

畫中所有的情景,都緊密地連繫著中央的耶穌。聖西門的視線雖沒有望向耶穌,但雙手是朝向中央的耶穌伸展。

城堡區 加里波第火車站周邊 運河區 米蘭周邊

城中休憩空間
聖匹沃內公園 (Parco Sempione)

於1888年落成的聖匹沃內公園，是米蘭市內最大的公園，面積有38公頃，是當地人的城市休憩空間。公園由斯福爾扎城堡的後方，一直伸延到和平門。 一大片英式園林和綠草空地，亦是藝術展覽和各項活動的舉行場地。三年展博物館、布蘭卡觀光塔、市立水族館，都在公園範圍內。

公園設在市中心地帶，是當地人散步休息的好去處。

特別在假期，有很多當地人會前來公園騎車或野餐。

MAP: P.391 B1 - B2 - C1 - C2

園內充滿藝術感，四周擺放了一些戶外雕塑，而三年展博物館亦在園區內。

Info
地址：Piazza Sempione, 20154 Milano
開放時間：0630 - 2100
前往方法：經斯福爾扎城堡或和平門，可進入聖匹沃內公園。從Castello Sforzesco（斯福爾扎城堡）的西北面的城門Porta del Barcho一出，就是公園範圍。

回顧經典設計
三年展設計博物館
(La Triennale di Milano)

聖匹沃內公園是「Triennale di Milano」（米蘭三年展）的舉辦場地。公園內設立了一所設計博物館，讓訪客可以全天候欣賞各種設計展。館內定期舉行展覽，題材圍繞服裝設計、工業設計、視覺藝術、建築等等，過往也展出過許多著名藝術家的作品展和一些國際知名品牌的回顧展。

附設書店出售設計書籍、攝影集、藝術商品、設計精品等等。館內的書店和咖啡館，就算沒有購買門票也可以進入。

Triennale di Milano 米蘭三年展
每3年在米蘭舉行的大型設計展，是全球設計界的矚目盛事之一。2019年3月1日至9月1日是第22屆的舉行日子。

提提你

博物館坐落於聖匹沃內公園內，亦是三年一度「米蘭三年展」的舉行之地。

MAP: P.391 B2

咖啡室「Triennale Design Cafe」環境舒適，在夏季更會開放戶外花園用餐區。

館內有一個以「意大利設計」為題的展覽，展覽模式一年更換一次。

Info
地址：Palazzo della Triennale, Viale Alemagna 6, 20121 Milano
開放時間：星期二至日1030 - 2030（最後售票1930）
休息日：星期一
門票：€12
網址：www.triennale.it
前往方法：乘坐地鐵M1紅色線或M2 綠色線到「Cadorna」，再步行5分鐘。或乘坐巴士61號到「Triennale」即達。

俯瞰米蘭
布蘭卡觀光塔
(Torre Branca)

設有升降機讓遊客直接登上觀光塔頂，透過升降機的透明玻璃，遊人可看到漂亮怡人的風景。

塔的下方就是著名夜蒲點「Just Cavalli」，如舉行私人聚會，或天氣不住時，觀光塔會暫停開放。

提提你

塔頂上有360度的觀景台，是俯瞰米蘭全景的好地方之一。若遇上好天氣，還可以遠眺阿爾卑斯山山脈。而晚間亮了燈後，會有不一樣的美。鐵塔曾因日久失修關閉多年，最後由著名利口酒品牌「Fernet-Branca」所屬公司出資整修，再重新開放，並改名為「Torre Branca」。

Info
地址：Viale Luigi Camoens 2, 20121 Milano
開放時間：
九月中至五月中：星期三 1030 - 1230、1600 - 1830；星期六 1030 - 1300、1500 - 1830、2030 - 0000；星期日 1030 - 1400、1430 - 1900；逢星期一、二、四、五 休息
五月中至九月中：星期二、四、五 1500 - 1900、2030 - 0000；星期三 1030 - 1230、1500 - 1900、2030 - 0000；星期六、日 1030 - 1400、1430 - 1930、2030 - 0000；逢星期一 休息
門票：€5
前往方法：在聖匹沃內公園內，三年展設計博物館旁邊。可乘坐1號電車到「Via Pagano Via Canova」，再步行3分鐘。

MAP: P.391 B2

在塔頂上可以看到米蘭的重要地標「和平門」。

鐵塔高108.6米，於1933年建成，觀景台上的景觀很遼闊，可俯瞰米蘭全景。

這座磚紅色的宏偉建築，見證了以往米蘭動盪的歷史。

在意大利統一後，城堡重新修建成為博物館，建築師亦盡量把它變回中世紀的模樣。

米蘭的歷史見證
斯福爾扎城堡博物館群
（Castello Sforzesco）

於14世紀，正統治米蘭公國的Visconti（維斯康提）家族，為了防止威尼斯人的入侵，建造了這座磚紅色的護城堡壘。後來，統治權轉移了給Sforza（斯福爾扎）家族，城堡經擴建後，成為了他們的官邸住宅。16世紀後，米蘭先後被西班牙、法國和奧地利統治，城堡變成了軍事要塞。現在，城堡內設有一群不同題材的市立博物館。當中的隆達尼尼聖殤博物館，內藏了藝術大師米高安哲羅生前最後一個雕像《Pietà Rondanini》（隆達尼尼的聖殤），他在臨終前幾天還在製作，很值得參觀。

`MAP: P.391 C2 - C3`

Tips

每月第 1 個和第 3 個星期二下午二時後，博物館免費入場。

斯福爾扎城堡的博物館群，包括了：
1. 隆達尼尼聖殤博物館
2. 古代藝術博物館
3. 達文西 木板廳 La Sala delle Asse
4. 軍械庫
5. 古董家具和木製雕塑博物館
6. 陳列館、圖片庫、美術館
7. 裝飾藝術博物館
8. 樂器博物館
9. 考古博物館（史前和遠古）
10. 埃及考古博物館
11. 臨時展覽區（舊西班牙醫院）

提提你

「隆達尼尼聖殤博物館」的入口是獨立的，從城堡正門進入後的左邊建築物，就是博物館的所在。

1905年，建築師根據原來的設計圖，修建了城堡中央的菲拉雷特塔 Torre dei Filarete。

如果不打算進入博物館的，亦可進入城堡的公園範圍，公園免費開放。

Info

地址：Piazza Castello, 20121 Milano
開放時間：城堡 0700 - 1800
（夏天0700 - 1900）
博物館 0900 - 1930
休息日：逢星期一、1 / 1、1 / 5、25 / 12
博物館門票：城堡博物館群聯票 €5
網址：www.milanocastello.it
前往方法：從主教堂，經Via Dante 步行大道，步行10 - 15分鐘。或乘坐地鐵M1紅色線到「Cairoli Castello」即達。

在城堡範圍內，昔日維斯康提家族那「龍頭蛇身」的徽章和代表米蘭的「紅十字」徽章到處可見。

可登上城堡的塔樓，城市景色盡收眼底。

新古典主義的代表
和平門
(Arco della Pace)

「和平門」是新古典主義建築風格的代表，亦是米蘭重要的地標之一。

和平門上刻有栩栩如生的青銅雕像和大理石雕像。

　　始建於1807年，建造目的是讓拿破崙戰勝後，可通過這座凱旋門，得到人民的歡呼。其後，拿破崙卻在滑鐵盧之戰中大敗，還未建造好的凱旋門只好停工。而接管統治米蘭的奧地利帝國，決定繼續建造，並改名為「和平門」。在1859年，由拿破崙三世（拿破崙的親姪）帶領下，在馬真塔戰役中擊敗了奧軍，最終以凱旋回歸的方式，通過了這座「和平門」。

頂上的紀念碑文記載了在1859年拿破崙三世通過了這座「和平門」的光榮戰績。

MAP：P.391 B1

經和平門前方一條直路，穿過聖匹沃內公園，就是斯福爾扎城堡了。

─ Info ─
地址：Piazza Sempione, Milano
開放時間：全年開放
前往方法：乘坐1號電車到「Arco Della Pace」站即達。

懷舊復古之旅程
1號電車遊米蘭

　　街道上深黃色的懷舊電車，營造出米蘭特有的路面風景。米蘭電車自1881年開始運營，歷史悠久。當中「1500」型號的懷舊電車，時至今日仍有在路面行駛。復古車廂內的鎢絲燈、木製窗框、木長椅，讓人印象深刻。1號路線常以懷舊電車運行，且途經市中心多個主要景點，特別推薦。

這些深黃色的懷舊電車，大約有100架行在市面運行。每架車身都寫上特有的車身號，這一架是「1648」號。

電車是當地人的主要代步工具之一，在市中心一共有17條電車路線，大部分路線已被現代化列車取替。

1號路線怎樣走？
建議可在和平門前的「Arco della Pace」車站上車，經「Cadorna」火車站往城堡，然後到大教堂附近的「Cordusio」，再經「Teatro alla Scala」到達名店區「Montenapoleone」，一直再往中央火車站附近的「Caiazzo」。

提提你

懷舊電車在路面穿梭，形成了米蘭古今融合的都市風景。

─ Info ─
車票：可使用ATM市內普通車票或天票
路線查詢：https://giromilano.atm.it/#/home

經典手造記事本
MAP：P.391 B3
Legatoria Conti Borbone Milano

製作工場就在店的旁邊，職員正為各種書冊印上花紋圖案。

　　於1874年啟業，堅持人手製作各種手工記事本、相簿、簽名冊等等。從染漂手工紙、釘裝書本、印壓上各種花紋、圖案，都是人手工序，致力把這門特色傳統手藝留傳下去。店內除了出售手製記事本和紙製品，亦提供手袋刻名服務，只要客人帶來心愛的皮手袋，不用數分鐘，就可在手袋上壓印上客人的英文名字縮寫。

記事本中間那橢圓位置，可免費刻上英文名字的縮寫。壓花記事簿€55（軟皮）；€65（硬皮）

店內出售的各種照片冊和記事本，有紙製的、亦有皮製。

皮製的記事本特別耐用，適合用來記錄重要事情和長期使用，例如用作日記、旅行記事、旅行繪本等等。

店主的精心設計，櫃門上的書本是偽裝的，當櫃門關上後就像一個書架，讓外人看不出來這是一個內藏玄機的櫃子。

─ Info ─
地址：Corso Magenta 31, 20123 Milano
電話：+39 02 8645 0090
營業時間：星期一至五 0800 - 1200、1300 - 1830；星期六 0830 - 1200
休息日：逢星期日
網址：www.contiborbone.it
前往方法：乘坐地鐵M1紅色線或M2綠色線到「Cadorna」，再步行5分鐘。

米蘭運河
Navigli 是米蘭的運河系統，亦是橫跨12至19世紀的一項重大水利工程。米蘭並不靠海，昔日開鑿了多條運河，用作運輸貨物和灌溉之用。而建造米蘭大教堂所用的大理石，都是靠著Navigli多條運河，運到古城中心。

提提你

享受愜意的自在

運河區 Navigli

如果想在這個繁忙的大城市，找一個讓人可以慢調步伐的地方，就來運河區這一帶吧！運河兩旁餐廳、酒吧林立，滿滿愜意的氛圍。慢慢細逛，亦會發現一些由舊日倉庫改建成的設計商店和藝術畫廊。黃昏時份，日落餘暉和房子倒影雙雙映照在河面，微金色的畫面也太美了。

交通

運河區設有火車站「Stazione di Milano Porta Genova」，另可乘坐地鐵M2綠色線到「Porta Genova FS」站下車。

N

達文西國家科技博物館
Museo Nazionale Scienza E
Tecnologia Leonardo Da Vinci

Sant'Ambrogio

聖安布羅吉歐教堂
Basilica di Sant' Ambrogio

聖羅倫佐教堂
Basilica San
Lorenzo Maggiore

Via Edmondo de Amicis

Viale Gabriele D'Annunzio

Sant'Agostino

Viale Gorizia

Via Andrea Solari

Colonne Di S.
Lorenzo電車站

Corso di Porta Ticinese

MUDEC文化博物館
Museo delle Culture

Via Bergognone

Via Tortona

Al Porto

El Barbapedana

喬治‧阿瑪尼博物館
Armani Silos

Milano Porta Genova

Porta Genova FS

P.za Ventiquattro
Maggio電車站

聖歐斯托焦聖殿
Parrocchia di
Sant' Eustorgio

納維利奧大運河
Naviglio Grande

Ripa di Porta Ticinese

Hotel Maison Borella

Il Secco

Naviglio Pavese
帕維亞大運河

Contraste

米蘭運河區地圖

L.go Mahler電車站

享受休閒
納維利奧大運河
（Naviglio Grande）

MAP: P.398 A2 - B2 - C2

昔日在米蘭市四通八達的運河流域，現今只剩下「Navigli Grande」和「Navigli Pavese」兩條支流。這區域沒有了昔日的繁華，卻變成了大城市中一個悠閒寫意的地段，也是年輕人夜生活的據點。沿著「Navigli Grande」運河兩旁，可以找到很多休閒的餐廳和酒吧。

運河兩岸有許多古老民居，附近小巷充滿懷舊老街的情懷。

運河區亦是觀賞夕陽的好地方。最佳拍攝位置在「Viale Gorizia」，是「Naviglio Grande」運河的開端。

河畔有很多酒吧，於傍晚提供Aperitivo，只要點叫一杯飲料，同時也可以享用一些自助佐酒餐點。

古董市集 Mercatone dell' Antiquariato
每個月的最後一個星期日，在運河兩旁會舉行大型古董市集，舊物、家具、瓷器、書籍、珠寶，應有盡有，是尋寶的好地方。
營業時間：0900 - 1800
網址：www.navigliogrande.mi.it/
mercatone-dellantiquariato

提提你

逢星期六由早上到下午4時，在「Naviglio Grande」的運河兩旁，亦有生活市集，售賣舊物和衣飾。

Info

地址：Naviglio Grande, Milano
前往方法：乘坐地鐵M2綠色線到「Porta Genova FS」，再步行5分鐘。

博物館很有設計感，登上這條簡約高雅的樓梯，就可通往 3個主要展館。

有部分收藏品來自亞洲，包括有彩繪瓷器、青銅器、絲綢、紡織品等等。

位於地下的這一間Bistrot，供應輕食和一般料理，由米芝蓮兩星名廚Enrico Bartolini 所管理。

展品亦有來自南美洲、中美洲。這個畫上了人形面孔的瓷碗，是瓦里文明時代的手藝品。

於2014年開幕，佔地有17,000平方米，是由著名建築師David Chipperfield 設計。

文青熱點
MUDEC文化博物館
（Museo delle Culture）

　　博物館流線型的建築意念，讓你進入一個奇幻的國度，去探索人類文化。 常規展覽有多達 200件展品，大部分是「非歐洲文物」，包括來自美洲、非洲、日本、印度、中國 等等。主要是昔日的探險家和傳教士，在各國收集得來的物品，充滿異國色彩。另外，博物館亦定期舉辦各種短期展覽，是文青一族探索文化的熱點。意想不到的是，館內還有米芝蓮兩星名廚Enrico Bartolini 設立的餐廳！把藝術文化與美食料理，更深層的連接起來。

MAP: P.398 A2

館內定期舉辦各種短期展覽，以往時裝設計大師ETRO，亦在此舉行過品牌回顧展。

━ Info ━
地址： Via Tortona 56, 20144 Milano
開放時間： 星期一 1430- 1930；星期二、三、五、日 0930 - 1 930；星期四、六 0930 - 2230（最後售票：閉館前一小時）
門票： 長期展覽€5；短期展覽門票需另外收費
網址： www.mudec.it/eng
前往方法： 乘坐地鐵M2 綠色線，在「P.ta Genova FS」下車，再步行10分鐘。

時裝迷朝聖之地
喬治‧阿瑪尼博物館
（Armani Silos）

　　全球知名品牌設計師Giorgio Armani，為了紀念入行40週年，於2015年，在運河旁的Tortona時尚區，建立了他專屬的博物館「Armani Silos」，並在過往的時裝設計中，精選了大約600件作品，在這兒華麗地展示。博物館面積有4500平方米，展覽分佈在3個樓層，是時裝迷朝聖之地。

MAP: P.398 A2

館內展出了多達400件衣服、200件飾品，適合一眾時裝迷慢慢欣賞。

參觀時尚品牌的博物館，從不同時代的展品中，可得到無窮的靈感。

博物館的入口，裝潢也很有時尚氣派。

Photo Credit by Davide Lovatti

━ Info ━
地址： Via Bergognone, 40, Milano
開放時間： 1100 - 1900
休息日： 逢星期一、二
門票： €12
網址： www.armani.com/silos
前往方法： 乘坐地鐵M2 綠色線到「P.Ta Genova」，再步行10分鐘。

海膽意大利麵，依照了傳統的做法，保留風味。啖啖鮮甜的金黃海膽，入口即溶，非常推薦！Tagliolini ai ricci di mare €18

燒帶子火喉剛剛好，內裡非常彈牙嫩滑。Capesante alla griglia €4 / 每隻

海鮮迷不二之選
Al Porto

　　老字號海鮮餐廳，把托斯卡尼的烹調方法帶進了米蘭。擁有超過50年歷史，一直人氣高企，好評如潮。餐廳門外沒有掛上招牌，來用餐的客人都是靠口碑而來。一走進門，店主Domenico 和各服務員，都用親切的笑容來迎接！供應的海產主要來自法國、意大利利古里亞海岸等海域，日日新鮮送達。主打菜式 包括法國生蠔、意式魚生雜錦、海膽意大利麵等等，統統新鮮甜美，讓人回味無窮。

一杯葡萄白酒 Moscato Giallo，花果香氣濃郁，口感清新，跟海鮮料理是絕配。

蟶子灑上了麵包糠來烘焗，香口脆脆，滿足味蕾。Cannolicchi gratinati al forno

　　餐廳本身的建築也很有歷史特色。這兒是昔日入城的關口，向所有運到米蘭市的貨物，收取入城稅項。餐廳一共有兩層，二樓以船艙為主題，在牆身放置了多個水族箱，客人可透過圓形小窗欣賞小魚，感覺身處在船艙內。

雜錦刺身新鮮甜美！紅蝦來自一級產地 Santa Margherita，肉質彈牙軟嫩。Antipasto misto di pesce crudo €22

MAP: P.398 B2

傳統焗魚以薯仔、橄欖、蕃茄作伴菜，魚香嫩滑，用料很足。Pesce all' Isolana Patate, Olive, Pomodoro €26（2人用）

──── Info ────

地址：Piazzale Antonio Cantore, 20123 Milano
電話：+39 0289 407425（建議訂位）
營業時間：星期二至六1230 - 1430，1930 - 2230；星期一 1930 - 2230
休息日：星期日全日，星期一午市
消費：大約€30 - 60 / 位
網址：www.alportomilano.it
前往方法：
乘坐地鐵M2綠色線到「S. Agostino」或「P.ta Genova FS」，再步行 5 分鐘。

餐廳深得當地人的喜愛，午市時段亦客似雲來，座無虛席，晚間更經常爆滿，建議先訂座。

當日供應的海產，天天新鮮運到，並在玻璃櫃內展示。

餐廳左邊設有Bar枱用餐區，可以一邊享受美食，一邊觀賞廚師在準備各種海鮮冷盤。

冷盤海鮮選擇很豐富，來自法國的即開生蠔，新鮮甜美，是客人的至愛。€3.5 - 6 / 每隻。

2樓用餐區設有多個圓形水族箱，就像在船艙內一樣。

大廚們經驗非常豐富，當中主廚Emilio Mola，在此工作有超過30年了。

餐廳歷史很悠久，由1967年開業至今，被市政府認定為「米蘭老店」之一。

服務生笑容滿臉，服務態度非常好。餐廳有提供英文餐單，方便點餐。

店主Domenico 笑容可掬，經常親自招待客人。

温情傳統料理
El Barbapedana

　　溫馨柔和的家庭式小餐館，主打意大利各地的傳統料理。招牌菜有米蘭的經典菜「Ossobuco di Vitello in Gremolada」（燴燉小牛膝），加入了高湯、洋蔥、葡萄白酒等等來慢燴的小牛膝，肉質非常軟嫩，佐以鮮黃色的「Risotto alla Milanese」（番紅花米蘭燉飯），色香味全。尤其在冬天吃這道菜，非常飽肚兼暖胃。 **MAP: P.398 B2**

一客濃香嫩滑的焦糖布丁，甜度恰好，是餐後甜點的好選擇。

香脆可口的炸麵團，上面鋪滿了半溶的香草鹽漬豬背油，充滿咸香滋味。Gnocco Fritto con Lardo di Colonnata €10

小牛膝經過慢燴，肉質依然十分嫩滑，配以香濃的米蘭燉飯，令人食指大動。Ossobuco di Vitello in Gremolada con Risotto alla Milanese €20

餐廳內氣氛溫情洋溢，服務生熱情招待客人，有「家」的溫馨感。

Info

地址： Corso Colombo, 7 , Milano
電話： +39 02 36586897
營業時間： 星期一至三 1230-1500、1930 - 2300；星期四至六 1230 - 1500、1930 - 0000
休息日： 逢星期日
消費： 大約€20 - 40 / 位
網址： www.elbarbapedana.it
前往方法： 乘坐地鐵M2綠色線到「P.ta Genova」，再步行3分鐘。

河邊小酒館
Il Secco

小酒館就在運河旁邊，在這兒把酒談天，氣氛很輕鬆隨意。

　　位於運河旁邊的小酒館，主打意大利各區的氣泡酒「Bollicine Italiane」，包括有多種Prosecco、Franciacorta、Trentodoc等等，選擇多達80種。就算不太懂酒也不用擔心，店主很樂意給予建議。每星期亦會在牆上列出「心水推介」，以作參考。店內座位不多，客人大部分是當地年青人，在輕音樂下把酒聊天，享受河邊的悠閒氣氛。 **MAP: P.398 B2**

店內供應的各種氣泡酒，來自意大利各大產地，都是店主用心搜羅。

店主會列出「本週之選」作推薦，讓客人更容易從中選擇。

無論你喜歡Profondo、Riesling、Franciacorta還是Trentodoc，都可在此品嚐得到。每杯大約€3.5 - 6。

小店也有供應一些佐酒小吃，叫點選一客Taglieri Grande（醃製芝士冷盤）配以葡萄酒，是個不錯的選擇。€10

Info

地址： Via Fumagalli 2, Milano
電話： +39 024 8677328
營業時間： 1700 - 0000
消費： 大約€5 - 15 / 位
網址： www.ilsecco.com/it
前往方法： 乘坐地鐵M2 綠色線，在Porta Genova FS 下車，步行6分鐘。

擁有1700年歷史
米蘭聖羅倫佐教堂
(Basilica San Lorenzo Maggiore)

建於4世紀末至5世紀初，是米蘭僅存的古羅馬遺跡之一。教堂外部分別在4個角落建上了方形鐘塔，用以緊緊包圍中央的穹頂，防止側向。內部有3個大小不同的八角形小禮拜堂，其中在Cappella di Sant' Aquilino（聖阿基尼洛小禮拜堂）天花上的馬賽克鑲嵌畫，也有1500年的歷史。

擁有1700年歷史的聖羅倫佐教堂，歷年來經過多次大規模重修，但建築格局大致上沒有太大改變。

教堂門前保留了古羅馬時代的16根圓柱，是由附近搬移過來，柱列的中央頂部呈圓拱狀，是昔日建築的大門入口。

MAP: P.398 C1

教堂內部實而不華，天花穹頂呈八角形。

教堂前的廣場中央，豎立了君士坦丁大帝的青銅像，用來紀念由他頒佈的《米蘭敕令》。

《米蘭敕令》
第一位信奉基督教的羅馬皇帝君士坦丁大帝，於313年，與李錫尼共同頒佈了《米蘭敕令》，自此在「羅馬帝國」境內，人民可自由信奉基督教，並承認了基督教的合法地位。

提提你

―― Info ――
地址： Corso di Porta Ticinese, 35, Milano
開放時間： 星期一至五 0800 - 1830；
　　　　　　星期六、日 0900 - 1900
門票： 免費進入
網址： www.sanlorenzomaggiore.com
前往方法： 從大教堂廣場步行大約12分鐘。
　　　　　　亦可乘坐電車3號到「Colonne di
　　　　　　San Lorenzo」下車。

教堂建有兩座鐘樓。右邊的那一座建於9世紀，而左邊較高的那一座則建於1144年，於1889年再加高了兩層。

米蘭最老教堂
聖安布羅吉歐教堂
(Basilica di Sant' Ambrogio)

始建於4世紀末期，歷年來經過多次重建，最後形成了羅曼式建築風格。教堂的所在地，是很多殉教者的安葬之地，教堂最初亦因此名為「Basilica Martyrum」（殉教者聖殿），後來改以米蘭守護聖者「Sant' Ambrogio」的名字命名。內殿保留了5世紀建造的金色馬賽克圓頂天花，還有9世紀建造的黃金聖壇，在古樸的建築內，金光閃閃，讓人眼前一亮。

參觀亮點除了金色馬賽克圓頂天花，還有設在前方中央的聖體盤和黃金聖壇。

MAP: P.398 C1

每年12月7日聖人節「Obej！Obej！」，教堂外會設有市集和大型慶祝活動。

提提你

教堂前方的庭院兩側，放置了古羅馬時代的圓柱，很有歷史感。

半圓天花上有5世紀建造的鑲嵌壁畫，金光閃閃，讓樸素古舊的教堂增添了光芒。

左邊這個是由大理石鑄造的讀經台，上面刻滿了各種宗教人物，栩栩如生。

二戰期間，教堂被轟炸，並遭受嚴重破壞，經過大型重建後再開放。

―― Info ――
地址： Piazza Sant'Ambrogio 15, 20123 Milano
開放時間： 1000 - 1200，1430 - 1800；
　　　　　　星期日1500 - 1700
門票： 免費進入
網址： www.basilicasantambrogio.it
前往方法： 乘坐地鐵M2綠色線到「Sant'
　　　　　　Ambrogio」下車，再步行5分鐘。

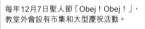

加里波第火車站周邊　城堡區　運河區　米蘭周邊

全國最大的科學館
達文西國家科技博物館
(Museo Nazionale Scienza E Tecnologia Leonardo Da Vinci)

　　佔地5萬平方米，是意大利最大的科技博物館，展品超過16000件，由5座建築物組合而成，規模極之龐大。博物館以達文西為名，為了表揚他在科學上的成就。其中主大樓內，展示了達文西筆下的各種設計圖和模型。館內焦點是一艘巨型潛水艇，讓大眾可登上潛艇近距離觀摩（需預約）。另外，還展出來自不同年代的蒸氣火車、直升機、大型帆船等，讓人目不暇給！

MAP：P.398 B1

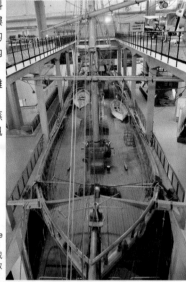

1921年建造的帆船「Ebe號」，是館內最大的船隻，起初是一艘貨船，後來變成了一艘訓練艦，自退役後收藏於此。

在「鐵路展館」中，展出了多架蒸氣火車，包括這架來自1900年，充滿懷舊感。

這是1885年的電車車廂，當年是靠馬匹在路軌上拉行。

參觀潛水艇「Sottomarino Enrico Toti」需要預約，可網上或即場辦理。參觀時段由1000開始，至閉館前45分鐘，並有專人帶領解說。
提提你

於1967年建造的S506潛水艇「Enrico Toti」，長達46米。昔日負責地中海水域巡邏，於1997年退役。自2005年，一直收藏在此。

館內展示了許多達文西的設計圖和模型，不得不佩服這位全才大師的想像力和創造力。

在「航空航海展館」亦很有驚喜，從多架不同年代的直升機，可體會到科技的日新月異。

Info
地址：Via San Vittore, 21, Milan
開放時間：
平日 0930 - 1700、星期六及假日 0930 - 1830、19 / 6 - 16 / 9 平日 1000 - 1800、星期六及假日 1000 - 1900（最後入館：閉館前半小時）
休息：逢星期一 及 1 / 1、24 / 12、25 / 12
門票：博物館 €10、25歲以下 €7.5
博物館＋參觀潛艇 €18、25歲以下 €15.5
網址：www.museoscienza.org
前往方法：乘坐地鐵M2綠色線到「S.Ambrogio」站，再步行約5分鐘。

東方三賢士之墓
聖歐斯托焦聖殿
(Parrocchia di Sant' Eustorgio)

　　始建於4世紀，是米蘭最古老的教堂之一，亦是教徒們著名的朝聖地，全因這兒是東方三賢士安葬之地。當年由Sant'Eustorgio主教下令建立這所教堂，目的就是要安放從君士坦丁堡帶回米蘭的東方三賢士聖髑。

MAP：P.398 C2

經過多次重建整修，聖殿保留了羅曼式風格。

此教堂鐘樓頂上用了八角星來代替十字架，用來紀念東方三賢士。根據聖經上描述，當年天上出現一顆星星，引領他們去見小耶穌。

Info
地址：Piazza Sant' Eustorgio, 1, 20122 Milano
開放時間：1000 - 1800（最後進入：1730）
門票：€6教堂＋博物館
網址：www.santeustorgio.it/index.html
前往方法：從米蘭大教堂附近的「Duomo」站乘坐電車3號到「P.za Ventiquattro Maggio」站即達。

餐廳內裝高雅別緻，利用了一些藝術品來悉心佈置，牆上的掛畫、走廊上的雕像，都是當地藝術家的作品。

一場驚喜盛宴

Contraste

獲得米芝蓮一星評級的Contraste，誓要為饕客打造一趟難忘的美食旅程。到訪的客人都充滿期待，原來這兒的菜單不會預先公開，希望每一道料理都會讓客人帶來無限驚喜。服務生會先訪問客人的飲食喜好，確保客人將會品嚐的菜式，會更稱心滿意。第一道前菜亦會放在一個小盒子內，當客人一把盒子打開，就像展開一場奇幻的美食旅程。在這兒用餐。並不只是滿足味覺，更不只是滿足味覺，更包含了感官上的享受。

MAP: P.398 C3

打開餐牌看到一面鏡子，和鏡子中自己的模樣，原來這兒的「Tasting Menu」叫做「Reflection」，就像反映著內心中的未知和慾望。

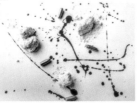

為了保持神秘感，餐廳最新的菜單就不作公開了。 這個 Pulp fiction 是以往的菜式之一，看得出每一道菜都滿載了主廚的心思。

來自烏拉圭的主廚Matias Perdomo，年少時下定決心要成為一級廚師。於2015年，跟伙伴一起創立了這個屬於自己的天地。

餐廳一個很特別的雕像，叫人不要發聲的手勢，意思就是要保持神秘，帶客人開展一趟神秘又驚喜的美食旅程。

牆上有一個鎖匙洞，讓客人可以從中窺探這間秘密廚房。

每一道菜都美得像一幅畫，讓人賞心悅目，不單止征服客人的味蕾，亦是一場視覺的盛宴。

到底還有什麼美食「驚喜」？想知道的，就要自己去發掘了。

Info

地址： Via Meda 2, Milano
電話： +39 02 49536597
（建議兩個月前預先訂位）
營業時間： 星期一、三至六 1900 - 2300；
星期日 1230 - 1500
休息日： 逢星期二
消費： 大約 €140／位（Tasting Menu：Reflection）酒水另計
網址： www.contrastemilano.it
前往方法： 可乘坐3號電車到「L.go Mahler」站，再步行 1 分鐘。

探索市中心外的秘點

米蘭周邊

　　米蘭擁有四通八達的交通網絡，能夠讓人輕易走訪周邊地區，繼續去探索市中心以外有趣的地方。對於足球迷來說，到訪世界知名的聖西路球場，或AC米蘭球會博物館，是不能錯過的行程。喜歡Shopping的，亦可到市中心外圍的購物村，盡情購物。米蘭的周邊，亦有很多滿足味蕾的高質素餐廳，喜歡美食的，不妨走遠一些。

米蘭周邊地圖

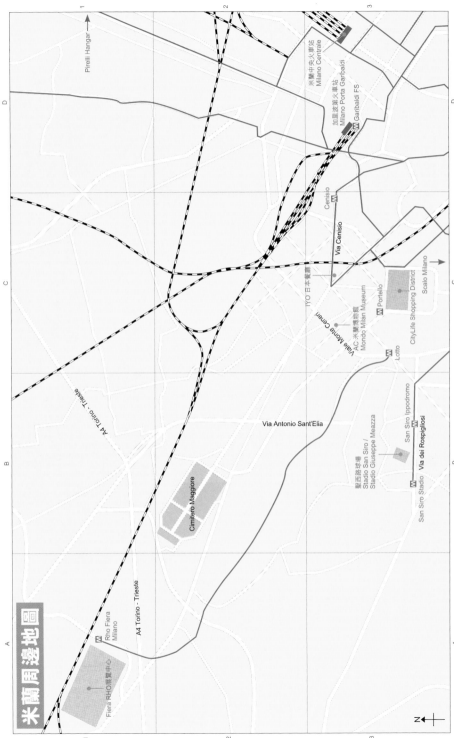

Pirelli Hangar

米蘭中央火車站
Milano Centrale

加里波第火車站
Milano Porta Garibaldi
Ⓜ Garibaldi FS

Cenisio
Ⓜ
Via Cenisio

IYO 日本餐廳

AC 米蘭博物館
Mondo Milan Museum
Viale Monte Ceneri

Ⓜ Portello

CityLife Shopping District

Scalo Milano

Ⓜ Lotto

A4 Torino - Trieste

Via Antonio Sant'Elia

聖西路球場
Stadio San Siro /
Stadio Giuseppe Meazza

San Siro Ippodromo

San Siro Stadio　Via dei Rospigliosi
Ⓜ

Cimitero Maggiore

A4 Torino - Trieste

Rho Fiera
Milano
Ⓜ

Fiera RHO展覽中心

N

博物館不太大，展品包括簽名球衣、歷年獎杯和新聞剪報等，展示了兩隊球隊的傳奇故事。

距離市中心只有6公里，交通非常便利，從市中心大教堂區段前往，大約半小時就能到達。

Tips
進入球場，需經過保安檢查，不可攜帶危險物品、打火機、長雨傘、剪刀等等。

足球狂熱 `MAP: P.407 B3`

聖西路球場 / 基奧斯比·梅亞沙球場
(Stadio San Siro / Stadio Giuseppe Meazza)

有超過8萬個座位的Stadio San Siro（聖西路球場），始建於1926年，是Inter（國際米蘭）和Milan（AC米蘭）球隊的主場館，亦是意大利足球球迷必到之朝聖地。球場原名San Siro，於1980年改了名字，以昔日著名球員Giuseppe Meazza（基奧斯比·梅亞沙）而命名。自1996年更開設了全國第一間在球場內的球隊博物館，展示了國際米蘭和AC米蘭的歷代簽名球衣、獎杯、球鞋等等。球迷還可以觀摩兩間球會的更衣室，和進入球場的觀眾席，感受米蘭的足球傳奇。

作為世界知名的足球場，歷年來，在此舉辦過很多國際級重要賽事。

閉館風波：博物館曾數度因2間球會未達成妥協而關閉，建議可在到訪前於網上查閱最新資訊。如果博物館被關閉，仍可憑票參觀球場及球會更衣室。

提提你

AC米蘭的各種手機套，十分精美實用。€19

國際米蘭的紀念杯，中間那款還印有米蘭大教堂的模樣。€10 - 12

紀念品店就在參觀路線出口的旁邊。店內面積挺大，主要出售米蘭2個球會的紀念品。

──**Info**──

地址：Piazzale Angelo Moratti, 20151 Milano（售票處在8號閘口）
開放時間：0930 - 1700
門票：博物館、球場、球會更衣室 €17；持有球迷咭Cuore Rossonero或Siamo Noi €12；持有Milano Card €14（如果當日有賽事，球場不開放參觀。）
網址：www.sansiro.net
前往方法：乘坐地鐵M5紫色線到「San Siro Stadio」，再步行7分鐘。或在大教堂附近的「Duomo站」乘坐16號電車到「San Siro Stadio站」即達。

AC米蘭的更衣室，以代表AC的紅、黑雙色作主調，亦是參觀亮點之一。

國際米蘭球隊的更衣室，是球迷們爭相留影的地方。

AC米蘭總部Casa Milan，建築外牆用上了球隊的經典紅黑色系，非常矚目。

總部設有專為球迷而設的餐廳，球迷們可以一起用餐，一起透過電視螢幕欣賞現場直播的球賽。

相比起位於市中心區的AC米蘭專門店，這兒規模較小，但紀念品種類都很齊全。

球迷朝聖地
AC 米蘭博物館
(Mondo Milan Museum)

如果你是AC米蘭的球迷，這兒絕對會讓你興奮不已！「Casa Milan」是AC米蘭的一站式總部，集合了博物館、餐廳、球賽售票處和球隊紀念品店，球迷絕對不能錯過！有超過115年歷史的AC米蘭，在博物館內展示了歷年獲得的獎杯、著名球星的物品和簽名球衣，還可透過多個螢幕重溫一些昔日球賽的經典片段，見證心愛球隊以往驕人的戰績。

MAP: P.407 C3

還可親身目睹昔日由利維拉、古烈治和韋亞等球星所奪得的金球獎！

在博物館內的獎杯展示室，展出的獎杯多不勝數，當中還有球會於2007年奪得的世冠盃FIFAClub WorldCup。

━━Info━━
地址：Casa Milan, Via Aldo Rossi, 8 20149 Milan
電話：+39 02 62284545
開放時間：博物館 1000 - 1900；
　　　　　球賽售票處 1000 - 1800
博物館門票：€15（憑 MilanoCard €12）
網址：casamilan.acmilan.com
前往方法：乘坐地鐵M5 紫色線到「Portello」，再步行10分鐘。

在博物館內，透過多個螢幕，讓球迷重溫過往球賽經典的片段。

時尚購物中心 MAP: P.407 C3
CityLife Shopping District

於2017年底正式開業，是米蘭城中少有的大型商場。坐落在充滿現代感的地段「Tre Torri」之中，被多座時尚摩登大廈包圍，盡顯城市魅力。商場內有多達100間商舖，包括有優雅女裝品牌DIXIE、前衛創新的Beatrice B、設計家品 Habitat 等等。購物區內還有多達20間餐廳和1間大型超市，適合喜歡慢逛商場的朋友。

位於「Tre Torri」地段，是米蘭的新興商業區之一。「Tre Torri」意思是3座塔，象徵區內的3座摩天大廈。

商舖以二線流行品牌為主，亦集合了不少家居及時尚品味店。

商場有地鐵直達，十分方便。從Garibaldi 地區乘坐地鐵M5線，只需大約10分鐘就可直達。

━━Info━━
地址：Piazza Tre Torri, Milano
營業時間：0900 - 2100
網址：citylifeshoppingdistrict.it
前往方法：乘坐地鐵M5紫色線到「Tre Torri」即達。

加里波第火車站周邊　城堡區　運河區　米蘭周邊

賣相非常精緻的雜錦刺身，包括有金槍魚、魷魚、帶子等等，鮮度十足。

Tips

以下介紹的，是7道菜Tasting Menu之中的菜式，讓饕客可以一次過品嚐多款精選Fusion菜。務求為食客帶來新鮮感，菜單會定期更新。€110

一客5件的壽司拼盤，當中包括有魚子龍蝦壽司、烤三文魚鮭魚子壽司等等，新鮮甜美，各具特色。

以米醋和柚子製成的沙冰，把法國諾曼第生蠔冰鎮著，清涼感十足，生蠔入口格外鮮甜，讓人一再回味。

米芝蓮意日盛宴
IYO

紫菜上放了鳳尾魚和菠菜，伴以新鮮芥末與水牛乳清奶酪，讓客人自行捲成一客小巧玲瓏的手卷。

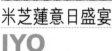

　　由意藉華人Claudio Liu的帶領下，與當地年輕總廚Michele Biassoni 迅速產生火花，由2015年起，餐廳獲得米芝蓮一星的榮譽。總廚把傳統日本料理，融合意大利優質食材，把日本傳統菜的味道，跟意國料理的精髓緊緊融和，創作出只能在「IYO」才可品嚐到的特色「Fusion」料理，讓人驚喜之餘，亦感動了味蕾。歷年來，餐廳獲得多方面的高度評價，總廚仍不斷展望將來，誓要朝着更完美的方向邁進。

MAP: P.407 C3

薄生牛肉片嫩滑非常，放上了白蘿蔔、野生蔥等等配菜，和一點點蛋黃醬，多重口味，配搭出色。

Info

地址： Via Piero della Francesca 74, 20154 Milano
電話： +39 02 4547 6898（建議預先訂位）
營業時間： 1230 - 1430，1930 - 2330
休息日： 星期一全日、星期二午市
消費： 大約€100 - 150 / 位
網址： www.iyo.it
前往方法： 從米蘭大教堂附近的「Cordusio 站」乘坐電車1或19號到「C.so Sempione Via E. Filiberto 站」，再步行2分鐘。

用白朱古力和透明糖片製成的奶白半透圓球，美得無話可說。內藏雲呢拿海綿蛋糕和百香果慕斯，加上甜美的芒果醬，非常美味。

用獨家調製的醬油慢煮而成的牛肉，非常入味，佐配燒玉米奶油，滋味無窮。

煎炸過後的魚皮，薄脆香口。紅魚肉質滑溜，配上生薑檸檬醬汁，香味四溢。

壽司拼盤當中的燒金槍魚腩和鵝肝壽司，豐腴甘香，美味得叫人難以抵擋。

餐後綠茶附上沙漏作計時，讓客人可在最佳的茗茶時間中細意享用。

餐廳裝潢高端優雅，穿著整齊西裝的服務員態度一絲不拘，提供親切又貼心的服務。

除了獲得米芝蓮一星評級，餐廳亦得到了全國最具代表性的Gambero Rosso（紅蝦）美食評鑑中的高度推薦。

總廚（右二）曾在西班牙、巴黎等地工作，把在當地累積的經驗融合在料理創作之上。管理班子來自多個國家，務求為客人帶來美滿的用餐體驗。

餐廳以黑色、金色和灰色作主調，裝潢帶點亞洲風情，營造充滿現代感的貴氣。

國際家具設計展 II
MAP: P.407 A1

米蘭國際展覽中心
(Salone del Mobile)

位於米蘭近郊 Rho 區域的國際展覽中心 Fieramilano，是不少國際性大型展覽的舉辦場地。每年4月，世界3大設計展之一的「Salone del Mobile」（國際家具設計展），就在這兒隆重舉行。

米蘭是全球首屈一指的時尚之都，家具設計更走在世界之尖端。

Fieramilano於2005年開幕，由著名建築大師Massimiliano Fuksas設計，充滿現代感。

展覽除了吸引來自世界各地的商家，亦有很多設計愛好者，前往參觀並吸取靈感。展覽前期只限商家參與，一般在展覽期的最後兩天，亦會開放給公眾。

Fieramilano是世界上規模最大的展覽中心之一。幾乎所有米蘭大型展覽會，都在這兒舉辦。

由1961年開始，來自全球各地的家具設計師，都雲集這個國際家具設計展，展示最新的時尚趨勢。

除了家具之外，「Salone del Mobile」亦會舉行兩年一度的專題展覽。單數年有燈具展（Euroluce）及辦公家具展（Salone Ufficio），雙數年有廚具展（EuroCucina）及衛浴展（Bagno）。

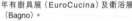

Tips

乘地鐵前往Rho Fiera，需購買特別車票「Biglietti per RHO Fieramilano」。而M1紅色線會有2個總站，上車前要留意該列車是否以「Rho-Fieramilano」為總站。

Info

地址： Strada Statale Sempione 28, 20017 Rho, Milano
舉行日期： 每年4月份（確實日期年年不同，可在官網查閱）
門票： 大約€35 - 40（學生大約€25）
網址： www.salonemilano.it/en
前往方法： 乘坐地鐵M1紅色線到「Rho-Fieramilano」即達。

展覽空間
Pirelli Hangar

把昔日的舊工廠改建，成為了一個大型的當代藝術展覽空間。當中包括了3個展覽區，其中一個是長期裝置藝術展覽，展出了德國藝術家Anselm Kiefer的精心傑作《The Seven Heavenly Palaces》（七個天堂般的宮殿）。另外，場內亦定期舉辦一些短期展覽，當中不乏國際知名藝術家的作品展。

漫步其中，就像走進了一座空置的塔城，四周的寂靜，人的渺小，感覺很奇妙。

MAP: P.407

Anselm Kiefer的作品設於一個舊日倉庫，當中有7座高塔，圍繞高塔的旁邊，有5幅以大自然為題的大型畫作。

Info

地址： Via Chiese 2, 20126 Milano
電話： +39 02 66 11 15 73
開放時間： 星期四至日 1000 - 2200
休息日： 星期一至三
門票： 免費參觀
網址： www.hangarbicocca.org
前往方法： 乘坐地鐵 M1 紅色線到「Sesto Marelli」，再步行10分鐘。或從中央火車站旁的「Stazione Centrale m2 M3站」乘坐巴士87 號到「Via Chiese（Hangarbiocca）站」即達。

結集中價品牌
Scalo Milano購物村

是最接近米蘭市中心的Outlet購物村。Scalo Milano 結集了超過 130 間店舖，14間餐廳，店舖除了有Outlet特賣店，亦有部分是正價專門店。品牌大多是中價位本地和國際品牌。（詳情介紹及前往方法見：P.032）

MAP: P.407

Info

地址： Via Milano 5, 20085 Locate Triulzi, Milano
營業時間： 星期一至三 1000 - 2000；星期四至日 1000 - 2100；24 / 12 及 31 / 12 1000 - 1800
休息日： 1 / 1、復活節星期日、15 / 8、25 - 26 / 12
網址： scalomilano.it

購物村內的品牌大多是中價位，比較大眾化，適合購物預算不太高，又愛Shopping的遊人。

斜塔之城
比薩 Pisa

比薩小城不大，卻聞名天下！位於中部托斯卡尼大區裡，是中世紀4個海上共和國之一。於奇蹟廣場上的斜塔，因地基不穩而造成沒有預期的傾斜，卻成為世上最著名的建築之一。它擁有懾人魅力，讓世界各地的遊客，都特意前來觀摩！比薩大學更是世上最古老的大學之一，其歷史可追溯至11至14世紀，著名物理學家伽利略，於16世紀也曾在此就讀。貫穿小城的阿諾河，兩岸風光優美如畫，中世紀與文藝復興時期留存下來的宮殿和廣場，都是比薩昔日繁華的印記。

比薩 官方旅遊網站：www.turismo.pisa.it

城際交通：

火車：
從佛羅倫斯新聖母瑪利亞火車站（Firenze S. M. Novella），乘坐Trenitalia國鐵營運的地區火車（Regionale / Regionale Veloce），可抵達比薩中央火車站（Pisa Centrale）。車程大約50 - 75分鐘。

長途巴士：
如從各城市乘坐長途巴士到達比薩，一般落客站設在城北的「Park Pietrasantina」停靠站，向南步行大約10分鐘，可抵達奇蹟廣場。

市內交通：
歷史中心主要在「Piazza Dei Miracoli」（奇蹟廣場）一帶：

巴士：從比薩中央火車站外的「Stazione 1」站，乘坐巴士「LAM rossa」紅色路線，到「Torre 1」站，即達奇蹟廣場，每10分鐘一班，車程大約8分鐘。如返回火車站，可從下車的對面馬路乘搭。

步行：河畔風光綺麗，步行前往也很不錯！從火車站往北面 Piazza Vittorio Emanuele II 廣場方向，越過阿諾河再直走。步程大約25分鐘。

生前唯一留下的永久壁畫
凱斯·哈林壁畫
(Murale Tuttomondo di Keith Haring)

於1989年，由美國著名新普普藝術家 Keith Haring 繪製的大型壁畫，名為「Tuttomondo」（全世界），是他生前最後1件公共藝術作品，也是他唯一一幅永久性壁畫。畫高10米，闊18米，描繪了30位動態人物，它們相互連繫在一起，象徵著世界和平與和諧。

畫家以視覺語言，傳達和平信息。中心位置以4位人物拼出了「比薩紋章」上的十字架。畫中有很多動物圖案，包括海豚和小鳥，象徵人與大自然的聯繫。

在壁畫的正前方，開設了一間以「Keith Haring」為主題的咖啡館「Keith Art Shop Cafè」。

---Info---

地址： Via Riccardo Zandonai, 56125 Pisa
開放時間： 全年
前往方法： 從Stazione Pisa Centrale（比薩中央火車站）向前直走到廣場 Piazza Vittorio Emanuele II，穿過廣場後，往左前方的街道，即達，步程大約4分鐘。

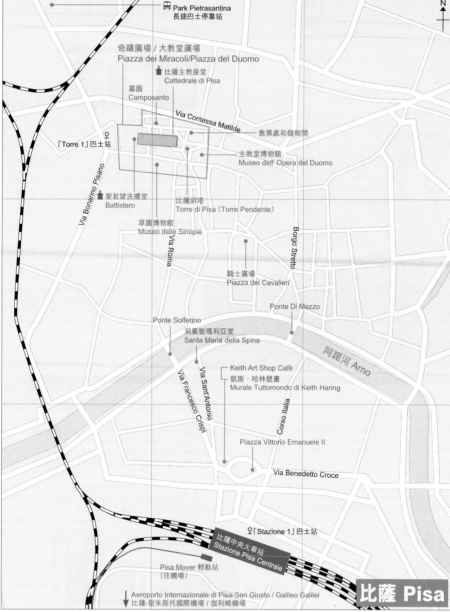

A   B   C

N

🚌 Park Pietrasantina
長途巴士停靠站

奇蹟廣場 / 大教堂廣場
Piazza dei Miracoli/Piazza del Duomo

⛪ 比薩主教座堂
Cattedrale di Pisa

墓園
Camposanto

Via Contessa Matilde

售票處和儲物間

「Torre 1」巴士站

Via Bonanno Pisano

主教堂博物館
Museo dell' Opera del Duomo

聖若望洗禮堂
Battistero

比薩斜塔
Torre di Pisa (Torre Pendente)

草圖博物館
Museo delle Sinopie

Via Roma

騎士廣場
Piazza dei Cavalieri

Borgo Stretto

Ponte Di Mezzo

Ponte Solferino

荊冕聖瑪利亞堂
Santa Maria della Spina

阿諾河 Arno

Via Sant'Antonio

Via Francesco Crispi

Keith Art Shop Cafè
凱斯‧哈林壁畫
Murale Tuttomondo di Keith Haring

Corso Italia

Piazza Vittorio Emanuele II

Via Benedetto Croce

🚌「Stazione 1」巴士站

比薩中央火車站
Stazione Pisa Centrale

Pisa Mover 輕軌站
(往機場)

↓ Aeroporto Internazionale di Pisa-San Giusto / Galileo Galilei
比薩-聖朱斯托國際機場 / 伽利略機場

比薩 Pisa

A   B   C

古蹟群內亦設有大教堂博物館，收藏教堂雕塑的原創本，另設有草圖博物館，展示來自Sinope一種特殊紅色塵土所製作的壁畫草圖。

主教座堂始建於1063年，於建造時是全歐洲最大的教堂，是羅馬式建築風格的典範。內部建有華麗的鍍金木製天花，於米第奇家族統治期間修建。

於1990年，因嚴重傾斜引起了倒塌危機，為了安全起見停止開放，並展開大型維修，直到2001年才重開。目前每次登塔最多允許40人，以防過多負荷。

高達55米的洗禮堂，建於1152年，是獻給耶穌12門徒之一的聖若望（San Giovanni），在門上設有他的雕像。

廣場正式名字為大教堂廣場，有「奇蹟廣場」之稱是因為一位20世紀初的作家Gabriele d'Annunzio，於他的小說《Forse che si forse che no》中，對廣場有「奇蹟的草地」之描述。

經典比薩斜塔的所在地
奇蹟廣場
`MAP: P.414 A1 - B1`
（Piazza dei Miracoli）

　　於1987年被列入為「世界文化遺產」之一的奇蹟廣場，除了有聞名於世的比薩斜塔，也建有宏偉的比薩主教座堂、聖若望洗禮堂和墓園。始建於1173年的比薩斜塔，於建塔期間才發現地基不穩，地下的天然水層引致地面塌陷。原本是垂直的設計，但一直無法建成一座直立的塔樓，於1372年唯有宣佈完工。最後塔身保持向東南方傾斜。歷年來，一眾建築專家不斷尋求方案，讓它幾個世紀仍然屹立不倒，成為建築界的一大「奇蹟」！遊客們都聚集在廣場上，瘋狂的做出各種姿勢，務求能拍出最有娛樂性的照片。

迷你版本的哥德式教堂
荊冕聖瑪利亞堂
（Santa Maria della Spina）

　　建於1230年，屬比薩哥德式建築風格。於1333年，相傳耶穌被釘十字架時所戴的「荊棘冠冕」，其中一部分被人帶到來這裡，因此教堂改名為「荊冕」。由於河邊土地不穩造成了多次破壞，於1871年，整座教堂被徹底拆除，並抬高重建，許多雕像以複製品作取代。

`MAP: P.407 B2`

登上比薩斜塔備忘
- 設有人數限制，門票需在網上或在場售票處預約，並確定到訪時間。如在旺季到訪，建議在官網預先訂票。
- 除了可攜帶輕便相機外，手袋、背包和所有隨身行李，都要存放在售票處旁的儲物間，然後需通過金屬探測器，才可登塔。
- 售票處和儲物間設在斜塔的後方建築物「Palazzo dell'Opera」之內。
- 登上斜塔的樓梯是以比較光滑的大理石建造，登頂後地面也是微微向外斜，建議穿平底鞋以防滑倒。

`提提你`

通向塔頂有294級樓梯，內部狹窄且向一方微微傾斜，登上時有種很特殊的旋轉感。從塔頂往下望，更可欣賞到整個廣場的景觀。

─Info─
地址：Piazza del Duomo, 56126 Pisa
開放時間：（最後進入：關閉前30分鐘）
Battistero 聖若望洗禮堂
夏季0800 - 2000；冬季0900 - 1900
Camposanto 墓園
夏季0800 - 2000；冬季0900 - 1900（旺季及假日有機會延至2200）
Museo dell' Opera del Duomo 主教堂博物館
0800 - 2000（正暫時關閉進行翻新）
Museo delle Sinopie 草圖博物館
夏季0800 - 2000；冬季0900 - 1900
Torre di Pisa / Torre Pendente 比薩斜塔
夏季0900 - 2000；冬季0900 - 1900（旺季及假日有機會延至2200）
Cattedrale 比薩主教堂
夏季1000 - 2000；冬季1000 - 1900
門票：
主教座堂＋斜塔 €18；已包括主教堂門票並可隨時內進
主教座堂＋另可選擇（洗禮堂/墓園/草圖博物館）：三選一 €5，三選二 €7，全選 €8；已包括主教堂門票，並可隨時內進
主教座堂：免費；需在現場售票處領取每小時門票
網址：www.opapisa.it
前往方法：從市中央火車站外的「Stazione 1」站乘坐巴士「LAM rossa」紅色路線到「Torre 1」站，再步行1分鐘。

教堂外部以彩色大理石裝飾，設有多個昔日著名當地藝術家的頭像。

─Info─
地址：Lungarno Gambacorti, 56125 Pisa
電話：+39 055 321 5446
開放時間：星期一1000 - 1300，星期二至四1500 - 1900，星期五至日1000 - 1300，1500 - 1900
門票：免費進入
前往方法：從Stazione Pisa Centrale（比薩中央火車站）經Via Francesco Crispi向河邊方向步行前往，大約10分鐘。

獨一無二的緩慢小城

奧爾維耶托 與 白露里治奧

　　奧爾維耶托；坐落在懸崖上的獨特山城，擁有中世紀古城的特有魅力。白露里治奧；歷年受到風力和雨水的侵蝕，和經歷多次地震，以致土地崩塌，形成了「像聳立在山丘上」的超現實景觀，全座古城像被孤立，只有一條連接外界的天橋！兩個小城都不大，但獨特的地理景觀，讓人沉醉。

奧爾維耶托 旅遊網站：www.inorvieto.it
白露里治奧 旅遊網站：www.civitadibagnoregio.cloud

行程建議
從羅馬出發，可安排一天遊，於同一天前往位於拉齊奧（Lazio）大區的白露里治奧，和位於翁布里亞大區（Umbria）的奧爾維耶托。如果想放慢腳步，享受慢活，也可安排兩至三天的小旅行。

城際交通：
從羅馬到奧爾維耶托（Orvieto）

火車：
從羅馬特米里火車站（Roma Termini），乘坐Trenitalia國鐵營運的地區火車／快車（Regionale/Regionale Veloce），可抵達奧爾維耶托火車站（Orvieto）。車程大約75 - 85分鐘。

從羅馬到白露里治奧（Civita di Bagnoregio）

火車＋巴士：
如上所述，先乘火車往奧爾維耶托火車站（Orvieto），再乘坐巴士到達Bagnoregio，再步行或轉乘當地巴士前往Civita di Bagnoregio。

從奧爾維耶托（Orvieto）到白露里治奧（Civita di Bagnoregio）

交通

巴士：
於奧爾維耶托火車站外的對面馬路，纜車站旁邊的巴士站，乘坐Cotral巴士公司開往Bagnoregio的巴士，車程約40分鐘。車票和時刻表可在火車站旁的咖啡店「Ditta Palmieri Vincenzo」購買和查閱。**注意**：假日不發車。
Cotral 巴士公司：www.cotralspa.it

＋步行：
於Bagnoregio「Via Roma, 15」的巴士站下車後，可沿Via Roma往東步行，步程大約20分鐘，即可看到進入Civita di Bagnoregio的城橋。

＋當地巴士：
於下車處的正前方「Piazzale Battaglini」，是當地巴士的停靠處，可轉乘巴士「Per Civita di Bagnoregio」，前往「P.le Alberto Ricci」，再經入城橋步行入城。大約每15 - 30分鐘一班。
Italviaggi巴士公司：www.italviaggi.it

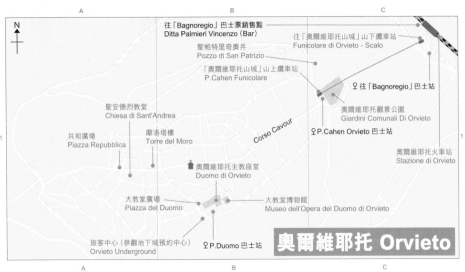

奧爾維耶托 Orvieto

往「Bagnoregio」巴士票銷售點
Ditta Palmieri Vincenzo（Bar）

聖帕特里奇奧井
Pozzo di San Patrizio

往「奧爾維耶托山城」山下纜車站
Funicolare di Orvieto - Scalo

「奧爾維耶托山城」山上纜車站
P.Cahen Funicolare

往「Bagnoregio」巴士站

聖安德烈教堂
Chiesa di Sant'Andrea

奧爾維耶托觀景公園
Giardini Comunali Di Orvieto

共和廣場
Piazza Repubblica

摩洛塔樓
Torre del Moro

P.Cahen Orvieto 巴士站

Corso Cavour

奧爾維耶托火車站
Stazione di Orvieto

奧爾維耶托主教座堂
Duomo di Orvieto

大教堂廣場
Piazza del Duomo

大教堂博館
Museo dell'Opera del Duomo di Orvieto

旅客中心（參觀地下城預約中心）
Orvieto Underground

P.Duomo 巴士站

Bagnoregio

當地巴士上車站
Piazzale Battaglini
（來往 Civita di Bagnoregio村口）

往Civita di Bagnoregio的步行路線

Cotral 巴士站（來往 Orvieto）

當地巴士落車站

白露里治奧 Civita di Bagnoregio

Caffè Belvedere

白露里治奧 Civita di Bagnoregio

Chiesa di San Donato

Trattoria Osteria al Forno di Agnese

Acqua di Civita

Belvedere 觀景位置

「入城門票」售票處
Civita di Bagnoregio Ticket

地質博物館
Museo Geologico e delle Frane

Via S. Maria del Cassero入城橋

下午時份，光線照射到大教堂正立面上的馬賽克鑲嵌壁畫，閃著金光非常耀眼。大教堂始建於1290年，用了差不多4個世紀才完工。

登上山城的纜車站，就在奧爾維耶托火車站的正前方，十分方便。

山城上的地下城
奧爾維耶托 (Orvieto)

坐落在一片凝灰岩平頂懸崖之上，非常獨特。 山城擁有讓人驚艷的大教堂「Duomo di Orvieto」，正立面以精緻的馬賽克作裝飾，在陽光下發出金色光芒。從2千多年前伊特魯里亞時期開始，古人在凝灰岩中開始建造一個藏在地底的洞穴城「Orvieto Underground」，經過不斷挖掘，於中世紀時期，變成一座龐大的地下迷宮，因位置私密且較低溫，被當地人用作二戰時期的防空洞、儲藏葡萄酒、冷藏冰箱、儲水井和繁殖鴿子等等。城中有 1座中世紀巨型古井「Pozzo di San Patrizio」，內部設計被稱為一項建築奇蹟，是另一亮點。

MAP: P.417

整個山城擁有規模龐大的地下城，古人在地下建造更多空間，用來儲物、儲水和製油等等。鴿子料理是這裡的傳統特色菜，地下城內建有大量鴿子洞，昔日用來捕捉和繁殖鴿子。

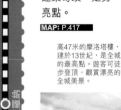

高47米的摩洛塔樓，建於13世紀，是全城的最高點。遊客可徒步登頂，觀賞漂亮的全城美景。

聖帕特里奇奧井的內部設有2條螺旋式樓梯，一條讓人下井取水，另一條用來出井。它們是獨立，互不相通，各有248級台階，人們和動物下井取水後上來時，不會妨礙下去的人。

摩洛塔樓上有一覽無遺的小鎮風光，還可遠觀宏偉的主教座堂，和翁布里亞山谷的壯麗景色。

呈圓柱形的聖帕特里奇奧井，是城中非常著名的建築之一。井有54米深，圓形底座直徑有13米，建於1527年，它的內在結構讓人讚嘆不已！

如果清晨到達，小村莊有機會被籠罩在霧中，像「懸浮在半空中」。

「Trattoria Osteria al Forno di Agnese」餐廳，位於一所古老房子的平台，提供當地特色料理，招牌菜包括黑松露意大利麵「Umbrichelli al Tartufo」。

於「Caffè Belvedere」咖啡店，有印上了「天空之城」模樣的遊客紀念幣出售，是「到此一遊」的小巧紀念品。€2

超現實的天空之城
白露里治奧
（Civita di Bagnoregio）

據說宮崎駿電影《天空之城》的創作靈感，是出於這座地勢險峻的小村莊！這裡只有一條窄小的天橋可通往，像被隔絕。1695年，一次地震造成了大規模崩塌，形成了「聳立在山丘之上」的超現實景觀。歷年來，圍繞著村莊的土壤石層，不斷繼續崩落，旁邊的地面層至今下降了足足有40米！它嚴峻的地理形勢，令村內建築有隨時倒下的危險，居民都紛紛搬出，小村莊又因此有「垂死之城」的稱號。又因這樣獨特的地理環境，曾被選為意大利最漂亮的小村之一。

城中開設了一間手工護膚品店「Acqua di Civita」，產品以全天然成份製造，店中皇牌有驢仔牛奶護手霜，另外，這種蝸牛液手工皂也非常滋潤。€3.5

MAP: P.417

小村莊的最盡處是很棒的觀景位置，可欣賞到四周獨特的地勢山景，山谷被侵蝕形成不同的地質層。

在入城橋口附近，有一間叫「Caffè Belvedere」的咖啡店，擁有最佳的全景拍攝位置。

Info

白露里治奧 Civita di Bagnoregio
入城門票：€5（如在城中指定B&B留宿，可免收入城費，詳細名單可在官網查詢）
網頁：www.civitadibagnoregio.cloud

Acqua di Civita 手工護膚品店
地址：Piazza S. Donato, 1, 01022 Civita di Bagnoregio
營業時間：1000 - 1800
網址：www.acquadicivita.com
前往方法：於城中的主要廣場Piazza S. Donato。

地質博物館 Museo Geologico e delle Frane
地址：Palazzo Alemanni, Piazza S. Donato, 01022 Civita di Bagnoregio
開放時間：9 - 5月星期五至日1000 - 1330、1400 - 1730；6 - 8月星期二至日0930 - 1330、1400 - 1830
休息日：9 - 5月逢星期一至四；6 - 8月逢星期一：1 / 1、24 / 12、25 / 12
門票：免費進入
網址：www.museogeologicoedellefrane.it
前往方法：在城中主要廣場Piazza S. Donato上的建築物Palazzo Alemanni內，沿樓梯上。

Trattoria Osteria al Forno di Agnese
地址：Via Santa Maria del Cassero snc, 01022 Civita di Bagnoregio
電話：+39 0761 792571
營業時間：1130 - 1530、1930 - 2130
休息日：逢星期二晚市
前往方法：在城中主要廣場Piazza S. Donato的轉角位置。

Caffè Belvedere
地址：P.le Alberto Ricci, 3, 01022 Bagnoregio
營業時間：0930 - 0300
休息日：逢星期一
網址：www.belvederecivitadibagnoregio.it
前往方法：從Orvieto抵達的巴士站下車，步行前往大約15分鐘。或轉乘坐「Civita di Bagnoregio」的當地巴士，下車即達。

政府設有專屬部門不斷監測和分析「天空之城」四周的土壤和地勢變化，以確保安全。廣場上設有地質博物館，展示了歷年地理形勢的變化。

白露里治奧現為著名的旅遊景點，近年開設了一些民宿、餐廳和紀念品店。

懸崖上的五彩村莊

五漁村 Cinque Terre

懸崖峭壁上色彩繽紛的漁村、滾滾翻騰的白色浪花和陡峭山上翠綠的葡萄梯田，配合一起就是五漁村的景致。位於意大利西岸利古里亞大區內（Liguria），於1997年被列入了世界文化遺產名錄之中。因為它獨特的大自然景致，成為近年很熱門的觀光勝地。初夏時份，空氣中彌漫著清新百花香氣，吹來清爽的微微海風，眼前一望無邊的利古里亞海，與灑落在面頰上的金黃日落餘輝，製造出完美的渡假心情！

> 五漁村，一如其名，就是五條漁村的意思。包括：Riomaggiore（里奧馬焦雷）、Manarola（馬納羅拉）、Corniglia（柯爾尼利亞）、Vernazza（韋爾納扎）和Monterosso al Mare（蒙特羅索阿爾馬雷）。

提提你

五漁村 官方旅遊網站：www.cinqueterre.it
五漁村國家公園 官方旅遊網站：www.parconazionale5terre.it

交通

城際交通

火車：
從佛羅倫斯出發
可乘坐國鐵Trenitalia營運的火車，前往五漁村附近的城市拉斯佩齊亞「La Spezia Centrale」站，車程大約2-3小時，再轉乘「Cinque Terre Express」村間地區火車，往五漁村任何一條村莊。

從米蘭出發
或於米蘭乘坐國鐵Trenitalia營運的火車前往「Levanto」站，車程大約3小時多，再轉乘「Cinque Terre Express」村間地區火車。

觀光遊船：
從熱那亞出發
從熱那亞老港口（Genova Porto Antico）出發，經停利古里亞海岸幾個沿海小鎮，然後於五漁村的Vernazza停留1小時，再往Monterosso停留2個半小時。觀光船只在6月至9月運行，每週1至2班，單程 €21；往返 €38。
Golfo Paradiso觀光遊船公司：www.golfoparadiso.it

五漁村村間交通

地區火車：
「Cinque Terre Express」村間地區火車
從拉斯佩佩亞的「La Spezia Centrale」火車站開始，行走五漁村每一條村，直到「Levanto」為止，是著名的沿海火車路線，穿越風景如畫的利古里亞海岸。時刻表可在任何下列的火車站拿取。單程車票€4（有效期75分鐘；但不可中途下車）

出發車站	目的地	車程
La Spezia Centrale	Riomaggiore	9分鐘
Riomaggiore	Manarola	6分鐘
Manarola	Corniglia	5分鐘
Corniglia	Vernazza	4分鐘
Vernazza	Monterosso al Mare	4分鐘
Monterosso al Mare	Levanto	5分鐘

觀光遊船：
從拉斯佩齊亞或韋內雷港出發
於4月到8月行駛，從拉斯佩齊亞（La Spezia）出發，沿經韋內雷港（Portovenere）往五漁村中的Riomaggiore、Manarola、Vernazza和Monterosso。船票分一天票（€35）或單程。時刻表及價格可於船公司官網查閱：www.navigazionegolfodeipoeti.it

N

萊萬托
Levanto

蒙特羅索阿爾馬雷
Monterosso al Mare

五漁村國家公園
Parco Nazionale delle Cinque Terre

拉斯佩齊亞
La Spezia

韋爾納扎
Vernazza

馬納羅拉
Manarola

柯爾尼利亞
Corniglia

里奧馬焦雷
Riomaggiore

韋內雷港
Portovenere

五漁村國家公園
Parco Nazionale delle Cinque Terre

Tips

1.行程建議
建議安排至少2日1夜的行程,在五漁村中留宿,感受蔚藍海岸中的漁村風情。除了Monterosso al Mare之外,其他漁村都需要上上落落,行李盡量要輕便。另可考慮在交通方便的拉斯佩齊亞(La Spezia)留宿。

2.五漁村觀光咭(Cinque Terre Card)
適合打算健行和打算遊覽所有漁村的遊客。
觀光咭包含了:
- 五漁村國家公園各健行路線的進入許可
- 免費WIFI
- 可任意乘坐村內運行的ATC巴士
- 於La Spezia多間市政博物館,可享門票優惠

分類如下:(請注意:天票有效期為午夜零時,並非以小時作計算)

「Cinque Terre Trekking Card」
此咭包括了以上列出的優惠,但不包括乘坐村間火車。1天票€7.5;2天票€14.5

「Cinque Terre Treno MS Card」
此咭包括了以上列出的優惠,並可任意轉乘「Cinque Terre Express」村間地區火車(二等車廂)。於首次乘坐火車時,必須放入打票機啟動。4/11-15/3淡季:1天票€13、2天票€23;16/3-3/11旺季:1天票€16、2天票€29、3天票€41

「Cinque Terre Trekking Card(Accommodation Facilities)」
如在Riomaggiore、Vernazza或Monterosso al Mare中一些官方認可的民宿或旅館留宿,可以優惠價購買五漁村觀光咭,住宿名單可在官網查閱。

官網:www.parconazionale5terre.it/Ecinque-terre-card.php
銷售點:可在官網直接購買,也可在La Spezia或每條村的火車站的旅客中心購買。

Bar e Vini a Piè de Mà

聖若翰洗者堂
Chiesa di San Giovanni
Battista di Riomaggiore

N

Riomaggiore火車站

Piazza Vignaioli 廣場

Spiaggia di Riomaggiore 小沙灘

「Riomaggiore-Manarola」
健行路線入口
Via dell'Amore(愛的小路)
Via San Giacomo
最佳拍攝位置

里奧馬焦雷
Riomaggiore

N

馬納羅拉 Manarola

Nessun Dorma 觀景餐廳

最佳拍攝位置 2

Punta Bonfiglio
最佳拍攝位置 1

Manarola 火車站

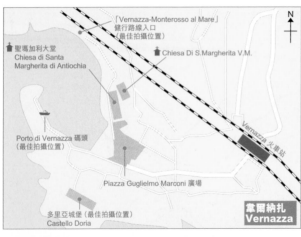

提提你 Tips

國家公園內設有一條山徑，貫穿五條漁村，是非常熱門的健行路線。由於近年經常發生山泥傾瀉，某些路段受損毀，正在關閉，重開日子尚未確定。出發前可在官網或旅客中心查詢最新資訊。前往健行，需購買「五漁村觀光咭」，才可允許進入這條行山路線。

村間的健行路線
Riomaggiore - Manarola
(步程：大約25分鐘)
Manarola - Corniglia
(步程：大約1小時15分鐘)
Corniglia - Vernazza
(步程：大約1小時30分鐘)
Vernazza - Monterosso al Mare
(步程：大約2小時15分鐘)

*如往健行，建議下載五漁村官方健行APP「Parco Nazionale delle 5 Terre Plus」，內設所有路線的資料及介紹，並提供定位和即時資訊。

位於「Punta Bonfiglio」的經典拍攝位置，清楚看到整條建在岩石之上的Manarola小漁村！身處在如此醉人美景下，實在找不到不心動的理由。

花的季節！在五漁村四處都長滿艷麗的花朵，風景如畫。

風景如畫的世界遺產
五漁村 (Cinque Terre)

　　五漁村，意大利名字叫做「Cinque Terre」，意思是「五片土地」，所以又名為「五鄉地」。它們是建在利古里亞海的5個懸崖邊的小漁村，跟前方湛藍的大海景致，形成了壯觀獨特的畫面。依著斜坡而建的葡萄梯田，也是難得一見的景觀，為了把剛採摘好的葡萄安全運送下山，於80年代，當地人在陡峭的山壁上建造了特殊的單軌車軌道，成為了這兒獨一無二的地道特色。

MAP: P.407

乘坐沿著海岸線的「Cinque Terre Express」列車遊覽五漁村，欣賞湛藍大海。記緊每條村只相隔幾分鐘的車程，稍不留神可能會忘記下車。

五漁村國家公園內設有一條火車路線與健行山徑貫穿五條漁村，沒有車輛可允許駛入。

於Riomaggiore小漁村，一直往下走到碼頭位置，然後沿著左邊小道Via San Giacomo登上斜坡，就可以找到這個最佳拍攝位置。

位於Riomaggiore火車站附近的酒吧「Bar e Vini a Piè de Mà」，提供輕食和各式飲料，朝向一望無際的大海，聽著四面澎湃的海浪聲，十分悠閒寫意。

近年，這裡遊客真的十分多！如果打算於旺季到訪，要有心理準備到處都是人潮洶湧！建議在村內小住1 - 2天，然後可於清晨和黃昏，好好享受漁村的寧靜美。

登上位於Vernazza的多里亞城堡（Castello Doria），可以觀賞到蔚藍海景和依山而建的葡萄梯田。（需購票進入）

Vernazza村內的中世紀遺跡多里亞城堡（Castello Doria），昔日是用來防禦海上入侵。

五漁村之中有幾個火車站，列車會於山洞內停車和上落客，很多遊客都會猶豫是否到了站。

唯一不沿海而建的Corniglia，屹立於海平面幾百米之上，從火車站登上於山脊之間的村口，需要爬一條又長又曲折的樓梯（也可轉乘當地巴士），因此遊人比較少。

五彩漁村、藍色大海、春日百花，構成了色彩柔和的Vernazza全景。

除了Monterosso al Mare，其餘幾個漁村都是建於懸崖上，需要上上落落，而且小巷都頗窄，建議要穿上合適的鞋子。

由Riomaggiore至Manarola的健行路線，被稱為「Via dell'Amore」（愛的小路），整條鵝卵石路徑平坦易走，沿著漂亮的海岸線，風景十分優美，可惜因山泥傾瀉，路徑多年前開始關閉重修。

浪漫之城

維羅納 Verona

莎士比亞筆下的經典名著《羅密歐與茱麗葉》，故事就是以維羅納這個小城作背景。來自世界各地的有情人，都想親自來一趟，感受這兒醉人的浪漫氣息。除了是一座「浪漫名城」，這裡也是一個「歌劇名城」。享譽國際的「維羅納歌劇節」，每年夏季，於擁有2千年歷史的圓形競技場作露天演出。在古羅馬遺跡裡欣賞傳統歌劇，有一種獨一無二的藝術氛圍，確實沒有其他地方可以媲美。

維羅納 官方旅遊網站：www.turismoverona.eu

城際交通：
火車：
維羅納有2個火車站，主要車站是維羅納新門火車站（Verona Porta Nuova）。

從米蘭出發
從米蘭中央火車站（Milano Centrale），乘坐Trenitalia國鐵的紅箭特快列車（Frecciarossa）或.Italo私鐵高速火車，可抵達維羅納新門火車站，車程大約75分鐘。

從威尼斯出發
從威尼斯聖露西亞火車站（Venezia S. Lucia），乘坐Trenitalia國鐵紅箭特快列車（Frecciarossa）或.Italo私鐵高速火車，可抵達維羅納新門火車站，車程大約60 - 70分鐘。如乘坐Trenitalia國鐵地區快車（Regionale Veloce），車程則大約1小時30分鐘。

長途巴士：
如從各城市乘坐長途巴士抵達維羅納，一般落客站設在維羅納新門火車站附近的Viale Girolamo Cardinale，是長途巴士主要停靠處。

市內交通：
步行：
維羅納小城不大，可以步行方式遊覽。從新門火車站到主要廣場Piazza Bra，步程大約20分鐘。

巴士：
可從火車站外的巴士總站，乘坐11、12或13號巴士到達圓形競技場前方的「Piazza Bra」站或可乘坐22、41或24號到百草廣場附近的「Via Diaz 2」站，或乘坐73號到達古橋Ponte Pietra附近的「Via S.Stefano 14」站，然後開始遊覽。

交通

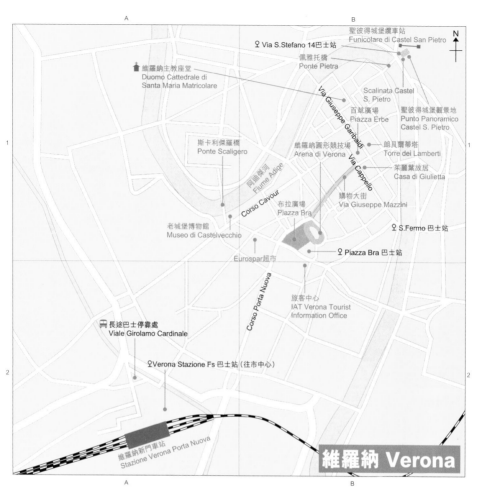

A   B

聖彼得城堡纜車站
Funicolare di Castel San Pietro

♀ Via S.Stefano 14巴士站

佩雅托橋
Ponte Pietra

維羅納主教座堂
Duomo Cattedrale di
Santa Maria Matricolare

Via Giuseppe Garibaldi

Scalinata Castel
S. Pietro

百草廣場
Piazza Erbe

聖彼得城堡觀景地
Punto Panoramico
Castel S. Pietro

斯卡利傑羅橋
Ponte Scaligero

維羅納圓形競技場
Arena di Verona

Via Cappello

朗貝爾蒂塔
Torre dei Lamberti

阿迪傑河
Fiume Adige

茱羅葉故居
Casa di Giulietta

Corso Cavour

布拉廣場
Piazza Bra

購物大街
Via Giuseppe Mazzini

老城堡博物館
Museo di Castelvecchio

♀ S.Fermo 巴士站

Eurospar超市

♀ Piazza Bra 巴士站

Corso Porta Nuova

旅客中心
IAT Verona Tourist
Information Office

長途巴士停靠處
Viale Girolamo Cardinale

♀Verona Stazione Fs 巴士站（往市中心）

維羅納新門車站
Stazione Verona Porta Nuova

維羅納 Verona

歷史悠久的歌劇節
維羅納圓形競技場
（Arena di Verona）

建於公元1世紀的圓形競技場，是城中的最重要地標之一。擁有一共72個大型石拱，內部保存得非常完好，可容納大約3萬名觀眾。於古羅馬時代，這裡是上演角鬥士戰鬥的場地，直至角鬥士搏鬥被全面禁止，競技場先後被改用作不同的用途。於1913年，威爾第著名歌劇阿依達（Aida）首次在此上演。自此至今的每個夏季，都會在此舉行享譽全球的「維羅納歌劇節」。

MAP: P.425 B1

於日間和場內沒有安排表演時，遊客可買票入場參觀這座2千年歷史的古羅馬建築。

相比羅馬競技場，這裡規模比較小，但無論內外都保存得更好。有推斷說，維羅納競技場於公元68年完工，比起於80年建成的羅馬競技場，有可能更早落成。

在這座開放式的圓形競技場，上演一幕幕經典歌劇，氣氛景致特別難忘。

Info

維羅納圓形競技場 Arena di Verona
地址：Piazza Bra, 1, 37121 Verona
開放時間：0830 - 1930；星期一1330 - 1930
（最後售票：1830）；開放時間有機會因表演節目而更改
門票：€10（由10月至5月的第1個星期日€1）
網址：museomaffeiano.comune.verona.it
前往方法：於城中的主要廣場Piazza Bra，從新門火車站（Verona Porta Nuova）步行前往。大約20分鐘。或可從火車站外的巴士總站，乘坐11、12或13號巴士到達「Piazza Bra」站，即達。

維羅納歌劇節 Arena di Verona Opera Festival
舉行日期：每年歌劇季大約由6月尾至9月初舉行，確實場次和訂票安排，每年年頭會於官網公佈。
門票：由€25 - 230
網址：www.arena.it

比薩　奧蘭維耶托・白露里治奧　五漁村　維羅納

迷人風景
聖彼得城堡觀景地
(Punto Panoramico Castel S. Pietro)

一片片充滿歐陸風情的紅磚屋頂，盡在眼前！這裡是一個小山丘上的觀景地，彎彎的阿迪傑（Adige）河道和教堂鐘樓的尖塔頂，組合成維羅納漂亮明媚的全景風光。從市中心出發，可沿著樓梯小徑，登上這個著名的觀景地，又或者可乘坐小纜車，登上離地面200米的小山丘，不用2分鐘即可到達，慢慢欣賞醉人的風光。

MAP: P.425 B1

不少情侶都會坐在觀景台，看著美景談談心。小山丘上也有小餐室，喜歡慢步調可以喝一杯坐坐休憩。

位於山下的纜車站（Funicalare），小纜車不停循環行駛。當纜車一步一步往山上爬，漂亮風光逐少逐少在眼前顯現，真的很舒心！

眼前是維羅納最經典的美景，於早上和黃昏時段，風景最迷人。

不消一會就到達了。步出了纜車站直走轉左，就是一大片觀景平台了！

從市中心越過這條Ponte Pietra古橋後，就可到達登上觀景台的樓梯小徑。古橋於戰爭中被摧毀後重建，石橋後端是原來古羅馬版本，而前端重修部分是中世紀風格。

Info

地址：Piazzale Castel S. Pietro, 1, 37129 Verona
開放時間：全年
前往方法：
步行：從Piazza Erbe（百草廣場）經Corso Sant' Anastasia，步行到古橋Ponte Pietra，越過後在對面馬路直上Scalinata Castel S. Pietro樓梯小徑登上觀景平台。全程20分鐘。
巴士＋纜車/巴士＋步行：從新門火車站（Verona Porta Nuova）外，乘坐73號巴士到「Via S.Stefano 14」站，再轉乘纜車，或經Scalinata Castel S. Pietro樓梯小徑步行登上。

聖彼得城堡纜車站
Funicolare di Castel San Pietro
地址：Via Santo Stefano, 6, 37129 Verona
開放時間：11 - 3月1000 - 1700 ；4 - 10月1000 - 2100（最後售票：關閉前15分鐘）
休息日：25/12、1/1
車費：單程€1
網址：www.funicolarediverona.it
前往方法：越過了古橋Ponte Pietra後，在對面馬路左邊Via Santo Stefano斜上，步行1分鐘。

不朽愛情故事

由10月至5月的第1個星期日設有€1優惠門票。

茱麗葉故居 (Casa di Giulietta)

前來「茱麗葉故居」的遊人，都希望愛情得到庇佑。在庭院的入口處，兩幅大牆早已被塗鴉得密密麻麻，遊人紛紛寫上名字和深情告白，希望愛情得以永恆。庭園內設有茱麗葉青銅雕像，相傳觸摸她的右胸，會為愛情帶來好運。

MAP: P.425 B1

故居內展品不多，經典陽台是仿照小說中的劇情，以14世紀的大理石建造出來，是故居內最焦點所在。

每天來觸摸茱麗葉雕像的遊人，多不勝數，她的右胸早已被摸到發光發亮了！

Info

地址：Via Cappello, 23, 37121 Verona
開放時間：0830 - 1930、星期一1330 - 1930（最後進入1845）
門票：庭院和紀念品店免費進入；故居和露台€6
網址：casadigiulietta.comune.verona.it
前往方法：面朝百草廣場，向右步行大約1分鐘，故居位於一座建築的庭園內。

古羅馬市集遺址
百草廣場 (Piazza Erbe)

是城中最古老的廣場，位於古羅馬市集遺址之上。圍繞廣場建有多幢重要的建築物，包括擁有漂亮城市美景的鐘樓「Torre dei Lamberti」，和以精緻壁畫見稱的「Case Mazzanti」。廣場上擁有歷史悠久的的生活市集，以往主要賣出蔬果、植物和花卉等等，如今設有很多紀念品和禮品攤檔。

MAP: P.425 B1

古老噴泉上聳立的聖母雕像是來自古羅馬時代，於中世紀時期把它改建成一座噴泉。

著名建築物Case Mazzanti，於16世紀初由當地畫家Alberto Cavalli於外牆繪製了美輪美奐的壁畫，讓整個廣場增添古典美。

Info

地址：Piazza Erbe, 37121 Verona
開放時間：廣場 全年；市集 星期一至六0730 - 2030
前往方法：從Piazza Bra沿著購物大街Via Giuseppe Mazzini直走到尾，百草廣場就在左邊，步行大約9分鐘。或從新門火車站外的巴士總站，乘坐22、41或24號到「Via Diaz 2」站，再步行5分鐘。

意大利旅遊須知

基本資料

意大利（意：Italia／英：Italy），正式國名為「Repubblica Italiana」（意大利共和國），位於歐洲南部，面積約為30.2萬平方公里，以連接歐洲大陸並延伸到地中海的意大利半島（又稱：亞平寧半島），跟兩個地中海最大島嶼西西里島和薩丁島組成。首都設於羅馬，人口約為6048萬。

全國有20個大區，其中包括：羅馬所屬的拉吉歐大區（Lazio）、佛羅倫斯所屬的托斯卡尼大區（Toscana）、威尼斯所屬的威尼托大區（Veneto）和米蘭所屬的倫巴底大區（Lombardia）等等。全國共有54項世界遺產，其中49項屬文化遺產，5項屬自然遺產，是全球之冠。

意大利國旗是以綠色、白色和紅色組成。

時差

意大利的格林威治標準時間，冬令為GMT+2小時，夏令為GMT+1小時。冬令時間於每年10月最後1個星期日當地夜半2時，時間向後調節1小時，比香港和台灣慢7小時。夏令時間於3月最後1個星期日的當地夜半2時，時間向前調節1小時，比香港和台灣慢6小時。

氣候

意大利北部比較四季分明，冬寒夏暖，而南部和沿海地區則是典型的地中海氣候，冬季較溫和，夏季炎熱乾燥。普遍來說，早晚溫差變化都很大。最佳的旅遊時段是4至6月和9月，夏令時間日光較長，相對每天有較多日間時間可外出遊覽。7月、8月屬炎夏時份，各個城市沒有像亞洲般廣泛地使用冷氣來調節溫度，比較偏向採用自然風，怕熱的人要注意，可能比較適合安排海島旅遊。

各區大約平均氣溫（攝氏）
羅馬：冬季2 - 14度／夏季18 - 32度
佛羅倫斯：冬季2 - 12度／夏季18 - 31度
威尼斯：冬季1 - 9度／夏季18 - 28度
米蘭：冬季0 - 10度／夏季18 - 30度
意大利氣象網站：www.ilmeteo.it

宗教

大多數意大利人是天主教徒。

通用語言

官方語言為意大利文，各地區另有不同的地方語言。於北部近邊境有多個接壤大區屬雙語區，包括法定語言為意大利文和德文的特倫蒂諾 - 上阿迪傑大區（Trentino - Alto Adige）和法定語言為意大利文和法文的瓦萊達奧斯塔大區（Valle d'Aosta）等等。

電壓和插頭

電壓為220 - 230V，採用兩腳或三腳圓形插頭。香港或台灣旅客均需攜帶轉換插頭。

法定公眾假期

日期	假期名稱	備註
1月1日	元旦 Capodanno	大部分超市、商店和景點都會休息，有部分餐廳營業。
1月6日	主顯日 Epifania	
3月和4月期間	復活節 Pasqua	
4月25日	解放日 Anniversario della Liberazione	為了紀念1945年二戰結束
5月1日	勞動節 Festa dei Lavoratori	
6月2日	國慶 Festa della Repubblica Italiana	為了紀念意大利於1946年6月2日建立共和國
8月15日	聖母升天日 Ferragosto	
11月1日	諸聖節 Ognissanti / Tutti i santi	
12月8日	聖母無原罪日 Immacolata Concezione	
12月25日	聖誕節 Natale	大部分超市、商店和景點都會休息，有部分餐廳營業。
12月26日	聖史蒂芬節 Santo Stefano	

意大利許多城市設有當地的聖人日，以紀念該城的守護聖人，全城有大型慶祝活動，政府機關和商店，有機會於當天不辦公和停止營業。

日期	城市	假期名稱
4月25日	威尼斯	聖馬可節 Festa di San Marco
6月24日	佛羅倫斯	施洗者聖約翰節 Festa di San Giovanni
6月29日	羅馬	聖彼得和聖保羅節 Festa di San Pietro e Paolo
12月7日	米蘭	聖安布羅吉歐節 Festa di Sant'Ambrogio

通用貨幣

意大利的通用貨幣為「歐元」（€/Euro），簡稱為「歐」，於澳洲地區也稱為「歐羅」，是歐盟中19個國家的通用貨幣。現時流通的紙幣分別有€500（少用）、€200（少用）、€100、€50、€20、€10和€5；硬幣則有€2、€1、50歐仙、20歐仙、10歐仙、5歐仙、2歐仙、1歐仙。（€1=100歐仙）

匯率

現時港元兌換歐元匯率約為8.8。即HK$8.8＝€1；或HK$100＝€11.36，台幣兌換歐元匯率約為35。即NT$35＝€1；或NT$100＝€2.85。僅供參考。
*本書所列之價格，除特別標明，均為歐元（€ / Euro）。

提款

於意大利的銀行以ATM提款，一切要看機緣！出發前，於香港需預先到所屬銀行開通「海外提款」，並設定「每天海外提款之最高金額」（如有）。於各大旅遊城市，可找到支援「銀聯」、「Plus」或「Cirrus」（對應閣下提款卡後列出的標誌）的提款機機會會較高，最終能否成功提款，則比較看運氣。

如果信用卡有預先把港幣戶口連結，也可嘗試在當地提款。提款會以當地貨幣作計算，並需繳付手續費。記緊提款時需選擇從儲蓄戶口提款，如果螢幕沒有提供選擇賬戶的畫面，提款會當作信用卡現金透支，利息非常高。

雖然也有很多成功提款的案例，但並不是百份百。預先兌換足夠歐元和使用信用卡付款，相比起在意大利提款，更輕易、省時和方便。

兌換

可於出發前兌換好歐元。於香港老字號兌換店「永恆」和「百年」，兌換率都挺不錯。

---Info---

永恆找換店
地址： 九龍尖沙咀漢口道17號新聲大廈5樓8室
電話： 23760698

百年找換店
地址： 中環德輔道中61-65號華人銀行大廈1703室
電話： 2523 3403

信用卡

大部分酒店、商店、百貨公司和餐廳，都接受以信用卡付款，不過，有機會要出示身份證明文件。另外，小鎮上的小商店、民宿、餐館，有部分不接受信用卡。而火車站的自動售票機和一些超市，必須輸入「PIN」來授權交易，而這個「PIN」密碼，一般於香港發行的信用卡，都沒有特意設定，在這情況，則不能使用。

通訊

上網電話卡

如果旅程少於2星期，建議可在香港購買歐洲適用的上網電話卡。而行程較長的，可於到埗時在當地通訊公司辦理電話卡。全國有4間主要通訊營運商，包括「TIM」、「WIND」、「3」和「Vodafone」，辦理時需出示護照，其中「TIM」和「Vodafone」訊號較好，但「TIM」經常自動替用戶加添服務來產生額外費用，在開戶時需説明清楚「不要任何額外服務」。

位於機場的分店，價格有機會比起其他地方稍高。一般30天遊客專用的上網電話卡，價格大約€25 - 30。

致電方法

意大利的國際冠碼是＋39，從海外打電話到意大利，需在電話撥號前加上＋39或0039。

緊急電話

112 歐盟國際求救電話 Numero Unico Europeo di Emergenza
（只要有任何網絡訊號，就算沒有電話卡，仍可免費直撥「112」發出求救，系統會轉駁到緊急救助中心。）

112 憲兵 Carabinieri
113 警察 Polizia
115 消防局 Vigili del Fuoco
118 十字車/醫療救援 Emergenza Sanitaria

---Info---

中國駐意大利大使館（羅馬）
地址： Via Bruxelles, 56 00198 Roma
電話： +39 06 9652 4200
網址： it.china-embassy.org

中國駐米蘭大使館
地址： Via Benaco, 4, 20139 Milano
電話： +39 02 5694 106
網址： milano.china-consulate.org

中國駐佛羅倫斯大使館
地址： Via dei della Robbia, 89-91, 50132 Firenze
電話： +39 055 5738 89
網址： firenze.china-consulate.org

簽證

1.香港旅客

凡持有效香港特區護照（SAR）或英國國民（海外）護照（BNO），有效期最少有6個月，均可免簽證前往歐盟神根公約區，在任何180天的期間內，最長可逗留90天。持其他護照的人士，可向領事館直接查詢。

---Info---

意大利駐港領事館
電話： 25220033
地址： 灣仔港灣道18號中環廣場32樓3201室
網頁： conshongkong.esteri.it/Consolato_HongKong

根據香港入境事務處的建議，如遇失竊時，應向當地警方報案，並索取一份警察報告副本，然後到前往中國駐當地領使館，補領臨時旅行證件。如需協助，可致電香港入境事務處熱線：(852) 1868。

提提你

2.台灣旅客

凡持有有效中華民國護照，均可免簽證前往歐盟神根公約區，在任何180天的期間內，最長可逗留90天。

入境須知

入境歐盟（申根區國家）隨身攜帶之現金，以1萬歐元（或同等值貨幣）為上限，如超過該額，須於入境時申報。

消費稅及退稅

詳情可參閱P.033

酒店/旅館城市稅

遊客在意大利的酒店、B&B或旅館留宿時，法例規定某些地區可徵收城市稅（City Tax）。遊客在入住結束前，需直接向酒店或旅館支付，有些會列明要以現金支付城市稅項。

每個地區城市稅的金額都不相同，主要是根據酒店的等級而定，在訂房網站於細則中一般會列明，每人每晚大約€1.5-7。某些地區，對於在同一間住宿，住滿指定天數（例如：威尼斯5晚以上、羅馬10晚以上），其後天數可免收城市稅。建議在訂房時留意細節，把房價加上城市稅，才是真正需繳付的住宿價格。

有關安全和財物

歐洲的治安是很多遊客擔心的問題。其實，以「遊客」作為目標的騙徒和罪犯，無論在那一個國家，特別是熱門的旅遊城市，都會存在。所以，在外遊期間的每一刻，遊客都需特別提高警覺，尤其是在人多擠迫的地方，火車站、巴士上、地鐵、著名景點、大廣場，個人財物一定要好好看顧。

其他事項

藥房（Farmacia）

隨時可購買非處方藥，價格基本固定，一般營業時間約為0900 - 1300和1500 - 1900。於大型超市和火車站也會有藥房，營業時間會較長。另外，藥房會輪流於夜間營業。

煙草店（Tabacchi）

主要銷售香煙、郵票、車票、飲料、糖果、報紙、雜誌，也可為當地電話咭充值。於小鎮的煙草店，也會出售地區火車票。煙草店門口都掛有「T」字大型招牌。

洗手間（Servizio / Bagno / Toilette）

於火車站、熱門旅遊點的洗手間，多需收費，價格大約€0.5 - 2。遊客可好好利用景點內或所光顧的餐廳內之免費洗手間。

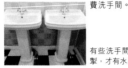

有些洗手間的水龍頭，需要踏一下腳掣，才有水出。

酒店 / 旅館（Hotel / Albergo）

大部分都不會供應牙刷、牙膏和電熱水瓶，需自行準備。如攜帶大型行李，在訂房時需留意有否升降機。如計劃夏天到訪，則要留意房間有否空調系統，也有旅館會列明另收冷氣費。

城中有很多歷史悠久的升降機，記緊使用前後要把門關緊，才可正常運作。

營業 / 服務時間

除了大型連鎖形式和市中心遊客區的商店和餐廳，特別於小鎮和住宅區，餐廳、小商店都設有午後休息時段，商店大約是1300 - 1530，而餐廳大約是1500 - 1900，且部分會於星期日關店休息。於小鎮地區，假日期間也有機會沒有公共交通行駛。

如於假日到訪，需留意公共交通的行駛時間和路線，有機會停止或更改。

飲用水

水管或噴泉水均可直接飲用，非飲用水的出水口會有「Acqua Non Potabile」（非飲用水）的警示牌標注。某些地方設有泉水亭，除了天然水（Acqua Naturale），也會提供免費氣泡水（Acqua Frizzante）。而餐廳供應的飲用水，一般都需要收費。

數字及價格標點之書寫方式

意大利文用於數字上的標點，跟香港的表達方式有所不同，於意大利小數點是用「，」來表示，而非「．」，而表示千位數，則反而用「．」而不是用「，」。（例如：意大利文的€6,20=港式的€6.20=6歐元20歐仙；意大利文的€1.000=港式€1,000=一千歐元）

備註：本書所列出的價格，以免讀者混淆，會以港式書寫方式來表達。（例如：書中的€9.2 = 9歐元20歐仙）

車輛行駛方向

於意大利是左軚靠右行車，跟香港開車方向和模式相反，過馬路時要特別注意。於綠燈時，當行人正橫過馬路時，也有車輛允許可從旁邊轉入，雖然這些車輛必須先讓行人橫過後才可轉入，但是，身為行人也要提高警覺。

行李寄存

於酒店、旅館一般都設有行李寄存服務，如租住民宿，建議事先跟屋主確定。於大城市的主要火車站內，會設有行李寄存中心「Deposito Bagagli」，收費大約為每件€6 / 首5小時，然後€1 / 小時。另外，Bagbnb在意大利各地也有一些行李寄存點。

Bagbnb官網：www.bagbnb.com

於大型火車站一般會設有行李寄存中心，選用服務前需留意其辦公時間。

不設找續的自動售賣機

有些自動售賣機、自助洗衣機和售票機是不設找續，機器上一般會列明「No Change」或意大利文「Non da' il Resto」、「No Resto」等等的字眼。而有些則設定了最多可找續的金額，例如會列出「Resto Massimo in Monete €5」，意思是「最多可找續的金額」為€5。

實用網頁及APP

實用網頁

意大利國家旅遊局官方網站：
www.italia.it
www.enit.it

實用APP

Meteo.it
提供意大利各大區的詳細天氣預報。（意大利文）

Moovit
提供各城市的詳細交通路線，包括市內和近郊，並以訊息提示交通罷工資訊。使用時需輸入所在大區，如轉換了大區省份，需重新輸入所在地，才可查閱到該區的資訊。（英語）

VisitMilano
米蘭官方旅遊局的APP，提供該區詳細旅行資訊及最新活動。（英語）

ATM Milano
由米蘭ATM公共交通公司推出，包括所有ATM營運的交通路線和地鐵圖。（英語）

Italo Treno
私鐵Italo的官方APP，可查閱各區班次和價格，並即時網上購票，也可查閱已購買的車票資料。定期也會提供「早鳥票」優惠輸入碼。（英語）

Trenitalia
國鐵Trenitalia的官方APP，可查閱各區班次和價格，並即時網上購票，也可查閱已購買的車票資料（需提供CartaFreccia會員咭資料）。（英語）

FlixBus
歐洲廉價長途巴士公司，巴士網絡貫通全國及歐洲，經常有優惠票價。（英語）

Google Traslate
雖然在意大利各大旅遊區，英語都通行，但也需要一個方便好用的翻譯APP傍身。（中文）

Touring Club Italiano
國內著名的「意大利旅遊俱樂部」所推出的免費城市資訊，景點資料十分詳盡。APP設有多個城市版本，包括Rome、Venice、Florence和Milan。（英語）

*注意：以上有部分APP，需把手機系統設為「於意大利」，才可在「非意大利地區」下載。

常用意大利文

常用短句

意大利文	中文解釋
Buongiorno	早安
Buona serata / Buona sera	下午好 / 晚上好
Buona notte	晚安
Grazie	謝謝
Per favore	唔該你 / 麻煩你了
Ciao	你好 / 再見
Arrivederci	再見
Come stai?	你好嗎？
Sto bene, grazie.	我很好, 謝謝
Di dove sei ?	你來自那兒？
Sono di Hong Kong.	我來自香港
Sì / No	是 / 不是
Mi chiamo…… （名字）	我叫……（名字）
Mi scusi	對不起
Buon viaggio	旅途愉快
Prego	不客氣
Potresti aiutarmi ?	你能幫一幫我嗎？

日期

意大利文	中文解釋
Domenica	星期日
Lunedì	星期一
Martedì	星期二
Mercoledì	星期三
Giovedì	星期四
Venerdì	星期五
Sabato	星期六
Oggi	今天
Domani	明天
Ieri	昨天
Mattina	早上
Pomeriggio	下午
Feriale	平日
Festivo	假期、假日

數字

意大利文	中文解釋	意大利文	中文解釋
Uno	1	Venti	20
Due	2	Trenta	30
Tre	3	Quaranta	40
Quattro	4	Cinquanta	50
Cinque	5	Sessanta	60
Sei	6	Settanta	70
Sette	7	Ottanta	80
Otto	8	Novanta	90
Nove	9	Cento	100
Dieci	10	Mille	1000

關於 交通

意大利文	中文解釋
Autobus	巴士
Pullman	長途巴士
Metro / Metropolitana	地鐵
Treno	火車
Aereo	飛機
Traghetto	渡船
Stazione (ferroviaria)	火車站
Fermata	巴士站 / 停靠站
Autostazione	巴士總站 / 長途巴士總站
Porto	碼頭
Biglietto	車票
Biglietteria	售票處
Orario	班次時刻表
Binario	月台
Deposito bagagli	行李寄存處
Partenze	出發/離開
Arrivi	抵達

關於 問路 / 方向

意大利文	中文解釋
Ingresso / Entrata	入口
Uscita	出口
Via / Viale / Corso	街道 / 道路
Dove Siamo ?	我們在哪裡？
Sinistra	左
Destra	右
Mappa	地圖
Mi sono perso / a.	我迷路了。(男 / 女)
È lontano?	很遙遠嗎？
È vicino?	很接近嗎？
Sempre dritto.	一直前行
Come si può andare?	怎樣才能到達？
Dov'è il bagno?	洗手間在那裡？

關於 購物

意大利文	中文解釋
Posso provare ?	我可以試穿嗎？
Quanto viene ? / Quanto vengono ?	多少錢？（單數/複數）
Vorrei……	我想/想要……
questo	這個
quello	那個
La carta di credito	信用卡
La taglia	衣服尺碼
Il numero	鞋子尺寸
È troppo piccolo.	這個太細
È troppo grande.	這個太大

關於 餐飲

意大利文	中文解釋
Menù	菜單
Colazione	早餐
Pranzo	午餐
Cena	晚餐
Bar	咖啡店、供應餐前酒的地方
Ristorante	餐廳
Trattoria	餐館
Enoteca	酒窖、葡萄酒商店
Pizzeria	Pizza店
Gelateria	冰淇淋店
Supermercato	超級市場
Buon Appetito !	有好的胃口！（用餐前的祝福語）
Cin Cin/Salute!	乾杯！
Sono Vegetariano/a.	我是素食者。（男/女）
Il conto, per favore.	結賬，麻煩你。

食物用語

意大利文	中文解釋
Vino	葡萄酒
Bistecca	牛排
Carne	肉類
Pesce	魚類
Insalata	沙律
Torta	蛋糕
Gelato	冰淇淋
Panino	意式三文治
Dolce	甜點 / 甜的
Piccante	辣的
Salato	鹹的
Amaro	苦的
Aspro	酸的

緊急狀況

意大利文	中文解釋
Chiama la polizia, per favore.	請呼招警察
Chiama un' ambulanza, per favore.	請呼招十字車
Aiuto !	救命！
Sto male / Mi sento male.	我感到不舒服
Attenzione!	小心！

常用問句

意大利文	中文解釋
Perchè…… ?	為什麼…… ?
Dov'è…… ?	……在那兒 ?
Quando……?	什麼時候…… ?

關於 景點遊覽

意大利文	中文解釋
È chiuso.	已關門
È aperto.	開了門
Ingresso libero	自由參觀 / 免費進入
Museo	博物館
Mostra	展覽
Giardino	花園
Parco	公園
Teatro	劇院
Torre	高塔
Punto panoramico	全景觀賞地
Mercato	市場 / 市集
La Poste	郵政局
Duomo	主教堂
Centro Storico	古城中心
Palazzo	宮殿 / 建築物
Piazza	廣場
No Foto	不可拍攝

意大利全境地圖

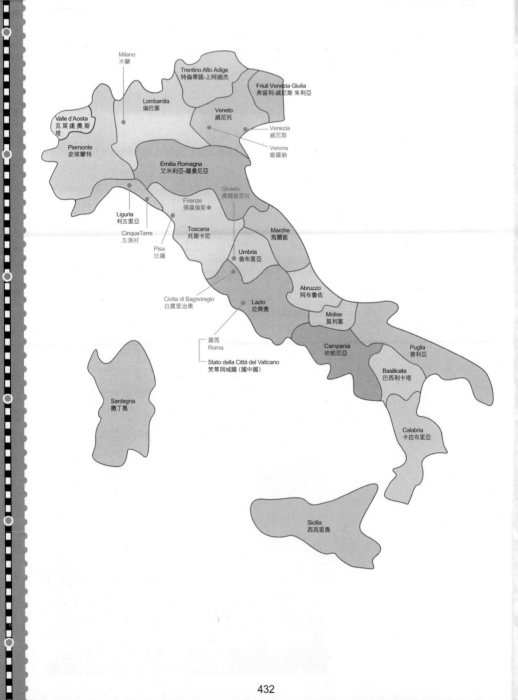

Milano
米蘭

Trentino Alto Adige
特倫蒂諾-上阿迪杰

Friuli Venezia Giulia
弗留利-威尼斯 朱利亞

Lombardia
倫巴第

Veneto
威尼托

Venezia
威尼斯

Verona
維羅納

Valle d'Aosta
瓦萊達奧斯塔

Piemonte
皮埃蒙特

Emilia Romagna
艾米利亞-羅曼尼亞

Orvieto
奧爾維耶托

Liguria
利古里亞

CinqueTerre
五漁村

Firenze
佛羅倫斯

Pisa
比薩

Toscana
托斯卡尼

Marche
馬爾凱

Umbria
翁布里亞

Abruzzo
阿布魯佐

Civita di Bagnoregio
白露里治奧

Lazio
拉齊奧

Molise
莫利塞

羅馬
Roma

Stato della Città del Vaticano
梵蒂岡城國（國中國）

Campania
坎帕尼亞

Puglia
普利亞

Basilicata
巴西利卡塔

Sardegna
撒丁島

Calabria
卡拉布里亞

Sicilia
西西里島